স্বাধীনতা-পূর্ব এবং স্বাধীনতা-পরবর্তী ভারতে শিক্ষার ইতিহাস

সন্তু কর্মকার

বিষয়বস্তু

ভূমিকা

এই বই লেখা হয়েছে ইংরেজ শাসন কাল এবং তাঁর পরবর্তী অবস্থায় ভারতের শিক্ষা ব্যবস্থা কেমন ছিল তাঁর উপর। ইংরেজ শাসনাধীন ভারতবর্ষে নারীদের শিক্ষা ব্যবস্থা ও তাঁর অগ্রগতির জন্য নেওয়া বিভিন্ন ব্যবস্থা গুলি সম্পর্কে এই বইয়ে বিশ্লেষিত করে দেওয়া আছে। তাছাড়া আমাদের ভারতবর্ষ স্বাধীন হওয়ার পরবর্তী যেসব কমিশন গুলি এসেছে যা ভারতের শিক্ষা ব্যবস্থাকে উন্নত করে তুলেছে সে সম্পর্কে বিস্তারিত বিবরণ দেওয়া আছে। যেমন- বিশ্ব বিদ্যালয় কমিশন, কোঠারি কমিশন ইত্যাদি।

প্রস্তাবনা

এই বই, "স্বাধীনতা-পূর্ব এবং স্বাধীনতা-পরবর্তী ভারতে শিক্ষার ইতিহাস," একটি ঐতিহাসিক ও শিক্ষাগত বিষয়বস্তুর সাথে আমার একটি গবেষণা-প্রবন্ধের সমন্বয় এবং উপন্যাসের সাথে আমার আত্ম-প্রতিপ্রতিস্থাপন করার চেষ্টা। এই বই স্বাধীনতা-পূর্ব এবং স্বাধীনতা-পরবর্তী ভারতের শিক্ষা প্রণালীর ইতিহাস সম্পর্কে পূর্বমেকে অধ্যয়নকারী ও উদ্যোক্তাদের জন্য একটি সম্পূর্ণ দৃষ্টিভঙ্গি সরবরাহ করতে উদ্দেশ্য করে।

এই বই লেখার প্রক্রিয়ায়, আমি অনেকগুলি সোর্স যেমন Google, Wikipedia, এবং বিভিন্ন অনলাইন সম্প্রদায়ের মাধ্যমে সংগ্রহ করা তথ্যের উপযোগ করেছি, সেই সব তথ্যের উদ্ধারণ বা উৎসের উল্লিখন ছাড়াই। এই বই যে সকল তথ্য দিয়ে রূপান্তরিত হয়েছে, তা পাঠকদের একটি পূর্ণবিচার সম্মিলিত অবগতি প্রদান করার উদ্দেশ্যে সাজানো হয়েছে। আমি এই বইটি লেখার প্রক্রিয়ায়, প্রথম থেকে শেষ পর্যন্ত, তথ্যগুলি সমন্বয় করতে এবং তা একটি সম্যক পদ্ধতিতে প্রদান করতে চেষ্টা করেছি যাতে পাঠকদের বিষয়ের পূর্ণাঙ্গ জ্ঞান হতে পারে। এই বইটি যেসব লেখক, বিশেষজ্ঞ এবং প্রামুখ ব্যক্তিত্বের যোগদান করেছে, তাদের কাজের অংশগুলি স্পষ্টভাবে উল্লিখন না করে বইটির আত্মপ্রতিষ্ঠাপন এবং সামগ্রিক জ্ঞান এবং শিক্ষাগত দক্ষতা নির্মাণে সাহায্য করেছে, যদিও তাদের নির্দিষ্ট কাজগুলি পাঠে উল্লিখিত নেই। আমি আশা করি যে এই বইটি ভারতের শিক্ষার ইতিহাস ব্যাপকভাবে অধ্যয়ন করতে আগ্রহী পাঠকদের জন্য একটি মৌলিক সংস্থান হিসেবে কাজ করতে সাহায্য করবে।

১

প্রারম্ভিক ব্রিটিশ শিক্ষা

সারাংশ

প্রাচীনকাল থেকে ভারতীয়রা একজন শিক্ষিত হওয়ার খ্যাতি উপভোগ করেছে মানুষ কিছু আদি হিন্দু ও বৌদ্ধ শিক্ষাকেন্দ্র যেমন তক্ষশীলা এবং সেই সময়ে নালন্দা বিশ্ববিদ্যালয় ছিল অত্যন্ত বিখ্যাত প্রতিষ্ঠান। শিক্ষা শুরুটা ছিল যাজক শ্রেণীর মধ্যে সীমাবদ্ধ ছিল ঐতিহ্যগত উপাদানের শিক্ষা দিয়ে ধর্ম, যুক্তি ইত্যাদি হিসেবে তারপর ভারতে ইসলামি শিক্ষা চালু হয় ইসলামী সাম্রাজ্য প্রতিষ্ঠা এবং মাকতাবাস ও মাদ্রাসাসমূহের আসন হয় শেখার ভারতে ব্রিটিশদের আবির্ভাব শিক্ষার ক্ষেত্রে একটি নতুন যুগের সূচনা করে ভারতীয় শিক্ষার ব্যাপক পরিবর্তন ও বিকাশ ঘটেছিল প্রধানত এই সময়ে ব্রিটিশ যুগ। তারা ভারতে একটি নতুন শিক্ষা ব্যবস্থা নিয়ে এসেছিল যা এর থেকে আলাদা ছিল পূর্বের শিক্ষাব্যবস্থা। ব্রিটিশ আমলে শিক্ষাকে প্রথম উপেক্ষা করা হয়েছিল কিন্তু পরবর্তীতে ২০ শতকের প্রথমার্ধ জুড়ে ধারাবাহিক ব্যবস্থা অব্যাহত থাকে শেষ পর্যন্ত আধুনিক ভারতে শিক্ষার ভিত্তি স্থাপন করেন। তারা আয়োজন করে ভারতীয় শিক্ষা ব্যবস্থা এবং ভারতে আধুনিক বৈজ্ঞানিক শিক্ষার প্রবর্তন। হিসেবে ফলশ্রুতিতে ভারত ব্রিটিশদের অধীনে একটি নতুন যুগের পূর্বে ছিল।

ভূমিকা

খ্রিস্টীয় ১৫ শতাব্দীতে ভারত তার জন্য ইউরোপীয়দের আকর্ষণের কেন্দ্র ছিল অর্থনৈতিক সম্পদের সমৃদ্ধি। ইউরোপীয়, ডাচ, ফরাসি, স্প্যানিশ, ডেনিস, এবং ইংরেজরা এখানে এসে ব্যবসায়করণ কোম্পানি তৈরি করে ব্যবসা শুরু করে। তারা প্রথমে ব্যবসায়ী এবং তারপর শাসক হিসাবে তাদের অবস্থান শক্তিশালী করে। এছাড়াও তারা শুরু এদেশে তাদের ধর্ম খ্রিস্টান ধর্মের বিস্তার। ইউরোপীয়দের মধ্যে ইংরেজ ইস্ট ইন্ডিয়া কোম্পানি ১৭৬৫ সালে বাংলায় একটি শাসক শক্তি হয়ে ওঠে। ইস্ট ইন্ডিয়া কোম্পানি ছিল নিছক ব্যবসায়িক প্রতিষ্ঠান এবং জনগণের শিক্ষার প্রতি তাদের কোনো আগ্রহ ছিল না।

ইস্ট ইন্ডিয়া কোম্পানির ভারতীয় কর্মকর্তারা আদালতের পরিচালকদের তা করার আহ্বান জানান ভারতে শিক্ষার প্রচারের জন্য। কোম্পানির সরকার প্রাচ্য শিক্ষাকে উৎসাহিত করতে। উদাহরণস্বরূপ ওয়ারেন হেস্টিংস স্থাপন করেন ১৭৮১ সালে কলকাতা মাদ্রাসা, জোনাথন ডানকান বেনারসে একটি সংস্কৃত কলেজ খোলেন, লর্ড ওয়েলেসলি ১৮০০ সালে ফোর্ট উইলিয়াম

কলেজ স্থাপন করেন। কোম্পানির প্রশাসনিক প্রয়োজনও ভারতীয়দের স্থানীয় ভাষা এবং ইংরেজিতে পারদর্শী প্রয়োজন ভারতে ব্রিটিশ শিক্ষা ব্যবস্থা প্রবর্তন ও প্রচারের চেষ্টা করা হয়েছিল। একই সাথে খ্রিস্টান মিশনারিরা ভারতে কিছু পদক্ষেপ গ্রহণ করে এবং এর পক্ষে কথা বলে ইংরেজি মাধ্যমে পাশ্চাত্য সাহিত্য এবং খ্রিস্টান ধর্মের শিক্ষা। শীঘ্রই অ্যাংলোফাইলদের মধ্যে বিতর্ক শুরু হয়েছিল, যারা সর্বদা অনুপ্রেরণার জন্য পশ্চিম দিকে তাকিয়ে ছিল এবং যারা ভারতীয় চরিত্রের মাধ্যমে শিক্ষা দিতে চেয়েছিল।

আলোচনা

ঊনবিংশ শতাব্দীতে ভারতে "ইংরেজি শিক্ষা" অর্থ "আধুনিক শিক্ষা" বেশিরভাগই পাবলিক স্কুলগুলির মতো একটি পাঠ্যক্রম শিখিয়েছেন। সেই সময় ব্রিটেন ইংরেজির মাধ্যমে শিক্ষার মাধ্যম হিসেবে কাজ করত, বিশেষ করে যারা মিশনারিদের পৃষ্ঠপোষকতা করত। কেউ কেউ দ্বিতীয় ভাষা হিসাবে ইংরেজি সহ স্থানীয় ভাষার মাধ্যমে পাঠ্যক্রমটি শিখিয়েছিলেন। "প্রাক-আধুনিক" শব্দটি তিন ধরণের স্কুলের জন্য ব্যবহৃত হয়েছিল। আরবি ও সংস্কৃত স্কুলগুলি মুসলিম বা হিন্দু পবিত্র সাহিত্য শিক্ষা দেয়, যখন ফার্সি স্কুলগুলি ফার্সি সাহিত্য শেখায়। সারা ভারত জুড়ে স্থানীয় বিদ্যালয়গুলি স্থানীয় ভাষা এবং পাটিগণিত পড়া এবং লেখা শেখায়।

উইলিয়াম উইলবারফোর্স এবং চার্লস গ্রান্টের মতো কয়েক দশক ধরে তদবিরের ফলে, ১৮১৩ সালে ইস্ট ইন্ডিয়া কোম্পানির সনদের পুনর্নবীকরণের ফলে, কোম্পানির কর্পোরেট ক্রিয়াকলাপ ছাড়াও জনসংখ্যাকে শিক্ষিত করার জন্য পূর্বে বাদ পড়া খ্রিস্টান মিশনারিদের শিক্ষিত করা এবং সহায়তা করার দায়িত্ব পালন করা হয়েছিল। কোম্পানির কর্মকর্তারা প্রাচ্যবিদদের সাথে এই আরোপিত দায়িত্বটি কীভাবে বাস্তবায়ন করা যায় সে সম্পর্কে বিভক্ত ছিলেন, যারা বিশ্বাস করতেন যে শিক্ষা ভারতীয় ভাষাগুলিতে হওয়া উচিত (যার মধ্যে তারা সংস্কৃত বা ফার্সির মতো ধ্রুপদী ভাষাগুলির পক্ষে ছিলেন), যখন উপযোগবাদীরা (অ্যাংলিটারিয়ানদেরও বলা হয়) যেমন লর্ড উইলিয়াম বেন্টিঙ্ক এবং টমাস ম্যাকাউলে দৃঢ়ভাবে বিশ্বাস করতেন যে ঐতিহ্যবাহী ভারতের আধুনিক দক্ষতা সম্পর্কে শেখানোর মতো কিছুই ছিল না; তাদের জন্য সর্বোত্তম শিক্ষা ইংরেজিতে হবে। ম্যাকোলে একটি শিক্ষা ব্যবস্থার আহ্বান জানিয়েছিলেন - যা এখন ম্যাকাউলেইবাদ নামে পরিচিত। যা ব্রিটিশ ও ভারতীয়দের মধ্যে সাংস্কৃতিক মধ্যস্থতাকারী হিসাবে কাজ করবে এমন এক শ্রেণীর ভারতীয় তৈরি করবে।

ব্রিটিশদের শিক্ষানীতি

প্রাক-ব্রিটিশ যুগে, হিন্দু ও মুসলমানদের যথাক্রমে পাঠশালা এবং মাদ্রাসার মাধ্যমে শিক্ষিত করা হয়েছিল, কিন্তু তাদের আবির্ভাব শিক্ষার একটি নতুন জায়গা অর্থাৎ মিশনারিজ তৈরি করেছিল।

প্রাথমিকভাবে, ব্রিটিশ ইস্ট ইন্ডিয়া কোম্পানি শিক্ষা ব্যবস্থার উন্নয়নে উদ্বিগ্ন ছিল না কারণ তাদের প্রধান উদ্দেশ্য ছিল বাণিজ্য এবং মুনাফা অর্জন। ভারতে শাসন করার জন্য, তারা উচ্চ ও মধ্যবিত্ত শ্রেণির একটি ছোট অংশকে "রক্ত ও রঙে ভারতীয় কিন্তু স্বাদে ইংরেজিতে" তৈরি করার জন্য শিক্ষিত করায় পরিকল্পনা করেছিল, যারা সরকার ও জনগণের মধ্যে দোভাষী হিসাবে কাজ করবে। একে "downward" বা "পরিস্রাবণ তত্ত্ব" ও বলা হয়।

শিক্ষা হচ্ছে স্বাধীনতার সুবর্ণ দরজা খোলার জন্য একটি শক্তিশালী হাতিয়ার যা বিশ্বকে বদলে দিতে পারে। ভারতে ব্রিটিশ শাসনের আবির্ভাবের সাথে সাথে, তাদের নীতি এবং পদক্ষেপগুলি

শিক্ষার ঐতিহ্যবাহী স্কুলগুলির উত্তরাধিকারকে লঙ্ঘন করেছিল যার ফলে অধস্তনদের একটি শ্রেণি তৈরি করার প্রয়োজন হয়েছিল। এই লক্ষ্য অর্জনের জন্য, তারা শিক্ষা ব্যবস্থার মাধ্যমে ইংরেজি রঙের একটি ভারতীয় ক্যানভাস তৈরি করার জন্য বেশ কয়েকটি কাজ চালু করেছিল।

সনদ আইন (১৮১৩)

ইস্ট ইন্ডিয়া কোম্পানি আইন ১৮১৩, যা চার্টার অ্যাক্ট ১৮১৩ নামেও পরিচিত। এটি ছিল যুক্তরাজ্যের পার্লামেন্টের একটি আইন যা ব্রিটিশ ইস্ট ইন্ডিয়া কোম্পানিকে জারি করা সনদকে পুনর্নবীকরণ করে এবং ভারতে কোম্পানির শাসন অব্যাহত রাখে। চা ও আফিম বাণিজ্য এবং চীনের সাথে বাণিজ্য ছাড়া কোম্পানির বাণিজ্যিক একচেটিয়া আধিপত্যের অবসান ঘটে, যা ভারতে ব্রিটিশ শক্তির বৃদ্ধিকে প্রতিফলিত করে। এই আইনটি স্পষ্টভাবে ব্রিটিশ ভারতের উপর আধিপত্য সার্বভৌমত্বের কথা বলে, ১০০,০০০ টাকা বরাদ্দ করে এবং খ্রিস্টান মিশনারিদের ইংরেজি প্রচার এবং তাদের ধর্ম প্রচারের অনুমতি দেয়। ইউরোপীয় ব্রিটিশ বিষয়গুলির উপর ভারতে প্রাদেশিক সরকার এবং আদালতের ক্ষমতাও এই আইনের দ্বারা শক্তিশালী হয়েছিল এবং ভারতীয় সাহিত্যে পুনরুজ্জীবন এবং বিজ্ঞানের প্রচারের জন্য আর্থিক ব্যবস্থাও করা হয়েছিল।

১৭৯৩ সালে ভারতে আসা চার্টার গ্রান্ট ভারতে শিক্ষার বিকাশকে সহজতর করেছিল। তিনি মনে করেন যে ভারতীয় জনগণের শিক্ষায় ইংরেজিকে গুরুত্ব দেওয়া উচিত, কারণ ইংরেজির মাধ্যমেই তারা সাহিত্য, বিজ্ঞান, দর্শন, ধর্ম এবং অন্যান্য বিষয়ের সর্বশেষ বিকাশ সম্পর্কে জানতে পারে। তিনি আরও মনে করতেন যে, ইংরেজরা ভারতীয় জনগণের চিন্তাধারায় বৈপ্লবিক পরিবর্তন আনবে। ব্রিটিশ পার্লামেন্ট তার মতামতকে সমর্থন করে এবং তার অনেক পরামর্শ ধীরে ধীরে বাস্তবায়ন করা হয়।

সনদের বিষয়বস্তু আলোচনার সময় প্রাচ্যবাদী ও পাশ্চাত্যবাদী দু-দলেরই মতামত গৃহীত হল। পাশ্চাত্যবাদী ও মিশনারিদের দাবি ছিল ভারতে অবাধ ধর্ম প্রচারের এবং পাশ্চাত্য শিক্ষা বিস্তারের সুবিধা আদায় করা, অপরপক্ষে কোম্পানির প্রাচ্যবাদী লোকেরা চেয়েছিলেন, ব্রিটিশ ভারতে শিক্ষিত নাগরিকদের সাহিত্যের পুনরুজ্জীবন ও উন্নতি বিধান, ফলে প্রাচ্যবাদী ও পাশ্চাত্যবাদীদের মধ্যে তুমুল দ্বন্দ্ব শুরু হয়। অবশেষে উভয় পক্ষকে খুশি করার উদ্দেশ্যে সনদ আইনের ৪৩ নং ধারায় বলা হয়— "সাহিত্যের পুনরুজ্জীবন ও উন্নয়ন এবং ভারতে দেশীয় শিক্ষিতদের মনে প্রেরণা সঞ্চার এমনকি ভারতে ব্রিটিশ অধিকৃত অঞ্চলের অধিবাসীদের মধ্যে বৈজ্ঞানিক জ্ঞানের প্রবর্তন ও উন্নয়নের জন্য রাজস্ব ভাগার প্রতি বছর কমপক্ষে এক লক্ষ টাকা ব্যয় করাই হবে সপরিষদ গভর্নর জেনারেলের আইন সম্মত কাজ।" ওপরের আলোচনা থেকে ১৮১৩ খ্রিস্টাব্দের সনদ আইনকে সংক্ষিপ্তভাবে তিনটি সুনির্দিষ্ট ধারার সমষ্টি বলা যায়। নিম্নে এই ধারাগুলি প্রদত্ত হল থেকে:

1. ব্রিটিশ পার্লামেন্টের গৃহীত সিদ্ধান্ত অনুসারে ইস্ট ইন্ডিয়া কোম্পানির শাসনকাল পুনরায় পরবর্তী ২০ বছর অর্থাৎ ১৮৩৩ খ্রিস্টাব্দ পর্যন্ত বর্ধিত।

2. ভারতীয়দের মধ্যে শিক্ষাবিস্তারে ও সাহিত্যের পুনরুজ্জীবনে প্রতি বছর ১ লক্ষ টাকা হল বরাদ্দ করা হবে।

3. ইংরেজি শিক্ষাবিস্তার ও ধর্মপ্রচারের অনুমতি দেওয়া হল খ্রিস্টান মিশনারিদের ১৮১৩ খ্রিস্টাব্দের সনদ আইন অনুসারে।

মিশনারিরা যখন ভারতে পাশ্চাত্য শিক্ষার প্রসারের জন্য ইংল্যান্ডে আন্দোলন করছিল, তখন কোম্পানির কর্মকর্তারা বিশেষ করে মুনরো এবং মাউন্ট এলফিনস্টন ভারতীয় ভাষাকে শিক্ষার মাধ্যম হিসাবে গড়ে তুলতে চেয়েছিলেন। লর্ড মিন্টো যিনি ১৮০৬ থেকে ১৮১৩ সাল পর্যন্ত ভারতীয় গভর্নর জেনারেল ছিলেন, তিনি সংস্কৃত, আরবি এবং ফার্সির প্রচার চেয়েছিলেন, তিনি প্রাচ্য সাহিত্য ও শিক্ষার একজন মহান অনুরাগী ছিলেন। এইভাবে বিশ বছর অতিবাহিত হয় এবং ১৮১৩ সালে সনদটি পুনর্নবীকরণের জন্য আসে।

সনদ আইন বা চার্টার অ্যাক্টে (1813)-এর গুরুত্ব ও তাৎপর্য

১৮১৩ খ্রিস্টাব্দের চার্টার অ্যাক্ট (সনদ আইন) ভারতের শিক্ষার ইতিহাসে এক নবযুগের সূচনা করে। এই আইনের শিক্ষাধারাকে ভারতের সরকারিভাবে শিক্ষা বিস্তারের প্রথম পদক্ষেপ বলা যেতে পারে। এখানেই ভারতীয় শিক্ষার ক্ষেত্রে সর্বপ্রথম সরকারি অর্থ মঞ্জুর করা হয়। এরই প্রভাবে ভারতীয় শিক্ষা ব্যবস্থা একটি সুনির্দিষ্ট রূপ পেতে শুরু করে। যেসব কারণে এই অ্যাক্টটি ভারতীয় শিক্ষাব্যবস্থায় গুরুত্ব লাভ করে, সেগুলি হল—

1. **নতুন যুগের প্রারম্ভ:** সনদ আইনকে ভারতের শিক্ষাক্ষেত্রে এক যুগের অবসান ও অপর যুগের প্রারম্ভ বলে ধরা হয়ে থাকে। কারণ এই সনদের দ্বারা গ্রান্ট ও উইলবারফোর্সের আন্দোলনের সমাপ্তি হয়, ভারতের অধিবাসীদের শিক্ষাদান কোম্পানির অবশ্য কর্তব্যের মধ্যে ধার্য হয়, বছরে নির্ধারিত পরিমাণ অর্থ ব্যয় বাধ্যতামূলক হয়।

2. **সরকারি অর্থ ব্যবস্থা:** এই অ্যাক্টের ৪৩নং ধারায় ভারতীয়দের শিক্ষার জন্য বছরে কমপক্ষে এক লক্ষ টাকা সরকারি তহবিল থেকে ব্যয় করার বিষয়ে নির্দেশ দেওয়া হয়। এই বরাদ্দ অর্থ ব্যয় করা সম্পর্কে সনদ আইনে এমন দ্বিমুখী ভাষা ব্যবহার করা হয়েছিল যে, তা প্রচুর বিভ্রান্তির সৃষ্টি করেছিল এবং পরবর্তী অর্ধ শতাব্দী ধরে তা নিয়ে প্রবল বিতর্কের ঝড় বয়েছিল। শিক্ষানীতির উদ্দেশ্য, শিক্ষার ভাষা, মাধ্যম, শিক্ষাপ্রতিষ্ঠান ও শিক্ষাবিস্তারের পদ্ধতি ইত্যাদি সম্বন্ধে প্রচুর বিভ্রান্তির সৃষ্টি হয়েছিল এবং বিভিন্ন দলের মধ্যে তিক্ত দ্বন্দ্বের সৃষ্টি করেছিল। প্রসঙ্গত উল্লেখযোগ্য আগে ভারতীয়দের শিক্ষার জন্য ইস্ট ইন্ডিয়া কোম্পানি পরিচালিত সরকার কোনো অর্থ মঞ্জুর করেনি। সুতরাং এই অ্যাক্টকে সরকারিভাবে শিক্ষা বিস্তারের প্রথম পদক্ষেপ হিসেবে বিবেচনা করা যেতে পারে।

3. **ধর্মপ্রচার ও শিক্ষাবিস্তারের ক্ষেত্রে মিশনারিদের স্বাধীনতা দান:** এই অ্যাক্টের ১৩নং ধারায় পরোক্ষভাবে মিশনারিদের জয় ঘোষিত হয়। তারা বিনা বাধায় ভারতে প্রবেশের এবং বসবাসের অধিকার লাভ করে। ধর্মপ্রচার ও শিক্ষাবিস্তারের বিষয়েও তারা অনেকটা স্বাধীনতা লাভ করে। ফলে মিশনারিরা নবোদ্যমে পুস্তক প্রকাশ, নারীশিক্ষা বিস্তারে, অনাথ আশ্রম প্রতিষ্ঠা ইত্যাদি কাজ শুরু করলেন, মিশনারিরা বহু শিক্ষিত লোকের সমর্থন ও সহযোগিতা পেতে লাগলেন। মিশনারিদের প্রতি কোম্পানির মনোভাব প্রীতিপূর্ণ হয়ে উঠল এবং মিশনারিরা বিদ্যালয় ও কলেজ প্রতিষ্ঠার দিকে মনোযোগ দিলেন। এ সময় থেকেই কোম্পানির অধিকৃত রাজ্যগুলিতে খ্রিস্টান মিশনারিরা অধিকতর উদ্যমে ধর্মপ্রচার ও

পাশ্চাত্য শিক্ষাপ্রসারে অগ্রসর হয়েছিলেন।

4. **ধর্মনিরপেক্ষ শিক্ষার বীজবপনঃ** মিশনারিদের দাবি অনুযায়ী খ্রিস্টান ধর্মের ভিত্তিতে শিক্ষাদানের বিষয়টি এই চার্টার অ্যাক্টে স্বীকৃত হয়নি। ফলে শিক্ষাকে ধর্মনিরপেক্ষ রাখার বিষয়টিই প্রাধান্য পায়। আজও ভারতের শিক্ষাব্যবস্থা ধর্মনিরপেক্ষতার নীতির ওপর প্রতিষ্ঠিত রয়েছে।

5. **ভারতবাসীর শিক্ষাক্ষেত্রে রাষ্ট্রের ভূমিকাঃ** আংশিকভাবে হলেও এই চার্টার অ্যাক্টে স্বীকার করে নেওয়া হয় যে, ভারতবাসীর শিক্ষার দায়িত্ব তৎকালীন ইস্ট ইন্ডিয়া কোম্পানি পরিচালিত সরকারের তথা রাষ্ট্রের।

6. **পাশ্চাত্য শিক্ষাবিস্তারের ব্যবস্থাঃ** সনদ আইনে পাশ্চাত্য শিক্ষাবিস্তারের পথকে অনেকখানি সুগম করে দিয়েছিল। অর্থাৎ, পাশ্চাত্য শিক্ষার পরিবেশকে এক ধাপ এগিয়ে দিয়েছিল। পাশ্চাত্য শিক্ষার পথে একটি গুরুত্বপূর্ণ পদক্ষেপ হিসেবে চার্টার আইনের তাৎপর্য বিশেষ গুরুত্বপূর্ণ। এই চার্টার অ্যাক্টের ৪৩নং ধারায় ভারতবাসীর শিক্ষার জন্য যে অর্থ বরাদ্দের কথা বলা হয়, তা প্রাচ্য না পাশ্চাত্য শিক্ষার জন্য ব্যয় করা হবে, সে বিষয়ে সুনির্দিষ্টভাবে কিছু উল্লেখ করা হয়নি। তাই প্রাচ্য ও পাশ্চাত্যবাদীদের মধ্যে দ্বন্দ্ব শুরু হয়। পাশ্চাত্যবাদীরা যুক্তি ও তর্কের মাধ্যমে পাশ্চাত্য শিক্ষা বিস্তারের পথকে অনেকখানি সুগম করতে পারে। এর ফলে ইংরেজি ভাষা সরকারি স্বীকৃতি লাভ করে।

7. **শিক্ষাক্ষেত্রে সরকারি ও বেসরকারি উভয় উদ্যোগের স্বীকৃতিঃ** ১৮১৩খ্রিস্টাব্দের চার্টার অ্যাক্টে সরকারি উদ্যোগের পাশাপাশি পরোক্ষভাবে বেসরকারি উদ্যোগকেও স্বীকৃতি দেওয়া হয়। ফলে শিক্ষাক্ষেত্রে সরকারি ও বেসরকারি উভয় উদ্যোগই প্রতিষ্ঠা লাভ করে স্বাধীন ভারতে শিক্ষাক্ষেত্রে এই দুই উদ্যোগই বর্তমান।

সনদ আইনের ত্রুটি

সনদ আইনে শিক্ষাধারার নিম্নলিখিত ত্রুটিগুলি থাকায় পরবর্তীকালে শিক্ষাধারার ব্যাখ্যা নিয়ে বিতর্ক সৃষ্টি হয়। এই ত্রুটিগুলি হল—

1. **প্রথমতঃ** সনদ আইনে সাহিত্যের পুনরুজ্জীবন ও উন্নতি বলতে পাশ্চাত্য অথবা ভারতীয় কোন্ সাহিত্যকে বোঝায়, তা সুস্পষ্ট নয়।

2. **দ্বিতীয়তঃ** সনদ আইনে বিজ্ঞান শিক্ষার প্রবর্তন ও উন্নয়ন করার কথা বলা হয়েছে। কিন্তু বিজ্ঞান বলতে পাশ্চাত্য বিজ্ঞান অথবা প্রাচ্য বিজ্ঞান কোন্‌টি, সে সম্পর্কে সুস্পষ্ট করে কিছু বলা হয়নি।

3. **তৃতীয়তঃ** ভারতীয় শিক্ষার মাধ্যম ইংরেজি না - দেশীয় কোন্ ভাষা হবে, সে বিষয়ে সনদ আইনে সুস্পষ্ট ভাবে কোনো ইঙ্গিত দেওয়া হয়নি।

প্রাচ্য ও পাশ্চাত্যবাদী

আঠারো শতকের শেষ ও উনিশ শতকের গোড়ার দিকে কলকাতা ও মফসসল শহরে বেসরকারি উদ্যোগে ইংরেজি স্কুল প্রতিষ্ঠিত হয়। দেশীয় শিক্ষার ধারাও (সংস্কৃত, আরবি ও ফারসি) প্রচলিত ছিল সেসময়। ১৮১৩ খ্রিস্টাব্দের সনদ আইনে এদেশে শিক্ষার জন্য। বার্ষিক ১

লক্ষ টাকা বরাদ্দ হয়। দেশীয় শিক্ষার জন্য প্রাচ্যবাদীরা এবং ইংরেজি শিক্ষার জন্য পাশ্চাত্যবাদীরা এই টাকা দাবি করলে প্রাচ্য-পাশ্চাত্য দ্বন্দ্বের সৃষ্টি হয়। শেষপর্যন্ত পাশ্চাত্যবাদীরা জয়ী হয়।

কারণঃ ১৮১৩ খ্রিস্টাব্দের সনদ আইন : বাংলাদেশে ইংরেজ রাজত্ব প্রতিষ্ঠিত হওয়ার পর ইংরেজরা এদেশীয় সংস্কৃতি ও সভ্যতায় হস্তক্ষেপ করতে চায়নি। পরে এদেশীয়দের কুসংস্কার ও ধর্মান্ধতা দূর করার জন্য খ্রিস্টধর্ম ও জনহিতবাদের ভিত্তিতে শিক্ষাবিস্তারের দাবি ওঠে। ইংল্যান্ডের এই জনমতের দাবিতে ১৮১৩ খ্রিস্টাব্দের সনদ আইনের ৪৩ নং অনুচ্ছেদে এদেশে শিক্ষাবিস্তারের জন্য বার্ষিক ১ লক্ষ টাকা বরাদ্দ করা হয়। প্রয়োজনের। তুলনায় কম হলেও এর প্রতীকী গুরুত্ব ছিল অসীম। কারণ এই নির্দেশের দ্বারা কোম্পানি সরকারকে এদেশীয়দের জনশিক্ষার দায়িত্ব গ্রহণ করতে হয়।

প্রাচ্য-পাশ্চাত্য দ্বন্দ্বঃ সরকার কর্তৃক বরাদ্দ ১ লক্ষ টাকা পাওয়ার জন্য প্রাচ্য ও পাশ্চাত্যবাদীদের মধ্যে প্রতিযোগিতা শুরু হয়। সরকার শিক্ষাখাতে অর্থব্যয় বন্ধ করে দেয়। সিদ্ধান্ত গ্রহণের দায়িত্ব দেয় একটি সমিতির উপর। এর নাম ছিল "জেনারেল কমিটি অফ পাবলিক ইনস্ট্রাকশন" (GCPI)। প্রাচ্য ও পাশ্চাত্য শিক্ষাবিদদের নিয়ে এই কমিটি গঠন করা হয়।

প্রাচ্যবাদীঃ ভারতবর্ষে সংস্কৃত, আরবি ও ফারসি শিক্ষা দীর্ঘকাল ধরে চালু ছিল, এই শিক্ষাই হল প্রাচ্যশিক্ষা। এইচ টি প্রিন্সেপ, কোলব্রুক, উইলসন প্রমুখ ছিলেন প্রাচ্যবাদীদের নেতা, তাদের মতে, প্রাচ্যশিক্ষাই হল প্রকৃত শিক্ষা। কারণ এ দেশের ঐতিহ্য ও সংস্কৃতির সঙ্গে এই শিক্ষা জড়িত। দেশের বেশিরভাগ শিক্ষার্থী এই শিক্ষার সঙ্গে যুক্ত। এই শিক্ষার জন্য উচ্চ শিক্ষাপ্রতিষ্ঠান আছে। তাই এই শিক্ষার উন্নতির জন্য সরকারি টাকা বরাদ্দ করা উচিত।

পাশ্চাত্যবাদীঃ ইংরেজ শাসন প্রতিষ্ঠার পর কলকাতা ও মফঃস্বল শহরে বেসরকারি উদ্যোগে বেশ কিছু ইংরেজি স্কুল প্রতিষ্ঠিত হয়। এই স্কুলে পাস করা ছাত্ররা বাণিজ্যিক ও সরকারি চাকুরি পেত। এজন্য এই ধরনের স্কুলের সংখ্যা ও ছাত্রসংখ্যা বেড়ে চলে। এই শিক্ষাই হল পাশ্চাত্য শিক্ষা। ট্রেভেলিয়ান, আলেকজান্ডার ডাফ, স্যান্ডার্স প্রমুখ ছিলেন পাশ্চাত্যবাদী নেতা। তাদের মতে, ইংরেজি ভাষা হল আন্তর্জাতিক ভাষা। এই ভাষায় রচিত সাহিত্য অতি সমৃদ্ধ এবং তা ছাত্রদের চাকুরি পাওয়ার উপযোগী। ভবিষ্যতে এই ভাষা এদেশের আঞ্চলিক ভাষাগুলিকে সমৃদ্ধ করবে। তাই ইংরেজি শিক্ষার জন্যই সরকারি টাকা বরাদ্দ করা উচিত।

মেকলে মিনিট

লর্ড উইলিয়াম বেন্টিঙ্ক এর শাসনকালে সরকারি শিক্ষানীতিতে উল্লেখযোগ্য পরিবর্তন ঘটে। এসময় টমাস ব্যাবিংটন এডওয়ার্ড মেকলে নামে এক পন্ডিত তার আইনসভার সচিব হয়ে ভারতে আসেন এবং তিনি কমিটি অফ পাবলিক ইনস্ট্রাকশন এর সভাপতি নিযুক্ত হন। এসময়ে এই কমিটি প্রাচ্য রীতি ও প্রতীচ্য রীতিতে শিক্ষা দান সম্পর্কে দুই দলে বিভক্ত হয়ে পড়ে। উগ্র পাশ্চাত্যবাদী মেকলে প্রতীচ্য রীতিতে শিক্ষাদানের পক্ষপাতী ছিলেন।

তার সমর্থকদের মধ্যে ছিলেন আলেকজান্ডার ডাফ, স্যান্ডার্স, কলভিন প্রমুখ পাশ্চাত্য বাদী গণ। অন্যদিকে প্রাচ্যবিদ্যা সমর্থকদের মধ্যে ছিলেন বিশিষ্ট প্রাচ্যবিদ - এইচ টি প্রিন্সেপ, কলব্রুক প্রমুখ। তারা প্রাচীন ভারতীয় সাহিত্য ও দর্শন সম্পর্কে শিক্ষাদানে আগ্রহী ছিলেন। ১৮৩৫ সালের ফেব্রুয়ারি মাসে মেকলে তার বিখ্যাত প্রস্তাব বড়লাটের কাছে পেশ করেন।

মূল বক্তব্য

1. প্রাচ্যের শিক্ষা বৈজ্ঞানিক চেতনাহীন এবং পাশ্চাত্যের তুলনায় সম্পূর্ণ নিকৃষ্ট।
2. প্রাচ্যের সভ্যতা দুর্নীতিগ্রস্ত ও অপবিত্র। তাই এদেশে পাশ্চাত্য শিক্ষা প্রবর্তিত হওয়া উচিত।
3. এদেশের উচ্চ ও মধ্যবিত্তদের মধ্যে ইংরেজি শিক্ষার প্রসার ঘটলে "ক্রমনিম্ন পরিস্রুত নীতি" বা "চুঁইয়ে পড়া নীতি" অনুসারে টা ক্রমশ সাধারণ দেশবাসীর মধ্যে ছড়িয়ে পড়বে।
4. পাশ্চাত্য শিক্ষার বিস্তারের ফলে এদেশে এমন একটি সম্প্রদায়ের আত্মপ্রকাশ ঘটবে জারা "রক্তে ও বর্ণে ভারতীয় হলেও রুচি, মত, নৈতিকতা ও বুদ্ধিমত্তায় হবে ইংরেজ।"

মেকলে মিনিট এর বৈশিষ্ট্য:

1. তিনি প্রাচ্যের সভাকে দুর্নীতি অপবিত্র ও নির্বুদ্ধিতা বলে অভিহিত করে সরাসরি পাশ্চাত্য শিক্ষার পক্ষে মত প্রকাশ করেন।
2. তার মতে প্রাচ্যের শিক্ষায় কোন বৈজ্ঞানিক চেতনা নেই এবং তা পাশ্চাত্য শিক্ষা ব্যবস্থা অপেক্ষা সম্পূর্ণভাবে নিকৃষ্ট নিম্নমানের।
3. তিনি বলেন যে উচ্চ ও মধ্যবিত্ত দের মধ্যে ইংরেজি শিক্ষিত হলে তা ক্রমনিম্ন পরিস্রুত নীতি অনুযায়ী ধীরে ধীরে জনগণের মধ্যে ছড়িয়ে পড়বে।
4. মেকলে লক্ষ্য ছিল সাংস্কৃতিক বিজয়। তিনি বলেন যে "পাশ্চাত্য শিক্ষার ফলে এমন এক ভারতীয় গোষ্ঠী তৈরি হবে যারা রক্তবর্ণ হবে ভারতীয় কিন্তু রুচি, মত, নৈতিকতা এবং বুদ্ধিমত্তায় হবে ইংরেজ। তারাই পরে জনগণের মধ্যে নতুন জ্ঞান প্রচার করবে এবং ইংরেজি শিক্ষার ফলে ভারতে নবজাগৃতি আসবে"। মেকলের বাগ্মিতা ও যুক্তির ফলে ইংরেজি শিক্ষার সমর্থনকারীরা জয়যুক্ত হন এবং ১৮৩৫ সালের ৭ই মার্চ লর্ড বেন্টিঙ্ক ইংরেজি শিক্ষাকে সরকারি নীতি রুপে ঘোষণা করেন।

পাশ্চাত্য শিক্ষার বিকাশ ঘটানোর পক্ষে যুক্তি

1. ইংরাজী ভাষা পাশ্চাত্য ভাষা সমূহের মধ্য প্রধান। গ্রীক ও ল্যাটিন ভাষা যেমন ইংরাজী ভাষার সমৃদ্ধির মূলে ছিল তেমনি ইংরাজী ভাষা ভারতীয় ভাষাকে সমৃদ্ধ করতে সাহায্য করবে। ইউরোপে গ্রীস – রোমের বিদ্যা ফেরেনসাঁস এনেছিল , ইংরাজী ভাষা ভারতে তেমনি নব জাগরণ আনবে।
2. ইংরেজী ভাষা আধুনিক জ্ঞান বিজ্ঞানের চাবিকাঠি। পাশ্চাত্য দেশে ইংরাজী ভাষা যথেষ্ট জনপ্রিয়। এই ভাষার মাধ্যমে পশ্চিম দেশীয় সভ্যতার সঙ্গে ভারতবাসী ধীরে ধীরে পরিচিত হয়ে উঠবে।
3. ইংরাজী শাসক শ্রেণীর ভাষা, ইংরাজী ভাষা না শিখলে ভারতবাসী সরকারী কাজকর্মেও অংশগ্রহণ করতে পারবে না।
4. অদূর ভবিষ্যতে এই ভাষা প্রাচ্য সমুদ্র তীরে বানিজ্যিক ভাষারুপে পরিগণিত হবে।

5. পরীক্ষামূলকভাবে দেখাগেছে ভারতবাসীরা সংস্কৃত অথবা আরবী অপেক্ষা ইংরাজীকে অধিক পছন্দ করেন।

6. ইংরাজী ভাষা চর্চার দ্বারা এদেশে যেমন শিক্ষক তৈরী হতে পারে , তেমনি দেশীয় ভাষাও সমৃদ্ধ হতে পারে এবং পরিণামে দেশীয় ভাষা শিক্ষার মাধ্যম হ পারে।

7. মেকলে ইংরাজী ভাষা শিক্ষা ব্যাপারে পরিশ্রুত মতবাদে Downward Filtration theory বিশ্বাসী ছিলেন। ইংরাজী ভাষার মাধ্যমে যে সব ভারতবাসী উচ্চ শিক্ষা লাভ করবেন তাঁরা পাশ্চাত্য জ্ঞান বিজ্ঞানের মর্ম উপলব্ধি করে নিজেদের দায়িত্বেই অন্যান্য ভারতবাসীর শিক্ষা পরিচালনায় অংশগ্রহণ করবেন। "Education Himalayas of Indian life useful information was to trickle downward, forming in time a broad and stately stream to irrigate the thirsty plains."

8. ইংরাজী শিক্ষার ফলে এদেশে এমন এক শ্রেণীর লোক মতামত , নীতি সৃষ্টি হবে যাবা বর্ণে ও রক্তেই শুধু ভারতীয় থাকবে , কিন্তু রুচি , ও বুদ্ধিতে হবে ইংরেজ। এঁদের মধ্য থেকেই শিক্ষা নীচের দিকে নেমে সাধারণের মধ্যে ছড়িয়ে পড়বে।

অ্যাডামস রিপোর্ট

উইলিয়াম অ্যাডাম সংস্কৃত এবং বাংলা ভাষা আয়ত্ত করার চেষ্টা করছিলেন এবং তিনি একদল পুরুষের সাথে যোগ দিয়েছিলেন এবং তারা নিউ টেস্টামেন্ট এর বাংলা অনুবাদ সংশোধন করছিলেন। তিনি রাজা রাম মোহন রায়ের সংস্পর্শে আসেন এবং তারা একে অপরের দ্বারা প্রভাবিত হন। অ্যাডাম ঈশ্বরে ভারতীয়দের বিশ্বাস দ্বারা প্রভাবিত হয়েছিলেন এবং খ্রিস্টান যাজকত্বকে প্রত্যাখ্যান করেছিলেন কিন্তু ভারতে নয় এবং শিক্ষা নিয়ে কাজ চালিয়ে যান। এরপর রাজা রামমোহন রায় এবং কয়েকজন ইউরোপীয় বন্ধু মিলে কলকাতা ইউনিটেরিয়ান সোসাইটি তৈরি করেন। ব্রাহ্মসমাজের প্রভাবে এই সমাজের অবসান ঘটে। ১৮৩৫সালে, লর্ড উইলিয়াম বেন্টিঙ্ক,ভারতের গভর্নর-জেনারেল অ্যাডামকে বাংলা ও বিহারের শিক্ষা সম্পর্কে একটি সমীক্ষা করার জন্য নিযুক্ত করেন এবং একটি ভবিষ্যত প্রেক্ষাপটের পরামর্শ দেন। উইলিয়াম অ্যাডাম তিনটি রিপোর্ট পেশ করেন (১৮৩৫-১৮৩৮) যা বিখ্যাতভাবে শিক্ষা সম্পর্কিত অ্যাডামের রিপোর্ট হিসাবে উল্লেখ করা হয়।

প্রথম রিপোর্ট

1. প্রাথমিক জ্ঞানঃ দেশীও প্রাথমিক বিদ্যালয়গুলিতেও অক্ষর জ্ঞান, সংখ্যা পরিচিতি অর্থাৎ প্রাথমিক জ্ঞানের আলোচনা হত।

2. প্রাথমিক বিদ্যালয়ঃ তৎকালীন বিহার এবং বাংলায় মোট এক লক্ষ দেশীও প্রাথমিক বিদ্যালয় ছিল।

3. ছাত্র সংখ্যাঃ লোকসংখ্যার হিসাবে প্রতি চারশো জনের জন্য একটি বিদ্যালয় ছিল।

4. গ্রাম সংখ্যাঃ গ্রামের সংখ্যা হিসেবে প্রতি তিনটি গ্রামের জন্য একটি বিদ্যালয় ছিল।

দ্বিতীয় রিপোর্ট

১৮৩৬ সালের ২৩ শে ডিসেম্বর তিনি একটি দ্বিতীয় প্রতিবেদন জমা দেন। তিনি রাজশাহী জেলার নালটোর থানাকে কভার করেন, যেখানে ১২৯,৬৪০ জন মুসলমান এবং ৬৫,৬৫৬ হিন্দু ছিল। দুই ধরনের স্কুল ছিল: একটি হল নিয়মিত স্কুল যা আধুনিক স্কুলের মতো এবং অন্যটি ছিল গার্হস্থ্য স্কুল যেখানে পরিবারের সদস্যরা বাচ্চাদের পড়ায় বা পড়াতে নিযুক্ত শিক্ষক।

অ্যাডামসের গুরুত্বপূর্ণ অনুসন্ধান:

1. **ভর্তির বয়সঃ** প্রাথমিক বিদ্যালয়ে ভর্তির গড় বয়স ছিল ৪ বছর এবং স্কুল ছাড়ার জন্য ছাত্রদের গড় বয়স ছিল 14 বছর।
2. **বেতনঃ** শিক্ষকদের মাসে বেতন ছিল ৫-৮ নিকা।
3. **ছাত্রী শিক্ষার্থীঃ** এই সময় বালিকা শিক্ষার্থী ছিল না বলেই চলে।
4. **সংস্কৃত কলেজের সংখ্যাঃ** সংস্কৃত ৩৮টি থাকলেও মাত্র ৩৯৭ জন ঐ কলেজে গুলিতে পড়াশোলা করত।
5. **দেশীও কলেজঃ** মুসলিমদের দ্বারা পরিচালিত কোনো দেশীও কলেজ ছিল না।
6. **প্রাথমিক শিক্ষার জন্য বিদ্যালয়ঃ** প্রাথমিক শিক্ষার জন্য 10টি বাংলা স্কুল এবং 4টি ফার্সি স্কুল ছিল।
7. **বয়স্ক শিক্ষাঃ** এই সময় নাটোর থানায় লেখাপড়া জানা বয়স্ক মানুষের সংখ্যা ছিল ৬৪,২১ জন। সাক্ষরতার হার ছিল 6.1%।
8. **অক্ষর জ্ঞানঃ** এই সময়ই প্রায় অক্ষর জ্ঞান সম্পন্ন লোকের সংখ্যা ছিল প্রায় ৩.১০%।

তৃতীয় রিপোর্ট

অ্যাডামের তৃতীয় এবং সবচেয়ে গুরুত্বপূর্ণ প্রতিবেদনটি ২৮ এপ্রিল, ১৮৩৮ তারিখে জমা দেওয়া হয়েছিল, তার দ্বারা ব্যক্তিগতভাবে পাঁচটি জেলায় পরিচালিত জরিপের ভিত্তিতে, যথা- মুর্শিদাবাদ, বীরভূম, বর্ধমান, দক্ষিণ বিহার এবং ত্রিহত। অ্যাডামস রিপোর্ট একটি নমুনা সমীক্ষা উপস্থাপন করে যা আমাদের বাংলায় শিক্ষার অবস্থা সম্পর্কে একটি ন্যায্য ধারণা প্রদান করে। অনুরূপ সমীক্ষা বোম্বে, মাদ্রাজ এবং গুলবুরগা (কর্নাটক) আইলে পরিচালিত হয়েছিল যার লক্ষ্য ভারতীয় জনগণকে শিক্ষিত করার জন্য সরকারী প্রচেষ্টার প্রয়োজনীয়তা নির্দেশ করে। উইলিয়াম অ্যাডাম আদিবাসীদের শিক্ষার একটি বিশদ পরিকল্পনা দিয়ে তার প্রতিবেদনটি শেষ করেছেন।

অ্যাডামের তৃতীয় প্রতিবেদনটি দুটি ভাগে বিভক্ত ছিল:

1. প্রথম অংশে শিক্ষাগত তথ্য রয়েছে যা তিনি 5টি জেলার সংগৃহীত করেছিলেন: মুর্শিদাবাদ, বর্ধমান, বীরভূম, দক্ষিণ বিহার এবং ত্রিহত।
2. দ্বিতীয় অংশটি ছিল শিক্ষার সংস্কার এবং বিশেষ করে আদিবাসী শিক্ষার জন্য অ্যাডাম কর্তৃক প্রস্তাবিত প্রস্তাবগুলি সম্পর্কে।

প্রথম অংশের সুপারিশ

প্রথম অংশের সুপারিশ গুলি হল নিম্নরূপ

1. **উচ্চশিক্ষা:** উচ্চশিক্ষার জন্য ১৯০টি টোল এবং ২৯টি মাদ্রাসা ছিল
2. **স্বাক্ষরতার হার:** স্বাক্ষরতার হার ছিল ৮.১২%।
3. **বিদ্যালয়:** মোট ২৫৬৭টি বিদ্যালয়ে ৩০,৯১৫ জন শিক্ষার্থী শিক্ষা লাভ করত।
4. **ছাত্রীর সংখ্যা:** মুর্শিদাবাদ, বর্ধমান ও বীরভূম জেলায় মোট ৬টি বালিকা বিদ্যালয়ে ২১৪জন ছাত্রী শিক্ষা গ্রহন করত।
5. **শিক্ষার্থী সংখ্যা:** জনসংখ্যার অনুপাত প্রতিটি অঞ্চলে শিক্ষার্থী সংখ্যা ছিল ৭৩:১।

দ্বিতীয় অংশের সুপারিশ

অ্যাডাম তাঁর বিবরণীর শেষে সমগ্র শিক্ষা ব্যবস্থা পরিচালনার করে মৃত্যু পথযাত্রী দেশীয় শিক্ষা ব্যবস্থাকে কি করে বাঁচিয়ে তোলা যায় এবং জাতীয় শিক্ষার ভিত্তি রূপে দাঁড় করানো যায় সে সম্পর্কে অ্যাডাম কয়েকটি সুপারিশ করেছেন সে গুলি হল:

1. **তথ্য সংগ্রহ:** নির্বাচিত জেলার শিক্ষা ব্যবস্থা ব্যাপক অনুসন্ধান করে তথ্য সংগ্রহ করতে হবে।
2. **পরীক্ষক নিযুক্ত:** প্রত্যেক জেলায় শিক্ষক পরিকল্পনার যথাযথ রূপায়ণের জন্য একজন পরীক্ষক নিযুক্ত করতে হবে।
3. **ভূমিদানের ব্যবস্থা:** শিক্ষকদের গ্রাম থেকে শিক্ষাদানে উৎসাহী করার জন্য ভূমিদানের ব্যবস্থা নির্বাচিত জেলায় শিক্ষাব্যবস্থার ব্যাপক অনুসন্ধান করে তথ্য সংগ্রহ করতে হবে।
4. **নর্মাল স্কুল:** শিক্ষকদের শিক্ষার জন্য আদর্শ নর্মাল স্কুল ' স্থাপন করতে হবে।
5. **পাঠ্য পুস্তক:** শিক্ষক ও ছাত্রদের উপযোগী পাঠ্যপুস্তক করতে হবে এবং শিক্ষকদের বই পড়তে উৎসাহী করতে হবে।
6. **জ্ঞান প্রদান:** প্রশিক্ষণ প্রাপ্ত শিক্ষকেরা ছাত্রদের নতুন নতুন জ্ঞান প্রদান করবেন। শিক্ষকগণ ছাত্রদের পরীক্ষা গ্রহণের ব্যবস্থা করবেন এবং বিদ্যালয়ে পুরস্কার বিতরণের ব্যবস্থা করবেন। শিক্ষক ও ছাত্রদের উপযোগী ভারতীয় ভাষায় পাঠ্যপুস্তক রচনা করে তার প্রচার।

সুতরাং অ্যাডামের পর্যবেক্ষণ অনুযায়ী বলা যায় যে, দেশীয় শিক্ষা প্রতিষ্ঠাগুলির নানা ত্রুটি ও সাংগঠনিক কাঠামো দূর্বল হওয়া সত্ত্বেও বহুকাল ধরে এগুলি জনসাধারণের শিক্ষার দায়িত্ব পালন করেছে। অর্থাৎ, এই বিদ্যালয়গুলিকে জাতীয় শিক্ষার ভিত্তি হিসাবে গ্রহণ করতে হবে। চুইয়ে পড়া নীতির বিরোধীতা করে অ্যাডাম প্রত্যক্ষ করেছিলেন " শিক্ষাকে নিচের দিক থেকে ধাপে ধাপে গড়ে তুলতে হবে ।

শিক্ষার একটি নির্ভরযোগ্য ব্যবস্থা গড়ে তোলার জন্য একটি পদ্ধতিগত প্রচেষ্টা শুরু হওয়ার আগে কিছু বিচ্ছিন্ন কিন্তু গুরুত্বপূর্ণ শিক্ষা প্রতিষ্ঠান বাংলার অভিজাত ব্যক্তিদের দ্বারা প্রতিষ্ঠিত হয়েছিল যারা তাদের ব্রিটিশ বন্ধুদের সাথে ইংরেজি শিক্ষা এবং ফলস্বরূপ সামাজিক সংস্কারের তীব্র প্রয়োজন অনুভব করেছিল।

উদাহরণস্বরূপ:

- লর্ড ওয়েলেসলি ১৮০০ সালে ফোর্ট উইলিয়াম কলেজ প্রতিষ্ঠা করেছিলেন, যেখানে বাংলা এবং সংস্কৃত সহ ভারতীয় ভাষাগুলি শেখানো এবং গবেষণা করা হয়েছিল এবং যেখানে ইতিহাসের

এক পর্যায়ে ঈশ্বরচন্দ্র বিদ্যাসাগর এবং পন্ডিত মা দান মোহন তর্কালঙ্কার শিক্ষক হিসাবে যোগদান করেছিলেন। তারা উভয়েই বাংলা ভাষার বিকাশ ও বাংলায় শিক্ষাদানে গুরুত্বপূর্ণ ভূমিকা পালন করেন।

- হিন্দু স্কুল ১৮১৭ সালে স্থাপিত।
- ১৮১৮ সালে ডেভিড হেয়ার দ্বারা প্রতিষ্ঠিত হেয়ার স্কুল।
- হিন্দু কো-সিজ, প্রেসিডেন্সি কটেজ, বর্তমান প্রেসিডেন্সি ইউনিভার্সিটি, ১৮১৭ সালে রাজা রাম মোহন রায়, রাজা রাধাকান্ত দেব, রাসা মে দত্ত প্রমুখ -এর আর্থিক অনুদানে প্রতিষ্ঠিত হয়েছিল। এই সমস্ত প্রতিষ্ঠান এবং অন্যান্য প্রতিষ্ঠান বাংলার শিক্ষা ব্যবস্থার উন্নয়নে অগ্রণী ভূমিকা পালন করে।

তথ্য সংগ্রহের পদ্ধতি:

অ্যাডাম দুটি পদ্ধতি অনুসরণ করেছিলেন: ১. তিনি নিজে প্রতিটি জেলার একটি "থানা" থেকে তথ্য সংগ্রহ করেছিলেন এবং ২. দ্বিতীয়ত, তার এজেন্টরা অন্যান্য সমস্ত "থানা" থেকে তথ্য সংগ্রহ করেছিলেন তিনি দুটি মুখোমুখি হন।

জরিপ চলাকালীন অসুবিধা: 1. প্রথম সমস্যা ছিল যাতায়াত এবং যোগাযোগ, এবং 2. অন্য সমস্যাটি ছিল জরিপ এবং এর উদ্দেশ্য সম্পর্কে জনগণের মধ্যে সন্দেহ।

2
বাংলায় পাশ্চাত্য শিক্ষার প্রভাব

ভূমকা

ব্রিটিশরা ভারতে পাশ্চাত্য শিক্ষা প্রদান করেছিল যা ভারতীয়দের গণতন্ত্র ও জাতীয়তাবাদের ধারণার সাথে পরিচয় করিয়ে দিয়েছিল। এই ধারণাগুলি ভারতীয়দের রাজনৈতিক চিন্তাভাবনাকে পরিবর্তন করে এবং একটি জাতীয় জাগরণ নিয়ে আসে। পাশ্চাত্য শিক্ষা নতুন শিক্ষিত ভারতীয়দের জন্য উদার ইউরোপীয় চিন্তাধারার বন্যার দরজা খুলে দেয়। যখন ভারতীয়রা ইউরোপীয় ইতিহাস অধ্যয়ন করে, তখন তারা স্বাধীনতা, জাতীয়তা, সমতা, আইনের শাসন এবং স্বায়ত্তশাসনের মতো আদর্শের মুখোমুখি হয়।

পাশ্চাত্য শিক্ষার প্রভাবঃ

- শিক্ষিত ভারতীয়রা আমেরিকান এবং ফরাসি বিপ্লব সম্পর্কে পড়েন এবং স্বাধীনতা, সমতা এবং ন্যায়বিচারের ধারণায় ভারতীয়দের হৃদয়কে ভরিয়ে দেন।
- হবস, লক এবং রুসোর ধারণাগুলি জনগণকে রাজনৈতিক ও সামাজিক স্বাধীনতার জন্য সংগ্রাম করতে অনুপ্রাণিত করেছিল।
- শিক্ষিত ভারতীয়রাও স্ব-শাসন এবং গণতন্ত্রের ধারণার সাথে পরিচিত হয়ে ওঠে। ভারতে গণতান্ত্রিক শাসন প্রতিষ্ঠার জন্য ভারতীয়রা ব্রিটিশ শাসন থেকে স্বাধীনতা দাবি করতে শুরু করে।
- ইংরেজি একটি সাধারণ ভাষায় পরিণত হয়। বিভিন্ন অঞ্চলের লোকেরা এখন ইংরেজিতে যোগাযোগ করতে পারে। এটি আঞ্চলিক বাধা গুলি ভাঙতে এবং দেশকে ঐক্যবদ্ধ করতে সহায়তা করেছিল
- পাশ্চাত্য শিক্ষার প্রবর্তনেরও সীমাবদ্ধতা ছিল। এটি ভারতীয় জনগণকে তাদের ঐতিহ্যগত শিক্ষা ও জীবনযাত্রার পদ্ধতি, তাদের ধ্রুপদী শিকড় এবং আদিবাসী জ্ঞান থেকে বিচ্ছিন্ন করেছিল। এর সাথে সাথে ভারতীয় মূল্যবোধ, দর্শন এবং ঐতিহ্যগুলি ম্লান হয়ে যায়

- পাশ্চাত্য শিক্ষার মাধ্যমে, ব্রিটিশরা ভারতীয়দের একটি শ্রেণী তৈরি করতে চেয়েছিল যারা রক্ত ও রঙে ভারতীয় হবে, কিন্তু স্বাদে, মতামতে, নৈতিকতায় এবং বুদ্ধিতে ইংরেজি হবে। যেহেতু তারা প্রশাসনিক পদের জন্য শিক্ষিত ভারতীয়দের চেয়েছিলেন, তাই ইংরেজরা শুধুমাত্র ভারতীয়দের একটি অংশকে শিক্ষিত করতে বিশ্বাস করত। তারা জনগণের মধ্যে শিক্ষা ছড়িয়ে দেওয়ার জন্য কিছুই করেনি।

বাংলার নবজাগরন

রেনেসাঁস বা নবজাগরণ কী?

রেনেসাঁস শব্দটির সাধারণ বাংলা হলো পুনর্জন্ম বা নবজাগরণ। রেনেসাঁস বলতে সাধারণভাবে যা বোঝায় তা হলো ইউরোপের , বা বলা ভালো , ইটালির মাটিতে প্রাচীন ঐতিহ্যবাহী শিল্পকলা-সাহিত্য-সংস্কৃতির পুনর্মূল্যায়ন। এই শব্দটি মূলত ইটালির ইতিহাসের সঙ্গে যুক্ত। ইটালিতে চতুর্দশ শতক থেকে ষোড়শ শতক জুড়ে শিল্পকলা-সাহিত্য-সংস্কৃতি-রাষ্ট্রনীতি প্রভৃতি ক্ষেত্রে এক উজ্জীবন দেখা দেয়। বিষয়টি লক্ষ করে বিখ্যাত ঐতিহাসিক এইচ সি ডেভিস লিখেছেন, রেনেসাঁস হলো তাই যেখানে 'সংস্কারের গোলকধাঁধায় কারারুদ্ধ মানুষের পুনর্জন্ম' ঘটে। আমাদের সাহিত্যিক বঙ্কিমচন্দ্র চট্টোপাধ্যায় এক্ষেত্রে লিখেছেন, 'অকস্মাৎ বিনষ্ট বিস্মৃত অপরিজ্ঞাত গ্রিক সাহিত্য ইউরোপ ফিরিয়া পাইল। ফিরিয়া পাইয়া যেমন বর্ষার জলে শীর্ণা স্রোতস্বতী কূল পরিপাবিনী হয়, যেমন মুমূর্ষু রোগী দৈব ঔষধে যৌবনের বলপ্রাপ্ত হয়, ইউরোপের অকস্মাৎ সেইরূপ অভ্যুদয় হইল।

বাংলার নবজাগরণঃ

বাংলায় নবজাগরণের বিষয়টি প্রথম থেকেই এক বিতর্কিত অধ্যায়। এক্ষেত্রে প্রশ্ন তোলা হয়। যে, ইটালিতে নবজাগরণের যে বৃহৎ অধ্যায় রচিত হয়েছে বাংলায় তার ছায়া দেখা যায় কি? ইংরেজ শাসিত ভারতবর্ষ ঔপনিবেশিক নাগপাশে জড়িয়ে পড়েছিল। তবে, একইসঙ্গে, এদেশের জাতি, বিশেষত বাংলার মানুষের একটা গুরুত্বপূর্ণ অংশ পাশ্চাত্য শিক্ষায় শিক্ষিত হয়ে ওঠে। তারা এক নতুন চিন্তার জগতে প্রবেশ করতে সক্ষম হয়। এর ফলে বাংলার শিক্ষা-সংস্কৃতির জগতে এক সুদূরপ্রসারী পরিবর্তন লক্ষ করা যায়। সমকাল ও পরবর্তীকালের বহু মানুষ এই পরিবর্তনকে ' বাংলার রেনেসাঁস ' বা ' বাংলার নবজাগরণ ' আখ্যা দিয়ে থাকেন। উদাহরণস্বরূপ, রাজা রামমোহন র (১৭৭৪–১৮৩৩ খ্রি .) তাঁর বন্ধু আলেকজান্ডার ডাফকে এক চিঠিতে জানান, ' আমি ভাবতে শুরু করেছি যে, ইউরোপ রেনেসাঁসের মতো কিছু একটা ভারতেও ঘটতে চলেছে। রামমোহনের এহেন চিন্তাধারার অনুগামী হিসেবে উনিশ শতকের আরও বেশ কিছু মনীষীর কথা উল্লেখ করা যায়। এঁদে মধ্যে বিশেষভাবে উল্লেখযোগ্য হলেন বঙ্কিমচন্দ্র চট্টোপাধ্যায়, কেশবচন্দ্র সেন, বিপিনচন্দ্র পাল, অরবিন্দ ঘোষ এর আরও অনেকের মধ্যে অবশ্যই রবীন্দ্রনাথ ঠাকুর। এঁরা প্রায় সকলেই উনিশ শতকের পাশ্চাত্য শিক্ষায় শিক্ষিত মানুষে ভাবাবেগ ও কার্যকলাপকে নবজাগরণ হিসেবে চিহ্নিত করতে চেয়েছেন। অন্যদিকে , আধুনিককালের গবেষকদের মনে অনেকেই বলতে চেয়েছেন যে, নবজাগরণ বলতে যা বোঝায় তা ভারতে কোনোদিনই ঘটেনি। বলা বাহুল্য , এঁদে সকলেই ভারতীয় নবজাগরণকে প্রধানত ইউরোপীয় তথা ইতালীয় নবজাগরণের অভিধায় দেখতে চেয়েছেন বলে এহেন অবস্থান।

বাংলায় 'নবজাগরণ'-এর ধারণা নিয়ে যিতর্কঃ

প্রথমেই উল্লেখ করা প্রয়োজন, নবজাগরণ বলতে আমরা যা বুঝি তা প্রধানত বাংলায়, বিশেষত কলকাতায় সংগঠিত হয়েছিল। এ ব্যাপারে রামমোহন রায় থেকে শুরু কে বিদ্যাসাগর, বঙ্কিমচন্দ্র হয়ে রবীন্দ্র পর্যন্ত মনীষীরা তাঁদের সময় যুক্তিবাদী তথা মুক্তচিন্তার দরজা খুলে দেন এই মুক্তচিন্তার ফলশ্রুতিকে কেউ কেউ নবজাগরণ বলে চিহ্নিত করেন। তবে, এঁদের যাবতীয় ক্রিয়াকাণ্ড, সমাজসংস্কার ধর্মসংস্কার, শিক্ষাসংস্কার সম্পর্কে যতটা জানা যায়, তাকে কিন্তু কখনোই প্রাচীন ঐতিহ্যের আলোকে নতুন করে মূল্যায়নের প্রচেষ্টা বলা যায় না। মূলত এরই প্রেক্ষিতে বাংলার নবজাগরণকে কেন্দ্র করে যাবতীয় বিতর্কের সূচনা। বাংলার নবজাগরণকে প্রকৃত অর্থে নবজাগরণ বলা যায় কিনা তা নিয়ে দুটি বিপরীত মেরুর অবস্থান লক্ষ করা যায়। একদিকে, আচার্য যদুনাথ সরকার মনে করেন, উনিশ শতকের ভারত নবজাগরণের ভারত। তিনি লিখেছেন, এই নবজাগরণ ইংরেজ শাসনের দান। রমেশচন্দ্র মজুমদার জানিয়েছেন, বাংলার নবজাগরণ হিন্দু জাতীয়তাবাদের ফসল। এই নবজাগরণ বাংলা তথা ভারতের জাতিসত্তাকে নতুনভাবে উন্মোচিত করেছে। রামমোহন - বিশেষজ্ঞ দিলীপকুমার বিশ্বাস তাঁর 'রামমোহন সমীক্ষা' গ্রন্থে লিখেছেন, 'ইউরোপীয় রেনেসাঁসের সঙ্গে বাংলার রেনেসাঁসের প্রকৃতিগত পার্থক্য থাকলেও একটি জায়গায় মিল খুঁজে পাওয়া যায়। উভয় ক্ষেত্রেই প্রাচীন যুগের জ্ঞান-বিজ্ঞান-শিল্প-সাহিত্যের পুনরুজ্জীবন ও পুনঃঅনুশীলনের প্রতি এক প্রচণ্ড আগ্রহ লক্ষ করা যায়। এঁদের মতে বাংলায় নবজাগরণ অবশ্যই ঘটেছিল। অন্যদিকে, যাঁরা বিশ্বাস করেন বাংলায় নবজাগরণ বলতে তেমন কিছু ঘটেনি, তাঁদের মধ্যে সমাজবিজ্ঞানী বিনয় ঘোষ অন্যতম। (তাঁর 'বাংলার নবজাগৃতি' গ্রন্থে) তিনি লিখেছেন, বাংলার তথাকথিত নবজাগরণ 'সোডার বোতলে উচ্ছ্বসিত বুদবুদের মতো খানিকটা সাময়িক আদর্শগত চিত্তচাঞ্চল্য ছাড়া আর কিছুই ছিল না। তাঁর মতে নবজাগরণের বৈশিষ্ট্য 'সমাজের উপরতলার কিছু মানুষের ব্যক্তিস্বার্থের ফলশ্রুতি ছাড়া আর কিছুই নয়। 'বাংলার নবজাগরণ এই অর্থে এক 'ঐতিহাসিক ছলনা' মাত্র। এই নবজাগরণ আসলে ছিল 'ভারতের বাইরে সৃষ্ট ইংরেজি নবজাগরণ'। ড. অমলেশ ত্রিপাঠি (তাঁর ইতালীর র‍্যানেশাঁস : বাঙালীর সংস্কৃতি ' গ্রন্থে) জানিয়েছেন, ইতালির রেনেসাঁস বহুকাল যাবং জ্যাকব বুর্খার্ট নামক এক প্রবাদপ্রতিম ঐতিহাসিকের ব্যাখ্যাসাপেক্ষ ছিল। আর এই ব্যাখ্যার ওপর নির্ভর করেই বাংলার নবজাগরণের ব্যাখ্যা চলে এসেছে, বিষয়টি বিভ্রান্তিকর। তাঁর মতে, বাংলার নবজাগরণ এদেশে কোনো মৌলিক পরিবর্তন ঘটাতে পারেনি। তার রেশ কখনোই সর্বস্তরে পৌঁছায়নি। তবে, এ সমস্ত বাদানুবাদ সত্ত্বেও এ কথাও সত্য যে, বাংলার নবজাগরণ অধ্যায়টি সব দিক থেকেই প্রতিবাদী চরিত্রের ছিল। এই চরিত্রের মধ্য দিয়ে বাংলা তো বটেই, এমনকি ভারতবর্ষও এক ' ঐতিহাসিক দ্বন্দ্ব'র সম্মুখীন হয়। এই ঐতিহাসিক দ্বন্দ্বের একপক্ষে ছিল প্রগতিশীল মানুষের অবস্থান এবং অন্যপক্ষে রক্ষণশীল মানুষের। বাংলা তথা ভারতের শিক্ষিত মানুষ কিন্তু প্রথম ধারাটির শরিক হতে দ্বিধা করেনি।

বাংলার নবজাগরণের প্রধান ধারাসমূহ ভূমিকা:

উনিশ শতকে বাংলায় আধুনিক পাশ্চাত্য শিক্ষার প্রসার ঘটে। এর প্রভাবে এই শতকে বাংলায় শিক্ষা, সংস্কৃতি, শিল্পকলা, রাজনীতি, ধর্ম, সমাজ, প্রভৃতি বিভিন্ন ক্ষেত্রে অভূতপূর্ব অগ্রগতি লক্ষ করা যায়। এই অগ্রগতি সাধারণভাবে ' উনিশ শতকে বাংলার নবজাগরণ ' নামে পরিচিত। এই নবজাগরণের প্রধান ধারাগুলি হল নিম্নরূপ —

1. **প্রাচ্য - পুনরুজ্জীবনবাদী ধারাঃ** উনিশ শতকে বাংলার নবজাগরণের একটি অন্যতম ধারা হল বাংলার সুপ্রাচীন গৌরবময় ঐতিহ্যের পুনরুদ্ধার। এই প্রাচ্য পুনরুজ্জীবনবাদী ধারার জাগরণে নেতৃত্ব দিয়েছিলেন সনাতনপন্থী প্রগতিশীল মানসিকতার ব্যক্তিরা। এঁদের মধ্যে উল্লেখযোগ্য ছিলেন রাধাকান্ত দেব , মৃত্যুঞ্জয় বিদ্যালঙ্কার , হরিশচন্দ্র মুখোপাধ্যায় প্রমুখ। তাঁদের লক্ষ্য ছিল প্রাচ্যের সুপ্রাচীন গৌরবময় ঐতিহ্যের যথার্থ পুনরুজ্জীবন ঘটানো।

2. **পাশ্চাত্য যুক্তিবাদী ধারাঃ** কেউ কেউ প্রাচ্যের সবকিছু প্রগতিশীলতা অস্বীকার করে পাশ্চাত্যের সভ্যতার অনুকরণে বাংলার সমাজ - সংস্কৃতির উন্নতি ঘটানোর পরিকল্পনা করেন। পাশ্চাত্য যুক্তিবাদী ধারার মুখপাত্র ছিল 'নব্যবঙ্গ গোষ্ঠী'। তাঁদের লক্ষ্য ছিল—প্রাচ্যের পশ্চাদপদ সভ্যতা - সংস্কৃতিকে সম্পূর্ণ বর্জন করে পাশ্চাত্যের যুক্তিবাদকে সম্পূর্ণভাবে গ্রহণ করা।

3. **সমন্বয়বাদী ধারাঃ** উক্ত দুটি ধারার মধ্যবর্তী স্তরে একটি সমন্বয়বাদী ধারার উদ্ভব ঘটেছিল। তৃতীয় এই ধারার নেতৃত্বে ছিলেন রামমোহন রায় , বিদ্যাসাগর প্রমুখ। তাঁরা প্রাচ্যের মহৎ বিষয়গুলির সঙ্গে পাশ্চাত্যের মহৎ বিষয়গুলির সমন্বয় ঘটিয়ে বাংলার সাংস্কৃতিক ক্ষেত্রে উন্নতি ঘটাতে চেয়েছিলেন।

বাংলার নবজাগরণের প্রকৃতি বা চরিত্র

1. **অর্থঃ** পাশ্চাত্য শিক্ষায় শিক্ষিত তৎকালীন বাংলার মধ্যবিত্ত সমাজ অনুসন্ধানী মন ও যুক্তিতর্কের দ্বারা সবকিছুর মূল্যায়ন শুরু করে। এই সময় চিরাচরিত শাস্ত্রের নতুন ব্যাখ্যা, নীতিশাস্ত্রের ও ধর্মশাস্ত্রের নতুন মূল্যায়ন শুরু হয়। শিক্ষা, সংস্কৃতি, ধর্ম, সমাজ, সমস্ত ক্ষেত্রে এক অভাবনীয় জাগরণ শুরু হয়, যা এক কথায় নবজাগরণ নামে পরিচিত।

2. **ভিত্তিঃ** নবজাগরণ বলতে শুধু প্রাচীন দেশীয় ও ঐতিহ্য ও সংস্কৃতির নতুন মূল্যায়ন প্রচেষ্টাকে বোঝায় না। এই সময় ইংরেজি শিক্ষার ও ইউরোপীয় সংস্কৃতির ছোঁয়ায় বাঙালি আত্মসচেতন হয়ে ওঠে। পাশ্চাত্য শিক্ষায় শিক্ষিত বাঙালি পাশ্চাত্যের সাহিত্য, দর্শন, বিজ্ঞান, রাজনীতি, অর্থনীতি প্রভৃতি বিষয়ে সম্যক ধারণা লাভের জন্য ব্যাকুল হয়ে ওঠে। বাঙালি নিজের ধর্মীয় এবং সামাজিক ক্রটিবিচ্যুতিগুলি এবং সাম্রাজ্যবাদী ব্রিটিশ শাসনের চরিত্র সম্বন্ধে সচেতন হয়ে ওঠে। এই সচেতনতাই হল নবজাগরণের আসল ভিত্তি। নবজাগরণের মতাদর্শগত ভিত্তি কখনই ধর্মনিরপেক্ষ বা অসাম্প্রদায়িক ছিল একথা বলা যায় না। তাই অধ্যাপক সুমিত সরকার লিখেছেন—"মুসলিম স্বেরাচারী শাসনের সহাবস্থান সংক্রান্ত ধারণা থেকেই বুদ্ধিজীবীরা একটি বিদেশি শাসন গ্রহণ করার সুবিধাজনক যৌক্তিকতা খুঁজে পেয়েছিলেন।"

3. **তিনটি ভাবধারাঃ** বাংলার নবজাগরণের চরিত্র বিচারে কয়েকটি ভাবধারার পরিচয় পাওয়া যায়। এগুলি হল উদারপন্থী ভাবধারা, প্রাচ্যের পুনরুজ্জীবনবাদী বা ঐতিহ্যবাদী ভাবধারা এবং সমন্বয়বাদী ভাবধারা। পাশ্চাত্যের উদারপন্থী ভাবধারার প্রভাবে সমাজসংস্কার, ধর্মীয় কুসংস্কারের বিরুদ্ধে আন্দোলন, নারীমুক্তি আন্দোলন প্রভৃতি শুরু হয়। যুক্তির আলোকে প্রচলিত প্রথা এবং আচারবিধিগুলি যাচাই করে নেওয়ার রীতি চালু হয়। দ্বিতীয় ধারা অর্থাৎ প্রাচ্যের পুনরুজ্জীবনবাদ বা ঐতিহ্যবাদী ভাবধারা অনুযায়ী প্রাচীন ভারতীয় সভ্যতার শ্রেষ্ঠত্ব প্রতিষ্ঠায় উদ্যোগ লক্ষ করা যায়। তৃতীয় অর্থাৎ সমন্বয়বাদী ভাবধারা অনুযায়ী প্রাচীন যুগের

যা কিছু শ্রেষ্ঠ তার সঙ্গে পাশ্চাত্য জ্ঞান বিজ্ঞানের যা কিছু শ্রেষ্ঠ উভয়ের সমন্বয়ের উদ্যোগ শুরু হয়।

4. **এলিটিস্ট আন্দোলন:** সমালোচকদের ধারণায় উনিশ শতকে বাংলার নবজাগরণ ছিল এলিটিস্ট (Elitist) আন্দোলন। সমাজের মুষ্টিমেয় উচ্চবিত্ত ও উচ্চশিক্ষিত লোকেদের মধ্যেই এই নবজাগরণ সীমাবদ্ধ ছিল। উনিশ শতকে বাংলার নবজাগরণের প্রভাব সমাজের সকল শ্রেণির ওপর পড়েনি। তা ছাড়া এই নবজাগরণ মুসলিম সম্প্রদায়কে প্রভাবিত করতে ব্যর্থ হয়। কারণ মুসলিম সম্প্রদায়কে কেন্দ্র করে সেই সময় কোনো সংস্কার প্রচেষ্টা দেখা যায়নি। তা ছাড়া হিন্দু সমাজকেন্দ্রিক সংস্কার প্রচেষ্টা গৃহীত হলেও দেখা যায় যে, হিন্দুসমাজের পিছিয়ে পড়া মানুষ বা কৃষক সমাজের উন্নতির জন্য কোনো উদ্যোগ নেওয়া হয়নি। জওহরলাল নেহরু স্পষ্টভাবে বলেছেন ঔপনিবেশিক শাসনের জ্ঞানদীপ্তি শুধুমাত্র উচ্চবর্ণের বাঙালি হিন্দুদের ওপরই প্রতিফলিত হয়েছিল।

5. **মৌলিকত্বের অভাব:** বাংলায় নবজাগরণের মৌলিকত্বের অভাব ছিল। একদিকে বেদ উপনিষদের প্রভাব, অপরদিকে পাশ্চাত্য উদারপন্থা ও হিতবাদের অনুপ্রেরণা। মধ্যবিত্ত শিক্ষিত বাঙালির মতাদর্শ এক মিশ্র চিন্তাধারার জন্ম দেয়। এর কুপ্রভাব হিসেবে তারা ইংরেজি গানের সুরের ঢঙে হিন্দুস্থানি গানের চর্চা করতেন এবং ইংরেজ কায়দায় থালাপিনা করতেন ও বিলাস বৈভবে জীবন কাটাতেন। এদের অনেকেই দেশের ঐতিহ্যমণ্ডিত শিল্পের প্রতি শ্রদ্ধা না দেখালেও ইল্যান্ড থেকে আমদানি করা বিলাসপণ্য ঘরে সাজিয়ে রেখে গর্ব অনুভব করতেন। তাই এ প্রসঙ্গে অধ্যাপক অমলেশ ত্রিপাঠী বলেছেন- "প্রাচীন ইটালির দ্বিমুখবিশিষ্ট দেবতা জ্যানাসের মতো তারা একবার সামনের দিকে আধুনিক পাশ্চাত্যের প্রতি তাকিয়েছিল। আর একবার পেছনদিকে প্রাচীন ভারতের প্রতি তাকিয়েছিল। ঘড়ির পেন্ডুলামের মতো তারা একবার পাশ্চাত্যকরণের দিকে এক একবার ঐতিহ্যগত আদর্শের দিকে এবং এই দুই-এর মধ্যবর্তী স্তরে বিচরণ করেছিল।"

6. **শহরকেন্দ্রিক:** উনিশ শতকের বাংলার নবজাগরণ ছিল মূলত শহরকেন্দ্রিক। এই নবজাগরণের প্রাণকেন্দ্র ছিল কলকাতা। কলকাতার বাইরে অন্যান্য জায়গায় এই নবজাগরণ ছড়িয়ে পড়েনি। তাই গ্রামবাংলার গরিষ্ঠ অংশ এই নবজাগরণের ছোঁয়া পায়নি। বলা যায়, গ্রামের কৃষক ও দরিদ্র শ্রেণির সঙ্গে এই নবজাগরণের কোনো সম্পর্ক গড়ে ওঠেনি।

7. **সীমিত পরিসর:** উনিশ শতকের বাংলার নবজাগরণের ব্যাপ্তি বা পরিসর ছিল খুবই সীমিত। তা ছিল মূলত শহরকেন্দ্রিক, বিশেষ করে কলকাতাকেন্দ্রিক। কলকাতার বাইরে গ্রামবাংলায় এই নবজাগরণের প্রসার ঘটেনি এবং গ্রামবাংলার বৃহত্তর জনগোষ্ঠী এই নবজাগরণের কোনো সুফল পায়নি।

8. **মধ্যবিত্ত সমাজে সীমাবদ্ধ:** বাংলার জাগরণ শুধু পাশ্চাত্য শিক্ষায় শিক্ষিত প্রগতিশীল সমাজে সীমাবদ্ধ ছিল। বিভিন্ন ঐতিহাসিক এই সমাজের লোকেদের ' মধ্যবিত্ত ভদ্রলোক ' বলে অভিহিত করেছেন। এজন্য অধ্যাপক অনিল শীল এই জাগরণকে এলিটিস্ট আন্দোলন বলে অভিহিত করেছেন। বাংলার এই জাগরণের সঙ্গে গ্রামগঞ্জের হাজার হাজার দরিদ্র মেহনতি মানুষের কোনো প্রত্যক্ষ যোগ ছিল না। পণ্ডিত জওহরলাল নেহরুও মনে করেন যে , ঔপনিবেশিক শাসনের জ্ঞানদীপ্তি শুধু উচ্চবর্ণের হিন্দুদের ওপরই প্রতিফলিত হয়েছিল। সাধারণ জনগণের মধ্যে এর বিশেষ প্রভাব পড়েনি।

9. **ব্রিটিশ নির্ভরতাঃ** বাংলার এই জাগরণ অতিমাত্রায় ব্রিটিশ নির্ভর হয়ে পড়েছিল। ব্রিটিশ শাসনের প্রতি শ্রদ্ধাশীল নবজাগরণের নেতৃবৃন্দ মনে করতেন যে, ব্রিটিশ শাসনের দ্বারাই ভারতীয় সমাজের মঙ্গল সাধিত হবে। ঐতিহাসিক যদুনাথ সরকার লিখেছেন, 'ইংরেজদের দেওয়া সবচেয়ে বড়ো উপহার হল আমাদের উনিশ শতকের নবজাগরণ। তিনি ভারতে ব্রিটিশ শাসন প্রতিষ্ঠাকে এজন্য 'গৌরবময় ভো ' বলে অভিহিত করেছেন।

10. **হিন্দু জাগরণবাদঃ** বাংলার নবজাগরণ প্রকৃতপক্ষে "হিন্দু জাগরণবাদে" পর্যবসিত হয়। রাধাকান্ত দেব , মৃত্যুঞ্জয় বিদ্যালঙ্কার প্রমুখের কার্যকলাপে হিন্দু জাগরণবাদের ছায়া দেখতে পাওয়া যায়। রামমোহন ও বিদ্যাসাগর হিন্দুশাস্ত্রকে ভিত্তি করে সমাজ পরিবর্তনের ডাক দিয়েছিলেন। তাই অনেকে মনে করেন যে , উনিশ শতকের বাংলার নবজাগরণে ধর্মনিরপেক্ষ মানবতাবাদের ভূমিকা ছিল খুবই গৌণ।

বাংলায় নবজাগরণের সীমাবদ্ধতা

1. অধ্যাপক সুশোভন সরকার তার নোটস অন বেঙ্গল রেনেসাঁ (Notes on Bengal Renaissance) শীর্ষক গ্রন্থে নবজাগরণের নানা সীমাবদ্ধতার কথা তুলে ধরলেও বাংলার এই সাংস্কৃতিক জাগরণকে নবজাগরণ অ্যাখ্যা দিয়েছেন। তিনি বলেছেন যে, বাংলাতেই প্রথম ব্রিটিশ শাসন, বুর্জোয়া অর্থনীতি এবং আধুনিক পাশ্চাত্য শিক্ষার প্রভাব অনুভূত হয়।

2. ড. অমলেশ ত্রিপাঠী মনে করেন দ্বাদশ ও ত্রয়োদশ শতকের বাণিজ্য বিপ্লব, নগর বিপ্লব যেভাবে ইটালির নবজাগরণের পটভূমি প্রস্তুত করেছিল, বাংলার নবজাগরণের ক্ষেত্রে তা দেখা যায়নি। ইটালির নবজাগরণের কেন্দ্র ক্লোরেন্স ছিল স্বাধীন ও মুক্ত পরিবেশ। অপরদিকে, বাংলার নবজাগরণের কেন্দ্র ছিল কলকাতা। বিদেশি ব্রিটিশ শাসকের অধীনস্থ। তা ছাড়া কলকাতা নবজাগরণের পৃষ্ঠপোষকতা করেছিলেন কিছু জমিদার, কোম্পানির বেনিয়ান, দেশীয় গোমস্তা ও কিছু চাকুরিজীবী। অপরদিকে, ক্লোরেন্সে নবজাগরণের পৃষ্ঠপোষকতা করেন। গোরেঞ্জো মেদিচির মধ্যে ধনী ব্যাংক ব্যবসায়ীগণ

3. অধ্যাপক সুমিত সরকার, বাংলার নবজাগরণকে ইংরেজ নকলনবিশি বলে সমালোচনা করেছেন। বিনয় ঘোষের ধারণায় বাংলায় নবজাগরণ একটি অতিকথা মাত্র। তিনি এই নবজাগরণকে ঐতিহাসিক প্রতারণা (Historical hoax) বলে সমালোচনা করেছেন। তিনি বলেন যে, বাংলায় নবজাগরণ হয়নি, যা লেখা হয়েছে এখনও লেখা, তা অতিকথন মাত্র।

4. অশোক মিত্র বাংলার উনিশ শতকের জাগরণকে 'তথাকথিত নবজাগরণ' (So called Renaissance) বলে উল্লেখ করেছেন।

5. বিনয় ঘোষ তিনি এই নবজাগরণকে 'ঐতিহাসিক প্রতারণা' আখ্যা দিয়ে বলেন "নবজাগরণ হয়নি, যা লেখা হয়েছে এখনও লেখা হয়, তা অতিকথা মাত্র।"

রামমোহন রায়

বহু ভাষা ও বহু ধর্মের দেশ ভারতে সমাজ-সংস্কৃতির আন্দোলন নতুন কোনো বিষয় নয়। উনিশ শতকব্যাপী যা কিছু সমাজসংস্কার, ধর্মসংস্কার আন্দোলন, তার মধ্য দিয়ে নিজেকে চিনে নেওয়ার প্রবণতা যথেষ্ট লক্ষ করা যায়। আর এসব ক্ষেত্রে আধুনিক ভারতের প্রাণপুরুষ

রামমোহন রায় (১৭৭৪-১৮৩৩ খ্রি.) হয়ে উঠেছিলেন একজন যুগন্ধর মানুষ। বাংলার সমাজসংস্কারের নানা ক্ষেত্রে তাঁর নেতৃত্বে এক কর্মযজ্ঞ শুরু হয়। রামমোহন রায় ১৮১৫ খ্রিস্টাব্দে কলকাতায় পদার্পণ করে সেই বছরেই আত্মীয়সভা প্রতিষ্ঠা করেন। ভবিষ্যতের ব্রাহ্মসমাজের কাজের ধারা কী হবে তা আত্মীয়সভার আলোচনা থেকেই বোঝা সম্ভব। আত্মীয়সভা মূলত ছিল একটি সমমনস্ক মানুষদের নিয়ে গঠিত ঘরোয়া সমিতি। এই সভার সাপ্তাহিক অনুষ্ঠানে রামমোহনের উপস্থিতিতে ধর্ম, সমাজ, শিক্ষা ইত্যাদি বিষয়ে যুক্তিতর্কের ঢেউ উঠত। দ্বারকানাথ ঠাকুর, নন্দকিশোর বসু, রামচন্দ্র বিদ্যাবাগীশ, নন্দকুমার বিদ্যালঙ্কার প্রমুখ স্বনামধন্য ব্যক্তিরা আত্মীয়সভার সদস্য ছিলেন। এই সভার মূল উদ্দেশ্য ছিল, অন্ধবিশ্বাসের শৃঙ্খল থেকে দেশের মানুষকে মুক্ত করা। রামমোহনের এই কাজকে রক্ষণশীল হিন্দুসমাজ মেনে নিতে পারেনি। রাধাকান্ত দেবের নেতৃত্বে তাঁরা কট্টর রামমোহন-বিরোধী হয়ে ওঠেন। অন্যদিকে, রামমোহন খ্রিস্টান কার্যাবলিতেও সন্তুষ্ট ছিলেন না। নিজের ধর্মীয় মতামত স্বাধীনভাবে প্রকাশ করার জন্য ১৮২১ খ্রিস্টাব্দে তিনি কলকাতায় 'ক্যালকাটা ইউনিটেরিয়ান কমিটি' (Calcutta Unitarian Committee) নামে এক আলোচনা চক্রের প্রতিষ্ঠা করেন।

সমাজ ও ধর্মসংস্কারে রাজা রামমোহন রায়

ভূমিকা : উনিশ শতকে বাঙালির জীবনে ধর্ম, সমাজ, সাহিত্য, রাজনীতি প্রভৃতি ক্ষেত্রে যে সমুদয় গুরুতর পরিবর্তন ঘটে, তাদের সবার মূলে না থাকলেও প্রায় সবগুলির সঙ্গেই রাজা রামমোহন রায়ের ঘনিষ্ঠ সম্বন্ধ ছিল। সমাজসংস্কারের ক্ষেত্রে তাঁর অবদান চিরস্মরণীয় হয়ে আছে।

1. **সতীদাহপ্রথা বিলোপ:** সমগ্র ভারতে তো বটেই, বাংলাতেও সতীদাহ প্রথা ছিল এক সামাজিক অভিশাপ সতীদাহপ্রথা বলতে বোঝায় স্বামীর মৃত্যুর পর তার চিতায় জীবিত স্ত্রীকে পুড়িয়ে মারা। কিন্তু হিন্দুধর্মে আঘাত লাগতে পারে ভেবে ইংরেজ কর্তৃপক্ষ এ ধরনের অমানবিক প্রথার বিরুদ্ধে ব্যবস্থা নেয়নি। তবে রামমোহন রায় এই প্রথার বিরুদ্ধে আপসহীন সংগ্রাম শুরু করেন। এই ব্যাপারে তৎকালীন গভর্নর - জেনারেল লর্ড উইলিয়াম বেন্টিঙ্ক এবং প্রিন্স দ্বারকানাথ ঠাকুরও তাঁকে প্রবলভাবে সমর্থন জানান।

2. **রামমোহনের তীব্র প্রতিবাদ:** ১৮১৮ খ্রিস্টাব্দ থেকেই রামমোহন রায় সতীদাহ প্রথার বিরুদ্ধে প্রতিবাদ করতে এবং জনমত গঠন করতে ব্রতী হন। এই উদ্দেশ্যে তিনি বাংলা ও ইংরেজি ভাষায় বিভিন্ন পুস্তিকা এবং সম্বাদ কৌমুদী পত্রিকায় বিভিন্ন প্রবন্ধ প্রকাশ করেন। হিন্দুশাস্ত্র ও বিভিন্ন ধর্মগ্রন্থ থেকে তিনি প্রমাণ করেন যে, সতীদাহ ধর্মবিরোধী অশাস্ত্রীয়। এই কুপ্রথা নিবারণের অনুরোধ জানিয়ে তিনি বাংলার ৩০০ জন বিশিষ্ট নাগরিকদের স্বাক্ষরিত এক আবেদনপত্র বড়োলাট লর্ড উইলিয়াম বেন্টিঙ্কের কাছে জমা দেন। রামমোহনের প্রচেষ্টাকে স্বাগত জানিয়ে বেন্টিঙ্ক ১৮২৯ খ্রিস্টাব্দের ৪ ডিসেম্বর সতীদাহপ্রথার বিরুদ্ধে ১৭ নং রেগুলেশন আইন জারি করে এই প্রথা রদ করেন।

3. **বাংলার রক্ষণশীল সমাজের প্রতিক্রিয়া:** বাংলার রক্ষণশীল হিন্দুসমাজ রাধাকান্ত দেবের নেতৃত্বে এই আইনের বিরুদ্ধে ইংল্যান্ডে একটি স্মারকলিপি পাঠায়। এর প্রত্যুত্তরে রামমোহন প্রিভি কাউন্সিলের কাছে এই স্মারকলিপির অযৌক্তিকতা প্রমাণ করেন, যার ফলে সতীদাহ নিবারণ আইন বলবৎ থাকে রামমোহন রায়ের জীবিতকালে সমাজসংস্কারের ক্ষেত্রে

ব্রাহ্মসমাজের প্রথম সার্থক ও যুগান্তকারী আন্দোলন ছিল সতীদাহপ্রথা নিবারণ আন্দোলন।

4. **অন্যান্য সংস্কারঃ**

    ◦ রামমোহনের সংস্কারমুক্ত, যুক্তিবাদী মন হিন্দুসমাজে প্রচলিত বাল্যবিবাহ, বহুবিবাহ, কন্যাপণ, কুলীন, জাতিভেদ, অস্পৃশ্যতা, গঙ্গাসাগরে সন্তান বিসর্জন প্রভৃতি বহু সামাজিক কুপ্রথার বিরুদ্ধে বিদ্রোহী হয়ে ওঠে। এগুলি নিবারণের জন্য সংবাদপত্রের মাধ্যমে তিনি প্রতিবাদে সোচ্চার হয়ে ওঠেন।

    ◦ শুধু নারীর জীবনরক্ষাই নয়, মর্যাদা সহকারে তাদের সমাজে প্রতিষ্ঠিত করার চেষ্টাও তিনি করেন। তিনি নারী-পুরুষ সমানাধিকার, বিধবার পুনর্বিবাহ, স্ত্রীশিক্ষার বিস্তার, পিতা বা স্বামীর সম্পত্তির ওপর নারীর অধিকার স্থাপন প্রভৃতি ব্যাপারেও উদ্যোগী হন।

পাশ্চাত্য শিক্ষাবিস্তারে রাজা রামমোহন রায়ের ভূমিকা

1. **বিদ্যালয় প্রতিষ্ঠাঃ** পাশ্চাত্য শিক্ষা বিস্তারের উদ্দেশ্যে রামমোহন রায় ১৮১৫ খ্রিস্টাব্দে কলকাতায় অ্যাংলো - হিন্দু স্কুল নামে একটি ইংরেজি বিদ্যালয় প্রতিষ্ঠা করেন।

2. **সরকারকে পত্রঃ** ইস্ট ইন্ডিয়া কোম্পানি ভারতীয়দের শিক্ষার জন্য বার্ষিক ১ লক্ষ টাকা ব্যয়ের সিদ্ধান্ত নিলে রামমোহন ১৮২৩ খ্রিস্টাব্দে লর্ড আমহার্স্টকে দেওয়া পত্রে দাবি জানান যে , এই অর্থ আধুনিক বিজ্ঞান ও ইংরেজি শিক্ষা প্রসারের জন্য ব্যয় করা হোক।

3. **পাশ্চাত্য শিক্ষার পক্ষে প্রচারঃ** রামমোহন পাশ্চাত্য গণিত , দর্শন , রসায়ন , অস্থিবিদ্যা প্রভৃতি শিক্ষার সপক্ষে প্রচার চালান। তিনি কলকাতায় সংস্কৃত কলেজ প্রতিষ্ঠার সরকারি সিদ্ধান্তের বিরোধিতা করেন।

4. **বেদান্ত কলেজ প্রতিষ্ঠাঃ** শিক্ষার্থীদের মন থেকে নানা কুসংস্কার ও মূর্তিপূজা দূর করে পাশ্চাত্য সমাজবিজ্ঞান ও পদার্থবিদ্যা শিক্ষাদানের উদ্দেশ্যে রামমোহন রায় ১৮২৬ খ্রিস্টাব্দে বেদান্ত কলেজ প্রতিষ্ঠা করেন।

5. **অন্যদের সহায়তাঃ** বাংলায় পাশ্চাত্য শিক্ষার প্রসারের কাজে তিনি ডেভিড হেয়ার , আলেকজান্ডার ডাফ প্রমুখকে নানাভাবে সহায়তা করেন। ডাফ জেনারেল অ্যাসেম্বলিজ ইনস্টিটিউশন (১৮৩০ খ্রি.) প্রতিষ্ঠার উদ্যোগ নিলে রামমোহন তাঁকে বিশেষভাবে সহায়তা করেন। হিন্দু কলেজ (১৮১৭ খ্রি.) প্রতিষ্ঠায় রামমোহনের সহায়তার কথা কেউ কেউ স্বীকার করলেও ড . রমেশচন্দ্র মজুমদার এই মত স্বীকার করেন না।

বিদ্যাসাগর

ছাত্রজীবন ও কর্মজীবনের সূত্রপাত

১৮২০ খ্রীস্টাব্দের ২৯শে সেপ্টেম্বর মেদিনীপুর জেলার (তৎকালীন হুগলী জেলা) বীরসিংহ গ্রামে এক দরিদ্র ব্রাহ্মণ পরিবারে ঈশ্বরচন্দ্র বিদ্যাসাগর জন্ম গ্রহণ করেন। তার পিতা ঠাকুরদাস বন্দ্যোপাধ্যায় ছিলেন সৎচরিত্র নিষ্ঠাবান ব্রাহ্মণ এবং মা ভগবতী ছিলেন একজন দৃঢ়চেতা নারী। আত্মবিশ্বাস ও তেজস্বিতার মূর্ত প্রতীক ঈশ্বরচন্দ্রের জীবনে তার দরিদ্র পিতা ও মাতার প্রভাব ছিল অপরিসীম। বিনয় ঘোষ লিখেছেন "মা ছিলেন ঈশ্বরচন্দ্রের জীবনে শক্তি। পিতা ঠাকুরদাস

ছিলেন তার টিচার ও ট্রেনার।" গ্রামের পাঠশালায় লেখাপড়ার পাঠ সাঙ্গ করে মেধাবী বালক ঈশ্বরচন্দ্র দরিদ্র পিতার হাত ধরে নদ-নদী পেরিয়ে পদব্রজে উপস্থিত হলেন নবভারতের রাজধানী শহর কলকাতায়। ১৮২৯ খ্রিষ্টাব্দের ১লা জুন তিনি সংস্কৃত কলেজে ভর্তি হন। ১৮৩৯ খ্রিষ্টাব্দে তিনি বিদ্যাসাগর উপাধি লাভ করেন এবং ১৮৪১ খ্রিষ্টাব্দে শিক্ষাজীবন শেষ করে ফোর্ট উইলিয়াম কলেজের বাংলা বিভাগের প্রধান পন্ডিত পদে যোগদান করেন। ১৮৫০ খ্রীষ্টাব্দের ডিসেম্বর মাসে তিনি সংস্কৃত কলেজে অধ্যাপক এবং পরে ঐ কলেজের অধ্যক্ষ পদে নিযুক্ত হন (২২শে জানুয়ারী ১৮৫১ খ্রীঃ) ১৮৫৮ খ্রীষ্টাব্দের ৩রা নভেম্বর পর্যন্ত অর্থাৎ মোট আট বৎসর তিনি সংস্কৃত কলেজের অধ্যক্ষ ছিলেন।

শিক্ষা সংস্কার

ইতিমধ্যে ঈশ্বরচন্দ্র শিক্ষা বিস্তার এবং বিশেষ করে স্ত্রী শিক্ষা বিস্তারের প্রচেষ্টায় নিজেকে নিযুক্ত করেন। তিনি তত্ত্ববোধিনী পত্রিকায় বিবিধ বিষয়ে সংস্কারধর্মী প্রবন্ধ প্রকাশ করে তার প্রগতিশীল মনোভাবের পরিচয় দেন। সংস্কৃত কলেজে দায়িত্বভার গ্রহণের পর তিনি কলেজের শিক্ষাব্যবস্থায় মৌলিক পরিবর্তন সাধন করেন। ঈশ্বরচন্দ্র ঐ কলেজের দ্বার সকল শ্রেণির হিন্দুর জন্য মুক্ত করে এক সামাজিক বিপ্লবের সূচনা করেন। তিনি সংস্কৃত কলেজের পাঠক্রমে পরিবর্তন আনয়ন করে মৌলিক প্রতিভার পরিচয় দেন। তিনি শিক্ষার বিভিন্ন স্তরে যে সংস্কার সাধন করেন তার একটি বিশেষ লক্ষ্য ছিল। তিনি মনে করতেন যে ভারতীয়দের শিক্ষার লক্ষ্য হবে সংস্কৃত ও ইংরাজী ভাষায় দক্ষতা অর্জন। করে নিজ নিজ মাতৃভাষাকে সমৃদ্ধ করা। এই লক্ষ্যে পৌঁছাবার জন্য তিনি সংস্কৃত শিক্ষার মত ইংরেজি শিক্ষার উপরও বিশেষ গুরুত্ব আরোপ করেছিলেন। বিদ্যাসাগর নিজে ব্রাহ্মণ বংশে জন্ম গ্রহণ করেছিলেন। কিন্তু তা সত্ত্বেও তিনি পাশ্চাত্য জ্ঞান বিজ্ঞানকে সাদরে গ্রহণ করেছিলেন।

শিক্ষা সংস্কারে বিদ্যাসাগরের ভূমিকাঃ গভীর মানবতাবাদে উদ্বুদ্ধ বিদ্যাসাগর প্রথম থেকেই শিক্ষার প্রসারে ব্রতী হয়েছিলেন। তিনি শিক্ষা আয়তনকে মানব ধর্মের নার্সারি করে তুলতে চেয়েছিলেন, শিক্ষা প্রসারের ক্ষেত্রে যে গুরুত্বপূর্ণ পদক্ষেপগুলি তিনি নিয়েছিলেন সেগুলি হল নিম্নরূপ-

1. **বিদ্যালয় স্থাপনঃ** বিদ্যাসাগর শিক্ষা সংস্কারের ক্ষেত্রে সবার আগে জোর দিয়েছিলেন–বিদ্যালয় স্থাপনের ওপর। লর্ড হার্ডিঞ্জ ১৮৪৪ সালে ১০০ টি বাংলা বিদ্যালয় স্থাপনের ওপর জোর দিলে বিদ্যাসাগর তার দিকে সাহায্যের হাত বারিয়ে দিয়েছিলেন। শুধু তায় নয় তিনি নিজেও বিভিন্ন জেলায় ২০ টি মডেল স্কুল প্রতিষ্ঠা করেছিলেন। যার বেশিরভাগটাই তার নিজের খরচায় চলতো। এছাড়া ১৮৭২ খ্রিঃ তিনি নিজের খরচায় মেট্রোপলিটন ইন্সটিটিউশন প্রতিষ্ঠা করেছিলেন, যা বর্তমানে বিদ্যাসাগর কলেজ নামে পরিচিত।

2. **নারী শিক্ষায় ভূমিকাঃ** বিদ্যাসাগর বুঝেছিলেন সমাজে নারীদের যদি শিক্ষিত করা না যায় তাহলে নারীদের সার্বিক অগ্রগতি হতে পারে না। সেইকারণে নারী শিক্ষা প্রসারে তিনি উদ্যোগী হয়েছিলেন। যেমন Drink Water Bethune এর পৃষ্ঠপোষকতায় তিনি হিন্দু ফিমেল স্কুল প্রতিষ্ঠা করেছিলেন, এছাড়াও ৩৫ টি বালিকা বিদ্যালয় প্রতিষ্ঠার সঙ্গে নিজেকে যুক্ত করেছিলেন। প্রায় এক হাজার তিনশো ছাত্রী এই বিদ্যালয় গুলিতে পড়াশুনা করতো।

3. **মাতৃভাষায় শিক্ষাদানঃ** মাতৃভাষায় শিক্ষাদানের উপর বিদ্যাসাগর প্রথম থেকেই জোর দিয়েছিলেন । তবে একই সঙ্গে তিনি পাশ্চাত্য শিক্ষার গুরুত্বকে অস্বীকার করেননি । এরই পাশাপাশি তিনি প্রাচ্য ও পাশ্চাত্যের সমন্বয়ের ওপর গুরুত্ব আরোপ করেছিলেন।

4. **পাঠ্যপুস্তক রচনাঃ** শুধুমাত্র বিদ্যালয় স্থাপন নয় , পাঠ্যপুস্তক রচনার দায়িত্বও তিনি নিজের কাঁধে তুলে নিয়েছিলেন। বর্ণপরিচয় , শিশুশিক্ষা , কথামালা , নীতিবোধ চরিতাবলি সহ সংস্কৃত শিক্ষার সুবিধার জন্য সংস্কৃত ব্যাকরণের উপক্রমণিকা ও ব্যাকরণ কৌমুদী প্রভৃতি রচনা করেন। এছাড়াও আখ্যান মঞ্জরি , শব্দ মঞ্জরি , শ্লোক মঞ্জরি , ব্রজবিলাস , রত্নপরীক্ষা প্রভৃতি বই রচনা করেন যা বাংলা ও সংস্কৃত শিক্ষার ক্ষেত্রে বিশেষ গুরুত্বপূর্ণ হয়ে উঠেছিল। এছাড়াও সীতার বনবাসের মতো গ্রন্থ রচনার মাধ্যমে তিনি বাংলা গদ্য লেখার নতুন পথ রচনা করেছিলেন। রবীন্দ্রনাথের কাছে তিনি ছিলেন ' বাংলা ভাষার প্রথম যথার্থ শিল্পী।

5. **নিয়মকানুন তৈরিঃ** শিক্ষার কাজে তিনি বেশকিছু নিয়ম কানুন প্রতিষ্ঠা করেছিলেন। কেবলমাত্র ব্রাহ্মণ ও বৈদ্য সন্তানরা সংস্কৃত পরতে পারবে এই নীতি তুলে দিয়ে সকল বর্ণের হিন্দু ছাত্রদের জন্য সংস্কৃত পড়ার দ্বার খুলে দেন তিনি । এছাড়াও শিক্ষকদের ইচ্ছামতো আসা ও যাওয়া বন্ধ করে নতুন নিয়ম কানুন বলবত করেছিলেন তিনি। পাশাপাশি শুভদিন অনুসারে ছুটির দিন তুলে দিয়ে রবিবার ছুটির নীয়ম চালু করেন।

6. **জনসেবাঃ** নিঃস্বার্থ সমাজসেবী ক্ষণজন্মা পুরুষ ঈশ্বরচন্দ্র ছিলেন মানবতাবাদী চেতনার বাহক। দীন-দুঃখী, গরিব অসহায়, দুস্থ-দুর্দশাগ্রস্থ, অক্ষম, রুগ্ন, বিপন্ন ও বিপদগ্রস্ত শ্রেণীর সাহায্যে তিনি সর্বদা সচেষ্ট ছিলেন। ১২৭৬ বঙ্গাব্দে বাংলা ও উড়িষ্যার ভয়াবহ দুর্ভিক্ষকালে তিনি মেদিনীপুর, হুগলী প্রভৃতি জেলায় শিবির, লঙ্গরখানা ও অন্নছত্র খোলেন। বীরসিংহে তিনি নিজ ব্যয়ে এক অন্নছত্র খোলেন, যেখানে দিন - রাত্রি অবিরাম খাদ্য পরিবেশিত হত। এখানে বসবাসরত ডোম , হাড়ি প্রভৃতি নিচু শ্রেণী, সন্তান সম্ভবা মহিলা সকলকে তিনি নিজ হাতে সেবা করতেন। তাই তিনি দয়ার সাগর উপাধি পান।

শিক্ষা বিস্তারে বিবিধ উদ্যোগ

বিদ্যাসাগর মহাশয় বাংলা শিক্ষার উন্নয়ন ও প্রসারকল্পে কর্ম তৎপর হন। জনশিক্ষাবিস্তারের কাজে তিনি অগ্রগণী ভূমিকা পালন করেন। তিনি উপলব্ধি করেছিলেন যে শিক্ষাই অন্ধকার দূর করে মানুষকে প্রকৃত মনুষ্যত্বে পৌছে দেয়। এক চিঠিতে তিনি লেখেন যে – "জনসাধারণের মধ্যে শিক্ষাবিস্তার এই এখন আমাদের প্রয়োজন। আমাদের কতগুলি বাংলা স্কুল স্থাপন করতে হবে এবং এইসব স্কুলের জন্য প্রয়োজনীয় ও শিক্ষাপ্রদ বিষয়ের অনেকগুলি পাঠ্যপুস্তক রচনা করতে হবে।" বাংলার বিভিন্ন জেলায় তিনি ২০ টি মডেল স্কুল বা আদর্শ বিদ্যালয় প্রতিষ্ঠা করেন। শিক্ষক শিক্ষণের উদ্দেশ্যে সংস্কৃত কলেজের অভ্যন্তরেই তিনি একটি নর্মাল স্কুল প্রতিষ্ঠা করেন। এর পরিচালনার দায়িত্ব ছিল অক্ষয়কুমার দত্ত ও মধুসূদন বাচস্মৃতির উপর। ১৮৪৯ খ্রিষ্টাব্দে ড্রিঙ্ক ওয়াটার বেথুনের পৃষ্ঠপোষকতায় হিন্দু বালিকা বিদ্যালয় প্রতিষ্ঠিত হয়। ১৮৫০ খ্রিষ্টাব্দে বিদ্যাসাগর এই শিক্ষায়তনের সম্পাদকের পদ গ্রহণ করেন। তাঁর উদ্যোগে গ্রামাঞ্চলে ৩৫টিবালিকা বিদ্যালয় প্রতিষ্ঠিত হয়। শিবনাথশাস্ত্রী তার আত্মচরিত এ লেখেন যে উনিশ শতকের শেষভাগে বেসরকারি উদ্যোগে বাংলায় যে সব কলেজ প্রতিষ্ঠিত হয়েছিল তাদের সকলেরই ধ্রুবতারা ছিল মেট্রো পলিটন কলেজ। কেবল শিক্ষা বিস্তারেই নয় — ঘিন্নাট পাণ্ডিত্য

সত্ত্বেও তিনি জনশিক্ষার জন্য বেশ কিছু পাঠ্য পুস্তক রচনা করেন। এগুলির মধ্যে বর্ণমালা, কথামালা, নীতিবোধ, চরিতাবলী, বোধোদয় উল্লেখযোগ্য।

বাংলা ভাষার আধুনিকীকরণ

আধুনিক বাংলা ভাষা ও সাহিত্যের বিকাশে বিদ্যাসাগরের ভূমিকা স্মরণীয়। তিনি নিজের রচনাবলীর মধ্যেও আধুনিক বাংলা গদ্যরীতির বিবর্তনে পথিকৃতের কাজ করেন। ইতিপূর্বে বাংলাভাষা ছিল সম্পূর্ণভাবে সংস্কৃত ভাষা প্রভাবিত। অলংকারবহুল বাংলা ভাষা স্বভাবতই ছিল জটিল ও অবোধ্য। বিদ্যাসাগর বাংলা ভাষাকে যথাসম্ভব সংস্কৃত প্রভাব মুক্ত করে স্বাতন্ত্রদান করতে প্রয়াসী হন। তিনি নতুন ছন্দে বাংলা গদ্য রচনা করে বাংলা ভাষাকে অনেক বেশী সহজ ও সরল করে দেন। এরই উপর ভিত্তি করে পরবর্তীকালে আধুনিক বাংলা ভাষার বিবর্তন ঘটেছে। গদ্য রচনার ছেদ চিহ্নের প্রয়োগ তার অনন্য কীর্তি। সেই সঙ্গে পদবিন্যাস দ্বারা বাংলা রচনাকে সাবলীল করে দেন।

নারীশিক্ষার বিস্তারে ঈশ্বরচন্দ্র বিদ্যাসাগর

- **বিধবাবিবাহ আন্দোলনঃ** হিন্দু বিধবাদের শোচনীয় অবস্থা বিদ্যাসাগরকে দীর্ঘদিন ধরেই পীড়িত করে আসছিল । এই কারণে বিধবাদের পুনর্বিবাহের জন্য তিনি সুদীর্ঘ আন্দোলন করেন । বিভিন্ন ধর্মশাস্ত্রের উদ্ধৃতি দিয়ে তাঁর মতামতের যৌক্তিকতা প্রদর্শন করেন তিনি । তিনি এর জন্য নানা পদক্ষেপ গ্রহণ করেন , যেমন—

1. **প্রবন্ধ প্রকাশঃ** ১৮৫০ খ্রিস্টাব্দে প্রতিষ্ঠিত সর্বশুভকরী সভার মুখপত্র সর্বশুভকরী পত্রিকার সংখ্যাতেই তিনি বাল্যবিবাহের দোষ শীর্ষক এক প্রবন্ধ প্রকাশ করেন।

2. **উদ্ধৃতিঃ** তিনি হিন্দুশাস্ত্রের পরাশর সংহিতা থেকে উদ্ধৃতি দিয়ে প্রমাণ করেন যে , বিধবাবিবাহ শাস্ত্রসম্মত । বিধবাবিবাহের পক্ষে তিনি দেশে এক প্রবল আন্দোলন গড়ে তোলেন।

3. **পুস্তিকা প্রকাশঃ** ১৮৫৫ খ্রিস্টাব্দে তিনি বিধবাবিবাহ প্রচলিত হওয়া উচিত কি না এই সম্পর্কে দুটি প্রবন্ধ প্রকাশ করেন । পরের বছর পুস্তিকা দুটির ইংরেজি অনুবাদ প্রকাশিত হয়।

4. **স্বাক্ষর সংবলিত আবেদনপত্রঃ** ১৮৫৫ খ্রিস্টাব্দের ৪ অক্টোবর ভারতীয় অধিনসভার সদস্যদের কাছে বিধবাবিবাহ আইন করার জন্য ১০০০ ব্যক্তির আগা সংবলিত আবেদনপত্র পাঠানো হয়। আবেদনপত্রে স্বাগদরকারীদের মধ্যে ছিলেন দেবেন্দ্রনাথ ঠাকুর , বিচারপতি দারকানাথ মিত্র, অক্ষয়কুমার দত্ত, দক্ষিণারঞ্জন মুখোপাধ্যায় প্রমুখ বিশিষ্ট ব্যক্তি। তবে এই আবেদনপত্রের প্রতিবাদে হিন্দুসমাজের নেতা রাধাকান্ত দেবের নেতৃত্বে ৩৬,৭৬৩ জনের স্বাম সংবলিত একটি দরখাত সরকারের কাছে পাঠানো হয়।

- **বিধবাবিবাহ আইন পাসঃ** অবশেষে বহু চেষ্টার পর ১৮৫৬ খ্রিস্টাব্দের ২৬ জুলাই লর্ড ডালহৌসি বিধবাবিবাহ আইন পাস করেন । মনে রাখা দরকার , ডালহৌসির আমলে তাঁর প্রচেষ্টাতেই বিলটি তৈরি হলেও আইন পরিষদে অনুমোদনের সময় ভারতের গভর্নর - জেনারেল হয়েছিলেন লর্ড ক্যানিং । তাই বিধবাবিবাহ আইন সিদ্ধ হলেও তা কার্যকর করা

ছিল খুবই কঠিন কাজ।

- **প্রথম বিধবাবিবাহ অনুষ্ঠানঃ** শেষপর্যন্ত ১৮৫৬ খ্রিস্টাব্দের ৭ ডিসেম্বর বাংলায় প্রথম বিধবাবিবাহ অনুষ্ঠিত হয়। পাত্র ছিলেন সংস্কৃত কলেজের অধ্যাপক শ্রীশচন্দ্র বিদ্যারত্ন এবং পাত্রীর নাম কালীমতি দেবী। বিদ্যাসাগর নিজ উদ্যোগে ও ব্যয়ে বহু বিধবাদের বিবাহ দিয়েছিলেন। ১৮৫৬-১৮৬৭ খ্রিস্টাব্দ পর্যন্ত তিনি নিজ চেষ্টায় ৬০ টি বিধবাবিবাহের আয়োজন করেন। কিন্তু তার এই প্রচেষ্টা আশানুরূপ সাফল্য পায়নি।
- **অন্যান্য সংস্কারঃ** এরপর বিদ্যাসাগর বাল্যবিবাহের বিরুদ্ধেও আন্দোলন গড়ে তোলেন। একই সঙ্গে হিন্দুদের মধ্যে বহুবিবাহ প্রথার বিরুদ্ধেও সোচ্চার হয়ে ওঠেন তিনি।

ব্রিটিশরা ভারতে পাশ্চাত্য শিক্ষা প্রদান করেছিল যা ভারতীয়দের গণতন্ত্র ও জাতীয়তাবাদের ধারণার সাথে পরিচয় করিয়ে দিয়েছিল। এই ধারণাগুলি ভারতীয়দের রাজনৈতিক চিন্তাভাবনাকে পরিবর্তন করে এবং একটি জাতীয় জাগরণ নিয়ে আসে। পাশ্চাত্য শিক্ষা নতুন শিক্ষিত ভারতীয়দের জন্য উদার ইউরোপীয় চিন্তাধারার বন্যার দরজা খুলে দেয়। যখন ভারতীয়রা ইউরোপীয় ইতিহাস অধ্যয়ন করে, তখন তারা স্বাধীনতা, জাতীয়তা, সমতা, আইনের শাসন এবং স্বায়ত্তশাসনের মতো আদর্শের মুখোমুখি হয়।

পাশ্চাত্য শিক্ষার প্রভাবঃ

- শিক্ষিত ভারতীয়রা আমেরিকান এবং ফরাসি বিপ্লব সম্পর্কে পড়েন এবং স্বাধীনতা, সমতা এবং ন্যায়বিচারের ধারণায় ভারতীয়দের হৃদয়কে ভরিয়ে দেন।
- হবস, লক এবং রুসোর ধারণাগুলি জনগণকে রাজনৈতিক ও সামাজিক স্বাধীনতার জন্য সংগ্রাম করতে অনুপ্রাণিত করেছিল।
- শিক্ষিত ভারতীয়রাও স্ব-শাসন এবং গণতন্ত্রের ধারণার সাথে পরিচিত হয়ে ওঠে। ভারতে গণতান্ত্রিক শাসন প্রতিষ্ঠার জন্য ভারতীয়রা ব্রিটিশ শাসন থেকে স্বাধীনতা দাবি করতে শুরু করে।
- ইংরেজি একটি সাধারণ ভাষায় পরিণত হয়। বিভিন্ন অঞ্চলের লোকেরা এখন ইংরেজিতে যোগাযোগ করতে পারে। এটি আঞ্চলিক বাধা গুলি ভাঙতে এবং দেশকে ঐক্যবদ্ধ করতে সহায়তা করেছিল
- পাশ্চাত্য শিক্ষার প্রবর্তনেরও সীমাবদ্ধতা ছিল। এটি ভারতীয় জনগণকে তাদের ঐতিহ্যগত শিক্ষা ও জীবনযাত্রার পদ্ধতি, তাদের ধ্রুপদী শিকড় এবং আদিবাসী জ্ঞান থেকে বিচ্ছিন্ন করেছিল। এর সাথে সাথে ভারতীয় মূল্যবোধ, দর্শন এবং ঐতিহ্যগুলি ম্লান হয়ে যায়
- পাশ্চাত্য শিক্ষার মাধ্যমে, ব্রিটিশরা ভারতীয়দের একটি শ্রেণী তৈরি করতে চেয়েছিল যারা রক্ত ও রঙে ভারতীয় হবে, কিন্তু স্বাদে, মতামতে, নৈতিকতায় এবং বুদ্ধিতে ইংরেজি হবে। যেহেতু তারা প্রশাসনিক পদের জন্য শিক্ষিত ভারতীয়দের চেয়েছিলেন, তাই ইংরেজরা শুধুমাত্র ভারতীয়দের একটি অংশকে শিক্ষিত করতে বিশ্বাস করত। তারা জনগণের মধ্যে শিক্ষা ছড়িয়ে দেওয়ার জন্য কিছুই করেনি।
- **বাংলার নবজাগরন**

রেনেসাঁস বা নবজাগরণ কী?

রেনেসাঁস শব্দটির সাধারণ বাংলা হলো পুনর্জন্ম বা নবজাগরণ। রেনেসাঁস বলতে সাধারণভাবে যা বোঝায় তা হলো ইউরোপের, বা বলা ভালো, ইটালির মাটিতে প্রাচীন

ঐতিহ্যবাহী শিল্পকলা-সাহিত্য-সংস্কৃতির পুনর্মূল্যায়ন। এই শব্দটি মূলত ইটালির ইতিহাসের সঙ্গে যুক্ত। ইটালিতে চতুর্দশ শতক থেকে ষোড়শ শতক জুড়ে শিল্পকলা-সাহিত্য-সংস্কৃতি-রাষ্ট্রনীতি প্রভৃতি ক্ষেত্রে এক উজ্জীবন দেখা দেয়। বিষয়টি লক্ষ করে বিখ্যাত ঐতিহাসিক এইচ সি ডেভিস লিখেছেন, রেনেসাঁস হলো তাই যেখানে 'সংস্কারের গোলকধাঁধায় কারারুদ্ধ মানুষের পুনর্জন্ম' ঘটে। আমাদের সাহিত্যিক বঙ্কিমচন্দ্র চট্টোপাধ্যায় এক্ষেত্রে লিখেছেন, 'অকস্মাৎ বিনষ্ট বিস্মৃত অপরিজ্ঞাত গ্রিক সাহিত্য ইউরোপ ফিরিয়া পাইল। ফিরিয়া পাইয়া যেমন বর্ষার জলে শীর্ণা স্রোতস্বতী কূল পরিপাবিনী হয়, যেমন মুমূর্ষু রোগী দৈব ঔষধে যৌবনের বলপ্রাপ্ত হয়, ইউরোপের অকস্মাৎ সেইরূপ অভ্যুদয় হইল।

  বাংলার নবজাগরণঃ

  বাংলায় নবজাগরণের বিষয়টি প্রথম থেকেই এক বিতর্কিত অধ্যায়। এক্ষেত্রে প্রশ্ন তোলা হয়। যে, ইটালিতে নবজাগরণের যে বৃহৎ অধ্যায় রচিত হয়েছে বাংলায় তার ছায়া দেখা যায় কি? ইংরেজ শাসিত ভারতবর্ষ ঔপনিবেশিক নাগপাশে জড়িয়ে পড়েছিল। তবে, একইসঙ্গে, এদেশের জাতি, বিশেষত বাংলার মানুষের একটা গুরুত্বপূর্ণ অংশ পাশ্চাত্য শিক্ষায় শিক্ষিত হয়ে ওঠে। তারা এক নতুন চিন্তার জগতে প্রবেশ করতে সক্ষম হয়। এর ফলে বাংলার শিক্ষা-সংস্কৃতির জগতে এক সুদূরপ্রসারী পরিবর্তন লক্ষ করা যায়। সমকাল ও পরবর্তীকালের বহু মানুষ এই পরিবর্তনকে 'বাংলার রেনেসাঁস' বা 'বাংলার নবজাগরণ' আখ্যা দিয়ে থাকেন। উদাহরণস্বরূপ, রাজা রামমোহন র (১৭৭৪–১৮৩৩ খ্রি.) তাঁর বন্ধু আলেকজান্ডার ডাফকে এক চিঠিতে জানান, 'আমি ভাবতে শুরু করেছি যে, ইউরোপ রেনেসাঁসের মতো কিছু একটা ভারতেও ঘটতে চলেছে। রামমোহনের এহেন চিন্তাধারার অনুগামী হিসেবে উনিশ শতকের আরও বেশ কিছু মনীষীর কথা উল্লেখ করা যায়। এঁদে মধ্যে বিশেষভাবে উল্লেখযোগ্য হলেন বঙ্কিমচন্দ্র চট্টোপাধ্যায়, কেশবচন্দ্র সেন, বিপিনচন্দ্র পাল, অরবিন্দ ঘোষ এর আরও অনেকের মধ্যে অবশ্যই রবীন্দ্রনাথ ঠাকুর। এঁরা প্রায় সকলেই উনিশ শতকের পাশ্চাত্য শিক্ষায় শিক্ষিত মানুষে ভাবাবেগ ও কার্যকলাপকে নবজাগরণ হিসেবে চিহ্নিত করতে চেয়েছেন। অন্যদিকে, আধুনিককালের গবেষকদের মনে অনেকেই বলতে চেয়েছেন যে, নবজাগরণ বলতে যা বোঝায় তা ভারতে কোনোদিনই ঘটেনি। বলা বাহুল্য, এঁদে সকলেই ভারতীয় নবজাগরণকে প্রধানত ইউরোপীয় তথা ইতালীয় নবজাগরণের অভিধায় দেখতে চেয়েছেন বলে এহেন অবস্থান।

  বাংলায় 'নবজাগরণ'-এর ধারণা নিয়ে বিতর্কঃ

  প্রথমেই উল্লেখ করা প্রয়োজন, নবজাগরণ বলতে আমরা যা বুঝি তা প্রধানত বাংলায়, বিশেষত কলকাতায় সংগঠিত হয়েছিল। এ ব্যাপারে রামমোহন রায় থেকে শুরু কে বিদ্যাসাগর, বঙ্কিমচন্দ্র হয়ে রবীন্দ্র পর্যন্ত মনীষীরা তাঁদের সময় যুক্তিবাদী তথা মুক্তচিন্তার দরজা খুলে দেন এই মুক্তচিন্তার ফলশ্রুতিকে কেউ কেউ নবজাগরণ বলে চিহ্নিত করেন। তবে, এঁদের যাবতীয় ক্রিয়াকাও, সমাজসংস্কার ধর্মসংস্কার, শিক্ষাসংস্কার সম্পর্কে যতটা জানা যায়, তাকে কিন্তু কখনোই প্রাচীন ঐতিহ্যের আলোকে নতুন করে মূল্যায়নের প্রচেষ্টা বলা যায় না। মূলত এরই প্রেক্ষিতে বাংলার নবজাগরণকে কেন্দ্র করে যাবতীয় বিতর্কের সূচনা। বাংলার নবজাগরণকে প্রকৃত অর্থে নবজাগরণ বলা যায় কিনা তা নিয়ে দুটি বিপরীত মেরুর অবস্থান লক্ষ করা যায়। একদিকে, আচার্য যদুনাথ সরকার মনে করেন, উনিশ শতকের

ভারত নবজাগরণের ভারত। তিনি লিখেছেন, এই নবজাগরণ ইংরেজ শাসনের দান। রমেশচন্দ্র মজুমদার জানিয়েছেন, বাংলার নবজাগরণ হিন্দু জাতীয়তাবাদের ফসল। এই নবজাগরণ বাংলা তথা ভারতের জাতিসত্তাকে নতুনভাবে উন্মোচিত করেছে। রামমোহন - বিশেষজ্ঞ দিলীপকুমার বিশ্বাস তাঁর 'রামমোহন সমীক্ষা' গ্রন্থে লিখেছেন, 'ইউরোপীয় রেনেসাঁসের সঙ্গে বাংলার রেনেসাঁসের প্রকৃতিগত পার্থক্য থাকলেও একটি জায়গায় মিল খুঁজে পাওয়া যায়। উভয় ক্ষেত্রেই প্রাচীন যুগের জ্ঞান-বিজ্ঞান-শিল্প-সাহিত্যের পুনরুজ্জীবন ও পুনঃঅনুশীলনের প্রতি এক প্রচও আগ্রহ লক্ষ করা যায়। এঁদের মতে বাংলায় নবজাগরণ অবশ্যই ঘটেছিল। অন্যদিকে , যাঁরা বিশ্বাস করেন বাংলায় নবজাগরণ বলতে তেমন কিছু ঘটেনি , তাঁদের মধ্যে সমাজবিজ্ঞানী বিনয় ঘোষ অন্যতম। (তাঁর 'বাংলার নবজাগৃতি' গ্রন্থে) তিনি লিখেছেন, বাংলার তথাকথিত নবজাগরণ 'সোডার বোতলে উচ্ছ্বসিত বুদবুদের মতো থানিকটা সাময়িক আদর্শগত চিত্তচাঞ্চল্য ছাড়া আর কিছুই ছিল না। তাঁর মতে নবজাগরণের বৈশিষ্ট্য 'সমাজের উপরতলার কিছু মানুষের ব্যক্তিস্বার্থের ফলশ্রুতি ছাড়া আর কিছুই নয়। 'বাংলার নবজাগরণ এই অর্থে এক 'ঐতিহাসিক ছলনা' মাত্র। এই নবজাগরণ আসলে ছিল 'ভারতের বাইরে সৃষ্ট ইংরেজি নবজাগরণ'। ড . অমলেশ ত্রিপাঠি (তাঁর ইতালীর র‍্যানেশাঁস : বাঙালীর সংস্কৃতি ' গ্রন্থে) জানিয়েছেন , ইতালির রেনেসাঁস বহুকাল যাবৎ জ্যাকব বুর্খট নামক এক প্রবাদপ্রতিম ঐতিহাসিকের ব্যাখ্যাসাপেক্ষ ছিল। আর এই ব্যাখ্যার ওপর নির্ভর করেই বাংলার নবজাগরণের ব্যাখ্যা চলে এসেছে, বিষয়টি বিভ্রান্তিকর। তাঁর মতে, বাংলার নবজাগরণ এদেশে কোনো মৌলিক পরিবর্তন ঘটাতে পারেনি। তার রেশ কখনোই সর্বস্তরে পৌঁছায়নি। তবে, এ সমস্ত বাদানুবাদ সত্ত্বেও এ কথাও সত্য যে , বাংলার নবজাগরণ অধ্যায়টি সব দিক থেকেই প্রতিবাদী চরিত্রের ছিল। এই চরিত্রের মধ্য দিয়ে বাংলা তো বটেই , এমনকি ভারতবর্ষও এক ' ঐতিহাসিক দ্বন্দ্ব'র সম্মুখীন হয়। এই ঐতিহাসিক দ্বন্দ্বের একপক্ষে ছিল প্রগতিশীল মানুষের অবস্থান এবং অন্যপক্ষে রক্ষণশীল মানুষের। বাংলা তথা ভারতের শিক্ষিত মানুষ কিন্তু প্রথম ধারাটির শরিক হতে দ্বিধা করেনি।

বাংলার নবজাগরণের প্রধান ধারাসমূহ ভূমিকাঃ

উনিশ শতকে বাংলায় আধুনিক পাশ্চাত্য শিক্ষার প্রসার ঘটে । এর প্রভাবে এই শতকে বাংলায় শিক্ষা , সংস্কৃতি , শিল্পকলা , রাজনীতি , ধর্ম , সমাজ , প্রভৃতি বিভিন্ন ক্ষেত্রে অভূতপূর্ব অগ্রগতি লক্ষ করা যায় । এই অগ্রগতি সাধারণভাবে ' উনিশ শতকে বাংলার নবজাগরণ ' নামে পরিচিত । এই নবজাগরণের প্রধান ধারাগুলি হল নিম্নরূপ —

- **প্রাচ্য - পুনরুজ্জীবনবাদী ধারাঃ** উনিশ শতকে বাংলার নবজাগরণের একটি অন্যতম ধারা হল বাংলার সুপ্রাচীন গৌরবময় ঐতিহ্যের পুনরুদ্ধার। এই প্রাচ্য পুনরুজ্জীবনবাদী ধারার জাগরণে নেতৃত্ব দিয়েছিলেন সনাতনপন্থী প্রগতিশীল মানসিকতার ব্যক্তিরা। এঁদের মধ্যে উল্লেখযোগ্য ছিলেন রাধাকান্ত দেব , মৃত্যুঞ্জয় বিদ্যালঙ্কার , হরিশচন্দ্র মুখোপাধ্যায় প্রমুখ। তাঁদের লক্ষ্য ছিল প্রাচ্যের সুপ্রাচীন গৌরবময় ঐতিহ্যের যথার্থ পুনরুজ্জীবন ঘটানো।

- **পাশ্চাত্য যুক্তিবাদী ধারাঃ** কেউ কেউ প্রাচ্যের সবকিছু প্রগতিশীলতা অস্বীকার করে পাশ্চাত্যের সভ্যতার অনুকরণে বাংলার সমাজ - সংস্কৃতির উন্নতি ঘটানোর পরিকল্পনা করেন। পাশ্চাত্য যুক্তিবাদী ধারার মুখপাত্র ছিল 'নব্যবঙ্গ গোষ্ঠী'। তাঁদের লক্ষ্য ছিল—প্রাচ্যের পশ্চাদপদ সভ্যতা - সংস্কৃতিকে সম্পূর্ণ বর্জন করে পাশ্চাত্যের যুক্তিবাদকে সম্পূর্ণভাবে গ্রহণ

করা।

- **সমন্বয়বাদী ধারা:** উক্ত দুটি ধারার মধ্যবর্তী স্তরে একটি সমন্বয়বাদী ধারার উদ্ভব ঘটেছিল। তৃতীয় এই ধারার নেতৃত্বে ছিলেন রামমোহন রায় , বিদ্যাসাগর প্রমুখ। তাঁরা প্রাচ্যের মহৎ বিষয়গুলির সঙ্গে পাশ্চাত্যের মহৎ বিষয়গুলির সমন্বয় ঘটিয়ে বাংলার সাংস্কৃতিক ক্ষেত্রে উন্নতি ঘটাতে চেয়েছিলেন।

- *বাংলার নবজাগরণের প্রকৃতি বা চরিত্র*

- **অর্থ:** পাশ্চাত্য শিক্ষায় শিক্ষিত তৎকালীন বাংলার মধ্যবিত্ত সমাজ অনুসন্ধানী মন ও যুক্তিতর্কের দ্বারা সবকিছুর মূল্যায়ন শুরু করে। এই সময় চিরাচরিত শাস্ত্রের নতুন ব্যাখ্যা, নীতিশাস্ত্রের ও ধর্মশাস্ত্রের নতুন মূল্যায়ন শুরু হয়। শিক্ষা, সংস্কৃতি, ধর্ম, সমাজ, সমস্ত ক্ষেত্রে এক অভাবনীয় জাগরণ শুরু হয়, যা এক কথায় নবজাগরণ নামে পরিচিত।

- **ভিত্তি:** নবজাগরণ বলতে শুধু প্রাচীন দেশীয় ও ঐতিহ্য ও সংস্কৃতির নতুন মূল্যায়ন প্রচেষ্টাকে বোঝায় না। এই সময় ইংরেজি শিক্ষার ও ইউরোপীয় সংস্কৃতির ছোঁয়ায় বাঙালি আত্মসচেতন হয়ে ওঠে। পাশ্চাত্য শিক্ষায় শিক্ষিত বাঙালি পাশ্চাত্যের সাহিত্য, দর্শন, বিজ্ঞান, রাজনীতি, অর্থনীতি প্রভৃতি বিষয়ে সম্যক ধারণা লাভের জন্য ব্যাকুল হয়ে ওঠে। বাঙালি নিজের ধর্মীয় এবং সামাজিক ক্রটিবিচ্যুতিগুলি এবং সাম্রাজ্যবাদী ব্রিটিশ শাসনের চরিত্র সম্বন্ধে সচেতন হয়ে ওঠে। এই সচেতনতাই হল নবজাগরণের আসল ভিত্তি। নবজাগরণের মতাদর্শগত ভিত্তি কখনই ধর্মনিরপেক্ষ বা অসাম্প্রদায়িক ছিল একথা বলা যায় না। তাই অধ্যাপক সুমিত সরকার লিখেছেন—"মুসলিম স্বৈরাচারী শাসনের সহাবস্থান সংক্রান্ত ধারণা থেকেই বুদ্ধিজীবীরা একটি বিদেশি শাসন গ্রহণ করার সুবিধাজনক যৌক্তিকতা খুঁজে পেয়েছিলেন।"

- **তিনটি ভাবধারা:** বাংলার নবজাগরণের চরিত্র বিচারে কয়েকটি ভাবধারার পরিচয় পাওয়া যায়। এগুলি হল উদারপন্থী ভাবধারা, প্রাচ্যের পুনরুজ্জীবনবাদী বা ঐতিহ্যবাদী ভাবধারা এবং সমন্বয়বাদী ভাবধারা। পাশ্চাত্যের উদারপন্থী ভাবধারার প্রবাবে সমাজসংস্কার, ধর্মীয় কুসংস্কারের বিরুদ্ধে আন্দোলন, নারীমুক্তি আন্দোলন প্রভৃতি শুরু হয়। যুক্তির আলোকে প্রচলিত প্রথা এবং আচারবিধিগুলি যাচাই করে নেওয়ার রীতি চালু হয়। দ্বিতীয় ধারা অর্থাৎ প্রাচ্যের পুনরুজ্জীবনবাদ বা ঐতিহ্যবাদী ভাবধারা অনুযায়ী প্রাচীন ভারতীয় সভ্যতার শ্রেষ্ঠত্ব প্রতিষ্ঠার উদ্যোগ লক্ষ করা যায়। তৃতীয় অর্থাৎ সমন্বয়বাদী ভাবধারা অনুযায়ী প্রাচীন যুগের যা কিছু শ্রেষ্ঠ তার সঙ্গে পাশ্চাত্য জ্ঞান বিজ্ঞানের যা কিছু শ্রেষ্ঠ উভয়ের সমন্বয়ের উদ্যোগ শুরু হয়।

- **এলিটিস্ট আন্দোলন:** সমালোচকদের ধারণায় উনিশ শতকে বাংলার নবজাগরণ ছিল এলিটিস্ট (Elitist) আন্দোলন। সমাজের মুষ্টিমেয় উচ্চবিত্ত ও উচ্চশিক্ষিত লোকেদের মধ্যেই এই নবজাগরণ সীমাবদ্ধ ছিল। উনিশ শতকে বাংলার নবজাগরণের প্রভাব সমাজের সকল শ্রেণির ওপর পড়েনি। তা ছাড়া এই নবজাগরণ মুসলিম সম্প্রদায়কে প্রভাবিত করতে ব্যর্থ হয়। কারণ মুসলিম সম্প্রদায়কে কেন্দ্র করে সেই সময় কোনো সংস্কার প্রচেষ্টা দেখা যায়নি। তা ছাড়া হিন্দু সমাজকেন্দ্রিক সংস্কার প্রচেষ্টা গৃহীত হলেও দেখা যায় যে, হিন্দুসমাজের পিছিয়ে পড়া মানুষ বা কৃষক সমাজের উন্নতির জন্য কোনো উদ্যোগ নেওয়া হয়নি। জওহরলাল নেহরু স্পষ্টভাবে বলেছেন ঔপনিবেশিক শাসনের জ্ঞানদীপ্তি শুধুমাত্র উচ্চবর্ণের বাঙালি হিন্দুদের ওপরই প্রতিফলিত হয়েছিল।

- **মৌলিকত্বের অভাব:** বাংলায় নবজাগরণের মৌলিকত্বের অভাব ছিল। একদিকে বেদ উপনিষদের প্রভাব, অপরদিকে পাশ্চাত্য উদারপন্থা ও হিতবাদের অনুপ্রেরণা। মধ্যবিত্ত শিক্ষিত বাঙালির মতাদর্শ এক মিশ্র চিন্তাধারার জন্ম দেয়। এর কুপ্রভাব হিসেবে তারা ইংরেজি গানের সুরের ঢঙে হিন্দুস্থানি গানের চর্চা করতেন এবং ইংরেজ কায়দায় খানাপিনা করতেন ও বিলাস বৈভবে জীবন কাটাতেন। এদের অনেকেই দেশের ঐতিহ্যমণ্ডিত শিল্পের প্রতি শ্রদ্ধা না দেখালেও ইংল্যান্ড থেকে আমদানি করা বিলাসপণ্য ঘরে সাজিয়ে রেখে গর্ব অনুভব করতেন। তাই এ প্রসঙ্গে অধ্যাপক অমলেশ ত্রিপাঠী বলেছেন- "প্রাচীন ইটালির দ্বিমুখবিশিষ্ট দেবতা জ্যানাসের মতো তারা একবার সামনের দিকে আধুনিক পাশ্চাত্যের প্রতি তাকিয়েছিল। আর একবার পেছনদিকে প্রাচীন ভারতের প্রতি তাকিয়েছিল। ঘড়ির পেন্ডুলামের মতো তারা একবার পাশ্চাত্যকরণের দিকে এক একবার ঐতিহ্যগত আদর্শের দিকে এবং এই দুই-এর মধ্যবর্তী স্তরে বিচরণ করেছিল।"
- **শহরকেন্দ্রিক:** উনিশ শতকের বাংলার নবজাগরণ ছিল মূলত শহরকেন্দ্রিক। এই নবজাগরণের প্রাণকেন্দ্র ছিল কলকাতা। কলকাতার বাইরে অন্যান্য জায়গায় এই নবজাগরণ ছড়িয়ে পড়েনি। তাই গ্রামবাংলার গরিষ্ঠ অংশ এই নবজাগরণের ছোঁয়া পায়নি। বলা যায়, গ্রামের কৃষক ও দরিদ্র শ্রেণির সঙ্গে এই নবজাগরণের কোনো সম্পর্ক গড়ে ওঠেনি।
- **সীমিত পরিসরঃ** উনিশ শতকের বাংলার নবজাগরণের ব্যাপ্তি বা পরিসর ছিল খুবই সীমিত। তা ছিল মূলত শহরকেন্দ্রিক , বিশেষ করে কলকাতাকেন্দ্রিক। কলকাতার বাইরে গ্রামবাংলায় এই নবজাগরণের প্রসার ঘটেনি এবং গ্রামবাংলার বৃহত্তর জনগোষ্ঠী এই নবজাগরণের কোনো সুফল পায়নি।
- **মধ্যবিত্ত সমাজে সীমাবদ্ধঃ** বাংলার জাগরণ শুধু পাশ্চাত্য শিক্ষায় শিক্ষিত প্রগতিশীল সমাজে সীমাবদ্ধ ছিল। বিভিন্ন ঐতিহাসিক এই সমাজের লোকেদের ' মধ্যবিত্ত ভদ্রলোক ' বলে অভিহিত করেছেন। এজন্য অধ্যাপক অনিল শীল এই জাগরণকে এলিটিস্ট আন্দোলন বলে অভিহিত করেছেন। বাংলার এই জাগরণের সঙ্গে গ্রামগঞ্জের হাজার হাজার দরিদ্র মেহনতি মানুষের কোনো প্রত্যক্ষ যোগ ছিল না। পণ্ডিত জওহরলাল নেহরুও মনে করেন যে , ঔপনিবেশিক শাসনের জ্ঞানদীপ্তি শুধু উচ্চবর্গের হিন্দুদের ওপরই প্রতিফলিত হয়েছিল। সাধারণ জনগণের মধ্যে এর বিশেষ প্রভাব পড়েনি।
- **ব্রিটিশ নির্ভরতাঃ** বাংলার এই জাগরণ অতিমাত্রায় ব্রিটিশ নির্ভর হয়ে পড়েছিল। ব্রিটিশ শাসনের প্রতি শ্রদ্ধাশীল নবজাগরণের নেতৃবৃন্দ মনে করতেন যে, ব্রিটিশ শাসনের দ্বারাই ভারতীয় সমাজের মঙ্গল সাধিত হবে। ঐতিহাসিক যদুনাথ সরকার লিখেছেন, 'ইংরেজদের দেওয়া সবচেয়ে বড়ো উপহার হল আমাদের উনিশ শতকের নবজাগরণ। তিনি ভারতে ব্রিটিশ শাসন প্রতিষ্ঠাকে এজন্য 'গৌরবময় ভো ' বলে অভিহিত করেছেন।
- **হিন্দু জাগরণবাদঃ** বাংলার নবজাগরণ প্রকৃতপক্ষে "হিন্দু জাগরণবাদে" পর্যবসিত হয়। রাধাকান্ত দেব , মৃত্যুঞ্জয় বিদ্যালঙ্কার প্রমুখের কার্যকলাপে হিন্দু জাগরণবাদের ছায়া দেখতে পাওয়া যায়। রামমোহন ও বিদ্যাসাগর হিন্দুশাস্ত্রকে ভিত্তি করে সমাজ পরিবর্তনের ডাক দিয়েছিলেন। তাই অনেকে মনে করেন যে , উনিশ শতকের বাংলার নবজাগরণে ধর্মনিরপেক্ষ মানবতাবাদের ভূমিকা ছিল খুবই গৌণ।
- *বাংলায় নবজাগরণের সীমাবদ্ধতা*

- অধ্যাপক সুশোভন সরকার তার নোটস অন বেঙ্গল রেনেসাঁ (Notes on Bengal Renaissance) শীর্ষক গ্রন্থে নবজাগরণের নানা সীমাবদ্ধতার কথা তুলে ধরলেও বাংলার এই সাংস্কৃতিক জাগরণকে নবজাগরণ অ্যাখ্যা দিয়েছেন। তিনি বলেছেন যে, বাংলাতেই প্রথম ব্রিটিশ শাসন, বুর্জোয়া অর্থনীতি এবং আধুনিক পাশ্চাত্য শিক্ষার প্রভাব অনুভূত হয়।

- ড. অমলেশ ত্রিপাঠী মনে করেন দ্বাদশ ও ত্রয়োদশ শতকের বাণিজ্য বিপ্লব, নগর বিপ্লব যেভাবে ইটালির নবজাগরণের পটভূমি প্রস্তুত করেছিল, বাংলার নবজাগরণের ক্ষেত্রে তা দেখা যায়নি। ইটালির নবজাগরণের কেন্দ্র ফ্লোরেন্স ছিল স্বাধীন ও মুক্ত পরিবেশ। অপরদিকে, বাংলার নবজাগরণের কেন্দ্র ছিল কলকাতা। বিদেশি ব্রিটিশ শাসকের অধীনস্থ। তা ছাড়া কলকাতা নবজাগরণের পৃষ্ঠপোষকতা করেছিলেন কিছু জমিদার, কোম্পানির বেনিয়ান, দেশীয় গোমস্তা ও কিছু চাকুরিজীবী। অপরদিকে, ফ্লোরেন্সে নবজাগরণের পৃষ্ঠপোষকতা করেন। গোরেঞ্জো মেদিচির মধ্যে ধনী ব্যাংক ব্যবসায়ীগণ

- অধ্যাপক সুমিত সরকার, বাংলার নবজাগরণকে ইংরেজ নকলনবিশি বলে সমালোচনা করেছেন। বিনয় ঘোষের ধারণায় বাংলায় নবজাগরণ একটি অতিকথা মাত্র। তিনি এই নবজাগরণকে ঐতিহাসিক প্রতারণা (Historical hoax) বলে সমালোচনা করেছেন। তিনি বলেন যে, বাংলায় নবজাগরণ হয়নি, যা লেখা হয়েছে এখনও লেখা, তা অতিকথন মাত্র।

- অশোক মিত্র বাংলার উনিশ শতকের জাগরণকে 'তথাকথিত নবজাগরণ' (So called Renaissance) বলে উল্লেখ করেছেন।

- বিনয় ঘোষ তিনি এই নবজাগরণকে 'ঐতিহাসিক প্রতারণা' আখ্যা দিয়ে বলেন "নবজাগরণ হয়নি, যা লেখা হয়েছে এখনও লেখা হয়, তা অতিকথা মাত্র।"

- **রামমোহন রায়**

  বহু ভাষা ও বহু ধর্মের দেশ ভারতে সমাজ-সংস্কৃতির আন্দোলন নতুন কোনো বিষয় নয়। উনিশ শতকব্যাপী যা কিছু সমাজসংস্কার, ধর্মসংস্কার আন্দোলন, তার মধ্য দিয়ে নিজেকে চিনে নেওয়ার প্রবণতা যথেষ্ট লক্ষ করা যায়। আর এসব ক্ষেত্রে আধুনিক ভারতের প্রাণপুরুষ রামমোহন রায় (১৭৭৪-১৮৩৩ খ্রি.) হয়ে উঠেছিলেন একজন যুগন্ধর মানুষ। বাংলার সমাজসংস্কারের নানা ক্ষেত্রে তাঁর নেতৃত্বে এক কর্মযজ্ঞ শুরু হয়। রামমোহন রায় ১৮১৫ খ্রিস্টাব্দে কলকাতায় পদার্পণ করে সেই বছরেই আত্মীয়সভা প্রতিষ্ঠা করেন। ভবিষ্যতের ব্রাহ্মসমাজের কাজের ধারা কী হবে তা আত্মীয়সভার আলোচনা থেকেই বোঝা সম্ভব। আত্মীয়সভা মূলত ছিল একটি সমমনস্ক মানুষদের নিয়ে গঠিত ঘরোয়া সমিতি। এই সভার সাপ্তাহিক অনুষ্ঠানে রামমোহনের উপস্থিতিতে ধর্ম, সমাজ, শিক্ষা ইত্যাদি বিষয়ে যুক্তিতর্কের ঢেউ উঠত। দ্বারকানাথ ঠাকুর, নন্দকিশোর বসু, রামচন্দ্র বিদ্যাবাগীশ, নন্দকুমার বিদ্যালঙ্কার প্রমুখ স্বনামধন্য ব্যক্তিরা আত্মীয়সভার সদস্য ছিলেন। এই সভার মূল উদ্দেশ্য ছিল, অন্ধবিশ্বাসের শৃঙ্খল থেকে দেশের মানুষকে মুক্ত করা। রামমোহনের এই কাজকে রক্ষণশীল হিন্দুসমাজ মেনে নিতে পারেনি। রাধাকান্ত দেবের নেতৃত্বে তাঁরা কঠোর রামমোহন-বিরোধী হয়ে ওঠেন। অন্যদিকে, রামমোহন খ্রিস্টান কার্যাবলিতেও সন্তুষ্ট ছিলেন না। নিজের ধর্মীয় মতামত স্বাধীনভাবে প্রকাশ করার জন্য ১৮২১ খ্রিস্টাব্দে তিনি কলকাতায় 'ক্যালকাটা ইউনিটেরিয়ান কমিটি' (Calcutta Unitarian Committee) নামে এক আলোচনা চক্রের প্রতিষ্ঠা করেন।

সমাজ ও ধর্মসংস্কারে রাজা রামমোহন রায়

ভূমিকা : উনিশ শতকে বাঙালির জীবনে ধর্ম , সমাজ , সাহিত্য , রাজনীতি প্রভৃতি ক্ষেত্রে যে সমুদয় গুরুতর পরিবর্তন ঘটে , তাদের সবার মূলে না থাকলেও প্রায় সবগুলির সঙ্গেই রাজা রামমোহন রায়ের ঘনিষ্ঠ সম্বন্ধ ছিল । সমাজসংস্কারের ক্ষেত্রে তাঁর অবদান চিরস্মরণীয় হয়ে আছে ।

- **সতীদাহপ্রথা বিলোপ:** সমগ্র ভারতে তো বটেই , বাংলাতেও সতীদাহ প্রথা ছিল এক সামাজিক অভিশাপ সতীদাহপ্রথা বলতে বোঝায় স্বামীর মৃত্যুর পর তার চিতায় জীবিত স্ত্রীকে পুড়িয়ে মারা। কিন্তু হিন্দুধর্মে আঘাত লাগতে পারে ভেবে ইংরেজ কর্তৃপক্ষ এ ধরনের অমানবিক প্রথার বিরুদ্ধে ব্যবস্থা নেয়নি। তবে রামমোহন রায় এই প্রথার বিরুদ্ধে আপসহীন সংগ্রাম শুরু করেন। এই ব্যাপারে তৎকালীন গভর্নর - জেনারেল লর্ড উইলিয়াম বেন্টিঙ্ক এবং প্রিন্স দ্বারকানাথ ঠাকুরও তাঁকে প্রবলভাবে সমর্থন জানান।

- **রামমোহনের তীব্র প্রতিবাদ:** ১৮১৮ খ্রিস্টাব্দ থেকেই রামমোহন রায় সতীদাহ প্রথার বিরুদ্ধে প্রতিবাদ করতে এবং জনমত গঠন করতে ব্রতী হন। এই উদ্দেশ্যে তিনি বাংলা ও ইংরেজি ভাষায় বিভিন্ন পুস্তিকা এবং সম্বাদ কৌমুদী পত্রিকায় বিভিন্ন প্রবন্ধ প্রকাশ করেন। হিন্দুশাস্ত্র ও বিভিন্ন ধর্মগ্রন্থ থেকে তিনি প্রমাণ করেন যে , সতীদাহ ধর্মবিরোধী অশাস্ত্রীয়। এই কুপ্রথা নিবারণের অনুরোধ জানিয়ে তিনি বাংলার ৩০০ জন বিশিষ্ট নাগরিকদের স্বাক্ষরিত এক আবেদনপত্র বড়োলাট লর্ড উইলিয়াম বেন্টিঙ্কের কাছে জমা দেন। রামমোহনের প্রচেষ্টাকে স্বাগত জানিয়ে বেন্টিঙ্ক ১৮২৯ খ্রিস্টাব্দের ৪ ডিসেম্বর সতীদাহপ্রথার বিরুদ্ধে ১৭ নং রেগুলেশন আইন জারি করে এই প্রথা রদ করেন।

- **বাংলার রক্ষণশীল সমাজের প্রতিক্রিয়া:** বাংলার রক্ষণশীল হিন্দুসমাজ রাধাকান্ত দেবের নেতৃত্বে এই আইনের বিরুদ্ধে ইংল্যান্ডে একটি স্মারকলিপি পাঠায়। এর প্রত্যুত্তরে রামমোহন প্রিভি কাউন্সিলের কাছে এই স্মারকলিপির অযৌক্তিকতা প্রমাণ করেন, যার ফলে সতীদাহ নিবারণ আইন বলবৎ থাকে রামমোহন রায়ের জীবিতকালে সমাজসংস্কারের ক্ষেত্রে ব্রাহ্মসমাজের প্রথম সার্থক ও যুগান্তকারী আন্দোলন ছিল সতীদাহপ্রথা নিবারণ আন্দোলন।

- **অন্যান্য সংস্কার:**

  - রামমোহনের সংস্কারমুক্ত, যুক্তিবাদী মন হিন্দুসমাজে প্রচলিত বাল্যবিবাহ, বহুবিবাহ, কন্যাপণ, কুলীন, জাতিভেদ, অস্পৃশ্যতা, গঙ্গাসাগরে সন্তান বিসর্জন প্রভৃতি বহু সামাজিক কুপ্রথার বিরুদ্ধে বিদ্রোহী হয়ে ওঠে। এগুলি নিবারণের জন্য সংবাদপত্রের মাধ্যমে তিনি প্রতিবাদে সোচ্চার হয়ে ওঠেন।

  - শুধু নারীর জীবনরক্ষাই নয়, মর্যাদা সহকারে তাদের সমাজে প্রতিষ্ঠিত করার চেষ্টাও তিনি করেন। তিনি নারী-পুরুষ সমানাধিকার, বিধবার পুনর্বিবাহ, স্ত্রীশিক্ষার বিস্তার, পিতা বা স্বামীর সম্পত্তির ওপর নারীর অধিকার স্থাপন প্রভৃতি ব্যাপারেও উদ্যোগী হন।

- *পাশ্চাত্য শিক্ষাবিস্তারে রাজা রামমোহন রায়ের ভূমিকা*
- **বিদ্যালয় প্রতিষ্ঠা:** পাশ্চাত্য শিক্ষা বিস্তারের উদ্দেশ্যে রামমোহন রায় ১৮১৫ খ্রিস্টাব্দে কলকাতায় অ্যাংলো - হিন্দু স্কুল নামে একটি ইংরেজি বিদ্যালয় প্রতিষ্ঠা করেন।

- **সরকারকে পত্র:** ইস্ট ইন্ডিয়া কোম্পানি ভারতীয়দের শিক্ষার জন্য বার্ষিক ১ লক্ষ টাকা ব্যয়ের সিদ্ধান্ত নিলে রামমোহন ১৮২৩ খ্রিস্টাব্দে লর্ড আমহার্স্টকে দেওয়া পত্রে দাবি জানান যে , এই অর্থ আধুনিক বিজ্ঞান ও ইংরেজি শিক্ষা প্রসারের জন্য ব্যয় করা হোক।

- **পাশ্চাত্য শিক্ষার পক্ষে প্রচার:** রামমোহন পাশ্চাত্য গণিত , দর্শন , রসায়ন , অস্থিবিদ্যা প্রভৃতি শিক্ষার সপক্ষে প্রচার চালান। তিনি কলকাতায় সংস্কৃত কলেজ প্রতিষ্ঠার সরকারি সিদ্ধান্তের বিরোধিতা করেন।

- **বেদান্ত কলেজ প্রতিষ্ঠা:** শিক্ষার্থীদের মন থেকে নানা কুসংস্কার ও মূর্তিপূজা দূর করে পাশ্চাত্য সমাজবিজ্ঞান ও পদার্থবিদ্যা শিক্ষাদানের উদ্দেশ্যে রামমোহন রায় ১৮২৬ খ্রিস্টাব্দে বেদান্ত কলেজ প্রতিষ্ঠা করেন।

- **অন্যদের সহায়তা:** বাংলায় পাশ্চাত্য শিক্ষার প্রসারের কাজে তিনি ডেভিড হেয়ার , আলেকজান্ডার ডাফ প্রমুখকে নানাভাবে সহায়তা করেন। ডাফ জেনারেল অ্যাসেম্বলিজ ইনস্টিটিউশন (১৮৩০ খ্রি.) প্রতিষ্ঠার উদ্যোগ নিলে রামমোহন তাঁকে বিশেষভাবে সহায়তা করেন। হিন্দু কলেজ (১৮১৭ খ্রি.) প্রতিষ্ঠায় রামমোহনের সহায়তার কথা কেউ কেউ স্বীকার করলেও ড . রমেশচন্দ্র মজুমদার এই মত স্বীকার করেন না।

- **বিদ্যাসাগর**

ছাত্রজীবন ও কর্মজীবনের সূত্রপাত

১৮২০ খ্রিষ্টাব্দের ২৯শে সেপ্টেম্বর মেদিনীপুর জেলার (তৎকালীন হুগলী জেলা) বীরসিংহ গ্রামে এক দরিদ্র ব্রাহ্মণ পরিবারে ঈশ্বরচন্দ্র বিদ্যাসাগর জন্ম গ্রহণ করেন। তার পিতা ঠাকুরদাস বন্দ্যোপাধ্যায় ছিলেন সৎচরিত্র নিষ্ঠাবান ব্রাহ্মণ এবং মা ভগবতী ছিলেন একজন দৃঢ়চেতা নারী। আত্মবিশ্বাস ও তেজস্বিতার মূর্ত প্রতীক ঈশ্বরচন্দ্রের জীবনে তার দরিদ্র পিতা ও মাতার প্রভাব ছিল অপরিসীম। বিনয় ঘোষ লিখেছেন – "মা ছিলেন ঈশ্বরচন্দ্রের জীবনে শক্তি। পিতা ঠাকুরদাস ছিলেন তার টিচার ও ট্রেনার।" গ্রামের পাঠশালায় লেখাপড়ার পাঠ সাঙ্গ করে মেধাবী বালক ঈশ্বরচন্দ্র দরিদ্র পিতার হাত ধরে নদ-নদী পেরিয়ে পদব্রজে উপস্থিত হলেন নবভারতের রাজধানী শহর কলকাতায়। ১৮২৯ খ্রিষ্টাব্দের ১লা জুন তিনি সংস্কৃত কলেজে ভর্তি হন। ১৮৩৯ খ্রিষ্টাব্দে তিনি বিদ্যাসাগর উপাধি লাভ করেন এবং ১৮৪১ খ্রিষ্টাব্দে শিক্ষাজীবন শেষ করে ফোর্ট উইলিয়াম কলেজের বাংলা বিভাগের প্রধান পন্ডিত পদে যোগদান করেন। ১৮৫০ খ্রীষ্টাব্দের ডিসেম্বর মাসে তিনি সংস্কৃত কলেজে অধ্যাপক এবং পরে ঐ কলেজের অধ্যক্ষ পদে নিযুক্ত হন (২২শে জানুয়ারী ১৮৫১ খ্রীঃ) ১৮৫৮ খ্রীষ্টাব্দের ৩রা নভেম্বর পর্যন্ত অর্থাৎ মোট আট বৎসর তিনি সংস্কৃত কলেজের অধ্যক্ষ ছিলেন।

শিক্ষা সংস্কার

ইতিমধ্যে ঈশ্বরচন্দ্র শিক্ষা বিস্তার এবং বিশেষ করে স্ত্রী শিক্ষা বিস্তারের প্রচেষ্টায় নিজেকে নিযুক্ত করেন। তিনি তত্ত্ববোধিনী পত্রিকায় বিবিধ বিষয়ে সংস্কারধর্মী প্রবন্ধ প্রকাশ করে তার প্রগতিশীল মনোভাবের পরিচয় দেন। সংস্কৃত কলেজে দায়িত্বভার গ্রহণের পর তিনি কলেজের শিক্ষাব্যবস্থায় মৌলিক পরিবর্তন সাধন করেন। ঈশ্বরচন্দ্র ঐ কলেজের দ্বার সকল শ্রেণির হিন্দুর জন্য মুক্ত করে এক সামাজিক বিপ্লবের সূচনা করেন। তিনি সংস্কৃত কলেজের পাঠক্রমে পরিবর্তন আনয়ন করে মৌলিক প্রতিভার পরিচয় দেন। তিনি শিক্ষার বিভিন্ন স্তরে

যে সংস্কার সাধন করেন তার একটি বিশেষ লক্ষ্য ছিল। তিনি মনে করতেন যে ভারতীয়দের শিক্ষার লক্ষ্য হবে সংস্কৃত ও ইংরাজী ভাষায় দক্ষতা অর্জন। করে নিজ নিজ মাতৃভাষাকে সমৃদ্ধ করা। এই লক্ষ্যে পৌঁছাবার জন্য তিনি সংস্কৃত শিক্ষার মত ইংরেজি শিক্ষার উপরও বিশেষ গুরুত্ব আরোপ করেছিলেন। বিদ্যাসাগর নিজে ব্রাহ্মন বংশে জন্ম গ্রহণ করেছিলেন। কিন্তু তা সত্ত্বেও তিনি পাশ্চাত্য জ্ঞান বিজ্ঞানকে সাদরে গ্রহণ করেছিলেন।

শিক্ষা সংস্কারে বিদ্যাসাগরের ভূমিকাঃ গভীর মানবতাবাদে উদ্বুদ্ধ বিদ্যাসাগর প্রথম থেকেই শিক্ষার প্রসারে ব্রতী হয়েছিলেন। তিনি শিক্ষা আয়তনকে মানব ধর্মের নার্সারি করে তুলতে চেয়েছিলেন, শিক্ষা প্রসারের ক্ষেত্রে যে গুরুত্বপূর্ণ পদক্ষেপগুলি তিনি নিয়েছিলেন সেগুলি হল নিম্নরূপ-

- **বিদ্যালয় স্থাপনঃ** বিদ্যাসাগর শিক্ষা সংস্কারের ক্ষেত্রে সবার আগে জোর দিয়েছিলেন–বিদ্যালয় স্থাপনের ওপর। লর্ড হার্ডিঞ্জ ১৮৪৪ সালে ১০০ টি বাংলা বিদ্যালয় স্থাপনের ওপর জোর দিলে বিদ্যাসাগর তার দিকে সাহায্যের হাত বারিয়ে দিয়েছিলেন। শুধু তায় নয় তিনি নিজেও বিভিন্ন জেলায় ২০ টি মডেল স্কুল প্রতিষ্ঠা করেছিলেন। যার বেশিরভাগটাই তার নিজের খরচায় চলতো। এছাড়া ১৮৭২ খ্রিঃ তিনি নিজের খরচায় মেট্রোপলিটন ইন্সটিটিউশন প্রতিষ্ঠা করেছিলেন, যা বর্তমানে বিদ্যাসাগর কলেজ নামে পরিচিত।

- **নারী শিক্ষায় ভূমিকাঃ** বিদ্যাসাগর বুঝেছিলেন সমাজে নারীদের যদি শিক্ষিত করা না যায় তাহলে নারীদের সার্বিক অগ্রগতি হতে পারে না। সেইকারণে নারী শিক্ষা প্রসারে তিনি উদ্যোগী হয়েছিলেন। যেমন Drink Water Bethune এর পৃষ্ঠপোষকতায় তিনি হিন্দু ফিমেল স্কুল প্রতিষ্ঠা করেছিলেন, এছাড়াও ৩৫ টি বালিকা বিদ্যালয় প্রতিষ্ঠার সঙ্গে নিজেকে যুক্ত করেছিলেন। প্রায় এক হাজার তিনশো ছাত্রী এই বিদ্যালয় গুলিতে পড়াশুনা করতো।

- **মাতৃভাষায় শিক্ষাদানঃ** মাতৃভাষায় শিক্ষাদানের উপর বিদ্যাসাগর প্রথম থেকেই জোর দিয়েছিলেন। তবে একই সঙ্গে তিনি পাশ্চাত্য শিক্ষার গুরুত্বকে অস্বীকার করেননি। এরই পাশাপাশি তিনি প্রাচ্য ও পাশ্চাত্যের সমন্বয়ের ওপর গুরুত্ব আরোপ করেছিলেন।

- **পাঠ্যপুস্তক রচনাঃ** শুধুমাত্র বিদ্যালয় স্থাপন নয়, পাঠ্যপুস্তক রচনার দায়িত্বও তিনি নিজের কাঁধে তুলে নিয়েছিলেন। বর্ণপরিচয়, শিশুশিক্ষা, কথামালা, নীতিবোধ চরিতাবলি সহ সংস্কৃত শিক্ষার সুবিধার জন্য সংস্কৃত ব্যাকরণের উপক্রমণিকা ও ব্যাকরণ কৌমুদী প্রভৃতি রচনা করেন। এছাড়াও আখ্যান মঞ্জরি, শব্দ মঞ্জরি, শ্লোক মঞ্জরি, ব্রজবিলাস, রঙ্গপরীক্ষা প্রভৃতি বই রচনা করেন যা বাংলা ও সংস্কৃত শিক্ষার ক্ষেত্রে বিশেষ গুরুত্বপূর্ণ হয়ে উঠেছিল। এছাড়াও সীতার বনবাসের মতো গ্রন্থ রচনার মাধ্যমে তিনি বাংলা গদ্য লেখার নতুন পথ রচনা করেছিলেন। রবীন্দ্রনাথের কাছে তিনি ছিলেন ' বাংলা ভাষার প্রথম যথার্থ শিল্পী।

- **নিয়মকানুন তৈরিঃ** শিক্ষার কাজে তিনি বেশকিছু নিয়ম কানুন প্রতিষ্ঠা করেছিলেন। কেবলমাত্র ব্রাহ্মণ ও বৈদ্য সন্তানরা সংস্কৃত পরতে পারবে এই নীতি তুলে দিয়ে সকল বর্ণের হিন্দু ছাত্রদের জন্য সংস্কৃত পড়ার দ্বার খুলে দেন তিনি। এছাড়াও শিক্ষকদের ইচ্ছামতো আসা ও যাওয়া বন্ধ করে নতুন নিয়ম কানুন বলবত করেছিলেন তিনি। পাশাপাশি শুভদিন অনুসারে ছুটির দিন তুলে দিয়ে রবিবার ছুটির নীয়ম চালু করেন।

- **জনসেবাঃ** নিঃস্বার্থ সমাজসেবী ঋণজন্মা পুরুষ ঈশ্বরচন্দ্র ছিলেন মানবতাবাদী চেতনার বাহক। দীন-দুঃখী, গরিব অসহায়, দুস্ত-দুর্দশাগ্রস্ত, অক্ষম, রুগ্ন, বিপন্ন ও ষিপদগ্রস্ত শ্রেণীর

সাহায্যে তিনি সর্বদা সচেষ্ট ছিলেন। ১২৭৬ বঙ্গাব্দে বাংলা ও উড়িষ্যার ভয়াবহ দুর্ভিক্ষকালে তিনি মেদিনীপুর, হুগলী প্রভৃতি জেলায় শিবির, লঙ্গরখানা ও অন্নছত্র খোলেন। বীরসিংহে তিনি নিজ ব্যয়ে এক অন্নছত্র খোলেন, যেখানে দিন - রাত্রি অবিরাম খাদ্য পরিবেশিত হত। এখানে বসবাসরত ডোম , হাড়ি প্রভৃতি নিচু শ্রেণী, সন্তান সম্ভবা মহিলা সকলকে তিনি নিজ হাতে সেবা করতেন। তাই তিনি দয়ার সাগর উপাধি পান।

- *শিক্ষা বিস্তারে বিবিধ উদ্যোগ*

বিদ্যাসাগর মহাশয় বাংলা শিক্ষার উন্নয়ন ও প্রসারকল্পে কর্ম তৎপর হন। জনশিক্ষাবিস্তারের কাজে তিনি অগ্রহণী ভূমিকা পালন করেন। তিনি উপলব্ধি করেছিলেন যে শিক্ষাই অন্ধকার দূর করে মানুষকে প্রকৃত মনুষ্যত্বে পৌঁছে দেয়। এক চিঠিতে তিনি লেখেন যে – "জনসাধারণের মধ্যে শিক্ষাবিস্তার এই এখন আমাদের প্রয়োজন। আমাদের কতগুলি বাংলা স্কুল স্থাপন করতে হবে এবং এইসব স্কুলের জন্য প্রয়োজনীয় ও শিক্ষাপ্রদ বিষয়ের অনেকগুলি পাঠ্যপুস্তক রচনা করতে হবে।" বাংলার বিভিন্ন জেলায় তিনি ২০ টি মডেল স্কুল বা আদর্শ বিদ্যালয় প্রতিষ্ঠা করেন। শিক্ষক শিক্ষণের উদ্দেশ্যে সংস্কৃত কলেজের অভ্যন্তরেই তিনি একটি নর্মাল স্কুল প্রতিষ্ঠা করেন। এর পরিচালনার দায়িত্ব ছিল অক্ষয়কুমার দত্ত ও মধুসূদন বাচস্মৃতির উপর। ১৮৪৯ খ্রিষ্টাব্দে ড্রিঙ্ক ওয়াটার বেথুনের পৃষ্ঠপোষকতায় হিন্দু বালিকা বিদ্যালয় প্রতিষ্ঠিত হয়। ১৮৫০ খ্রিষ্টাব্দে বিদ্যাসাগর এই শিক্ষায়তনের সম্পাদকের পদ গ্রহণ করেন। তাঁর উদ্যোগে গ্রামাঞ্চলে ৩৫টিবালিকা বিদ্যালয় প্রতিষ্ঠিত হয়। শিবনাথশাস্ত্রী তার আত্মচরিত এ লেখেন যে উনিশ শতকের শেষভাগে বেসরকারি উদ্যোগে বাংলায় যে সব কলেজ প্রতিষ্ঠিত হয়েছিল তাদের সকলেরই ধ্রুবতারা ছিল মেট্রো পলিটন কলেজ। কেবল শিক্ষাবিস্তারই নয় — বিরাট পান্ডিত্য সত্ত্বেও তিনি জনশিক্ষার জন্য বেশ কিছু পাঠ্য পুস্তক রচনা করেন। এগুলির মধ্যে বর্ণমালা, কথামালা, নীতিবোধ, চরিতাবলী, বোধোদয় উল্লেখযোগ্য।

বাংলা ভাষার আধুনিকীকরণ

আধুনিক বাংলা ভাষা ও সাহিত্যের বিকাশে বিদ্যাসাগরের ভূমিকা স্মরণীয়। তিনি নিজের রচনাবলীর মধ্যেও আধুনিক বাংলা গদ্যরীতির বিবর্তনে পথিকৃতের কাজ করেন। ইতিপূর্বে বাংলাভাষা ছিল সম্পূর্ণভাবে সংস্কৃত ভাষা প্রভাবিত। অলংকারবহুল বাংলা ভাষা স্বভাবতই ছিল জটিল ও অবোধ্য। বিদ্যাসাগর বাংলা ভাষাকে যথাসম্ভব সংস্কৃত প্রভাব মুক্ত করে স্বাচ্ছন্দদান করতে প্রয়াসী হন। তিনি নতুন ছন্দে বাংলা গদ্য রচনা করে বাংলা ভাষাকে অনেক বেশী সহজ ও সরল করে দেন। এরই উপর ভিত্তি করে পরবর্তীকালে আধুনিক বাংলা ভাষার বিবর্তন ঘটেছে। গদ্য রচনার ছেদ চিহ্নের প্রয়োগ তার অনন্য কীর্তি। সেই সঙ্গে পদবিন্যাস দ্বারা বাংলা রচনাকে সাবলীল করে দেন।

নারীশিক্ষার বিস্তারে ঈশ্বরচন্দ্র বিদ্যাসাগর

- **বিধবাবিবাহ আন্দোলন:** হিন্দু বিধবাদের শোচনীয় অবস্থা বিদ্যাসাগরকে দীর্ঘদিন ধরেই পীড়িত করে আসছিল । এই কারণে বিধবাদের পুনর্বিবাহের জন্য তিনি সুদীর্ঘ আন্দোলন করেন । বিভিন্ন ধর্মশাস্ত্রের উদ্ধৃতি দিয়ে তাঁর মতামতের যৌক্তিকতা প্রদর্শন করেন তিনি । তিনি এর জন্য নানা পদক্ষেপ গ্রহণ করেন , যেমন—

1. **প্রবন্ধ প্রকাশঃ** ১৮৫০ খ্রিস্টাব্দে প্রতিষ্ঠিত সর্বশুভকরী সভার মুখপত্র সর্বশুভকরী পত্রিকার সংখ্যাতেই তিনি বাল্যবিবাহের দোষ শীর্ষক এক প্রবন্ধ প্রকাশ করেন।

2. **উদ্ধৃতিঃ** তিনি হিন্দুশাস্ত্রের পরাশর সংহিতা থেকে উদ্ধৃতি দিয়ে প্রমাণ করেন যে , বিধবাবিবাহ শাস্ত্রসম্মত । বিধবাবিবাহের পক্ষে তিনি দেশে এক প্রবল আন্দোলন গড়ে তোলেন।

3. **পুস্তিকা প্রকাশঃ** ১৮৫৫ খ্রিস্টাব্দে তিনি বিধবাবিবাহ প্রচলিত হওয়া উচিত কি না এই সম্পর্কে দুটি প্রবন্ধ প্রকাশ করেন । পরের বছর পুস্তিকা দুটির ইংরেজি অনুবাদ প্রকাশিত হয়।

4. **স্বাক্ষর সংবলিত আবেদনপত্রঃ** ১৮৫৫ খ্রিস্টাব্দের ৪ অক্টোবর ভারতীয় অধিনসভার সদস্যদের কাছে বিধবাবিবাহ আইন করার জন্য ১০০০ ব্যক্তির আগা সংবলিত আবেদনপত্র পাঠানো হয় । আবেদনপত্রে স্বাগদরকারীদের মধ্যে ছিলেন দেবেন্দ্রনাথ ঠাকুর , বিচারপতি দারকানাথ মিত্র, অক্ষয়কুমার দত্ত, দক্ষিণারঞ্জন মুখোপাধ্যায় প্রমুখ বিশিষ্ট ব্যক্তি । তবে এই আবেদনপত্রের প্রতিবাদে হিন্দুসমাজের নেতা রাধাকান্ত দেবের নেতৃত্বে ৩৬,৭৬৩ জনের স্বাম সংবলিত একটি দরখাত সরকারের কাছে পাঠানো হয়।

- **বিধবাবিবাহ আইন পাসঃ** অবশেষে বহু চেষ্টার পর ১৮৫৬ খ্রিস্টাব্দের ২৬ জুলাই লর্ড ডালহৌসি বিধবাবিবাহ আইন পাস করেন । মনে রাখা দরকার , ডালহৌসির আমলে তাঁর প্রচেষ্টাতেই বিলটি তেরি হলেও আইন পরিষদে অনুমোদনের সময় ভারতের গভর্নর - জেনারেল হয়েছিলেন লর্ড ক্যানিং । তাই বিধবাবিবাহ আইন সিদ্ধ হলেও তা কার্যকর করা ছিল খুবই কঠিন কাজ।

- **প্রথম বিধবাবিবাহ অনুষ্ঠানঃ** শেষপর্যন্ত ১৮৫৬ খ্রিস্টাব্দের ৭ ডিসেম্বর বাংলায় প্রথম বিধবাবিবাহ অনুষ্ঠিত হয় । পাত্র ছিলেন সংস্কৃত কলেজের অধ্যাপক শ্রীশচন্দ্র বিদ্যারত্ন এবং পাত্রীর নাম কালীমতি দেবী । বিদ্যাসাগর নিজ উদ্যোগে ও ব্যয়ে বহু বিধবাদের বিবাহ দিয়েছিলেন । ১৮৫৬-১৮৬৭ খ্রিস্টাব্দ পর্যন্ত তিনি নিজ চেষ্টায় ৬০ টি বিধবাবিবাহের আয়োজন করেন । কিন্তু তার এই প্রচেষ্টা আশানুরূপ সাফল্য পায়নি।

- **অন্যান্য সংস্কারঃ** এরপর বিদ্যাসাগর বাল্যবিবাহের বিরুদ্ধেও আন্দোলন গড়ে তোলেন। একই সঙ্গে হিন্দুদের মধ্যে বহুবিবাহ প্রথার বিরুদ্ধেও সোচ্চার হয়ে ওঠেন তিনি।

ব্রিটিশরা ভারতে পাশ্চাত্য শিক্ষা প্রদান করেছিল যা ভারতীয়দের গণতন্ত্র ও জাতীয়তাবাদের ধারণার সাথে পরিচয় করিয়ে দিয়েছিল । এই ধারণাগুলি ভারতীয়দের রাজনৈতিক চিন্তাভাবনাকে পরিবর্তন করে এবং একটি জাতীয় জাগরণ নিয়ে আসে। পাশ্চাত্য শিক্ষা নতুন শিক্ষিত ভারতীয়দের জন্য উদার ইউরোপীয় চিন্তাধারার বন্যার দরজা খুলে দেয় । যখন ভারতীয়রা ইউরোপীয় ইতিহাস অধ্যয়ন করে, তখন তারা স্বাধীনতা, জাতীয়তা, সমতা, আইনের শাসন এবং স্বায়ত্তশাসনের মতো আদর্শের মুখোমুখি হয়।

পাশ্চাত্য শিক্ষার প্রভাবঃ

- শিক্ষিত ভারতীয়রা আমেরিকান এবং ফরাসি বিপ্লব সম্পর্কে পড়েন এবং স্বাধীনতা, সমতা এবং ন্যায়বিচারের ধারণায় ভারতীয়দের হৃদয়কে ভরিয়ে দেন।

- হবস, লক এবং রুসোর ধারণাগুলি জনগণকে রাজনৈতিক ও সামাজিক স্বাধীনতার জন্য সংগ্রাম করতে অনুপ্রাণিত করেছিল।

- শিক্ষিত ভারতীয়রাও স্ব-শাসন এবং গণতন্ত্রের ধারণার সাথে পরিচিত হয়ে ওঠে। ভারতে গণতান্ত্রিক শাসন প্রতিষ্ঠার জন্য ভারতীয়রা ব্রিটিশ শাসন থেকে স্বাধীনতা দাবি করতে শুরু করে।

- ইংরেজি একটি সাধারণ ভাষায় পরিণত হয়। বিভিন্ন অঞ্চলের লোকেরা এখন ইংরেজিতে যোগাযোগ করতে পারে। এটি আঞ্চলিক বাধা গুলি ভাঙতে এবং দেশকে ঐক্যবদ্ধ করতে সহায়তা করেছিল

- পাশ্চাত্য শিক্ষার প্রবর্তনেরও সীমাবদ্ধতা ছিল। এটি ভারতীয় জনগণকে তাদের ঐতিহ্যগত শিক্ষা ও জীবনযাত্রার পদ্ধতি, তাদের ধ্রুপদী শিকড় এবং আদিবাসী জ্ঞান থেকে বিচ্ছিন্ন করেছিল। এর সাথে সাথে ভারতীয় মূল্যবোধ, দর্শন এবং ঐতিহ্যগুলি ম্লান হয়ে যায়

- পাশ্চাত্য শিক্ষার মাধ্যমে, ব্রিটিশরা ভারতীয়দের একটি শ্রেণী তৈরি করতে চেয়েছিল যারা রক্ত ও রঙে ভারতীয় হবে, কিন্তু স্বাদে, মতামতে, নৈতিকতায় এবং বুদ্ধিতে ইংরেজি হবে। যেহেতু তারা প্রশাসনিক পদের জন্য শিক্ষিত ভারতীয়দের চেয়েছিলেন, তাই ইংরেজরা শুধুমাত্র ভারতীয়দের একটি অংশকে শিক্ষিত করতে বিশ্বাস করত। তারা জনগণের মধ্যে শিক্ষা ছড়িয়ে দেওয়ার জন্য কিছুই করেনি।

- **বাংলার নবজাগরন**

  রেনেসাঁস বা নবজাগরণ কী?

  রেনেসাঁস শব্দটির সাধারণ বাংলা হলো পুনর্জন্ম বা নবজাগরণ। রেনেসাঁস বলতে সাধারণভাবে যা বোঝায় তা হলো ইউরোপের , বা বলা ভালো , ইটালির মাটিতে প্রাচীন ঐতিহ্যবাহী শিল্পকলা-সাহিত্য-সংস্কৃতির পুনর্মূল্যায়ন। এই শব্দটি মূলত ইটালির ইতিহাসের সঙ্গে যুক্ত। ইটালিতে চতুর্দশ শতক থেকে ষোড়শ শতক জুড়ে শিল্পকলা-সাহিত্য-সংস্কৃতি-রাষ্ট্রনীতি প্রভৃতি ক্ষেত্রে এক উজ্জীবন দেখা দেয়। বিষয়টি লক্ষ করে বিখ্যাত ঐতিহাসিক এইচ সি ডেভিস লিখেছেন, রেনেসাঁস হলো তাই যেখানে 'সংস্কারের গোলকধাঁধায় কারারুদ্ধ মানুষের পুনর্জন্ম' ঘটে। আমাদের সাহিত্যিক বঙ্কিমচন্দ্র চট্টোপাধ্যায় এক্ষেত্রে লিখেছেন, 'অকস্মাৎ বিনষ্ট বিস্মৃত অপরিজ্ঞাত গ্রিক সাহিত্য ইউরোপ ফিরিয়া পাইল। ফিরিয়া পাইয়া যেমন বর্ষার জলে শীর্ণা স্রোতস্বতী কূল পরিপ্লাবিনী হয়, যেমন মুমূর্ষু রোগী দিব্য ঔষধে যৌবনের বলপ্রাপ্ত হয়, ইউরোপের অকস্মাৎ সেইরূপ অভ্যুদয় হইল।

  বাংলার নবজাগরণঃ

  বাংলায় নবজাগরণের বিষয়টি প্রথম থেকেই এক বিতর্কিত অধ্যায়। এক্ষেত্রে প্রশ্ন তোলা হয়। যে, ইটালিতে নবজাগরণের যে বৃহৎ অধ্যায় রচিত হয়েছে বাংলায় তার ছায়া দেখা যায় কি? ইংরেজ শাসিত ভারতবর্ষ ঔপনিবেশিক নাগপাশে জড়িয়ে পড়েছিল। তবে, একইসঙ্গে, এদেশের জাতি, বিশেষত বাংলার মানুষের একটা গুরুত্বপূর্ণ অংশ পাশ্চাত্য শিক্ষায় শিক্ষিত হয়ে ওঠে। তারা এক নতুন চিন্তার জগতে প্রবেশ করতে সক্ষম হয়। এর ফলে বাংলার শিক্ষা-সংস্কৃতির জগতে এক সুদূরপ্রসারী পরিবর্তন লক্ষ করা যায়। সমকাল ও পরবর্তীকালের বহু মানুষ এই পরিবর্তনকে ' বাংলার রেনেসাঁস ' বা ' বাংলার নবজাগরণ ' আখ্যা দিয়ে থাকেন। উদাহরণস্বরূপ, রাজা রামমোহন র (১৭৭৪–১৮৩৩ খ্রি .) তাঁর বন্ধু

আলেকজান্ডার ডাফকে এক চিঠিতে জানান, ' আমি ভাবতে শুরু করেছি যে, ইউরোপ রেনেসাঁসের মতো কিছু একটা ভারতেও ঘটতে চলেছে। রামমোহনের এহেন চিন্তাধারার অনুগামী হিসেবে উনিশ শতকের আরও বেশ কিছু মনীষীর কথা উল্লেখ করা যায়। এঁদে মধ্যে বিশেষভাবে উল্লেখযোগ্য হলেন বঙ্কিমচন্দ্র চট্টোপাধ্যায়, কেশবচন্দ্র সেন, বিপিনচন্দ্র পাল, অরবিন্দ ঘোষ এর আরও অনেকের মধ্যে অবশ্যই রবীন্দ্রনাথ ঠাকুর। এঁরা প্রায় সকলেই উনিশ শতকের পাশ্চাত্য শিক্ষায় শিক্ষিত মানুষে ভাবাবেগ ও কার্যকলাপকে নবজাগরণ হিসেবে চিহ্নিত করতে চেয়েছেন। অন্যদিকে , আধুনিককালের গবেষকদের মনে অনেকেই বলতে চেয়েছেন যে, নবজাগরণ বলতে যা বোঝায় তা ভারতে কোনোদিনই ঘটেনি। বলা বাহুল্য , এঁদে সকলেই ভারতীয় নবজাগরণকে প্রধানত ইউরোপীয় তথা ইতালীয় নবজাগরণের অভিধায় দেখতে চেয়েছেন বলে এহেন অবস্থান।

বাংলায় 'নবজাগরণ'-এর ধারণা নিয়ে বিতর্কঃ

প্রথমেই উল্লেখ করা প্রয়োজন, নবজাগরণ বলতে আমরা যা বুঝি তা প্রধানত বাংলায়, বিশেষত কলকাতায় সংগঠিত হয়েছিল। এ ব্যাপারে রামমোহন রায় থেকে শুরু কে বিদ্যাসাগর , বঙ্কিমচন্দ্র হয়ে রবীন্দ্র পর্যন্ত মনীষীরা তাঁদের সময় যুক্তিবাদী তথা মুক্তচিন্তার দরজা খুলে দেন এই মুক্তচিন্তার ফলশ্রুতিকে কেউ কেউ নবজাগরণ বলে চিহ্নিত করেন। তবে , এঁদের যাবতীয় ক্রিয়াকাণ্ড , সমাজসংস্কার ধর্মসংস্কার, শিক্ষাসংস্কার সম্পর্কে যতটা জানা যায় , তাকে কিন্তু কখনোই প্রাচীন ঐতিহ্যের আলোকে নতুন করে মূল্যায়নের প্রচেষ্টা বলা যায় না। মূলত এরই প্রেক্ষিতে বাংলার নবজাগরণকে কেন্দ্র করে যাবতীয় বিতর্কের সূচনা। বাংলার নবজাগরণকে প্রকৃত অর্থে নবজাগরণ বলা যায় কিনা তা নিয়ে দুটি বিপরীত মেরুর অবস্থান লক্ষ করা যায়। একদিকে , আচার্য যদুনাথ সরকার মনে করেন , উনিশ শতকের ভারত নবজাগরণের ভারত। তিনি লিখেছেন, এই নবজাগরণ ইংরেজ শাসনের দান। রমেশচন্দ্র মজুমদার জানিয়েছেন, বাংলার নবজাগরণ হিন্দু জাতীয়তাবাদের ফসল। এই নবজাগরণ বাংলা তথা ভারতের জাতিসত্তাকে নতুনভাবে উন্মোচিত করেছে। রামমোহন - বিশেষজ্ঞ দিলীপকুমার বিশ্বাস তাঁর 'রামমোহন সমীক্ষা' গ্রন্থে লিখেছেন, 'ইউরোপীয় রেনেসাঁসের সঙ্গে বাংলার রেনেসাঁসের প্রকৃতিগত পার্থক্য থাকলেও একটি জায়গায় মিল খুঁজে পাওয়া যায়। উভয় ক্ষেত্রেই প্রাচীন যুগের জ্ঞান-বিজ্ঞান-শিল্প-সাহিত্যের পুনরুজ্জীবন ও পুনঃঅনুশীলনের প্রতি এক প্রচণ্ড আগ্রহ লক্ষ করা যায়। এঁদের মতে বাংলায় নবজাগরণ অবশ্যই ঘটেছিল। অন্যদিকে , যাঁরা বিশ্বাস করেন বাংলায় নবজাগরণ বলতে তেমন কিছু ঘটেনি , তাঁদের মধ্যে সমাজবিজ্ঞানী বিনয় ঘোষ অন্যতম। (তাঁর 'বাংলার নবজাগৃতি' গ্রন্থে) তিনি লিখেছেন, বাংলার তথাকথিত নবজাগরণ 'সোডার বোতলে উচ্ছ্বসিত বুদবুদের মতো খানিকটা সাময়িক আদর্শগত চিত্তচাঞ্চল্য ছাড়া আর কিছুই ছিল না। তাঁর মতে নবজাগরণের বৈশিষ্ট্য 'সমাজের উপরতলার কিছু মানুষের ব্যক্তিস্বার্থের ফলশ্রুতি ছাড়া আর কিছুই নয়। 'বাংলার নবজাগরণ এই অর্থে এক 'ঐতিহাসিক ছলনা' মাত্র। এই নবজাগরণ আসলে ছিল 'ভারতের বাইরে সৃষ্ট ইংরেজি নবজাগরণ'। ড . অমলেশ ত্রিপাঠি (তাঁর ইতালীর র‍্যানেশাস : বাঙালীর সংস্কৃতি ' গ্রন্থে) জানিয়েছেন , ইতালির রেনেসাঁস বহুকাল যাবৎ জ্যাকব বুখার্ট নামক এক প্রবাদপ্রতিম ঐতিহাসিকের ব্যাখ্যাসাপেক্ষ ছিল। তার এই ব্যাখ্যান ওপর নির্ভর করেই বাংলার নবজাগরণের ব্যাখ্যা চলে এসেছে, বিষয়টি বিভ্রান্তিকর। তাঁর

মতে, বাংলার নবজাগরণ এদেশে কোনো মৌলিক পরিবর্তন ঘটাতে পারেনি। তার রেশ কখনোই সর্বস্তরে পৌঁছায়নি। তবে, এ সমস্ত বাদানুবাদ সত্ত্বেও এ কথাও সত্য যে, বাংলার নবজাগরণ অধ্যায়টি সব দিক থেকেই প্রতিবাদী চরিত্রের ছিল। এই চরিত্রের মধ্য দিয়ে বাংলা তো বটেই, এমনকি ভারতবর্ষও এক ' ঐতিহাসিক দ্বন্দ্ব'র সম্মুখীন হয়। এই ঐতিহাসিক দ্বন্দ্বের একপক্ষে ছিল প্রগতিশীল মানুষের অবস্থান এবং অন্যপক্ষে রক্ষণশীল মানুষের। বাংলা তথা ভারতের শিক্ষিত মানুষ কিন্তু প্রথম ধারাটির শরিক হতে দ্বিধা করেনি।

বাংলার নবজাগরণের প্রধান ধারাসমূহ ভূমিকাঃ

উনিশ শতকে বাংলায় আধুনিক পাশ্চাত্য শিক্ষার প্রসার ঘটে। এর প্রভাবে এই শতকে বাংলায় শিক্ষা, সংস্কৃতি, শিল্পকলা, রাজনীতি, ধর্ম, সমাজ, প্রভৃতি বিভিন্ন ক্ষেত্রে অভূতপূর্ব অগ্রগতি লক্ষ করা যায়। এই অগ্রগতি সাধারণভাবে ' উনিশ শতকে বাংলার নবজাগরণ ' নামে পরিচিত। এই নবজাগরণের প্রধান ধারাগুলি হল নিম্নরূপ —

- **প্রাচ্য - পুনরুজ্জীবনবাদী ধারাঃ** উনিশ শতকে বাংলার নবজাগরণের একটি অন্যতম ধারা হল বাংলার সুপ্রাচীন গৌরবময় ঐতিহ্যের পুনরুদ্ধার। এই প্রাচ্য পুনরুজ্জীবনবাদী ধারার জাগরণে নেতৃত্ব দিয়েছিলেন সনাতনপন্থী প্রগতিশীল মানসিকতার ব্যক্তিরা। এঁদের মধ্যে উল্লেখযোগ্য ছিলেন রাধাকান্ত দেব, মৃত্যুঞ্জয় বিদ্যালঙ্কার, হরিশচন্দ্র মুখোপাধ্যায় প্রমুখ। তাঁদের লক্ষ্য ছিল প্রাচ্যের সুপ্রাচীন গৌরবময় ঐতিহ্যের যথার্থ পুনরুজ্জীবন ঘটানো।

- **পাশ্চাত্য যুক্তিবাদী ধারাঃ** কেউ কেউ প্রাচ্যের সবকিছু প্রগতিশীলতা অস্বীকার করে পাশ্চাত্যের সভ্যতার অনুকরণে বাংলার সমাজ - সংস্কৃতির উন্নতি ঘটানোর পরিকল্পনা করেন। পাশ্চাত্য যুক্তিবাদী ধারার মুখপাত্র ছিল 'নব্যবঙ্গ গোষ্ঠী'। তাঁদের লক্ষ্য ছিল—প্রাচ্যের পশ্চাদপদ সভ্যতা - সংস্কৃতিকে সম্পূর্ণ বর্জন করে পাশ্চাত্যের যুক্তিবাদকে সম্পূর্ণভাবে গ্রহণ করা।

- **সমন্বয়বাদী ধারাঃ** উক্ত দুটি ধারার মধ্যবর্তী স্তরে একটি সমন্বয়বাদী ধারার উদ্ভব ঘটেছিল। তৃতীয় এই ধারার নেতৃত্বে ছিলেন রামমোহন রায়, বিদ্যাসাগর প্রমুখ। তাঁরা প্রাচ্যের মহৎ বিষয়গুলির সঙ্গে পাশ্চাত্যের মহৎ বিষয়গুলির সমন্বয় ঘটিয়ে বাংলার সাংস্কৃতিক ক্ষেত্রে উন্নতি ঘটাতে চেয়েছিলেন।

- *বাংলার নবজাগরণের প্রকৃতি বা চরিত্র*

- **অর্থঃ** পাশ্চাত্য শিক্ষায় শিক্ষিত তৎকালীন বাংলার মধ্যবিত্ত সমাজ অনুসন্ধানী মন ও যুক্তিতর্কের দ্বারা সবকিছুর মূল্যায়ন শুরু করে। এই সময় চিরাচরিত শাস্ত্রের নতুন ব্যাখ্যা, নীতিশাস্ত্রের ও ধর্মশাস্ত্রের নতুন মূল্যায়ন শুরু হয়। শিক্ষা, সংস্কৃতি, ধর্ম, সমাজ, সমস্ত ক্ষেত্রে এক অভাবনীয় জাগরণ শুরু হয়, যা এক কথায় নবজাগরণ নামে পরিচিত।

- **ভিত্তিঃ** নবজাগরণ বলতে শুধু প্রাচীন দেশীয় ও ঐতিহ্য ও সংস্কৃতির নতুন মূল্যায়ন প্রচেষ্টাকে বোঝায় না। এই সময় ইংরেজি শিক্ষার ও ইউরোপীয় সংস্কৃতির ছোঁয়ায় বাঙালি আত্মসচেতন হয়ে ওঠে। পাশ্চাত্য শিক্ষায় শিক্ষিত বাঙালি পাশ্চাত্যের সাহিত্য, দর্শন, বিজ্ঞান, রাজনীতি, অর্থনীতি প্রভৃতি বিষয়ে সম্যক ধারণা লাভের জন্য ব্যাকুল হয়ে ওঠে। বাঙালি নিজের ধর্মীয় এবং সামাজিক ত্রুটিবিচ্যুতিগুলি এবং সাম্রাজ্যবাদী ব্রিটিশ শাসনের চরিত্র সম্বন্ধে সচেতন হয়ে ওঠে। এই সচেতনতাই হল নবজাগরণের আসল ভিত্তি। নবজাগরণের মতাদর্শগত ভিত্তি কখনই ধর্মনিরপেক্ষ বা অসাম্প্রদায়িক ছিল একথা বলা যায় না। তাই অধ্যাপক

সুমিত সরকার লিখেছেন—"মুসলিম স্বেরাচারী শাসনের সহাবস্থান সংক্রান্ত ধারণা থেকেই বুদ্ধিজীবীরা একটি বিদেশি শাসন গ্রহণ করার সুবিধাজনক যৌক্তিকতা খুঁজে পেয়েছিলেন।"

- **তিনটি ভাবধারা:** বাংলার নবজাগরণের চরিত্র বিচারে কয়েকটি ভাবধারার পরিচয় পাওয়া যায়। এগুলি হল উদারপন্থী ভাবধারা, প্রাচ্যের পুনরুজ্জীবনবাদী বা ঐতিহ্যবাদী ভাবধারা এবং সমন্বয়বাদী ভাবধারা। পাশ্চাত্যের উদারপন্থী ভাবধারার প্রবাবে সমাজসংস্কার, ধর্মীয় কুসংস্কারের বিরুদ্ধে আন্দোলন, নারীমুক্তি আন্দোলন প্রভৃতি শুরু হয়। যুক্তির আলোকে প্রচলিত প্রথা এবং আচারবিধিগুলি যাচাই করে নেওয়ার রীতি চালু হয়। দ্বিতীয় ধারা অর্থাৎ প্রাচ্যের পুনরুজ্জীবনবাদ বা ঐতিহ্যবাদী ভাবধারা অনুযায়ী প্রাচীন ভারতীয় সভ্যতার শ্রেষ্ঠত্ব প্রতিষ্ঠার উদ্যোগ লক্ষ করা যায়। তৃতীয় অর্থাৎ সমন্বয়বাদী ভাবধারা অনুযায়ী প্রাচীন যুগের যা কিছু শ্রেষ্ঠ তার সঙ্গে পাশ্চাত্য জ্ঞান বিজ্ঞানের যা কিছু শ্রেষ্ঠ উভয়ের সমন্বয়ের উদ্যোগ শুরু হয়।

- **এলিটিস্ট আন্দোলন:** সমালোচকদের ধারণায় উনিশ শতকে বাংলার নবজাগরণ ছিল এলিটিস্ট (Elitist) আন্দোলন। সমাজের মুষ্টিমেয় উচ্চবিত্ত ও উচ্চশিক্ষিত লোকেদের মধ্যেই এই নবজাগরণ সীমাবদ্ধ ছিল। উনিশ শতকে বাংলার নবজাগরণের প্রভাব সমাজের সকল শ্রেণির ওপর পড়েনি। তা ছাড়া এই নবজাগরণ মুসলিম সম্প্রদায়কে প্রভাবিত করতে ব্যর্থ হয়। কারণ মুসলিম সম্প্রদায়কে কেন্দ্র করে সেই সময় কোনো সংস্কার প্রচেষ্টা দেখা যায়নি। তা ছাড়া হিন্দু সমাজকেন্দ্রিক সংস্কার প্রচেষ্টা গৃহীত হলেও দেখা যায় যে, হিন্দুসমাজের পিছিয়ে পড়া মানুষ বা কৃষক সমাজের উন্নতির জন্য কোনো উদ্যোগ নেওয়া হয়নি। জওহরলাল নেহরু স্পষ্টভাবে বলেছেন ঔপনিবেশিক শাসনের জ্ঞানদীপ্তি শুধুমাত্র উচ্চবর্ণের বাঙালি হিন্দুদের ওপরই প্রতিফলিত হয়েছিল।

- **মৌলিকত্বের অভাব:** বাংলায় নবজাগরণের মৌলিকত্বের অভাব ছিল। একদিকে বেদ উপনিষদের প্রভাব, অপরদিকে পাশ্চাত্য উদারপন্থা ও হিতবাদের অনুপ্রেরণা। মধ্যবিত্ত শিক্ষিত বাঙালির মতাদর্শ এক মিশ্র চিন্তাধারার জন্ম দেয়। এর কুপ্রভাব হিসেবে তারা ইংরেজি গানের সুরের ঢঙে হিন্দুস্থানি গানের চর্চা করতেন এবং ইংরেজ কায়দায় থানাপিনা করতেন ও বিলাস বৈভবে জাবন কাটাতেন। এদের অনেকেই দেশের ঐতিহ্যমণ্ডিত শিল্পের প্রতি শ্রদ্ধা না দেখালেও ইল্যান্ড থেকে আমদানি করা বিলাসপণ্য ঘরে সাজিয়ে রেখে গর্ব অনুভব করতেন। তাই এ প্রসঙ্গে অধ্যাপক অমলেশ ত্রিপাঠী বলেছেন- "প্রাচীন ইটালির দ্বিমুখবিশিষ্ট দেবতা জ্যানাসের মতো তারা একবার সামনের দিকে আধুনিক পাশ্চাত্যের প্রতি তাকিয়েছিল। আর একবার পেছনদিকে প্রাচীন ভারতের প্রতি তাকিয়েছিল। ঘড়ির পেন্ডুলামের মতো তারা একবার পাশ্চাত্যকরণের দিকে এক একবার ঐতিহ্যগত আদর্শের দিকে এবং এই দুই-এর মধ্যবর্তী স্তরে বিচরণ করেছিল।"

- **শহরকেন্দ্রিক:** উনিশ শতকের বাংলার নবজাগরণ ছিল মূলত শহরকেন্দ্রিক। এই নবজাগরণের প্রাণকেন্দ্র ছিল কলকাতা। কলকাতার বাইরে অন্যান্য জায়গায় এই নবজাগরণ ছড়িয়ে পড়েনি। তাই গ্রামবাংলার গরিষ্ঠ অংশ এই নবজাগরণের ছোঁয়া পায়নি। বলা যায়, গ্রামের কৃষক ও দরিদ্র শ্রেণির সঙ্গে এই নবজাগরণের কোনো সম্পর্ক গড়ে ওঠেনি।

- **সীমিত পরিসর:** উনিশ শতকের বাংলার নবজাগরণের ব্যাপ্তি বা পরিসর ছিল খুবই সীমিত। তা ছিল মূলত শহরকেন্দ্রিক , বিশেষ করে কলকাতাকেন্দ্রিক। কলকাতার বাইরে গ্রামবাংলায়

এই নবজাগরণের প্রসার ঘটেনি এবং গ্রামবাংলার বৃহত্তর জনগোষ্ঠী এই নবজাগরণের কোনো সুফল পায়নি।

- **মধ্যবিত্ত সমাজে সীমাবদ্ধঃ** বাংলার জাগরণ শুধু পাশ্চাত্য শিক্ষায় শিক্ষিত প্রগতিশীল সমাজে সীমাবদ্ধ ছিল। বিভিন্ন ঐতিহাসিক এই সমাজের লোকেদের ' মধ্যবিত্ত ভদ্রলোক ' বলে অভিহিত করেছেন। এজন্য অধ্যাপক অনিল শীল এই জাগরণকে এলিটিস্ট আন্দোলন বলে অভিহিত করেছেন। বাংলার এই জাগরণের সঙ্গে গ্রামগঞ্জের হাজার হাজার দরিদ্র মেহনতি মানুষের কোনো প্রত্যক্ষ যোগ ছিল না। পণ্ডিত জওহরলাল নেহরুও মনে করেন যে , ঔপনিবেশিক শাসনের জ্ঞানদীপ্তি শুধু উচ্চবর্গের হিন্দুদের ওপরই প্রতিফলিত হয়েছিল। সাধারণ জনগণের মধ্যে এর বিশেষ প্রভাব পড়েনি।

- **ব্রিটিশ নির্ভরতাঃ** বাংলার এই জাগরণ অতিমাত্রায় ব্রিটিশ নির্ভর হয়ে পড়েছিল। ব্রিটিশ শাসনের প্রতি শ্রদ্ধাশীল নবজাগরণের নেতৃবৃন্দ মনে করতেন যে, ব্রিটিশ শাসনের দ্বারাই ভারতীয় সমাজের মঙ্গল সাধিত হবে। ঐতিহাসিক যদুনাথ সরকার লিখেছেন, 'ইংরেজদের দেওয়া সবচেয়ে বড়ো উপহার হল আমাদের উনিশ শতকের নবজাগরণ। তিনি ভারতে ব্রিটিশ শাসন প্রতিষ্ঠাকে এজন্য 'গৌরবময় ভো ' বলে অভিহিত করেছেন।

- **হিন্দু জাগরণবাদঃ** বাংলার নবজাগরণ প্রকৃতপক্ষে "হিন্দু জাগরণবাদে" পর্যবসিত হয়। রাধাকান্ত দেব , মৃত্যুঞ্জয় বিদ্যালঙ্কার প্রমুখের কার্যকলাপে হিন্দু জাগরণবাদের ছায়া দেখতে পাওয়া যায়। রামমোহন ও বিদ্যাসাগর হিন্দুশাস্ত্রকে ভিত্তি করে সমাজ পরিবর্তনের ডাক দিয়েছিলেন। তাই অনেকে মনে করেন যে , উনিশ শতকের বাংলার নবজাগরণে ধর্মনিরপেক্ষ মানবতাবাদের ভূমিকা ছিল খুবই গৌণ।

- *বাংলায় নবজাগরণের সীমাবদ্ধতা*

- অধ্যাপক সুশোভন সরকার তার নোটস অন বেঙ্গল রেনেসাঁ (Notes on Bengal Renaissance) শীর্ষক গ্রন্থে নবজাগরণের নানা সীমাবদ্ধতার কথা তুলে ধরলেও বাংলার এই সাংস্কৃতিক জাগরণকে নবজাগরণ অ্যাখ্যা দিয়েছেন। তিনি বলেছেন যে, বাংলাতেই প্রথম ব্রিটিশ শাসন, বুর্জোয়া অর্থনীতি এবং আধুনিক পাশ্চাত্য শিক্ষার প্রভাব অনুভূত হয়।

- ড. অমলেশ ত্রিপাঠী মনে করেন দ্বাদশ ও ত্রয়োদশ শতকের বাণিজ্য বিপ্লব, নগর বিপ্লব যেভাবে ইটালির নবজাগরণের পটভূমি প্রস্তুত করেছিল, বাংলার নবজাগরণের ক্ষেত্রে তা দেখা যায়নি। ইটালির নবজাগরণের কেন্দ্র ফ্লোরেন্স ছিল স্বাধীন ও মুক্ত পরিবেশ। অপরদিকে, বাংলার নবজাগরণের কেন্দ্র ছিল কলকাতা। বিদেশি ব্রিটিশ শাসকের অধীনস্থ। তা ছাড়া কলকাতা নবজাগরণের পৃষ্ঠপোষকতা করেছিলেন কিছু জমিদার, কোম্পানির বেনিয়ান, দেশীয় গোমস্তা ও কিছু চাকুরিজীবী। অপরদিকে, ফ্লোরেন্সে নবজাগরণের পৃষ্ঠপোষকতা করেন। গোরেঞ্জো মেদিচির মধ্যে ধনী ব্যাংক ব্যবসায়ীগণ

- অধ্যাপক সুমিত সরকার, বাংলার নবজাগরণকে ইংরেজ নকলনবিশি বলে সমালোচনা করেছেন। বিনয় ঘোষের ধারণায় বাংলায় নবজাগরণ একটি অতিকথা মাত্র। তিনি এই নবজাগরণকে ঐতিহাসিক প্রতারণা (Historical hoax) বলে সমালোচনা করেছেন। তিনি বলেন যে, বাংলায় নবজাগরণ হয়নি, যা লেখা হয়েছে এখনও লেখা, তা অতিকথন মাত্র।

- অশোক মিত্র বাংলার উনিশ শতকের জাগরণকে 'তথাকথিত নবজাগরণ' (So called Renaissance) বলে উল্লেখ করেছেন।

- বিনয় ঘোষ তিনি এই নবজাগরণকে 'ঐতিহাসিক প্রতারণা' আখ্যা দিয়ে বললেন "নবজাগরণ হয়নি, যা লেখা হয়েছে এখনও লেখা হয়, তা অতিকথা মাত্র।"

- **রামমোহন রায়**

বহু ভাষা ও বহু ধর্মের দেশ ভারতে সমাজ-সংস্কৃতির আন্দোলন নতুন কোনো বিষয় নয়। উনিশ শতকব্যাপী যা কিছু সমাজসংস্কার, ধর্মসংস্কার আন্দোলন, তার মধ্য দিয়ে নিজেকে চিনে নেওয়ার প্রবণতা যথেষ্ট লক্ষ করা যায়। আর এসব ক্ষেত্রে আধুনিক ভারতের প্রাণপুরুষ রামমোহন রায় (১৭৭৪-১৮৩৩ খ্রি.) হয়ে উঠেছিলেন একজন যুগন্ধর মানুষ। বাংলার সমাজসংস্কারের নানা ক্ষেত্রে তাঁর নেতৃত্বে এক কর্মযজ্ঞ শুরু হয়। রামমোহন রায় ১৮১৫ খ্রিস্টাব্দে কলকাতায় পদার্পণ করে সেই বছরেই আত্মীয়সভা প্রতিষ্ঠা করেন। ভবিষ্যতের ব্রাহ্মসমাজের কাজের ধারা কী হবে তা আত্মীয়সভার আলোচনা থেকেই বোঝা সম্ভব। আত্মীয়সভা মূলত ছিল একটি সমমনস্ক মানুষদের নিয়ে গঠিত ঘরোয়া সমিতি। এই সভার সাপ্তাহিক অনুষ্ঠানে রামমোহনের উপস্থিতিতে ধর্ম, সমাজ, শিক্ষা ইত্যাদি বিষয়ে যুক্তিতর্কের ঢেউ উঠত। দ্বারকানাথ ঠাকুর, নন্দকিশোর বসু, রামচন্দ্র বিদ্যাবাগীশ, নন্দকুমার বিদ্যালঙ্কার প্রমুখ স্বনামধন্য ব্যক্তিরা আত্মীয়সভার সদস্য ছিলেন। এই সভার মূল উদ্দেশ্য ছিল, অন্ধবিশ্বাসের শৃঙ্খল থেকে দেশের মানুষকে মুক্ত করা। রামমোহনের এই কাজকে রক্ষণশীল হিন্দুসমাজ মেনে নিতে পারেনি। রাধাকান্ত দেবের নেতৃত্বে তাঁরা কঠোর রামমোহন-বিরোধী হয়ে ওঠেন। অন্যদিকে, রামমোহন খ্রিস্টান কার্যাবলিতেও সন্তুষ্ট ছিলেন না। নিজের ধর্মীয় মতামত স্বাধীনভাবে প্রকাশ করার জন্য ১৮২১ খ্রিস্টাব্দে তিনি কলকাতায় 'ক্যালকাটা ইউনিটেরিয়ান কমিটি' (Calcutta Unitarian Committee) নামে এক আলোচনা চক্রের প্রতিষ্ঠা করেন।

সমাজ ও ধর্মসংস্কারে রাজা রামমোহন রায়

ভূমিকা : উনিশ শতকে বাঙালির জীবনে ধর্ম, সমাজ, সাহিত্য, রাজনীতি প্রভৃতি ক্ষেত্রে যে সমুদয় গুরুতর পরিবর্তন ঘটে, তাদের সবার মূলে না থাকলেও প্রায় সবগুলির সঙ্গেই রাজা রামমোহন রায়ের ঘনিষ্ঠ সম্বন্ধ ছিল। সমাজসংস্কারের ক্ষেত্রে তাঁর অবদান চিরস্মরণীয় হয়ে আছে।

- **সতীদাহপ্রথা বিলোপঃ** সমগ্র ভারতে তো বটেই, বাংলাতেও সতীদাহ প্রথা ছিল এক সামাজিক অভিশাপ সতীদাহপ্রথা বলতে বোঝায় স্বামীর মৃত্যুর পর তার চিতায় জীবিত স্ত্রীকে পুড়িয়ে মারা। কিন্তু হিন্দুধর্মে আঘাত লাগতে পারে ভেবে ইংরেজ কর্তৃপক্ষ এ ধরনের অমানবিক প্রথার বিরুদ্ধে ব্যবস্থা নেয়নি। তবে রামমোহন রায় এই প্রথার বিরুদ্ধে আপসহীন সংগ্রাম শুরু করেন। এই ব্যাপারে তৎকালীন গভর্নর-জেনারেল লর্ড উইলিয়াম বেন্টিঙ্ক এবং প্রিন্স দ্বারকানাথ ঠাকুরও তাঁকে প্রবলভাবে সমর্থন জানান।

- **রামমোহনের তীব্র প্রতিবাদঃ** ১৮১৮ খ্রিস্টাব্দ থেকেই রামমোহন রায় সতীদাহ প্রথার বিরুদ্ধে প্রতিবাদ করতে এবং জনমত গঠন করতে ব্রতী হন। এই উদ্দেশ্যে তিনি বাংলা ও ইংরেজি ভাষায় বিভিন্ন পুস্তিকা এবং সম্বাদ কৌমুদী পত্রিকায় বিভিন্ন প্রবন্ধ প্রকাশ করেন। হিন্দুশাস্ত্র ও বিভিন্ন ধর্মগ্রন্থ থেকে তিনি প্রমাণ করেন যে, সতীদাহ ধর্মবিরোধী অশাস্ত্রীয়। এই কুপ্রথা নিবারণের অনুরোধ জানিয়ে তিনি বাংলার ৩০০ জন বিশিষ্ট নাগরিকদের স্বাক্ষরিত এক আবেদনপত্র বড়োলাট লর্ড উইলিয়াম বেন্টিঙ্কের কাছে জমা দেন। রামমোহনের প্রচেষ্টাকে

স্বাগত জানিয়ে বেন্টিঙ্ক ১৮২৯ খ্রিস্টাব্দের ৪ ডিসেম্বর সতীদাহপ্রথার বিরুদ্ধে ১৭ নং রেগুলেশন আইন জারি করে এই প্রথা রদ করেন।

- **বাংলার রক্ষণশীল সমাজের প্রতিক্রিয়াঃ** বাংলার রক্ষণশীল হিন্দুসমাজ রাধাকান্ত দেবের নেতৃত্বে এই আইনের বিরুদ্ধে ইংল্যান্ডে একটি স্মারকলিপি পাঠায়। এর প্রত্যুত্তরে রামমোহন প্রিভি কাউন্সিলের কাছে এই স্মারকলিপির অযৌক্তিকতা প্রমাণ করেন, যার ফলে সতীদাহ নিবারণ আইন বলবৎ থাকে রামমোহন রায়ের জীবিতকালে সমাজসংস্কারের ক্ষেত্রে ব্রাহ্মসমাজের প্রথম সার্থক ও যুগান্তকারী আন্দোলন ছিল সতীদাহপ্রথা নিবারণ আন্দোলন।

- **অন্যান্য সংস্কারঃ**

  - রামমোহনের সংস্কারমুক্ত, যুক্তিবাদী মন হিন্দুসমাজে প্রচলিত বাল্যবিবাহ, বহুবিবাহ, কন্যাপণ, কুলীন, জাতিভেদ, অস্পৃশ্যতা, গঙ্গাসাগরে সন্তান বিসর্জন প্রভৃতি বহু সামাজিক কুপ্রথার বিরুদ্ধে বিদ্রোহী হয়ে ওঠে। এগুলি নিবারণের জন্য সংবাদপত্রের মাধ্যমে তিনি প্রতিবাদে সোচ্চার হয়ে ওঠেন।

  - শুধু নারীর জীবনরক্ষাই নয়, মর্যাদা সহকারে তাদের সমাজে প্রতিষ্ঠিত করার চেষ্টাও তিনি করেন। তিনি নারী-পুরুষ সমানাধিকার, বিধবার পুনর্বিবাহ, স্ত্রীশিক্ষার বিস্তার, পিতা বা স্বামীর সম্পত্তির ওপর নারীর অধিকার স্থাপন প্রভৃতি ব্যাপারেও উদ্যোগী হন।

- *পাশ্চাত্য শিক্ষাবিস্তারে রাজা রামমোহন রায়ের ভূমিকা*

- **বিদ্যালয় প্রতিষ্ঠাঃ** পাশ্চাত্য শিক্ষা বিস্তারের উদ্দেশ্যে রামমোহন রায় ১৮১৫ খ্রিস্টাব্দে কলকাতায় অ্যাংলো - হিন্দু স্কুল নামে একটি ইংরেজি বিদ্যালয় প্রতিষ্ঠা করেন।

- **সরকারকে পত্রঃ** ইস্ট ইন্ডিয়া কোম্পানি ভারতীয়দের শিক্ষার জন্য বার্ষিক ১ লক্ষ টাকা ব্যয়ের সিদ্ধান্ত নিলে রামমোহন ১৮২৩ খ্রিস্টাব্দে লর্ড আমহার্স্টকে দেওয়া পত্রে দাবি জানান যে , এই অর্থ আধুনিক বিজ্ঞান ও ইংরেজি শিক্ষা প্রসারের জন্য ব্যয় করা হোক।

- **পাশ্চাত্য শিক্ষার পক্ষে প্রচারঃ** রামমোহন পাশ্চাত্য গণিত , দর্শন , রসায়ন , অস্থিবিদ্যা প্রভৃতি শিক্ষার সপক্ষে প্রচার চালান। তিনি কলকাতায় সংস্কৃত কলেজ প্রতিষ্ঠার সরকারি সিদ্ধান্তের বিরোধিতা করেন।

- **বেদান্ত কলেজ প্রতিষ্ঠাঃ** শিক্ষার্থীদের মন থেকে নানা কুসংস্কার ও মূর্তিপূজা দূর করে পাশ্চাত্য সমাজবিজ্ঞান ও পদার্থবিদ্যা শিক্ষাদানের উদ্দেশ্যে রামমোহন রায় ১৮২৬ খ্রিস্টাব্দে বেদান্ত কলেজ প্রতিষ্ঠা করেন।

- **অন্যদের সহায়তাঃ** বাংলায় পাশ্চাত্য শিক্ষার প্রসারের কাজে তিনি ডেভিড হেয়ার , আলেকজান্ডার ডাফ প্রমুখকে নানাভাবে সহায়তা করেন। ডাফ জেনারেল অ্যাসেম্বলিজ ইনস্টিটিউশন (১৮৩০ খ্রি.) প্রতিষ্ঠার উদ্যোগ নিলে রামমোহন তাঁকে বিশেষভাবে সহায়তা করেন। হিন্দু কলেজ (১৮১৭ খ্রি.) প্রতিষ্ঠায় রামমোহনের সহায়তার কথা কেউ কেউ স্বীকার করলেও ড . রমেশচন্দ্র মজুমদার এই মত স্বীকার করেন না।

- **বিদ্যাসাগর**
  ছাত্রজীবন ও কর্মজীবনের সূত্রপাত

১৮২০ খ্রীষ্টাব্দের ২৯শে সেপ্টেম্বর মেদিনীপুর জেলার (তৎকালীন হুগলী জেলা) বীরসিংহ গ্রামে এক দরিদ্র ব্রাহ্মণ পরিবারে ঈশ্বরচন্দ্র বিদ্যাসাগর জন্ম গ্রহণ করেন। তার পিতা ঠাকুরদাস বন্দ্যোপাধ্যায় ছিলেন সৎচরিত্র নিষ্ঠাবান ব্রাহ্মণ এবং মা ভগবতী ছিলেন একজন দৃঢ়চেতা নারী। আত্মবিশ্বাস ও তেজস্বিতার মূর্ত প্রতীক ঈশ্বরচন্দ্রের জীবনে তার দরিদ্র পিতা ও মাতার প্রভাব ছিল অপরিসীম। বিনয় ঘোষ লিখেছেন – "মা ছিলেন ঈশ্বরচন্দ্রের জীবনে শক্তি। পিতা ঠাকুরদাস ছিলেন তার টিচার ও ট্রেনার।" গ্রামের পাঠশালায় লেখাপড়ার পাঠ সাঙ্গ করে মেধাবী বালক ঈশ্বরচন্দ্র দরিদ্র পিতার হাত ধরে নদ-নদী পেরিয়ে পদব্রজে উপস্থিত হলেন নবভারতের রাজধানী শহর কলকাতায়। ১৮২৯ খ্রিস্টাব্দের ১লা জুন তিনি সংস্কৃত কলেজে ভর্তি হন। ১৮৩৯ খ্রিষ্টাব্দে তিনি বিদ্যাসাগর উপাধি লাভ করলেন এবং ১৮৪১ খ্রিষ্টাব্দে শিক্ষাজীবন শেষ করে ফোর্ট উইলিয়াম কলেজের বাংলা বিভাগের প্রধান পন্ডিত পদে যোগদান করেন। ১৮৫০ খ্রীষ্টাব্দের ডিসেম্বর মাসে তিনি সংস্কৃত কলেজে অধ্যাপক এবং পরে ঐ কলেজের অধ্যক্ষ পদে নিযুক্ত হন (২২শে জানুয়ারী ১৮৫১ খ্রীঃ) ১৮৫৮ খ্রীষ্টাব্দের ৩রা নভেম্বর পর্যন্ত অর্থাৎ মোট আট বৎসর তিনি সংস্কৃত কলেজের অধ্যক্ষ ছিলেন।

শিক্ষা সংস্কার

ইতিমধ্যে ঈশ্বরচন্দ্র শিক্ষা বিস্তার এবং বিশেষ করে স্ত্রী শিক্ষা বিস্তারের প্রচেষ্টায় নিজেকে নিযুক্ত করলেন। তিনি তত্ত্ববোধিনী পত্রিকায় বিবিধ বিষয়ে সংস্কারধর্মী প্রবন্ধ প্রকাশ করে তার প্রগতিশীল মনোভাবের পরিচয় দেন। সংস্কৃত কলেজে দায়িত্বভার গ্রহণের পর তিনি কলেজের শিক্ষাব্যবস্থায় মৌলিক পরিবর্তন সাধন করেন। ঈশ্বরচন্দ্র ঐ কলেজের দ্বার সকল শ্রেণির হিন্দুর জন্য মুক্ত করে এক সামাজিক বিপ্লবের সূচনা করেন। তিনি সংস্কৃত কলেজের পাঠক্রমে পরিবর্তন আনয়ন করে মৌলিক প্রতিভার পরিচয় দেন। তিনি শিক্ষার বিভিন্ন স্তরে যে সংস্কার সাধন করেন তার একটি বিশেষ লক্ষ্য ছিল। তিনি মনে করতেন যে ভারতীয়দের শিক্ষার লক্ষ্য হবে সংস্কৃত ও ইংরাজী ভাষায় দক্ষতা অর্জন। করে নিজ নিজ মাতৃভাষাকে সমৃদ্ধ করা। এই লক্ষ্যে পৌঁছাবার জন্য তিনি সংস্কৃত শিক্ষার মত ইংরেজি শিক্ষার উপরও বিশেষ গুরুত্ব আরোপ করেছিলেন। বিদ্যাসাগর নিজে ব্রাহ্মন বংশে জন্ম গ্রহণ করেছিলেন। কিন্তু তা সত্ত্বেও তিনি পাশ্চাত্য জ্ঞান বিজ্ঞানকে সাদরে গ্রহণ করেছিলেন।

শিক্ষা সংস্কারে বিদ্যাসাগরের ভূমিকাঃ গভীর মানবতাবাদে উদ্বুদ্ধ বিদ্যাসাগর প্রথম থেকেই শিক্ষার প্রসারে ব্রতী হয়েছিলেন । তিনি শিক্ষা আয়তনকে মানব ধর্মের নার্সারি করে তুলতে চেয়েছিলেন, শিক্ষা প্রসারের ক্ষেত্রে যে গুরুত্বপূর্ণ পদক্ষেপগুলি তিনি নিয়েছিলেন সেগুলি হল নিম্নরূপ-

- **বিদ্যালয় স্থাপনঃ** বিদ্যাসাগর শিক্ষা সংস্কারের ক্ষেত্রে সবার আগে জোর দিয়েছিলেন–বিদ্যালয় স্থাপনের ওপর। লর্ড হার্ডিঞ্জ ১৮৪৪ সালে ১০০ টি বাংলা বিদ্যালয় স্থাপনের ওপর জোর দিলে বিদ্যাসাগর তার দিকে সাহায্যের হাত বারিয়ে দিয়েছিলেন । শুধু তায় নয় তিনি নিজেও বিভিন্ন জেলায় ২০ টি মডেল স্কুল প্রতিষ্ঠা করেছিলেন। যার বেশিরভাগটাই তার নিজের খরচায় চলতো। এছাড়া ১৮৭২ খ্রিঃ তিনি নিজের খরচায় মেট্রোপলিটন ইন্সটিটিউশন প্রতিষ্ঠা করেছিলেন , যা বর্তমানে বিদ্যাসাগর কলেজ নামে পরিচিত।

- **নারী শিক্ষায় ভূমিকাঃ** বিদ্যাসাগর বুঝেছিলেন সমাজে নারীদের যদি শিক্ষিত করা না যায় তাহলে নারীদের সার্বিক অগ্রগতি হতে পারে না । সেইকারণে নারী শিক্ষা প্রসারে তিনি উদ্যোগী হয়েছিলেন। যেমন Drink Water Bethune এর পৃষ্ঠপোষকতায় তিনি হিন্দু ফিমেল স্কুল প্রতিষ্ঠা করেছিলেন , এছাড়াও ৩৫ টি বালিকা বিদ্যালয় প্রতিষ্ঠার সঙ্গে নিজেকে যুক্ত করেছিলেন। প্রায় এক হাজার তিনশো ছাত্রী এই বিদ্যালয় গুলিতে পড়াশুনা করতো।

- **মাতৃভাষায় শিক্ষাদানঃ** মাতৃভাষায় শিক্ষাদানের উপর বিদ্যাসাগর প্রথম থেকেই জোর দিয়েছিলেন । তবে একই সঙ্গে তিনি পাশ্চাত্য শিক্ষার গুরুত্বকে অস্বীকার করেননি। এরই পাশাপাশি তিনি প্রাচ্য ও পাশ্চাত্যের সমন্বয়ের ওপর গুরুত্ব আরোপ করেছিলেন।

- **পাঠ্যপুস্তক রচনাঃ** শুধুমাত্র বিদ্যালয় স্থাপন নয় , পাঠ্যপুস্তক রচনার দায়িত্বও তিনি নিজের কাঁধে তুলে নিয়েছিলেন। বর্ণপরিচয় , শিশুশিক্ষা , কথামালা , নীতিবোধ চরিতাবলি সহ সংস্কৃত শিক্ষার সুবিধার জন্য সংস্কৃত ব্যাকরণের উপক্রমণিকা ও ব্যাকরণ কৌমুদী প্রভৃতি রচনা করেন। এছাড়াও আখ্যান মঞ্জরি , শব্দ মঞ্জরি , শ্লোক মঞ্জরি , ব্রজবিলাস , রত্নপরীক্ষা প্রভৃতি বই রচনা করেন যা বাংলা ও সংস্কৃত শিক্ষার ক্ষেত্রে বিশেষ গুরুত্বপূর্ণ হয়ে উঠেছিল। এছাড়াও সীতার বনবাসের মতো গ্রন্থ রচনার মাধ্যমে তিনি বাংলা গদ্য লেখার নতুন পথ রচনা করেছিলেন। রবীন্দ্রনাথের কাছে তিনি ছিলেন ' বাংলা ভাষার প্রথম যথার্থ শিল্পী।

- **নিয়মকানুন তৈরিঃ** শিক্ষার কাজে তিনি বেশকিছু নিয়ম কানুন প্রতিষ্ঠা করেছিলেন। কেবলমাত্র ব্রাহ্মণ ও বৈদ্য সন্তানরা সংস্কৃত পরতে পারবে এই নীতি তুলে দিয়ে সকল বর্ণের হিন্দু ছাত্রদের জন্য সংস্কৃত পড়ার দ্বার খুলে দেন তিনি। এছাড়াও শিক্ষকদের ইচ্ছামতো আসা ও যাওয়া বন্ধ করে নতুন নিয়ম কানুন বলবত করেছিলেন তিনি। পাশাপাশি শুভদিন অনুসারে ছুটির দিন তুলে দিয়ে রবিবার ছুটির নীয়ম চালু করেন।

- **জনসেবাঃ** নিঃস্বার্থ সমাজসেবী ঋণজন্মা পুরুষ ঈশ্বরচন্দ্র ছিলেন মানবতাবাদী চেতনার বাহক। দীন-দুঃখী, গরিব অসহায়, দুস্থ-দুর্দশাগ্রস্থ, অক্ষম, রুগ্ন, বিপন্ন ও বিপদগ্রস্থ শ্রেণীর সাহায্যে তিনি সর্বদা সচেষ্ট ছিলেন। ১২৭৬ বঙ্গাব্দে বাংলা ও উড়িষ্যার ভয়াবহ দুর্ভিক্ষকালে তিনি মেদিনীপুর, হুগলী প্রভৃতি জেলায় শিবির, লঙ্গরখানা ও অন্নছত্র খোলেন। বীরসিংহে তিনি নিজ ব্যয়ে এক অন্নছত্র খোলেন, যেখানে দিন - রাত্রি অবিরাম খাদ্য পরিবেশিত হত। এখানে বসবাসরত ডোম , হাড়ি প্রভৃতি নিচু শ্রেণী, সন্তান সম্ভবা মহিলা সকলকে তিনি নিজ হাতে সেবা করতেন। তাই তিনি দয়ার সাগর উপাধি পান।

- *শিক্ষা বিস্তারে বিবিধ উদ্যোগ*

    বিদ্যাসাগর মহাশয় বাংলা শিক্ষার উন্নয়ন ও প্রসারকল্পে কর্ম তৎপর হন।
জনশিক্ষাবিস্তারের কাজে তিনি অগ্রহণী ভূমিকা পালন করেন। তিনি উপলব্ধি করেছিলেন যে শিক্ষাই অন্ধকার দূর করে মানুষকে প্রকৃত মনুষ্যত্বে পৌঁছে দেয়। এক চিঠিতে তিনি লেখেন যে – "জনসাধারণের মধ্যে শিক্ষাবিস্তার এই এখন আমাদের প্রয়োজন। আমাদের কতগুলি বাংলা স্কুল স্থাপন করতে হবে এবং এইসব স্কুলের জন্য প্রয়োজনীয় ও শিক্ষাপ্রদ বিষয়ের অনেকগুলি পাঠ্যপুস্তক রচনা করতে হবে।" বাংলার বিভিন্ন জেলায় তিনি ২০ টি মডেল স্কুল বা আদর্শ বিদ্যালয় প্রতিষ্ঠা করেন। শিক্ষক শিক্ষণের উদ্দেশ্যে সংস্কৃত কলেজের অভ্যন্তরেই তিনি একটি নর্মাল স্কুল প্রতিষ্ঠা করেন। এর পরিচালনার দায়িত্ব ছিল অক্ষয়কুমার দত্ত ও মধুসূদন বাচস্পতির উপর। ১৮৪৯ খ্রিষ্টাব্দে ড্রিক ওয়াটার বেথুনের পৃষ্ঠপোষকতায় হিন্দু বালিকা

বিদ্যালয় প্রতিষ্ঠিত হয়। ১৮৫০ খ্রিস্টাব্দে বিদ্যাসাগর এই শিক্ষায়তনের সম্পাদকের পদ গ্রহণ করেন। তাঁর উদ্যোগে গ্রামাঞ্চলে ৩৫টিবালিকা বিদ্যালয় প্রতিষ্ঠিত হয়। শিবনাথশাস্ত্রী তার আত্মচরিত এ লেখেন যে উনিশ শতকের শেষভাগে বেসরকারি উদ্যোগে বাংলায় যে সব কলেজ প্রতিষ্ঠিত হয়েছিল তাদের সকলেরই ধ্রুবতারা ছিল মেট্রো পলিটন কলেজ। কেবল শিক্ষাবিস্তারই নয় — বিরাট পান্ডিত্য সত্ত্বেও তিনি জনশিক্ষার জন্য বেশ কিছু পাঠ্য পুস্তক রচনা করেন। এগুলির মধ্যে বর্ণমালা, কথামালা, নীতিবোধ, চরিতাবলী, বোধোদয় উল্লেখযোগ্য।

বাংলা ভাষার আধুনিকীকরণ

আধুনিক বাংলা ভাষা ও সাহিত্যের বিকাশে বিদ্যাসাগরের ভূমিকা স্মরণীয়। তিনি নিজের রচনাবলীর মধ্যেও আধুনিক বাংলা গদ্যরীতির বিবর্তনে পথিকৃতের কাজ করেন। ইতিপূর্বে বাংলাভাষা ছিল সম্পূর্ণভাবে সংস্কৃত ভাষা প্রভাবিত। অলংকারবহুল বাংলা ভাষা স্বভাবতই ছিল জটিল ও অবোধ্য। বিদ্যাসাগর বাংলা ভাষাকে যথাসম্ভব সংস্কৃত প্রভাব মুক্ত করে স্বাতন্ত্র্যদান করতে প্রয়াসী হন। তিনি নতুন ছন্দে বাংলা গদ্য রচনা করে বাংলা ভাষাকে অনেক বেশী সহজ ও সরল করে দেন। এরই উপর ভিত্তি করে পরবর্তীকালে আধুনিক বাংলা ভাষার বিবর্তন ঘটেছে। গদ্য রচনার ছেদ চিহ্নের প্রয়োগ তার অনন্য কীর্তি। সেই সঙ্গে পদর্বিন্যাস দ্বারা বাংলা রচনাকে সাবলীল করে দেন।

নারীশিক্ষার বিস্তারে ঈশ্বরচন্দ্র বিদ্যাসাগর

- **বিধবাবিবাহ আন্দোলনঃ** হিন্দু বিধবাদের শোচনীয় অবস্থা বিদ্যাসাগরকে দীর্ঘদিন ধরেই পীড়িত করে আসছিল। এই কারণে বিধবাদের পুনর্বিবাহের জন্য তিনি সুদীর্ঘ আন্দোলন করেন। বিভিন্ন ধর্মশাস্ত্রের উদ্ধৃতি দিয়ে তাঁর মতামতের যৌক্তিকতা প্রদর্শন করেন তিনি। তিনি এর জন্য নানা পদক্ষেপ গ্রহণ করেন, যেমন—

1. **প্রবন্ধ প্রকাশঃ** ১৮৫০ খ্রিস্টাব্দে প্রতিষ্ঠিত সর্বশুভকরী সভার মুখপত্র সর্বশুভকরী পত্রিকার সংখ্যাতেই তিনি বাল্যবিবাহের দোষ শীর্ষক এক প্রবন্ধ প্রকাশ করেন।

2. **উদ্ধৃতিঃ** তিনি হিন্দুশাস্ত্রের পরাশর সংহিতা থেকে উদ্ধৃতি দিয়ে প্রমাণ করেন যে, বিধবাবিবাহ শাস্ত্রসম্মত। বিধবাবিবাহের পক্ষে তিনি দেশে এক প্রবল আন্দোলন গড়ে তোলেন।

3. **পুস্তিকা প্রকাশঃ** ১৮৫৫ খ্রিস্টাব্দে তিনি বিধবাবিবাহ প্রচলিত হওয়া উচিত কি না এই সম্পর্কে দুটি প্রবন্ধ প্রকাশ করেন। পরের বছর পুস্তিকা দুটির ইংরেজি অনুবাদ প্রকাশিত হয়।

4. **স্বাক্ষর সংবলিত আবেদনপত্রঃ** ১৮৫৫ খ্রিস্টাব্দের ৪ অক্টোবর ভারতীয় অধিনসভার সদস্যদের কাছে বিধবাবিবাহ আইন করার জন্য ১০০০ ব্যক্তির আগা সংবলিত আবেদনপত্র পাঠানো হয়। আবেদনপত্রে স্বাগদরকারীদের মধ্যে ছিলেন দেবেন্দ্রনাথ ঠাকুর, বিচারপতি দারকানাথ মিত্র, অক্ষয়কুমার দত্ত, দক্ষিণারঞ্জন মুখোপাধ্যায় প্রমুখ বিশিষ্ট ব্যক্তি। তবে এই আবেদনপত্রের প্রতিবাদে হিন্দুসমাজের নেতা রাধাকান্ত দেবের নেতৃত্বে ৩৬,৭৬৩ জনের স্বাম সংবলিত একটি দরখাত সরকারের কাছে পাঠানো হয়।

- **বিধবাবিবাহ আইন পাসঃ** অবশেষে বহু চেষ্টার পর ১৮৫৬ খ্রিস্টাব্দের ২৬ জুলাই লর্ড ডালহৌসি বিধবাবিবাহ আইন পাস করেন । মনে রাখা দরকার , ডালহৌসির আমলে তাঁর প্রচেষ্টাতেই বিলটি তৈরি হলেও আইন পরিষদে অনুমোদনের সময় ভারতের গভর্নর - জেনারেল হয়েছিলেন লর্ড ক্যানিং । তাই বিধবাবিবাহ আইন সিদ্ধ হলেও তা কার্যকর করা ছিল খুবই কঠিন কাজ।

- **প্রথম বিধবাবিবাহ অনুষ্ঠানঃ** শেষপর্যন্ত ১৮৫৬ খ্রিস্টাব্দের ৭ ডিসেম্বর বাংলায় প্রথম বিধবাবিবাহ অনুষ্ঠিত হয়। পাত্র ছিলেন সংস্কৃত কলেজের অধ্যাপক শ্রীশচন্দ্র বিদ্যারত্ন এবং পাত্রীর নাম কালীমতি দেবী। বিদ্যাসাগর নিজ উদ্যোগে ও ব্যয়ে বহু বিধবাদের বিবাহ দিয়েছিলেন। ১৮৫৬-১৮৬৭ খ্রিস্টাব্দ পর্যন্ত তিনি নিজ চেষ্টায় ৬০ টি বিধবাবিবাহের আয়োজন করেন । কিন্তু তার এই প্রচেষ্টা আশানুরূপ সাফল্য পায়নি।

- **অন্যান্য সংস্কারঃ** এরপর বিদ্যাসাগর বাল্যবিবাহের বিরুদ্ধেও আন্দোলন গড়ে তোলেন। একই সঙ্গে হিন্দুদের মধ্যে বহুবিবাহ প্রথার বিরুদ্ধেও সোচ্চার হয়ে ওঠেন তিনি।

  ব্রিটিশরা ভারতে পাশ্চাত্য শিক্ষা প্রদান করেছিল যা ভারতীয়দের গণতন্ত্র ও জাতীয়তাবাদের ধারণার সাথে পরিচয় করিয়ে দিয়েছিল। এই ধারণাগুলি ভারতীয়দের রাজনৈতিক চিন্তাভাবনাকে পরিবর্তন করে এবং একটি জাতীয় জাগরণ নিয়ে আসে। পাশ্চাত্য শিক্ষা নতুন শিক্ষিত ভারতীয়দের জন্য উদার ইউরোপীয় চিন্তাধারার বন্যার দরজা খুলে দেয়। যখন ভারতীয়রা ইউরোপীয় ইতিহাস অধ্যয়ন করে, তখন তারা স্বাধীনতা, জাতীয়তা, সমতা, আইনের শাসন এবং স্বায়ত্তশাসনের মতো আদর্শের মুখোমুখি হয়।

  পাশ্চাত্য শিক্ষার প্রভাবঃ

- শিক্ষিত ভারতীয়রা আমেরিকান এবং ফরাসি বিপ্লব সম্পর্কে পড়েন এবং স্বাধীনতা, সমতা এবং ন্যায়বিচারের ধারণায় ভারতীয়দের হৃদয়কে ভরিয়ে দেন।

- হবস, লক এবং রুসোর ধারণাগুলি জনগণকে রাজনৈতিক ও সামাজিক স্বাধীনতার জন্য সংগ্রাম করতে অনুপ্রাণিত করেছিল।

- শিক্ষিত ভারতীয়রাও স্ব-শাসন এবং গণতন্ত্রের ধারণার সাথে পরিচিত হয়ে ওঠে। ভারতে গণতান্ত্রিক শাসন প্রতিষ্ঠার জন্য ভারতীয়রা ব্রিটিশ শাসন থেকে স্বাধীনতা দাবি করতে শুরু করে।

- ইংরেজি একটি সাধারণ ভাষায় পরিণত হয়। বিভিন্ন অঞ্চলের লোকেরা এখন ইংরেজিতে যোগাযোগ করতে পারে। এটি আঞ্চলিক বাধা গুলি ভাঙতে এবং দেশকে ঐক্যবদ্ধ করতে সহায়তা করেছিল

- পাশ্চাত্য শিক্ষার প্রবর্তনেরও সীমাবদ্ধতা ছিল। এটি ভারতীয় জনগণকে তাদের ঐতিহ্যগত শিক্ষা ও জীবনযাত্রার পদ্ধতি, তাদের ধ্রুপদী শিকড় এবং আদিবাসী জ্ঞান থেকে বিচ্ছিন্ন করেছিল। এর সাথে সাথে ভারতীয় মূল্যবোধ, দর্শন এবং ঐতিহ্যগুলি ম্লান হয়ে যায়

- পাশ্চাত্য শিক্ষার মাধ্যমে, ব্রিটিশরা ভারতীয়দের একটি শ্রেণী তৈরি করতে চেয়েছিল যারা রক্ত ও রঙে ভারতীয় হবে, কিন্তু স্বাদে, মতামতে, নৈতিকতায় এবং বুদ্ধিতে ইংরেজি হবে। যেহেতু তারা প্রশাসনিক পদের জন্য শিক্ষিত ভারতীয়দের চেয়েছিলেন, তাই ইংরেজরা শুধুমাত্র ভারতীয়দের একটি অংশকে শিক্ষিত করতে বিশ্বাস করত। তারা জনগণের মধ্যে শিক্ষা ছড়িয়ে দেওয়ার জন্য কিছুই করেনি।

- **বাংলার নবজাগরন**

রেনেসাঁস বা নবজাগরণ কী?

রেনেসাঁস শব্দটির সাধারণ বাংলা হলো পুনর্জন্ম বা নবজাগরণ। রেনেসাঁস বলতে সাধারণভাবে যা বোঝায় তা হলো ইউরোপের , বা বলা ভালো , ইটালির মাটিতে প্রাচীন ঐতিহ্যবাহী শিল্পকলা-সাহিত্য-সংস্কৃতির পুনর্মূল্যায়ন। এই শব্দটি মূলত ইটালির ইতিহাসের সঙ্গে যুক্ত। ইটালিতে চতুর্দশ শতক থেকে ষোড়শ শতক জুড়ে শিল্পকলা-সাহিত্য-সংস্কৃতি-রাষ্ট্রনীতি প্রভৃতি ক্ষেত্রে এক উজ্জীবন দেখা দেয়। বিষয়টি লক্ষ করে বিখ্যাত ঐতিহাসিক এইচ সি ডেভিস লিখেছেন, রেনেসাঁস হলো তাই যেখানে 'সংস্কারের গোলকধাঁধায় কারারুদ্ধ মানুষের পুনর্জন্ম' ঘটে। আমাদের সাহিত্যিক বঙ্কিমচন্দ্র চট্টোপাধ্যায় এক্ষেত্রে লিখেছেন, 'অকস্মাৎ বিনষ্ট বিস্মৃত অপরিজ্ঞাত গ্রিক সাহিত্য ইউরোপ ফিরিয়া পাইল। ফিরিয়া পাইয়া যেমন বর্ষার জলে শীর্ণা স্রোতস্বতী কূল পরিপাবিনী হয়, যেমন মুমূর্ষু রোগী দিব্য ঔষধে যৌবনের বলপ্রাপ্ত হয়, ইউরোপের অকস্মাৎ সেইরূপ অভ্যুদয় হইল।

বাংলার নবজাগরণঃ

বাংলায় নবজাগরণের বিষয়টি প্রথম থেকেই এক বিতর্কিত অধ্যায়। এক্ষেত্রে প্রশ্ন তোলা হয়। যে, ইটালিতে নবজাগরণের যে বৃহৎ অধ্যায় রচিত হয়েছে বাংলায় তার ছায়া দেখা যায় কি? ইংরেজ শাসিত ভারতবর্ষ ঔপনিবেশিক নাগপাশে জড়িয়ে পড়েছিল। তবে, একইসঙ্গে, এদেশের জাতি, বিশেষত বাংলার মানুষের একটা গুরুত্বপূর্ণ অংশ পাশ্চাত্য শিক্ষায় শিক্ষিত হয়ে ওঠে। তারা এক নতুন চিন্তার জগতে প্রবেশ করতে সক্ষম হয়। এর ফলে বাংলার শিক্ষা-সংস্কৃতির জগতে এক সুদূরপ্রসারী পরিবর্তন লক্ষ করা যায়। সমকাল ও পরবর্তীকালের বহু মানুষ এই পরিবর্তনকে ' বাংলার রেনেসাঁস ' বা ' বাংলার নবজাগরণ ' আখ্যা দিয়ে থাকেন। উদাহরণস্বরূপ, রাজা রামমোহন র (১৭৭৪–১৮৩৩ খ্রি .) তাঁর বন্ধু আলেকজান্ডার ডাফকে এক চিঠিতে জানান, ' আমি ভাবতে শুরু করেছি যে, ইউরোপ রেনেসাঁসের মতো কিছু একটা ভারতেও ঘটতে চলেছে। রামমোহনের এহেন চিন্তাধারার অনুগামী হিসেবে উনিশ শতকের আরও বেশ কিছু মনীষীর কথা উল্লেখ করা যায়। এঁদে মধ্যে বিশেষভাবে উল্লেখযোগ্য হলেন বঙ্কিমচন্দ্র চট্টোপাধ্যায়, কেশবচন্দ্র সেন, বিপিনচন্দ্র পাল, অরবিন্দ ঘোষ এর আরও অনেকের মধ্যে অবশ্যই রবীন্দ্রনাথ ঠাকুর। এঁরা প্রায় সকলেই উনিশ শতকের পাশ্চাত্য শিক্ষায় শিক্ষিত মানুষে ভাবাবেগ ও কার্যকলাপকে নবজাগরণ হিসেবে চিহ্নিত করতে চেয়েছেন। অন্যদিকে , আধুনিককালের গবেষকদের মনে অনেকেই বলতে চেয়েছেন যে, নবজাগরণ বলতে যা বোঝায় তা ভারতে কোনোদিনই ঘটেনি। বলা বাহুল্য , এঁদে সকলেই ভারতীয় নবজাগরণকে প্রধানত ইউরোপীয় তথা ইতালীয় নবজাগরণের অভিধায় দেখতে চেয়েছেন বলে এহেন অবস্থান।

বাংলায় 'নবজাগরণ'-এর ধারণা নিয়ে বিতর্কঃ

প্রথমেই উল্লেখ করা প্রয়োজন, নবজাগরণ বলতে আমরা যা বুঝি তা প্রধানত বাংলায়, বিশেষত কলকাতায় সংগঠিত হয়েছিল। এ ব্যাপারে রামমোহন রায় থেকে শুরু কে বিদ্যাসাগর , বঙ্কিমচন্দ্র হয়ে রবীন্দ্র পর্যন্ত মনীষীরা তাঁদের সময় যুক্তিবাদী তথা মুক্তচিন্তার দরজা খুলে দেন এই মুক্তচিন্তার ফলশ্রুতিকে কেউ কেউ নবজাগরণ বলে চিহ্নিত করেন। তবে , এঁদের যাবতীয় ক্রিয়াকাণ্ড , সমাজসংস্কার ধর্মসংস্কার, শিক্ষাসংস্কার সম্পর্কে যতটা জানা

যায় , তাকে কিন্তু কখনোই প্রাচীন ঐতিহ্যের আলোকে নতুন করে মূল্যায়নের প্রচেষ্টা বলা যায় না। মূলত এরই প্রেক্ষিতে বাংলার নবজাগরণকে কেন্দ্র করে যাবতীয় বিতর্কের সূচনা। বাংলার নবজাগরণকে প্রকৃত অর্থে নবজাগরণ বলা যায় কিনা তা নিয়ে দুটি বিপরীত মেরুর অবস্থান লক্ষ করা যায়। একদিকে , আচার্য যদুনাথ সরকার মনে করেন , উনিশ শতকের ভারত নবজাগরণের ভারত। তিনি লিখেছেন, এই নবজাগরণ ইংরেজ শাসনের দান। রমেশচন্দ্র মজুমদার জানিয়েছেন, বাংলার নবজাগরণ হিন্দু জাতীয়তাবাদের ফসল। এই নবজাগরণ বাংলা তথা ভারতের জাতিসত্তাকে নতুনভাবে উন্মোচিত করেছে। রামমোহন - বিশেষজ্ঞ দিলীপকুমার বিশ্বাস তাঁর 'রামমোহন সমীক্ষা' গ্রন্থে লিখেছেন, 'ইউরোপীয় রেনেসাঁসের সঙ্গে বাংলার রেনেসাঁসের প্রকৃতিগত পার্থক্য থাকলেও একটি জায়গায় মিল খুঁজে পাওয়া যায়। উভয় ক্ষেত্রেই প্রাচীন যুগের জ্ঞান-বিজ্ঞান-শিল্প-সাহিত্যের পুনরুজ্জীবন ও পুনঃঅনুশীলনের প্রতি এক প্রচণ্ড আগ্রহ লক্ষ করা যায়। এঁদের মতে বাংলায় নবজাগরণ অবশ্যই ঘটেছিল। অন্যদিকে , যাঁরা বিশ্বাস করেন বাংলায় নবজাগরণ বলতে তেমন কিছু ঘটেনি , তাঁদের মধ্যে সমাজবিজ্ঞানী বিনয় ঘোষ অন্যতম। (তাঁর 'বাংলার নবজাগৃতি' গ্রন্থে) তিনি লিখেছেন, বাংলার তথাকথিত নবজাগরণ 'সোডার বোতলে উচ্ছ্বসিত বুদবুদের মতো খানিকটা সাময়িক আদর্শগত চিত্তচাঞ্চল্য ছাড়া আর কিছুই ছিল না। তাঁর মতে নবজাগরণের বৈশিষ্ট্য 'সমাজের উপরতলার কিছু মানুষের ব্যক্তিস্বার্থের ফলশ্রুতি ছাড়া আর কিছুই নয়। 'বাংলার নবজাগরণ এই অর্থে এক 'ঐতিহাসিক ছলনা' মাত্র। এই নবজাগরণ আসলে ছিল 'ভারতের বাইরে সৃষ্ট ইংরেজি নবজাগরণ'। ড . অমলেশ ত্রিপাঠি (তাঁর ইতালীর র‍্যানেশাঁস : বাঙালীর সংস্কৃতি ' গ্রন্থে) জানিয়েছেন , ইতালির রেনেসাঁস বহুকাল যাবৎ জ্যাকব বুখার্ট নামক এক প্রবাদপ্রতিম ঐতিহাসিকের ব্যাখ্যাসাপেক্ষ ছিল। আর এই ব্যাখ্যার ওপর নির্ভর করেই বাংলার নবজাগরণের ব্যাখ্যা চলে এসেছে, বিষয়টি বিভ্রান্তিকর। তাঁর মতে, বাংলার নবজাগরণ এদেশে কোনো মৌলিক পরিবর্তন ঘটাতে পারেনি। তার রেশ কখনোই সর্বস্তরে পৌঁছায়নি। তবে, এ সমস্ত বাদানুবাদ সত্ত্বেও এ কথাও সত্য যে , বাংলার নবজাগরণ অধ্যায়টি সব দিক থেকেই প্রতিবাদী চরিত্রের ছিল। এই চরিত্রের মধ্য দিয়ে বাংলা তো বটেই , এমনকি ভারতবর্ষও এক ' ঐতিহাসিক দ্বন্দ্ব'র সম্মুখীন হয়। এই ঐতিহাসিক দ্বন্দ্বের একপক্ষে ছিল প্রগতিশীল মানুষের অবস্থান এবং অন্যপক্ষে রক্ষণশীল মানুষের। বাংলা তথা ভারতের শিক্ষিত মানুষ কিন্তু প্রথম ধারাটির শরিক হতে দ্বিধা করেনি।

বাংলার নবজাগরণের প্রধান ধারাসমূহ ভূমিকা:

উনিশ শতকে বাংলায় আধুনিক পাশ্চাত্য শিক্ষার প্রসার ঘটে। এর প্রভাবে এই শতকে বাংলায় শিক্ষা , সংস্কৃতি , শিল্পকলা , রাজনীতি , ধর্ম , সমাজ , প্রভৃতি বিভিন্ন ক্ষেত্রে অভূতপূর্ব অগ্রগতি লক্ষ করা যায়। এই অগ্রগতি সাধারণভাবে ' উনিশ শতকে বাংলার নবজাগরণ ' নামে পরিচিত। এই নবজাগরণের প্রধান ধারাগুলি হল নিম্নরূপ —

- **প্রাচ্য - পুনরুজ্জীবনবাদী ধারা:** উনিশ শতকে বাংলার নবজাগরণের একটি অন্যতম ধারা হল বাংলার সুপ্রাচীন গৌরবময় ঐতিহ্যের পুনরুদ্ধার। এই প্রাচ্য পুনরুজ্জীবনবাদী ধারার জাগরণে নেতৃত্ব দিয়েছিলেন সনাতনপন্থী প্রগতিশীল মানসিকতার ব্যক্তিরা। এঁদের মধ্যে উল্লেখযোগ্য ছিলেন রাধাকান্ত দেব , মৃত্যুঞ্জয় বিদ্যালঙ্কার , হরিশচন্দ্র মুখোপাধ্যায় প্রমুখ। তাঁদের লক্ষ্য ছিল প্রাচ্যের সুপ্রাচীন গৌরবময় ঐতিহ্যের যথার্থ পুনরুজ্জীবন ঘটানো।

- **পাশ্চাত্য যুক্তিবাদী ধারাঃ** কেউ কেউ প্রাচ্যের সবকিছু প্রগতিশীলতা অস্বীকার করে পাশ্চাত্যের সভ্যতার অনুকরণে বাংলার সমাজ - সংস্কৃতির উন্নতি ঘটানোর পরিকল্পনা করেন। পাশ্চাত্য যুক্তিবাদী ধারার মুখপাত্র ছিল 'নব্যবঙ্গ গোষ্ঠী'। তাঁদের লক্ষ্য ছিল—প্রাচ্যের পশ্চাদপদ সভ্যতা - সংস্কৃতিকে সম্পূর্ণ বর্জন করে পাশ্চাত্যের যুক্তিবাদকে সম্পূর্ণভাবে গ্রহণ করা।

- **সমন্বয়বাদী ধারাঃ** উক্ত দুটি ধারার মধ্যবর্তী স্তরে একটি সমন্বয়বাদী ধারার উদ্ভব ঘটেছিল। তৃতীয় এই ধারার নেতৃত্বে ছিলেন রামমোহন রায় , বিদ্যাসাগর প্রমুখ। তাঁরা প্রাচ্যের মহৎ বিষয়গুলির সঙ্গে পাশ্চাত্যের মহৎ বিষয়গুলির সমন্বয় ঘটিয়ে বাংলার সাংস্কৃতিক ক্ষেত্রে উন্নতি ঘটাতে চেয়েছিলেন।

- *বাংলার নবজাগরণের প্রকৃতি বা চরিত্র*

- **অর্থ:** পাশ্চাত্য শিক্ষায় শিক্ষিত তৎকালীন বাংলার মধ্যবিত সমাজ অনুসন্ধানী মন ও যুক্তিতর্কের দ্বারা সবকিছুর মূল্যায়ন শুরু করে। এই সময় চিরাচরিত শাস্ত্রের নতুন ব্যাখ্যা, নীতিশাস্ত্রের ও ধর্মশাস্ত্রের নতুন মূল্যায়ন শুরু হয়। শিক্ষা, সংস্কৃতি, ধর্ম, সমাজ, সমস্ত ক্ষেত্রে এক অভাবনীয় জাগরণ শুরু হয়, যা এক কথায় নবজাগরণ নামে পরিচিত।

- **ভিত্তি:** নবজাগরণ বলতে শুধু প্রাচীন দেশীয় ও ঐতিহ্য ও সংস্কৃতির নতুন মূল্যায়ন প্রচেষ্টাকে বোঝায় না। এই সময় ইংরেজি শিক্ষার ও ইউরোপীয় সংস্কৃতির ছোঁয়ায় বাঙালি আত্মসচেতন হয়ে ওঠে। পাশ্চাত্য শিক্ষায় শিক্ষিত বাঙালি পাশ্চাত্যের সাহিত্য, দর্শন, বিজ্ঞান, রাজনীতি, অর্থনীতি প্রভৃতি বিষয়ে সম্যক ধারণা লাভের জন্য ব্যাকুল হয়ে ওঠে। বাঙালি নিজের ধর্মীয় এবং সামাজিক ত্রুটিবিচ্যুতিগুলি এবং সাম্রাজ্যবাদী ব্রিটিশ শাসনের চরিত্র সম্বন্ধে সচেতন হয়ে ওঠে। এই সচেতনতাই হল নবজাগরণের আসল ভিত্তি। নবজাগরণের মতাদর্শগত ভিত্তি কখনই ধর্মনিরপেক্ষ বা অসাম্প্রদায়িক ছিল একথা বলা যায় না। তাই অধ্যাপক সুমিত সরকার লিখেছেন—"মুসলিম স্বৈরাচারী শাসনের সহাবস্থান সংক্রান্ত ধারণা থেকেই বুদ্ধিজীবীরা একটি বিদেশি শাসন গ্রহণ করার সুবিধাজনক যৌক্তিকতা খুঁজে পেয়েছিলেন।"

- **তিনটি ভাবধারা:** বাংলার নবজাগরণের চরিত্র বিচারে কয়েকটি ভাবধারার পরিচয় পাওয়া যায়। এগুলি হল উদারপন্থী ভাবধারা, প্রাচ্যের পুনরুজ্জীবনবাদী বা ঐতিহ্যবাদী ভাবধারা এবং সমন্বয়বাদী ভাবধারা। পাশ্চাত্যের উদারপন্থী ভাবধারার প্রবাবে সমাজসংস্কার, ধর্মীয় কুসংস্কারের বিরুদ্ধে আন্দোলন, নারীমুক্তি আন্দোলন প্রভৃতি শুরু হয়। যুক্তির আলোকে প্রচলিত প্রথা এবং আচারবিধিগুলি যাচাই করে নেওয়ার রীতি চালু হয়। দ্বিতীয় ধারা অর্থাৎ প্রাচ্যের পুনরুজ্জীবনবাদ বা ঐতিহ্যবাদী ভাবধারা অনুযায়ী প্রাচীন ভারতীয় সভ্যতার শ্রেষ্ঠত্ব প্রতিষ্ঠার উদ্যোগ লক্ষ করা যায়। তৃতীয় অর্থাৎ সমন্বয়বাদী ভাবধারা অনুযায়ী প্রাচীন যুগের যা কিছু শ্রেষ্ঠ তার সঙ্গে পাশ্চাত্য জ্ঞান বিজ্ঞানের যা কিছু শ্রেষ্ঠ উভয়ের সমন্বয়ের উদ্যোগ শুরু হয়।

- **এলিটিস্ট আন্দোলন:** সমালোচকদের ধারণায় উনিশ শতকে বাংলার নবজাগরণ ছিল এলিটিস্ট (Elitist) আন্দোলন। সমাজের মুষ্টিমেয় উচ্চবিত্ত ও উচ্চশিক্ষিত লোকেদের মধ্যেই এই নবজাগরণ সীমাবদ্ধ ছিল। উনিশ শতকে বাংলার নবজাগরণের প্রভাব সমাজের সকল শ্রেণির ওপর পড়েনি। তা ছাড়া এই নবজাগরণ মুসলিম সম্প্রদায়কে প্রভাবিত করতে ব্যর্থ হয়। কারণ মুসলিম সম্প্রদায়কে কেন্দ্র করে সেই সময় কোনো সংস্কার প্রচেষ্টা দেখা যায়নি।

তা ছাড়া হিন্দু সমাজকেন্দ্রিক সংস্কার প্রচেষ্টা গৃহীত হলেও দেখা যায় যে, হিন্দুসমাজের পিছিয়ে পড়া মানুষ বা কৃষক সমাজের উন্নতির জন্য কোনো উদ্যোগ নেওয়া হয়নি। জওহরলাল নেহরু স্পষ্টভাবে বলেছেন ঔপনিবেশিক শাসনের জ্ঞানদীপ্তি শুধুমাত্র উচ্চবর্ণের বাঙালি হিন্দুদের ওপরই প্রতিফলিত হয়েছিল।

- **মৌলিকত্বের অভাব:** বাংলায় নবজাগরণের মৌলিকত্বের অভাব ছিল। একদিকে বেদ উপনিষদের প্রভাব, অপরদিকে পাশ্চাত্য উদারপন্থা ও হিতবাদের অনুপ্রেরণা। মধ্যবিত্ত শিক্ষিত বাঙালির মতাদর্শ এক মিশ্র চিন্তাধারার জন্ম দেয়। এর কুপ্রভাব হিসেবে তারা ইংরেজি গানের সুরের ঢঙে হিন্দুস্থানি গানের চর্চা করতেন এবং ইংরেজ কায়দায় খানাপিনা করতেন ও বিলাস বৈভবে জীবন কাটাতেন। এদের অনেকেই দেশের ঐতিহ্যমণ্ডিত শিল্পের প্রতি শ্রদ্ধা না দেখালেও ইল্যান্ড থেকে আমদানি করা বিলাসপণ্য ঘরে সাজিয়ে রেখে গর্ব অনুভব করতেন। তাই এ প্রসঙ্গে অধ্যাপক অমলেশ ত্রিপাঠী বলেছেন- "প্রাচীন ইটালির দ্বিমুখবিশিষ্ট দেবতা জ্যানাসের মতো তারা একবার সামনের দিকে আধুনিক পাশ্চাত্যের প্রতি তাকিয়েছিল। আর একবার পেছনদিকে প্রাচীন ভারতের প্রতি তাকিয়েছিল। ঘড়ির পেন্ডুলামের মতো তারা একবার পাশ্চাত্যকরণের দিকে এক একবার ঐতিহ্যগত আদর্শের দিকে এবং এই দুই-এর মধ্যবর্তী স্তরে বিচরণ করেছিল।"

- **শহরকেন্দ্রিক:** উনিশ শতকের বাংলার নবজাগরণ ছিল মূলত শহরকেন্দ্রিক। এই নবজাগরণের প্রাণকেন্দ্র ছিল কলকাতা। কলকাতার বাইরে অন্যান্য জায়গায় এই নবজাগরণ ছড়িয়ে পড়েনি। তাই গ্রামবাংলার গরিষ্ঠ অংশ এই নবজাগরণের ছোঁয়া পায়নি। বলা যায়, গ্রামের কৃষক ও দরিদ্র শ্রেণির সঙ্গে এই নবজাগরণের কোনো সম্পর্ক গড়ে ওঠেনি।

- **সীমিত পরিসরঃ** উনিশ শতকের বাংলার নবজাগরণের ব্যাপ্তি বা পরিসর ছিল খুবই সীমিত। তা ছিল মূলত শহরকেন্দ্রিক , বিশেষ করে কলকাতাকেন্দ্রিক। কলকাতার বাইরে গ্রামবাংলায় এই নবজাগরণের প্রসার ঘটেনি এবং গ্রামবাংলার বৃহত্তর জনগোষ্ঠী এই নবজাগরণের কোনো সুফল পায়নি।

- **মধ্যবিত্ত সমাজে সীমাবদ্ধঃ** বাংলার জাগরণ শুধু পাশ্চাত্য শিক্ষায় শিক্ষিত প্রগতিশীল সমাজে সীমাবদ্ধ ছিল। বিভিন্ন ঐতিহাসিক এই সমাজের লোকেদের ' মধ্যবিত্ত ভদ্রলোক ' বলে অভিহিত করেছেন। এজন্য অধ্যাপক অনিল শীল এই জাগরণকে এলিটিস্ট আন্দোলন বলে অভিহিত করেছেন। বাংলার এই জাগরণের সঙ্গে গ্রামগঞ্জের হাজার হাজার দরিদ্র মেহনতি মানুষের কোনো প্রত্যক্ষ যোগ ছিল না। পণ্ডিত জওহরলাল নেহরুও মনে করেন যে , ঔপনিবেশিক শাসনের জ্ঞানদীপ্তি শুধু উচ্চবর্গের হিন্দুদের ওপরই প্রতিফলিত হয়েছিল। সাধারণ জনগণের মধ্যে এর বিশেষ প্রভাব পড়েনি।

- **ব্রিটিশ নির্ভরতাঃ** বাংলার এই জাগরণ অতিমাত্রায় ব্রিটিশ নির্ভর হয়ে পড়েছিল। ব্রিটিশ শাসনের প্রতি শ্রদ্ধাশীল নবজাগরণের নেতৃবৃন্দ মনে করতেন যে, ব্রিটিশ শাসনের দ্বারাই ভারতীয় সমাজের মঙ্গল সাধিত হবে। ঐতিহাসিক যদুনাথ সরকার লিখেছেন, 'ইংরেজদের দেওয়া সবচেয়ে বড়ো উপহার হল আমাদের উনিশ শতকের নবজাগরণ। তিনি ভারতে ব্রিটিশ শাসন প্রতিষ্ঠাকে এজন্য 'গৌরবময় ভো ' বলে অভিহিত করেছেন।

- **হিন্দু জাগরণবাদঃ** বাংলার নবজাগরণ প্রকৃতপক্ষে "হিন্দু জাগরণবাদে" পর্যবসিত হয়। রাধাকান্ত দেব , মৃত্যুঞ্জয় বিদ্যালঙ্কার প্রমুখের কার্যকলাপে হিন্দু জাগরণবাদের ছায়া দেখতে

পাওয়া যায়। রামমোহন ও বিদ্যাসাগর হিন্দুশাস্ত্রকে ভিত্তি করে সমাজ পরিবর্তনের ডাক দিয়েছিলেন। তাই অনেকে মনে করেন যে, উনিশ শতকের বাংলার নবজাগরণে ধর্মনিরপেক্ষ মানবতাবাদের ভূমিকা ছিল খুবই গৌণ।

- *বাংলায় নবজাগরণের সীমাবদ্ধতা*

- অধ্যাপক সুশোভন সরকার তার নোটস অন বেঙ্গল রেনেসাঁ (Notes on Bengal Renaissance) শীর্ষক গ্রন্থে নবজাগরণের নানা সীমাবদ্ধতার কথা তুলে ধরলেও বাংলার এই সাংস্কৃতিক জাগরণকে নবজাগরণ অ্যাখ্যা দিয়েছেন। তিনি বলেছেন যে, বাংলাতেই প্রথম ব্রিটিশ শাসন, বুর্জোয়া অর্থনীতি এবং আধুনিক পাশ্চাত্য শিক্ষার প্রভাব অনুভূত হয়।

- ড. অমলেশ ত্রিপাঠী মনে করেন দ্বাদশ ও ত্রয়োদশ শতকের বাণিজ্য বিপ্লব, নগর বিপ্লব যেভাবে ইটালির নবজাগরণের পটভূমি প্রস্তুত করেছিল, বাংলার নবজাগরণের ক্ষেত্রে তা দেখা যায়নি। ইটালির নবজাগরণের কেন্দ্র ফ্লোরেন্স ছিল স্বাধীন ও মুক্ত পরিবেশ। অপরদিকে, বাংলার নবজাগরণের কেন্দ্র ছিল কলকাতা। বিদেশি ব্রিটিশ শাসকের অধীনস্থ। তা ছাড়া কলকাতা নবজাগরণের পৃষ্ঠপোষকতা করেছিলেন কিছু জমিদার, কোম্পানির বেনিয়ান, দেশীয় গোমস্তা ও কিছু চাকুরিজীবী। অপরদিকে, ফ্লোরেন্সে নবজাগরণের পৃষ্ঠপোষকতা করেন। গোরেঞ্জো মেদিচির মধ্যে ধনী ব্যাংক ব্যবসায়ীগণ

- অধ্যাপক সুমিত সরকার, বাংলার নবজাগরণকে ইংরেজ নকলনবিশি বলে সমালোচনা করেছেন। বিনয় ঘোষের ধারণায় বাংলায় নবজাগরণ একটি অতিকথা মাত্র। তিনি এই নবজাগরণকে ঐতিহাসিক প্রতারণা (Historical hoax) বলে সমালোচনা করেছেন। তিনি বলেন যে, বাংলায় নবজাগরণ হয়নি, যা লেখা হয়েছে এখনও লেখা, তা অতিকথন মাত্র।

- অশোক মিত্র বাংলার উনিশ শতকের জাগরণকে 'তথাকথিত নবজাগরণ' (So called Renaissance) বলে উল্লেখ করেছেন।

- বিনয় ঘোষ তিনি এই নবজাগরণকে 'ঐতিহাসিক প্রতারণা' আখ্যা দিয়ে বলেন "নবজাগরণ হয়নি, যা লেখা হয়েছে এখনও লেখা হয়, তা অতিকথা মাত্র।"

- **রামমোহন রায়**

বহু ভাষা ও বহু ধর্মের দেশ ভারতে সমাজ-সংস্কৃতির আন্দোলন নতুন কোনো বিষয় নয়। উনিশ শতকব্যাপী যা কিছু সমাজসংস্কার, ধর্মসংস্কার আন্দোলন, তার মধ্য দিয়ে নিজেকে চিনে নেওয়ার প্রবণতা যথেষ্ট লক্ষ করা যায়। আর এসব ক্ষেত্রে আধুনিক ভারতের প্রাণপুরুষ রামমোহন রায় (১৭৭৪-১৮৩৩ খ্রি.) হয়ে উঠেছিলেন একজন যুগন্ধর মানুষ। বাংলার সমাজসংস্কারের নানা ক্ষেত্রে তাঁর নেতৃত্বে এক কর্মযজ্ঞ শুরু হয়। রামমোহন রায় ১৮১৫ খ্রিস্টাব্দে কলকাতায় পদার্পণ করে সেই বছরেই আত্মীয়সভা প্রতিষ্ঠা করেন। ভবিষ্যতের ব্রাহ্মসমাজের কাজের ধারা কী হবে তা আত্মীয়সভার আলোচনা থেকেই বোঝা সম্ভব। আত্মীয়সভা মূলত ছিল একটি সমমনস্ক মানুষদের নিয়ে গঠিত ঘরোয়া সমিতি। এই সভার সাপ্তাহিক অনুষ্ঠানে রামমোহনের উপস্থিতিতে ধর্ম, সমাজ, শিক্ষা ইত্যাদি বিষয়ে যুক্তিতর্কের ঢেউ উঠত। দ্বারকানাথ ঠাকুর, নন্দকিশোর বসু, রামচন্দ্র বিদ্যাবাগীশ, নন্দকুমার বিদ্যালঙ্কার প্রমুখ স্বনামধন্য ব্যক্তিরা আত্মীয়সভার সদস্য ছিলেন। এই সভার মূল উদ্দেশ্য ছিল, অন্ধবিশ্বাসের শৃঙ্খল থেকে দেশের মানুষকে মুক্ত করা। রামমোহনের এই কাজকে রক্ষণশীল হিন্দুসমাজ মেনে নিতে পারেনি। রাধাকান্ত দেবের নেতৃত্বে তাঁরা কট্টর

রামমোহন-বিরোধী হয়ে ওঠেন। অন্যদিকে, রামমোহন খ্রিস্টান কার্যাবলিতেও সন্তুষ্ট ছিলেন না। নিজের ধর্মীয় মতামত স্বাধীনভাবে প্রকাশ করার জন্য ১৮২১ খ্রিস্টাব্দে তিনি কলকাতায় 'ক্যালকাটা ইউনিটেরিয়ান কমিটি' (Calcutta Unitarian Committee) নামে এক আলোচনা চক্রের প্রতিষ্ঠা করেন।

সমাজ ও ধর্মসংস্কারে রাজা রামমোহন রায়

ভূমিকা : উনিশ শতকে বাঙালির জীবনে ধর্ম, সমাজ, সাহিত্য, রাজনীতি প্রভৃতি ক্ষেত্রে যে সমুদয় গুরুতর পরিবর্তন ঘটে, তাদের সবার মূলে না থাকলেও প্রায় সবগুলির সঙ্গেই রাজা রামমোহন রায়ের ঘনিষ্ঠ সম্বন্ধ ছিল। সমাজসংস্কারের ক্ষেত্রে তাঁর অবদান চিরস্মরণীয় হয়ে আছে।

- **সতীদাহপ্রথা বিলোপ:** সমগ্র ভারতে তো বটেই, বাংলাতেও সতীদাহ প্রথা ছিল এক সামাজিক অভিশাপ সতীদাহপ্রথা বলতে বোঝায় স্বামীর মৃত্যুর পর তার চিতায় জীবিত স্ত্রীকে পুড়িয়ে মারা। কিন্তু হিন্দুধর্মে আঘাত লাগতে পারে ভেবে ইংরেজ কর্তৃপক্ষ এ ধরনের অমানবিক প্রথার বিরুদ্ধে ব্যবস্থা নেয়নি। তবে রামমোহন রায় এই প্রথার বিরুদ্ধে আপসহীন সংগ্রাম শুরু করেন। এই ব্যাপারে তৎকালীন গভর্নর-জেনারেল লর্ড উইলিয়াম বেন্টিঙ্ক এবং প্রিন্স দ্বারকানাথ ঠাকুরও তাঁকে প্রবলভাবে সমর্থন জানান।

- **রামমোহনের তীব্র প্রতিবাদ:** ১৮১৮ খ্রিস্টাব্দ থেকেই রামমোহন রায় সতীদাহ প্রথার বিরুদ্ধে প্রতিবাদ করতে এবং জনমত গঠন করতে ব্রতী হন। এই উদ্দেশ্যে তিনি বাংলা ও ইংরেজি ভাষায় বিভিন্ন পুস্তিকা এবং সম্বাদ কৌমুদী পত্রিকায় বিভিন্ন প্রবন্ধ প্রকাশ করেন। হিন্দুশাস্ত্র ও বিভিন্ন ধর্মগ্রন্থ থেকে তিনি প্রমাণ করেন যে, সতীদাহ ধর্মবিরোধী অশাস্ত্রীয়। এই কুপ্রথা নিবারণের অনুরোধ জানিয়ে তিনি বাংলার ৩০০ জন বিশিষ্ট নাগরিকদের স্বাক্ষরিত এক আবেদনপত্র বড়োলাট লর্ড উইলিয়াম বেন্টিঙ্কের কাছে জমা দেন। রামমোহনের প্রচেষ্টাকে স্বাগত জানিয়ে বেন্টিঙ্ক ১৮২৯ খ্রিস্টাব্দের ৪ ডিসেম্বর সতীদাহপ্রথার বিরুদ্ধে ১৭ নং রেগুলেশন আইন জারি করে এই প্রথা রদ করেন।

- **বাংলার রক্ষণশীল সমাজের প্রতিক্রিয়া:** বাংলার রক্ষণশীল হিন্দুসমাজ রাধাকান্ত দেবের নেতৃত্বে এই আইনের বিরুদ্ধে ইংল্যান্ডে একটি স্মারকলিপি পাঠায়। এর প্রত্যুত্তরে রামমোহন প্রিভি কাউন্সিলের কাছে এই স্মারকলিপির অযৌক্তিকতা প্রমাণ করেন, যার ফলে সতীদাহ নিবারণ আইন বলবৎ থাকে রামমোহন রায়ের জীবিতকালে সমাজসংস্কারের ক্ষেত্রে ব্রাহ্মসমাজের প্রথম সার্থক ও যুগান্তকারী আন্দোলন ছিল সতীদাহপ্রথা নিবারণ আন্দোলন।

- **অন্যান্য সংস্কার:**

  - রামমোহনের সংস্কারমুক্ত, যুক্তিবাদী মন হিন্দুসমাজে প্রচলিত বাল্যবিবাহ, বহুবিবাহ, কন্যাপণ, কুলীন, জাতিভেদ, অস্পৃশ্যতা, গঙ্গাসাগরে সন্তান বিসর্জন প্রভৃতি বহু সামাজিক কুপ্রথার বিরুদ্ধে বিদ্রোহী হয়ে ওঠে। এগুলি নিবারণের জন্য সংবাদপত্রের মাধ্যমে তিনি প্রতিবাদে সোচ্চার হয়ে ওঠেন।

  - শুধু নারীর জীবনরক্ষাই নয়, মর্যাদা সহকারে তাদের সমাজে প্রতিষ্ঠিত করার চেষ্টাও তিনি করেন। তিনি নারী-পুরুষ সমানাধিকার, বিধবার পুনর্বিবাহ, স্ত্রীশিক্ষার বিস্তার, পিতা বা স্বামীর সম্পত্তির ওপর নারীর অধিকার স্থাপন প্রভৃতি ব্যাপারেও উদ্যোগী হন।

- *পাশ্চাত্য শিক্ষাবিস্তারে রাজা রামমোহন রায়ের ভূমিকা*
- **বিদ্যালয় প্রতিষ্ঠাঃ** পাশ্চাত্য শিক্ষা বিস্তারের উদ্দেশ্যে রামমোহন রায় ১৮১৫ খ্রিস্টাব্দে কলকাতায় অ্যাংলো - হিন্দু স্কুল নামে একটি ইংরেজি বিদ্যালয় প্রতিষ্ঠা করেন।
- **সরকারকে পত্রঃ** ইস্ট ইন্ডিয়া কোম্পানি ভারতীয়দের শিক্ষার জন্য বার্ষিক ১ লক্ষ টাকা ব্যয়ের সিদ্ধান্ত নিলে রামমোহন ১৮২৩ খ্রিস্টাব্দে লর্ড আমহার্স্টকে দেওয়া পত্রে দাবি জানান যে , এই অর্থ আধুনিক বিজ্ঞান ও ইংরেজি শিক্ষা প্রসারের জন্য ব্যয় করা হোক।
- **পাশ্চাত্য শিক্ষার পক্ষে প্রচারঃ** রামমোহন পাশ্চাত্য গণিত , দর্শন , রসায়ন , অস্থিবিদ্যা প্রভৃতি শিক্ষার সপক্ষে প্রচার চালান। তিনি কলকাতায় সংস্কৃত কলেজ প্রতিষ্ঠার সরকারি সিদ্ধান্তের বিরোধিতা করেন।
- **বেদান্ত কলেজ প্রতিষ্ঠাঃ** শিক্ষার্থীদের মন থেকে নানা কুসংস্কার ও মূর্তিপূজা দূর করে পাশ্চাত্য সমাজবিজ্ঞান ও পদার্থবিদ্যা শিক্ষাদানের উদ্দেশ্যে রামমোহন রায় ১৮২৬ খ্রিস্টাব্দে বেদান্ত কলেজ প্রতিষ্ঠা করেন।
- **অন্যদের সহায়তাঃ** বাংলায় পাশ্চাত্য শিক্ষার প্রসারের কাজে তিনি ডেভিড হেয়ার , আলেকজান্ডার ডাফ প্রমুখকে নানাভাবে সহায়তা করেন। ডাফ জেনারেল অ্যাসেম্বলিজ ইনস্টিটিউশন (১৮৩০ খ্রি.) প্রতিষ্ঠার উদ্যোগ নিলে রামমোহন তাঁকে বিশেষভাবে সহায়তা করেন। হিন্দু কলেজ (১৮১৭ খ্রি.) প্রতিষ্ঠায় রামমোহনের সহায়তার কথা কেউ কেউ স্বীকার করলেও ড . রমেশচন্দ্র মজুমদার এই মত স্বীকার করেন না।
- **বিদ্যাসাগর**

ছাত্রজীবন ও কর্মজীবনের সূত্রপাত

১৮২০ খ্রিষ্টাব্দের ২৯শে সেপ্টেম্বর মেদিনীপুর জেলার (তৎকালীন হুগলী জেলা) বীরসিংহ গ্রামে এক দরিদ্র ব্রাহ্মণ পরিবারে ঈশ্বরচন্দ্র বিদ্যাসাগর জন্ম গ্রহণ করেন। তার পিতা ঠাকুরদাস বন্দ্যোপাধ্যায় ছিলেন সংচরিত্র নিষ্ঠাবান ব্রাহ্মণ এবং মা ভগবতী ছিলেন একজন দৃঢ়চেতা নারী। আত্মবিশ্বাস ও তেজস্বিতার মূর্ত প্রতীক ঈশ্বরচন্দ্রের জীবনে তার দরিদ্র পিতা ও মাতার প্রভাব ছিল অপরিসীম। বিনয় ঘোষ লিখেছেন – "মা ছিলেন ঈশ্বরচন্দ্রের জীবনে শক্তি। পিতা ঠাকুরদাস ছিলেন তার টিচার ও ট্রেনার।" গ্রামের পাঠশালায় লেখাপড়ার পাঠ সাঙ্গ করে মেধাবী বালক ঈশ্বরচন্দ্র দরিদ্র পিতার হাত ধরে নদ-নদী পেরিয়ে পদব্রজে উপস্থিত হলেন নবভারতের রাজধানী শহর কলকাতায়। ১৮২৯ খ্রিষ্টাব্দের ১লা জুন তিনি সংস্কৃত কলেজে ভর্তি হন। ১৮৩৯ খ্রিষ্টাব্দে তিনি বিদ্যাসাগর উপাধি লাভ করেন এবং ১৮৪১ খ্রিষ্টাব্দে শিক্ষাজীবন শেষ করে ফোর্ট উইলিয়াম কলেজের বাংলা বিভাগের প্রধান পন্ডিত পদে যোগদান করেন। ১৮৫০ খ্রীষ্টাব্দের ডিসেম্বর মাসে তিনি সংস্কৃত কলেজে অধ্যাপক এবং পরে ঐ কলেজের অধ্যক্ষ পদে নিযুক্ত হন (২২শে জানুয়ারী ১৮৫১ খ্রীঃ) ১৮৫৮ খ্রিষ্টাব্দের ৩রা নভেম্বর পর্যন্ত অর্থাৎ মোট আট বৎসর তিনি সংস্কৃত কলেজের অধ্যক্ষ ছিলেন।

শিক্ষা সংস্কার

ইতিমধ্যে ঈশ্বরচন্দ্র শিক্ষা বিস্তার এবং বিশেষ করে স্ত্রী শিক্ষা বিস্তারের প্রচেষ্টায় নিজেকে নিযুক্ত করেন। তিনি তত্ত্ববোধিনী পত্রিকায় বিবিধ বিষয়ে সংস্কারধর্মী প্রবন্ধ প্রকাশ করে তার প্রগতিশীল মনোভাবের পরিচয় দেন। সংস্কৃত কলেজে দায়িত্বভার গহণের পর তিনি

কলেজের শিক্ষাব্যবস্থায় মৌলিক পরিবর্তন সাধন করেন। ঈশ্বরচন্দ্র ঐ কলেজের দ্বার সকল শ্রেণির হিন্দুর জন্য মুক্ত করে এক সামাজিক বিপ্লবের সূচনা করেন। তিনি সংস্কৃত কলেজের পাঠ্যক্রমে পরিবর্তন আনয়ন করে মৌলিক প্রতিভার পরিচয় দেন। তিনি শিক্ষার বিভিন্ন স্তরে যে সংস্কার সাধন করেন তার একটি বিশেষ লক্ষ্য ছিল। তিনি মনে করতেন যে ভারতীয়দের শিক্ষার লক্ষ্য হবে সংস্কৃত ও ইংরাজী ভাষায় দক্ষতা অর্জন। করে নিজ নিজ মাতৃভাষাকে সমৃদ্ধ করা। এই লক্ষ্যে পৌঁছাবার জন্য তিনি সংস্কৃত শিক্ষার মত ইংরেজি শিক্ষার উপরও বিশেষ গুরুত্ব আরোপ করেছিলেন। বিদ্যাসাগর নিজে ব্রাহ্মন বংশে জন্ম গ্রহণ করেছিলেন। কিন্তু তা সত্ত্বেও তিনি পাশ্চাত্য জ্ঞান বিজ্ঞানকে সাদরে গ্রহণ করেছিলেন।

শিক্ষা সংস্কারে বিদ্যাসাগরের ভূমিকাঃ গভীর মানবতাবাদে উদ্বুদ্ধ বিদ্যাসাগর প্রথম থেকেই শিক্ষার প্রসারে ব্রতী হয়েছিলেন। তিনি শিক্ষা আয়তনকে মানব ধর্মের নার্সারি করে তুলতে চেয়েছিলেন, শিক্ষা প্রসারের ক্ষেত্রে যে গুরুত্বপূর্ণ পদক্ষেপগুলি তিনি নিয়েছিলেন সেগুলি হল নিম্নরূপ-

- **বিদ্যালয় স্থাপনঃ** বিদ্যাসাগর শিক্ষা সংস্কারের ক্ষেত্রে সবার আগে জোর দিয়েছিলেন–বিদ্যালয় স্থাপনের ওপর। লর্ড হার্ডিঞ্জ ১৮৪৪ সালে ১০০ টি বাংলা বিদ্যালয় স্থাপনের ওপর জোর দিলে বিদ্যাসাগর তার দিকে সাহায্যের হাত বারিয়ে দিয়েছিলেন। শুধু তায় নয় তিনি নিজেও বিভিন্ন জেলায় ২০ টি মডেল স্কুল প্রতিষ্ঠা করেছিলেন। যার বেশিরভাগটাই তার নিজের খরচায় চলতো। এছাড়া ১৮৭২ খ্রিঃ তিনি নিজের খরচায় মেট্রোপলিটন ইন্সটিটিউশন প্রতিষ্ঠা করেছিলেন, যা বর্তমানে বিদ্যাসাগর কলেজ নামে পরিচিত।

- **নারী শিক্ষায় ভূমিকাঃ** বিদ্যাসাগর বুঝেছিলেন সমাজে নারীদের যদি শিক্ষিত করা না যায় তাহলে নারীদের সার্বিক অগ্রগতি হতে পারে না। সেইকারণে নারী শিক্ষা প্রসারে তিনি উদ্যোগী হয়েছিলেন। যেমন Drink Water Bethune এর পৃষ্ঠপোষকতায় তিনি হিন্দু ফিমেল স্কুল প্রতিষ্ঠা করেছিলেন, এছাড়াও ৩৫ টি বালিকা বিদ্যালয় প্রতিষ্ঠার সঙ্গে নিজেকে যুক্ত করেছিলেন। প্রায় এক হাজার তিনশো ছাত্রী এই বিদ্যালয় গুলিতে পড়াশুনা করতো।

- **মাতৃভাষায় শিক্ষাদানঃ** মাতৃভাষায় শিক্ষাদানের উপর বিদ্যাসাগর প্রথম থেকেই জোর দিয়েছিলেন। তবে একই সঙ্গে তিনি পাশ্চাত্য শিক্ষার গুরুত্বকে অস্বীকার করেননি। এরই পাশাপাশি তিনি প্রাচ্য ও পাশ্চাত্যের সমন্বয়ের ওপর গুরুত্ব আরোপ করেছিলেন।

- **পাঠ্যপুস্তক রচনাঃ** শুধুমাত্র বিদ্যালয় স্থাপন নয়, পাঠ্যপুস্তক রচনার দায়িত্বও তিনি নিজের কাঁধে তুলে নিয়েছিলেন। বর্ণপরিচয়, শিশুশিক্ষা, কথামালা, নীতিবোধ চরিতাবলি সহ সংস্কৃত শিক্ষার সুবিধার জন্য সংস্কৃত ব্যাকরণের উপক্রমণিকা ও ব্যাকরণ কৌমুদী প্রভৃতি রচনা করেন। এছাড়াও আখ্যান মঞ্জরি, শব্দ মঞ্জরি, শ্লোক মঞ্জরি, ব্রজবিলাস, রন্ধপরীক্ষা প্রভৃতি বই রচনা করেন যা বাংলা ও সংস্কৃত শিক্ষার ক্ষেত্রে বিশেষ গুরুত্বপূর্ণ হয়ে উঠেছিল। এছাড়াও সীতার বনবাসের মতো গ্রন্থ রচনার মাধ্যমে তিনি বাংলা গদ্য লেখার নতুন পথ রচনা করেছিলেন। রবীন্দ্রনাথের কাছে তিনি ছিলেন ' বাংলা ভাষার প্রথম যথার্থ শিল্পী।

- **নিয়মকানুন তৈরিঃ** শিক্ষার কাজে তিনি বেশকিছু নিয়ম কানুন প্রতিষ্ঠা করেছিলেন। কেবলমাত্র ব্রাহ্মণ ও বৈদ্য সন্তানরা সংস্কৃত পরতে পারবে এই নীতি তুলে দিয়ে সকল বর্ণের হিন্দু ছাত্রদের জন্য সংস্কৃত পড়ার দ্বার খুলে দেন তিনি। এছাড়াও শিক্ষকদের ইচ্ছামতো আসা ও যাওয়া বন্ধ করে নতুন নিয়ম কানুন বলবত করেছিলেন তিনি। পাশাপাশি শুভদিন

অনুসারে ছুটির দিন তুলে দিয়ে রবিবার ছুটির নীয়ম চালু করেন।

- **জনসেবাঃ** নিঃস্বার্থ সমাজসেবী ক্ষণজন্মা পুরুষ ঈশ্বরচন্দ্র ছিলেন মানবতাবাদী চেতনার বাহক। দীন-দুঃখী, গরিব অসহায়, দুস্থ-দুর্দশাগ্রস্থ, অক্ষম, রুগ্ন, বিপন্ন ও বিপদগ্রস্ত শ্রেণীর সাহায্যে তিনি সর্বদা সচেষ্ট ছিলেন। ১২৭৬ বঙ্গাব্দে বাংলা ও উড়িষ্যার ভয়াবহ দুর্ভিক্ষকালে তিনি মেদিনীপুর, হুগলী প্রভৃতি জেলায় শিবির, লঙ্গরখানা ও অন্নছত্র খোলেন। বীরসিংহে তিনি নিজ ব্যয়ে এক অন্নছত্র খোলেন, যেখানে দিন - রাত্রি অবিরাম খাদ্য পরিবেশিত হত। এখানে বসবাসরত ডোম , হাড়ি প্রভৃতি নিচু শ্রেণী, সন্তান সম্ভবা মহিলা সকলকে তিনি নিজ হাতে সেবা করতেন। তাই তিনি দয়ার সাগর উপাধি পান।

- *শিক্ষা বিস্তারে বিবিধ উদ্যোগ*

  বিদ্যাসাগর মহাশয় বাংলা শিক্ষার উন্নয়ন ও প্রসারকল্পে কর্ম তৎপর হন। জনশিক্ষাবিস্তারের কাজে তিনি অগ্রহণী ভূমিকা পালন করেন। তিনি উপলব্ধি করেছিলেন যে শিক্ষাই অন্ধকার দূর করে মানুষকে প্রকৃত মনুষ্যত্বে পৌঁছে দেয়। এক চিঠিতে তিনি লেখেন যে – "জনসাধারণের মধ্যে শিক্ষাবিস্তার এই এখন আমাদের প্রয়োজন। আমাদের কতগুলি বাংলা স্কুল স্থাপন করতে হবে এবং এইসব স্কুলের জন্য প্রয়োজনীয় ও শিক্ষাপ্রদ বিষয়ের অনেকগুলি পাঠ্যপুস্তক রচনা করতে হবে।" বাংলার বিভিন্ন জেলায় তিনি ২০ টি মডেল স্কুল বা আদর্শ বিদ্যালয় প্রতিষ্ঠা করেন। শিক্ষক শিক্ষণের উদ্দেশ্যে সংস্কৃত কলেজের অভ্যন্তরেই তিনি একটি নর্মাল স্কুল প্রতিষ্ঠা করেন। এর পরিচালনার দায়িত্ব ছিল অক্ষয়কুমার দত্ত ও মধুসূদন বাচস্মৃতির উপর। ১৮৪৯ খ্রিষ্টাব্দে ড্রিঙ্ক ওয়াটার বেথুনের পৃষ্ঠপোষকতায় হিন্দু বালিকা বিদ্যালয় প্রতিষ্ঠিত হয়। ১৮৫০ খ্রিষ্টাব্দে বিদ্যাসাগর এই শিক্ষায়তনের সম্পাদকের পদ গ্রহণ করেন। তাঁর উদ্যোগে গ্রামাঞ্চলে ৩৫টিবালিকা বিদ্যালয় প্রতিষ্ঠিত হয়। শিবনাথশাস্ত্রী তার আত্মচরিত এ লেখেন যে উনিশ শতকের শেষভাগে বেসরকারি উদ্যোগে বাংলায় যে সব কলেজ প্রতিষ্ঠিত হয়েছিল তাদের সকলেরই ধ্রুবতারা ছিল মেট্রো পলিটন কলেজ। কেবল শিক্ষাবিস্তারই নয় – বিরাট পান্ডিত্য সত্ত্বেও তিনি জনশিক্ষার জন্য বেশ কিছু পাঠ্য পুস্তক রচনা করেন। এগুলির মধ্যে বর্ণমালা, কথামালা, নীতিবোধ, চরিতাবলী, বোধোদয় উল্লেখযোগ্য।

  বাংলা ভাষার আধুনিকীকরণ

  আধুনিক বাংলা ভাষা ও সাহিত্যের বিকাশে বিদ্যাসাগরের ভূমিকা স্মরণীয়। তিনি নিজের রচনাবলীর মধ্যেও আধুনিক বাংলা গদ্যরীতির বিবর্তনে পথিকৃতের কাজ করেন। ইতিপূর্বে বাংলাভাষা ছিল সম্পূর্ণভাবে সংস্কৃত ভাষা প্রভাবিত। অলংকারবহুল বাংলা ভাষা স্বভাবতই ছিল জটিল ও অবোধ্য। বিদ্যাসাগর বাংলা ভাষাকে যথাসম্ভব সংস্কৃত প্রভাব মুক্ত করে স্বাতন্ত্র্যদান করতে প্রয়াসী হন। তিনি নতুন ছন্দে বাংলা গদ্য রচনা করে বাংলা ভাষাকে অনেক বেশী সহজ ও সরল করে দেন। এরই উপর ভিত্তি করে পরবর্তীকালে আধুনিক বাংলা ভাষার বিবর্তন ঘটেছে। গদ্য রচনার ছেদ চিহ্নের প্রয়োগ তার অনন্য কীর্তি। সেই সঙ্গে পদবিন্যাস দ্বারা বাংলা রচনাকে সাবলীল করে দেন।

  নারীশিক্ষার বিস্তারে ঈশ্বরচন্দ্র বিদ্যাসাগর

- **বিধবাবিবাহ আন্দোলনঃ** হিন্দু বিধবাদের শোচনীয় অবস্থা বিদ্যাসাগরকে দীর্ঘদিন ধরেই পীড়িত করে আসছিল । এই কারণে বিধবাদের পুনর্বিবাহের জন্য তিনি সুদীর্ঘ আন্দোলন

করেন । বিভিন্ন ধর্মশাস্ত্রের উদ্ধৃতি দিয়ে তাঁর মতামতের যৌক্তিকতা প্রদর্শন করেন তিনি । তিনি এর জন্য নানা পদক্ষেপ গ্রহণ করেন , যেমন—

1. **প্রবন্ধ প্রকাশঃ** ১৮৫০ খ্রিস্টাব্দে প্রতিষ্ঠিত সর্বশুভকরী সভার মুখপত্র সর্বশুভকরী পত্রিকার সংখ্যাতেই তিনি বাল্যবিবাহের দোষ শীর্ষক এক প্রবন্ধ প্রকাশ করেন।

2. **উদ্ধৃতিঃ** তিনি হিন্দুশাস্ত্রের পরাশর সংহিতা থেকে উদ্ধৃতি দিয়ে প্রমাণ করেন যে , বিধবাবিবাহ শাস্ত্রসম্মত । বিধবাবিবাহের পক্ষে তিনি দেশে এক প্রবল আন্দোলন গড়ে তোলেন।

3. **পুস্তিকা প্রকাশঃ** ১৮৫৫ খ্রিস্টাব্দে তিনি বিধবাবিবাহ প্রচলিত হওয়া উচিত কি না এই সম্পর্কে দুটি প্রবন্ধ প্রকাশ করেন । পরের বছর পুস্তিকা দুটির ইংরেজি অনুবাদ প্রকাশিত হয়।

4. **স্বাক্ষর সংবলিত আবেদনপত্রঃ** ১৮৫৫ খ্রিস্টাব্দের ৪ অক্টোবর ভারতীয় অধিনসভার সদস্যদের কাছে বিধবাবিবাহ আইন করার জন্য ১০০০ ব্যক্তির আগা সংবলিত আবেদনপত্র পাঠানো হয়। আবেদনপত্রে স্বাগদরকারীদের মধ্যে ছিলেন দেবেন্দ্রনাথ ঠাকুর , বিচারপতি দারকানাথ মিত্র, অক্ষয়কুমার দত্ত, দক্ষিণারঞ্জন মুখোপাধ্যায় প্রমুখ বিশিষ্ট ব্যক্তি। তবে এই আবেদনপত্রের প্রতিবাদে হিন্দুসমাজের নেতা রাধাকান্ত দেবের নেতৃত্বে ৩৬,৭৬৩ জনের স্বাম সংবলিত একটি দরখাত সরকারের কাছে পাঠানো হয়।

- **বিধবাবিবাহ আইন পাসঃ** অবশেষে বহু চেষ্টার পর ১৮৫৬ খ্রিস্টাব্দের ২৬ জুলাই লর্ড ডালহৌসি বিধবাবিবাহ আইন পাস করেন । মনে রাখা দরকার , ডালহৌসির আমলে তাঁর প্রচেষ্টাতেই বিলটি তৈরি হলেও আইন পরিষদে অনুমোদনের সময় ভারতের গভর্নর - জেনারেল হয়েছিলেন লর্ড ক্যানিং । তাই বিধবাবিবাহ আইন সিদ্ধ হলেও তা কার্যকর করা ছিল খুবই কঠিন কাজ।

- **প্রথম বিধবাবিবাহ অনুষ্ঠানঃ** শেষপর্যন্ত ১৮৫৬ খ্রিস্টাব্দের ৭ ডিসেম্বর বাংলায় প্রথম বিধবাবিবাহ অনুষ্ঠিত হয় । পাত্র ছিলেন সংস্কৃত কলেজের অধ্যাপক শ্রীশচন্দ্র বিদ্যারত্ন এবং পাত্রীর নাম কালীমতি দেবী । বিদ্যাসাগর নিজ উদ্যোগে ও ব্যয়ে বহু বিধবাদের বিবাহ দিয়েছিলেন। ১৮৫৬-১৮৬৭ খ্রিস্টাব্দ পর্যন্ত তিনি নিজ চেষ্টায় ৬০ টি বিধবাবিবাহের আয়োজন করেন । কিন্তু তার এই প্রচেষ্টা আশানুরূপ সাফল্য পায়নি।

- **অন্যান্য সংস্কারঃ** এরপর বিদ্যাসাগর বাল্যবিবাহের বিরুদ্ধেও আন্দোলন গড়ে তোলেন। একই সঙ্গে হিন্দুদের মধ্যে বহুবিবাহ প্রথার বিরুদ্ধেও সোচ্চার হয়ে ওঠেন তিনি।

ব্রিটিশরা ভারতে পাশ্চাত্য শিক্ষা প্রদান করেছিল যা ভারতীয়দের গণতন্ত্র ও জাতীয়তাবাদের ধারণার সাথে পরিচয় করিয়ে দিয়েছিল । এই ধারণাগুলি ভারতীয়দের রাজনৈতিক চিন্তাভাবনাকে পরিবর্তন করে এবং একটি জাতীয় জাগরণ নিয়ে আসে। পাশ্চাত্য শিক্ষা নতুন শিক্ষিত ভারতীয়দের জন্য উদার ইউরোপীয় চিন্তাধারার বন্যার দরজা খুলে দেয়। যখন ভারতীয়রা ইউরোপীয় ইতিহাস অধ্যয়ন করে, তখন তারা স্বাধীনতা, জাতীয়তা, সমতা, আইনের শাসন এবং স্বায়ত্তশাসনের মতো আদর্শের মুখোমুখি হয়।

পাশ্চাত্য শিক্ষার প্রভাবঃ

- শিক্ষিত ভারতীয়রা আমেরিকান এবং ফরাসি বিপ্লব সম্পর্কে পড়েন এবং স্বাধীনতা, সমতা এবং ন্যায়বিচারের ধারণায় ভারতীয়দের হৃদয়কে ভরিয়ে দেন।

- হবস, লক এবং রুসোর ধারণাগুলি জনগণকে রাজনৈতিক ও সামাজিক স্বাধীনতার জন্য সংগ্রাম করতে অনুপ্রাণিত করেছিল।

- শিক্ষিত ভারতীয়রাও স্ব-শাসন এবং গণতন্ত্রের ধারণার সাথে পরিচিত হয়ে ওঠে। ভারতে গণতান্ত্রিক শাসন প্রতিষ্ঠার জন্য ভারতীয়রা ব্রিটিশ শাসন থেকে স্বাধীনতা দাবি করতে শুরু করে।

- ইংরেজি একটি সাধারণ ভাষায় পরিণত হয়। বিভিন্ন অঞ্চলের লোকেরা এখন ইংরেজিতে যোগাযোগ করতে পারে। এটি আঞ্চলিক বাধা গুলি ভাঙতে এবং দেশকে ঐক্যবদ্ধ করতে সহায়তা করেছিল

- পাশ্চাত্য শিক্ষার প্রবর্তনেরও সীমাবদ্ধতা ছিল। এটি ভারতীয় জনগণকে তাদের ঐতিহ্যগত শিক্ষা ও জীবনযাত্রার পদ্ধতি, তাদের ধ্রুপদী শিকড় এবং আদিবাসী জ্ঞান থেকে বিচ্ছিন্ন করেছিল। এর সাথে সাথে ভারতীয় মূল্যবোধ, দর্শন এবং ঐতিহ্যগুলি ম্লান হয়ে যায়

- পাশ্চাত্য শিক্ষার মাধ্যমে, ব্রিটিশরা ভারতীয়দের একটি শ্রেণী তৈরি করতে চেয়েছিল যারা রক্ত ও রঙে ভারতীয় হবে, কিন্তু স্বাদে, মতামতে, নৈতিকতায় এবং বুদ্ধিতে ইংরেজি হবে। যেহেতু তারা প্রশাসনিক পদের জন্য শিক্ষিত ভারতীয়দের চেয়েছিলেন, তাই ইংরেজরা শুধুমাত্র ভারতীয়দের একটি অংশকে শিক্ষিত করতে বিশ্বাস করত। তারা জনগণের মধ্যে শিক্ষা ছড়িয়ে দেওয়ার জন্য কিছুই করেনি।

- **বাংলার নবজাগরন**

  ### রেনেসাঁস বা নবজাগরণ কী?

  রেনেসাঁস শব্দটির সাধারণ বাংলা হলো পুনর্জন্ম বা নবজাগরণ। রেনেসাঁস বলতে সাধারণভাবে যা বোঝায় তা হলো ইউরোপের , বা বলা ভালো , ইটালির মাটিতে প্রাচীন ঐতিহ্যবাহী শিল্পকলা-সাহিত্য-সংস্কৃতির পুনর্মূল্যায়ন। এই শব্দটি মূলত ইটালির ইতিহাসের সঙ্গে যুক্ত। ইটালিতে চতুর্দশ শতক থেকে ষোড়শ শতক জুড়ে শিল্পকলা-সাহিত্য-সংস্কৃতি-রাষ্ট্রনীতি প্রভৃতি ক্ষেত্রে এক উজ্জীবন দেখা দেয়। বিষয়টি লক্ষ করে বিখ্যাত ঐতিহাসিক এইচ সি ডেভিস লিখেছেন, রেনেসাঁস হলো তাই যেখানে 'সংস্কারের গোলকধাঁধায় কারারুদ্ধ মানুষের পুনর্জন্ম' ঘটে। আমাদের সাহিত্যিক বঙ্কিমচন্দ্র চট্টোপাধ্যায় এক্ষেত্রে লিখেছেন, 'অকস্মাৎ বিনষ্ট বিস্মৃত অপরিজ্ঞাত গ্রিক সাহিত্য ইউরোপ ফিরিয়া পাইল। ফিরিয়া পাইয়া যেমন বর্ষার জলে শীর্ণা স্রোতস্বতী কূল পরিপাবিনী হয়, যেমন মুমূর্ষু রোগী দিব্য ঔষধে যৌবনের বলপ্রাপ্ত হয়, ইউরোপের অকস্মাৎ সেইরূপ অভ্যুদয় হইল।

  ### *বাংলার নবজাগরণঃ*

  বাংলায় নবজাগরণের বিষয়টি প্রথম থেকেই এক বিতর্কিত অধ্যায়। এক্ষেত্রে প্রশ্ন তোলা হয়। যে, ইটালিতে নবজাগরণের যে বৃহৎ অধ্যায় রচিত হয়েছে বাংলায় তার ছায়া দেখা যায় কি? ইংরেজ শাসিত ভারতবর্ষ ঔপনিবেশিক নাগপাশে জড়িয়ে পড়েছিল। তবে, একইসঙ্গে, এদেশের জাতি, বিশেষত বাংলার মানুষের একটা গুরুত্বপূর্ণ অংশ পাশ্চাত্য শিক্ষায় শিক্ষিত হয়ে ওঠে। তানা এক নতুন চিন্তার জগতে প্রবেশ করতে সক্ষম হয়। এর ফলে বাংলার শিক্ষা-সংস্কৃতির জগতে এক সুদূরপ্রসারী পারিবর্তন লক্ষ করা যায়। সমকাল ও

পরবর্তীকালের বহু মানুষ এই পরিবর্তনকে 'বাংলার রেনেসাঁস' বা 'বাংলার নবজাগরণ' আখ্যা দিয়ে থাকেন। উদাহরণস্বরূপ, রাজা রামমোহন র (১৭৭৪–১৮৩৩ খ্রি.) তাঁর বন্ধু আলেকজান্ডার ডাফকে এক চিঠিতে জানান, 'আমি ভাবতে শুরু করেছি যে, ইউরোপ রেনেসাঁসের মতো কিছু একটা ভারতেও ঘটতে চলেছে। রামমোহনের এহেন চিন্তাধারার অনুগামী হিসেবে উনিশ শতকের আরও বেশ কিছু মনীষীর কথা উল্লেখ করা যায়। এঁদে মধ্যে বিশেষভাবে উল্লেখযোগ্য হলেন বঙ্কিমচন্দ্র চট্টোপাধ্যায়, কেশবচন্দ্র সেন, বিপিনচন্দ্র পাল, অরবিন্দ ঘোষ এর আরও অনেকের মধ্যে অবশ্যই রবীন্দ্রনাথ ঠাকুর। এঁরা প্রায় সকলেই উনিশ শতকের পাশ্চাত্য শিক্ষায় শিক্ষিত মানুষে ভাবাবেগ ও কার্যকলাপকে নবজাগরণ হিসেবে চিহ্নিত করতে চেয়েছেন। অন্যদিকে, আধুনিককালের গবেষকদের মনে অনেকেই বলতে চেয়েছেন যে, নবজাগরণ বলতে যা বোঝায় তা ভারতে কোনোদিনই ঘটেনি। বলা বাহুল্য, এঁদে সকলেই ভারতীয় নবজাগরণকে প্রধানত ইউরোপীয় তথা ইতালীয় নবজাগরণের অভিধায় দেখতে চেয়েছেন বলে এহেন অবস্থান।

বাংলায় 'নবজাগরণ'-এর ধারণা নিয়ে বিতর্কঃ

প্রথমেই উল্লেখ করা প্রয়োজন, নবজাগরণ বলতে আমরা যা বুঝি তা প্রধানত বাংলায়, বিশেষত কলকাতায় সংগঠিত হয়েছিল। এ ব্যাপারে রামমোহন রায় থেকে শুরু কে বিদ্যাসাগর, বঙ্কিমচন্দ্র হয়ে রবীন্দ্র পর্যন্ত মনীষীরা তাঁদের সময় যুক্তিবাদী তথা মুক্তচিন্তার দরজা খুলে দেন এই মুক্তচিন্তার ফলশ্রুতিকে কেউ কেউ নবজাগরণ বলে চিহ্নিত করেন। তবে, এঁদের যাবতীয় ক্রিয়াকাও, সমাজসংস্কার ধর্মসংস্কার, শিক্ষাসংস্কার সম্পর্কে যতটা জানা যায়, তাকে কিন্তু কখনোই প্রাচীন ঐতিহ্যের আলোকে নতুন করে মূল্যায়নের প্রচেষ্টা বলা যায় না। মূলত এরই প্রেক্ষিতে বাংলার নবজাগরণকে কেন্দ্র করে যাবতীয় বিতর্কের সূচনা। বাংলার নবজাগরণকে প্রকৃত অর্থে নবজাগরণ বলা যায় কিনা তা নিয়ে দুটি বিপরীত মেরুর অবস্থান লক্ষ করা যায়। একদিকে, আচার্য যদুনাথ সরকার মনে করেন, উনিশ শতকের ভারত নবজাগরণের ভারত। তিনি লিখেছেন, এই নবজাগরণ ইংরেজ শাসনের দান। রমেশচন্দ্র মজুমদার জানিয়েছেন, বাংলার নবজাগরণ হিন্দু জাতীয়তাবাদের ফসল। এই নবজাগরণ বাংলা তথা ভারতের জাতিসত্তাকে নতুনভাবে উন্মোচিত করেছে। রামমোহন-বিশেষজ্ঞ দিলীপকুমার বিশ্বাস তাঁর 'রামমোহন সমীক্ষা' গ্রন্থে লিখেছেন, 'ইউরোপীয় রেনেসাঁসের সঙ্গে বাংলার রেনেসাঁসের প্রকৃতিগত পার্থক্য থাকলেও একটি জায়গায় মিল খুঁজে পাওয়া যায়। উভয় ক্ষেত্রেই প্রাচীন যুগের জ্ঞান-বিজ্ঞান-শিল্প-সাহিত্যের পুনরুজ্জীবন ও পুনঃঅনুশীলনের প্রতি এক প্রচও আগ্রহ লক্ষ করা যায়। এঁদের মতে বাংলায় নবজাগরণ অবশ্যই ঘটেছিল। অন্যদিকে, যাঁরা বিশ্বাস করেন বাংলায় নবজাগরণ বলতে তেমন কিছু ঘটেনি, তাঁদের মধ্যে সমাজবিজ্ঞানী বিনয় ঘোষ অন্যতম। (তাঁর 'বাংলার নবজাগৃতি' গ্রন্থে) তিনি লিখেছেন, বাংলার তথাকথিত নবজাগরণ 'সোডার বোতলে উচ্ছ্বসিত বুদবুদের মতো খানিকটা সাময়িক আদর্শগত চিত্তচাঞ্চল্য ছাড়া আর কিছুই ছিল না। তাঁর মতে নবজাগরণের বৈশিষ্ট্য 'সমাজের উপরতলার কিছু মানুষের ব্যক্তিস্বার্থের ফলশ্রুতি ছাড়া আর কিছুই নয়। 'বাংলার নবজাগরণ এই অর্থে এক 'ঐতিহাসিক ছলনা' মাত্র। এই নবজাগরণ আসলে ছিল 'ভারতের বাইরে সৃষ্ট ইংরেজি নবজাগরণ'। ড. অমলেশ ত্রিপাঠি (তাঁর ইতালীর রেꣳ্যানেশাঁস : বাঙালীর সংস্কৃতি' গ্রন্থে) জানিয়েছেন, ইতালির রেনেসাঁস বহুকাল যাবৎ

জ্যাকব বুর্খার্ট নামক এক প্রবাদপ্রতিম ঐতিহাসিকের ব্যাখ্যাসাপেক্ষ ছিল। আর এই ব্যাখ্যার ওপর নির্ভর করেই বাংলার নবজাগরণের ব্যাখ্যা চলে এসেছে, বিষয়টি বিভ্রান্তিকর। তাঁর মতে, বাংলার নবজাগরণ এদেশে কোনো মৌলিক পরিবর্তন ঘটাতে পারেনি। তার রেশ কখনোই সর্বস্তরে পৌঁছায়নি। তবে, এ সমস্ত বাদানুবাদ সত্ত্বেও এ কথাও সত্য যে , বাংলার নবজাগরণ অধ্যায়টি সব দিক থেকেই প্রতিবাদী চরিত্রের ছিল। এই চরিত্রের মধ্য দিয়ে বাংলা তো বটেই , এমনকি ভারতবর্ষও এক ' ঐতিহাসিক দ্বন্দ্ব'র সম্মুখীন হয়। এই ঐতিহাসিক দ্বন্দ্বের একপক্ষে ছিল প্রগতিশীল মানুষের অবস্থান এবং অন্যপক্ষে রক্ষণশীল মানুষের। বাংলা তথা ভারতের শিক্ষিত মানুষ কিন্তু প্রথম ধারাটির শরিক হতে দ্বিধা করেনি।

বাংলার নবজাগরণের প্রধান ধারাসমূহ ভূমিকাঃ

উনিশ শতকে বাংলায় আধুনিক পাশ্চাত্য শিক্ষার প্রসার ঘটে। এর প্রভাবে এই শতকে বাংলায় শিক্ষা , সংস্কৃতি , শিল্পকলা , রাজনীতি , ধর্ম , সমাজ , প্রভৃতি বিভিন্ন ক্ষেত্রে অভূতপূর্ব অগ্রগতি লক্ষ করা যায়। এই অগ্রগতি সাধারণভাবে ' উনিশ শতকে বাংলার নবজাগরণ ' নামে পরিচিত। এই নবজাগরণের প্রধান ধারাগুলি হল নিম্নরূপ —

- **প্রাচ্য - পুনরুজ্জীবনবাদী ধারাঃ** উনিশ শতকে বাংলার নবজাগরণের একটি অন্যতম ধারা হল বাংলার সুপ্রাচীন গৌরবময় ঐতিহ্যের পুনরুদ্ধার। এই প্রাচ্য পুনরুজ্জীবনবাদী ধারার জাগরণে নেতৃত্ব দিয়েছিলেন সনাতনপন্থী প্রগতিশীল মানসিকতার ব্যক্তিরা। এঁদের মধ্যে উল্লেখযোগ্য ছিলেন রাধাকান্ত দেব , মৃত্যুঞ্জয় বিদ্যালঙ্কার , হরিশচন্দ্র মুখোপাধ্যায় প্রমুখ। তাঁদের লক্ষ্য ছিল প্রাচ্যের সুপ্রাচীন গৌরবময় ঐতিহ্যের যথার্থ পুনরুজ্জীবন ঘটানো।

- **পাশ্চাত্য যুক্তিবাদী ধারাঃ** কেউ কেউ প্রাচ্যের সবকিছু প্রগতিশীলতা অস্বীকার করে পাশ্চাত্যের সভ্যতার অনুকরণে বাংলার সমাজ - সংস্কৃতির উন্নতি ঘটানোর পরিকল্পনা করেন। পাশ্চাত্য যুক্তিবাদী ধারার মুখপাত্র ছিল 'নব্যবঙ্গ গোষ্ঠী'। তাঁদের লক্ষ্য ছিল—প্রাচ্যের পশ্চাদপদ সভ্যতা - সংস্কৃতিকে সম্পূর্ণ বর্জন করে পাশ্চাত্যের যুক্তিবাদকে সম্পূর্ণভাবে গ্রহণ করা।

- **সমন্বয়বাদী ধারাঃ** উক্ত দুটি ধারার মধ্যবর্তী স্তরে একটি সমন্বয়বাদী ধারার উদ্ভব ঘটেছিল। তৃতীয় এই ধারার নেতৃত্বে ছিলেন রামমোহন রায় , বিদ্যাসাগর প্রমুখ। তাঁরা প্রাচ্যের মহৎ বিষয়গুলির সঙ্গে পাশ্চাত্যের মহৎ বিষয়গুলির সমন্বয় ঘটিয়ে বাংলার সাংস্কৃতিক ক্ষেত্রে উন্নতি ঘটাতে চেয়েছিলেন।

- *বাংলার নবজাগরণের প্রকৃতি বা চরিত্র*

- **অর্থঃ** পাশ্চাত্য শিক্ষায় শিক্ষিত তৎকালীন বাংলার মধ্যবিত্ত সমাজ অনুসন্ধানী মন ও যুক্তিতর্কের দ্বারা সবকিছুর মূল্যায়ন শুরু করে। এই সময় চিরাচরিত শাস্ত্রের নতুন ব্যাখ্যা, নীতিশাস্ত্রের ও ধর্মশাস্ত্রের নতুন মূল্যায়ন শুরু হয়। শিক্ষা, সংস্কৃতি, ধর্ম, সমাজ, সমস্ত ক্ষেত্রে এক অভাবনীয় জাগরণ শুরু হয়, যা এক কথায় নবজাগরণ নামে পরিচিত।

- **ভিত্তিঃ** নবজাগরণ বলতে শুধু প্রাচীন দেশীয় ও ঐতিহ্য ও সংস্কৃতির নতুন মূল্যায়ন প্রচেষ্টাকে বোঝায় না। এই সময় ইংরেজি শিক্ষার ও ইউরোপীয় সংস্কৃতির ছোঁয়ায় বাঙালি আত্মসচেতন হয়ে ওঠে। পাশ্চাত্য শিক্ষায় শিক্ষিত বাঙালি পাশ্চাত্যের সাহিত্য, দর্শন, বিজ্ঞান, রাজনীতি, অর্থনীতি প্রভৃতি বিষয়ে সম্যক ধারণা লাভের জন্য ব্যাকুল হয়ে ওঠে। বাঙালি নিজের ধর্মীয় এবং সামাজিক ক্রটিবিচ্যুতিগুলি এবং সাম্রাজ্যবাদী ব্রিটিশ শাসনের চরিত্র সম্বন্ধে

সচেতন হয়ে ওঠে। এই সচেতনতাই হল নবজাগরণের আসল ভিত্তি। নবজাগরণের মতাদর্শগত ভিত্তি কখনই ধর্মনিরপেক্ষ বা অসাম্প্রদায়িক ছিল একথা বলা যায় না। তাই অধ্যাপক সুমিত সরকার লিখেছেন—"মুসলিম স্বৈরাচারী শাসনের সহাবস্থান সংক্রান্ত ধারণা থেকেই বুদ্ধিজীবীরা একটি বিদেশি শাসন গ্রহণ করার সুবিধাজনক যৌক্তিকতা খুঁজে পেয়েছিলেন।"

- **তিনটি ভাবধারা:** বাংলার নবজাগরণের চরিত্র বিচারে কয়েকটি ভাবধারার পরিচয় পাওয়া যায়। এগুলি হল উদারপন্থী ভাবধারা, প্রাচ্যের পুনরুজ্জীবনবাদী বা ঐতিহ্যবাদী ভাবধারা এবং সমন্বয়বাদী ভাবধারা। পাশ্চাত্যের উদারপন্থী ভাবধারার প্রভাবে সমাজসংস্কার, ধর্মীয় কুসংস্কারের বিরুদ্ধে আন্দোলন, নারীমুক্তি আন্দোলন প্রভৃতি শুরু হয়। যুক্তির আলোকে প্রচলিত প্রথা এবং আচারবিধিগুলি যাচাই করে নেওয়ার রীতি চালু হয়। দ্বিতীয় ধারা অর্থাৎ প্রাচ্যের পুনরুজ্জীবনবাদ বা ঐতিহ্যবাদী ভাবধারা অনুযায়ী প্রাচীন ভারতীয় সভ্যতার শ্রেষ্ঠত্ব প্রতিষ্ঠার উদ্যোগ লক্ষ করা যায়। তৃতীয় অর্থাৎ সমন্বয়বাদী ভাবধারা অনুযায়ী প্রাচীন যুগের যা কিছু শ্রেষ্ঠ তার সঙ্গে পাশ্চাত্য জ্ঞান বিজ্ঞানের যা কিছু শ্রেষ্ঠ উভয়ের সমন্বয়ের উদ্যোগ শুরু হয়।

- **এলিটিস্ট আন্দোলন:** সমালোচকদের ধারণায় উনিশ শতকে বাংলার নবজাগরণ ছিল এলিটিস্ট (Elitist) আন্দোলন। সমাজের মুষ্টিমেয় উচ্চবিত্ত ও উচ্চশিক্ষিত লোকেদের মধ্যেই এই নবজাগরণ সীমাবদ্ধ ছিল। উনিশ শতকে বাংলার নবজাগরণের প্রভাব সমাজের সকল শ্রেণির ওপর পড়েনি। তা ছাড়া এই নবজাগরণ মুসলিম সম্প্রদায়কে প্রভাবিত করতে ব্যর্থ হয়। কারণ মুসলিম সম্প্রদায়কে কেন্দ্র করে সেই সময় কোনো সংস্কার প্রচেষ্টা দেখা যায়নি। তা ছাড়া হিন্দু সমাজকেন্দ্রিক সংস্কার প্রচেষ্টা গৃহীত হলেও দেখা যায় যে, হিন্দুসমাজের পিছিয়ে পড়া মানুষ বা কৃষক সমাজের উন্নতির জন্য কোনো উদ্যোগ নেওয়া হয়নি। জওহরলাল নেহরু স্পষ্টভাবে বলেছেন ঔপনিবেশিক শাসনের জ্ঞানদীপ্তি শুধুমাত্র উচ্চবর্ণের বাঙালি হিন্দুদের ওপরই প্রতিফলিত হয়েছিল।

- **মৌলিকত্বের অভাব:** বাংলায় নবজাগরণের মৌলিকত্বের অভাব ছিল। একদিকে বেদ উপনিষদের প্রভাব, অপরদিকে পাশ্চাত্য উদারপন্থা ও হিতবাদের অনুপ্রেরণা। মধ্যবিত্ত শিক্ষিত বাঙালির মতাদর্শ এক মিশ্র চিন্তাধারার জন্ম দেয়। এর কুপ্রভাব হিসেবে তারা ইংরেজি গানের সুরের ঢঙে হিন্দুস্থানি গানের চর্চা করতেন এবং ইংরেজ কায়দায় থানাপিনা করতেন ও বিলাস বৈভবে জীবন কাটাতেন। এদের অনেকেই দেশের ঐতিহ্যমণ্ডিত শিল্পের প্রতি শ্রদ্ধা না দেখালেও ইংল্যান্ড থেকে আমদানি করা বিলাসপণ্য ঘরে সাজিয়ে রেখে গর্ব অনুভব করতেন। তাই এ প্রসঙ্গে অধ্যাপক অমলেশ ত্রিপাঠী বলেছেন- "প্রাচীন ইটালির দ্বিমুখবিশিষ্ট দেবতা জ্যানাসের মতো তারা একবার সামনের দিকে আধুনিক পাশ্চাত্যের প্রতি তাকিয়েছিল। আর একবার পেছনদিকে প্রাচীন ভারতের প্রতি তাকিয়েছিল। ঘড়ির পেন্ডুলামের মতো তারা একবার পাশ্চাত্যকরণের দিকে এক একবার ঐতিহ্যগত আদর্শের দিকে এবং এই দুই-এর মধ্যবর্তী স্তরে বিচরণ করেছিল।"

- **শহরকেন্দ্রিক:** উনিশ শতকের বাংলার নবজাগরণ ছিল মূলত শহরকেন্দ্রিক। এই নবজাগরণের প্রাণকেন্দ্র ছিল কলকাতা। কলকাতার বাইরে অন্যান্য জায়গায় এই নবজাগরণ ছড়িয়ে পড়েনি। তাই গ্রামবাংলার গরিষ্ঠ অংশ এই নবজাগরণের ছোঁয়া পায়নি। বলা যায়, গ্রামের কৃষক ও দরিদ্র শ্রেণির সঙ্গে এই নবজাগরণের কোনো সম্পর্ক গড়ে ওঠেনি।

- **সীমিত পরিসরঃ** উনিশ শতকের বাংলার নবজাগরণের ব্যাপ্তি বা পরিসর ছিল খুবই সীমিত। তা ছিল মূলত শহরকেন্দ্রিক, বিশেষ করে কলকাতাকেন্দ্রিক। কলকাতার বাইরে গ্রামবাংলায় এই নবজাগরণের প্রসার ঘটেনি এবং গ্রামবাংলার বৃহত্তর জনগোষ্ঠী এই নবজাগরণের কোনো সুফল পায়নি।

- **মধ্যবিত্ত সমাজে সীমাবদ্ধঃ** বাংলার জাগরণ শুধু পাশ্চাত্য শিক্ষায় শিক্ষিত প্রগতিশীল সমাজে সীমাবদ্ধ ছিল। বিভিন্ন ঐতিহাসিক এই সমাজের লোকেদের ' মধ্যবিত্ত ভদ্রলোক ' বলে অভিহিত করেছেন। এজন্য অধ্যাপক অনিল শীল এই জাগরণকে এলিটিস্ট আন্দোলন বলে অভিহিত করেছেন। বাংলার এই জাগরণের সঙ্গে গ্রামগঞ্জের হাজার হাজার দরিদ্র মেহনতি মানুষের কোনো প্রত্যক্ষ যোগ ছিল না। পণ্ডিত জওহরলাল নেহরুও মনে করলেন যে, ঔপনিবেশিক শাসনের জ্ঞানদীপ্তি শুধু উচ্চবর্গের হিন্দুদের ওপরই প্রতিফলিত হয়েছিল। সাধারণ জনগণের মধ্যে এর বিশেষ প্রভাব পড়েনি।

- **ব্রিটিশ নির্ভরতাঃ** বাংলার এই জাগরণ অতিমাত্রায় ব্রিটিশ নির্ভর হয়ে পড়েছিল। ব্রিটিশ শাসনের প্রতি শ্রদ্ধাশীল নবজাগরণের নেতৃবৃন্দ মনে করতেন যে, ব্রিটিশ শাসনের দ্বারাই ভারতীয় সমাজের মঙ্গল সাধিত হবে। ঐতিহাসিক যদুনাথ সরকার লিখেছেন, 'ইংরেজদের দেওয়া সবচেয়ে বড়ো উপহার হল আমাদের উনিশ শতকের নবজাগরণ। তিনি ভারতে ব্রিটিশ শাসন প্রতিষ্ঠাকে এজন্য 'গৌরবময় ভো ' বলে অভিহিত করেছেন।

- **হিন্দু জাগরণবাদঃ** বাংলার নবজাগরণ প্রকৃতপক্ষে "হিন্দু জাগরণবাদে" পর্যবসিত হয়। রাধাকান্ত দেব , মৃত্যুঞ্জয় বিদ্যালঙ্কার প্রমুখের কার্যকলাপে হিন্দু জাগরণবাদের ছায়া দেখতে পাওয়া যায়। রামমোহন ও বিদ্যাসাগর হিন্দুশাস্ত্রকে ভিত্তি করে সমাজ পরিবর্তনের ডাক দিয়েছিলেন। তাই অনেকে মনে করেন যে , উনিশ শতকের বাংলার নবজাগরণে ধর্মনিরপেক্ষ মানবতাবাদের ভূমিকা ছিল খুবই গৌণ।

- *বাংলায় নবজাগরণের সীমাবদ্ধতা*

- অধ্যাপক সুশোভন সরকার তার নোটস অন বেঙ্গল রেনেসাঁ (Notes on Bengal Renaissance) শীর্ষক গ্রন্থে নবজাগরণের নানা সীমাবদ্ধতার কথা তুলে ধরলেও বাংলার এই সাংস্কৃতিক জাগরণকে নবজাগরণ অ্যাখ্যা দিয়েছেন। তিনি বলেছেন যে, বাংলাতেই প্রথম ব্রিটিশ শাসন, বুর্জোয়া অর্থনীতি এবং আধুনিক পাশ্চাত্য শিক্ষার প্রভাব অনুভূত হয়।

- ড. অমলেশ ত্রিপাঠী মনে করেন দ্বাদশ ও ত্রয়োদশ শতকের বাণিজ্য বিপ্লব, নগর বিপ্লব যেভাবে ইটালির নবজাগরণের পটভূমি প্রস্তুত করেছিল, বাংলার নবজাগরণের ক্ষেত্রে তা দেখা যায়নি। ইটালির নবজাগরণের কেন্দ্র ফ্লোরেন্স ছিল স্বাধীন ও মুক্ত পরিবেশ। অপরদিকে, বাংলার নবজাগরণের কেন্দ্র ছিল কলকাতা। বিদেশি ব্রিটিশ শাসকের অধীনস্থ। তা ছাড়া কলকাতা নবজাগরণের পৃষ্ঠপোষকতা করেছিলেন কিছু জমিদার, কোম্পানির বেনিয়ান, দেশীয় গোমস্তা ও কিছু চাকুরিজীবী। অপরদিকে, ফ্লোরেন্সে নবজাগরণের পৃষ্ঠপোষকতা করেন। গোরেঞ্জো মেদিচির মধ্যে ধনী ব্যাংক ব্যবসায়ীগণ

- অধ্যাপক সুমিত সরকার, বাংলার নবজাগরণকে ইংরেজ নকলনবিশি বলে সমালোচনা করেছেন। বিনয় ঘোষের ধারণায় বাংলায় নবজাগরণ একটি অতিকথা মাত্র। তিনি এই নবজাগরণকে ঐতিহাসিক প্রতারণা (Historical hoax) বলে সমালোচনা করেছেন। তিনি বলেন যে, বাংলায় নবজাগরণ হয়নি, যা লেখা হয়েছে এখনও লেখা, তা অতিকথন মাত্র।

- অশোক মিত্র বাংলার উনিশ শতকের জাগরণকে 'তথাকথিত নবজাগরণ' (So called Renaissance) বলে উল্লেখ করেছেন।
- বিনয় ঘোষ তিনি এই নবজাগরণকে 'ঐতিহাসিক প্রতারণা' আখ্যা দিয়ে বলেন "নবজাগরণ হয়নি, যা লেখা হয়েছে এখনও লেখা হয়, তা অতিকথা মাত্র।"
- **রামমোহন রায়**

বহু ভাষা ও বহু ধর্মের দেশ ভারতে সমাজ-সংস্কৃতির আন্দোলন নতুন কোনো বিষয় নয়। উনিশ শতকব্যাপী যা কিছু সমাজসংস্কার, ধর্মসংস্কার আন্দোলন, তার মধ্য দিয়ে নিজেকে চিনে নেওয়ার প্রবণতা যথেষ্ট লক্ষ করা যায়। আর এসব ক্ষেত্রে আধুনিক ভারতের প্রাণপুরুষ রামমোহন রায় (১৭৭৪-১৮৩৩ খ্রি.) হয়ে উঠেছিলেন একজন যুগন্ধর মানুষ। বাংলার সমাজসংস্কারের নানা ক্ষেত্রে তাঁর নেতৃত্বে এক কর্মযজ্ঞ শুরু হয়। রামমোহন রায় ১৮১৫ খ্রিস্টাব্দে কলকাতায় পদার্পণ করে সেই বছরেই আত্মীয়সভা প্রতিষ্ঠা করেন। ভবিষ্যতের ব্রাহ্মসমাজের কাজের ধারা কী হবে তা আত্মীয়সভার আলোচনা থেকেই বোঝা সম্ভব। আত্মীয়সভা মূলত ছিল একটি সমমনস্ক মানুষদের নিয়ে গঠিত ঘরোয়া সমিতি। এই সভার সাপ্তাহিক অনুষ্ঠানে রামমোহনের উপস্থিতিতে ধর্ম, সমাজ, শিক্ষা ইত্যাদি বিষয়ে যুক্তিতর্কের ঢেউ উঠত। দ্বারকানাথ ঠাকুর, নন্দকিশোর বসু, রামচন্দ্র বিদ্যাবাগীশ, নন্দকুমার বিদ্যালঙ্কার প্রমুখ স্বনামধন্য ব্যক্তিরা আত্মীয়সভার সদস্য ছিলেন। এই সভার মূল উদ্দেশ্য ছিল, অন্ধবিশ্বাসের শৃঙ্খল থেকে দেশের মানুষকে মুক্ত করা। রামমোহনের এই কাজকে রক্ষণশীল হিন্দুসমাজ মেনে নিতে পারেনি। রাধাকান্ত দেবের নেতৃত্বে তাঁরা কট্টর রামমোহন-বিরোধী হয়ে ওঠেন। অন্যদিকে, রামমোহন খ্রিস্টান কার্যাবলিতেও সন্তুষ্ট ছিলেন না। নিজের ধর্মীয় মতামত স্বাধীনভাবে প্রকাশ করার জন্য ১৮২১ খ্রিস্টাব্দে তিনি কলকাতায় 'ক্যালকাটা ইউনিটেরিয়ান কমিটি' (Calcutta Unitarian Committee) নামে এক আলোচনা চক্রের প্রতিষ্ঠা করেন।

সমাজ ও ধর্মসংস্কারে রাজা রামমোহন রায়

ভূমিকা : উনিশ শতকে বাঙালির জীবনে ধর্ম, সমাজ, সাহিত্য, রাজনীতি প্রভৃতি ক্ষেত্রে যে সমুদয় গুরুতর পরিবর্তন ঘটে, তাদের সবার মূলে না থাকলেও প্রায় সবগুলির সঙ্গেই রাজা রামমোহন রায়ের ঘনিষ্ঠ সম্বন্ধ ছিল। সমাজসংস্কারের ক্ষেত্রে তাঁর অবদান চিরস্মরণীয় হয়ে আছে।

- **সতীদাহপ্রথা বিলোপ:** সমগ্র ভারতে তো বটেই, বাংলাতেও সতীদাহ প্রথা ছিল এক সামাজিক অভিশাপ সতীদাহপ্রথা বলতে বোঝায় স্বামীর মৃত্যুর পর তার চিতায় জীবিত স্ত্রীকে পুড়িয়ে মারা। কিন্তু হিন্দুধর্মে আঘাত লাগতে পারে ভেবে ইংরেজ কর্তৃপক্ষ এ ধরনের অমানবিক প্রথার বিরুদ্ধে ব্যবস্থা নেয়নি। তবে রামমোহন রায় এই প্রথার বিরুদ্ধে আপসহীন সংগ্রাম শুরু করেন। এই ব্যাপারে তৎকালীন গভর্নর - জেনারেল লর্ড উইলিয়াম বেন্টিঙ্ক এবং প্রিন্স দ্বারকানাথ ঠাকুরও তাঁকে প্রবলভাবে সমর্থন জানান।
- **রামমোহনের তীব্র প্রতিবাদ:** ১৮১৮ খ্রিস্টাব্দ থেকেই রামমোহন রায় সতীদাহ প্রথার বিরুদ্ধে প্রতিবাদ করতে এবং জনমত গঠন করতে ব্রতী হন। এই উদ্দেশ্যে তিনি বাংলা ও ইংরেজি ভাষায় বিভিন্ন পুস্তিকা এবং সম্বাদ কৌমুদী পত্রিকায় বিভিন্ন প্রবন্ধ প্রকাশ করেন। হিন্দুশাস্ত্র ও বিভিন্ন ধর্মগ্রন্থ থেকে তিনি প্রমাণ করেন যে, সতীদাহ ধর্মবিরোধী অশাস্ত্রীয়। এই কুপ্রথা

নিবারণের অনুরোধ জানিয়ে তিনি বাংলার ৩০০ জন বিশিষ্ট নাগরিকদের স্বাক্ষরিত এক আবেদনপত্র বড়োলাট লর্ড উইলিয়াম বেন্টিঙ্কের কাছে জমা দেন। রামমোহনের প্রচেষ্টাকে স্বাগত জানিয়ে বেন্টিঙ্ক ১৮২৯ খ্রিস্টাব্দের ৪ ডিসেম্বর সতীদাহপ্রথার বিরুদ্ধে ১৭ নং রেগুলেশন আইন জারি করে এই প্রথা রদ করেন।

- **বাংলার রক্ষণশীল সমাজের প্রতিক্রিয়াঃ** বাংলার রক্ষণশীল হিন্দুসমাজ রাধাকান্ত দেবের নেতৃত্বে এই আইনের বিরুদ্ধে ইংল্যান্ডে একটি স্মারকলিপি পাঠায়। এর প্রত্যুত্তরে রামমোহন প্রিভি কাউন্সিলের কাছে এই স্মারকলিপির অযৌক্তিকতা প্রমাণ করেন, যার ফলে সতীদাহ নিবারণ আইন বলবৎ থাকে। রামমোহন রায়ের জীবিতকালে সমাজসংস্কারের ক্ষেত্রে ব্রাহ্মসমাজের প্রথম সার্থক ও যুগান্তকারী আন্দোলন ছিল সতীদাহপ্রথা নিবারণ আন্দোলন।

- **অন্যান্য সংস্কারঃ**

  ◦ রামমোহনের সংস্কারমুক্ত, যুক্তিবাদী মন হিন্দুসমাজে প্রচলিত বাল্যবিবাহ, বহুবিবাহ, কন্যাপণ, কুলীন, জাতিভেদ, অস্পৃশ্যতা, গঙ্গাসাগরে সন্তান বিসর্জন প্রভৃতি বহু সামাজিক কুপ্রথার বিরুদ্ধে বিদ্রোহী হয়ে ওঠে। এগুলি নিবারণের জন্য সংবাদপত্রের মাধ্যমে তিনি প্রতিবাদে সোচ্চার হয়ে ওঠেন।

  ◦ শুধু নারীর জীবনরক্ষাই নয়, মর্যাদা সহকারে তাদের সমাজে প্রতিষ্ঠিত করার চেষ্টাও তিনি করেন। তিনি নারী-পুরুষ সমানাধিকার, বিধবার পুনর্বিবাহ, স্ত্রীশিক্ষার বিস্তার, পিতা বা স্বামীর সম্পত্তির ওপর নারীর অধিকার স্থাপন প্রভৃতি ব্যাপারেও উদ্যোগী হন।

- *পাশ্চাত্য শিক্ষাবিস্তারে রাজা রামমোহন রায়ের ভূমিকা*
- **বিদ্যালয় প্রতিষ্ঠাঃ** পাশ্চাত্য শিক্ষা বিস্তারের উদ্দেশ্যে রামমোহন রায় ১৮১৫ খ্রিস্টাব্দে কলকাতায় অ্যাংলো - হিন্দু স্কুল নামে একটি ইংরেজি বিদ্যালয় প্রতিষ্ঠা করেন।
- **সরকারকে পত্রঃ** ইস্ট ইন্ডিয়া কোম্পানি ভারতীয়দের শিক্ষার জন্য বার্ষিক ১ লক্ষ টাকা ব্যয়ের সিদ্ধান্ত নিলে রামমোহন ১৮২৩ খ্রিস্টাব্দে লর্ড আমহার্স্টকে দেওয়া পত্রে দাবি জানান যে , এই অর্থ আধুনিক বিজ্ঞান ও ইংরেজি শিক্ষা প্রসারের জন্য ব্যয় করা হোক।
- **পাশ্চাত্য শিক্ষার পক্ষে প্রচারঃ** রামমোহন পাশ্চাত্য গণিত , দর্শন , রসায়ন , অস্থিবিদ্যা প্রভৃতি শিক্ষার সপক্ষে প্রচার চালান। তিনি কলকাতায় সংস্কৃত কলেজ প্রতিষ্ঠার সরকারি সিদ্ধান্তের বিরোধিতা করেন।
- **বেদান্ত কলেজ প্রতিষ্ঠাঃ** শিক্ষার্থীদের মন থেকে নানা কুসংস্কার ও মূর্তিপূজা দূর করে পাশ্চাত্য সমাজবিজ্ঞান ও পদার্থবিদ্যা শিক্ষাদানের উদ্দেশ্যে রামমোহন রায় ১৮২৬ খ্রিস্টাব্দে বেদান্ত কলেজ প্রতিষ্ঠা করেন।
- **অন্যদের সহায়তাঃ** বাংলায় পাশ্চাত্য শিক্ষার প্রসারের কাজে তিনি ডেভিড হেয়ার , আলেকজান্ডার ডাফ প্রমুখকে নানাভাবে সহায়তা করেন। ডাফ জেনারেল অ্যাসেম্বলিজ ইনস্টিটিউশন (১৮৩০ খ্রি.) প্রতিষ্ঠার উদ্যোগ নিলে রামমোহন তাঁকে বিশেষভাবে সহায়তা করেন। হিন্দু কলেজ (১৮১৭ খ্রি.) প্রতিষ্ঠায় রামমোহনের সহায়তার কথা কেউ কেউ স্বীকার করলেও ড . রমেশচন্দ্র মজুমদার এই মত স্বীকার করেন না।
- **বিদ্যাসাগর**

ছাত্রজীবন ও কর্মজীবনের সূত্রপাত

১৮২০ খ্রীষ্টাব্দের ২৯শে সেপ্টেম্বর মেদিনীপুর জেলার (তৎকালীন হুগলী জেলা) বীরসিংহ গ্রামে এক দরিদ্র ব্রাহ্মণ পরিবারে ঈশ্বরচন্দ্র বিদ্যাসাগর জন্ম গ্রহণ করেন। তার পিতা ঠাকুরদাস বন্দ্যোপাধ্যায় ছিলেন সৎচরিত্র নিষ্ঠাবান ব্রাহ্মণ এবং মা ভগবতী ছিলেন একজন দৃঢ়চেতা নারী। আত্মবিশ্বাস ও তেজস্বিতার মূর্ত প্রতীক ঈশ্বরচন্দ্রের জীবনে তার দরিদ্র পিতা ও মাতার প্রভাব ছিল অপরিসীম। বিনয় ঘোষ লিখেছেন – "মা ছিলেন ঈশ্বরচন্দ্রের জীবনে শক্তি। পিতা ঠাকুরদাস ছিলেন তার টিচার ও ট্রেনার।" গ্রামের পাঠশালায় লেখাপড়ার পাঠ সাঙ্গ করে মেধাবী বালক ঈশ্বরচন্দ্র দরিদ্র পিতার হাত ধরে নদ-নদী পেরিয়ে পদব্রজে উপস্থিত হলেন নবভারতের রাজধানী শহর কলকাতায়। ১৮২৯ খ্রিষ্টাব্দের ১লা জুন তিনি সংস্কৃত কলেজে ভর্তি হন। ১৮৩৯ খ্রিষ্টাব্দে তিনি বিদ্যাসাগর উপাধি লাভ করেন এবং ১৮৪১ খ্রিষ্টাব্দে শিক্ষাজীবন শেষ করে ফোর্ট উইলিয়াম কলেজের বাংলা বিভাগের প্রধান পন্ডিত পদে যোগদান করেন। ১৮৫০ খ্রীষ্টাব্দের ডিসেম্বর মাসে তিনি সংস্কৃত কলেজে অধ্যাপক এবং পরে ঐ কলেজের অধ্যক্ষ পদে নিযুক্ত হন (২২শে জানুয়ারী ১৮৫১ খ্রীঃ) ১৮৫৮ খ্রীষ্টাব্দের ৩রা নভেম্বর পর্যন্ত অর্থাৎ মোট আট বৎসর তিনি সংস্কৃত কলেজের অধ্যক্ষ ছিলেন।

শিক্ষা সংস্কার

ইতিমধ্যে ঈশ্বরচন্দ্র শিক্ষা বিস্তার এবং বিশেষ করে স্ত্রী শিক্ষা বিস্তারের প্রচেষ্টায় নিজেকে নিযুক্ত করেন। তিনি তত্ত্ববোধিনী পত্রিকায় বিবিধ বিষয়ে সংস্কারধর্মী প্রবন্ধ প্রকাশ করে তার প্রগতিশীল মনোভাবের পরিচয় দেন। সংস্কৃত কলেজে দায়িত্বভার গ্রহণের পর তিনি কলেজের শিক্ষাব্যবস্থায় মৌলিক পরিবর্তন সাধন করেন। ঈশ্বরচন্দ্র ঐ কলেজের দ্বার সকল শ্রেণির হিন্দুর জন্য মুক্ত করে এক সামাজিক বিপ্লবের সূচনা করেন। তিনি সংস্কৃত কলেজের পাঠক্রমে পরিবর্তন আনয়ন করে মৌলিক প্রতিভার পরিচয় দেন। তিনি শিক্ষার বিভিন্ন স্তরে যে সংস্কার সাধন করেন তার একটি বিশেষ লক্ষ্য ছিল। তিনি মনে করতেন যে ভারতীয়দের শিক্ষার লক্ষ্য হবে সংস্কৃত ও ইংরাজী ভাষায় দক্ষতা অর্জন। করে নিজ নিজ মাতৃভাষাকে সমৃদ্ধ করা। এই লক্ষ্যে পৌঁছাবার জন্য তিনি সংস্কৃত শিক্ষার মত ইংরেজি শিক্ষার উপরও বিশেষ গুরুত্ব আরোপ করেছিলেন। বিদ্যাসাগর নিজে ব্রাহ্মন বংশে জন্ম গ্রহণ করেছিলেন। কিন্তু তা সত্ত্বেও তিনি পাশ্চাত্য জ্ঞান বিজ্ঞানকে সাদরে গ্রহণ করেছিলেন।

শিক্ষা সংস্কারে বিদ্যাসাগরের ভূমিকাঃ গভীর মানবতাবাদে উদ্বুদ্ধ বিদ্যাসাগর প্রথম থেকেই শিক্ষার প্রসারে ব্রতী হয়েছিলেন । তিনি শিক্ষা আয়তনকে মানব ধর্মের নার্সারি করে তুলতে চেয়েছিলেন, শিক্ষা প্রসারের ক্ষেত্রে যে গুরুত্বপূর্ণ পদক্ষেপগুলি তিনি নিয়েছিলেন সেগুলি হল নিম্নরূপ-

- **বিদ্যালয় স্থাপনঃ** বিদ্যাসাগর শিক্ষা সংস্কারের ক্ষেত্রে সবার আগে জোর দিয়েছিলেন–বিদ্যালয় স্থাপনের ওপর। লর্ড হার্ডিঞ্জ ১৮৪৪ সালে ১০০ টি বাংলা বিদ্যালয় স্থাপনের ওপর জোর দিলে বিদ্যাসাগর তার দিকে সাহায্যের হাত বারিয়ে দিয়েছিলেন । শুধু তায় নয় তিনি নিজেও বিভিন্ন জেলায় ২০ টি মডেল স্কুল প্রতিষ্ঠা করেছিলেন। যার বেশিরভাগটাই তার নিজের খরচায় চলতো। এছাড়া ১৮৭২ খ্রিঃ তিনি নিজের খরচায় মেট্রোপলিটন ইন্সটিটিউশন প্রতিষ্ঠা করেছিলেন , যা বর্তমানে বিদ্যাসাগর কলেজ নামে পরিচিত।

- **নারী শিক্ষায় ভূমিকাঃ** বিদ্যাসাগর বুঝেছিলেন সমাজে নারীদের যদি শিক্ষিত করা না যায় তাহলে নারীদের সার্বিক অগ্রগতি হতে পারে না । সেইকারণে নারী শিক্ষা প্রসারে তিনি উদ্যোগী হয়েছিলেন। যেমন Drink Water Bethune এর পৃষ্ঠপোষকতায় তিনি হিন্দু ফিমেল স্কুল প্রতিষ্ঠা করেছিলেন , এছাড়াও ৩৫ টি বালিকা বিদ্যালয় প্রতিষ্ঠার সঙ্গে নিজেকে যুক্ত করেছিলেন। প্রায় এক হাজার তিনশো ছাত্রী এই বিদ্যালয় গুলিতে পড়াশুনা করতো।

- **মাতৃভাষায় শিক্ষাদানঃ** মাতৃভাষায় শিক্ষাদানের উপর বিদ্যাসাগর প্রথম থেকেই জোর দিয়েছিলেন । তবে একই সঙ্গে তিনি পাশ্চাত্য শিক্ষার গুরুত্বকে অস্বীকার করেননি। এরই পাশাপাশি তিনি প্রাচ্য ও পাশ্চাত্যের সমন্বয়ের ওপর গুরুত্ব আরোপ করেছিলেন।

- **পাঠ্যপুস্তক রচনাঃ** শুধুমাত্র বিদ্যালয় স্থাপন নয় , পাঠ্যপুস্তক রচনার দায়িত্বও তিনি নিজের কাঁধে তুলে নিয়েছিলেন। বর্ণপরিচয় , শিশুশিক্ষা , কথামালা , নীতিবোধ চরিতাবলি সহ সংস্কৃত শিক্ষার সুবিধার জন্য সংস্কৃত ব্যাকরণের উপক্রমণিকা ও ব্যাকরণ কৌমুদী প্রভৃতি রচনা করেন। এছাড়াও আখ্যান মঞ্জরি , শব্দ মঞ্জরি , শ্লোক মঞ্জরি , ব্রজবিলাস , রত্নপরীক্ষা প্রভৃতি বই রচনা করেন যা বাংলা ও সংস্কৃত শিক্ষার ক্ষেত্রে বিশেষ গুরুত্বপূর্ণ হয়ে উঠেছিল। এছাড়াও সীতার বনবাসের মতো গ্রন্থ রচনার মাধ্যমে তিনি বাংলা গদ্য লেখার নতুন পথ রচনা করেছিলেন। রবীন্দ্রনাথের কাছে তিনি ছিলেন ' বাংলা ভাষার প্রথম যথার্থ শিল্পী।

- **নিয়মকানুন তৈরিঃ** শিক্ষার কাজে তিনি বেশকিছু নিয়ম কানুন প্রতিষ্ঠা করেছিলেন। কেবলমাত্র ব্রাহ্মণ ও বৈদ্য সন্তানরা সংস্কৃত পরতে পারবে এই নীতি তুলে দিয়ে সকল বর্ণের হিন্দু ছাত্রদের জন্য সংস্কৃত পড়ার দ্বার খুলে দেন তিনি। এছাড়াও শিক্ষকদের ইচ্ছামতো আসা ও যাওয়া বন্ধ করে নতুন নিয়ম কানুন বলবত করেছিলেন তিনি। পাশাপাশি শুভদিন অনুসারে ছুটির দিন তুলে দিয়ে রবিবার ছুটির নীয়ম চালু করেন।

- **জনসেবাঃ** নিঃস্বার্থ সমাজসেবী ক্ষণজন্মা পুরুষ ঈশ্বরচন্দ্র ছিলেন মানবতাবাদী চেতনার বাহক। দীন-দুঃখী, গরিব অসহায়, দুস্থ-দুর্দশাগ্রস্ত, অক্ষম, রুগ্ন, বিপন্ন ও বিপদগ্রস্ত শ্রেণীর সাহায্যে তিনি সর্বদা সচেষ্ট ছিলেন। ১২৭৬ বঙ্গাব্দে বাংলা ও উড়িষ্যার ভয়াবহ দুর্ভিক্ষকালে তিনি মেদিনীপুর, হুগলী প্রভৃতি জেলায় শিবির, লঙ্গরখানা ও অন্নছত্র খোলেন। বীরসিংহে তিনি নিজ ব্যয়ে এক অন্নছত্র খোলেন, যেখানে দিন - রাত্রি অবিরাম খাদ্য পরিবেশিত হত। এখানে বসবাসরত ডোম , হাড়ি প্রভৃতি নিচু শ্রেণী, সন্তান সম্ভবা মহিলা সকলকে তিনি নিজ হাতে সেবা করতেন। তাই তিনি দয়ার সাগর উপাধি পান।

- *শিক্ষা বিস্তারে বিবিধ উদ্যোগ*

  বিদ্যাসাগর মহাশয় বাংলা শিক্ষার উন্নয়ন ও প্রসারকল্পে কর্ম তৎপর হন। জনশিক্ষাবিস্তারের কাজে তিনি অগ্রহণী ভূমিকা পালন করেন। তিনি উপলব্ধি করেছিলেন যে শিক্ষাই অন্ধকার দূর করে মানুষকে প্রকৃত মনুষ্যত্বে পৌঁছে দেয়। এক চিঠিতে তিনি লেখেন যে – "জনসাধারণের মধ্যে শিক্ষাবিস্তার এই এখন আমাদের প্রয়োজন। আমাদের কতগুলি বাংলা স্কুল স্থাপন করতে হবে এবং এইসব স্কুলের জন্য প্রয়োজনীয় ও শিক্ষাপ্রদ বিষয়ের অনেকগুলি পাঠ্যপুস্তক রচনা করতে হবে।" বাংলার বিভিন্ন জেলায় তিনি ২০ টি মডেল স্কুল বা আদর্শ বিদ্যালয় প্রতিষ্ঠা করেন। শিক্ষক শিক্ষণের উদ্দেশ্যে সংস্কৃত কলেজের অভ্যন্তরেই তিনি একটি নর্মাল স্কুল প্রতিষ্ঠা করেন। এর পরিচালনার দায়িত্ব ছিল অক্ষয়কুমার দত্ত ও মধুসূদন বাচস্পতির উপর। ১৮৪৯ খ্রিষ্টাব্দে ড্রিঙ্ক ওয়াটার বেথুনের পৃষ্ঠপোষকতায় হিন্দু বালিকা

বিদ্যালয় প্রতিষ্ঠিত হয়। ১৮৫০ খ্রিষ্টাব্দে বিদ্যাসাগর এই শিক্ষায়তনের সম্পাদকের পদ গ্রহণ করেন। তাঁর উদ্যোগে গ্রামাঞ্চলে ৩৫টিবালিকা বিদ্যালয় প্রতিষ্ঠিত হয়। শিবনাথশাস্ত্রী তার আত্মচরিত এ লেখেন যে উনিশ শতকের শেষভাগে বেসরকারি উদ্যোগে বাংলায় যে সব কলেজ প্রতিষ্ঠিত হয়েছিল তাদের সকলেরই ধ্রুবতারা ছিল মেট্রো পলিটন কলেজ। কেবল শিক্ষাবিস্তারই নয় — বিরাট পান্ডিত্য সত্বেও তিনি জনশিক্ষার জন্য বেশ কিছু পাঠ্য পুস্তক রচনা করেন। এগুলির মধ্যে বর্ণমালা, কথামালা, নীতিবোধ, চরিতাবলী, বোধোদয় উল্লেখযোগ্য।

বাংলা ভাষার আধুনিকীকরণ

আধুনিক বাংলা ভাষা ও সাহিত্যের বিকাশে বিদ্যাসাগরের ভূমিকা স্মরণীয়। তিনি নিজের রচনাবলীর মধ্যেও আধুনিক বাংলা গদ্যরীতির বিবর্তনে পথিকৃতের কাজ করেন। ইতিপূর্বে বাংলাভাষা ছিল সম্পূর্ণভাবে সংস্কৃত ভাষা প্রভাবিত। অলংকারবহুল বাংলা ভাষা স্বভাবতই ছিল জটিল ও অবোধ্য। বিদ্যাসাগর বাংলা ভাষাকে যথাসম্ভব সংস্কৃত প্রভাব মুক্ত করে স্বাতন্দান করতে প্রয়াসী হন। তিনি নতুন ছন্দে বাংলা গদ্য রচনা করে বাংলা ভাষাকে অনেক বেশী সহজ ও সরল করে দেন। এরই উপর ভিত্তি করে পরবর্তীকালে আধুনিক বাংলা ভাষার বিবর্তন ঘটেছে। গদ্য রচনার ছেদ চিহ্নের প্রয়োগ তার অনন্য কীর্তি। সেই সঙ্গে পদর্বিন্যাস দ্বারা বাংলা রচনাকে সাবলীল করে দেন।

নারীশিক্ষার বিস্তারে ঈশ্বরচন্দ্র বিদ্যাসাগর

- **বিধবাবিবাহ আন্দোলনঃ** হিন্দু বিধবাদের শোচনীয় অবস্থা বিদ্যাসাগরকে দীর্ঘদিন ধরেই পীড়িত করে আসছিল। এই কারণে বিধবাদের পুনর্বিবাহের জন্য তিনি সুদীর্ঘ আন্দোলন করেন। বিভিন্ন ধর্মশাস্ত্রের উদ্ধৃতি দিয়ে তাঁর মতামতের যৌক্তিকতা প্রদর্শন করেন তিনি। তিনি এর জন্য নানা পদক্ষেপ গ্রহণ করেন, যেমন—

1. **প্রবন্ধ প্রকাশঃ** ১৮৫০ খ্রিস্টাব্দে প্রতিষ্ঠিত সর্বশুভকরী সভার মুখপত্র সর্বশুভকরী পত্রিকার সংখ্যাতেই তিনি বাল্যবিবাহের দোষ শীর্ষক এক প্রবন্ধ প্রকাশ করেন।

2. **উদ্ধৃতিঃ** তিনি হিন্দুশাস্ত্রের পরাশর সংহিতা থেকে উদ্ধৃতি দিয়ে প্রমাণ করেন যে, বিধবাবিবাহ শাস্ত্রসম্মত। বিধবাবিবাহের পক্ষে তিনি দেশে এক প্রবল আন্দোলন গড়ে তোলেন।

3. **পুস্তিকা প্রকাশঃ** ১৮৫৫ খ্রিস্টাব্দে তিনি বিধবাবিবাহ প্রচলিত হওয়া উচিত কি না এই সম্পর্কে দুটি প্রবন্ধ প্রকাশ করেন। পরের বছর পুস্তিকা দুটির ইংরেজি অনুবাদ প্রকাশিত হয়।

4. **স্বাক্ষর সংবলিত আবেদনপত্রঃ** ১৮৫৫ খ্রিস্টাব্দের ৪ অক্টোবর ভারতীয় অধিনসভার সদস্যদের কাছে বিধবাবিবাহ আইন করার জন্য ১০০০ ব্যক্তির আগা সংবলিত আবেদনপত্র পাঠানো হয়। আবেদনপত্রে স্বাগদরকারীদের মধ্যে ছিলেন দেবেন্দ্রনাথ ঠাকুর, বিচারপতি দারকানাথ মিত্র, অক্ষয়কুমার দত্ত, দক্ষিণারঞ্জন মুখোপাধ্যায় প্রমুখ বিশিষ্ট ব্যক্তি। তবে এই আবেদনপত্রের প্রতিবাদে হিন্দুসমাজের নেতা রাধাকান্ত দেবের নেতৃত্বে ৩৬,৭৬৩ জনের স্বাম সংবলিত একটি দরখাত সরকারের কাছে পাঠানো হয়।

- **বিধবাবিবাহ আইন পাসঃ** অবশেষে বহু চেষ্টার পর ১৮৫৬ খ্রিস্টাব্দের ২৬ জুলাই লর্ড ডালহৌসি বিধবাবিবাহ আইন পাস করেন । মনে রাখা দরকার , ডালহৌসির আমলে তাঁর প্রচেষ্টাতেই বিলটি তৈরি হলেও আইন পরিষদে অনুমোদনের সময় ভারতের গভর্নর - জেনারেল হয়েছিলেন লর্ড ক্যানিং । তাই বিধবাবিবাহ আইন সিদ্ধ হলেও তা কার্যকর করা ছিল খুবই কঠিন কাজ।

- **প্রথম বিধবাবিবাহ অনুষ্ঠানঃ** শেষপর্যন্ত ১৮৫৬ খ্রিস্টাব্দের ৭ ডিসেম্বর বাংলায় প্রথম বিধবাবিবাহ অনুষ্ঠিত হয়। পাত্র ছিলেন সংস্কৃত কলেজের অধ্যাপক শ্রীশচন্দ্র বিদ্যারত্ন এবং পাত্রীর নাম কালীমতি দেবী । বিদ্যাসাগর নিজ উদ্যোগে ও ব্যয়ে বহু বিধবাদের বিবাহ দিয়েছিলেন। ১৮৫৬-১৮৬৭ খ্রিস্টাব্দ পর্যন্ত তিনি নিজ চেষ্টায় ৬০ টি বিধবাবিবাহের আয়োজন করেন । কিন্তু তার এই প্রচেষ্টা আশানুরূপ সাফল্য পায়নি।

- **অন্যান্য সংস্কারঃ** এরপর বিদ্যাসাগর বাল্যবিবাহের বিরুদ্ধেও আন্দোলন গড়ে তোলেন। একই সঙ্গে হিন্দুদের মধ্যে বহুবিবাহ প্রথার বিরুদ্ধেও সোচ্চার হয়ে ওঠেন তিনি।

  ব্রিটিশরা ভারতে পাশ্চাত্য শিক্ষা প্রদান করেছিল যা ভারতীয়দের গণতন্ত্র ও জাতীয়তাবাদের ধারণার সাথে পরিচয় করিয়ে দিয়েছিল । এই ধারণাগুলি ভারতীয়দের রাজনৈতিক চিন্তাভাবনাকে পরিবর্তন করে এবং একটি জাতীয় জাগরণ নিয়ে আসে। পাশ্চাত্য শিক্ষা নতুন শিক্ষিত ভারতীয়দের জন্য উদার ইউরোপীয় চিন্তাধারার বন্যার দরজা খুলে দেয়। যখন ভারতীয়রা ইউরোপীয় ইতিহাস অধ্যয়ন করে, তখন তারা স্বাধীনতা, জাতীয়তা, সমতা, আইনের শাসন এবং স্বায়ত্তশাসনের মতো আদর্শের মুখোমুখি হয়।

  পাশ্চাত্য শিক্ষার প্রভাবঃ

- শিক্ষিত ভারতীয়রা আমেরিকান এবং ফরাসি বিপ্লব সম্পর্কে পড়েন এবং স্বাধীনতা, সমতা এবং ন্যায়বিচারের ধারণায় ভারতীয়দের হৃদয়কে ভরিয়ে দেন।

- হবস, লক এবং রুসোর ধারণাগুলি জনগণকে রাজনৈতিক ও সামাজিক স্বাধীনতার জন্য সংগ্রাম করতে অনুপ্রাণিত করেছিল।

- শিক্ষিত ভারতীয়রাও স্ব-শাসন এবং গণতন্ত্রের ধারণার সাথে পরিচিত হয়ে ওঠে। ভারতে গণতান্ত্রিক শাসন প্রতিষ্ঠার জন্য ভারতীয়রা ব্রিটিশ শাসন থেকে স্বাধীনতা দাবি করতে শুরু করে।

- ইংরেজি একটি সাধারণ ভাষায় পরিণত হয়। বিভিন্ন অঞ্চলের লোকেরা এখন ইংরেজিতে যোগাযোগ করতে পারে। এটি আঞ্চলিক বাধা গুলি ভাঙতে এবং দেশকে ঐক্যবদ্ধ করতে সহায়তা করেছিল

- পাশ্চাত্য শিক্ষার প্রবর্তনেরও সীমাবদ্ধতা ছিল। এটি ভারতীয় জনগণকে তাদের ঐতিহ্যগত শিক্ষা ও জীবনযাত্রার পদ্ধতি, তাদের ধ্রুপদী শিকড় এবং আদিবাসী জ্ঞান থেকে বিচ্ছিন্ন করেছিল। এর সাথে সাথে ভারতীয় মূল্যবোধ, দর্শন এবং ঐতিহ্যগুলি ম্লান হয়ে যায়

- পাশ্চাত্য শিক্ষার মাধ্যমে, ব্রিটিশরা ভারতীয়দের একটি শ্রেণী তৈরি করতে চেয়েছিল যারা রক্ত ও রঙে ভারতীয় হবে, কিন্তু স্বাদে, মতামতে, নৈতিকতায় এবং বুদ্ধিতে ইংরেজি হবে। যেহেতু তারা প্রশাসনিক পদের জন্য শিক্ষিত ভারতীয়দের চেয়েছিলেন, তাই ইংরেজরা শুধুমাত্র ভারতীয়দের একটি অংশকে শিক্ষিত করতে বিশ্বাস করত। তারা জনগণের মধ্যে শিক্ষা ছড়িয়ে দেওয়ার জন্য কিছুই করেনি।

- ## বাংলার নবজাগরন

রেনেসাঁস বা নবজাগরণ কী?

রেনেসাঁস শব্দটির সাধারণ বাংলা হলো পুনর্জন্ম বা নবজাগরণ। রেনেসাঁস বলতে সাধারণভাবে যা বোঝায় তা হলো ইউরোপের , বা বলা ভালো , ইটালির মাটিতে প্রাচীন ঐতিহ্যবাহী শিল্পকলা-সাহিত্য-সংস্কৃতির পুনর্মূল্যায়ন। এই শব্দটি মূলত ইটালির ইতিহাসের সঙ্গে যুক্ত। ইটালিতে চতুর্দশ শতক থেকে ষোড়শ শতক জুড়ে শিল্পকলা-সাহিত্য-সংস্কৃতি-রাষ্ট্রনীতি প্রভৃতি ক্ষেত্রে এক উজ্জীবন দেখা দেয়। বিষয়টি লক্ষ করে বিখ্যাত ঐতিহাসিক এইচ সি ডেভিস লিখেছেন, রেনেসাঁস হলো তাই যেখানে 'সংস্কারের গোলকধাঁধায় কারারুদ্ধ মানুষের পুনর্জন্ম' ঘটে। আমাদের সাহিত্যিক বঙ্কিমচন্দ্র চট্টোপাধ্যায় এক্ষেত্রে লিখেছেন, 'অকস্মাৎ বিনষ্ট বিস্মৃত অপরিজ্ঞাত গ্রিক সাহিত্য ইউরোপ ফিরিয়া পাইল। ফিরিয়া পাইয়া যেমন বর্ষার জলে শীর্ণা স্রোতস্বতী কূল পরিপাবিনী হয়, যেমন মুমূর্ষু রোগী দৈব ঔষধে যৌবনের বলপ্রাপ্ত হয়, ইউরোপের অকস্মাৎ সেইরূপ অভ্যুদয় হইল।

বাংলার নবজাগরণঃ

বাংলায় নবজাগরণের বিষয়টি প্রথম থেকেই এক বিতর্কিত অধ্যায়। এক্ষেত্রে প্রশ্ন তোলা হয়। যে, ইটালিতে নবজাগরণের যে বৃহৎ অধ্যায় রচিত হয়েছে বাংলায় তার ছায়া দেখা যায় কি? ইংরেজ শাসিত ভারতবর্ষ ঔপনিবেশিক নাগপাশে জড়িয়ে পড়েছিল। তবে, একইসঙ্গে, এদেশের জাতি, বিশেষত বাংলার মানুষের একটা গুরুত্বপূর্ণ অংশ পাশ্চাত্য শিক্ষায় শিক্ষিত হয়ে ওঠে। তারা এক নতুন চিন্তার জগতে প্রবেশ করতে সক্ষম হয়। এর ফলে বাংলার শিক্ষা-সংস্কৃতির জগতে এক সুদূরপ্রসারী পরিবর্তন লক্ষ করা যায়। সমকাল ও পরবর্তীকালের বহু মানুষ এই পরিবর্তনকে ' বাংলার রেনেসাঁস ' বা ' বাংলার নবজাগরণ ' আখ্যা দিয়ে থাকেন। উদাহরণস্বরূপ, রাজা রামমোহন র (১৭৭৪–১৮৩৩ খ্রি .) তাঁর বন্ধু আলেকজান্ডার ডাফকে এক চিঠিতে জানান, ' আমি ভাবতে শুরু করেছি যে, ইউরোপ রেনেসাঁসের মতো কিছু একটা ভারতেও ঘটতে চলেছে। রামমোহনের এহেন চিন্তাধারার অনুগামী হিসেবে উনিশ শতকের আরও বেশ কিছু মনীষীর কথা উল্লেখ করা যায়। এঁদে মধ্যে বিশেষভাবে উল্লেখযোগ্য হলেন বঙ্কিমচন্দ্র চট্টোপাধ্যায়, কেশবচন্দ্র সেন, বিপিনচন্দ্র পাল, অরবিন্দ ঘোষ এর আরও অনেকের মধ্যে অবশ্যই রবীন্দ্রনাথ ঠাকুর। এঁরা প্রায় সকলেই উনিশ শতকের পাশ্চাত্য শিক্ষায় শিক্ষিত মানুষে ভাবাবেগ ও কার্যকলাপকে নবজাগরণ হিসেবে চিহ্নিত করতে চেয়েছেন। অন্যদিকে , আধুনিককালের গবেষকদের মনে অনেকেই বলতে চেয়েছেন যে, নবজাগরণ বলতে যা বোঝায় তা ভারতে কোনোদিনই ঘটেনি। বলা বাহুল্য , এঁদে সকলেই ভারতীয় নবজাগরণকে প্রধানত ইউরোপীয় তথা ইতালীয় নবজাগরণের অভিধায় দেখতে চেয়েছেন বলে এহেন অবস্থান।

বাংলায় 'নবজাগরণ'-এর ধারণা নিয়ে বিতর্কঃ

প্রথমেই উল্লেখ করা প্রয়োজন, নবজাগরণ বলতে আমরা যা বুঝি তা প্রধানত বাংলায়, বিশেষত কলকাতায় সংগঠিত হয়েছিল। এ ব্যাপারে রামমোহন রায় থেকে শুরু কে বিদ্যাসাগর , বঙ্কিমচন্দ্র হয়ে রবীন্দ্র পর্যন্ত মনীষীরা তাঁদের সময় যুক্তিবাদী তথা মুক্তচিন্তার দরজা খুলে দেন এই মুক্তচিন্তার ফলশ্রুতিকে কেউ কেউ নবজাগরণ বলে চিহ্নিত করেন। তবে , এঁদের যাবতীয় ক্রিয়াকাও , সমাজসংস্কার ধর্মসংস্কার, শিক্ষাসংস্কার সম্পর্কে যতটা জানা

যায় , তাকে কিন্তু কখনোই প্রাচীন ঐতিহ্যের আলোকে নতুন করে মূল্যায়নের প্রচেষ্টা বলা যায় না। মূলত এরই প্রেক্ষিতে বাংলার নবজাগরণকে কেন্দ্র করে যাবতীয় বিতর্কের সূচনা। বাংলার নবজাগরণকে প্রকৃত অর্থে নবজাগরণ বলা যায় কিনা তা নিয়ে দুটি বিপরীত মেরুর অবস্থান লক্ষ করা যায়। একদিকে , আচার্য যদুনাথ সরকার মনে করেন , উনিশ শতকের ভারত নবজাগরণের ভারত। তিনি লিখেছেন, এই নবজাগরণ ইংরেজ শাসনের দান। রমেশচন্দ্র মজুমদার জানিয়েছেন, বাংলার নবজাগরণ হিন্দু জাতীয়তাবাদের ফসল। এই নবজাগরণ বাংলা তথা ভারতের জাতিসত্তাকে নতুনভাবে উন্মোচিত করেছে। রামমোহন - বিশেষজ্ঞ দিলীপকুমার বিশ্বাস তাঁর 'রামমোহন সমীক্ষা' গ্রন্থে লিখেছেন, 'ইউরোপীয় রেনেসাঁসের সঙ্গে বাংলার রেনেসাঁসের প্রকৃতিগত পার্থক্য থাকলেও একটি জায়গায় মিল খুঁজে পাওয়া যায়। উভয় ক্ষেত্রেই প্রাচীন যুগের জ্ঞান-বিজ্ঞান-শিল্প-সাহিত্যের পুনরুজ্জীবন ও পুনঃঅনুশীলনের প্রতি এক প্রচণ্ড আগ্রহ লক্ষ করা যায়। এঁদের মতে বাংলায় নবজাগরণ অবশ্যই ঘটেছিল। অন্যদিকে , যাঁরা বিশ্বাস করেন বাংলায় নবজাগরণ বলতে তেমন কিছু ঘটেনি , তাঁদের মধ্যে সমাজবিজ্ঞানী বিনয় ঘোষ অন্যতম। (তাঁর 'বাংলার নবজাগৃতি' গ্রন্থে) তিনি লিখেছেন, বাংলার তথাকথিত নবজাগরণ 'সোডার বোতলে উচ্ছ্বসিত বুদবুদের মতো খানিকটা সাময়িক আদর্শগত চিত্তচাঞ্চল্য ছাড়া আর কিছুই ছিল না। তাঁর মতে নবজাগরণের বৈশিষ্ট্য 'সমাজের উপরতলার কিছু মানুষের ব্যক্তিস্বার্থের ফলশ্রুতি ছাড়া আর কিছুই নয়। 'বাংলার নবজাগরণ এই অর্থে এক 'ঐতিহাসিক ছলনা' মাত্র। এই নবজাগরণ আসলে ছিল 'ভারতের বাইরে সৃষ্ট ইংরেজি নবজাগরণ'। ড . অমলেশ ত্রিপাঠি (তাঁর ইতালীর র‍্যানেসাঁস : বাঙালীর সংস্কৃতি ' গ্রন্থে) জানিয়েছেন , ইতালির রেনেসাঁস বহুকাল যাবৎ জ্যাকব বুখার্ট নামক এক প্রবাদপ্রতিম ঐতিহাসিকের ব্যাখ্যাসাপেক্ষ ছিল। আর এই ব্যাখ্যার ওপর নির্ভর করেই বাংলার নবজাগরণের ব্যাখ্যা চলে এসেছে, বিষয়টি বিভ্রান্তিকর। তাঁর মতে, বাংলার নবজাগরণ এদেশে কোনো মৌলিক পরিবর্তন ঘটাতে পারেনি। তার রেশ কখনোই সর্বস্তরে পৌঁছায়নি। তবে, এ সমস্ত বাদানুবাদ সত্ত্বেও এ কথাও সত্য যে , বাংলার নবজাগরণ অধ্যায়টি সব দিক থেকেই প্রতিবাদী চরিত্রের ছিল। এই চরিত্রের মধ্য দিয়ে বাংলা তো বটেই , এমনকি ভারতবর্ষও এক ' ঐতিহাসিক দ্বন্দ্ব'র সম্মুখীন হয়। এই ঐতিহাসিক দ্বন্দ্বের একপক্ষে ছিল প্রগতিশীল মানুষের অবস্থান এবং অন্যপক্ষে রক্ষণশীল মানুষের। বাংলা তথা ভারতের শিক্ষিত মানুষ কিন্তু প্রথম ধারাটির শরিক হতে দ্বিধা করেনি।

বাংলার নবজাগরণের প্রধান ধারাসমূহ ভূমিকাঃ

উনিশ শতকে বাংলায় আধুনিক পাশ্চাত্য শিক্ষার প্রসার ঘটে । এর প্রভাবে এই শতকে বাংলায় শিক্ষা , সংস্কৃতি , শিল্পকলা , রাজনীতি , ধর্ম , সমাজ , প্রভৃতি বিভিন্ন ক্ষেত্রে অভূতপূর্ব অগ্রগতি লক্ষ করা যায় । এই অগ্রগতি সাধারণভাবে ' উনিশ শতকে বাংলার নবজাগরণ ' নামে পরিচিত । এই নবজাগরণের প্রধান ধারাগুলি হল নিম্নরূপ —

- **প্রাচ্য - পুনরুজ্জীবনবাদী ধারাঃ** উনিশ শতকে বাংলার নবজাগরণের একটি অন্যতম ধারা হল বাংলার সুপ্রাচীন গৌরবময় ঐতিহ্যের পুনরুদ্ধার। এই প্রাচ্য পুনরুজ্জীবনবাদী ধারার জাগরণে নেতৃত্ব দিয়েছিলেন সনাতনপন্থী প্রগতিশীল মানসিকতার ব্যক্তিরা। এঁদের মধ্যে উল্লেখযোগ্য ছিলেন রাধাকান্ত দেব , মৃত্যুঞ্জয় বিদ্যালঙ্কার , হরিশচন্দ্র মুখোপাধ্যায় প্রমুখ। তাঁদের লক্ষ্য ছিল প্রাচ্যের সুপ্রাচীন গৌরবময় ঐতিহ্যের যথার্থ পুনরুজ্জীবন ঘটানো।

- **পাশ্চাত্য যুক্তিবাদী ধারা:** কেউ কেউ প্রাচ্যের সবকিছু প্রগতিশীলতা অস্বীকার করে পাশ্চাত্যের সভ্যতার অনুকরণে বাংলার সমাজ - সংস্কৃতির উন্নতি ঘটানোর পরিকল্পনা করেন। পাশ্চাত্য যুক্তিবাদী ধারার মুখপত্র ছিল 'নব্যবঙ্গ গোষ্ঠী'। তাঁদের লক্ষ্য ছিল—প্রাচ্যের পশ্চাদপদ সভ্যতা - সংস্কৃতিকে সম্পূর্ণ বর্জন করে পাশ্চাত্যের যুক্তিবাদকে সম্পূর্ণভাবে গ্রহণ করা।

- **সমন্বয়বাদী ধারা:** উক্ত দুটি ধারার মধ্যবর্তী স্তরে একটি সমন্বয়বাদী ধারার উদ্ভব ঘটেছিল। তৃতীয় এই ধারার নেতৃত্বে ছিলেন রামমোহন রায় , বিদ্যাসাগর প্রমুখ। তাঁরা প্রাচ্যের মহৎ বিষয়গুলির সঙ্গে পাশ্চাত্যের মহৎ বিষয়গুলির সমন্বয় ঘটিয়ে বাংলার সাংস্কৃতিক ক্ষেত্রে উন্নতি ঘটাতে চেয়েছিলেন।

- ***বাংলার নবজাগরণের প্রকৃতি বা চরিত্র***

- **অর্থ:** পাশ্চাত্য শিক্ষায় শিক্ষিত তৎকালীন বাংলার মধ্যবিত্ত সমাজ অনুসন্ধানী মন ও যুক্তিতর্কের দ্বারা সবকিছুর মূল্যায়ন শুরু করে। এই সময় চিরাচরিত শাস্ত্রের নতুন ব্যাখ্যা, নীতিশাস্ত্রের ও ধর্মশাস্ত্রের নতুন মূল্যায়ন শুরু হয়। শিক্ষা, সংস্কৃতি, ধর্ম, সমাজ, সমস্ত ক্ষেত্রে এক অভাবনীয় জাগরণ শুরু হয়, যা এক কথায় নবজাগরণ নামে পরিচিত।

- **ভিত্তি:** নবজাগরণ বলতে শুধু প্রাচীন দেশীয় ও ঐতিহ্য ও সংস্কৃতির নতুন মূল্যায়ন প্রচেষ্টাকে বোঝায় না। এই সময় ইংরেজি শিক্ষার ও ইউরোপীয় সংস্কৃতির ছোঁয়ায় বাঙালি আত্মসচেতন হয়ে ওঠে। পাশ্চাত্য শিক্ষায় শিক্ষিত বাঙালি পাশ্চাত্যের সাহিত্য, দর্শন, বিজ্ঞান, রাজনীতি, অর্থনীতি প্রভৃতি বিষয়ে সম্যক ধারণা লাভের জন্য ব্যাকুল হয়ে ওঠে। বাঙালি নিজের ধর্মীয় এবং সামাজিক ক্রটিবিচ্যুতিগুলি এবং সাম্রাজ্যবাদী ব্রিটিশ শাসনের চরিত্র সম্বন্ধে সচেতন হয়ে ওঠে। এই সচেতনতাই হল নবজাগরণের আসল ভিত্তি। নবজাগরণের মতাদর্শগত ভিত্তি কখনই ধর্মনিরপেক্ষ বা অসাম্প্রদায়িক ছিল একথা বলা যায় না। তাই অধ্যাপক সুমিত সরকার লিখেছেন—"মুসলিম স্বেরাচারী শাসনের সহাবস্থান সংক্রান্ত ধারণা থেকেই বুদ্ধিজীবীরা একটি বিদেশি শাসন গ্রহণ করার সুবিধাজনক যৌক্তিকতা খুঁজে পেয়েছিলেন।"

- **তিনটি ভাবধারা:** বাংলার নবজাগরণের চরিত্র বিচারে কয়েকটি ভাবধারার পরিচয় পাওয়া যায়। এগুলি হল উদারপন্থী ভাবধারা, প্রাচ্যের পুনরুজ্জীবনবাদী বা ঐতিহ্যবাদী ভাবধারা এবং সমন্বয়বাদী ভাবধারা। পাশ্চাত্যের উদারপন্থী ভাবধারার প্রবাবে সমাজসংস্কার, ধর্মীয় কুসংস্কারের বিরুদ্ধে আন্দোলন, নারীমুক্তি আন্দোলন প্রভৃতি শুরু হয়। যুক্তির আলোকে প্রচলিত প্রথা এবং আচারবিধিগুলি যাচাই করে নেওয়ার রীতি চালু হয়। দ্বিতীয় ধারা অর্থাৎ প্রাচ্যের পুনরুজ্জীবনবাদ বা ঐতিহ্যবাদী ভাবধারা অনুযায়ী প্রাচীন ভারতীয় সভ্যতার শ্রেষ্ঠত্ব প্রতিষ্ঠার উদ্যোগ লক্ষ করা যায়। তৃতীয় অর্থাৎ সমন্বয়বাদী ভাবধারা অনুযায়ী প্রাচীন যুগের যা কিছু শ্রেষ্ঠ তার সঙ্গে পাশ্চাত্য জ্ঞান বিজ্ঞানের যা কিছু শ্রেষ্ঠ উভয়ের সমন্বয়ের উদ্যোগ শুরু হয়।

- **এলিটিস্ট আন্দোলন:** সমালোচকদের ধারণায় উনিশ শতকে বাংলার নবজাগরণ ছিল এলিটিস্ট (Elitist) আন্দোলন। সমাজের মুষ্টিমেয় উচ্চবিত্ত ও উচ্চশিক্ষিত লোকেদের মধ্যেই এই নবজাগরণ সীমাবদ্ধ ছিল। উনিশ শতকে বাংলার নবজাগরণের প্রভাব সমাজের সকল শ্রেণির ওপর পড়েনি। তা ছাড়া এই নবজাগরণ মুসলিম সম্প্রদায়কে প্রভাবিত করতে ব্যর্থ হয়। কারণ মুসলিম সম্প্রদায়কে কেন্দ্র করে সেই সময় কোনো সংস্কার প্রচেষ্টা দেখা যায়নি।

তা ছাড়া হিন্দু সমাজকেন্দ্রিক সংস্কার প্রচেষ্টা গৃহীত হলেও দেখা যায় যে, হিন্দুসমাজের পিছিয়ে পড়া মানুষ বা কৃষক সমাজের উন্নতির জন্য কোনো উদ্যোগ নেওয়া হয়নি। জওহরলাল নেহরু স্পষ্টভাবে বলেছেন ঔপনিবেশিক শাসনের জ্ঞানদীপ্তি শুধুমাত্র উচ্চবর্ণের বাঙালি হিন্দুদের ওপরই প্রতিফলিত হয়েছিল।

- **মৌলিকত্বের অভাব:** বাংলায় নবজাগরণের মৌলিকত্বের অভাব ছিল। একদিকে বেদ উপনিষদের প্রভাব, অপরদিকে পাশ্চাত্য উদারপন্থা ও হিতবাদের অনুপ্রেরণা। মধ্যবিত্ত শিক্ষিত বাঙালির মতাদর্শ এক মিশ্র চিন্তাধারার জন্ম দেয়। এর কুপ্রভাব হিসেবে তারা ইংরেজি গানের সুরের ঢঙে হিন্দুস্থানি গানের চর্চা করতেন এবং ইংরেজ কায়দায় খানাপিনা করতেন ও বিলাস বৈভবে জীবন কাটাতেন। এদের অনেকেই দেশের ঐতিহ্যমণ্ডিত শিল্পের প্রতি শ্রদ্ধা না দেখালেও ইংল্যান্ড থেকে আমদানি করা বিলাসপণ্য ঘরে সাজিয়ে রেখে গর্ব অনুভব করতেন। তাই এ প্রসঙ্গে অধ্যাপক অমলেশ ত্রিপাঠী বলেছেন- "প্রাচীন ইটালির দ্বিমুখবিশিষ্ট দেবতা জ্যানাসের মতো তারা একবার সামনের দিকে আধুনিক পাশ্চাত্যের প্রতি তাকিয়েছিল। আর একবার পেছনদিকে প্রাচীন ভারতের প্রতি তাকিয়েছিল। ঘড়ির পেন্ডুলামের মতো তারা একবার পাশ্চাত্যকরণের দিকে এক একবার ঐতিহ্যগত আদর্শের দিকে এবং এই দুই-এর মধ্যবর্তী স্তরে বিচরণ করেছিল।"

- **শহরকেন্দ্রিক:** উনিশ শতকের বাংলার নবজাগরণ ছিল মূলত শহরকেন্দ্রিক। এই নবজাগরণের প্রাণকেন্দ্র ছিল কলকাতা। কলকাতার বাইরে অন্যান্য জায়গায় এই নবজাগরণ ছড়িয়ে পড়েনি। তাই গ্রামবাংলার গরিষ্ঠ অংশ এই নবজাগরণের ছোঁয়া পায়নি। বলা যায়, গ্রামের কৃষক ও দরিদ্র শ্রেণির সঙ্গে এই নবজাগরণের কোনো সম্পর্ক গড়ে ওঠেনি।

- **সীমিত পরিসরঃ** উনিশ শতকের বাংলার নবজাগরণের ব্যাপ্তি বা পরিসর ছিল খুবই সীমিত। তা ছিল মূলত শহরকেন্দ্রিক, বিশেষ করে কলকাতাকেন্দ্রিক। কলকাতার বাইরে গ্রামবাংলায় এই নবজাগরণের প্রসার ঘটেনি এবং গ্রামবাংলার বৃহত্তর জনগোষ্ঠী এই নবজাগরণের কোনো সুফল পায়নি।

- **মধ্যবিত্ত সমাজে সীমাবদ্ধঃ** বাংলার জাগরণ শুধু পাশ্চাত্য শিক্ষায় শিক্ষিত প্রগতিশীল সমাজে সীমাবদ্ধ ছিল। বিভিন্ন ঐতিহাসিক এই সমাজের লোকেদের ' মধ্যবিত্ত ভদ্রলোক ' বলে অভিহিত করেছেন। এজন্য অধ্যাপক অনিল শীল এই জাগরণকে এলিটিস্ট আন্দোলন বলে অভিহিত করেছেন। বাংলার এই জাগরণের সঙ্গে গ্রামগঞ্জের হাজার হাজার দরিদ্র মেহনতি মানুষের কোনো প্রত্যক্ষ যোগ ছিল না। পণ্ডিত জওহরলাল নেহরুও মনে করেন যে , ঔপনিবেশিক শাসনের জ্ঞানদীপ্তি শুধু উচ্চবর্গের হিন্দুদের ওপরই প্রতিফলিত হয়েছিল। সাধারণ জনগণের মধ্যে এর বিশেষ প্রভাব পড়েনি।

- **ব্রিটিশ নির্ভরতাঃ** বাংলার এই জাগরণ অতিমাত্রায় ব্রিটিশ নির্ভর হয়ে পড়েছিল। ব্রিটিশ শাসনের প্রতি শ্রদ্ধাশীল নবজাগরণের নেতৃবৃন্দ মনে করতেন যে, ব্রিটিশ শাসনের দ্বারাই ভারতীয় সমাজের মঙ্গল সাধিত হবে। ঐতিহাসিক যদুনাথ সরকার লিখেছেন, 'ইংরেজদের দেওয়া সবচেয়ে বড়ো উপহার হল আমাদের উনিশ শতকের নবজাগরণ। তিনি ভারতে ব্রিটিশ শাসন প্রতিষ্ঠাকে এজন্য 'গৌরবময় ভো ' বলে অভিহিত করেছেন।

- **হিন্দু জাগরণবাদঃ** বাংলার নবজাগরণ প্রকৃতপক্ষে "হিন্দু জাগরণবাদে" পর্যবসিত হয়। রাধাকান্ত দেব , মৃত্যুঞ্জয় বিদ্যালঙ্কার প্রমুখের কার্যকলাপে হিন্দু জাগরণবাদের ছায়া দেখতে

পাওয়া যায়। রামমোহন ও বিদ্যাসাগর হিন্দুশাস্ত্রকে ভিত্তি করে সমাজ পরিবর্তনের ডাক দিয়েছিলেন। তাই অনেকে মনে করেন যে, উনিশ শতকের বাংলার নবজাগরণে ধর্মনিরপেক্ষ মানবতাবাদের ভূমিকা ছিল খুবই গৌণ।

- *বাংলায় নবজাগরণের সীমাবদ্ধতা*

- অধ্যাপক সুশোভন সরকার তার নোটস অন বেঙ্গল রেনেসাঁ (Notes on Bengal Renaissance) শীর্ষক গ্রন্থে নবজাগরণের নানা সীমাবদ্ধতার কথা তুলে ধরলেও বাংলার এই সাংস্কৃতিক জাগরণকে নবজাগরণ অ্যাখ্যা দিয়েছেন। তিনি বলেছেন যে, বাংলাতেই প্রথম ব্রিটিশ শাসন, বুর্জোয়া অর্থনীতি এবং আধুনিক পাশ্চাত্য শিক্ষার প্রভাব অনুভূত হয়।

- ড. অমলেশ ত্রিপাঠী মনে করেন দ্বাদশ ও ত্রয়োদশ শতকের বাণিজ্য বিপ্লব, নগর বিপ্লব যেভাবে ইটালির নবজাগরণের পটভূমি প্রস্তুত করেছিল, বাংলার নবজাগরণের ক্ষেত্রে তা দেখা যায়নি। ইটালির নবজাগরণের কেন্দ্র ফ্লোরেন্স ছিল স্বাধীন ও মুক্ত পরিবেশ। অপরদিকে, বাংলার নবজাগরণের কেন্দ্র ছিল কলকাতা। বিদেশি ব্রিটিশ শাসকের অধীনস্থ। তা ছাড়া কলকাতা নবজাগরণের পৃষ্ঠপোষকতা করেছিলেন কিছু জমিদার, কোম্পানির বেনিয়ান, দেশীয় গোমস্তা ও কিছু চাকুরিজীবী। অপরদিকে, ফ্লোরেন্সে নবজাগরণের পৃষ্ঠপোষকতা করেন। গোরেঞ্জো মেদিচির মধ্যে ধনী ব্যাংক ব্যবসায়ীগণ

- অধ্যাপক সুমিত সরকার, বাংলার নবজাগরণকে ইংরেজ নকলনবিশি বলে সমালোচনা করেছেন। বিনয় ঘোষের ধারণায় বাংলায় নবজাগরণ একটি অতিকথা মাত্র। তিনি এই নবজাগরণকে ঐতিহাসিক প্রতারণা (Historical hoax) বলে সমালোচনা করেছেন। তিনি বলেন যে, বাংলায় নবজাগরণ হয়নি, যা লেখা হয়েছে এখনও লেখা, তা অতিকথন মাত্র।

- অশোক মিত্র বাংলার উনিশ শতকের জাগরণকে 'তথাকথিত নবজাগরণ' (So called Renaissance) বলে উল্লেখ করেছেন।

- বিনয় ঘোষ তিনি এই নবজাগরণকে 'ঐতিহাসিক প্রতারণা' আখ্যা দিয়ে বলেন "নবজাগরণ হয়নি, যা লেখা হয়েছে এখনও লেখা হয়, তা অতিকথা মাত্র।"

- **রামমোহন রায়**

বহু ভাষা ও বহু ধর্মের দেশ ভারতে সমাজ-সংস্কৃতির আন্দোলন নতুন কোনো বিষয় নয়। উনিশ শতকব্যাপী যা কিছু সমাজসংস্কার, ধর্মসংস্কার আন্দোলন, তার মধ্য দিয়ে নিজেকে চিনে নেওয়ার প্রবণতা যথেষ্ট লক্ষ করা যায়। আর এসব ক্ষেত্রে আধুনিক ভারতের প্রাণপুরুষ রামমোহন রায় (১৭৭৪-১৮৩৩ খ্রি.) হয়ে উঠেছিলেন একজন যুগন্ধর মানুষ। বাংলার সমাজসংস্কারের নানা ক্ষেত্রে তাঁর নেতৃত্বে এক কর্মযজ্ঞ শুরু হয়। রামমোহন রায় ১৮১৫ খ্রিস্টাব্দে কলকাতায় পদার্পণ করে সেই বছরেই আত্মীয়সভা প্রতিষ্ঠা করেন। ভবিষ্যতের ব্রাহ্মসমাজের কাজের ধারা কী হবে তা আত্মীয়সভার আলোচনা থেকেই বোঝা সম্ভব। আত্মীয়সভা মূলত ছিল একটি সমমনস্ক মানুষদের নিয়ে গঠিত ঘরোয়া সমিতি। এই সভার সাপ্তাহিক অনুষ্ঠানে রামমোহনের উপস্থিতিতে ধর্ম, সমাজ, শিক্ষা ইত্যাদি বিষয়ে যুক্তিতর্কের ঢেউ উঠত। দ্বারকানাথ ঠাকুর, নন্দকিশোর বসু, রামচন্দ্র বিদ্যাবাগীশ, নন্দকুমার বিদ্যালঙ্কার প্রমুখ স্বনামধন্য ব্যক্তিরা আত্মীয়সভার সদস্য ছিলেন। এই সভার মূল উদ্দেশ্য ছিল, অন্ধবিশ্বাসের শৃঙ্খল থেকে দেশের মানুষকে মুক্ত করা। রামমোহনের এই কাজকে রক্ষণশীল হিন্দুসমাজ মেনে নিতে পারেনি। রাধাকান্ত দেবের নেতৃত্বে তাঁরা কট্টর

রামমোহন-বিরোধী হয়ে ওঠেন। অন্যদিকে, রামমোহন খ্রিস্টান কার্যাবলিতেও সন্তুষ্ট ছিলেন না। নিজের ধর্মীয় মতামত স্বাধীনভাবে প্রকাশ করার জন্য ১৮২১ খ্রিস্টাব্দে তিনি কলকাতায় 'ক্যালকাটা ইউনিটেরিয়ান কমিটি' (Calcutta Unitarian Committee) নামে এক আলোচনা চক্রের প্রতিষ্ঠা করেন।

সমাজ ও ধর্মসংস্কারে রাজা রামমোহন রায়

ভূমিকা : উনিশ শতকে বাঙালির জীবনে ধর্ম, সমাজ, সাহিত্য, রাজনীতি প্রভৃতি ক্ষেত্রে যে সমুদয় গুরুতর পরিবর্তন ঘটে, তাদের সবার মূলে না থাকলেও প্রায় সবগুলির সঙ্গেই রাজা রামমোহন রায়ের ঘনিষ্ঠ সম্বন্ধ ছিল। সমাজসংস্কারের ক্ষেত্রে তাঁর অবদান চিরস্মরণীয় হয়ে আছে।

- **সতীদাহপ্রথা বিলোপ:** সমগ্র ভারতে তো বটেই, বাংলাতেও সতীদাহ প্রথা ছিল এক সামাজিক অভিশাপ সতীদাহপ্রথা বলতে বোঝায় স্বামীর মৃত্যুর পর তার চিতায় জীবিত স্ত্রীকে পুড়িয়ে মারা। কিন্তু হিন্দুধর্মে আঘাত লাগতে পারে ভেবে ইংরেজ কর্তৃপক্ষ এ ধরনের অমানবিক প্রথার বিরুদ্ধে ব্যবস্থা নেয়নি। তবে রামমোহন রায় এই প্রথার বিরুদ্ধে আপসহীন সংগ্রাম শুরু করেন। এই ব্যাপারে তৎকালীন গভর্নর-জেনারেল লর্ড উইলিয়াম বেন্টিঙ্ক এবং প্রিন্স দ্বারকানাথ ঠাকুরও তাঁকে প্রবলভাবে সমর্থন জানান।

- **রামমোহনের তীব্র প্রতিবাদ:** ১৮১৮ খ্রিস্টাব্দ থেকেই রামমোহন রায় সতীদাহ প্রথার বিরুদ্ধে প্রতিবাদ করতে এবং জনমত গঠন করতে ব্রতী হন। এই উদ্দেশ্যে তিনি বাংলা ও ইংরেজি ভাষায় বিভিন্ন পুস্তিকা এবং সম্বাদ কৌমুদী পত্রিকায় বিভিন্ন প্রবন্ধ প্রকাশ করেন। হিন্দুশাস্ত্র ও বিভিন্ন ধর্মগ্রন্থ থেকে তিনি প্রমাণ করেন যে, সতীদাহ ধর্মবিরোধী অশাস্ত্রীয়। এই কুপ্রথা নিবারণের অনুরোধ জানিয়ে তিনি বাংলার ৩০০ জন বিশিষ্ট নাগরিকদের স্বাক্ষরিত এক আবেদনপত্র বড়োলাট লর্ড উইলিয়াম বেন্টিঙ্কের কাছে জমা দেন। রামমোহনের প্রচেষ্টাকে স্বাগত জানিয়ে বেন্টিঙ্ক ১৮২৯ খ্রিস্টাব্দের ৪ ডিসেম্বর সতীদাহপ্রথার বিরুদ্ধে ১৭ নং রেগুলেশন আইন জারি করে এই প্রথা রদ করেন।

- **বাংলার রক্ষণশীল সমাজের প্রতিক্রিয়া:** বাংলার রক্ষণশীল হিন্দুসমাজ রাধাকান্ত দেবের নেতৃত্বে এই আইনের বিরুদ্ধে ইংল্যান্ডে একটি স্মারকলিপি পাঠায়। এর প্রত্যুত্তরে রামমোহন প্রিভি কাউন্সিলের কাছে এই স্মারকলিপির অযৌক্তিকতা প্রমাণ করেন, যার ফলে সতীদাহ নিবারণ আইন বলবৎ থাকে রামমোহন রায়ের জীবিতকালে সমাজসংস্কারের ক্ষেত্রে ব্রাহ্মসমাজের প্রথম সার্থক ও যুগান্তকারী আন্দোলন ছিল সতীদাহপ্রথা নিবারণ আন্দোলন।

- **অন্যান্য সংস্কার:**

  - রামমোহনের সংস্কারমুক্ত, যুক্তিবাদী মন হিন্দুসমাজে প্রচলিত বাল্যবিবাহ, বহুবিবাহ, কন্যাপণ, কুলীন, জাতিভেদ, অস্পৃশ্যতা, গঙ্গাসাগরে সন্তান বিসর্জন প্রভৃতি বহু সামাজিক কুপ্রথার বিরুদ্ধে বিদ্রোহী হয়ে ওঠে। এগুলি নিবারণের জন্য সংবাদপত্রের মাধ্যমে তিনি প্রতিবাদে সোচ্চার হয়ে ওঠেন।

  - শুধু নারীর জীবনরক্ষাই নয়, মর্যাদা সহকারে তাদের সমাজে প্রতিষ্ঠিত করার চেষ্টাও তিনি করেন। তিনি নারী-পুরুষ সমানাধিকার, বিধবার পুনর্বিবাহ, স্ত্রীশিক্ষার বিস্তার, পিতা বা স্বামীর সম্পত্তির ওপর নারীর অধিকার স্থাপন প্রভৃতি ব্যাপারেও উদ্যোগী হন।

- *পাশ্চাত্য শিক্ষাবিস্তারে রাজা রামমোহন রায়ের ভূমিকা*
- **বিদ্যালয় প্রতিষ্ঠাঃ** পাশ্চাত্য শিক্ষা বিস্তারের উদ্দেশ্যে রামমোহন রায় ১৮১৫ খ্রিস্টাব্দে কলকাতায় অ্যাংলো - হিন্দু স্কুল নামে একটি ইংরেজি বিদ্যালয় প্রতিষ্ঠা করেন।
- **সরকারকে পত্রঃ** ইস্ট ইন্ডিয়া কোম্পানি ভারতীয়দের শিক্ষার জন্য বার্ষিক ১ লক্ষ টাকা ব্যয়ের সিদ্ধান্ত নিলে রামমোহন ১৮২৩ খ্রিস্টাব্দে লর্ড আমহার্স্টকে দেওয়া পত্রে দাবি জানান যে , এই অর্থ আধুনিক বিজ্ঞান ও ইংরেজি শিক্ষা প্রসারের জন্য ব্যয় করা হোক।
- **পাশ্চাত্য শিক্ষার পক্ষে প্রচারঃ** রামমোহন পাশ্চাত্য গণিত , দর্শন , রসায়ন , অস্থিবিদ্যা প্রভৃতি শিক্ষার সপক্ষে প্রচার চালান। তিনি কলকাতায় সংস্কৃত কলেজ প্রতিষ্ঠার সরকারি সিদ্ধান্তের বিরোধিতা করেন।
- **বেদান্ত কলেজ প্রতিষ্ঠাঃ** শিক্ষার্থীদের মন থেকে নানা কুসংস্কার ও মূর্তিপূজা দূর করে পাশ্চাত্য সমাজবিজ্ঞান ও পদার্থবিদ্যা শিক্ষাদানের উদ্দেশ্যে রামমোহন রায় ১৮২৬ খ্রিস্টাব্দে বেদান্ত কলেজ প্রতিষ্ঠা করেন।
- **অন্যদের সহায়তাঃ** বাংলায় পাশ্চাত্য শিক্ষার প্রসারের কাজে তিনি ডেভিড হেয়ার , আলেকজান্ডার ডাফ প্রমুখকে নানাভাবে সহায়তা করেন। ডাফ জেনারেল অ্যাসেম্বলিজ ইনস্টিটিউশন (১৮৩০ খ্রি.) প্রতিষ্ঠার উদ্যোগ নিলে রামমোহন তাঁকে বিশেষভাবে সহায়তা করেন। হিন্দু কলেজ (১৮১৭ খ্রি.) প্রতিষ্ঠায় রামমোহনের সহায়তার কথা কেউ কেউ স্বীকার করলেও ড . রমেশচন্দ্র মজুমদার এই মত স্বীকার করেন না।
- **বিদ্যাসাগর**

ছাত্রজীবন ও কর্মজীবনের সূত্রপাত

১৮২০ খ্রিস্টাব্দের ২৯শে সেপ্টেম্বর মেদিনীপুর জেলার (তৎকালীন হুগলী জেলা) বীরসিংহ গ্রামে এক দরিদ্র ব্রাহ্মণ পরিবারে ঈশ্বরচন্দ্র বিদ্যাসাগর জন্ম গ্রহণ করেন। তার পিতা ঠাকুরদাস বন্দ্যোপাধ্যায় ছিলেন সৎচরিত্র নিষ্ঠাবান ব্রাহ্মণ এবং মা ভগবতী ছিলেন একজন দৃঢ়চেতা নারী। আত্মবিশ্বাস ও তেজস্বিতার মূর্ত প্রতীক ঈশ্বরচন্দ্রের জীবনে তার দরিদ্র পিতা ও মাতার প্রভাব ছিল অপরিসীম। বিনয় ঘোষ লিখেছেন – "মা ছিলেন ঈশ্বরচন্দ্রের জীবনে শক্তি। পিতা ঠাকুরদাস ছিলেন তার টিচার ও ট্রেনার।" গ্রামের পাঠশালায় লেখাপড়ার পাঠ সাঙ্গ করে মেধাবী বালক ঈশ্বরচন্দ্র দরিদ্র পিতার হাত ধরে নদ-নদী পেরিয়ে পদব্রজে উপস্থিত হলেন নবভারতের রাজধানী শহর কলকাতায়। ১৮২৯ খ্রিস্টাব্দের ১লা জুন তিনি সংস্কৃত কলেজে ভর্তি হন। ১৮৩৯ খ্রিস্টাব্দে তিনি বিদ্যাসাগর উপাধি লাভ করেন এবং ১৮৪১ খ্রিস্টাব্দে শিক্ষাজীবন শেষ করে ফোর্ট উইলিয়াম কলেজের বাংলা বিভাগের প্রধান পন্ডিত পদে যোগদান করেন। ১৮৫০ খ্রিস্টাব্দের ডিসেম্বর মাসে তিনি সংস্কৃত কলেজে অধ্যাপক এবং পরে ঐ কলেজের অধ্যক্ষ পদে নিযুক্ত হন (২২শে জানুয়ারী ১৮৫১ খ্রীঃ) ১৮৫৮ খ্রিস্টাব্দের ৩রা নভেম্বর পর্যন্ত অর্থাৎ মোট আট বৎসর তিনি সংস্কৃত কলেজের অধ্যক্ষ ছিলেন।

শিক্ষা সংস্কার

ইতিমধ্যে ঈশ্বরচন্দ্র শিক্ষা বিস্তার এবং বিশেষ করে স্ত্রী শিক্ষা বিস্তারের প্রচেষ্টায় নিজেকে নিযুক্ত করেন। তিনি তত্ত্ববোধিনী পত্রিকায় বিবিধ বিষয়ে সংস্কারধর্মী প্রবন্ধ প্রকাশ করে তার প্রগতিশীল মনোভাবের পরিচয় দেন। সংস্কৃত কলেজে দায়িত্বভার গ্রহণের পর তিনি

কলেজের শিক্ষাব্যবস্থায় মৌলিক পরিবর্তন সাধন করেন। ঈশ্বরচন্দ্র ঐ কলেজের দ্বার সকল শ্রেণির হিন্দুর জন্য মুক্ত করে এক সামাজিক বিপ্লবের সূচনা করেন। তিনি সংস্কৃত কলেজের পাঠক্রমে পরিবর্তন আনয়ন করে মৌলিক প্রতিভার পরিচয় দেন। তিনি শিক্ষার বিভিন্ন স্তরে যে সংস্কার সাধন করেন তার একটি বিশেষ লক্ষ্য ছিল। তিনি মনে করতেন যে ভারতীয়দের শিক্ষার লক্ষ্য হবে সংস্কৃত ও ইংরাজী ভাষায় দক্ষতা অর্জন। করে নিজ নিজ মাতৃভাষাকে সমৃদ্ধ করা। এই লক্ষ্যে পৌঁছাবার জন্য তিনি সংস্কৃত শিক্ষার মত ইংরেজি শিক্ষার উপরও বিশেষ গুরুত্ব আরোপ করেছিলেন। বিদ্যাসাগর নিজে ব্রাহ্মণ বংশে জন্ম গ্রহণ করেছিলেন। কিন্তু তা সত্বেও তিনি পাশ্চাত্য জ্ঞান বিজ্ঞানকে সাদরে গ্রহণ করেছিলেন।

শিক্ষা সংস্কারে বিদ্যাসাগরের ভূমিকাঃ গভীর মানবতাবাদে উদ্বুদ্ধ বিদ্যাসাগর প্রথম থেকেই শিক্ষার প্রসারে ব্রতী হয়েছিলেন । তিনি শিক্ষা আয়তনকে মানব ধর্মের নার্সারি করে তুলতে চেয়েছিলেন, শিক্ষা প্রসারের ক্ষেত্রে যে গুরুত্বপূর্ণ পদক্ষেপগুলি তিনি নিয়েছিলেন সেগুলি হল নিম্নরূপ-

- **বিদ্যালয় স্থাপনঃ** বিদ্যাসাগর শিক্ষা সংস্কারের ক্ষেত্রে সবার আগে জোর দিয়েছিলেন–বিদ্যালয় স্থাপনের ওপর। লর্ড হার্ডিঞ্জ ১৮৪৪ সালে ১০০ টি বাংলা বিদ্যালয় স্থাপনের ওপর জোর দিলে বিদ্যাসাগর তার দিকে সাহায্যের হাত বারিয়ে দিয়েছিলেন । শুধু তায় নয় তিনি নিজেও বিভিন্ন জেলায় ২০ টি মডেল স্কুল প্রতিষ্ঠা করেছিলেন। যার বেশিরভাগটাই তার নিজের খরচায় চলতো। এছাড়া ১৮৭২ খ্রিঃ তিনি নিজের খরচায় মেট্রোপলিটন ইন্সটিটিউশন প্রতিষ্ঠা করেছিলেন , যা বর্তমানে বিদ্যাসাগর কলেজ নামে পরিচিত।

- **নারী শিক্ষায় ভূমিকাঃ** বিদ্যাসাগর বুঝেছিলেন সমাজে নারীদের যদি শিক্ষিত করা না যায় তাহলে নারীদের সার্বিক অগ্রগতি হতে পারে না । সেইকারণে নারী শিক্ষা প্রসারে তিনি উদ্যোগী হয়েছিলেন। যেমন Drink Water Bethune এর পৃষ্ঠপোষকতায় তিনি হিন্দু ফিমেল স্কুল প্রতিষ্ঠা করেছিলেন , এছাড়াও ৩৫ টি বালিকা বিদ্যালয় প্রতিষ্ঠার সঙ্গে নিজেকে যুক্ত করেছিলেন। প্রায় এক হাজার তিনশো ছাত্রী এই বিদ্যালয় গুলিতে পড়াশুনা করতো।

- **মাতৃভাষায় শিক্ষাদানঃ** মাতৃভাষায় শিক্ষাদানের উপর বিদ্যাসাগর প্রথম থেকেই জোর দিয়েছিলেন । তবে একই সঙ্গে তিনি পাশ্চাত্য শিক্ষার গুরুত্বকে অস্বীকার করেননি। এরই পাশাপাশি তিনি প্রাচ্য ও পাশ্চাত্যের সমন্বয়ের ওপর গুরুত্ব আরোপ করেছিলেন।

- **পাঠ্যপুস্তক রচনাঃ** শুধুমাত্র বিদ্যালয় স্থাপন নয় , পাঠ্যপুস্তক রচনার দায়িত্বও তিনি নিজের কাঁধে তুলে নিয়েছিলেন। বর্ণপরিচয় , শিশুশিক্ষা , কথামালা , নীতিবোধ চরিতাবলি সহ সংস্কৃত শিক্ষার সুবিধার জন্য সংস্কৃত ব্যাকরণের উপক্রমণিকা ও ব্যাকরণ কৌমুদী প্রভৃতি রচনা করেন। এছাড়াও আখ্যান মঞ্জরি , শব্দ মঞ্জরি , শ্লোক মঞ্জরি , ব্রজবিলাস , রত্নপরীক্ষা প্রভৃতি বই রচনা করেন যা বাংলা ও সংস্কৃত শিক্ষার ক্ষেত্রে বিশেষ গুরুত্বপূর্ণ হয়ে উঠেছিল। এছাড়াও সীতার বনবাসের মতো গ্রন্থ রচনার মাধ্যমে তিনি বাংলা গদ্য লেখার নতুন পথ রচনা করেছিলেন। রবীন্দ্রনাথের কাছে তিনি ছিলেন ' বাংলা ভাষার প্রথম যথার্থ শিল্পী।

- **নিয়মকানুন তৈরিঃ** শিক্ষার কাজে তিনি বেশকিছু নিয়ম কানুন প্রতিষ্ঠা করেছিলেন। কেবলমাত্র ব্রাহ্মণ ও বৈদ্য সন্তানরা সংস্কৃত পরতে পারবে এই নীতি তুলে দিয়ে সকল বর্ণের হিন্দু ছাত্রদের জন্য সংস্কৃত পড়ার দ্বার খুলে দেন তিনি। এছাড়াও শিক্ষকদের ইচ্ছামতো আসা ও যাওয়া বন্ধ করে নতুন নিয়ম কানুন বলবত করেছিলেন তিনি। পাশাপাশি শুভদিন

অনুসারে ছুটির দিন তুলে দিয়ে রবিবার ছুটির নীয়ম চালু করেন।

- **জনসেবাঃ** নিঃস্বার্থ সমাজসেবী ক্ষণজন্মা পুরুষ ঈশ্বরচন্দ্র ছিলেন মানবতাবাদী চেতনার বাহক। দীন-দুঃখী, গরিব অসহায়, দুস্থ-দুর্দশাগ্রস্থ, অক্ষম, রুগ্ন, বিপন্ন ও বিপদগ্রস্থ শ্রেণীর সাহায্যে তিনি সর্বদা সচেষ্ট ছিলেন। ১২৭৬ বঙ্গাব্দে বাংলা ও উড়িষ্যার ভয়াবহ দুর্ভিক্ষকালে তিনি মেদিনীপুর, হুগলী প্রভৃতি জেলায় শিবির, লঙ্গরখানা ও অন্নছত্র খোলেন। বীরসিংহে তিনি নিজ ব্যয়ে এক অন্নছত্র খোলেন, যেখানে দিন - রাত্রি অবিরাম খাদ্য পরিবেশিত হত। এখানে বসবাসরত ডোম , হাড়ি প্রভৃতি নিচু শ্রেণী, সন্তান সম্ভবা মহিলা সকলকে তিনি নিজ হাতে সেবা করতেন। তাই তিনি দয়ার সাগর উপাধি পান।

- *শিক্ষা বিস্তারে বিবিধ উদ্যোগ*

   বিদ্যাসাগর মহাশয় বাংলা শিক্ষার উন্নয়ন ও প্রসারকল্পে কর্ম তৎপর হন। জনশিক্ষাবিস্তারের কাজে তিনি অগ্রহণী ভূমিকা পালন করেন। তিনি উপলব্ধি করেছিলেন যে শিক্ষাই অন্ধকার দূর করে মানুষকে প্রকৃত মনুষ্যত্বে পৌঁছে দেয়। এক চিঠিতে তিনি লেখেন যে – "জনসাধারণের মধ্যে শিক্ষাবিস্তার এই এখন আমাদের প্রয়োজন। আমাদের কতগুলি বাংলা স্কুল স্থাপন করতে হবে এবং এইসব স্কুলের জন্য প্রয়োজনীয় ও শিক্ষাপ্রদ বিষয়ের অনেকগুলি পাঠ্যপুস্তক রচনা করতে হবে।" বাংলার বিভিন্ন জেলায় তিনি ২০ টি মডেল স্কুল বা আদর্শ বিদ্যালয় প্রতিষ্ঠা করেন। শিক্ষক শিক্ষণের উদ্দেশ্যে সংস্কৃত কলেজের অভ্যন্তরেই তিনি একটি নর্মাল স্কুল প্রতিষ্ঠা করেন। এর পরিচালনার দায়িত্ব ছিল অক্ষয়কুমার দত্ত ও মধুসূদন বাচস্পতির উপর। ১৮৪৯ খ্রিষ্টাব্দে ড্রিঙ্ক ওয়াটার বেথুনের পৃষ্ঠপোষকতায় হিন্দু বালিকা বিদ্যালয় প্রতিষ্ঠিত হয়। ১৮৫০ খ্রিষ্টাব্দে বিদ্যাসাগর এই শিক্ষায়তনের সম্পাদকের পদ গ্রহণ করেন। তাঁর উদ্যোগে গ্রামাঞ্চলে ৩৫টিবালিকা বিদ্যালয় প্রতিষ্ঠিত হয়। শিবনাথশাস্ত্রী তার আত্মচরিত এ লেখেন যে উনিশ শতকের শেষভাগে বেসরকারি উদ্যোগে বাংলায় যে সব কলেজ প্রতিষ্ঠিত হয়েছিল তাদের সকলেরই ধ্রুবতারা ছিল মেট্রো পলিটন কলেজ। কেবল শিক্ষাবিস্তারই নয় — বিরাট পান্ডিত্য সত্ত্বেও তিনি জনশিক্ষার জন্য বেশ কিছু পাঠ্য পুস্তক রচনা করেন। এগুলির মধ্যে বর্ণমালা, কথামালা, নীতিবোধ, চরিতাবলী, বোধোদয় উল্লেখযোগ্য।

   ### বাংলা ভাষার আধুনিকীকরণ

   আধুনিক বাংলা ভাষা ও সাহিত্যের বিকাশে বিদ্যাসাগরের ভূমিকা স্মরণীয়। তিনি নিজের রচনাবলীর মধ্যেও আধুনিক বাংলা গদ্যরীতির বিবর্তনে পথিকৃতের কাজ করেন। ইতিপূর্বে বাংলাভাষা ছিল সম্পূর্ণভাবে সংস্কৃত ভাষা প্রভাবিত। অলংকারবহুল বাংলা ভাষা স্বভাবতই ছিল জটিল ও অবোধ্য। বিদ্যাসাগর বাংলা ভাষাকে যথাসম্ভব সংস্কৃত প্রভাব মুক্ত করে স্বাতন্ত্রদান করতে প্রয়াসী হন। তিনি নতুন ছন্দে বাংলা গদ্য রচনা করে বাংলা ভাষাকে অনেক বেশী সহজ ও সরল করে দেন। এরই উপর ভিত্তি করে পরবর্তীকালে আধুনিক বাংলা ভাষার বিবর্তন ঘটেছে। গদ্য রচনার ছেদ চিহ্নের প্রয়োগ তার অনন্য কীর্তি। সেই সঙ্গে পদর্বিন্যাস দ্বারা বাংলা রচনাকে সাবলীল করে দেন।

   ### নারীশিক্ষার বিস্তারে ঈশ্বরচন্দ্র বিদ্যাসাগর

- **বিধবাবিবাহ আন্দোলন:** হিন্দু বিধবাদের শোচনীয় অবস্থা বিদ্যাসাগরকে দীর্ঘদিন ধরেই পীড়িত করে আসছিল । এই কারণে বিধবাদের পুনর্বিবাহের জন্য তিনি সুদীর্ঘ আন্দোলন

করেন । বিভিন্ন ধর্মশাস্ত্রের উদ্ধৃতি দিয়ে তাঁর মতামতের যৌক্তিকতা প্রদর্শন করেন তিনি । তিনি এর জন্য নানা পদক্ষেপ গ্রহণ করেন , যেমন—

1. **প্রবন্ধ প্রকাশঃ** ১৮৫০ খ্রিস্টাব্দে প্রতিষ্ঠিত সর্বশুভকরী সভার মুখপত্র সর্বশুভকরী পত্রিকার সংখ্যাতেই তিনি বাল্যবিবাহের দোষ শীর্ষক এক প্রবন্ধ প্রকাশ করেন।

2. **উদ্ধৃতিঃ** তিনি হিন্দুশাস্ত্রের পরাশর সংহিতা থেকে উদ্ধৃতি দিয়ে প্রমাণ করেন যে , বিধবাবিবাহ শাস্ত্রসম্মত । বিধবাবিবাহের পক্ষে তিনি দেশে এক প্রবল আন্দোলন গড়ে তোলেন।

3. **পুস্তিকা প্রকাশঃ** ১৮৫৫ খ্রিস্টাব্দে তিনি বিধবাবিবাহ প্রচলিত হওয়া উচিত কি না এই সম্পর্কে দুটি প্রবন্ধ প্রকাশ করেন । পরের বছর পুস্তিকা দুটির ইংরেজি অনুবাদ প্রকাশিত হয়।

4. **স্বাক্ষর সংবলিত আবেদনপত্রঃ** ১৮৫৫ খ্রিস্টাব্দের ৪ অক্টোবর ভারতীয় অধিনসভার সদস্যদের কাছে বিধবাবিবাহ আইন করার জন্য ১০০০ ব্যক্তির আগা সংবলিত আবেদনপত্র পাঠানো হয় । আবেদনপত্রে স্বাগদরকারীদের মধ্যে ছিলেন দেবেন্দ্রনাথ ঠাকুর , বিচারপতি দারকানাথ মিত্র, অক্ষয়কুমার দত্ত, দক্ষিণারঞ্জন মুখোপাধ্যায় প্রমুখ বিশিষ্ট ব্যক্তি । তবে এই আবেদনপত্রের প্রতিবাদে হিন্দুসমাজের নেতা রাধাকান্ত দেবের নেতৃত্বে ৩৬,৭৬৩ জনের স্বাম সংবলিত একটি দরখাত সরকারের কাছে পাঠানো হয়।

- **বিধবাবিবাহ আইন পাসঃ** অবশেষে বহু চেষ্টার পর ১৮৫৬ খ্রিস্টাব্দের ২৬ জুলাই লর্ড ডালহৌসি বিধবাবিবাহ আইন পাস করেন । মনে রাখা দরকার , ডালহৌসির আমলে তাঁর প্রচেষ্টাতেই বিলটি তৈরি হলেও আইন পরিষদে অনুমোদনের সময় ভারতের গভর্নর - জেনারেল হয়েছিলেন লর্ড ক্যানিং । তাই বিধবাবিবাহ আইন সিদ্ধ হলেও তা কার্যকর করা ছিল খুবই কঠিন কাজ।

- **প্রথম বিধবাবিবাহ অনুষ্ঠানঃ** শেষপর্যন্ত ১৮৫৬ খ্রিস্টাব্দের ৭ ডিসেম্বর বাংলায় প্রথম বিধবাবিবাহ অনুষ্ঠিত হয় । পাত্র ছিলেন সংস্কৃত কলেজের অধ্যাপক শ্রীশচন্দ্র বিদ্যারত্ন এবং পাত্রীর নাম কালীমতি দেবী । বিদ্যাসাগর নিজ উদ্যোগে ও ব্যয়ে বহু বিধবাদের বিবাহ দিয়েছিলেন । ১৮৫৬-১৮৬৭ খ্রিস্টাব্দ পর্যন্ত তিনি নিজ চেষ্টায় ৬০ টি বিধবাবিবাহের আয়োজন করেন । কিন্তু তার এই প্রচেষ্টা আশানুরূপ সাফল্য পায়নি।

- **অন্যান্য সংস্কারঃ** এরপর বিদ্যাসাগর বাল্যবিবাহের বিরুদ্ধেও আন্দোলন গড়ে তোলেন। একই সঙ্গে হিন্দুদের মধ্যে বহবিবাহ প্রথার বিরুদ্ধেও সোচ্চার হয়ে ওঠেন তিনি।

ব্রিটিশরা ভারতে পাশ্চাত্য শিক্ষা প্রদান করেছিল যা ভারতীয়দের গণতন্ত্র ও জাতীয়তাবাদের ধারণার সাথে পরিচয় করিয়ে দিয়েছিল । এই ধারণাগুলি ভারতীয়দের রাজনৈতিক চিন্তাভাবনাকে পরিবর্তন করে এবং একটি জাতীয় জাগরণ নিয়ে আসে। পাশ্চাত্য শিক্ষা নতুন শিক্ষিত ভারতীয়দের জন্য উদার ইউরোপীয় চিন্তাধারার বন্যার দরজা খুলে দেয় । যখন ভারতীয়রা ইউরোপীয় ইতিহাস অধ্যয়ন করে, তখন তারা স্বাধীনতা, জাতীয়তা, সমতা, আইনের শাসন এবং স্বায়ত্তশাসনের মতো আদর্শের সুখোমুখি হয়।

পাশ্চাত্য শিক্ষার প্রভাবঃ

- শিক্ষিত ভারতীয়রা আমেরিকান এবং ফরাসি বিপ্লব সম্পর্কে পড়েন এবং স্বাধীনতা, সমতা এবং ন্যায়বিচারের ধারণায় ভারতীয়দের হৃদয়কে ভরিয়ে দেন।

- হবস, লক এবং রুসোর ধারণাগুলি জনগণকে রাজনৈতিক ও সামাজিক স্বাধীনতার জন্য সংগ্রাম করতে অনুপ্রাণিত করেছিল।

- শিক্ষিত ভারতীয়রাও স্ব-শাসন এবং গণতন্ত্রের ধারণার সাথে পরিচিত হয়ে ওঠে। ভারতে গণতান্ত্রিক শাসন প্রতিষ্ঠার জন্য ভারতীয়রা ব্রিটিশ শাসন থেকে স্বাধীনতা দাবি করতে শুরু করে।

- ইংরেজি একটি সাধারণ ভাষায় পরিণত হয়। বিভিন্ন অঞ্চলের লোকেরা এখন ইংরেজিতে যোগাযোগ করতে পারে। এটি আঞ্চলিক বাধা গুলি ভাঙতে এবং দেশকে ঐক্যবদ্ধ করতে সহায়তা করেছিল

- পাশ্চাত্য শিক্ষার প্রবর্তনেরও সীমাবদ্ধতা ছিল। এটি ভারতীয় জনগণকে তাদের ঐতিহ্যগত শিক্ষা ও জীবনযাত্রার পদ্ধতি, তাদের ধ্রুপদী শিকড় এবং আদিবাসী জ্ঞান থেকে বিচ্ছিন্ন করেছিল। এর সাথে সাথে ভারতীয় মূল্যবোধ, দর্শন এবং ঐতিহ্যগুলি ম্লান হয়ে যায়

- পাশ্চাত্য শিক্ষার মাধ্যমে, ব্রিটিশরা ভারতীয়দের একটি শ্রেণী তৈরি করতে চেয়েছিল যারা রক্ত ও রঙে ভারতীয় হবে, কিন্তু স্বাদে, মতামতে, নৈতিকতায় এবং বুদ্ধিতে ইংরেজি হবে। যেহেতু তারা প্রশাসনিক পদের জন্য শিক্ষিত ভারতীয়দের চেয়েছিলেন, তাই ইংরেজরা শুধুমাত্র ভারতীয়দের একটি অংশকে শিক্ষিত করতে বিশ্বাস করত। তারা জনগণের মধ্যে শিক্ষা ছড়িয়ে দেওয়ার জন্য কিছুই করেনি।

- **বাংলার নবজাগরন**

রেনেসাঁস বা নবজাগরণ কী?

রেনেসাঁস শব্দটির সাধারণ বাংলা হলো পুনর্জন্ম বা নবজাগরণ। রেনেসাঁস বলতে সাধারণভাবে যা বোঝায় তা হলো ইউরোপের , বা বলা ভালো , ইটালির মাটিতে প্রাচীন ঐতিহ্যবাহী শিল্পকলা-সাহিত্য-সংস্কৃতির পুনর্মূল্যায়ন। এই শব্দটি মূলত ইটালির ইতিহাসের সঙ্গে যুক্ত। ইটালিতে চতুর্দশ শতক থেকে ষোড়শ শতক জুড়ে শিল্পকলা-সাহিত্য-সংস্কৃতি-রাষ্ট্রনীতি প্রভৃতি ক্ষেত্রে এক উজ্জীবন দেখা দেয়। বিষয়টি লক্ষ করে বিখ্যাত ঐতিহাসিক এইচ সি ডেভিস লিখেছেন, রেনেসাঁস হলো তাই যেখানে 'সংস্কারের গোলকধাঁধায় কারারুদ্ধ মানুষের পুনর্জন্ম' ঘটে। আমাদের সাহিত্যিক বঙ্কিমচন্দ্র চট্টোপাধ্যায় এক্ষেত্রে লিখেছেন, 'অকস্মাৎ বিনষ্ট বিস্মৃত অপরিজ্ঞাত গ্রিক সাহিত্য ইউরোপ ফিরিয়া পাইল। ফিরিয়া পাইয়া যেমন বর্ষার জলে শীর্ণা স্রোতস্বতী কূল পরিপাবিনী হয়, যেমন মুমূর্ষু রোগী দৈব ঔষধে যৌবনের বলপ্রাপ্ত হয়, ইউরোপের অকস্মাৎ সেইরূপ অভ্যুদয় হইল।

বাংলার নবজাগরণঃ

বাংলায় নবজাগরণের বিষয়টি প্রথম থেকেই এক বিতর্কিত অধ্যায়। এক্ষেত্রে প্রশ্ন তোলা হয়। যে, ইটালিতে নবজাগরণের যে বৃহৎ অধ্যায় রচিত হয়েছে বাংলায় তার ছায়া দেখা যায় কি? ইংরেজ শাসিত ভারতবর্ষ ঔপনিবেশিক নাগপাশে জড়িয়ে পড়েছিল। তবে, একইসঙ্গে, এদেশের জাতি, বিশেষত বাংলার মানুষের একটা গুরুত্বপূর্ণ অংশ পাশ্চাত্য শিক্ষায় শিক্ষিত হয়ে ওঠে। তারা এক নতুন চিন্তার জগতে প্রবেশ করতে সক্ষম হয়। এর ফলে বাংলার শিক্ষা-সংস্কৃতির জগতে এক সুদূরপ্রসারী পরিবর্তন লক্ষ করা যায়। সমকাল ও

পরবর্তীকালের বহু মানুষ এই পরিবর্তনকে 'বাংলার রেনেসাঁস' বা 'বাংলার নবজাগরণ' আখ্যা দিয়ে থাকেন। উদাহরণস্বরূপ, রাজা রামমোহন র (১৭৭৪–১৮৩৩ খ্রি .) তাঁর বন্ধু আলেকজান্ডার ডাফকে এক চিঠিতে জানান, 'আমি ভাবতে শুরু করেছি যে, ইউরোপ রেনেসাঁসের মতো কিছু একটা ভারতেও ঘটতে চলেছে। রামমোহনের এহেন চিন্তাধারার অনুগামী হিসেবে উনিশ শতকের আরও বেশ কিছু মনীষীর কথা উল্লেখ করা যায়। এঁদে মধ্যে বিশেষভাবে উল্লেখযোগ্য হলেন বঙ্কিমচন্দ্র চট্টোপাধ্যায়, কেশবচন্দ্র সেন, বিপিনচন্দ্র পাল, অরবিন্দ ঘোষ এর আরও অনেকের মধ্যে অবশ্যই রবীন্দ্রনাথ ঠাকুর। এঁরা প্রায় সকলেই উনিশ শতকের পাশ্চাত্য শিক্ষায় শিক্ষিত মানুষে ভাবাবেগ ও কার্যকলাপকে নবজাগরণ হিসেবে চিহ্নিত করতে চেয়েছেন। অন্যদিকে , আধুনিককালের গবেষকদের মনে অনেকেই বলতে চেয়েছেন যে, নবজাগরণ বলতে যা বোঝায় তা ভারতে কোনোদিনই ঘটেনি। বলা বাহুল্য , এঁদে সকলেই ভারতীয় নবজাগরণকে প্রধানত ইউরোপীয় তথা ইতালীয় নবজাগরণের অভিধায় দেখতে চেয়েছেন বলে এহেন অবস্থান।

বাংলায় 'নবজাগরণ'-এর ধারণা নিয়ে বিতর্কঃ

প্রথমেই উল্লেখ করা প্রয়োজন, নবজাগরণ বলতে আমরা যা বুঝি তা প্রধানত বাংলায়, বিশেষত কলকাতায় সংগঠিত হয়েছিল। এ ব্যাপারে রামমোহন রায় থেকে শুরু কে বিদ্যাসাগর , বঙ্কিমচন্দ্র হয়ে রবীন্দ্র পর্যন্ত মনীষীরা তাঁদের সময় যুক্তিবাদী তথা মুক্তচিন্তার দরজা খুলে দেন এই মুক্তচিন্তার ফলশ্রুতিকে কেউ কেউ নবজাগরণ বলে চিহ্নিত করেন। তবে , এঁদের যাবতীয় ক্রিয়াকাও , সমাজসংস্কার ধর্মসংস্কার, শিক্ষাসংস্কার সম্পর্কে যতটা জানা যায় , তাকে কিন্তু কখনোই প্রাচীন ঐতিহ্যের আলোকে নতুন করে মূল্যায়নের প্রচেষ্টা বলা যায় না। মূলত এরই প্রেক্ষিতে বাংলার নবজাগরণকে কেন্দ্র করে যাবতীয় বিতর্কের সূচনা। বাংলার নবজাগরণকে প্রকৃত অর্থে নবজাগরণ বলা যায় কিনা তা নিয়ে দুটি বিপরীত মেরুর অবস্থান লক্ষ করা যায়। একদিকে , আচার্য যদুনাথ সরকার মনে করেন , উনিশ শতকের ভারত নবজাগরণের ভারত। তিনি লিখেছেন, এই নবজাগরণ ইংরেজ শাসনের দান। রমেশচন্দ্র মজুমদার জানিয়েছেন, বাংলার নবজাগরণ হিন্দু জাতীয়তাবাদের ফসল। এই নবজাগরণ বাংলা তথা ভারতের জাতিসত্তাকে নতুনভাবে উন্মোচিত করেছে। রামমোহন - বিশেষজ্ঞ দিলীপকুমার বিশ্বাস তাঁর 'রামমোহন সমীক্ষা' গ্রন্থে লিখেছেন, 'ইউরোপীয় রেনেসাঁসের সঙ্গে বাংলার রেনেসাঁসের প্রকৃতিগত পার্থক্য থাকলেও একটি জায়গায় মিল খুঁজে পাওয়া যায়। উভয় ক্ষেত্রেই প্রাচীন যুগের জ্ঞান-বিজ্ঞান-শিল্প-সাহিত্যের পুনরুজ্জীবন ও পুনঃঅনুশীলনের প্রতি এক প্রচও আগ্রহ লক্ষ করা যায়। এঁদের মতে বাংলায় নবজাগরণ অবশ্যই ঘটেছিল। অন্যদিকে , যাঁরা বিশ্বাস করেন বাংলায় নবজাগরণ বলতে তেমন কিছু ঘটেনি , তাঁদের মধ্যে সমাজবিজ্ঞানী বিনয় ঘোষ অন্যতম। (তাঁর 'বাংলার নবজাগৃতি' গ্রন্থে) তিনি লিখেছেন, বাংলার তথাকথিত নবজাগরণ 'সোডার বোতলে উচ্ছ্বসিত বুদবুদের মতো খানিকটা সাময়িক আদর্শগত চিত্তচাঞ্চল্য ছাড়া আর কিছুই ছিল না। তাঁর মতে নবজাগরণের বৈশিষ্ট্য 'সমাজের উপরতলার কিছু মানুষের ব্যক্তিস্বার্থের ফলশ্রুতি ছাড়া আর কিছুই নয়। 'বাংলার নবজাগরণ এই অর্থে এক 'ঐতিহাসিক ছলনা' মাত্র। এই নবজাগরণ আসলে ছিল 'ভারতের বাইরে সৃষ্ট ইংরেজি নবজাগরণ'। ড . অমলেশ ত্রিপাঠি (তাঁর ইতালীর রেঁনেশাঁস : বাঙালীর সংস্কৃতি ' গ্রন্থে) জানিয়েছেন , ইতালির রেনেসাঁস বহুকাল যাবৎ

জ্যাকব বুখার্ট নামক এক প্রবাদপ্রতিম ঐতিহাসিকের ব্যাখ্যাসাপেক্ষ ছিল। আর এই ব্যাখ্যার ওপর নির্ভর করেই বাংলার নবজাগরণের ব্যাখ্যা চলে এসেছে, বিষয়টি বিভ্রান্তিকর। তাঁর মতে, বাংলার নবজাগরণ এদেশে কোনো মৌলিক পরিবর্তন ঘটাতে পারেনি। তার রেশ কখনোই সর্বস্তরে পৌঁছায়নি। তবে, এ সমস্ত বাদানুবাদ সত্ত্বেও এ কথাও সত্য যে, বাংলার নবজাগরণ অধ্যায়টি সব দিক থেকেই প্রতিবাদী চরিত্রের ছিল। এই চরিত্রের মধ্য দিয়ে বাংলা তো বটেই, এমনকি ভারতবর্ষও এক ' ঐতিহাসিক দ্বন্দ্ব'র সম্মুখীন হয়। এই ঐতিহাসিক দ্বন্দ্বের একপক্ষে ছিল প্রগতিশীল মানুষের অবস্থান এবং অন্যপক্ষে রক্ষণশীল মানুষের। বাংলা তথা ভারতের শিক্ষিত মানুষ কিন্তু প্রথম ধারাটির শরিক হতে দ্বিধা করেনি।

> *বাংলার নবজাগরণের প্রধান ধারাসমূহ ভূমিকাঃ*

উনিশ শতকে বাংলায় আধুনিক পাশ্চাত্য শিক্ষার প্রসার ঘটে। এর প্রভাবে এই শতকে বাংলায় শিক্ষা, সংস্কৃতি, শিল্পকলা, রাজনীতি, ধর্ম, সমাজ, প্রভৃতি বিভিন্ন ক্ষেত্রে অভূতপূর্ব অগ্রগতি লক্ষ করা যায়। এই অগ্রগতি সাধারণভাবে ' উনিশ শতকে বাংলার নবজাগরণ ' নামে পরিচিত। এই নবজাগরণের প্রধান ধারাগুলি হল নিম্নরূপ —

- **প্রাচ্য - পুনরুজ্জীবনবাদী ধারাঃ** উনিশ শতকে বাংলার নবজাগরণের একটি অন্যতম ধারা হল বাংলার সুপ্রাচীন গৌরবময় ঐতিহ্যের পুনরুদ্ধার। এই প্রাচ্য পুনরুজ্জীবনবাদী ধারার জাগরণে নেতৃত্ব দিয়েছিলেন সনাতনপন্থী প্রগতিশীল মানসিকতার ব্যক্তিরা। এঁদের মধ্যে উল্লেখযোগ্য ছিলেন রাধাকান্ত দেব, মৃত্যুঞ্জয় বিদ্যালঙ্কার, হরিশচন্দ্র মুখোপাধ্যায় প্রমুখ। তাঁদের লক্ষ্য ছিল প্রাচ্যের সুপ্রাচীন গৌরবময় ঐতিহ্যের যথার্থ পুনরুজ্জীবন ঘটানো।

- **পাশ্চাত্য যুক্তিবাদী ধারাঃ** কেউ কেউ প্রাচ্যের সবকিছু প্রগতিশীলতা অস্বীকার করে পাশ্চাত্যের সভ্যতার অনুকরণে বাংলার সমাজ - সংস্কৃতির উন্নতি ঘটানোর পরিকল্পনা করেন। পাশ্চাত্য যুক্তিবাদী ধারার মুখপাত্র ছিল 'নব্যবঙ্গ গোষ্ঠী'। তাঁদের লক্ষ্য ছিল—প্রাচ্যের পশ্চাদপদ সভ্যতা - সংস্কৃতিকে সম্পূর্ণ বর্জন করে পাশ্চাত্যের যুক্তিবাদকে সম্পূর্ণভাবে গ্রহণ করা।

- **সমন্বয়বাদী ধারাঃ** উক্ত দুটি ধারার মধ্যবর্তী স্তরে একটি সমন্বয়বাদী ধারার উদ্ভব ঘটেছিল। তৃতীয় এই ধারার নেতৃত্বে ছিলেন রামমোহন রায়, বিদ্যাসাগর প্রমুখ। তাঁরা প্রাচ্যের মহৎ বিষয়গুলির সঙ্গে পাশ্চাত্যের মহৎ বিষয়গুলির সমন্বয় ঘটিয়ে বাংলার সাংস্কৃতিক ক্ষেত্রে উন্নতি ঘটাতে চেয়েছিলেন।

- *বাংলার নবজাগরণের প্রকৃতি বা চরিত্র*

- **অর্থ:** পাশ্চাত্য শিক্ষায় শিক্ষিত তৎকালীন বাংলার মধ্যবিত্ত সমাজ অনুসন্ধানী মন ও যুক্তিতর্কের দ্বারা সবকিছুর মূল্যায়ন শুরু করে। এই সময় চিরাচরিত শাস্ত্রের নতুন ব্যাখ্যা, নীতিশাস্ত্রের ও ধর্মশাস্ত্রের নতুন মূল্যায়ন শুরু হয়। শিক্ষা, সংস্কৃতি, ধর্ম, সমাজ, সমস্ত ক্ষেত্রে এক অভাবনীয় জাগরণ শুরু হয়, যা এক কথায় নবজাগরণ নামে পরিচিত।

- **ভিত্তি:** নবজাগরণ বলতে শুধু প্রাচীন দেশীয় ও ঐতিহ্য ও সংস্কৃতির নতুন মূল্যায়ন প্রচেষ্টাকে বোঝায় না। এই সময় ইংরেজি শিক্ষার ও ইউরোপীয় সংস্কৃতির ছোঁয়ায় বাঙালি আত্মসচেতন হয়ে ওঠে। পাশ্চাত্য শিক্ষায় শিক্ষিত বাঙালি পাশ্চাত্যের সাহিত্য, দর্শন, বিজ্ঞান, রাজনীতি, অর্থনীতি প্রভৃতি বিষয়ে সম্যক ধারণা লাভের জন্য ব্যাকুল হয়ে ওঠে। বাঙালি নিজের ধর্মীয় এবং সামাজিক ত্রুটিবিচ্যুতিগুলি এবং সাম্রাজ্যবাদী ব্রিটিশ শাসনের চরিত্র সম্বন্ধে

সচেতন হয়ে ওঠে। এই সচেতনতাই হল নবজাগরণের আসল ভিত্তি। নবজাগরণের মতাদর্শগত ভিত্তি কখনই ধর্মনিরপেক্ষ বা অসাম্প্রদায়িক ছিল একথা বলা যায় না। তাই অধ্যাপক সুমিত সরকার লিখেছেন—"মুসলিম স্বৈরাচারী শাসনের সহাবস্থান সংক্রান্ত ধারণা থেকেই বুদ্ধিজীবীরা একটি বিদেশি শাসন গ্রহণ করার সুবিধাজনক যৌক্তিকতা খুঁজে পেয়েছিলেন।"

- **তিনটি ভাবধারা:** বাংলার নবজাগরণের চরিত্র বিচারে কয়েকটি ভাবধারার পরিচয় পাওয়া যায়। এগুলি হল উদারপন্থী ভাবধারা, প্রাচ্যের পুনরুজ্জীবনবাদী বা ঐতিহ্যবাদী ভাবধারা এবং সমন্বয়বাদী ভাবধারা। পাশ্চাত্যের উদারপন্থী ভাবধারার প্রভাবে সমাজসংস্কার, ধর্মীয় কুসংস্কারের বিরুদ্ধে আন্দোলন, নারীমুক্তি আন্দোলন প্রভৃতি শুরু হয়। যুক্তির আলোকে প্রচলিত প্রথা এবং আচারবিধিগুলি যাচাই করে নেওয়ার রীতি চালু হয়। দ্বিতীয় ধারা অর্থাৎ প্রাচ্যের পুনরুজ্জীবনবাদ বা ঐতিহ্যবাদী ভাবধারা অনুযায়ী প্রাচীন ভারতীয় সভ্যতার শ্রেষ্ঠত্ব প্রতিষ্ঠার উদ্যোগ লক্ষ করা যায়। তৃতীয় অর্থাৎ সমন্বয়বাদী ভাবধারা অনুযায়ী প্রাচীন যুগের যা কিছু শ্রেষ্ঠ তার সঙ্গে পাশ্চাত্য জ্ঞান বিজ্ঞানের যা কিছু শ্রেষ্ঠ উভয়ের সমন্বয়ের উদ্যোগ শুরু হয়।

- **এলিটিস্ট আন্দোলন:** সমালোচকদের ধারণায় উনিশ শতকে বাংলার নবজাগরণ ছিল এলিটিস্ট (Elitist) আন্দোলন। সমাজের মুষ্টিমেয় উচ্চবিত্ত ও উচ্চশিক্ষিত লোকেদের মধ্যেই এই নবজাগরণ সীমাবদ্ধ ছিল। উনিশ শতকে বাংলার নবজাগরণের প্রভাব সমাজের সকল শ্রেণির ওপর পড়েনি। তা ছাড়া এই নবজাগরণ মুসলিম সম্প্রদায়কে প্রভাবিত করতে ব্যর্থ হয়। কারণ মুসলিম সম্প্রদায়কে কেন্দ্র করে সেই সময় কোনো সংস্কার প্রচেষ্টা দেখা যায়নি। তা ছাড়া হিন্দু সমাজকেন্দ্রিক সংস্কার প্রচেষ্টা গৃহীত হলেও দেখা যায় যে, হিন্দুসমাজের পিছিয়ে পড়া মানুষ বা কৃষক সমাজের উন্নতির জন্য কোনো উদ্যোগ নেওয়া হয়নি। জওহরলাল নেহরু স্পষ্টভাবে বলেছেন ঔপনিবেশিক শাসনের জ্ঞানদীপ্তি শুধুমাত্র উচ্চবর্ণের বাঙালি হিন্দুদের ওপরই প্রতিফলিত হয়েছিল।

- **মৌলিকত্বের অভাব:** বাংলায় নবজাগরণের মৌলিকত্বের অভাব ছিল। একদিকে বেদ উপনিষদের প্রভাব, অপরদিকে পাশ্চাত্য উদারপন্থা ও হিতবাদের অনুপ্রেরণা। মধ্যবিত্ত শিক্ষিত বাঙালির মতাদর্শ এক মিশ্র চিন্তাধারার জন্ম দেয়। এর কুপ্রভাব হিসেবে তারা ইংরেজি গানের সুরের ঢঙে হিন্দুস্তানি গানের চর্চা করতেন এবং ইংরেজ কায়দায় থালাপিনা করতেন ও বিলাস বৈভবে জীবন কাটাতেন। এদের অনেকেই দেশের ঐতিহ্যমণ্ডিত শিল্পের প্রতি শ্রদ্ধা না দেখালেও ইল্যান্ড থেকে আমদানি করা বিলাসপণ্য ঘরে সাজিয়ে রেখে গর্ব অনুভব করতেন। তাই এ প্রসঙ্গে অধ্যাপক অমলেশ ত্রিপাঠী বলেছেন- "প্রাচীন ইটালির দ্বিমুখবিশিষ্ট দেবতা জ্যানাসের মতো তারা একবার সামনের দিকে আধুনিক পাশ্চাত্যের প্রতি তাকিয়েছিল। আর একবার পেছনদিকে প্রাচীন ভারতের প্রতি তাকিয়েছিল। ঘড়ির পেন্ডুলামের মতো তারা একবার পাশ্চাত্যকরণের দিকে এক একবার ঐতিহ্যগত আদর্শের দিকে এবং এই দুই-এর মধ্যবর্তী স্তরে বিচরণ করেছিল।"

- **শহরকেন্দ্রিক:** উনিশ শতকের বাংলার নবজাগরণ ছিল মূলত শহরকেন্দ্রিক। এই নবজাগরণের প্রাণকেন্দ্র ছিল কলকাতা। কলকাতার বাইরে অন্যান্য জায়গায় এই নবজাগরণ ছড়িয়ে পড়েনি। তাই গ্রামবাংলার গরিষ্ঠ অংশ এই নবজাগরণের ছোঁয়া পায়নি। বলা যায়, গ্রামের কৃষক ও দরিদ্র শ্রেণির সঙ্গে এই নবজাগরণের কোনো সম্পর্ক গড়ে ওঠেনি।

- **সীমিত পরিসরঃ** উনিশ শতকের বাংলার নবজাগরণের ব্যাপ্তি বা পরিসর ছিল খুবই সীমিত। তা ছিল মূলত শহরকেন্দ্রিক , বিশেষ করে কলকাতাকেন্দ্রিক। কলকাতার বাইরে গ্রামবাংলায় এই নবজাগরণের প্রসার ঘটেনি এবং গ্রামবাংলার বৃহত্তর জনগোষ্ঠী এই নবজাগরণের কোনো সুফল পায়নি।

- **মধ্যবিত্ত সমাজে সীমাবদ্ধঃ** বাংলার জাগরণ শুধু পাশ্চাত্য শিক্ষায় শিক্ষিত প্রগতিশীল সমাজে সীমাবদ্ধ ছিল। বিভিন্ন ঐতিহাসিক এই সমাজের লোকেদের ' মধ্যবিত্ত ভদ্রলোক ' বলে অভিহিত করেছেন। এজন্য অধ্যাপক অনিল শীল এই জাগরণকে এলিটিস্ট আন্দোলন বলে অভিহিত করেছেন। বাংলার এই জাগরণের সঙ্গে গ্রামগঞ্জের হাজার হাজার দরিদ্র মেহনতি মানুষের কোনো প্রত্যক্ষ যোগ ছিল না। পণ্ডিত জওহরলাল নেহরুও মনে করেন যে , ঔপনিবেশিক শাসনের জ্ঞানদীপ্তি শুধু উচ্চবর্গের হিন্দুদের ওপরই প্রতিফলিত হয়েছিল। সাধারণ জনগণের মধ্যে এর বিশেষ প্রভাব পড়েনি।

- **ব্রিটিশ নির্ভরতাঃ** বাংলার এই জাগরণ অতিমাত্রায় ব্রিটিশ নির্ভর হয়ে পড়েছিল। ব্রিটিশ শাসনের প্রতি শ্রদ্ধাশীল নবজাগরণের নেতৃবৃন্দ মনে করতেন যে, ব্রিটিশ শাসনের দ্বারাই ভারতীয় সমাজের মঙ্গল সাধিত হবে। ঐতিহাসিক যদুনাথ সরকার লিখেছেন, 'ইংরেজদের দেওয়া সবচেয়ে বড়ো উপহার হল আমাদের উনিশ শতকের নবজাগরণ। তিনি ভারতে ব্রিটিশ শাসন প্রতিষ্ঠাকে এজন্য 'গৌরবময় ভো ' বলে অভিহিত করেছেন।

- **হিন্দু জাগরণবাদঃ** বাংলার নবজাগরণ প্রকৃতপক্ষে "হিন্দু জাগরণবাদে" পর্যবসিত হয়। রাধাকান্ত দেব , মৃত্যুঞ্জয় বিদ্যালঙ্কার প্রমুখের কার্যকলাপে হিন্দু জাগরণবাদের ছায়া দেখতে পাওয়া যায়। রামমোহন ও বিদ্যাসাগর হিন্দুশাস্ত্রকে ভিত্তি করে সমাজ পরিবর্তনের ডাক দিয়েছিলেন। তাই অনেকে মনে করেন যে , উনিশ শতকের বাংলার নবজাগরণে ধর্মনিরপেক্ষ মানবতাবাদের ভূমিকা ছিল খুবই গৌণ।

- *বাংলায় নবজাগরণের সীমাবদ্ধতা*

- অধ্যাপক সুশোভন সরকার তার নোটস অন বেঙ্গল রেনেসাঁ (Notes on Bengal Renaissance) শীর্ষক গ্রন্থে নবজাগরণের নানা সীমাবদ্ধতার কথা তুলে ধরলেও বাংলার এই সাংস্কৃতিক জাগরণকে নবজাগরণ অ্যাখ্যা দিয়েছেন। তিনি বলেছেন যে, বাংলাতেই প্রথম ব্রিটিশ শাসন, বুর্জোয়া অর্থনীতি এবং আধুনিক পাশ্চাত্য শিক্ষার প্রভাব অনুভূত হয়।

- ড. অমলেশ ত্রিপাঠী মনে করেন দ্বাদশ ও ত্রয়োদশ শতকের বাণিজ্য বিপ্লব, নগর বিপ্লব যেভাবে ইটালির নবজাগরণের পটভূমি প্রস্তুত করেছিল, বাংলার নবজাগরণের ক্ষেত্রে তা দেখা যায়নি। ইটালির নবজাগরণের কেন্দ্র ফ্লোরেন্স ছিল স্বাধীন ও মুক্ত পরিবেশ। অপরদিকে, বাংলার নবজাগরণের কেন্দ্র ছিল কলকাতা। বিদেশি ব্রিটিশ শাসকের অধীনস্থ। তা ছাড়া কলকাতা নবজাগরণের পৃষ্ঠপোষকতা করেছিলেন কিছু জমিদার, কোম্পানির বেনিয়ান, দেশীয় গোমস্তা ও কিছু চাকুরিজীবী। অপরদিকে, ফ্লোরেন্সে নবজাগরণের পৃষ্ঠপোষকতা করেন। গোরেঞ্জো মেদিচির মধ্যে ধনী ব্যাংক ব্যবসায়ীগণ

- অধ্যাপক সুমিত সরকার, বাংলার নবজাগরণকে ইংরেজ নকলনবিশি বলে সমালোচনা করেছেন। বিনয় ঘোষের ধারণায় বাংলায় নবজাগরণ একটি অতিকথা মাত্র। তিনি এই নবজাগরণকে ঐতিহাসিক প্রতারণা (Historical hoax) বলে সমালোচনা করেছেন। তিনি বলেন যে, বাংলায় নবজাগরণ হয়নি, যা লেখা হয়েছে এথনও লেখা, তা অতিকথন মাত্র।

- অশোক মিত্র বাংলার উনিশ শতকের জাগরণকে 'তথাকথিত নবজাগরণ' (So called Renaissance) বলে উল্লেখ করেছেন।
- বিনয় ঘোষ তিনি এই নবজাগরণকে 'ঐতিহাসিক প্রতারণা' আখ্যা দিয়ে বলেন "নবজাগরণ হয়নি, যা লেখা হয়েছে এখনও লেখা হয়, তা অতিকথা মাত্র।"

- **রামমোহন রায়**

    বহু ভাষা ও বহু ধর্মের দেশ ভারতে সমাজ-সংস্কৃতির আন্দোলন নতুন কোনো বিষয় নয়। উনিশ শতকব্যাপী যা কিছু সমাজসংস্কার, ধর্মসংস্কার আন্দোলন, তার মধ্য দিয়ে নিজেকে চিনে নেওয়ার প্রবণতা যথেষ্ট লক্ষ করা যায়। আর এসব ক্ষেত্রে আধুনিক ভারতের প্রাণপুরুষ রামমোহন রায় (১৭৭৪-১৮৩৩ খ্রি.) হয়ে উঠেছিলেন একজন যুগন্ধর মানুষ। বাংলার সমাজসংস্কারের নানা ক্ষেত্রে তাঁর নেতৃত্বে এক কর্মযজ্ঞ শুরু হয়। রামমোহন রায় ১৮১৫ খ্রিস্টাব্দে কলকাতায় পদার্পণ করে সেই বছরেই আত্মীয়সভা প্রতিষ্ঠা করেন। ভবিষ্যতের ব্রাহ্মসমাজের কাজের ধারা কী হবে তা আত্মীয়সভার আলোচনা থেকেই বোঝা সম্ভব। আত্মীয়সভা মূলত ছিল একটি সমমনস্ক মানুষদের নিয়ে গঠিত ঘরোয়া সমিতি। এই সভার সাপ্তাহিক অনুষ্ঠানে রামমোহনের উপস্থিতিতে ধর্ম, সমাজ, শিক্ষা ইত্যাদি বিষয়ে যুক্তিতর্কের ঢেউ উঠত। দ্বারকানাথ ঠাকুর, নন্দকিশোর বসু, রামচন্দ্র বিদ্যাবাগীশ, নন্দকুমার বিদ্যালঙ্কার প্রমুখ স্বনামধন্য ব্যক্তিরা আত্মীয়সভার সদস্য ছিলেন। এই সভার মূল উদ্দেশ্য ছিল, অন্ধবিশ্বাসের শৃঙ্খল থেকে দেশের মানুষকে মুক্ত করা। রামমোহনের এই কাজকে রক্ষণশীল হিন্দুসমাজ মেনে নিতে পারেনি। রাধাকান্ত দেবের নেতৃত্বে তাঁরা কড়ুর রামমোহন-বিরোধী হয়ে ওঠেন। অন্যদিকে, রামমোহন খ্রিস্টান কার্যাবলিতেও সন্তুষ্ট ছিলেন না। নিজের ধর্মীয় মতামত স্বাধীনভাবে প্রকাশ করার জন্য ১৮২১ খ্রিস্টাব্দে তিনি কলকাতায় 'ক্যালকাটা ইউনিটেরিয়ান কমিটি' (Calcutta Unitarian Committee) নামে এক আলোচনা চক্রের প্রতিষ্ঠা করেন।

    সমাজ ও ধর্মসংস্কারে রাজা রামমোহন রায়

    ভূমিকা : উনিশ শতকে বাঙালির জীবনে ধর্ম, সমাজ, সাহিত্য, রাজনীতি প্রভৃতি ক্ষেত্রে যে সমুদয় গুরুতর পরিবর্তন ঘটে, তাদের সবার মূলে না থাকলেও প্রায় সবগুলির সঙ্গেই রাজা রামমোহন রায়ের ঘনিষ্ঠ সম্বন্ধ ছিল। সমাজসংস্কারের ক্ষেত্রে তাঁর অবদান চিরস্মরণীয় হয়ে আছে।

- **সতীদাহপ্রথা বিলোপঃ** সমগ্র ভারতে তো বটেই, বাংলাতেও সতীদাহ প্রথা ছিল এক সামাজিক অভিশাপ সতীদাহপ্রথা বলতে বোঝায় স্বামীর মৃত্যুর পর তার চিতায় জীবিত স্ত্রীকে পুড়িয়ে মারা। কিন্তু হিন্দুধর্মে আঘাত লাগতে পারে ভেবে ইংরেজ কর্তৃপক্ষ এ ধরনের অমানবিক প্রথার বিরুদ্ধে ব্যবস্থা নেয়নি। তবে রামমোহন রায় এই প্রথার বিরুদ্ধে আপসহীন সংগ্রাম শুরু করেন। এই ব্যাপারে তৎকালীন গভর্নর - জেনারেল লর্ড উইলিয়াম বেন্টিঙ্ক এবং প্রিন্স দ্বারকানাথ ঠাকুরও তাঁকে প্রবলভাবে সমর্থন জানান।

- **রামমোহনের তীর প্রতিবাদ:** ১৮১৮ খ্রিস্টাব্দ থেকেই রামমোহন রায় সতীদাহ প্রথার বিরুদ্ধে প্রতিবাদ করতে এবং জনমত গঠন করতে ব্রতী হন। এই উদ্দেশ্যে তিনি বাংলা ও ইংরেজি ভাষায় বিভিন্ন পুস্তিকা এবং সম্বাদ কৌমুদী পত্রিকায় বিভিন্ন প্রবন্ধ প্রকাশ করেন। হিন্দুশাস্ত্র ও বিভিন্ন ধর্মগ্রন্থ থেকে তিনি প্রমাণ করেন যে, সতীদাহ ধর্মবিরোধী অশাস্ত্রীয়। এই কুপ্রথা

নিবারণের অনুরোধ জানিয়ে তিনি বাংলার ৩০০ জন বিশিষ্ট নাগরিকদের স্বাক্ষরিত এক আবেদনপত্র বড়োলাট লর্ড উইলিয়াম বেন্টিঙ্কের কাছে জমা দেন। রামমোহনের প্রচেষ্টাকে স্বাগত জানিয়ে বেন্টিঙ্ক ১৮২৯ খ্রিস্টাব্দের ৪ ডিসেম্বর সতীদাহপ্রথার বিরুদ্ধে ১৭ নং রেগুলেশন আইন জারি করে এই প্রথা রদ করেন।

- **বাংলার রক্ষণশীল সমাজের প্রতিক্রিয়াঃ** বাংলার রক্ষণশীল হিন্দুসমাজ রাধাকান্ত দেবের নেতৃত্বে এই আইনের বিরুদ্ধে ইংল্যান্ডে একটি স্মারকলিপি পাঠায়। এর প্রত্যুত্তরে রামমোহন প্রিভি কাউন্সিলের কাছে এই স্মারকলিপির অযৌক্তিকতা প্রমাণ করেন, যার ফলে সতীদাহ নিবারণ আইন বলবৎ থাকে রামমোহন রায়ের জীবিতকালে সমাজসংস্কারের ক্ষেত্রে ব্রাহ্মসমাজের প্রথম সার্থক ও যুগান্তকারী আন্দোলন ছিল সতীদাহপ্রথা নিবারণ আন্দোলন।

- **অন্যান্য সংস্কারঃ**

  - রামমোহনের সংস্কারমুক্ত, যুক্তিবাদী মন হিন্দুসমাজে প্রচলিত বাল্যবিবাহ, বহুবিবাহ, কন্যাপণ, কুলীন, জাতিভেদ, অস্পৃশ্যতা, গঙ্গাসাগরে সন্তান বিসর্জন প্রভৃতি বহু সামাজিক কুপ্রথার বিরুদ্ধে বিদ্রোহী হয়ে ওঠে। এগুলি নিবারণের জন্য সংবাদপত্রের মাধ্যমে তিনি প্রতিবাদে সোচ্চার হয়ে ওঠেন।

  - শুধু নারীর জীবনরক্ষাই নয়, মর্যাদা সহকারে তাদের সমাজে প্রতিষ্ঠিত করার চেষ্টাও তিনি করেন। তিনি নারী-পুরুষ সমানাধিকার, বিধবার পুনর্বিবাহ, স্ত্রীশিক্ষার বিস্তার, পিতা বা স্বামীর সম্পত্তির ওপর নারীর অধিকার স্থাপন প্রভৃতি ব্যাপারেও উদ্যোগী হন।

- *পাশ্চাত্য শিক্ষাবিস্তারে রাজা রামমোহন রায়ের ভূমিকা*

- **বিদ্যালয় প্রতিষ্ঠাঃ** পাশ্চাত্য শিক্ষা বিস্তারের উদ্দেশ্যে রামমোহন রায় ১৮১৫ খ্রিস্টাব্দে কলকাতায় অ্যাংলো - হিন্দু স্কুল নামে একটি ইংরেজি বিদ্যালয় প্রতিষ্ঠা করেন।

- **সরকারকে পত্রঃ** ইস্ট ইন্ডিয়া কোম্পানি ভারতীয়দের শিক্ষার জন্য বার্ষিক ১ লক্ষ টাকা ব্যয়ের সিদ্ধান্ত নিলে রামমোহন ১৮২৩ খ্রিস্টাব্দে লর্ড আমহার্স্টকে দেওয়া পত্রে দাবি জানান যে , এই অর্থ আধুনিক বিজ্ঞান ও ইংরেজি শিক্ষা প্রসারের জন্য ব্যয় করা হোক।

- **পাশ্চাত্য শিক্ষার পক্ষে প্রচারঃ** রামমোহন পাশ্চাত্য গণিত , দর্শন , রসায়ন , অস্থিবিদ্যা প্রভৃতি শিক্ষার সপক্ষে প্রচার চালান। তিনি কলকাতায় সংস্কৃত কলেজ প্রতিষ্ঠার সরকারি সিদ্ধান্তের বিরোধিতা করেন।

- **বেদান্ত কলেজ প্রতিষ্ঠাঃ** শিক্ষার্থীদের মন থেকে নানা কুসংস্কার ও মূর্তিপূজা দূর করে পাশ্চাত্য সমাজবিজ্ঞান ও পদার্থবিদ্যা শিক্ষাদানের উদ্দেশ্যে রামমোহন রায় ১৮২৬ খ্রিস্টাব্দে বেদান্ত কলেজ প্রতিষ্ঠা করেন।

- **অন্যদের সহায়তাঃ** বাংলায় পাশ্চাত্য শিক্ষার প্রসারের কাজে তিনি ডেভিড হেয়ার , আলেকজান্ডার ডাফ প্রমুখকে নানাভাবে সহায়তা করেন। ডাফ জেনারেল অ্যাসেম্বলিজ ইনস্টিটিউশন (১৮৩০ খ্রি.) প্রতিষ্ঠার উদ্যোগ নিলে রামমোহন তাঁকে বিশেষভাবে সহায়তা করেন। হিন্দু কলেজ (১৮১৭ খ্রি.) প্রতিষ্ঠায় রামমোহনের সহায়তার কথা কেউ কেউ স্বীকার করলেও ড . রমেশচন্দ্র মজুমদার এই মত স্বীকার করেন না।

- **বিদ্যাসাগর**

ছাত্রজীবন ও কর্মজীবনের সূত্রপাত

১৮২০ খ্রীষ্টাব্দের ২৯শে সেপ্টেম্বর মেদিনীপুর জেলার (তৎকালীন হুগলী জেলা) বীরসিংহ গ্রামে এক দরিদ্র ব্রাহ্মণ পরিবারে ঈশ্বরচন্দ্র বিদ্যাসাগর জন্ম গ্রহণ করেন। তার পিতা ঠাকুরদাস বন্দ্যোপাধ্যায় ছিলেন সৎচরিত্র নিষ্ঠাবান ব্রাহ্মণ এবং মা ভগবতী ছিলেন একজন দৃঢ়চেতা নারী। আত্মবিশ্বাস ও তেজস্বিতার মূর্ত প্রতীক ঈশ্বরচন্দ্রের জীবনে তার দরিদ্র পিতা ও মাতার প্রভাব ছিল অপরিসীম। বিনয় ঘোষ লিখেছেন – "মা ছিলেন ঈশ্বরচন্দ্রের জীবনে শক্তি। পিতা ঠাকুরদাস ছিলেন তার টিচার ও ট্রেনার।" গ্রামের পাঠশালায় লেখাপড়ার পাঠ সাঙ্গ করে মেধাবী বালক ঈশ্বরচন্দ্র দরিদ্র পিতার হাত ধরে নদ-নদী পেরিয়ে পদব্রজে উপস্থিত হলেন নবভারতের রাজধানী শহর কলকাতায়। ১৮২৯ খ্রিষ্টাব্দের ১লা জুন তিনি সংস্কৃত কলেজে ভর্তি হন। ১৮৩৯ খ্রিষ্টাব্দে তিনি বিদ্যাসাগর উপাধি লাভ করেন এবং ১৮৪১ খ্রিষ্টাব্দে শিক্ষাজীবন শেষ করে ফোর্ট উইলিয়াম কলেজের বাংলা বিভাগের প্রধান পন্ডিত পদে যোগদান করেন। ১৮৫০ খ্রীষ্টাব্দের ডিসেম্বর মাসে তিনি সংস্কৃত কলেজে অধ্যাপক এবং পরে ঐ কলেজের অধ্যক্ষ পদে নিযুক্ত হন (২২শে জানুয়ারী ১৮৫১ খ্রীঃ) ১৮৫৮ খ্রীষ্টাব্দের ৩রা নভেম্বর পর্যন্ত অর্থাৎ মোট আট বৎসর তিনি সংস্কৃত কলেজের অধ্যক্ষ ছিলেন।

শিক্ষা সংস্কার

ইতিমধ্যে ঈশ্বরচন্দ্র শিক্ষা বিস্তার এবং বিশেষ করে স্ত্রী শিক্ষা বিস্তারের প্রচেষ্টায় নিজেকে নিযুক্ত করেন। তিনি তত্ত্ববোধিনী পত্রিকায় বিবিধ বিষয়ে সংস্কারধর্মী প্রবন্ধ প্রকাশ করে তার প্রগতিশীল মনোভাবের পরিচয় দেন। সংস্কৃত কলেজে দায়িত্বভার গ্রহণের পর তিনি কলেজের শিক্ষাব্যবস্থায় মৌলিক পরিবর্তন সাধন করেন। ঈশ্বরচন্দ্র ঐ কলেজের দ্বার সকল শ্রেণির হিন্দুর জন্য মুক্ত করে এক সামাজিক বিপ্লবের সূচনা করেন। তিনি সংস্কৃত কলেজের পাঠক্রমে পরিবর্তন আনয়ন করে মৌলিক প্রতিভার পরিচয় দেন। তিনি শিক্ষার বিভিন্ন স্তরে যে সংস্কার সাধন করেন তার একটি বিশেষ লক্ষ্য ছিল। তিনি মনে করতেন যে ভারতীয়দের শিক্ষার লক্ষ্য হবে সংস্কৃত ও ইংরাজী ভাষায় দক্ষতা অর্জন। করে নিজ নিজ মাতৃভাষাকে সমৃদ্ধ করা। এই লক্ষ্যে পৌঁছাবার জন্য তিনি সংস্কৃত শিক্ষার মত ইংরেজি শিক্ষার উপরও বিশেষ গুরুত্ব আরোপ করেছিলেন। বিদ্যাসাগর নিজে ব্রাহ্মন বংশে জন্ম গ্রহণ করেছিলেন। কিন্তু তা সত্ত্বেও তিনি পাশ্চাত্য জ্ঞান বিজ্ঞানকে সাদরে গ্রহণ করেছিলেন।

শিক্ষা সংস্কারে বিদ্যাসাগরের ভূমিকাঃ গভীর মানবতাবাদে উদ্বুদ্ধ বিদ্যাসাগর প্রথম থেকেই শিক্ষার প্রসারে ব্রতী হয়েছিলেন। তিনি শিক্ষা আয়তনকে মানব ধর্মের নার্সারি করে তুলতে চেয়েছিলেন, শিক্ষা প্রসারের ক্ষেত্রে যে গুরুত্বপূর্ণ পদক্ষেপগুলি তিনি নিয়েছিলেন সেগুলি হল নিম্নরূপ-

- **বিদ্যালয় স্থাপনঃ** বিদ্যাসাগর শিক্ষা সংস্কারের ক্ষেত্রে সবার আগে জোর দিয়েছিলেন–বিদ্যালয় স্থাপনের ওপর। লর্ড হার্ডিঞ্জ ১৮৪৪ সালে ১০০ টি বাংলা বিদ্যালয় স্থাপনের ওপর জোর দিলে বিদ্যাসাগর তার দিকে সাহায্যের হাত বাড়িয়ে দিয়েছিলেন। শুধু তায় নয় তিনি নিজেও বিভিন্ন জেলায় ২০ টি মডেল স্কুল প্রতিষ্ঠা করেছিলেন। যার বেশিরভাগটাই তার নিজের খরচায় চলতো। এছাড়া ১৮৭২ খ্রিঃ তিনি নিজের খরচায় মেট্রোপলিটন ইন্সটিটিউশন প্রতিষ্ঠা করেছিলেন, যা বর্তমানে বিদ্যাসাগর কলেজ নামে পরিচিত।

- **নারী শিক্ষায় ভূমিকাঃ** বিদ্যাসাগর বুঝেছিলেন সমাজে নারীদের যদি শিক্ষিত করা না যায় তাহলে নারীদের সার্বিক অগ্রগতি হতে পারে না । সেইকারণে নারী শিক্ষা প্রসারে তিনি উদ্যোগী হয়েছিলেন। যেমন Drink Water Bethune এর পৃষ্ঠপোষকতায় তিনি হিন্দু ফিমেল স্কুল প্রতিষ্ঠা করেছিলেন , এছাড়াও ৩৫ টি বালিকা বিদ্যালয় প্রতিষ্ঠার সঙ্গে নিজেকে যুক্ত করেছিলেন। প্রায় এক হাজার তিনশো ছাত্রী এই বিদ্যালয় গুলিতে পড়াশুনা করতো।

- **মাতৃভাষায় শিক্ষাদানঃ** মাতৃভাষায় শিক্ষাদানের উপর বিদ্যাসাগর প্রথম থেকেই জোর দিয়েছিলেন । তবে একই সঙ্গে তিনি পাশ্চাত্য শিক্ষার গুরুত্বকে অস্বীকার করেননি। এরই পাশাপাশি তিনি প্রাচ্য ও পাশ্চাত্যের সমন্বয়ের ওপর গুরুত্ব আরোপ করেছিলেন।

- **পাঠ্যপুস্তক রচনাঃ** শুধুমাত্র বিদ্যালয় স্থাপন নয় , পাঠ্যপুস্তক রচনার দায়িত্বও তিনি নিজের কাঁধে তুলে নিয়েছিলেন। বর্ণপরিচয় , শিশুশিক্ষা , কথামালা , নীতিবোধ চরিতাবলি সহ সংস্কৃত শিক্ষার সুবিধার জন্য সংস্কৃত ব্যাকরণের উপক্রমণিকা ও ব্যাকরণ কৌমুদী প্রভৃতি রচনা করেন। এছাড়াও আখ্যান মঞ্জরি , শব্দ মঞ্জরি , শ্লোক মঞ্জরি , ব্রজবিলাস , রত্নপরীক্ষা প্রভৃতি বই রচনা করেন যা বাংলা ও সংস্কৃত শিক্ষার ক্ষেত্রে বিশেষ গুরুত্বপূর্ণ হয়ে উঠেছিল। এছাড়াও সীতার বনবাসের মতো গ্রন্থ রচনার মাধ্যমে তিনি বাংলা গদ্য লেখার নতুন পথ রচনা করেছিলেন। রবীন্দ্রনাথের কাছে তিনি ছিলেন ' বাংলা ভাষার প্রথম যথার্থ শিল্পী।

- **নিয়মকানুন তৈরিঃ** শিক্ষার কাজে তিনি বেশকিছু নিয়ম কানুন প্রতিষ্ঠা করেছিলেন। কেবলমাত্র ব্রাহ্মণ ও বৈদ্য সন্তানরা সংস্কৃত পরতে পারবে এই নীতি তুলে দিয়ে সকল বর্ণের হিন্দু ছাত্রদের জন্য সংস্কৃত পড়ার দ্বার খুলে দেন তিনি। এছাড়াও শিক্ষকদের ইচ্ছামতো আসা ও যাওয়া বন্ধ করে নতুন নিয়ম কানুন বলবত করেছিলেন তিনি। পাশাপাশি শুভদিন অনুসারে ছুটির দিন তুলে দিয়ে রবিবার ছুটির নীয়ম চালু করেন।

- **জনসেবাঃ** নিঃস্বার্থ সমাজসেবী ক্ষণজন্মা পুরুষ ঈশ্বরচন্দ্র ছিলেন মানবতাবাদী চেতনার বাহক। দীন-দুঃখী, গরিব অসহায়, দুস্থ-দুর্দশাগ্রস্ত, অক্ষম, রুগ্ন, বিপন্ন ও বিপদগ্রস্ত শ্রেণীর সাহায্যে তিনি সর্বদা সচেষ্ট ছিলেন। ১২৭৬ বঙ্গাব্দে বাংলা ও উড়িষ্যার ভয়াবহ দুর্ভিক্ষকালে তিনি মেদিনীপুর, হুগলী প্রভৃতি জেলায় শিবির, লঙ্গরখানা ও অন্নছত্র খোলেন। বীরসিংহে তিনি নিজ ব্যয়ে এক অন্নছত্র খোলেন, যেখানে দিন - রাত্রি অবিরাম খাদ্য পরিবেশিত হত। এখানে বসবাসরত ডোম , হাড়ি প্রভৃতি নিচু শ্রেণী, সন্তান সম্ভবা মহিলা সকলকে তিনি নিজ হাতে সেবা করতেন। তাই তিনি দয়ার সাগর উপাধি পান।

- *শিক্ষা বিস্তারে বিবিধ উদ্যোগ*

    বিদ্যাসাগর মহাশয় বাংলা শিক্ষার উন্নয়ন ও প্রসারকল্পে কর্ম তৎপর হন। জনশিক্ষাবিস্তারের কাজে তিনি অগ্রহণী ভূমিকা পালন করেন। তিনি উপলব্ধি করেছিলেন যে শিক্ষাই অন্ধকার দূর করে মানুষকে প্রকৃত মনুষ্যত্বে পৌঁছে দেয়। এক চিঠিতে তিনি লেখেন যে – "জনসাধারণের মধ্যে শিক্ষাবিস্তার এই এখন আমাদের প্রয়োজন। আমাদের কতগুলি বাংলা স্কুল স্থাপন করতে হবে এবং এইসব স্কুলের জন্য প্রয়োজনীয় ও শিক্ষাপ্রদ বিষয়ের অনেকগুলি পাঠ্যপুস্তক রচনা করতে হবে।" বাংলার বিভিন্ন জেলায় তিনি ২০ টি মডেল স্কুল বা আদর্শ বিদ্যালয় প্রতিষ্ঠা করেন। শিক্ষক শিক্ষণের উদ্দেশ্যে সংস্কৃত কলেজের অভ্যন্তরেই তিনি একটি নর্মাল স্কুল প্রতিষ্ঠা করেন। এর পরিচালনার দায়িত্ব ছিল অক্ষয়কুমার দত্ত ও মধুসূদন বাচস্পতির উপর। ১৮৪৯ খ্রিষ্টাব্দে ড্রিঙ্ক ওয়াটার বেথুনের পৃষ্ঠপোষকতায় হিন্দু বালিকা

বিদ্যালয় প্রতিষ্ঠিত হয়। ১৮৫০ খ্রিস্টাব্দে বিদ্যাসাগর এই শিক্ষায়তনের সম্পাদকের পদ গ্রহণ করেন। তাঁর উদ্যোগে গ্রামাঞ্চলে ৩৫টিবালিকা বিদ্যালয় প্রতিষ্ঠিত হয়। শিবনাথশাস্ত্রী তার আত্মচরিত এ লেখেন যে উনিশ শতকের শেষভাগে বেসরকারি উদ্যোগে বাংলায় যে সব কলেজ প্রতিষ্ঠিত হয়েছিল তাদের সকলেরই ধ্রুবতারা ছিল মেট্রো পলিটন কলেজ। কেবল শিক্ষাবিস্তারই নয় — বিরাট পাণ্ডিত্য সত্ত্বেও তিনি জনশিক্ষার জন্য বেশ কিছু পাঠ্য পুস্তক রচনা করেন। এগুলির মধ্যে বর্ণমালা, কথামালা, নীতিবোধ, চরিতাবলী, বোধোদয় উল্লেখযোগ্য।

বাংলা ভাষার আধুনিকীকরণ

আধুনিক বাংলা ভাষা ও সাহিত্যের বিকাশে বিদ্যাসাগরের ভূমিকা স্মরণীয়। তিনি নিজের রচনাবলীর মধ্যেও আধুনিক বাংলা গদ্যরীতির বিবর্তনে পথিকৃতের কাজ করেন। ইতিপূর্বে বাংলাভাষা ছিল সম্পূর্ণভাবে সংস্কৃত ভাষা প্রভাবিত। অলংকারবহুল বাংলা ভাষা স্বভাবতই ছিল জটিল ও অবোধ্য। বিদ্যাসাগর বাংলা ভাষাকে যথাসম্ভব সংস্কৃত প্রভাব মুক্ত করে স্বাতন্ত্র্যদান করতে প্রয়াসী হন। তিনি নতুন ছন্দে বাংলা গদ্য রচনা করে বাংলা ভাষাকে অনেক বেশী সহজ ও সরল করে দেন। এরই উপর ভিত্তি করে পরবর্তীকালে আধুনিক বাংলা ভাষার বিবর্তন ঘটেছে। গদ্য রচনার ছেদ চিহ্নের প্রয়োগ তার অনন্য কীর্তি। সেই সঙ্গে পদবিন্যাস দ্বারা বাংলা রচনাকে সাবলীল করে দেন।

নারীশিক্ষার বিস্তারে ঈশ্বরচন্দ্র বিদ্যাসাগর

- **বিধবাবিবাহ আন্দোলনঃ** হিন্দু বিধবাদের শোচনীয় অবস্থা বিদ্যাসাগরকে দীর্ঘদিন ধরেই পীড়িত করে আসছিল। এই কারণে বিধবাদের পুনর্বিবাহের জন্য তিনি সুদীর্ঘ আন্দোলন করেন। বিভিন্ন ধর্মশাস্ত্রের উদ্ধৃতি দিয়ে তাঁর মতামতের যৌক্তিকতা প্রদর্শন করেন তিনি। তিনি এর জন্য নানা পদক্ষেপ গ্রহণ করেন , যেমন—

1. **প্রবন্ধ প্রকাশঃ** ১৮৫০ খ্রিস্টাব্দে প্রতিষ্ঠিত সর্বশুভকরী সভার মুখপত্র সর্বশুভকরী পত্রিকার সংখ্যাতেই তিনি বাল্যবিবাহের দোষ শীর্ষক এক প্রবন্ধ প্রকাশ করেন।

2. **উদ্ধৃতিঃ** তিনি হিন্দুশাস্ত্রের পরাশর সংহিতা থেকে উদ্ধৃতি দিয়ে প্রমাণ করেন যে , বিধবাবিবাহ শাস্ত্রসম্মত। বিধবাবিবাহের পক্ষে তিনি দেশে এক প্রবল আন্দোলন গড়ে তোলেন।

3. **পুস্তিকা প্রকাশঃ** ১৮৫৫ খ্রিস্টাব্দে তিনি বিধবাবিবাহ প্রচলিত হওয়া উচিত কি না এই সম্পর্কে দুটি প্রবন্ধ প্রকাশ করেন। পরের বছর পুস্তিকা দুটির ইংরেজি অনুবাদ প্রকাশিত হয়।

4. **স্বাক্ষর সংবলিত আবেদনপত্রঃ** ১৮৫৫ খ্রিস্টাব্দের ৪ অক্টোবর ভারতীয় অধিনসভার সদস্যদের কাছে বিধবাবিবাহ আইন করার জন্য ১০০০ ব্যক্তির আগা সংবলিত আবেদনপত্র পাঠানো হয়। আবেদনপত্রে স্বাগদরকারীদের মধ্যে ছিলেন দেবেন্দ্রনাথ ঠাকুর , বিচারপতি দারকানাথ মিত্র, অক্ষয়কুমার দত্ত, দক্ষিণারঞ্জন মুখোপাধ্যায় প্রমুখ বিশিষ্ট ব্যক্তি। তবে এই আবেদনপত্রের প্রতিবাদে হিন্দুসমাজের নেতা রাধাকান্ত দেবের নেতৃত্বে ৩৬,৭৬৩ জনের স্বাম সংবলিত একটি দরখাত সরকারের কাছে পাঠানো হয়।

- **বিধবাবিবাহ আইন পাসঃ** অবশেষে বহু চেষ্টার পর ১৮৫৬ খ্রিস্টাব্দের ২৬ জুলাই লর্ড ডালহৌসি বিধবাবিবাহ আইন পাস করেন । মনে রাখা দরকার , ডালহৌসির আমলে তাঁর প্রচেষ্টাতেই বিলটি তেরি হলেও আইন পরিষদে অনুমোদনের সময় ভারতের গভর্নর - জেনারেল হয়েছিলেন লর্ড ক্যানিং । তাই বিধবাবিবাহ আইন সিদ্ধ হলেও তা কার্যকর করা ছিল খুবই কঠিন কাজ।

- **প্রথম বিধবাবিবাহ অনুষ্ঠানঃ** শেষপর্যন্ত ১৮৫৬ খ্রিস্টাব্দের ৭ ডিসেম্বর বাংলায় প্রথম বিধবাবিবাহ অনুষ্ঠিত হয়। পাত্র ছিলেন সংস্কৃত কলেজের অধ্যাপক শ্রীশচন্দ্র বিদ্যারত্ন এবং পাত্রীর নাম কালীমতি দেবী। বিদ্যাসাগর নিজ উদ্যোগে ও ব্যয়ে বহু বিধবাদের বিবাহ দিয়েছিলেন। ১৮৫৬-১৮৬৭ খ্রিস্টাব্দ পর্যন্ত তিনি নিজ চেষ্টায় ৬০ টি বিধবাবিবাহের আয়োজন করেন । কিন্তু তার এই প্রচেষ্টা আশানুরূপ সাফল্য পায়নি।

- **অন্যান্য সংস্কারঃ** এরপর বিদ্যাসাগর বাল্যবিবাহের বিরুদ্ধেও আন্দোলন গড়ে তোলেন। একই সঙ্গে হিন্দুদের মধ্যে বহুবিবাহ প্রথার বিরুদ্ধেও সোচ্চার হয়ে ওঠেন তিনি।

   ব্রিটিশরা ভারতে পাশ্চাত্য শিক্ষা প্রদান করেছিল যা ভারতীয়দের গণতন্ত্র ও জাতীয়তাবাদের ধারণার সাথে পরিচয় করিয়ে দিয়েছিল। এই ধারণাগুলি ভারতীয়দের রাজনৈতিক চিন্তাভাবনাকে পরিবর্তন করে এবং একটি জাতীয় জাগরণ নিয়ে আসে। পাশ্চাত্য শিক্ষা নতুন শিক্ষিত ভারতীয়দের জন্য উদার ইউরোপীয় চিন্তাধারার বন্যার দরজা খুলে দেয়। যখন ভারতীয়রা ইউরোপীয় ইতিহাস অধ্যয়ন করে, তখন তারা স্বাধীনতা, জাতীয়তা, সমতা, আইনের শাসন এবং স্বায়ত্তশাসনের মতো আদর্শের মুখোমুখি হয়।

   পাশ্চাত্য শিক্ষার প্রভাবঃ

- শিক্ষিত ভারতীয়রা আমেরিকান এবং ফরাসি বিপ্লব সম্পর্কে পড়েন এবং স্বাধীনতা, সমতা এবং ন্যায়বিচারের ধারণায় ভারতীয়দের হৃদয়কে ভরিয়ে দেন।

- হবস, লক এবং রুসোর ধারণাগুলি জনগণকে রাজনৈতিক ও সামাজিক স্বাধীনতার জন্য সংগ্রাম করতে অনুপ্রাণিত করেছিল।

- শিক্ষিত ভারতীয়রাও স্ব-শাসন এবং গণতন্ত্রের ধারণার সাথে পরিচিত হয়ে ওঠে। ভারতে গণতান্ত্রিক শাসন প্রতিষ্ঠার জন্য ভারতীয়রা ব্রিটিশ শাসন থেকে স্বাধীনতা দাবি করতে শুরু করে।

- ইংরেজি একটি সাধারণ ভাষায় পরিণত হয়। বিভিন্ন অঞ্চলের লোকেরা এখন ইংরেজিতে যোগাযোগ করতে পারে। এটি আঞ্চলিক বাধা গুলি ভাঙতে এবং দেশকে ঐক্যবদ্ধ করতে সহায়তা করেছিল

- পাশ্চাত্য শিক্ষার প্রবর্তনেরও সীমাবদ্ধতা ছিল। এটি ভারতীয় জনগণকে তাদের ঐতিহ্যগত শিক্ষা ও জীবনযাত্রার পদ্ধতি, তাদের ধ্রুপদী শিকড় এবং আদিবাসী জ্ঞান থেকে বিচ্ছিন্ন করেছিল। এর সাথে সাথে ভারতীয় মূল্যবোধ, দর্শন এবং ঐতিহ্যগুলি ম্লান হয়ে যায়

- পাশ্চাত্য শিক্ষার মাধ্যমে, ব্রিটিশরা ভারতীয়দের একটি শ্রেণী তৈরি করতে চেয়েছিল যারা রক্ত ও রঙে ভারতীয় হবে, কিন্তু স্বাদে, মতামতে, নৈতিকতায় এবং বুদ্ধিতে ইংরেজি হবে। যেহেতু তারা প্রশাসনিক পদের জন্য শিক্ষিত ভারতীয়দের চেয়েছিলেন, তাই ইংরেজরা শুধুমাত্র ভারতীয়দের একটি অংশকে শিক্ষিত করতে বিশ্বাস করত। তারা জনগণের মধ্যে শিক্ষা ছড়িয়ে দেওয়ার জন্য কিছুই করেনি।

- *বাংলার নবজাগরন*

রেনেসাঁস বা নবজাগরণ কী?

রেনেসাঁস শব্দটির সাধারণ বাংলা হলো পুনর্জন্ম বা নবজাগরণ। রেনেসাঁস বলতে সাধারণভাবে যা বোঝায় তা হলো ইউরোপের , বা বলা ভালো , ইটালির মাটিতে প্রাচীন ঐতিহ্যবাহী শিল্পকলা-সাহিত্য-সংস্কৃতির পুনর্মূল্যায়ন। এই শব্দটি মূলত ইটালির ইতিহাসের সঙ্গে যুক্ত। ইটালিতে চতুর্দশ শতক থেকে ষোড়শ শতক জুড়ে শিল্পকলা-সাহিত্য-সংস্কৃতি-রাষ্ট্রনীতি প্রভৃতি ক্ষেত্রে এক উজ্জীবন দেখা দেয়। বিষয়টি লক্ষ করে বিখ্যাত ঐতিহাসিক এইচ সি ডেভিস লিখেছেন, রেনেসাঁস হলো তাই যেখানে 'সংস্কারের গোলকধাঁধায় কারারুদ্ধ মানুষের পুনর্জন্ম' ঘটে। আমাদের সাহিত্যিক বঙ্কিমচন্দ্র চট্টোপাধ্যায় এক্ষেত্রে লিখেছেন, 'অকস্মাৎ বিনষ্ট বিস্মৃত অপরিজ্ঞাত গ্রিক সাহিত্য ইউরোপ ফিরিয়া পাইল। ফিরিয়া পাইয়া যেমন বর্ষার জলে শীর্ণা স্রোতস্বতী কূল পরিপাবিনী হয়, যেমন মুমূর্ষু রোগী দৈব ঔষধে যৌবনের বলপ্রাপ্ত হয়, ইউরোপের অকস্মাৎ সেইরূপ অভ্যুদয় হইল।

বাংলার নবজাগরণঃ

বাংলায় নবজাগরণের বিষয়টি প্রথম থেকেই এক বিতর্কিত অধ্যায়। এক্ষেত্রে প্রশ্ন তোলা হয়। যে, ইটালিতে নবজাগরণের যে বৃহৎ অধ্যায় রচিত হয়েছে বাংলায় তার ছায়া দেখা যায় কি? ইংরেজ শাসিত ভারতবর্ষ ঔপনিবেশিক নাগপাশে জড়িয়ে পড়েছিল। তবে, একইসঙ্গে, এদেশের জাতি, বিশেষত বাংলার মানুষের একটা গুরুত্বপূর্ণ অংশ পাশ্চাত্য শিক্ষায় শিক্ষিত হয়ে ওঠে। তারা এক নতুন চিন্তার জগতে প্রবেশ করতে সক্ষম হয়। এর ফলে বাংলার শিক্ষা-সংস্কৃতির জগতে এক সুদূরপ্রসারী পরিবর্তন লক্ষ করা যায়। সমকাল ও পরবর্তীকালের বহু মানুষ এই পরিবর্তনকে ' বাংলার রেনেসাঁস ' বা ' বাংলার নবজাগরণ ' আখ্যা দিয়ে থাকেন। উদাহরণস্বরূপ, রাজা রামমোহন র (১৭৭৪–১৮৩৩ খ্রি .) তাঁর বন্ধু আলেকজান্ডার ডাফকে এক চিঠিতে জানান, ' আমি ভাবতে শুরু করেছি যে, ইউরোপ রেনেসাঁসের মতো কিছু একটা ভারতেও ঘটতে চলেছে। রামমোহনের এহেন চিন্তাধারার অনুগামী হিসেবে উনিশ শতকের আরও বেশ কিছু মনীষীর কথা উল্লেখ করা যায়। এঁদে মধ্যে বিশেষভাবে উল্লেখযোগ্য হলেন বঙ্কিমচন্দ্র চট্টোপাধ্যায়, কেশবচন্দ্র সেন, বিপিনচন্দ্র পাল, অরবিন্দ ঘোষ এর আরও অনেকের মধ্যে অবশ্যই রবীন্দ্রনাথ ঠাকুর। এঁরা প্রায় সকলেই উনিশ শতকের পাশ্চাত্য শিক্ষায় শিক্ষিত মানুষে ভাবাবেগ ও কার্যকলাপকে নবজাগরণ হিসেবে চিহ্নিত করতে চেয়েছেন। অন্যদিকে , আধুনিককালের গবেষকদের মনে অনেকেই বলতে চেয়েছেন যে, নবজাগরণ বলতে যা বোঝায় তা ভারতে কোনোদিনই ঘটেনি। বলা বাহুল্য , এঁদে সকলেই ভারতীয় নবজাগরণকে প্রধানত ইউরোপীয় তথা ইতালীয় নবজাগরণের অভিধায় দেখতে চেয়েছেন বলে এহেন অবস্থান।

বাংলায় 'নবজাগরণ'-এর ধারণা নিয়ে বিতর্কঃ

প্রথমেই উল্লেখ করা প্রয়োজন, নবজাগরণ বলতে আমরা যা বুঝি তা প্রধানত বাংলায়, বিশেষত কলকাতায় সংগঠিত হয়েছিল। এ ব্যাপারে রামমোহন রায় থেকে শুরু কে বিদ্যাসাগর , বঙ্কিমচন্দ্র হয়ে রবীন্দ্র পর্যন্ত মনীষীরা তাঁদের সময় যুক্তিবাদী তথা মুক্তচিন্তার দরজা খুলে দেন এই মুক্তচিন্তার ফলশ্রুতিকে কেউ কেউ নবজাগরণ বলে চিহ্নিত করেন। তবে এঁদের যাবতীয় ক্রিয়াকাও , সমাজসংস্কার ধর্মসংস্কার, শিক্ষাসংস্কার সম্পর্কে যতটা জানা

যায়, তাকে কিন্তু কখনোই প্রাচীন ঐতিহ্যের আলোকে নতুন করে মূল্যায়নের প্রচেষ্টা বলা যায় না। মূলত এরই প্রেক্ষিতে বাংলার নবজাগরণকে কেন্দ্র করে যাবতীয় বিতর্কের সূচনা। বাংলার নবজাগরণকে প্রকৃত অর্থে নবজাগরণ বলা যায় কিনা তা নিয়ে দুটি বিপরীত মেরুর অবস্থান লক্ষ করা যায়। একদিকে, আচার্য যদুনাথ সরকার মনে করেন, উনিশ শতকের ভারত নবজাগরণের ভারত। তিনি লিখেছেন, এই নবজাগরণ ইংরেজ শাসনের দান। রমেশচন্দ্র মজুমদার জানিয়েছেন, বাংলার নবজাগরণ হিন্দু জাতীয়তাবাদের ফসল। এই নবজাগরণ বাংলা তথা ভারতের জাতিসত্তাকে নতুনভাবে উন্মোচিত করেছে। রামমোহন - বিশেষজ্ঞ দিলীপকুমার বিশ্বাস তাঁর 'রামমোহন সমীক্ষা' গ্রন্থে লিখেছেন, 'ইউরোপীয় রেনেসাঁসের সঙ্গে বাংলার রেনেসাঁসের প্রকৃতিগত পার্থক্য থাকলেও একটি জায়গায় মিল খুঁজে পাওয়া যায়। উভয় ক্ষেত্রেই প্রাচীন যুগের জ্ঞান-বিজ্ঞান-শিল্প-সাহিত্যের পুনরুজ্জীবন ও পুনঃঅনুশীলনের প্রতি এক প্রচণ্ড আগ্রহ লক্ষ করা যায়। এঁদের মতে বাংলায় নবজাগরণ অবশ্যই ঘটেছিল। অন্যদিকে, যাঁরা বিশ্বাস করেন বাংলায় নবজাগরণ বলতে তেমন কিছু ঘটেনি, তাঁদের মধ্যে সমাজবিজ্ঞানী বিনয় ঘোষ অন্যতম। (তাঁর 'বাংলার নবজাগৃতি' গ্রন্থে) তিনি লিখেছেন, বাংলার তথাকথিত নবজাগরণ 'সোডার বোতলে উচ্ছ্বসিত বুদ্‌বুদের মতো খানিকটা সাময়িক আদর্শগত চিত্তচাঞ্চল্য ছাড়া আর কিছুই ছিল না। তাঁর মতে নবজাগরণের বৈশিষ্ট্য 'সমাজের উপরতলার কিছু মানুষের ব্যক্তিস্বার্থের ফলশ্রুতি ছাড়া আর কিছুই নয়। 'বাংলার নবজাগরণ এই অর্থে এক 'ঐতিহাসিক ছলনা' মাত্র। এই নবজাগরণ আসলে ছিল 'ভারতের বাইরে সৃষ্ট ইংরেজি নবজাগরণ'। ড. অমলেশ ত্রিপাঠি (তাঁর ইতালীর র‍্যানেশাঁস : বাঙালীর সংস্কৃতি ' গ্রন্থে) জানিয়েছেন, ইতালির রেনেসাঁস বহুকাল যাবৎ জ্যাকব বুখার্ট নামক এক প্রবাদপ্রতিম ঐতিহাসিকের ব্যাখ্যাসাপেক্ষ ছিল। আর এই ব্যাখ্যার ওপর নির্ভর করেই বাংলার নবজাগরণের ব্যাখ্যা চলে এসেছে, বিষয়টি বিভ্রান্তিকর। তাঁর মতে, বাংলার নবজাগরণ এদেশে কোনো মৌলিক পরিবর্তন ঘটাতে পারেনি। তার রেশ কখনোই সর্বস্তরে পৌঁছায়নি। তবে, এ সমস্ত বাদানুবাদ সত্ত্বেও এ কথাও সত্য যে, বাংলার নবজাগরণ অধ্যায়টি সব দিক থেকেই প্রতিবাদী চরিত্রের ছিল। এই চরিত্রের মধ্য দিয়ে বাংলা তো বটেই, এমনকি ভারতবর্ষও এক ' ঐতিহাসিক দ্বন্দ্ব'র সম্মুখীন হয়। এই ঐতিহাসিক দ্বন্দ্বের একপক্ষে ছিল প্রগতিশীল মানুষের অবস্থান এবং অন্যপক্ষে রক্ষণশীল মানুষের। বাংলা তথা ভারতের শিক্ষিত মানুষ কিন্তু প্রথম ধারাটির শরিক হতে দ্বিধা করেনি।

বাংলার নবজাগরণের প্রধান ধারাসমূহ ভূমিকা:

উনিশ শতকে বাংলায় আধুনিক পাশ্চাত্য শিক্ষার প্রসার ঘটে । এর প্রভাবে এই শতকে বাংলায় শিক্ষা, সংস্কৃতি, শিল্পকলা, রাজনীতি, ধর্ম, সমাজ, প্রভৃতি বিভিন্ন ক্ষেত্রে অভূতপূর্ব অগ্রগতি লক্ষ করা যায় । এই অগ্রগতি সাধারণভাবে ' উনিশ শতকে বাংলার নবজাগরণ ' নামে পরিচিত । এই নবজাগরণের প্রধান ধারাগুলি হল নিম্নরূপ —

- **প্রাচ্য - পুনরুজ্জীবনবাদী ধারা:** উনিশ শতকে বাংলার নবজাগরণের একটি অন্যতম ধারা হল বাংলার সুপ্রাচীন গৌরবময় ঐতিহ্যের পুনরুদ্ধার। এই প্রাচ্য পুনরুজ্জীবনবাদী ধারার জাগরণে নেতৃত্ব দিয়েছিলেন সনাতনপন্থী প্রগতিশীল মানসিকতার ব্যক্তিরা। এঁদের মধ্যে উল্লেখযোগ্য ছিলেন রাধাকান্ত দেব, মৃত্যুঞ্জয় বিদ্যালঙ্কার, হরিশচন্দ্র মুখোপাধ্যায় প্রমুখ। তাঁদের লক্ষ্য ছিল প্রাচ্যের সুপ্রাচীন গৌরবময় ঐতিহ্যের যথার্থ পুনরুজ্জীবন ঘটানো।

- **পাশ্চাত্য যুক্তিবাদী ধারাঃ** কেউ কেউ প্রাচ্যের সবকিছু প্রগতিশীলতা অস্বীকার করে পাশ্চাত্যের সভ্যতার অনুকরণে বাংলার সমাজ - সংস্কৃতির উন্নতি ঘটানোর পরিকল্পনা করেন। পাশ্চাত্য যুক্তিবাদী ধারার মুখপাত্র ছিল 'নব্যবঙ্গ গোষ্ঠী'। তাঁদের লক্ষ্য ছিল—প্রাচ্যের পশ্চাদপদ সভ্যতা - সংস্কৃতিকে সম্পূর্ণ বর্জন করে পাশ্চাত্যের যুক্তিবাদকে সম্পূর্ণভাবে গ্রহণ করা।

- **সমন্বয়বাদী ধারাঃ** উক্ত দুটি ধারার মধ্যবর্তী স্তরে একটি সমন্বয়বাদী ধারার উদ্ভব ঘটেছিল। তৃতীয় এই ধারার নেতৃত্বে ছিলেন রামমোহন রায় , বিদ্যাসাগর প্রমুখ। তাঁরা প্রাচ্যের মহৎ বিষয়গুলির সঙ্গে পাশ্চাত্যের মহৎ বিষয়গুলির সমন্বয় ঘটিয়ে বাংলার সাংস্কৃতিক ক্ষেত্রে উন্নতি ঘটাতে চেয়েছিলেন।

- *বাংলার নবজাগরণের প্রকৃতি বা চরিত্র*

- **অর্থঃ** পাশ্চাত্য শিক্ষায় শিক্ষিত তৎকালীন বাংলার মধ্যবিত্ত সমাজ অনুসন্ধানী মন ও যুক্তিতর্কের দ্বারা সবকিছুর মূল্যায়ন শুরু করে। এই সময় চিরাচরিত শাস্ত্রের নতুন ব্যাখ্যা, নীতিশাস্ত্রের ও ধর্মশাস্ত্রের নতুন মূল্যায়ন শুরু হয়। শিক্ষা, সংস্কৃতি, ধর্ম, সমাজ, সমস্ত ক্ষেত্রে এক অভাবনীয় জাগরণ শুরু হয়, যা এক কথায় নবজাগরণ নামে পরিচিত।

- **ভিত্তিঃ** নবজাগরণ বলতে শুধু প্রাচীন দেশীয় ও ঐতিহ্য ও সংস্কৃতির নতুন মূল্যায়ন প্রচেষ্টাকে বোঝায় না। এই সময় ইংরেজি শিক্ষার ও ইউরোপীয় সংস্কৃতির ছোঁয়ায় বাঙালি আত্মসচেতন হয়ে ওঠে। পাশ্চাত্য শিক্ষায় শিক্ষিত বাঙালি পাশ্চাত্যের সাহিত্য, দর্শন, বিজ্ঞান, রাজনীতি, অর্থনীতি প্রভৃতি বিষয়ে সম্যক ধারণা লাভের জন্য ব্যাকুল হয়ে ওঠে। বাঙালি নিজের ধর্মীয় এবং সামাজিক ত্রুটিবিচ্যুতিগুলি এবং সাম্রাজ্যবাদী ব্রিটিশ শাসনের চরিত্র সম্বন্ধে সচেতন হয়ে ওঠে। এই সচেতনতাই হল নবজাগরণের আসল ভিত্তি। নবজাগরণের মতাদর্শগত ভিত্তি কখনই ধর্মনিরপেক্ষ বা অসাম্প্রদায়িক ছিল একথা বলা যায় না। তাই অধ্যাপক সুমিত সরকার লিখেছেন—"মুসলিম স্বৈরাচারী শাসনের সহাবস্থান সংক্রান্ত ধারণা থেকেই বুদ্ধিজীবীরা একটি বিদেশি শাসন গ্রহণ করার সুবিধাজনক যৌক্তিকতা খুঁজে পেয়েছিলেন।"

- **তিনটি ভাবধারাঃ** বাংলার নবজাগরণের চরিত্র বিচারে কয়েকটি ভাবধারার পরিচয় পাওয়া যায়। এগুলি হল উদারপন্থী ভাবধারা, প্রাচ্যের পুনরুজ্জীবনবাদী বা ঐতিহ্যবাদী ভাবধারা এবং সমন্বয়বাদী ভাবধারা। পাশ্চাত্যের উদারপন্থী ভাবধারার প্রভাবে সমাজসংস্কার, ধর্মীয় কুসংস্কারের বিরুদ্ধে আন্দোলন, নারীমুক্তি আন্দোলন প্রভৃতি শুরু হয়। যুক্তির আলোকে প্রচলিত প্রথা এবং আচারবিধিগুলি যাচাই করে নেওয়ার রীতি চালু হয়। দ্বিতীয় ধারা অর্থাৎ প্রাচ্যের পুনরুজ্জীবনবাদ বা ঐতিহ্যবাদী ভাবধারা অনুযায়ী প্রাচীন ভারতীয় সভ্যতার শ্রেষ্ঠত্ব প্রতিষ্ঠার উদ্যোগ লক্ষ করা যায়। তৃতীয় অর্থাৎ সমন্বয়বাদী ভাবধারা অনুযায়ী প্রাচীন যুগের যা কিছু শ্রেষ্ঠ তার সঙ্গে পাশ্চাত্য জ্ঞান বিজ্ঞানের যা কিছু শ্রেষ্ঠ উভয়ের সমন্বয়ের উদ্যোগ শুরু হয়।

- **এলিটিস্ট আন্দোলনঃ** সমালোচকদের ধারণায় উনিশ শতকে বাংলার নবজাগরণ ছিল এলিটিস্ট (Elitist) আন্দোলন। সমাজের মুষ্টিমেয় উচ্চবিত্ত ও উচ্চশিক্ষিত লোকেদের মধ্যেই এই নবজাগরণ সীমাবদ্ধ ছিল। উনিশ শতকে বাংলার নবজাগরণের প্রভাব সমাজের সকল শ্রেণির ওপর পড়েনি। তা ছাড়া এই নবজাগরণ মুসলিম সম্প্রদায়কে প্রভাবিত করতে ব্যর্থ হয়। কারণ মুসলিম সম্প্রদায়কে কেন্দ্র করে সেই সময় কোনো সংস্কার প্রচেষ্টা দেখা যায়নি।

তা ছাড়া হিন্দু সমাজকেন্দ্রিক সংস্কার প্রচেষ্টা গৃহীত হলেও দেখা যায় যে, হিন্দুসমাজের পিছিয়ে পড়া মানুষ বা কৃষক সমাজের উন্নতির জন্য কোনো উদ্যোগ নেওয়া হয়নি। জওহরলাল নেহরু স্পষ্টভাবে বলেছেন ঔপনিবেশিক শাসনের জ্ঞানদীপ্তি শুধুমাত্র উচ্চবর্ণের বাঙালি হিন্দুদের ওপরই প্রতিফলিত হয়েছিল।

- **মৌলিকত্বের অভাব:** বাংলায় নবজাগরণের মৌলিকত্বের অভাব ছিল। একদিকে বেদ উপনিষদের প্রভাব, অপরদিকে পাশ্চাত্য উদারপন্থা ও হিতবাদের অনুপ্রেরণা। মধ্যবিত্ত শিক্ষিত বাঙালির মতাদর্শ এক মিশ্র চিন্তাধারার জন্ম দেয়। এর কুপ্রভাব হিসেবে তারা ইংরেজি গানের সুরের ঢঙে হিন্দুস্থানি গানের চর্চা করতেন এবং ইংরেজ কায়দায় থানাপিনা করতেন ও বিলাস বৈভবে জীবন কাটাতেন। এদের অনেকেই দেশের ঐতিহ্যমণ্ডিত শিল্পের প্রতি শ্রদ্ধা না দেখালেও ইংল্যান্ড থেকে আমদানি করা বিলাসপণ্য ঘরে সাজিয়ে রেখে গর্ব অনুভব করতেন। তাই এ প্রসঙ্গে অধ্যাপক অমলেশ ত্রিপাঠী বলেছেন- "প্রাচীন ইটালির দ্বিমুখবিশিষ্ট দেবতা জ্যানাসের মতো তারা একবার সামনের দিকে আধুনিক পাশ্চাত্যের প্রতি তাকিয়েছিল। আর একবার পেছনদিকে প্রাচীন ভারতের প্রতি তাকিয়েছিল। ঘড়ির পেন্ডুলামের মতো তারা একবার পাশ্চাত্যকরণের দিকে এক একবার ঐতিহ্যগত আদর্শের দিকে এবং এই দুই-এর মধ্যবর্তী স্তরে বিচরণ করেছিল।"

- **শহরকেন্দ্রিক:** উনিশ শতকের বাংলার নবজাগরণ ছিল মূলত শহরকেন্দ্রিক। এই নবজাগরণের প্রাণকেন্দ্র ছিল কলকাতা। কলকাতার বাইরে অন্যান্য জায়গায় এই নবজাগরণ ছড়িয়ে পড়েনি। তাই গ্রামবাংলার গরিষ্ঠ অংশ এই নবজাগরণের ছোঁয়া পায়নি। বলা যায়, গ্রামের কৃষক ও দরিদ্র শ্রেণির সঙ্গে এই নবজাগরণের কোনো সম্পর্ক গড়ে ওঠেনি।

- **সীমিত পরিসর:** উনিশ শতকের বাংলার নবজাগরণের ব্যাপ্তি বা পরিসর ছিল খুবই সীমিত। তা ছিল মূলত শহরকেন্দ্রিক , বিশেষ করে কলকাতাকেন্দ্রিক। কলকাতার বাইরে গ্রামবাংলায় এই নবজাগরণের প্রসার ঘটেনি এবং গ্রামবাংলার বৃহত্তর জনগোষ্ঠী এই নবজাগরণের কোনো সুফল পায়নি।

- **মধ্যবিত্ত সমাজে সীমাবদ্ধ:** বাংলার জাগরণ শুধু পাশ্চাত্য শিক্ষায় শিক্ষিত প্রগতিশীল সমাজে সীমাবদ্ধ ছিল। বিভিন্ন ঐতিহাসিক এই সমাজের লোকেদের ' মধ্যবিত্ত ভদ্রলোক ' বলে অভিহিত করেছেন। এজন্য অধ্যাপক অনিল শীল এই জাগরণকে এলিটিস্ট আন্দোলন বলে অভিহিত করেছেন। বাংলার এই জাগরণের সঙ্গে গ্রামগঞ্জের হাজার হাজার দরিদ্র মেহনতি মানুষের কোনো প্রত্যক্ষ যোগ ছিল না। পণ্ডিত জওহরলাল নেহরুও মনে করেন যে , ঔপনিবেশিক শাসনের জ্ঞানদীপ্তি শুধু উচ্চবর্গের হিন্দুদের ওপরই প্রতিফলিত হয়েছিল। সাধারণ জনগণের মধ্যে এর বিশেষ প্রভাব পড়েনি।

- **ব্রিটিশ নির্ভরতা:** বাংলার এই জাগরণ অতিমাত্রায় ব্রিটিশ নির্ভর হয়ে পড়েছিল। ব্রিটিশ শাসনের প্রতি শ্রদ্ধাশীল নবজাগরণের নেতৃবৃন্দ মনে করতেন যে, ব্রিটিশ শাসনের দ্বারাই ভারতীয় সমাজের মঙ্গল সাধিত হবে। ঐতিহাসিক যদুনাথ সরকার লিখেছেন, 'ইংরেজদের দেওয়া সবচেয়ে বড়ো উপহার হল আমাদের উনিশ শতকের নবজাগরণ। তিনি ভারতে ব্রিটিশ শাসন প্রতিষ্ঠাকে এজন্য 'গৌরবময় ভো ' বলে অভিহিত করেছেন।

- **হিন্দু জাগরণবাদ:** বাংলার নবজাগরণ প্রকৃতপক্ষে "হিন্দু জাগরণবাদে" পর্যবসিত হয়। রাধাকান্ত দেব , মৃত্যুঞ্জয় বিদ্যালঙ্কার প্রমুখের কার্যকলাপে হিন্দু জাগরণবাদের ছায়া দেখতে

পাওয়া যায়। রামমোহন ও বিদ্যাসাগর হিন্দুশাস্ত্রকে ভিত্তি করে সমাজ পরিবর্তনের ডাক দিয়েছিলেন। তাই অনেকে মনে করেন যে, উনিশ শতকের বাংলার নবজাগরণে ধর্মনিরপেক্ষ মানবতাবাদের ভূমিকা ছিল খুবই গৌণ।

- *বাংলায় নবজাগরণের সীমাবদ্ধতা*

- অধ্যাপক সুশোভন সরকার তার নোটস অন বেঙ্গল রেনেসাঁ (Notes on Bengal Renaissance) শীর্ষক গ্রন্থে নবজাগরণের নানা সীমাবদ্ধতার কথা তুলে ধরলেও বাংলার এই সাংস্কৃতিক জাগরণকে নবজাগরণ অ্যাখ্যা দিয়েছেন। তিনি বলেছেন যে, বাংলাতেই প্রথম ব্রিটিশ শাসন, বুর্জোয়া অর্থনীতি এবং আধুনিক পাশ্চাত্য শিক্ষার প্রভাব অনুভূত হয়।

- ড. অমলেশ ত্রিপাঠী মনে করেন দ্বাদশ ও ত্রয়োদশ শতকের বাণিজ্য বিপ্লব, নগর বিপ্লব যেভাবে ইটালির নবজাগরণের পটভূমি প্রস্তুত করেছিল, বাংলার নবজাগরণের ক্ষেত্রে তা দেখা যায়নি। ইটালির নবজাগরণের কেন্দ্র ফ্লোরেন্স ছিল স্বাধীন ও মুক্ত পরিবেশ। অপরদিকে, বাংলার নবজাগরণের কেন্দ্র ছিল কলকাতা। বিদেশি ব্রিটিশ শাসকের অধীনস্থ। তা ছাড়া কলকাতা নবজাগরণের পৃষ্ঠপোষকতা করেছিলেন কিছু জমিদার, কোম্পানির বেনিয়ান, দেশীয় গোমস্তা ও কিছু চাকুরিজীবী। অপরদিকে, ফ্লোরেন্সে নবজাগরণের পৃষ্ঠপোষকতা করেন। গোরেঞ্জো মেদিচির মধ্যে ধনী ব্যাংক ব্যবসায়ীগণ

- অধ্যাপক সুমিত সরকার, বাংলার নবজাগরণকে ইংরেজ নকলনবিশি বলে সমালোচনা করেছেন। বিনয় ঘোষের ধারণায় বাংলায় নবজাগরণ একটি অতিকথা মাত্র। তিনি এই নবজাগরণকে ঐতিহাসিক প্রতারণা (Historical hoax) বলে সমালোচনা করেছেন। তিনি বলেন যে, বাংলায় নবজাগরণ হয়নি, যা লেখা হয়েছে এখনও লেখা, তা অতিকথন মাত্র।

- অশোক মিত্র বাংলার উনিশ শতকের জাগরণকে 'তথাকথিত নবজাগরণ' (So called Renaissance) বলে উল্লেখ করেছেন।

- বিনয় ঘোষ তিনি এই নবজাগরণকে 'ঐতিহাসিক প্রতারণা' আখ্যা দিয়ে বলেন "নবজাগরণ হয়নি, যা লেখা হয়েছে এখনও লেখা হয়, তা অতিকথা মাত্র।"

- **রামমোহন রায়**

বহু ভাষা ও বহু ধর্মের দেশ ভারতে সমাজ-সংস্কৃতির আন্দোলন নতুন কোনো বিষয় নয়। উনিশ শতকব্যাপী যা কিছু সমাজসংস্কার, ধর্মসংস্কার আন্দোলন, তার মধ্য দিয়ে নিজেকে চিনে নেওয়ার প্রবণতা যথেষ্ট লক্ষ করা যায়। আর এসব ক্ষেত্রে আধুনিক ভারতের প্রাণপুরুষ রামমোহন রায় (১৭৭৪-১৮৩৩ খ্রি.) হয়ে উঠেছিলেন একজন যুগন্ধর মানুষ। বাংলার সমাজসংস্কারের নানা ক্ষেত্রে তাঁর নেতৃত্বে এক কর্মযজ্ঞ শুরু হয়। রামমোহন রায় ১৮১৫ খ্রিস্টাব্দে কলকাতায় পদার্পণ করে সেই বছরেই আত্মীয়সভা প্রতিষ্ঠা করেন। ভবিষ্যতের ব্রাহ্মসমাজের কাজের ধারা কী হবে তা আত্মীয়সভার আলোচনা থেকেই বোঝা সম্ভব। আত্মীয়সভা মূলত ছিল একটি সমমনস্ক মানুষদের নিয়ে গঠিত ঘরোয়া সমিতি। এই সভার সাপ্তাহিক অনুষ্ঠানে রামমোহনের উপস্থিতিতে ধর্ম, সমাজ, শিক্ষা ইত্যাদি বিষয়ে যুক্তিতর্কের ঢেউ উঠত। দ্বারকানাথ ঠাকুর, নন্দকিশোর বসু, রামচন্দ্র বিদ্যাবাগীশ, নন্দকুমার বিদ্যালঙ্কার প্রমুখ স্বনামধন্য ব্যক্তিরা আত্মীয়সভার সদস্য ছিলেন। এই সভার মূল উদ্দেশ্য ছিল, অন্ধবিশ্বাসের শৃঙ্খল থেকে দেশের মানুষকে মুক্ত করা। রামমোহনের এই কাজকে রক্ষণশীল হিন্দুসমাজ মেনে নিতে পারেনি। রাধাকান্ত দেবের নেতৃত্বে তাঁরা কঠোর

রামমোহন-বিরোধী হয়ে ওঠেন। অন্যদিকে, রামমোহন খ্রিস্টান কার্যাবলিতেও সন্তুষ্ট ছিলেন না। নিজের ধর্মীয় মতামত স্বাধীনভাবে প্রকাশ করার জন্য ১৮২১ খ্রিস্টাব্দে তিনি কলকাতায় 'ক্যালকাটা ইউনিটেরিয়ান কমিটি' (Calcutta Unitarian Committee) নামে এক আলোচনা চক্রের প্রতিষ্ঠা করেন।

সমাজ ও ধর্মসংস্কারে রাজা রামমোহন রায়

ভূমিকা : উনিশ শতকে বাঙালির জীবনে ধর্ম, সমাজ, সাহিত্য, রাজনীতি প্রভৃতি ক্ষেত্রে যে সমুদয় গুরুতর পরিবর্তন ঘটে, তাদের সবার মূলে না থাকলেও প্রায় সবগুলির সঙ্গেই রাজা রামমোহন রায়ের ঘনিষ্ঠ সম্বন্ধ ছিল। সমাজসংস্কারের ক্ষেত্রে তাঁর অবদান চিরস্মরণীয় হয়ে আছে।

- **সতীদাহপ্রথা বিলোপ:** সমগ্র ভারতে তো বটেই, বাংলাতেও সতীদাহ প্রথা ছিল এক সামাজিক অভিশাপ সতীদাহপ্রথা বলতে বোঝায় স্বামীর মৃত্যুর পর তার চিতায় জীবিত স্ত্রীকে পুড়িয়ে মারা। কিন্তু হিন্দুধর্মে আঘাত লাগতে পারে ভেবে ইংরেজ কর্তৃপক্ষ এ ধরনের অমানবিক প্রথার বিরুদ্ধে ব্যবস্থা নেয়নি। তবে রামমোহন রায় এই প্রথার বিরুদ্ধে আপসহীন সংগ্রাম শুরু করেন। এই ব্যাপারে তৎকালীন গভর্নর - জেনারেল লর্ড উইলিয়াম বেন্টিঙ্ক এবং প্রিন্স দ্বারকানাথ ঠাকুরও তাঁকে প্রবলভাবে সমর্থন জানান।

- **রামমোহনের তীব্র প্রতিবাদ:** ১৮১৮ খ্রিস্টাব্দ থেকেই রামমোহন রায় সতীদাহ প্রথার বিরুদ্ধে প্রতিবাদ করতে এবং জনমত গঠন করতে ব্রতী হন। এই উদ্দেশ্যে তিনি বাংলা ও ইংরেজি ভাষায় বিভিন্ন পুস্তিকা এবং সম্বাদ কৌমুদী পত্রিকায় বিভিন্ন প্রবন্ধ প্রকাশ করেন। হিন্দুশাস্ত্র ও বিভিন্ন ধর্মগ্রন্থ থেকে তিনি প্রমাণ করেন যে, সতীদাহ ধর্মবিরোধী অশাস্ত্রীয়। এই কুপ্রথা নিবারণের অনুরোধ জানিয়ে তিনি বাংলার ৩০০ জন বিশিষ্ট নাগরিকদের স্বাক্ষরিত এক আবেদনপত্র বড়োলাট লর্ড উইলিয়াম বেন্টিঙ্কের কাছে জমা দেন। রামমোহনের প্রচেষ্টাকে স্বাগত জানিয়ে বেন্টিঙ্ক ১৮২৯ খ্রিস্টাব্দের ৪ ডিসেম্বর সতীদাহপ্রথার বিরুদ্ধে ১৭ নং রেগুলেশন আইন জারি করে এই প্রথা রদ করেন।

- **বাংলার রক্ষণশীল সমাজের প্রতিক্রিয়া:** বাংলার রক্ষণশীল হিন্দুসমাজ রাধাকান্ত দেবের নেতৃত্বে এই আইনের বিরুদ্ধে ইংল্যান্ডে একটি স্মারকলিপি পাঠায়। এর প্রত্যুত্তরে রামমোহন প্রিভি কাউন্সিলের কাছে এই স্মারকলিপির অযৌক্তিকতা প্রমাণ করেন, যার ফলে সতীদাহ নিবারণ আইন বলবৎ থাকে রামমোহন রায়ের জীবিতকালে সমাজসংস্কারের ক্ষেত্রে ব্রাহ্মসমাজের প্রথম সার্থক ও যুগান্তকারী আন্দোলন ছিল সতীদাহপ্রথা নিবারণ আন্দোলন।

- **অন্যান্য সংস্কার:**

  ○ রামমোহনের সংস্কারমুক্ত, যুক্তিবাদী মন হিন্দুসমাজে প্রচলিত বাল্যবিবাহ, বহুবিবাহ, কন্যাপণ, কুলীন, জাতিভেদ, অস্পৃশ্যতা, গঙ্গাসাগরে সন্তান বিসর্জন প্রভৃতি বহু সামাজিক কুপ্রথার বিরুদ্ধে বিদ্রোহী হয়ে ওঠে। এগুলি নিবারণের জন্য সংবাদপত্রের মাধ্যমে তিনি প্রতিবাদে সোচ্চার হয়ে ওঠেন।

  ○ শুধু নারীর জীবনরক্ষাই নয়, মর্যাদা সহকারে তাদের সমাজে প্রতিষ্ঠিত করার চেষ্টাও তিনি করেন। তিনি নারী-পুরুষ সমানাধিকার, বিধবার পুনর্বিবাহ, স্ত্রীশিক্ষার বিস্তার, পিতা বা স্বামীর সম্পত্তির ওপর নারীর অধিকার স্থাপন প্রভৃতি ব্যাপারেও উদ্যোগী হন।

- *পাশ্চাত্য শিক্ষাবিস্তারে রাজা রামমোহন রায়ের ভূমিকা*
- **বিদ্যালয় প্রতিষ্ঠাঃ** পাশ্চাত্য শিক্ষা বিস্তারের উদ্দেশ্যে রামমোহন রায় ১৮১৫ খ্রিস্টাব্দে কলকাতায় অ্যাংলো - হিন্দু স্কুল নামে একটি ইংরেজি বিদ্যালয় প্রতিষ্ঠা করেন।
- **সরকারকে পত্রঃ** ইস্ট ইন্ডিয়া কোম্পানি ভারতীয়দের শিক্ষার জন্য বার্ষিক ১ লক্ষ টাকা ব্যয়ের সিদ্ধান্ত নিলে রামমোহন ১৮২৩ খ্রিস্টাব্দে লর্ড আমহার্স্টকে দেওয়া পত্রে দাবি জানান যে , এই অর্থ আধুনিক বিজ্ঞান ও ইংরেজি শিক্ষা প্রসারের জন্য ব্যয় করা হোক।
- **পাশ্চাত্য শিক্ষার পক্ষে প্রচারঃ** রামমোহন পাশ্চাত্য গণিত , দর্শন , রসায়ন , অস্থিবিদ্যা প্রভৃতি শিক্ষার সপক্ষে প্রচার চালান। তিনি কলকাতায় সংস্কৃত কলেজ প্রতিষ্ঠার সরকারি সিদ্ধান্তের বিরোধিতা করেন।
- **বেদান্ত কলেজ প্রতিষ্ঠাঃ** শিক্ষার্থীদের মন থেকে নানা কুসংস্কার ও মূর্তিপূজা দূর করে পাশ্চাত্য সমাজবিজ্ঞান ও পদার্থবিদ্যা শিক্ষাদানের উদ্দেশ্যে রামমোহন রায় ১৮২৬ খ্রিস্টাব্দে বেদান্ত কলেজ প্রতিষ্ঠা করেন।
- **অন্যদের সহায়তাঃ** বাংলায় পাশ্চাত্য শিক্ষার প্রসারের কাজে তিনি ডেভিড হেয়ার , আলেকজান্ডার ডাফ প্রমুখকে নানাভাবে সহায়তা করেন। ডাফ জেনারেল অ্যাসেম্বলিজ ইনস্টিটিউশন (১৮৩০ খ্রি.) প্রতিষ্ঠার উদ্যোগ নিলে রামমোহন তাঁকে বিশেষভাবে সহায়তা করেন। হিন্দু কলেজ (১৮১৭ খ্রি.) প্রতিষ্ঠায় রামমোহনের সহায়তার কথা কেউ কেউ স্বীকার করলেও ড . রমেশচন্দ্র মজুমদার এই মত স্বীকার করেন না।
- **বিদ্যাসাগর**

ছাত্রজীবন ও কর্মজীবনের সূত্রপাত

১৮২০ খ্রীষ্টাব্দের ২৯শে সেপ্টেম্বর মেদিনীপুর জেলার (তৎকালীন হুগলী জেলা) বীরসিংহ গ্রামে এক দরিদ্র ব্রাহ্মণ পরিবারে ঈশ্বরচন্দ্র বিদ্যাসাগর জন্ম গ্রহণ করেন। তার পিতা ঠাকুরদাস বন্দ্যোপাধ্যায় ছিলেন সৎচরিত্র নিষ্ঠাবান ব্রাহ্মণ এবং মা ভগবতী ছিলেন একজন দৃঢ়চেতা নারী। আত্মবিশ্বাস ও তেজস্বিতার মূর্ত প্রতীক ঈশ্বরচন্দ্রের জীবনে তার দরিদ্র পিতা ও মাতার প্রভাব ছিল অপরিসীম। বিনয় ঘোষ লিখেছেন – "মা ছিলেন ঈশ্বরচন্দ্রের জীবনে শক্তি। পিতা ঠাকুরদাস ছিলেন তার টিচার ও ট্রেনার।" গ্রামের পাঠশালায় লেখাপড়ার পাঠ সাঙ্গ করে মেধাবী বালক ঈশ্বরচন্দ্র দরিদ্র পিতার হাত ধরে নদ-নদী পেরিয়ে পদব্রজে উপস্থিত হলেন নবভারতের রাজধানী শহর কলকাতায়। ১৮২৯ খ্রিষ্টাব্দের ১লা জুন তিনি সংস্কৃত কলেজে ভর্তি হন। ১৮৩৯ খ্রিষ্টাব্দে তিনি বিদ্যাসাগর উপাধি লাভ করেন এবং ১৮৪১ খ্রিষ্টাব্দে শিক্ষাজীবন শেষ করে ফোর্ট উইলিয়াম কলেজের বাংলা বিভাগের প্রধান পন্ডিত পদে যোগদান করেন। ১৮৫০ খ্রীষ্টাব্দের ডিসেম্বর মাসে তিনি সংস্কৃত কলেজে অধ্যাপক এবং পরে ঐ কলেজের অধ্যক্ষ পদে নিযুক্ত হন (২২শে জানুয়ারী ১৮৫১ খ্রীঃ) ১৮৫৮ খ্রীষ্টাব্দের ৩রা নভেম্বর পর্যন্ত অর্থাৎ মোট আট বৎসর তিনি সংস্কৃত কলেজের অধ্যক্ষ ছিলেন।

শিক্ষা সংস্কার

ইতিমধ্যে ঈশ্বরচন্দ্র শিক্ষা বিস্তার এবং বিশেষ করে স্ত্রী শিক্ষা বিস্তারের প্রচেষ্টায় নিজেকে নিযুক্ত করেন। তিনি তত্ত্ববোধিনী পত্রিকায় বিবিধ বিষয়ে সংস্কারধর্মী প্রবন্ধ প্রকাশ করে তার প্রগতিশীল মনোভাবের পরিচয় দেন। সংস্কৃত কলেজে দায়িত্বভার গ্রহণের পর তিনি

কলেজের শিক্ষাব্যবস্থায় মৌলিক পরিবর্তন সাধন করেন। ঈশ্বরচন্দ্র ঐ কলেজের দ্বার সকল শ্রেণির হিন্দুর জন্য মুক্ত করে এক সামাজিক বিপ্লবের সূচনা করেন। তিনি সংস্কৃত কলেজের পাঠক্রমে পরিবর্তন আনয়ন করে মৌলিক প্রতিভার পরিচয় দেন। তিনি শিক্ষার বিভিন্ন স্তরে যে সংস্কার সাধন করেন তার একটি বিশেষ লক্ষ্য ছিল। তিনি মনে করতেন যে ভারতীয়দের শিক্ষার লক্ষ্য হবে সংস্কৃত ও ইংরাজী ভাষায় দক্ষতা অর্জন। করে নিজ নিজ মাতৃভাষাকে সমৃদ্ধ করা। এই লক্ষ্যে পৌঁছাবার জন্য তিনি সংস্কৃত শিক্ষার মত ইংরেজি শিক্ষার উপরও বিশেষ গুরুত্ব আরোপ করেছিলেন। বিদ্যাসাগর নিজে ব্রাহ্মন বংশে জন্ম গ্রহণ করেছিলেন। কিন্তু তা সত্ত্বেও তিনি পাশ্চাত্য জ্ঞান বিজ্ঞানকে সাদরে গ্রহণ করেছিলেন।

শিক্ষা সংস্কারে বিদ্যাসাগরের ভূমিকাঃ গভীর মানবতাবাদে উদ্বুদ্ধ বিদ্যাসাগর প্রথম থেকেই শিক্ষার প্রসারে ব্রতী হয়েছিলেন। তিনি শিক্ষা আয়তনকে মানব ধর্মের নার্সারি করে তুলতে চেয়েছিলেন, শিক্ষা প্রসারের ক্ষেত্রে যে গুরুত্বপূর্ণ পদক্ষেপগুলি তিনি নিয়েছিলেন সেগুলি হল নিম্নরূপ-

- **বিদ্যালয় স্থাপনঃ** বিদ্যাসাগর শিক্ষা সংস্কারের ক্ষেত্রে সবার আগে জোর দিয়েছিলেন–বিদ্যালয় স্থাপনের ওপর। লর্ড হার্ডিঞ্জ ১৮৪৪ সালে ১০০ টি বাংলা বিদ্যালয় স্থাপনের ওপর জোর দিলে বিদ্যাসাগর তার দিকে সাহায্যের হাত বারিয়ে দিয়েছিলেন। শুধু তায় নয় তিনি নিজেও বিভিন্ন জেলায় ২০ টি মডেল স্কুল প্রতিষ্ঠা করেছিলেন। যার বেশিরভাগটাই তার নিজের থরচায় চলতো। এছাড়া ১৮৭২ খ্রিঃ তিনি নিজের থরচায় মেট্রোপলিটন ইন্সটিটিউশন প্রতিষ্ঠা করেছিলেন, যা বর্তমানে বিদ্যাসাগর কলেজ নামে পরিচিত।

- **নারী শিক্ষায় ভূমিকাঃ** বিদ্যাসাগর বুঝেছিলেন সমাজে নারীদের যদি শিক্ষিত করা না যায় তাহলে নারীদের সার্বিক অগ্রগতি হতে পারে না। সেইকারণে নারী শিক্ষা প্রসারে তিনি উদ্যোগী হয়েছিলেন। যেমন Drink Water Bethune এর পৃষ্ঠপোষকতায় তিনি হিন্দু ফিমেল স্কুল প্রতিষ্ঠা করেছিলেন, এছাড়াও ৩৫ টি বালিকা বিদ্যালয় প্রতিষ্ঠার সঙ্গে নিজেকে যুক্ত করেছিলেন। প্রায় এক হাজার তিনশো ছাত্রী এই বিদ্যালয় গুলিতে পড়াশুনা করতো।

- **মাতৃভাষায় শিক্ষাদানঃ** মাতৃভাষায় শিক্ষাদানের উপর বিদ্যাসাগর প্রথম থেকেই জোর দিয়েছিলেন। তবে একই সঙ্গে তিনি পাশ্চাত্য শিক্ষার গুরুত্বকে অস্বীকার করেননি। এরই পাশাপাশি তিনি প্রাচ্য ও পাশ্চাত্যের সমন্বয়ের ওপর গুরুত্ব আরোপ করেছিলেন।

- **পাঠ্যপুস্তক রচনাঃ** শুধুমাত্র বিদ্যালয় স্থাপন নয়, পাঠ্যপুস্তক রচনার দায়িত্বও তিনি নিজের কাঁধে তুলে নিয়েছিলেন। বর্ণপরিচয়, শিশুশিক্ষা, কথামালা, নীতিবোধ চরিতাবলি সহ সংস্কৃত শিক্ষার সুবিধার জন্য সংস্কৃত ব্যাকরণের উপক্রমণিকা ও ব্যাকরণ কৌমুদী প্রভৃতি রচনা করেন। এছাড়াও আখ্যান মঞ্জরি, শব্দ মঞ্জরি, শ্লোক মঞ্জরি, ব্রজবিলাস, রত্নপরীক্ষা প্রভৃতি বই রচনা করেন যা বাংলা ও সংস্কৃত শিক্ষার ক্ষেত্রে বিশেষ গুরুত্বপূর্ণ হয়ে উঠেছিল। এছাড়াও সীতার বনবাসের মতো গ্রন্থ রচনার মাধ্যমে তিনি বাংলা গদ্য লেখার নতুন পথ রচনা করেছিলেন। রবীন্দ্রনাথের কাছে তিনি ছিলেন ' বাংলা ভাষার প্রথম যথার্থ শিল্পী।

- **নিয়মকানুন তৈরিঃ** শিক্ষার কাজে তিনি বেশকিছু নিয়ম কানুন প্রতিষ্ঠা করেছিলেন। কেবলমাত্র ব্রাহ্মণ ও বৈদ্য সন্তানরা সংস্কৃত পরতে পারবে এই নীতি তুলে দিয়ে সকল বর্ণের হিন্দু ছাত্রদের জন্য সংস্কৃত পড়ার দ্বার খুলে দেন তিনি। এছাড়াও শিক্ষকদের ইচ্ছামতো আসা ও যাওয়া বন্ধ করে নতুন নিয়ম কানুন বলবত করেছিলেন তিনি। পাশাপাশি শুভদিন

অনুসারে ছুটির দিন তুলে দিয়ে রবিবার ছুটির নীয়ম চালু করেন।

- **জনসেবাঃ** নিঃস্বার্থ সমাজসেবী ক্ষণজন্মা পুরুষ ঈশ্বরচন্দ্র ছিলেন মানবতাবাদী চেতনার বাহক। দীন-দুঃখী, গরিব অসহায়, দুস্থ-দুর্দশাগ্রস্থ, অক্ষম, রুগ্ন, বিপন্ন ও বিপদগ্রস্থ শ্রেণীর সাহায্যে তিনি সর্বদা সচেষ্ট ছিলেন। ১২৭৬ বঙ্গাব্দে বাংলা ও উড়িষ্যার ভয়াবহ দুর্ভিক্ষকালে তিনি মেদিনীপুর, হুগলী প্রভৃতি জেলায় শিবির, লঙ্গরখানা ও অন্নছত্র খোলেন। বীরসিংহে তিনি নিজ ব্যয়ে এক অন্নছত্র খোলেন, যেখানে দিন - রাত্রি অবিরাম খাদ্য পরিবেশিত হত। এখানে বসবাসরত ডোম, হাড়ি প্রভৃতি নিচু শ্রেণী, সন্তান সম্ভবা মহিলা সকলকে তিনি নিজ হাতে সেবা করতেন। তাই তিনি দয়ার সাগর উপাধি পান।

- *শিক্ষা বিস্তারে বিবিধ উদ্যোগ*

  বিদ্যাসাগর মহাশয় বাংলা শিক্ষার উন্নয়ন ও প্রসারকল্পে কর্ম তৎপর হন। জনশিক্ষাবিস্তারের কাজে তিনি অগ্রগণী ভূমিকা পালন করেন। তিনি উপলব্ধি করেছিলেন যে শিক্ষাই অন্ধকার দূর করে মানুষকে প্রকৃত মনুষ্যত্বে পৌঁছে দেয়। এক চিঠিতে তিনি লেখেন যে – "জনসাধারণের মধ্যে শিক্ষাবিস্তার এই এখন আমাদের প্রয়োজন। আমাদের কতগুলি বাংলা স্কুল স্থাপন করতে হবে এবং এইসব স্কুলের জন্য প্রয়োজনীয় ও শিক্ষাপ্রদ বিষয়ের অনেকগুলি পাঠ্যপুস্তক রচনা করতে হবে।" বাংলার বিভিন্ন জেলায় তিনি ২০ টি মডেল স্কুল বা আদর্শ বিদ্যালয় প্রতিষ্ঠা করেন। শিক্ষক শিক্ষণের উদ্দেশ্যে সংস্কৃত কলেজের অভ্যন্তরেই তিনি একটি নর্মাল স্কুল প্রতিষ্ঠা করেন। এর পরিচালনার দায়িত্ব ছিল অক্ষয়কুমার দত্ত ও মধুসূদন বাচস্পতির উপর। ১৮৪৯ খ্রিষ্টাব্দে ড্রিঙ্ক ওয়াটার বেথুনের পৃষ্ঠপোষকতায় হিন্দু বালিকা বিদ্যালয় প্রতিষ্ঠিত হয়। ১৮৫০ খ্রিষ্টাব্দে বিদ্যাসাগর এই শিক্ষায়তনের সম্পাদকের পদ গ্রহণ করেন। তাঁর উদ্যোগে গ্রামাঞ্চলে ৩৫টিবালিকা বিদ্যালয় প্রতিষ্ঠিত হয়। শিবনাথশাস্ত্রী তার আত্মচরিত এ লেখেন যে উনিশ শতকের শেষভাগে বেসরকারি উদ্যোগে বাংলায় যে সব কলেজ প্রতিষ্ঠিত হয়েছিল তাদের সকলেরই ধ্রুবতারা ছিল মেট্রো পলিটন কলেজ। কেবল শিক্ষাবিস্তারই নয় — বিরাট পাণ্ডিত্য সত্ত্বেও তিনি জনশিক্ষার জন্য বেশ কিছু পাঠ্য পুস্তক রচনা করেন। এগুলির মধ্যে বর্ণমালা, কথামালা, নীতিবোধ, চরিতাবলী, বোধোদয় উল্লেখযোগ্য।

  বাংলা ভাষার আধুনিকীকরণ

  আধুনিক বাংলা ভাষা ও সাহিত্যের বিকাশে বিদ্যাসাগরের ভূমিকা স্মরণীয়। তিনি নিজের রচনাবলীর মধ্যেও আধুনিক বাংলা গদ্যরীতির বিবর্তনে পথিকৃতের কাজ করেন। ইতিপূর্বে বাংলাভাষা ছিল সম্পূর্ণভাবে সংস্কৃত ভাষা প্রভাবিত। অলংকারবহুল বাংলা ভাষা স্বভাবতই ছিল জটিল ও অবোধ্য। বিদ্যাসাগর বাংলা ভাষাকে যথাসম্ভব সংস্কৃত প্রভাব মুক্ত করে স্বাতন্ত্র্যদান করতে প্রয়াসী হন। তিনি নতুন ছন্দে বাংলা গদ্য রচনা করে বাংলা ভাষাকে অনেক বেশী সহজ ও সরল করে দেন। এরই উপর ভিত্তি করে পরবর্তীকালে আধুনিক বাংলা ভাষার বিবর্তন ঘটেছে। গদ্য রচনার ছেদ চিহ্নের প্রয়োগ তার অনন্য কীর্তি। সেই সঙ্গে পদবিন্যাস দ্বারা বাংলা রচনাকে সাবলীল করে দেন।

  নারীশিক্ষার বিস্তারে ঈশ্বরচন্দ্র বিদ্যাসাগর

- **বিধবাবিবাহ আন্দোলন:** হিন্দু বিধবাদের শোচনীয় অবস্থা বিদ্যাসাগরকে দীর্ঘদিন ধরেই পীড়িত করে আসছিল। এই কারণে বিধবাদের পুনর্বিবাহের জন্য তিনি সুদীর্ঘ আন্দোলন

করেন। বিভিন্ন ধর্মশাস্ত্রের উদ্ধৃতি দিয়ে তাঁর মতামতের যৌক্তিকতা প্রদর্শন করেন তিনি। তিনি এর জন্য নানা পদক্ষেপ গ্রহণ করেন, যেমন—

1. **প্রবন্ধ প্রকাশঃ** ১৮৫০ খ্রিস্টাব্দে প্রতিষ্ঠিত সর্বশুভকরী সভার মুখপত্র সর্বশুভকরী পত্রিকার সংখ্যাতেই তিনি বাল্যবিবাহের দোষ শীর্ষক এক প্রবন্ধ প্রকাশ করেন।
2. **উদ্ধৃতিঃ** তিনি হিন্দুশাস্ত্রের পরাশর সংহিতা থেকে উদ্ধৃতি দিয়ে প্রমাণ করেন যে, বিধবাবিবাহ শাস্ত্রসম্মত। বিধবাবিবাহের পক্ষে তিনি দেশে এক প্রবল আন্দোলন গড়ে তোলেন।
3. **পুস্তিকা প্রকাশঃ** ১৮৫৫ খ্রিস্টাব্দে তিনি বিধবাবিবাহ প্রচলিত হওয়া উচিত কি না এই সম্পর্কে দুটি প্রবন্ধ প্রকাশ করেন। পরের বছর পুস্তিকা দুটির ইংরেজি অনুবাদ প্রকাশিত হয়।
4. **স্বাক্ষর সংবলিত আবেদনপত্রঃ** ১৮৫৫ খ্রিস্টাব্দের ৪ অক্টোবর ভারতীয় অধিনসভার সদস্যদের কাছে বিধবাবিবাহ আইন করার জন্য ১০০০ ব্যক্তির আগা সংবলিত আবেদনপত্র পাঠানো হয়। আবেদনপত্রে স্বাগদরকারীদের মধ্যে ছিলেন দেবেন্দ্রনাথ ঠাকুর , বিচারপতি দারকানাথ মিত্র, অক্ষয়কুমার দত্ত, দক্ষিণারঞ্জন মুখোপাধ্যায় প্রমুখ বিশিষ্ট ব্যক্তি। তবে এই আবেদনপত্রের প্রতিবাদে হিন্দুসমাজের নেতা রাধাকান্ত দেবের নেতৃত্বে ৩৬,৭৬৩ জনের স্বাম সংবলিত একটি দরখাত সরকারের কাছে পাঠানো হয়।

- **বিধবাবিবাহ আইন পাসঃ** অবশেষে বহু চেষ্টার পর ১৮৫৬ খ্রিস্টাব্দের ২৬ জুলাই লর্ড ডালহৌসি বিধবাবিবাহ আইন পাস করেন। মনে রাখা দরকার, ডালহৌসির আমলে তাঁর প্রচেষ্টাতেই বিলটি তৈরি হলেও আইন পরিষদে অনুমোদনের সময় ভারতের গভর্নর - জেনারেল হয়েছিলেন লর্ড ক্যানিং। তাই বিধবাবিবাহ আইন সিদ্ধ হলেও তা কার্যকর করা ছিল খুবই কঠিন কাজ। **প্রথম বিধবাবিবাহ অনুষ্ঠানঃ** শেষপর্যন্ত ১৮৫৬ খ্রিস্টাব্দের ৭ ডিসেম্বর বাংলায় প্রথম বিধবাবিবাহ অনুষ্ঠিত হয়। পাত্র ছিলেন সংস্কৃত কলেজের অধ্যাপক শ্রীশচন্দ্র বিদ্যারত্ন এবং পাত্রীর নাম কালীমতি দেবী। বিদ্যাসাগর নিজ উদ্যোগে ও ব্যয়ে বহু বিধবাদের বিবাহ দিয়েছিলেন। ১৮৫৬-১৮৬৭ খ্রিস্টাব্দ পর্যন্ত তিনি নিজ চেষ্টায় ৬০ টি বিধবাবিবাহের আয়োজন করেন। কিন্তু তার এই প্রচেষ্টা আশানুরূপ সাফল্য পায়নি। **অন্যান্য সংস্কারঃ** এরপর বিদ্যাসাগর বাল্যবিবাহের বিরুদ্ধেও আন্দোলন গড়ে তোলেন। একই সঙ্গে হিন্দুদের মধ্যে বহুবিবাহ প্রথার বিরুদ্ধেও সোচ্চার হয়ে ওঠেন তিনি।

3

ব্রিটিশ ভারতের শিক্ষানীতি

ভূমিকা

ইংরেজ শাসকগণ এদেশে আসার পর প্রথম দিকে এদেশে শিক্ষা বিস্তারে খুব একটা আগ্রহ দেখায়নি। কেবলমাত্র ইংরেজদের রাজ্যশাসন ও ব্যবসা-বাণিজ্য পরিচালনা করবার জন্য কিছু কিছু ইংরেজি শিক্ষার প্রচলন করেছিলেন। পরবর্তী সময়ে ইংরেজরা ভারতীয়দের মধ্যে ধর্ম প্রচারের উদ্দেশ্যে কিছু কিছু শিক্ষার প্রচার শুরু করেছিলেন। ১৮০০ খ্রিস্টাব্দের ১০ জুলাই গভর্নর জেনারেল লর্ড ওয়েলসলির প্রচেষ্টায় কলকাতায় ফোর্ট উইলিয়াম কলেজ ও ১৮১৮ খ্রিস্টাব্দে উইলিয়াম কেরী এবং মার্শম্যান নামে দুই খ্রিস্টান মিশনারির প্রচেষ্টায় হুগলির শ্রীরামপুর কলেজ প্রতিষ্ঠিত হয়। এই দুটি কলেজে মূলত প্রাচ্যবিদ্যা, বিশেষত বাংলা শিক্ষা দেওয়া হত। ইংল্যান্ড থেকে আগত ইংরেজ কর্মচারীদের বাংলা ভাষা শিক্ষা দেওয়ার জন্য প্রধানত এই কলেজ দুটি স্থাপিত হয়েছিল।

১৭৫৭ সালে পলাশীর যুদ্ধের মধ্য দিয়ে ব্রিটিশ ইস্ট ইন্ডিয়া কোম্পানির বাংলায় শাসন অনেকটাই পাকাপোক্ত হয়ে ওঠে। বক্সারের যুদ্ধে তাদের জয়ের মাধ্যমে এলাহাবাদ চুক্তির ভেতর দিয়ে ভারতবর্ষে ইস্ট ইন্ডিয়া কোম্পানির শাসন শুরু হয়ে যায়। ১৭৯৩ সালের চার্টার অ্যাক্টি-এ ইস্ট ইন্ডিয়া কোম্পানিকে ভারতে একচেটিয়া ব্যবসা করার সুযোগ দিয়ে দেয় ব্রিটিশ সরকার। এ সুযোগ দেওয়া হয় পরবর্তী বিশ বছরের জন্য।

ভারতীয় উপমহাদেশে শাসন করতে এসে কোম্পানিকে প্রায়শই কিছু ঝামেলার ভেতর দিয়ে যেতে হয়। সম্পূর্ণ ভিন্ন সংস্কৃতির ভারতে এসে প্রথমেই পড়তে হয় ভাষাজনিত সমস্যায়। মুঘল শাসকদের অনেক বছর রাজত্বের জন্য এথানে আরবি আর ফার্সি ভাষা প্রচলিত ছিল অনেক আগে থেকে। এমনকি আদালত আর অনেক অফিসের প্রধান ভাষা ছিল ফার্সি। আর হিন্দুদের আধিক্যের এ এলাকায় সংস্কৃত ভাষার চর্চাও অপ্রচলিত ছিল না। আবার একেক অঞ্চলের লোকেদের নিজস্ব মাতৃভাষা তো আছেই।

উডের ডেসপ্যাচ

ভারতে পাশ্চাত্য শিক্ষার প্রসারের ক্ষেত্রে কোম্পানির বোর্ড অব কন্ট্রোলের সভাপতি উডের নির্দেশ নামা এক মাইলস্টোনরূপে স্বীকৃত হয়ে রয়েছে। তিনি বোর্ড অব কন্ট্রোলের সদস্যদের নিয়ে শিক্ষাবিষয়ক একটি কমিটি গঠন করে সরকারি শিক্ষানীতি সম্পর্কে যে সুপারিশ পেশ

করেন তা উডের প্রতিবেদন বা উডের ডেসপ্যাচ (১৮৫৪ , ১৯ জুলাই) নামে পরিচিত । উড ভারতে প্রাথমিক , মাধ্যমিক ও উচ্চশিক্ষার সুষ্ঠু বিকাশের লক্ষ্যে এক পরিকল্পনা গ্রহণ করেন।

উডের ডেসপ্যাচের উদ্দেশ্য

এই ঐতিহাসিক দলিলে যে-সমস্ত উদ্দেশ্যকে সামনে রাখা হয়েছিল সেগুলি হল-

1. ভারতীয় শিক্ষার উদ্দেশ্য হবে পাশ্চাত্য গ্যান সম্প্রসারিত করা।
2. এই শিক্ষার মাধ্যমে ভারতীয়দের বুধি ও চরিত্রের উন্নতি হবে।
3. এই শিক্ষা এক বিশ্বাসযোগ্য ও দক্ষ সরকারি কমচারী তৈরি করবে।
4. এই পাশ্চাত্য জ্ঞান হবে ভারতবাসীর পক্ষে নৈতিক ও জাগতিক আশীর্বাদ।
5. ইংল্যান্ড শিল্পবানিজ্যে কাচামালের সরবরাহ অব্যাহত রাখা ও ভারতের বাজারে ইংল্যান্ডের উপন্ন পলের চাহিদা করা।
6. পাশ্চাত্য শিক্ষার ফলে ভারতীয়রা স্রম ও পুঁজি বিনিয়োগের ফলাফল বুঝবে এবং প্রাকৃতিক সম্পদ ব্যবহারের সুফল অনুধাবন করতে সমর্থ হবে।

উডের ডেসপ্যাচের সুপারিশ

আগামী দিনে শিক্ষাকে কীভাবে সংগঠিত করা হবে, শিক্ষাক্ষেত্রে উদ্ভূত বিভিন্ন সমস্যার সমাধান কীভাবে করা হবে—সে বিষয়ে উড-এর ডেসপ্যাচে কতকগুলি সুপারিশ লিপিবদ্ধ করা হয়। এখানে গুরুত্বপূর্ণ কয়েকটি সুপারিশ উল্লেখ করা হল—

(1) শিক্ষার লক্ষ্য ও উদ্দেশ্যঃ ডেসপ্যাচের প্রস্তাবনায় বলা হয়—

- ভারতীয় জনগণের মধ্যে পাশ্চাত্য জ্ঞানের বিস্তার ঘটানোই হল এদেশের শিক্ষার প্রধান উদ্দেশ্য। এই পাশ্চাত্যজ্ঞান হবে ভারতের জনগণের কাছে আশীর্বাদস্বরূপ।
- এই শিক্ষার অপর একটি উদ্দেশ্য হবে, ভারতের জনগণের বুদ্ধির বিকাশের সঙ্গে সঙ্গে তাদের নৈতিক চরিত্রগঠনের সহায়ক হয়ে ওঠা।
- এই শিক্ষা ভারতের জনগণকে শ্রম ও পুঁজি বিনিয়োগের ফলাফল বুঝতে এবং দেশজ প্রাকৃতিক সম্পদের অর্থনৈতিক গুরুত্ব উপলব্ধি করতে সাহায্য করবে। এই শিক্ষার বিকাশ ঘটলে কোম্পানি আগামী দিনে ভারতবাসীর মধ্য থেকে দক্ষ ও বিশ্বস্ত কর্মী পাবে।
- এই শিক্ষার আর একটি উদ্দেশ্য হবে—ভারত থেকে। কাঁচামাল সংগ্রহ করে ইংল্যান্ডের শিল্পের বিকাশ ঘটানো এবং ভারতবাসীর মানসিকতাকে এরকমভাবে গড়ে তোলা যাতে ভারতের বাজারে ইংল্যান্ডে উৎপন্ন পণ্যসামগ্রীর অফুরন্ত চাহিদা সৃষ্টি হয়।

সব মিলিয়ে ইস্ট ইন্ডিয়া কোম্পানির বাণিজ্যের জন্য একটি নির্দিষ্ট বাজার সৃষ্টি করাকে ভারতীয় শিক্ষার একটি বিশেষ লক্ষ্য হিসেবে স্থির করা হয়েছিল।

(2) শিক্ষার বিষয়বস্তুঃ উড-এর ডেসপ্যাচে প্রাচ্যশিক্ষার গুরুত্বকে স্বীকার করা হলেও, বলা হয়েছে প্রাচ্য বিজ্ঞান ও দর্শন অজস্র ভুলে ভরা। তাই প্রাচ্য বিজ্ঞান ও দর্শনের পরিবর্তে পাশ্চাত্য কলা, বিজ্ঞান, দর্শন ও সাহিত্যই হবে ভারতবাসীর কাছে শিক্ষার বিষয়বস্তু।

5. **নিম্নস্তরের শিক্ষায় আর্থিক সাহায্যদানঃ** উড-এর ডেসপ্যাচের সুপারিশের ভিত্তিতে সরকার বেসরকারি প্রাথমিক শিক্ষাতে আর্থিক সাহায্যের ব্যবস্থা করে। ফলে সাধারণ মানুষের আশা-আকাঙ্ক্ষা কিছুটা হলেও পূরণ হয়।

6. **অন্যান্য সুপারিশঃ** উড-এর ডেসপ্যাচে স্ত্রীশিক্ষা, ধর্মনিরপেক্ষ শিক্ষা, বৃত্তিমুখী শিক্ষা, মুসলিম সম্প্রদায়ের শিক্ষা, শিক্ষক প্রশিক্ষণ প্রভৃতি বিষয়ে সুপারিশ করে আধুনিক বিজ্ঞানসম্মত শিক্ষার চাহিদাগুলিকে বাস্তবায়িত করার পক্ষে মত দেয়।

লর্ড কার্জন

শিক্ষাগত সংস্কারের প্রথম ধাপ যা লর্ড কার্জন শুরু করেছিলেন 1901 সালের সেপ্টেম্বরে সিমলায় একটি সম্মেলন অনুষ্ঠিত হয়েছিল সর্বভারতীয় ভিত্তিতে প্রথম সম্মেলন। সম্মেলনে উপস্থিত ছিলেন ড পাবলিক নির্দেশ প্রাদেশিক পরিচালক, প্রতিনিধি খ্রিস্টান মিশনারি এবং কয়েকজন নির্বাচিত শিক্ষাবিদ। কিন্তু ভারতীয় জনগণের প্রতিনিধিরা স্পষ্টতই অনুপস্থিত ছিলেন। দ্য এক পাক্ষিক ধরে সম্মেলন চলতে থাকে। লর্ড কার্জন নিজে সভাপতিত্ব করেন কনফারেন্স এবং রেজুলেশনের খসড়া প্রণয়নে অত্যন্ত বিশিষ্ট অংশ গ্রহণ করেন। মোট 150টি রেজুলেশন পাস করা হয়েছিল, যা বেশিরভাগই সর্বসম্মত এবং যা প্রাথমিক থেকে বিশ্ববিদ্যালয় পর্যন্ত ভারতীয় শিক্ষার সমস্ত স্তরকে কভার করে স্তর এই রেজুলেশনগুলি সরকারী রেজুলেশনের ভিত্তি তৈরি করেছিল শিক্ষা নীতিতে 1904 সালের। সরকার ক্রটিগুলো চিহ্নিত করেছে ভারতীয় শিক্ষা এবং প্রধান নীতিগত সিদ্ধান্তগুলি নিম্নরূপ ছিল-

প্রাথমিক শিক্ষা নীতিতে

এবার জেনে নিন সিমলা শিক্ষা সম্মেলনের কথা লর্ড কার্জন কর্তৃক প্রবর্তিত শিক্ষার সকল সংস্কারের ভিত্তি। এই অধ্যায়ে আমরা তার প্রাথমিক শিক্ষা নীতি নিয়ে আলোচনা করব। লর্ড কার্জন প্রাথমিক শিক্ষার বেহাল দশা বুঝতে পেরেছিলেন ভারত গুণমান এবং পরিমাণের অন্তর্বর্তী. তাই তিনি বিষয়টিকে প্রাধান্য দিয়েছেন শিক্ষার পর্যায়। 1904 সালের সরকারি রেজুলেশনে তিনি ঘোষণা করেন যে প্রাথমিক শিক্ষার প্রতি অপর্যাপ্ত মনোযোগ ছিল এবং তা ছিল কেন্দ্রীয় এবং প্রাদেশিক উভয় সরকারের দায়িত্ব বেশি দিতে হবে প্রাথমিক শিক্ষার সম্প্রসারণ ও উন্নতির দিকে মনোযোগ কিছু এ বিষয়ে তাঁর গৃহীত উল্লেখযোগ্য পদক্ষেপসমূহ নিম্নে উল্লেখ করা হলো-

- লিবারেল গ্রান্ট-ইন-এইড: লর্ড কার্জন প্রাথমিকভাবে উপলব্ধি করেছিলেন সীমিত তহবিলের কারণে ভারতে শিক্ষা ক্ষতিগ্রস্ত হয়েছিল এর জন্য উপলব্ধ। তাই তিনি প্রাদেশিক সরকারকে নির্দেশ দিয়েছেন প্রয়োজনীয় প্রদান করে প্রাথমিক শিক্ষায় বেশি পরিমাণে ব্যয় করা স্থানীয় বোর্ড এবং মিউনিসিপ্যালিটিগুলিতে পুনরাবৃত্ত অনুদান। তিনি তুললেন স্থানীয় কর্তৃপক্ষকে সরকারি অনুদান এক তৃতীয়াংশ থেকে অর্ধেক পর্যন্ত মোট ব্যয়ের। তিনি এর জন্য বিশেষ অনুদানও মঞ্জুর করেছেন রোগাক্রান্ত এবং দুর্ভিক্ষ পীড়িত মানুষ।

- ফলাফল দ্বারা অর্থ প্রদানের ব্যবস্থার বিলুপ্তি: লর্ড কার্জন এর ভিত্তিতে প্রাথমিক বিদ্যালয়গুলোকে সাহায্য করার ব্যবস্থা বন্ধ করে দেয় পরীক্ষার ফলাফল, যেমন, 'ফলাফল দ্বারা অর্থপ্রদান' যেমন চালু করা হয়েছিল হান্টার কমিশন দ্বারা। 1882. এই সিস্টেম প্রাথমিক

কারণে শিক্ষা উল্লেখযোগ্যভাবে বিকাশ করতে ব্যর্থ হয়েছে। কার্জন আরও পরিচয় করিয়ে দেন সাহায্যে অনুদান প্রদানের বৈজ্ঞানিক পদ্ধতি এবং পরামর্শ দেন যে অনুদান প্রদানের ক্ষেত্রে সরকারের আরও উদার নীতি অনুসরণ করা উচিত প্রাথমিক বিদ্যালয়ে।

- শিক্ষকদের প্রশিক্ষণ: প্রাথমিকের গুণগত উন্নতির জন্য শিক্ষকদের প্রশিক্ষণের ওপর শিক্ষা বিশেষ গুরুত্ব দেওয়া হয়। প্রাথমিক শিক্ষকদের প্রশিক্ষণ কেন্দ্র স্থাপনের উদ্যোগ নেওয়া হয়েছে এবং প্রশিক্ষণের মেয়াদ যেন কম না হয় সে বিষয়ে নির্দেশ দেওয়া হয় দুই বছরের বেশি। আরও পরামর্শ দেওয়া হল গ্রামের স্কুল শিক্ষকদের কৃষি শিক্ষার প্রশিক্ষণ দিতে হবে।

- শিক্ষকের বেতনের উন্নতি: লর্ড কার্জন গুরুত্ব দিয়েছেন প্রাথমিক বিদ্যালয়ের শিক্ষকদের জীবনযাত্রার মান বৃদ্ধির উপর তাদের বেতন স্কেল পুনর্গঠন। তিনি লক্ষ্য করেছেন যে পার্থক্য রয়েছে বিভিন্ন রাজ্যে শিক্ষকদের বেতন স্কেলে। কার্জন চেষ্টা করেছিলেন শিক্ষকদের বেতন স্কেল সমান পর্যায়ে আনতে পারলেও তিনি পারেননি অফিসে তার স্বল্প সময়ের কারণে এটি সম্পূর্ণরূপে তৈরি করুন।

- পাঠ্যক্রমের সংস্কার: লর্ড কার্জন প্রাইমারি গ্রেড আপ করতে চেয়েছিলেন স্কুলের পাঠ্যক্রম. থ্রি আর' পড়ানোর পাশাপাশি অন্তর্ভুক্ত করার নির্দেশ দেন ভারত হিসাবে প্রাথমিক বিদ্যালয়ের পাঠ্যক্রমে একটি বিষয় হিসাবে কৃষি প্রধানত একটি কৃষিপ্রধান দেশ। শারীরিক শিক্ষা ছিল পাঠ্যক্রমে চালু করা আরেকটি দরকারী বিষয়। লর্ড কার্জন প্রাথমিক বিদ্যালয়ের পাঠ্যক্রমের সাথে ঘনিষ্ঠভাবে সম্পর্কিত হওয়া প্রয়োজন বলে মনে করেন স্থানীয় পরিবেশ এবং তাই, পাঠ্যক্রমের পরামর্শ দিয়েছেন গ্রামীণ এবং শহরে স্কুলগুলি আলাদা হওয়া উচিত।

- শিক্ষাদানের পদ্ধতি: কার্জন লক্ষ্য করেছেন যে শিক্ষাদানের পদ্ধতি প্রাথমিক বিদ্যালয়ে শিশুদের জন্য পুরানো এবং অবৈজ্ঞানিক ছিল এসব বিদ্যালয়ের প্রতি আকৃষ্ট হয়নি। তিনি আরো ভালোভাবে পরিচয় করিয়ে দেওয়ার চেষ্টা করেন কিন্ডারগার্টেন পদ্ধতির মত শিক্ষাদানের বৈজ্ঞানিক পদ্ধতি শিক্ষণ পদ্ধতির উন্নতি। এই ধরনের পদ্ধতি ছিল যেখানে দক্ষ শিক্ষক পাওয়া যায় সেখানে গ্রহণ করা হবে।

লর্ড কার্জনের প্রাথমিক শিক্ষার মূল্যায়ন নীতি

এখন আপনি লর্ড কার্জন কর্তৃক গৃহীত পদক্ষেপ সম্পর্কে জানেন প্রাথমিক শিক্ষার অবস্থার উন্নতি আপনারও উচিত তার নীতির প্রভাব বোঝা, অর্থাৎ, এটি কতদূর সাহায্য করেছে ভারতে প্রাথমিক শিক্ষার উন্নতি। প্রকৃতপক্ষে, লর্ড কার্জনের নীতির সূচনা হয়েছিল ভারতের প্রাথমিক শিক্ষার ইতিহাসে একটি নতুন যুগের। সে সঠিকভাবে চিহ্নিত করা হয়েছে যে অর্থ অর্জনের প্রধান বাধা প্রাথমিক শিক্ষার উদ্দেশ্য। সে অনুযায়ী তিনি অনুসরণ করেন সরকারের তহবিল থেকে উদার অনুদান মঞ্জুর করার নীতি এর সম্প্রসারণ এবং ফলস্বরূপ একটি উল্লেখযোগ্য বৃদ্ধি ছিল প্রাথমিক বিদ্যালয়ে পড়া ছাত্রদের সংখ্যায়। কার্জনও ফলাফল দ্বারা অর্থ প্রদানের বৈষম্যমূলক ব্যবস্থা বন্ধ করে এবং পুনরাবৃত্ত অর্থ প্রদানের আরও বৈজ্ঞানিক পদ্ধতি চালু করেছে এবং আর্থিক অসুবিধা দূর করতে অ-পুনরাবৃত্ত অনুদান। ফলে স্বীকৃত প্রাথমিক বিদ্যালয়ের সংখ্যা 93,604 থেকে বৃদ্ধি পেয়েছে 1901-02 থেকে 1911-12 সালে 1,18,262, অর্থাৎ, 10 সময়ের মধ্যে বছর (নায়েক ও নুরাল্লাহ, পৃ. ২৬৩)। লর্ড কার্জনও আমাদের মধ্যে ঐতিহ্যবাদ দূর করার চেষ্টা করেছিলেন প্রাথমিক শিক্ষা ব্যবস্থা এবং কৃষির মতো বিষয় চালু করা এবং প্রাথমিক বিদ্যালয়ের

পাঠ্যক্রমে শারীরিক শিক্ষা প্রণয়ন করা এটি আরও দরকারী, ব্যবহারিক এবং আধুনিক। প্রশিক্ষণের ব্যবস্থা করেছেন শিক্ষকদের বেতন স্কেল উন্নত ও অভিন্ন করা। এগুলো ছাড়াও কার্জন উন্নত পদ্ধতি চালু করার চেষ্টা করেন কিন্ডারগার্টেন পদ্ধতির মত শিক্ষাদানের উপর গুরুত্ব দিয়েছেন যান্ত্রিক না হয়ে যুক্তি শক্তির বিকাশ মুখস্থ এই সমস্ত পর্যবেক্ষণ করে আমাদের অবশ্যই সেই প্রভুকে স্বীকার করতে হবে কার্জন আমাদের প্রাইমারিতে আধুনিকীকরণের চেতনা আনার চেষ্টা করেছিলেন শিক্ষা।

মাধ্যমিক শিক্ষা নীতি

আমরা ইতিমধ্যে প্রভুর প্রাথমিক শিক্ষা নীতি নিয়ে আলোচনা করেছি কার্জন। এখন মাধ্যমিক শিক্ষার দিকে মনোযোগ দেওয়া যাক নীতি এবং দেখুন কিভাবে তিনি এটি উন্নত করতে চেয়েছিলেন. কার্জনের মাধ্যমিক শিক্ষা নীতিকে দুই ভাগে ভাগ করা যায় অংশ- নিয়ন্ত্রণের নীতি এবং উন্নতির নীতি। প্রথমে আমরা আলোচনা করব নিয়ন্ত্রণ নীতি।

1. নিয়ন্ত্রণের নীতি: 1882 সালের হান্টার কমিশন যে পরামর্শ দিয়েছে সরকারকে মাধ্যমিকের মাঠ থেকে সরে আসতে হবে শিক্ষা ও এর সম্প্রসারণ বেসরকারি সংস্থার হাতে ছেড়ে দিতে হবে যেগুলোকে সাহায্যের জন্য উদার অনুদান দেওয়া হবে। ফলে সংখ্যা বেসরকারি স্কুলের সংখ্যা বেড়েছে। যদিও সরকার নির্দিষ্ট করে দিয়েছে সেখানে সরকারি সাহায্যপ্রাপ্ত বিদ্যালয়ের জন্য নিয়ম-কানুন ছিল বেসরকারীভাবে পরিচালিত স্কুলগুলির জন্য এই ধরনের কোনও নিয়ম নেই, যার বেশিরভাগই। অদক্ষ এবং দুর্বল কর্মী এবং দুর্বলভাবে সজ্জিত ছিল। 1904 সালের শিক্ষা সংক্রান্ত সরকারী রেজোলিউশনে এটি রয়েছে এই স্কুলগুলি সরকারী কর্তৃপক্ষ দ্বারা পরিচালিত হয় কিনা তা বলা হয়েছে বা ব্যক্তিগত ব্যক্তিদের দ্বারা এবং তারা সরকারী তহবিল পেয়েছে কিনা বা না হোক, সরকার সম্প্রদায়ের স্বার্থে আবদ্ধ তাদের যে শিক্ষা দেওয়া হয়েছে তা দেখতে হবে। সরকার সে সময় বেসরকারি স্কুলগুলোকে নিম্নোক্তভাবে নিয়ন্ত্রণের চেষ্টা করা হয়

   - বিদ্যালয়ের ব্যবস্থাপনার কমিটি সঠিকভাবে হতে হবে গঠিত।
   - বিদ্যালয়ের আর্থিক অবস্থা স্থিতিশীল হতে হবে।
   - বিদ্যালয়কে অবশ্যই স্বাস্থ্য ও বিনোদনের ব্যবস্থা করতে হবে এর ছাত্রদের
   - শিক্ষকের সংখ্যা উপযুক্ত ও যথাযথ হতে হবে যোগ্য
   - একটি নির্দিষ্ট এলাকায় মাধ্যমিক বিদ্যালয় স্থাপনের জন্য বিদ্যালয়ের প্রয়োজনীয়তা মূল্যায়ন করা হবে।
   - সরকারী সাহায্যপ্রাপ্ত বা বেসরকারীভাবে প্রতিটি মাধ্যমিক বিদ্যালয় পরিচালিত পাবলিক পরিচালক থেকে স্বীকৃতি পেতে হবে সংশ্লিষ্ট রাজ্যের নির্দেশ।
   - শিক্ষা বিভাগ থেকে স্বীকৃতি ছাড়াও, এটি চাইলে বিশ্ববিদ্যালয় থেকেও স্বীকৃতি পেতে হবে ম্যাট্রিকুলেশন পরীক্ষায় উপস্থিত শিক্ষার্থীরা বিশ্ববিদ্যালয় দ্বারা।
   - স্বীকৃত স্কুল সরকার পাওয়ার যোগ্য হবে অনুদান-ইন-এইড এবং ছাত্রদের বৃত্তি পাওয়ার জন্য।
   - একটি অস্বীকৃত বিদ্যালয় থেকে শিক্ষার্থীদের স্থানান্তর a স্বীকৃত স্কুল নিষিদ্ধ ছিল

2. **উন্নতির নীতি:** কার্জন বুঝতে পেরেছিলেন যে সরকারের নিয়ন্ত্রণ একা মাধ্যমিক বিদ্যালয়ের অবস্থার উন্নতি করতে পারে না। জন্য গুণগত উন্নতি, তিনি নিম্নলিখিত ব্যবস্থা গ্রহণ করেছেন:

- প্রাদেশিক সরকারগুলিকে আরও আর্থিক অনুদান মঞ্জুর করা উচিত মাধ্যমিক বিদ্যালয়ের অবস্থার উন্নতি করতে।
- সরকারী মাধ্যমিক বিদ্যালয়ের জন্য একটি মডেল হিসাবে পরিবেশন করা উচিত বেসরকারি মাধ্যমিক বিদ্যালয়।
- প্রাইভেট স্কুলগুলোকেও অনুদান দিতে হবে তারা পাবলিক স্কুলের মতো মানসম্পন্ন স্কুলের সমান।
- শিক্ষক প্রশিক্ষণ কেন্দ্রের সংখ্যা বাড়াতে হবে এবং শিক্ষকদের প্রশিক্ষণ গ্রহণে উৎসাহিত করতে হবে।
- ইন্সপেক্টরেটকে কার্যকর করার জন্য আরও দক্ষ করে তুলতে হবে মাধ্যমিক শিক্ষা এবং সংখ্যার উপর কঠোর নিয়ন্ত্রণ পরিদর্শক বাড়াতে হবে।
- মাধ্যমিক বিদ্যালয়ের পাঠ্যক্রম পরিবর্তন করতে হবে। ব্যবহারিক এবং বৃত্তিমূলক বিষয় সহ। শারীরিক শিক্ষা পাঠ্যক্রমের একটি বিষয় হিসাবে অন্তর্ভুক্ত করা উচিত।
- শিক্ষার মাধ্যম মাতৃভাষা হতে হবে মধ্যম পর্যন্ত স্কুল স্তর কিন্তু ইংরেজি অধ্যয়ন অবহেলা করা উচিত নয়।

কার্জনের মাধ্যমিক শিক্ষার মূল্যায়ন নীতি

এখন আমাদের লর্ড কার্জনের একটি সমালোচনামূলক মূল্যায়ন করতে হবে মাধ্যমিক শিক্ষা নীতি। সামগ্রিকভাবে, আমরা তার মাধ্যমিক শিক্ষা নীতি বলতে পারি 'সফল' হিসাবে কারণ এটি মাধ্যমিকের মান বাড়িয়েছে শিক্ষা তার নীতি মাধ্যমিক বিদ্যালয়গুলোকে রিসিভ করা সরকারের পাশাপাশি বিশ্ববিদ্যালয় থেকে স্বীকৃতি শিক্ষার মান উন্নয়নে সাহায্য করেছে। অনেক ব্যক্তিগত মাধ্যমিক বিদ্যালয়গুলি পেতে ব্যর্থতার জন্য বন্ধ করতে হয়েছিল স্বীকৃতির কারণে অনেক জাতীয়তাবাদী ভারতীয় সমালোচনা করেছেন লর্ড কার্জন তার নীতির জন্য এবং প্রকাশ করেছিলেন যে তিনি চূর্ণ করতে চেয়েছিলেন জাতীয়তাবাদী উত্থান। কিন্তু তার কঠোর নীতি উন্নতি করতে সাহায্য করেনি শুধু শিক্ষার মান, প্রশাসনের মানও মাধ্যমিক বিদ্যালয়েরও। দ্বিতীয়ত, যেহেতু স্কুলগুলো থেকে স্বীকৃতি নিতে হয়েছে বিশ্ববিদ্যালয়ে শিক্ষক প্রশিক্ষণের ওপর তাদের গুরুত্ব দিতে হতো তাদের ছাত্রদের পাঠানোর জন্য একাডেমিক মান বৃদ্ধি করা প্রবেশিকা পরীক্ষা. তৃতীয়ত, এটা উল্লেখ করা দরকার যে লর্ড কার্জন ছিলেন মাতৃভাষা শিক্ষার মাধ্যম হওয়া উচিত বলে জোর দিয়েছিলেন মধ্যম স্তর পর্যন্ত। এ জন্য অনেক দরিদ্র শিক্ষার্থীর ব্যবস্থা নেওয়া হয়েছে তাদের নিজস্ব ভাষায় শিক্ষা গ্রহণ করতে সক্ষম। এই পাকা শিক্ষার মাধ্যম হিসেবে মাতৃভাষা চালু করার উপায় পরবর্তী পর্যায়ে মাধ্যমিক বিদ্যালয়ে।

ভারতীয়দের জন্য কার্জনের অবদান শিক্ষা

এখন আসুন ভারতীয়দের প্রতি কার্জনের অবদানকে সমালোচনামূলকভাবে পরীক্ষা করা যাক শিক্ষা. লর্ড কার্জন তার সময়ে কঠোরভাবে সমালোচিত হয়েছিলেন। তিনি ব্যর্থ হন শিক্ষিত

ভারতীয়দের মনে বিশ্বাস ও আস্থা তৈরি করুন। তারা ভেবেছিলেন তার সংস্কারের কিছু গভীর রাজনৈতিক উদ্দেশ্য ছিল। তথনকার দিনে দেশের সামাজিক রাজনৈতিক অবস্থার জন্য তা সম্ভব ছিল না কার্জনের কার্যক্রমকে উদ্দেশ্যমূলক এবং নিরপেক্ষভাবে মূল্যায়ন করুন। কিন্তু এখন এটা স্বীকার করা হয় যে লর্ড কার্জন এর জন্য ইয়োমান সেবা করেছিলেন ভারতীয় শিক্ষা। তাঁর আমলে শিক্ষার প্রতিটি দিক তাঁর গৃহীত হয় গভীর মনোযোগ এবং লর্ড কার্জনই এর জন্য আন্দোলন শুরু করেছিলেন ভারতে শিক্ষাগত পুনর্গঠন। তিনি সংস্কারের ভিত্তি স্থাপন করেছিলেন ভারতীয় বিশ্ববিদ্যালয় এবং ভারতীয়দের মানকে উচ্চতর করার চেষ্টা করেছে শিক্ষা তিনি শিক্ষার দায়িত্ব কেন্দ্রীয় কর্তৃক স্বীকার করেন সরকার মাধ্যমিক শিক্ষার মানও কঠোরভাবে উন্নীত করা হয়েছিল এবং নিয়মিত পরিদর্শন এবং স্বীকৃতির কঠোর শর্ত। তার কারণে প্রাথমিক শিক্ষার পৃষ্ঠপোষকতা সম্প্রসারণ ছিল লক্ষণীয়। প্রযুক্তিগত এবং বৃত্তিমূলক শিক্ষা তার হাতে প্রেরণা পেয়েছিল। সংস্কারও ছিল কৃষি শিক্ষায় চালু হয় কৃষি বিভাগ প্রতিষ্ঠিত হয় এবং কৃষি গবেষণার ব্যবস্থা করা হয়। তার ভারতের প্রাচীন নিদর্শন সংরক্ষণের চেষ্টা এবং ক প্রত্নতত্ত্ব বিভাগ প্রশংসনীয় ছিল।

কলকাতা বিশ্ববিদ্যালয় কমিশন

পূর্ববর্তী ইউনিটে, আমরা প্রাথমিক বিষয়ে গোখলের বিল নিয়ে আলোচনা করেছি শিক্ষা এবং শিক্ষার উপর ভারত সরকারের রেজোলিউশন ১৯১৩। রেজোলিউশনে সুপারিশ করা হয়েছে যে একটি বিশ্ববিদ্যালয় প্রতিষ্ঠা করতে হবে প্রতিটি প্রদেশ, বিশ্ববিদ্যালয়ের পাঠদান কার্যক্রমকে উৎসাহিত করতে হবে এবং মফস্বল শহরে অবস্থিত কলেজগুলিকে পাঠদানে পরিণত করতে হবে যথাসময়ে বিশ্ববিদ্যালয়গুলো। প্রথম বিশ্বযুদ্ধের সূত্রপাত (১৯১৪-১৯১৯) তবে, রেজোলিউশনে পরিকল্পিত উন্নয়ন বিলম্বিত করেছে যেহেতু সরকারকে তার মনোযোগ এবং শক্তিকে কেন্দ্রীভূত করতে হয়েছিল যুদ্ধ যুদ্ধ শেষ হলে সরকার কলকাতায় নিয়োগ দেয় বিশ্ববিদ্যালয় কমিশন ১৯১৭ সালে প্রধানত কলকাতার বিষয়গুলি খতিয়ে দেখে বিশ্ববিদ্যালয়, তবুও তাদের প্রতিবেদনে এটি শিক্ষার বিভিন্ন দিক নিয়ে কাজ করে। ভিতরে এই ইউনিটে আমরা কমিশন নিয়োগের প্রয়োজনীয়তা নিয়ে আলোচনা করব একটি সহ শিক্ষার বিভিন্ন ক্ষেত্রে সুপারিশ সুপারিশের মূল্যায়ন এবং ফলাফল।

কমিশনের রিপোর্ট

এখন আমরা কমিশনের সুপারিশ নিয়ে আলোচনা করব শিক্ষার বিভিন্ন ক্ষেত্র। কমিশন ১৭ মাস পর বিশ্ববিদ্যালয়ের সব কেন্দ্র পরিদর্শন করে ১৯১৯ সালে এটির প্রতিবেদন জমা দেয়। এটি একটি খুব দীর্ঘ এবং উল্লেখযোগ্য প্রতিবেদন। দ্য প্রতিবেদনটি ১৩ টি ভলিউম নিয়ে গঠিত, একটি সমালোচনামূলক এবং ব্যাপক সমীক্ষা প্রদান করে মাধ্যমিক, কলেজিয়েট এবং বিশ্ববিদ্যালয় শিক্ষার শিক্ষাগত সমস্যা ভারত। যদিও এটি শুধু কলকাতা বিশ্ববিদ্যালয় নিয়েই কারবার করে, তাতে সমস্যা হয় অন্যান্য ভারতীয় বিশ্ববিদ্যালয়েও অধ্যয়ন কমবেশি সাধারণ ছিল। তাই পরামর্শগুলি অন্যান্য বিশ্ববিদ্যালয়ের ক্ষেত্রেও সমানভাবে প্রযোজ্য ছিল দেশটি. তাই কমিশনের রিপোর্ট সুদূরপ্রসারী ভারতে বিশ্ববিদ্যালয় শিক্ষার উন্নয়নের উপর পরিণতি সম্পূর্ণ কমিশন বিশ্ববিদ্যালয়ের বিষয়ে সুপারিশ করেছে মাধ্যমিক, নারী ও পেশাগত শিক্ষা। এটি সুপারিশ করেছে এর কার্যক্রম সমন্বয়ের জন্য একটি আন্তঃবিশ্ববিদ্যালয় বোর্ড গঠন বিভিন্ন ভারতীয় বিশ্ববিদ্যালয়। এর সুপারিশ আলোচনা করা যাক বিভিন্ন শিরোনামের অধীনে

কমিশন।

মাধ্যমিক শিক্ষা

কমিশন এ বিষয়ে বিস্তারিত আলোচনা করেছে মাধ্যমিক শিক্ষা. মাধ্যমিক ও উচ্চ শিক্ষা হল আন্তঃসংযুক্ত এবং মাধ্যমিক শিক্ষা উচ্চ শিক্ষার ভিত্তি। কমিশনের মতে তা আনা সম্ভব নয় উচ্চশিক্ষার ক্ষেত্রে বৈপ্লবিক পরিবর্তন না করে মাধ্যমিক শিক্ষার পরিবর্তন। অতএব, কিছু মৌলিক মাধ্যমিক শিক্ষার স্বার্থে পরিবর্তনের পরামর্শ দেওয়া হয়েছিল বিশ্ববিদ্যালয়ের শিক্ষার উন্নতির জন্য। কমিশন সুপারিশ করা হয়েছে যে বিশ্ববিদ্যালয় এবং মধ্যে বিভাজন রেখা মাধ্যমিক কোর্স ইন্টারমিডিয়েট পরীক্ষায় আঁকা উচিত তার চেয়ে ম্যাট্রিকুলেশন ও সরকারকে তৈরি করা উচিত ইন্টারমিডিয়েট কলেজ নামে একটি নতুন ধরনের প্রতিষ্ঠান। এখন আমরা মাধ্যমিক শিক্ষা ব্যবস্থার বিদ্যমান ত্রুটি নিয়ে আলোচনা করবে এবং তারপরে সংস্কারের পরামর্শে এগিয়ে যান।

মাধ্যমিক শিক্ষার ত্রুটি:

কমিশন নিম্নলিখিত ত্রুটিগুলির প্রতি দৃষ্টি আকর্ষণ করেছে মাধ্যমিক শিক্ষার-

1. মাধ্যমিক বিদ্যালয়গুলো অভাবে ভুগছে শিক্ষাগত সরঞ্জাম এবং সরঞ্জাম।
2. মাধ্যমিক শিক্ষা সংকীর্ণ হয়ে পড়েছে ম্যাট্রিকুলেশন পরীক্ষার দ্বারা প্রভাবিত হচ্ছে।
3. মাধ্যমিক শিক্ষার মৌলিক ত্রুটি উপযুক্ত শিক্ষকের অভাব।
4. অধিকাংশ শিক্ষকই অপ্রশিক্ষিত।
5. শিক্ষকদের বেতন খুবই কম এবং তা করা কঠিন কম বেতনে দক্ষ শিক্ষক সংগ্রহ করা।
6. মাধ্যমিক বিদ্যালয়গুলো পর্যায়ক্রমে পরিদর্শন করা হয় না এবং তাদের জন্য দরকারী পরামর্শ দেওয়া হয় না উন্নতি
7. বেশির ভাগ মাধ্যমিক বিদ্যালয় ভুক্তভোগী অর্থনৈতিক প্রতিবন্ধকতা।
8. মাধ্যমিক বিদ্যালয়গুলো দ্বৈত নিয়ন্ত্রণে বিশ্ববিদ্যালয় এবং সরকার, এবং আছে বিশ্ববিদ্যালয় এবং সরকারের মধ্যে পার্থক্য নিয়ন্ত্রণ এবং প্রশাসনের নিজস্ব এলাকা সম্পর্কে।

সংস্কারের জন্য পরামর্শ

কমিশন বুঝতে পেরে পুনর্গঠন করা প্রয়োজন মাধ্যমিক শিক্ষা যাতে একটি পছন্দসই দিকনির্দেশনা দেয় বিশ্ববিদ্যালয় শিক্ষা। তাই ত্রুটিগুলো তুলে ধরার পর, কমিশন সংস্কারের জন্য নিম্নলিখিত পরামর্শ দিয়েছে-

1. এর উন্নতির জন্য প্রথম অপরিহার্য জিনিস মাধ্যমিক শিক্ষা হল প্রয়োজনীয় তহবিল সরবরাহ। কমিশন ৪০ লাখ টাকা মঞ্জুর করার সুপারিশ করেছে এই উদ্দেশ্যে বার্ষিক রুপি।
2. মাধ্যমিক বিদ্যালয়ে শিক্ষার মাধ্যম মাতৃভাষা হওয়া উচিত।
3. মাধ্যমিক বিদ্যালয়ের পাঠ্যক্রম হতে হবে বৈচিত্র্যপূর্ণ
4. মাধ্যমিক ও মাধ্যমিক শিক্ষা বোর্ড প্রতিটি প্রদেশে প্রতিষ্ঠা করতে হবে।
5. প্রতিনিধি নিয়ে বোর্ড গঠন করতে হবে সরকারের, বিশ্ববিদ্যালয়, মাধ্যমিক স্কুল এবং ইন্টারমিডিয়েট কলেজ।

6. এটি প্রশাসনের কাছে ন্যস্ত করা উচিত এবং মাধ্যমিক শিক্ষা এবং মাধ্যমিক নিয়ন্ত্রণ শিক্ষা

7. সদস্যদের সংখ্যাগরিষ্ঠ বেসরকারী হতে হবে. এটা উচিত হিন্দু ও মুসলমান উভয়েরই প্রতিনিধিত্ব করে।

8. মাধ্যমিক ও মাধ্যমিক শিক্ষা বোর্ড একটি স্বায়ত্তশাসিত সংস্থা হবে এবং থেকে মুক্ত হবে সরকারী হস্তক্ষেপ।

উচ্চমাধ্যমিক শিক্ষার সুপারিশ

আমাদের মাথায় রাখতে হবে কমিশন একটি মধ্যবর্তী পর্যায় খোলার সুপারিশ একটি সম্পূর্ণরূপে ভারতীয় শিক্ষার ক্ষেত্রে নতুন ধারণা। এই পর্যায় হবে মাধ্যমিক এবং বিশ্ববিদ্যালয় উভয় শিক্ষা থেকে বিচ্ছিন্ন। এই পর্যায়ে কমিশনের সুপারিশগুলি হল-

1. মধ্যবর্তী পর্যায়টি হবে এর পর্যায়ের মধ্যে ম্যাট্রিকুলেশন এবং বিশ্ববিদ্যালয়ের শিক্ষা।

2. বিশ্ববিদ্যালয়ে ভর্তির পর হতে হবে মধ্যবর্তী পর্যায় এবং ম্যাট্রিকুলেশন পর্যায়ের পরে নয়, যেমন করা হয়েছিল সেই সময়ে।

3. ইন্টারমিডিয়েট কলেজ হয় স্বাধীন হিসাবে পরিচালিত হতে পারে প্রতিষ্ঠান বা নির্বাচিত বিদ্যালয়ের সাথে সংযুক্ত হতে পারে।

4. ইন্টারমিডিয়েট কলেজের পাঠ্যক্রম গঠন করা উচিত কলা, বিজ্ঞান, প্রকৌশল, শিল্প শিক্ষা ইত্যাদি

5. মাধ্যমিক ও মাধ্যমিক বোর্ডের কাজ শিক্ষা ছিল পাঠ্যক্রম সংজ্ঞায়িত করা, দুটি পরিচালনা মাধ্যমিক পর্যায়ে পরীক্ষা এবং স্বীকৃতি প্রদান হাই স্কুল এবং ইন্টারমিডিয়েট কলেজে।

6. মধ্যবর্তী পর্যায়ে ক্লাস ছোট হতে হবে যাতে শিক্ষক এবং ছাত্রদের ঘনিষ্ঠ সংস্পর্শে আসতে পারে একে অপরকে.

7. ইন্টারমিডিয়েট কলেজে শিক্ষার মাধ্যম হতে হবে ইংরেজি এবং গণিত ছাড়া মাতৃভাষা।

বিশ্ববিদ্যালয় শিক্ষার উপর সুপারিশ

আমরা ইতিমধ্যে এর সুপারিশ আলোচনা করেছি মাধ্যমিক এবং মধ্যবর্তী শিক্ষা। এখন আমরা আলোচনা করব বিশ্ববিদ্যালয় শিক্ষা সংক্রান্ত কমিশনের সুপারিশ। স্যাডলার কমিশনের মূল উদ্দেশ্য ছিল সংস্কার করা ভারতে বিশ্ববিদ্যালয়ের শিক্ষাকে গুরুত্ব দেওয়া হয়েছে বিশ্ববিদ্যালয়ের শিক্ষার মান উন্নয়ন। কমিশনের সুপারিশগুলিকে দুটি ভাগে ভাগ করা যায়- একাডেমিক এবং প্রশাসনিক প্রথমে আমরা একাডেমিক নিয়ে আলোচনা করব এবং তারপরে এগিয়ে যাব প্রশাসনিক সংস্কার সংক্রান্ত সুপারিশ।

একাডেমিক সংস্কার:

1. ডিগ্রি কোর্সের মেয়াদ তিন বছর হতে হবে মধ্যবর্তী পর্যায়ের পরে।

2. পাস কোর্স থেকে আলাদা অনার্স কোর্স করা উচিত বিশ্ববিদ্যালয়গুলোতে খোলা হবে।

3. নির্দেশাবলী প্রদানের জন্য বিধান করা উচিত কলা, বিজ্ঞান, প্রকৌশল, কৃষি, বাণিজ্য এবং ওষুধ।

4. বিশ্ববিদ্যালয় পর্যায়ে শিক্ষার মাধ্যম হওয়া উচিত ইংরেজি হতে।

5. ভালো ছাত্র শিক্ষক সম্পর্কের স্বার্থে সেমিনার এবং টিউটোরিয়াল ক্লাস অনুষ্ঠিত হতে পারে।

6. শিক্ষা বিভাগ চালু করতে হবে শিক্ষাকে এমএ, বিএ-তে একটি শৃঙ্খলা হিসাবে পড়ানো উচিত এবং ইন্টারমিডিয়েট কোর্স।

7. শারীরিক প্রশিক্ষণের জন্য একজন পরিচালক নিয়োগ করতে হবে স্বাস্থ্য এবং শারীরিক দিকে বেশি মনোযোগ দেওয়া ছাত্রদের কল্যাণ।

8. একটি বোর্ড অফ স্টুডেন্টস ওয়েলফেয়ারও নিয়োগ করতে হবে প্রতিটি বিশ্ববিদ্যালয়ে তাদের সুস্থতার জন্য।

9. কমিশন প্রাচ্য গবেষণার সুপারিশ করেছে বিশ্ববিদ্যালয়ে চাষ করা উচিত।

10. মুসলমানদের বিশেষ শিক্ষার সুবিধা দিতে হবে যাতে তাদের পশ্চাৎপদতা দূর হয়।

প্রশাসনিক সংস্কার:

1. কমিশন সরকারকে সুপারিশ করেছে বিশ্ববিদ্যালয়ের উপর নিয়ন্ত্রণ কম এবং নমনীয় হওয়া উচিত।

2. বিশ্ববিদ্যালয়ের শিক্ষক নির্বাচনের মাধ্যমে নিয়োগ দিতে হবে এজন্য বিশেষভাবে কমিটি গঠন করা হয়েছে।

3. সিনেট ও সিন্ডিকেটের জায়গায় থাকতে হবে বিশ্ববিদ্যালয় আদালত ও কার্যনির্বাহী পরিষদের জন্য ড বিশ্ববিদ্যালয়ের ব্যবস্থাপনা।

4. কলেজের অধ্যাপকদের বড় আকারে প্রতিনিধিত্ব করতে হবে বিশ্ববিদ্যালয় প্রশাসনের সংখ্যা।

5. পরীক্ষা পরিচালনার জন্য, নিয়োগ শিক্ষক এবং পাঠ্যক্রম নির্মাণ, একটি শক্তিশালী বিভিন্ন বিষয়ের অনুষদের সাথে একাডেমিক কাউন্সিল এবং বোর্ড অফ স্টাডিজ গঠন করতে হবে।

6. একজন পূর্ণকালীন এবং বেতনভোগী ভাইস-চ্যান্সেলর হতে হবে নিযুক্ত মধ্যে ঘনিষ্ঠ সহযোগিতা বজায় রাখা উচিত কলেজ এবং বিশ্ববিদ্যালয়। এর জন্য একটি আন্তঃবিশ্ববিদ্যালয় বোর্ড গঠন করতে হবে

কলকাতা বিশ্ববিদ্যালয়ের সুপারিশ:
আমরা জানি, তদন্তের জন্য এই কমিশন নিয়োগ করা হয়েছিল কলকাতা বিশ্ববিদ্যালয়ের অবস্থা এবং কাজের মধ্যে। চলো আলোচনা করি কলকাতা সংক্রান্ত কমিশনের সুপারিশ বিশ্ববিদ্যালয়। কমিশনের অভিমত কলকাতা বিশ্ববিদ্যালয় তার বিভিন্ন অধিভুক্ত আকারে একটি বিশাল মাত্রা অনুমান করেছিল শিক্ষা প্রতিষ্ঠান. তাই, এটা অসম্ভব বলে মন্তব্য করেছে বিশ্ববিদ্যালয় সফলভাবে তার কাজ সম্পাদন করতে. কমিশন, অতএব, সুপারিশ করা হয় যে-

1. একটি একক আবাসিক শিক্ষাদান বিশ্ববিদ্যালয় প্রতিষ্ঠা করতে হবে ঢাকায়।

2. কমিশন শিক্ষাদান কার্যের উপর জোর দেয় বিশ্ববিদ্যালয় তাতে সুপারিশ করেছিল কলকাতা বিশ্ববিদ্যালয় সত্যিকারের শিক্ষাদানকারী বিশ্ববিদ্যালয়ে পরিণত করতে হবে।

3. বিভিন্ন কলেজ শহরাঞ্চলের মধ্যে হতে হবে একটি বিশ্ববিদ্যালয়ে সংগঠিত যা শিক্ষা গ্রহণ করা উচিত কাজ

4. মফস্বল এলাকার কলেজগুলোকে উন্নত করতে হবে যাতে ধীরে ধীরে নতুন বিশ্ববিদ্যালয়ের উত্থান ঘটতে পারে উচ্চতর জন্য সমস্ত সম্ভাব্য সংস্থান কেন্দ্রীভূত করে কেন্দ্রগুলি তাদের উপর শিক্ষা।

4

ভারতে শিক্ষার ঔপনিবেশিক পরিকল্পনার প্রভাব

ভারতের উপর ব্রিটিশ আঞ্চলিক নিয়ন্ত্রণ প্রতিষ্ঠা বিভিন্ন পরিবর্তন আনে জীবনের গোলক শিক্ষা ছিল এমন একটি ক্ষেত্র যেখানে অনেক পরিবর্তন এসেছে ব্রিটিশদের কাছে ক্ষমতা হস্তান্তর। কেন এবং কিভাবে পরিবর্তন এলো? কি ছিল এই পরিবর্তনের প্রভাব? এই আলোচনা করা হয়েছে যে কিছু প্রধান প্রশ্ন এই ইউনিটে। ইংরেজি শিক্ষার বিকাশ যা ব্রিটিশ নীতির প্রভাব এছাড়াও এই ইউনিটে আলোচনা করা হয়েছে. এই ইউনিটে আপনি একটি আলোচনাও পাবেন দেশে আদিবাসী শিক্ষার চর্চা এবং প্রাচ্যবিদদের মধ্যে বিরোধ এবং অ্যাংলিসিস্ট।

ঔপনিবেশিক শিক্ষা

শিক্ষা এবং এর মধ্যে সম্পর্কের গতিশীলতা বোঝা অপরিহার্য ঔপনিবেশিক শাসনের অধীনে শিক্ষার বিকাশ বোঝার জন্য উপনিবেশবাদ। মার্টিন কার্নয় এবং অন্যদের মত লেখকরা যুক্তি দিয়েছেন যে একটি ঔপনিবেশিক দেশে শিক্ষা ঔপনিবেশিক শাসকদের দ্বারা তাদের আধিপত্যকে বৈধতা দেওয়ার জন্য এবং তাদের নিজস্ব সেবা করার জন্য ডিজাইন করা হয়েছে অর্থনৈতিক চাহিদা।

ঔপনিবেশিক দেশের টিকে থাকার জন্য অর্থনৈতিক ও রাজনৈতিক নিয়ন্ত্রণ অপরিহার্য এই লক্ষ্য অর্জনের জন্য ঔপনিবেশিক শাসন এবং শিক্ষা ব্যবহার করা হয়। উন্নয়নের চেষ্টা করা হয় শিক্ষার মাধ্যমে নতুন মূল্যবোধ এবং ঔপনিবেশিক শাসনের ন্যায্যতা। এইভাবে শিক্ষা তার স্বতন্ত্র পরিচয় হারায় এবং রাজনৈতিক ক্ষমতার অধীনস্থ হয়ে পড়ে। ঔপনিবেশিক শিক্ষা নিঃসন্দেহে ঔপনিবেশিক জীবনে পরিবর্তন ও সাংস্কৃতিক রূপান্তর নিয়ে আসে দেশ নতুন ধারণা এবং পরীক্ষা নিঃসন্দেহে বিদ্যমান জ্ঞানকে সমৃদ্ধ করে। কিন্তু ঔপনিবেশিক দেশকে এর জন্য চড়া মূল্য দিতে হয়েছে। উপনিবেশের প্রকৃত সুবিধাভোগী শিক্ষা হল নির্বাচিত কয়েকজন যাদেরকে ঔপনিবেশিক শাসকদের দ্বারা নির্দিষ্ট ভূমিকা দেওয়া হয়েছিল ঔপনিবেশিক শাসনের ধারাবাহিকতা। ঔপনিবেশিক শিক্ষা হল এর ভালো নিয়ন্ত্রণের জন্য ঔপনিবেশিক দেশ তার উন্নয়নের বদলে। এই নীতির চূড়ান্ত ফলাফল ভিন্ন হতে পারে কিন্তু কাঙ্ক্ষিত উদ্দেশ্য হল 'নিয়ন্ত্রণ' ঔপনিবেশিক 'পরিবর্তন' নয় দেশ ঔপনিবেশিক সম্পর্কের গতিশীলতা সম্পর্কিত এই দৃষ্টিভঙ্গির পটভূমিতে

শাসন এবং শিক্ষা আমরা ভারতে ইংরেজি শিক্ষার বিকাশের দিকে নজর দেব। যাইহোক, ইংরেজি শিক্ষার শুরুতে আসার আগে আসুন একটু দেখে নেওয়া যাক ১৯ শতকের গোড়ার দিকে শিক্ষার আদিবাসী ব্যবস্থা।

স্থানীয় শিক্ষা

প্রারম্ভিক ব্রিটিশ রেকর্ড থেকে আমরা যে তথ্য সংগ্রহ করি তা আমাদের একটি খুব মোটামুটি ধারণা দেয় 18 শতকের শেষের দিকে এবং 19 শতকের প্রথম দিকে ভারতে আদিবাসী শিক্ষা ব্যবস্থা সম্পর্কে। সেখানে মুসলমানদের জন্য ছিল 'মাদ্রাসা' ও 'মক্তব' এবং মুসলমানদের জন্য 'তোল' ও 'পাঠশালা'। হিন্দুরা। এগুলি আরবি এবং সংস্কৃত উচ্চ শিক্ষার কেন্দ্র থেকে শুরু করে ফার্সি এবং আঞ্চলিক ভাষায় লোকেদের শিক্ষা দেওয়ার জন্য প্রতিষ্ঠানের নিম্ন স্তরের। বৈজ্ঞানিক ও ধর্মনিরপেক্ষ শিক্ষার অভাব ছিল কেন্দ্রগুলির অন্যতম প্রধান সীমাবদ্ধতা সেই দিনগুলিতে উচ্চতর শিক্ষার জন্য। যাইহোক, অনেক হিন্দু ফারসি স্কুলে পড়তেন কারণ তখন ফার্সি ছিল আদালতের ভাষা এবং সেখানে হিন্দু শিক্ষকও ছিলেন পার্সিয়ান স্কুল। সেটা 'তোল' হোক বা 'মাদ্রাসা' হোক না কেন, সেখানে কিছু কমন ছিল দেশীয় শিক্ষা ব্যবস্থার বৈশিষ্ট্য।

- বিদ্যালয়গুলি সাধারণত জমিদারদের কাছ থেকে বা তাদের কাছ থেকে চাঁদা দিয়ে পরিচালিত হত স্থানীয় ধনী ব্যক্তিরা।
- পাঠ্যক্রমে প্রধান জোর দেওয়া হয়েছিল সংস্কৃতের মতো শাস্ত্রীয় ভাষার উপর, আরবি বা ফারসি এবং শাস্ত্রীয় হিন্দু বা ইসলামী ঐতিহ্যের বিষয় যেমন ব্যাকরণ, যুক্তিবিদ্যা, আইন, অধিবিদ্যা, ঔষধ ইত্যাদি।
- যদিও সংস্কৃত শিক্ষা ব্রাহ্মণদের একচেটিয়া ডোমেইন ছিল, থেকে 19 শতকের গোড়ার দিকে পাওয়া প্রতিবেদনে আমরা দেখতে পাই যে অ-উচ্চ বর্ণ এবং নিম্ন স্তরের স্কুলগুলিতেও তফসিলি জাতিদের প্রতিনিধিত্ব ছিল।
- নারীদের সাধারণত আনুষ্ঠানিক শিক্ষা ব্যবস্থা থেকে বঞ্চিত করা হয়।
- ১৯ শতক পর্যন্ত ছাপাখানার অভাবে মৌখিক ঐতিহ্য ও স্মৃতি শিক্ষকরা জ্ঞান এবং তথ্যের ভিত্তি তৈরি করেন, এর সাথে পরিপূরক হাতে লেখা পান্ডুলিপি।
- স্কুল শিক্ষায় রাজ্যের সামান্য বা কোন ভূমিকা ছিল না যদিও রাজারা পৃষ্ঠপোষকতা করতেন মানুষ তাদের শেখার জন্য বিখ্যাত। উচ্চশিক্ষার কেন্দ্রগুলি ছাড়াও যা ছিল মূলত উপরের ডোমেইন সেখানে বর্ণের সংখ্যা ছিল প্রাথমিক বিদ্যালয়। ভারতের অধিকাংশ গ্রাম এই ধরনের প্রাথমিক বিদ্যালয় ছিল। এগুলি প্রত্যেকটি একজন স্বতন্ত্র শিক্ষক দ্বারা পরিচালিত হয়েছিল গ্রামের জমিদার বা স্থানীয় অভিজাতদের আর্থিক সাহায্যে। এসব স্কুল করত দৈনন্দিন জীবনের চাহিদা মেটাতে শিক্ষার্থীদের প্রাথমিক পাটিগণিত এবং মৌলিক সাক্ষরতা শেখান। একেবারে পিছিয়ে পড়া শিক্ষার্থীরা ছাড়া সমাজের বিভিন্ন শ্রেণির শিক্ষার্থীরা সুবিধাবঞ্চিত জাতি, এই স্কুলে পড়ে।

আরবি মাদ্রাসাগুলো ছিল অনেক বেশি একীভূত সত্তা, ব্রিটিশরা আসার সময় অক্ষত ছিল কিন্তু এর ওরিয়েন্টেশনে অনেক বেশি অনুসন্ধান-ভিত্তিক এবং সম্ভবত আরও ধর্মীয় নয় শিক্ষা বা পদ্ধতি। সামাজিক নিষ্কাশনের পরিপ্রেক্ষিতে সংস্কৃত পণ্ডিত ছিলেন সংজ্ঞা অনুসারে একজন

ব্রাহ্মণ পুরুষ, আরবি পণ্ডিত সম্ভবত একটু কম একচেটিয়া ছিলেন তার সামাজিক উৎস বা অবস্থান। সংস্কৃত এবং আরবি উভয় ক্ষেত্রেই উচ্চতর শিক্ষা, অনেকটা সেক্যুলার এবং আইন, চিকিৎসা, গণিত, জ্যোতির্বিদ্যা ইত্যাদি বিষয়ে বৈজ্ঞানিক শিক্ষার চাষ করা হয়েছিল সাহিত্য, দর্শন ও ধর্মতত্ত্বের পাশাপাশি বই ও আলোচনার সাহায্যে কিন্তু মুখস্থ করার মাধ্যমে প্রধানত। কল্পনার উপর ভিত্তি করে নতুন জ্ঞানের সৃষ্টি, মুক্তচিন্তা বা নিবিড় পর্যবেক্ষণের চাহিদা সেই সামন্তদের মধ্যে তেমন ছিল না রাজতান্ত্রিক সমাজের সামঞ্জস্য এবং সম্পূর্ণরূপে দীর্ঘ গ্রন্থগুলি পুনরুৎপাদন করার ক্ষমতা হিসাবে স্মৃতি. এই ঐতিহ্যটি ব্যাপকভাবে চলতে পারেনি কারণ এর পতনের কারণগুলি সম্ভব হতে পারে থাকা:

1. ভারতীয় বর্ণ ব্যবস্থা ব্রাহ্মণদের জ্ঞান বিচ্ছিন্ন করার দিকে পরিচালিত করে বা "অন্যদের" জাত এবং ব্যবহারিক শিল্পের অবস্থার ম্যানুয়াল দক্ষতা বা সম্ভবত,

2. একটি ভারতীয় শিল্প বিপ্লব এবং নেশন স্টেটের আবির্ভাব সম্পর্কিত ব্যর্থতা যার জন্য সময় এবং প্রযুক্তি এখনও পাকা হয়নি।

3. গোঁড়ামি, কর্তৃত্ববাদী বুদ্ধিবৃত্তিক প্রবণতা গতানুগতিক দ্বারা গতিশীল হিন্দু গোঁড়ামি। এগুলাই ছিল ঐতিহ্যের অবক্ষয়ের প্রধান কারণ। বেশিরভাগ পণ্ডিতরা বারাণসী, পুনে, তাঞ্জোরের মতো কিছু শহরে মনোনিবেশ করেন। মাদুরাই, নদীয়া প্রভৃতি বেশিরভাগ স্থানীয় নিয়মের উৎসাহে।

এইভাবে, ১৯শতকের গোড়ার দিকে ভারতে যে শিক্ষা ব্যবস্থা বিদ্যমান ছিল তার নিজস্ব ছিল ভালো দিক এবং থারাপ দিক. প্রাথমিক বিদ্যালয় বেসিকের সুযোগ করে দিয়েছে গ্রামীণ জনগণের শিক্ষা এবং এর পাঠ্যক্রম ছিল ধর্মনিরপেক্ষ এবং প্রতিক্রিয়াশীল ব্যবহারিক প্রয়োজন। সম্ভবত উচ্চতর শিক্ষাকেন্দ্রও (টোলস এবং মাদ্রাসা) ব্যাকরণ, দর্শন এবং ধর্মের সূক্ষ্মতার উপর অনেক জোর দেওয়া হয় ধর্মনিরপেক্ষ ও বৈজ্ঞানিক জ্ঞানের প্রসারের সুযোগ। ঔপনিবেশিক শাসকরা বাতিল করেছে দেশীয় ব্যবস্থা এবং এটি তাদের নিজস্ব শিক্ষা ব্যবস্থা দ্বারা প্রতিস্থাপিত হয়। দ্য গণশিক্ষার মাধ্যম হিসেবে দেশীয় ব্যবস্থার যে সম্ভাবনা ছিল তা ধ্বংস হয়ে গেছে। নিম্নলিখিত বিভাগে আমরা দেখতে পাব কিভাবে বিভিন্ন মধ্যে বিতর্ক শুরু হয় এর উন্নয়নে ইস্ট ইন্ডিয়া কোম্পানির ভূমিকা কী হওয়া উচিত তা নিয়ে দলগুলি ভারতে শিক্ষা।

নারী শিক্ষা

শিক্ষা একজন ব্যক্তির উন্নয়নমূলক প্রক্রিয়ার সবচেয়ে গুরুত্বপূর্ণ দিক। এটি ব্যক্তিকে সঠিক আচরণ জানতে সক্ষম করে এবং তাকে সঠিক এবং ভুলের মধ্যে পার্থক্য করার জন্য সজ্জিত করে। সমানভাবে গুরুত্বপূর্ণ যে নারীরা সমাজের পুরুষ অংশের দ্বারা প্রাপ্ত শিক্ষার সমতুল্য মানসম্পন্ন শিক্ষা গ্রহণ করে। সমাজের নারী বিভাগ শিক্ষিত হলে ভবিষ্যৎ পরিবার শিক্ষিত হয়ে ওঠে। উপরন্তু, এটি ছোট পরিবার এবং ভাল পরিবার পরিকল্পনা মানে। এটি মহিলাদের শিক্ষিত করার অপরিসীম গুরুত্ব এবং সমাজ ও জাতির উপর এর প্রভাবকে দেখায়। তা সত্ত্বেও, বিপুল সংখ্যক মহিলাকে যে কোনও ধরণের আনুষ্ঠানিক শিক্ষা গ্রহণ করতে নিষেধ করা হয়েছিল কারণ এটি বিশ্বাস করা হয়েছিল যে তারা বাড়ির কাজ গুলি করার জন্য উপযুক্ত এবং কেবল পরিবার ও শিশুদের দেখাশোনা করার জন্য উপযুক্ত। এই প্রবন্ধে, আমরা আমাদের দৃষ্টি নিবদ্ধ করব

কিভাবে ঔপনিবেশিক যুগে বিভিন্ন সংগ্রাম ও বিরোধিতার মধ্য দিয়ে নারীদের জন্য শিক্ষা এসেছিল এবং এটি কীভাবে মহিলাদের দ্বারা প্রাপ্ত বর্তমান আনুষ্ঠানিক শিক্ষাকে আকার দিয়েছিল।

শিক্ষার সন্ধানে নারীর সংগ্রাম

যদিও মেয়েরা তাদের পুরুষ সমকক্ষ হিসাবে শিক্ষিত হতে চেয়েছিল, তবুও তাদের তা করতে নিষেধ করা হয়েছিল। এটি একটি জনপ্রিয় বিশ্বাস ছিল যে একটি মেয়েকে শিক্ষিত করা তার মেয়েলি গুণাবলীকে হ্রাস করতে বাধ্য ছিল যা শেষ পর্যন্ত পরিবারের জন্য লজ্জা বয়ে আনবে। এর ফলে ভারতীয় মহিলাদের শিক্ষিত করার জন্য ব্রিটিশদের যে কোনও প্রচেষ্টার বিরোধিতা করা হয়েছিল। এ ছাড়া, বাল গঙ্গাধর তিলকের মতো কর্মীরাও মেয়েদের শিক্ষার বিরুদ্ধে তাদের মতামত ব্যক্ত করে বলেছিলেন যে মহিলাদের সঠিক স্থান তাদের পরিবারের সেবা করার জন্য তাদের বাড়িতে ছিল এবং তাদের শিক্ষিত করা তাদের বাড়ি থেকে পালিয়ে যাওয়ার জন্য প্ররোচিত করবে।

এ ছাড়াও সমাজের হাতে বর্বরোচিত ও অনৈতিক আচরণের শিকার হন নারীরা। এর মধ্যে সতী বা বিধবা পোড়ানোর অনুশীলন অন্তর্ভুক্ত ছিল। এটি ব্রিটিশরা বিলুপ্ত করে দিয়েছিল যারা এই প্রক্রিয়াটিকে "সভ্য মিশন" বলে অভিহিত করেছিল। এখানে যা মনে রাখা দরকার তা হ'ল মহিলাদের প্রতি যে নিপীড়নমূলক আচরণ করা হয়েছিল তা ধর্মগ্রন্থ এবং বিভিন্ন আচার-অনুষ্ঠানের মাধ্যমে ন্যায়সঙ্গত ছিল, যা ব্রিটিশরা দেশের সমগ্র সাংস্কৃতিক ঐতিহ্যকে নিপীড়ক এবং মুক্ত হিসাবে চিহ্নিত করার জন্য ব্যবহার করেছিল। মেয়েদের আরেকটি সমস্যা ছিল বাল্যবিবাহের ব্যাপক ব্যবস্থা যা সারা ভারত জুড়ে প্রচলিত ছিল। এর বিরুদ্ধে কুসংস্কারের কারণে নারী শিক্ষাকে অপ্রয়োজনীয়, বিপজ্জনক এবং অপ্রচলিত বলে মনে করা হত। এর পরে পর্দা ব্যবস্থা দ্বারা মহিলাদের উপর আরোপিত হয়েছিল এবং এই বিশ্বাস ছিল যে মহিলাদের শিক্ষা অর্থ এবং সম্পদের সম্পূর্ণ অপচয় এবং এটি কোনও আয় ছাড়াই পরিবারের জন্য অতিরিক্ত ব্যয়ের কারণ হবে। এটিও অনুষ্ঠিত হয়েছিল যে একজন মহিলাকে শিক্ষিত করার ফলে পরিবারে সাহায্যের অভাব দেখা দেবে এবং মেয়েদের স্কুলে না পাঠানোর এটি আরও একটি কারণ ছিল।

স্কুলশিক্ষায় দীক্ষা

ব্রিটিশদের সহায়তায় বিভিন্ন সংস্কারকদের প্রচেষ্টা ইতিবাচক ফলাফল দেখাতে শুরু করে যখন খ্রিস্টান মিশনারিদের ১৮১৩ সালের চার্টার অ্যাক্টের পরে পুরুষ ও মহিলা উভয়কেই পরিচালনা ও শিক্ষা প্রদানের অনুমতি দেওয়া হয়। ১৮১৮ সালে লন্ডন মিশনারি সোসাইটির (এলএমএস) রবার্ট মে ১৮১৮ সালে চিনসুরাহের বাংলা অঞ্চলে মেয়েদের জন্য বিশেষভাবে খোলা প্রথম বিদ্যালয়টি চালু করেছিলেন, যার পরে বিভিন্ন অগ্রগামীদের দ্বারা মেয়েদের জন্য বিভিন্ন স্কুল খোলা হয়েছিল। মেরি অ্যান কুককে প্রথম মিশনারি মহিলাদের মধ্যে একজন হিসাবে বিবেচনা করা হয়েছিল যিনি নারী শিক্ষার প্রচারের জন্য চার্চ মিশনারি সোসাইটির (সিএমএস) অধীনে একটি স্কুল খুলেছিলেন। তারা সম্মানিত হিন্দু পুরুষদের পৃষ্ঠপোষকতা পেয়েছিল এবং ব্রাহ্মণ পন্ডিতদের দ্বারা পরিচালিত হয়েছিল। পাঠ্যক্রমে পড়া, লেখা, বানান এবং সুইওয়ার্ক অন্তর্ভুক্ত ছিল। মেয়েদের জন্য প্রথম বোর্ডিং স্কুলটি ১৮২১ সালে তিরনুয়েলভেলিতে সিএমএসের উদ্যোগে খোলা হয়েছিল। যাইহোক, এখানে একটি বিষয় লক্ষ্য করা উচিত যে মিশনারিদের দ্বারা উদ্যোগ নেওয়া হলেও, তবুও এই স্কুলগুলিতে ভর্তির সংখ্যা নারী শিক্ষার প্রতি

ভারতীয়দের মনোভাবকে প্রতিফলিত করে না। ধর্মান্তকরণের ভয়ে সম্মানিত হিন্দু পরিবারের মেয়েদের এই স্কুলগুলিতে পাঠানো হয়নি। এই স্কুলগুলিতে যে মেয়েরা পড়াশোনা করেছিল তারা হয় খ্রিস্টান ছিল বা নিম্নবর্ণের অন্তর্ভুক্ত ছিল যারা কোনও আদিবাসী স্কুলে শিক্ষা গ্রহণের সুযোগ পায়নি এবং উচ্চবর্ণের পাশাপাশি সরকার উভয়ই তাদের শিক্ষাকে উপেক্ষা করেছিল। যারা মেয়েদের জন্য স্কুল খুলেছিল তাদের দ্বারা পৃথক ভিত্তিতে বিভিন্ন প্রচেষ্টা করা হয়েছিল। নিম্নবর্ণের এই মেয়েদের শিক্ষার বিষয়টি একজন বিশিষ্ট ব্যক্তি জ্যোতিবা ফুলে বিবেচনা করেছিলেন, যিনি ১৮৫১ সালে পুনায় তাদের শিক্ষার গুরুত্ব উপলব্ধি করেছিলেন এবং তাদের জন্য স্কুল প্রতিষ্ঠা করেছিলেন। কিন্তু ১৮৫০-১৯২০-এর দশকে বেথুন স্কুল প্রতিষ্ঠার পর নারী শিক্ষায় আমূল পরিবর্তন আসে। এর ফলে বিভিন্ন পণ্ডিতদের মধ্যে সচেতনতা বৃদ্ধি পায় যারা নারী শিক্ষার গুরুত্ব উপলব্ধি করে, তাদের কণ্ঠস্বর উত্থাপন করে এবং এটি দাবি করে (বসু, ২০০৫, পৃ. ১৮৫-১৮৮)।

বিভিন্ন ধর্মের মেয়েদের শিক্ষিত করা

হিন্দু সম্প্রদায়ের মেয়েদের শিক্ষার পাশাপাশি, অন্যান্য সংখ্যালঘু ধর্মের মেয়েদের শিক্ষিত করার দিকেও মনোযোগ দেওয়া হয়েছিল। প্রথম যারা তাদের মেয়েদের শিক্ষা প্রদান করেছিল তাদের মধ্যে বোম্বের পার্সিরা ছিল। ১৮৪০-এর দশক থেকে, পার্সি মেয়েরা গোপনে তাদের বাড়িতে শিক্ষিত হয়ে উঠছিল। পার্সি মেয়েদের মধ্যে সাক্ষরতা সবচেয়ে বেশি ছিল। এর পরে নারী শিক্ষার জন্য বাংলায় ব্রাহ্মসমাজের নেতৃত্বে আন্দোলন শুরু হয়। নারী শিক্ষার প্রধান বৈশিষ্ট্য ছিল যে মেয়েরা ভাল গৃহিণী এবং মা হওয়ার জন্য শিক্ষিত ছিল।

মেয়েদের শিক্ষার প্রসারের জন্য বিভিন্ন সম্প্রদায় এবং সম্প্রদায়ের মধ্যে বিভিন্ন প্রচেষ্টা করা হয়েছিল। এর মধ্যে মহারাষ্ট্র ও গুজরাটের প্রার্থনা সমাজ, অ্যানি বেসান্তের চেয়ারপার্সন-জাহাজের অধীনে মাদ্রাজের থিওসফিক্যাল সোসাইটি এবং উত্তর ভারতের আর্য সমাজ ও জুলন্দার সমাজের প্রচেষ্টা অন্তর্ভুক্ত ছিল। মুসলিমরা ভারতের সবচেয়ে বড় সংখ্যালঘু। যাইহোক, মুসলিম মেয়েদের শিক্ষাও অনেক সংগ্রাম দেখেছে। বিশিষ্ট পণ্ডিত স্যার সৈয়দ আহমেদ খান, যিনি একদিকে মুসলিম ছেলেদের জন্য পাশ্চাত্য শিক্ষার প্রচার করেছিলেন এবং অন্যদিকে মুসলিম মেয়েদের জন্য যে কোনও ধরণের শিক্ষার বিরুদ্ধে ছিলেন। তিনি নারীকে মানসিক ও অযৌক্তিক এবং বুদ্ধিবৃত্তিক ও শারীরিকভাবে পুরুষদের চেয়ে নিকৃষ্ট বলে মনে করতেন। কিন্তু, মেয়েদের শিক্ষার পথিকৃৎ ছিলেন, তাদের মধ্যে একজন হলেন বদরুদ্দিন তৈয়বজি, যিনি মনে করেছিলেন যে শিক্ষা মেয়েদের জন্য অত্যন্ত গুরুত্বপূর্ণ এবং তিনি দুঃখ প্রকাশ করেছিলেন যে বোম্বের কোনও স্কুলই ইংরেজি শেখায়নি। সিকান্দার বেগম, শাহজাহান বেগম এবং সুলতান জাহান বেগম সহ মুসলিম মেয়েদের শিক্ষার জন্য অনেক মহিলা পৃষ্ঠপোষক ছিলেন যারা অন্যান্য মহিলাদের জন্য রোল মডেল হিসাবে কাজ করেছিলেন কারণ তারা নিজেরাই উচ্চ শিক্ষিত ছিলেন। ১৯৯২ সালে নেদারল্যান্ডস সরকারের সহায়তায় শিক্ষার মাধ্যমে নারীর সমতা ও ক্ষমতায়নের লক্ষ্যে ভারতে 'নারী সমতা প্রকল্প (নারীর সমতার জন্য শিক্ষা) চালু হওয়ার সময় নারীদের জন্য শিক্ষার প্রসারের জন্য একই ধরনের প্রচেষ্টা দেখা যায়।

দলিত নারীকে শিক্ষিত করা

দলিতরা হরিজন বা তফসিলি জাতি হিসাবেও পরিচিত এবং তারা উচ্চবর্ণের হাতে তাদের জীবনের প্রতিটি ক্ষেত্রে বৈষম্যের মুখোমুখি হয়েছে। তাদের স্কুল, কলেজের মতো শিক্ষা প্রতিষ্ঠানে

প্রবেশে বাধা দেওয়া হয়েছে এবং তাই তাদের শিক্ষা গ্রহণে বাধা দেওয়া হয়েছে। দলিত মেয়েদের 'দ্বৈত বৈষম্যের' মুখোমুখি হতে হয়েছিল এই অর্থে যে তারা কেবল তাদের লিঙ্গের জন্য নয়, তাদের বর্ণের জন্যও বৈষম্যের শিকার হয়েছিল, এবং তাই, প্রায়শই দূরবর্তী এবং পুরুষ শাসিত স্কুল ও কলেজগুলিতে যেতে নিরুৎসাহিত করা হয়েছিল। শুধু তাই নয়, তারা 'ক্রীতদাসদের ক্রীতদাস' নামেও পরিচিত ছিল, যার অর্থ তারা তাদের স্বামীদের যারা দলিত ছিল এবং উচ্চবর্ণের ক্রীতদাস ছিল তাদের সেবা করেছিল এবং এর ফলে তাদের পক্ষে শিক্ষা গ্রহণ করা আরও কঠিন হয়ে পড়েছিল।

এমনকি যদি তারা শিক্ষা গ্রহণের জন্য স্কুলে যাওয়ার সুযোগ পায় (যা অত্যন্ত কঠিন ছিল, পরিস্থিতি অনুসারে), তারা তাদের চারপাশের প্রত্যেকের দ্বারা সবচেয়ে খারাপ ধরণের বৈষম্যের মুখোমুখি হত। স্কুলগুলি সামাজিক শ্রেণিবিন্যাসের প্রচার করত যার অধীনে নিম্ন বর্ণের শিক্ষার্থীদের আলাদাভাবে বসতে বাধ্য করা হত। পুরো শ্রেণীকক্ষটি সারিবদ্ধভাবে বিভক্ত করা হয়েছিল যেখানে শিক্ষার্থীরা তাদের বর্ণ অনুসারে বসতেন এবং এটি ছিল উচ্চ বর্ণের শিক্ষার্থীদের দক্ষতা এবং পদমর্যাদা নির্ধারণের ভিত্তি যা সামনের সারিতে বসে ছিল এবং নিম্ন বর্ণের শেষ সারিতে বা এমনকি ক্লাসের বাইরে বসে সবচেয়ে কম বুদ্ধিমান বলে মনে করা হত। এমনকি শিক্ষকরা, যারা প্রায়শই ব্রাহ্মণ বা উচ্চবর্ণের অন্তর্গত ছিলেন, তারাও নিম্ন বর্ণের শিক্ষার্থীদের বিরুদ্ধে কুসংস্কার ছিল। শিক্ষাদানের ব্যবস্থাটি ব্যাংকিং মডেলের উপর ভিত্তি করে তৈরি করা হয়েছিল যেখানে শিক্ষকরা কোনও আলোচনা ছাড়াই কেবল শিক্ষার্থীদের শিক্ষা দিতেন, শিক্ষার্থীদের জ্ঞানে পূর্ণ করার জন্য কন্টেইনার হিসাবে চিন্তা করতেন। এর অর্থ হল যে শিক্ষার্থীদের পক্ষ থেকে শিক্ষণ সেশনে কোনও অংশগ্রহণ ছিল না। তার উপরে, ছাত্রটির দ্বারা জিজ্ঞাসা করা কোনও সন্দেহের দিকে নজর দেওয়া হয়নি এবং যদি সেই ছাত্রটি নিম্ন বর্ণের হয় তবে তারা শিক্ষকদের দ্বারা অপমানিত হয়েছিল। এ ছাড়াও, নিম্নবর্ণের সমস্ত শিক্ষার্থীদের জন্য অনুদান, বৃত্তি, ছাড়, সংরক্ষণ ইত্যাদি প্রদানের জন্য পৃথক রেকর্ড রাখা হয়েছিল। তারা রোল কলের মাধ্যমে অন্যান্য শিক্ষার্থীদের কাছে দৃশ্যমান করা হয়েছিল যা তাদের অপমানিত বোধ করেছিল। গ্রেডেড হওয়ার সময় তারা বৈষম্যের মুখোমুখি হয়েছিল এবং কেবল উচ্চবর্ণের শিক্ষার্থীরাই ভাল করার জন্য অনুপ্রাণিত হয়েছিল। দলিত মেয়েরা হয় বিদ্রোহ করে বা জমা দিয়ে বা তাদের আসল পরিচয় গোপন করে এই জাতীয় পক্ষপাতিত্বের জবাব দিয়েছিল। এই সমস্ত পরিস্থিতি দলিত মেয়েদের শিক্ষা গ্রহণের জন্য স্কুলে প্রবেশ করতে নিরুৎসাহিত করার জন্য যুক্ত হয়েছিল।

5
স্বাধীন-পরবর্তী ভারতে শিক্ষা

ভূমিকা

১৯৪৭ খ্রিস্টাব্দের ১৫ আগস্ট স্বাধীনতা লাভ করে ভারতবর্ষ একটি প্রজাতান্ত্রিক তথা গণতান্ত্রিক রাষ্ট্রের মর্যাদা অর্জন করে। দেশের সাধারণ জনগণের মধ্যে এই গণতান্ত্রিক চেতনার বিকাশ ঘটাতে প্রয়োজন হয় প্রাথমিক শিক্ষার। অবৈতনিক বাধ্যতামূলক প্রাথমিক শিক্ষার প্রবর্তনের তাগিদে রাষ্ট্রনেতা তথা বিশিষ্ট শিক্ষাবিদগণ সমবেত হন। এর পাশাপাশি মাধ্যমিক ও উচ্চমাধ্যমিক শিক্ষাব্যবস্থার মানোন্নয়ন ও প্রযুক্তি-কারিগরি শিক্ষার পুনর্গঠনের উদ্দেশ্যে ১৯৪৮ খ্রিস্টাব্দে গঠিত হয় স্বাধীন ভারতের প্রথম শিক্ষা কমিশন, যা 'বিশ্ববিদ্যালয় শিক্ষা কমিশন' বা 'রাধাকৃষ্ণণ কমিশন' নামে পরিচিত।

রাধাকৃষ্ণণ কমিশন/বিশ্ববিদ্যালয় শিক্ষা কমিশন (১৯৪৮-৪৯)

ভূমিকা

একজন শিক্ষাবিদ, দার্শনিক এবং রাষ্ট্রনায়ক হিসাবে, সর্বপল্লী রাধাকৃষ্ণণ (১৮৮৮-১৯৭৫) বিংশ শতাব্দীতে একাডেমিক বৃত্তে সবচেয়ে স্বীকৃত এবং প্রভাবশালী ভারতীয় চিন্তাবিদদের মধ্যে একজন ছিলেন।

রাধাকৃষ্ণণকে বিশ্ববিদ্যালয় শিক্ষা কমিশনের চেয়ারম্যান মনোনীত করা হয়েছিল। স্বাধীনতার পর শিক্ষার ক্ষেত্রে ভারত সরকার কর্তৃক গৃহীত একটি অত্যন্ত তাৎপর্যপূর্ণ প্রথম পদক্ষেপ ছিল ডঃ এস রাধাকৃষ্ণণের নেতৃত্বে বিশ্ববিদ্যালয় শিক্ষা কমিশন নিয়োগ, যিনি একজন বিশিষ্ট পণ্ডিত এবং বেনারস বিশ্ববিদ্যালয়ের প্রাক্তন ভাইস-চ্যান্সেলর , যিনি ভারতের দ্বিতীয় রাষ্ট্রপতি হয়েছিলেন।

১৯৪৭ সালের ১৫ ই আগস্ট স্বাধীনতার পর, রাধাকৃষ্ণণকে বিশ্ববিদ্যালয় শিক্ষা কমিশনের চেয়ারম্যান হওয়ার জন্য অনুরোধ করা হয়েছিল। রাধাকৃষ্ণণ কমিটির পরামর্শগুলি ভারতীয় বিশ্ববিদ্যালয়ের শিক্ষার উপর রিপোর্ট করার জন্য ভারতের প্রয়োজনের জন্য শিক্ষা ব্যবস্থাকে গড়ে তুলতে সহায়তা করেছিল এবং দেশের বর্তমান ও ভবিষ্যতের প্রয়োজনীয়তার সাথে সামঞ্জস্যপূর্ণ হতে পারে এমন উন্নতি ও সম্প্রসারণের পরামর্শ দিয়েছিল" কমিশনের ১৯৪৯ সালের প্রতিবেদনে

বিশ্ববিদ্যালয় শিক্ষার অবস্থা মূল্যায়ন করা হয়েছিল এবং সদ্য স্বাধীন ভারতে এর উন্নতির জন্য সুপারিশ করা হয়েছিল। ১৯৪৮ সালের ৬ ই ডিসেম্বর কমিশন নয়াদিল্লিতে তার প্রথম সভা করে, যখন ভারত সরকারের শিক্ষা মন্ত্রী মাননীয় মাওলানা আবুল কালাম আজাদ বৈঠকে ভাষণ দেন এবং তদন্তের উদ্দেশ্য ও পরিধি সম্পর্কে সরকারের উদ্দেশ্য ব্যাখ্যা করেন।

কমিশনের নিয়োগ

কমিশনের সদস্যদের ভারতীয় বিশ্ববিদ্যালয় শিক্ষার উপর রিপোর্ট করার জন্য ভারত সরকার দ্বারা নিযুক্ত করা হয়েছিল এবং দেশের বর্তমান ও ভবিষ্যতের প্রয়োজনীয়তাগুলির সাথে সঙ্গতিপূর্ণ হতে পারে এমন উন্নতি এবং এক্সটেনশনগুলির পরামর্শ দেওয়ার জন্য নিযুক্ত করা হয়েছিল।

কমিশনের সদস্যগণ

নিম্নলিখিতগুলি কমিশনের সদস্য হিসাবে নিযুক্ত করা হয়েছিলঃ-

1. ডঃ এস রাধাকৃষ্ণণ, এমএ, ডি লিট, এলএলডি, অক্সফোর্ড বিশ্ববিদ্যালয়ের ইস্টার্ন ধর্ম ও নৈতিকতার স্প্যালডিং অধ্যাপক । (চেয়ারম্যান)।

2. ডঃ তারা চাঁদ, এমএ, ডি ফিল (অক্সন),ভারত সরকারের সচিব ও শিক্ষা বিষয়ক উপদেষ্টা।

3. ডঃ (বর্তমানে স্যার) জেমস এফ ডাফ, এমএ (ক্যান্টাব.), এম. এড. (ম্যানচেস্টার), এলএলডি (অ্যাবারডিন), ভাইস-চ্যান্সেলর, ডারহাম বিশ্ববিদ্যালয়।

4. ডঃ জাকির হুসেন, এমএ, পিএইচডি, ডি লিট (জামিয়া মিলিয়া ইসলামিয়া, দিল্লি)- (বর্তমানে ভাইস-চ্যান্সেলর, মুসলিম বিশ্ববিদ্যালয়, আলিগড়)।

5. ডঃ আর্থার ই মরগান, D.Sc, ডি. ইংল্যান্ড, এলএলডি, প্রাক্তন রাষ্ট্রপতি, এন্টিওক কলেজ, প্রথম চেয়ারম্যান, টেনেসি ভ্যালি কর্তৃপক্ষ, সভাপতি, কমিউনিটি সার্ভিস ইনকর্পোরেটেড।

6. ডঃ এ. লক্ষ্মণস্বামী মুদালিয়ার, D.Sc, এলএলডি, ডি.C এল, এফ.আর..C.ও.জি., এফ.এ.এস..C, ভাইস-চ্যান্সেলর, মাদ্রাজ বিশ্ববিদ্যালয়।

7. ডঃ মেঘনাদ সাহা, D.Sc এফ.আর.এস., পদার্থবিজ্ঞানের ডিন, বিজ্ঞান অনুষদের পালিত অধ্যাপক; এবং সভাপতি, পোস্ট-গ্র্যাজুয়েট কাউন্সিল অফ সায়েন্স, কলকাতা বিশ্ববিদ্যালয়।

8. ডঃ করম। Narayan Bahl D. Sc (Paj.), D. Phil, এবং D. Sc.(Oxon), Department of Zoology, University of Lucknow।

9. ডঃ জন জে. টাইগার্ট, এমএ (অক্সন.) এলএলডি, এড ডি, ডি.C এলএল, ডি. এল.এল., ডি. লিট,এলএইচডি, এলএইচডি, পূর্বে মার্কিন যুক্তরাষ্ট্রের শিক্ষা কমিশনার, এবং ফ্লোরিডা বিশ্ববিদ্যালয়ের রাষ্ট্রপতি ইমেরিটাস।

10. শ্রী নির্মল কুমার সিধান্ত, এমএ (Cantab.), ইংরেজি র অধ্যাপক এবং ডিন, কলা অনুষদ, লখনৌ বিশ্ববিদ্যালয়। (সচিব)।

শর্তাবলী

Reference-এর শর্তাবলী- কমিশনের রেফারেন্সের শর্তাবলী বিবেচনা করতে হবে এবং এই বিষয়ে সুপারিশ করতে হবে-

1. ভারতে বিশ্ববিদ্যালয়ের শিক্ষা ও গবেষণার লক্ষ্য এবং উদ্দেশ্য।

2. ভারতের বিশ্ববিদ্যালয়গুলির সংবিধান, নিয়ন্ত্রণ, কার্যাবলী এবং এখতিয়ার এবং সরকার, কেন্দ্রীয় ও প্রাদেশিক সরকারের সাথে তাদের সম্পর্কের ক্ষেত্রে প্রয়োজনীয় এবং আকাঙ্ক্ষিত বলে বিবেচিত পরিবর্তনগুলি।

3. বিশ্ববিদ্যালয়গুলির অর্থায়ন।

4. তাদের নিয়ন্ত্রণাধীন বিশ্ববিদ্যালয় ও কলেজসমূহে পাঠদান ও পরীক্ষার সর্বোচ্চ মান বজায় রাখা।

5. মানবিক ও বিজ্ঞানের মধ্যে এবং বিশুদ্ধ বিজ্ঞান ও প্রযুক্তিগত প্রশিক্ষণ এবং এই ধরনের কোর্সের সময়কালের মধ্যে একটি ভাল ভারসাম্য বজায় রাখার জন্য বিশেষ রেফারেন্স সহ বিশ্ববিদ্যালয়গুলিতে অধ্যয়নের কোর্সগুলি।

6. একটি স্বাধীন বিশ্ববিদ্যালয়ের প্রবেশিকা পরীক্ষার আকাঙ্ক্ষা এবং মৌলিক অধিকার 23 (2) এর বিরুদ্ধে মিলিত অন্যায্য বৈষম্য পরিহারের পরিপ্রেক্ষিতে অধ্যয়নের বিশ্ববিদ্যালয়ের কোর্সগুলিতে ভর্তির মান।

7. বিশ্ববিদ্যালয়গুলিতে শিক্ষার মাধ্যম।

8. ভারতীয় সংস্কৃতি, ইতিহাস, সাহিত্য, ভাষা, দর্শন এবং চারুকলায় উন্নত অধ্যয়নের বিধান।

9. একটি আঞ্চলিক বা অন্যান্য ভিত্তিতে আরো বিশ্ববিদ্যালয়ের প্রয়োজন।

10. বিশ্ববিদ্যালয় এবং উচ্চতর গবেষণার ইনস্টিটিউটগুলিতে জ্ঞানের সমস্ত শাখায় উন্নত গবেষণা সংস্থা একটি সু-সমন্বয়মূলক ফ্যাশনে প্রচেষ্টা ও সম্পদের অপচয় এড়ানোর জন্য উচ্চতর গবেষণা প্রতিষ্ঠান।

11. বিশ্ববিদ্যালয়গুলিতে ধর্মীয় শিক্ষা।

12. বেনারস হিন্দু বিশ্ববিদ্যালয়, আলিগড় মুসলিম বিশ্ববিদ্যালয়, দিল্লি বিশ্ববিদ্যালয় এবং একটি সর্বভারতীয় চরিত্রের অন্যান্য প্রতিষ্ঠানের বিশেষ সমস্যা।

13. শিক্ষকদের যোগ্যতা, পরিষেবার শর্তাবলী, বেতন, সুযোগ-সুবিধা এবং কার্যাবলী এবং শিক্ষকদের দ্বারা মূল গবেষণার উৎসাহ।

14. ছাত্র, হোস্টেল এবং টিউটোরিয়াল কাজের সংগঠন এবং অন্য যে কোনও বিষয় যা ভারতে বিশ্ববিদ্যালয়ের শিক্ষা এবং উন্নত গবেষণার সমস্ত দিক সম্পর্কে একটি সম্পূর্ণ এবং ব্যাপক অনুসন্ধানের জন্য জার্মান এবং অপরিহার্য।

I) প্রধান পর্যবেক্ষণ এবং সুপারিশ
শিক্ষার লক্ষ্য:

- এটা শেখানোর জন্য যে, জীবনের একটা অর্থ আছে।
- প্রজ্ঞার বিকাশের মাধ্যমে আত্মার জীবন যাপনের সহজাত ক্ষমতাকে জাগিয়ে তোলা।
- সামাজিক দর্শনের সাথে পরিচিত হওয়া যা সমস্ত প্রতিষ্ঠান, শিক্ষার পাশাপাশি অর্থনৈতিক ও রাজনৈতিক ভাবে পরিচালিত করা উচিত?
- গণতন্ত্রের জন্য প্রশিক্ষণ।
- আত্মোন্নয়নের জন্য প্রশিক্ষণ

- মনের নির্ভীকতা, বিবেকের শক্তি এবং সততার মতো নির্দিষ্ট মূল্যবোধগুলি বিকাশ করা।
- তার প্রজন্মের সাংস্কৃতিক ঐতিহ্যের সাথে পরিচিত হওয়া
- শিক্ষা যে একটি আজীবন প্রক্রিয়া তা জানতে সক্ষম করা।
- বর্তমান ও অতীত সম্পর্কে ধারণা গড়ে তোলা।
- বৃত্তিমূলক ও পেশাগত প্রশিক্ষণ প্রদান করা।

II) *বিশ্ববিদ্যালয়সমূহের কার্যাবলী*

কমিশন দেশের অর্থনৈতিক ও রাজনৈতিক পরিবর্তনের পরিপ্রেক্ষিতে শিক্ষার নিম্নলিখিত কার্যক্রমের উপর জোর দেয়।

1. আত্মা পরিবর্তন সঙ্গে ব্যক্তি তৈরি. এটি বিশ্ববিদ্যালয়গুলির জন্য জ্ঞান তৈরি করা এবং পুরুষদের মনকে প্রশিক্ষণ দেওয়া যারা দুটি বস্তুগত সম্পদ এবং মানব শক্তিকে একত্রিত করবে। যদি আমাদের জীবনযাত্রার মান বাড়াতে হয় তবে আত্মার আমূল পরিবর্তন অপরিহার্য

2. এমন ব্যক্তিকে প্রস্তুত করা, যিনি অতীত থেকে নির্দেশনা চান কিন্তু অতীতের পরিপূর্ণতার মারাত্মক আবেশ ত্যাগ করেন। বিশ্ববিদ্যালয়গুলি জাতির অভ্যন্তরের জীবনের বুদ্ধিবৃত্তিক অভয়ারণ্য। তাদের অবশ্যই বুদ্ধিজীবী অগ্রগামীদের প্রশিক্ষণ দিতে হবে, অতীতের দিকনির্দেশনা চাইতে হবে, কিন্তু নতুন স্বপ্ন বাস্তবায়নের জন্য গতিশীলতা সরবরাহ করতে হবে।

3. একটি সমন্বিত জীবনধারার তাৎপর্য বুঝতে পারে এমন ব্যক্তির বিকাশ। বিশ্ববিদ্যালয়গুলিকে অবশ্যই জ্ঞানকে সংশ্লেষিত করার গুণাবলী বিকাশ করতে হবে - জ্ঞানের বিভিন্ন আইটেমের একটি 'সামানাভায়া'।

4. প্রজ্ঞার মানুষের বিকাশ। আমাদের প্রাচীন শিক্ষকরা বিষয়গুলি শেখানোর এবং প্রজ্ঞা দেওয়ার চেষ্টা করেছিলেন। তাদের আদর্শ ছিল জ্ঞানের সাথে প্রজ্ঞা। জ্ঞানের কিছু ভিত্তি ছাড়া আমরা জ্ঞানী হতে পারি না, যদিও আমরা সহজেই জ্ঞান অর্জন করতে পারি এবং প্রজ্ঞা থেকে বঞ্চিত হতে পারি। উপনিষদের শব্দ ব্যবহার করার জন্য, আমরা পাঠ্য (মন্ত্রবতী) সম্পর্কে জানতে পারি এবং নিজের (আত্মবতি) সম্পর্কে জানি না। কোন পরিমাণ বাস্তব তথ্যই একজন সাধারণ মানুষকে শিক্ষিত বা ধার্মিক পুরুষদের মধ্যে পরিণত করতে পারে না যদি না তাদের মধ্যে কিছু জাগ্রত হয়, আত্মার জীবন যাপনের একটি সহজাত ক্ষমতা।

5. এমন ব্যক্তিদের বিকাশ করা যারা সামাজিক শৃঙ্খলার লক্ষ্যগুলি বুঝতে পারে। বিশ্ববিদ্যালয়গুলিকে অবশ্যই শিক্ষার্থীদের মধ্যে সামাজিক শৃঙ্খলার একটি ধারণা বিকাশ করতে হবে। তাদের অবশ্যই গণতন্ত্র, ন্যায়বিচার ও স্বাধীনতার মূল্য, সমতা এবং অনন্তকাল - ভারতীয় সমাজের আদর্শ বিকাশ করতে হবে।

6. সমাজের সাথে খাপ খাইয়ে নিতে পারে এবং নতুন পরিবর্তন আনতে পারে এমন শিক্ষার্থীদের তৈরি করা। শিক্ষা হচ্ছে এমন একটি মাধ্যম যার দ্বারা সমাজ নিজেই উপলব্ধি করতে পারে। ১৮৫২ খ্রিষ্টাব্দে নিউম্যান বিশ্ববিদ্যালয়ের কাজকে এভাবে সংজ্ঞায়িত করেন, "যদি একটি ব্যবহারিক সমাপ্তি একটি বিশ্ববিদ্যালয়ের কোর্সে নিযুক্ত করা আবশ্যক হয়, তাহলে আমি

বলি যে এটি ভাল সমাজের প্রশিক্ষণ সদস্য। শিক্ষার কোনও ব্যবস্থাই রাষ্ট্রকে দুর্বল করার নির্দেশ দেওয়া যায় না যা এটি রক্ষনাবেক্ষন করে। কিন্তু শিক্ষা সামাজিক পরিবর্তনের একটি হাতিয়ারও বটে।

7. নেতাদের প্রস্তুত করা. পেশা ও জনজীবনে নেতৃত্ব প্রশিক্ষণ বিশ্ববিদ্যালয় শিক্ষার অন্যতম কেন্দ্রীয় লক্ষ্য, যা উপলব্ধি করা কঠিন। প্রেসিডেন্ট ট্রুম্যান বললেন, 'আমাদের জাতীয় নীতিঅবশ্যই বোর্ডের অভিজ্ঞতা, পরিপক্ক দৃষ্টিভঙ্গি এবং সঠিক বিচারের পুরুষদের দ্বারা পরিচালিত হতে হবে। বিচক্ষণ নেতৃত্বের জন্য যদি পুরুষ ও মহিলাদের প্রশিক্ষণ দেওয়া বিশ্ববিদ্যালয়গুলির কাজ হয়, তবে তাদের অবশ্যই তরুণ পুরুষ ও মহিলাদের অন্তর্দৃষ্টি দিয়ে পড়তে সক্ষম করতে হবে।

8. চরিত্রের পুরুষদের উন্নয়নশীল. আমরা একটি সভ্যতা গড়ে তুলছি, কারখানা বা উপাসনা নয়। উপাসনার গুণগত মান বস্তুগত, সরঞ্জাম বা রাজনৈতিক যন্ত্রের উপর নির্ভর করে না বরং পুরুষদের চরিত্রের উপর নির্ভর করে। শিক্ষার প্রধান কাজ হল চরিত্রের উন্নতি।

9. ভারতের সংস্কৃতি ঐক্যের উপলব্ধি গড়ে তোলা। ভারত হল প্যালিম্পসেস্টের মতো, যেখানে নতুন চরিত্র পুরানোকে পুরোপুরি মুছে ফেলতে পারে না। একটি একক সামাজিক প্যাটার্নে বিভিন্ন বয়সের টুকরো টুকরো টুকরো টুকরো এমন একজন ভারতীয়দের কথা চিন্তা করা অসম্ভব হবে যেখানে কোনও মুগালকে শাসন করা হয় না, যেখানে কোনও তাজ নির্মিত হয়নি, কোনও ম্যাকোলে শিক্ষার উপর তার মিনিট লিখেছিলেন না। ভারতীয় সংস্কৃতি একটি জীবন্ত জীবের মতো যা সম্পদ বৃদ্ধি করে এবং বিষয়বস্তু আদিম সংস্কৃতি চরম রক্ষণশীলতা দ্বারা চিহ্নিত করা হয় যেখানে সামাজিক গোষ্ঠী অযৌক্তিক অধ্যবসায়ের সাথে কাস্টম এবং কনভেনশনের একই পথ অনুসরণ করে। জীবন্ত সংস্কৃতিগুলি গতিশীলতা এবং ব্যক্তিগত ও সামাজিক শৃঙ্খলার ক্রমাগত প্রচেষ্টার মাধ্যমে তাদের সংস্কৃতির প্যাটার্ন বজায় রাখে।

10. অতীতের আধ্যাত্মিক ঐতিহ্য বুঝতে সক্ষম ব্যক্তিদের বিকাশ। না মানুষের জন্য আধ্যাত্মিক পুষ্টির প্রধান উৎস অবশ্যই তার নিজস্ব অতীত হতে হবে যা চিরতরে পুনরায় আবিষ্কৃত এবং পুনর্নবীকরণ করা হয়েছে। অতীতের জ্ঞানহীন একটি সমাজ যা এটিকে গভীর ব্যান্ড মর্যাদার অভাব বোধ করে। আমাদের অবশ্যই সমালোচনামূলক এবং নির্বাচনী হতে হবে এবং বর্তমানকে আলোকিত করার জন্য অতীতকে ব্যবহার করতে হবে। আমাদের অন্ধভাবে আমাদের অতীতের মহান মূল্য ত্যাগ করা উচিত নয় এবং আমাদের বিশ্বাসকে আঁকড়ে ধরে থাকা উচিত নয় কারণ তারা প্রাচীন।

11. প্রয়োজনীয় কর্মীদের জন্য দক্ষতা বিকাশ। বিশ্ববিদ্যালয়গুলিকে অবশ্যই প্রতিটি ধরণের ক্রিয়াকলাপের জন্য ক্রমবর্ধমান চাহিদা পূরণের জন্য কর্মীদের প্রস্তুত করতে হবে, যেমন, প্রশাসন, বাণিজ্য, শিল্প, রাজনীতি।

12. বিজ্ঞানী এবং প্রযুক্তিগত কর্মীদের বিকাশ। বিশ্ববিদ্যালয়গুলোকে অবশ্যই বৈজ্ঞানিক ও প্রযুক্তিগত জ্ঞানের প্রয়োগ ও বিকাশের মাধ্যমে যত কম সময়ের মধ্যে দেশকে অভাব, রোগ ও অজ্ঞতা থেকে মুক্তি অর্জন করতে সক্ষম করতে হবে। ভারত প্রাকৃতিক সম্পদে সমৃদ্ধ এবং তার জনগণের বুদ্ধিমত্তা ব্যান্ড শক্তি নতুন করে জীবন ও শক্তিতে কাঁপছে। এই ধরনের কর্মীদের প্রস্তুত করার জন্য বিশ্ববিদ্যালয়গুলি।

13. সাংস্কৃতিক সহযোগিতার এই ধরনের মূল্যবোধ এবং দক্ষতার সাথে ব্যক্তির বিকাশ। বিশ্ব সংস্কৃতির বিকাশের জন্য সেটিং, যদিও সংস্কৃতির ক্রস ফার্টিলাইজেশন প্রস্তুত। বিশ্ব, বাষ্পীভবন ও যোগাযোগ এবং অর্থনৈতিক স্বাধীনতার দ্রুততার মাধ্যমে, একটি একক সংস্থা হয়ে উঠেছে। আমাদের অবশ্যই বিশ্বের একতা এবং জনগণের চিন্তাভাবনার স্বীকৃতি এবং গ্রহণযোগ্যতার জন্য নিশ্চিত করতে হবে। পারস্পরিক বোঝাপড়ার বৃদ্ধি এই স্বীকৃতি থেকে উদ্ভূত হয় যে বিভিন্ন সংস্কৃতি আত্মার এক ভাষার উপভাষা।

III) অধ্যয়নের কোর্স

জ্ঞানকে সামগ্রিকভাবে বিবেচনা করতে হবে। কোর্সগুলি অঙ্কন করার সময়। বিভিন্ন দিকগুলির মধ্যে সংযোগটি নজরে রাখা উচিত নয়। সাধারণ একাডেমিক এবং বৃত্তিমূলক শিক্ষার মধ্যে একটি সংযোগ বন্ধন থাকতে হবে। সাধারণ শিক্ষার নীতি এবং অনুশীলনগুলি অবশ্যই মধ্যবর্তী এবং ডিগ্রী পর্যায়ে অবশ্যই একটি অবিচ্ছেদ্য অংশ হয়ে উঠতে হবে।

ডিগ্রী পর্যায়ে কোর্সঃ

সাধারণ শিক্ষার একটি কোর্স ছাড়াও নিম্নলিখিত কোর্সগুলি শিক্ষার্থীদের দ্বারা গ্রহণ করা হবেঃ

- ফেডারেল ভাষা বা যদি এটি মাতৃভাষা, একটি ধ্রুপদী বা একটি আধুনিক ভারতীয় ভাষা হয়।
- ইংরাজি এবং কলা শিক্ষার্থীদের জন্য প্রতিটি গ্রুপ থেকে দুটি বিশেষ বিষয়ের চেয়ে কম নয়।

মানবিকতাঃ

1. ধ্রুপদী বা আধুনিক ভারতীয় ভাষা
2. ইংরেজি, জার্মান বা ফরাসি
3. দর্শন শাস্ত্র
4. ইতিহাস
5. গণিত
6. চারুকলা
7. রাষ্ট্রবিজ্ঞান
8. সামাজিক বিজ্ঞানঃ
9. অর্থনীতি
10. সমাজবিজ্ঞান
11. মনোবিজ্ঞান
12. নৃতত্ত্ব (Anthropology)
13. ভূগোল
14. অর্থনীতি

বিজ্ঞানশিক্ষার্থীদের জন্য নিম্নলিখিত তালিকা থেকে দুটি বিশেষ বিষয়ের চেয়ে কম নয়ঃ

1. গণিত;
2. পদার্থবিজ্ঞান
3. রসায়ন
4. উদ্ভিদবিদ্যা
5. প্রাণিবিদ্যা
6. ভূতত্ত্ব

IV) পেশাগত শিক্ষা

1. **কৃষি:** জাতীয় অর্থনৈতিক পরিকল্পনায় প্রাথমিক মাধ্যমিক ও উচ্চ শিক্ষায় কৃষির অধ্যয়নকে উচ্চ অগ্রাধিকার দেওয়া উচিত। যতদূর সম্ভব। কৃষি শিক্ষাকে একটি গ্রামীণ পরিবেশ প্রদান করা উচিত।

2. **কমার্স:** একজন বাণিজ্য শিক্ষার্থীকে তিন বা চারটি বিভিন্ন ধরণের সংস্থায় ব্যবহারিক কাজের সুযোগ দেওয়া উচিত।

3. **প্রকৌশল ও প্রযুক্তি:** বিভিন্ন গ্রেডের ইঞ্জিনিয়ারিং স্কুলের সংখ্যা বৃদ্ধি করা উচিত, বিশেষ করে গ্রেড 4 এবং 5 (ফোরম্যান, কারিগর, ড্রাফটসম্যান, অধ্যক্ষ ইত্যাদি) প্রশিক্ষণের জন্য। নতুন ইঞ্জিনিয়ারিং কলেজ বা ইনস্টিটিউট প্রতিষ্ঠার ক্ষেত্রে ভারতীয় ভাষায় কী ধরনের প্রকৌশল পরিষেবার প্রয়োজন তা নিয়ে নতুন করে সমালোচনামূলক তদন্ত হওয়া উচিত। এখানে এবং জাহাজে বিদ্যমান প্রতিষ্ঠানগুলির সমালোচনামূলক অভ্যর্থনা এবং অনুকরণ করা এড়ানো উচিত।

4. **আইন:** একটি তিন বছরের ডিগ্রী কোর্স বিশেষ আইনি বিষয়গুলিতে দেওয়া হবে। আইনে ডিগ্রী সউসে অধ্যয়নরত শিক্ষার্থীদের একই সাথে বাইরের ডিগ্রী কোর্স করার অনুমতি দেওয়া হবে না, এমন কয়েকটি উদাহরণ ব্যতীত যেখানে উন্নত শিক্ষার্থীরা তাদের আগ্রহ প্রমাণ করেছে এবং আইন এবং অন্যান্য কিছু ক্ষেত্রে সম্পর্কিত বিষয়গুলি অধ্যয়ন করছে।

5. **ঔষধ:** একটি মেডিকেল কলেজে ভর্তির সর্বোচ্চ সংখ্যা 100 হতে হবে যে নম্বরের জন্য কর্মী এবং সরঞ্জাম উপলব্ধ।

6. **ধর্মীয় শিক্ষা:** সকল শিক্ষা প্রতিষ্ঠানকে নীরব ধ্যানের জন্য কয়েক মিনিট সময় দিয়ে কাজ শুরু করতে হবে।

1. প্রথম বছরে গৌতম বুদ্ধ, কনফুসিয়াস, জরথুস্টার, সক্রেটিস, যিশু, শঙ্কর, রামানুজ, মাধব, মোহাম্মদ, কবীর, নানক, গান্ধীর মতো মহান ধর্মীয় নেতাদের জীবন শেখানো হবে।

2. দ্বিতীয় বছরে বিশ্বের শাস্ত্র থেকে একটি সার্বজনীনতা চরিত্রের কিছু নির্বাচন অধ্যয়ন করা হবে।

3. তৃতীয় বছরে ধর্ম দর্শনের কেন্দ্রীয় সমস্যাগুলি বিবেচনা করা হবে।

V) পরীক্ষা

- সরকারি প্রশাসনিক পরিষেবার জন্য বিশ্ববিদ্যালয়ের ডিগ্রির প্রয়োজন হবে না। বিভিন্ন পরিষেবায় নিয়োগের জন্য বিশেষ রাষ্ট্রীয় পরীক্ষার আয়োজন করা উচিত।
- কোর্সগুলিতে ক্লাসের কাজের জন্য বর্তমানে কোনও ক্রেডিট দেওয়া হয় না, কখনও কখনও ব্যবহারিক কাজের ক্ষেত্রে ব্যতীত। এ ধরনের ঋণ দেওয়া উচিত।
- প্রথম ডিগ্রীর জন্য তিন বছর জড়িত করা হবে।
- পরীক্ষায় সাফল্যের জন্য মানগুলি যতদূর সম্ভব, চারটি বিভিন্ন বিশ্ববিদ্যালয়ে অভিন্ন হওয়া উচিত এবং এটি উত্থাপন করা উচিত। আমরা পরামর্শ দিচ্ছি যে একজন প্রার্থীকে প্রথম শ্রেণীর জন্য ৭০ শতাংশ বা তার বেশি নম্বর পেতে হবে, দ্বিতীয় শ্রেণির জন্য ৫৫ শতাংশ থেকে ৬৯ শতাংশ এবং তৃতীয় শ্রেণির জন্য কমপক্ষে ৪০ শতাংশ নম্বর পেতে হবে।

VI) শিক্ষার মাধ্যম

1. ফেডারেল ভাষাগুলি বিভিন্ন উত্স থেকে শব্দগুলির আত্মীকরণের মাধ্যমে বিকশিত হওয়া উচিত এবং বিভিন্ন উত্স থেকে ইতিমধ্যে ভারতীয় ভাষায় প্রবেশ করা শব্দগুলি ধরে রাখা উচিত, যার ফলে একচেটিয়াতার নাচগুলি এড়ানো যায়।
2. আন্তর্জাতিক প্রযুক্তিগত এবং বৈজ্ঞানিক পরিভাষা গ্রহণ করা হবে, ধার করা শব্দগুলি সঠিকভাবে আত্মস্থ করা হবে, তাদের উচ্চারণটি ভারতীয় ভাষার ধ্বনিগত সিস্টেমে গ্রহণ করা হবে, তাদের বানানটি ভারতীয় স্ক্রিপ্টগুলির শব্দ প্রতীক অনুসারে স্থির করা হবে।
3. উচ্চশিক্ষার জন্য শিক্ষার মাধ্যমের জন্য, ইংরেজিকে যত তাড়াতাড়ি সম্ভব একটি ভারতীয় ভাষা দ্বারা প্রতিস্থাপিত করা উচিত যা গুরুত্বপূর্ণ সমস্যার কারণে সংস্কৃত হতে পারে না।
4. উচ্চ মাধ্যমিক এবং বিশ্ববিদ্যালয় পর্যায়ে ছাত্রদের আঞ্চলিক ভাষা, ফেডারেল ভাষা তিনটি ভাষা সঙ্গে কথোপকথন করা উচিত। এবং ইংরেজি (ইংরেজিতে বই পড়ার ক্ষমতা অর্জনের জন্য সর্বশেষ এক); এবং (ii) উচ্চ শিক্ষা আঞ্চলিক ভাষার যন্ত্রের মাধ্যমে প্রদান করা হবে এবং কিছু বিষয়ের জন্য বা সমস্ত বিষয়ের জন্য শিক্ষার মাধ্যম হিসাবে ফেডারেল ভাষা ব্যবহার করার বিকল্প রয়েছে।
5. ফেডারেল ভাষা এক স্ক্রিপ্ট জন্য, Devnagri ফেডারেল এবং আঞ্চলিক ভাষা হতে।

VII) ছাত্র তাদের কার্যক্রম এবং কল্যাণ

সকল শিক্ষার্থী, পুরুষ ও মহিলাদের জন্য দুই বছরের শারীরিক শিক্ষার প্রয়োজন হবে, যারা শারীরিকভাবে ঐক্যবদ্ধ বা যারা জাতীয় ক্যাডেট কর্পসে রয়েছে তাদের ব্যতীত।

- চার বা পাঁচটি ব্লকের জন্য কমন রুম এবং ডাইনিং হলসহ প্রতি ব্লকে পঞ্চাশের বেশি শিক্ষার্থীর ব্লকগুলিতে হোস্টেল তৈরি করা হবে।
- বিশ্ববিদ্যালয় ইউনিয়নগুলিকে রাজনৈতিক ক্রিয়াকলাপ থেকে যতটা সম্ভব মুক্ত হতে হবে। বিশ্ববিদ্যালয়ে ছাত্র কল্যাণের একটি উপদেষ্টা বোর্ডের আয়োজন করা উচিত যার এমন কোনও সংস্থা নেই।

VIII) নারী শিক্ষা

নারী শিক্ষার গুরুত্ব সম্পর্কে কমিশন পর্যবেক্ষণ করেছে, নারী শিক্ষা ছাড়া শিক্ষিত মানুষ থাকতে পারে না। যদি সাধারণ শিক্ষা পুরুষ বা মহিলাদের মধ্যে সীমাবদ্ধ রাখতে হয় তবে মহিলাদের সুযোগ দেওয়া উচিত, তাদের কাছ থেকে এটি আরও নিশ্চিতভাবে পরবর্তী প্রজন্মের কাছে প্রেরণ করা হবে, কমিশন আরও পর্যবেক্ষণ করেছে, এটি উপলব্ধি করার সময় এসেছে যে সর্বোত্তম পারিবারিক সম্পর্কগুলি এমন একজন পুরুষ ও মহিলার সমিতি থেকে উদ্ভূত হয়, যার মধ্যে অনেক সম্পর্ক রয়েছে এমন একজন পুরুষ ও মহিলার সমিতি থেকে ফলাফল যা তাদের বেশিরভাগ শিক্ষা পেয়েছে। সাধারণ কিন্তু যাদের প্রত্যেকেই তার নিজের প্রকৃতি অনুযায়ী বিকশিত হয়েছে এবং অনুকরণে নয়। একজন মহিলার হোম ম্যানেজমেন্টের সমস্যা এবং এগুলি পূরণের জন্য উন্নত দক্ষতার সাথে পরিচিত হওয়া উচিত। তাদের একটি বেবি হোম এবং নার্সারি স্কুল ইত্যাদিতে ল্যাবরেটরি অভিজ্ঞতা প্রদান করা উচিত। মহিলাদের জন্য অধ্যয়নের বিশেষ কোর্সঃ এগুলি হোম অর্থনীতি, নার্সিং শিক্ষাদান চারুকলা। সাধারণভাবে মহিলা শিক্ষার্থীদের নাগরিক এবং মহিলা উভয় হিসাবে একটি স্বাভাবিক সমাজে তাদের স্বাভাবিক স্থান দেখতে এবং এর জন্য প্রস্তুত হতে সহায়তা করা উচিত। কলেজের প্রোগ্রামগুলি এমনভাবে ডিজাইন করা উচিত যাতে তাদের পক্ষে এটি করা সম্ভব হয়। কলেজে পুরুষদের পক্ষ থেকে সৌজন্য এবং সামাজিক দায়বদ্ধতার মানদণ্ডের উপর জোর দেওয়া উচিত।

IX) সংবিধান ও নিয়ন্ত্রণ

বিশ্ববিদ্যালয়ের শিক্ষাকে সমসাময়িক তালিকায় রাখা হয়েছে। বিশ্ববিদ্যালয়গুলির সাথে কেন্দ্রীয় সরকারের উদ্বেগের বিষয় হল জাতীয় নীতি গ্রহণ, দক্ষ প্রশাসনের ন্যূনতম মান নিশ্চিত করা এবং বিশ্ববিদ্যালয় এবং জাতি গবেষণা গবেষণাগার এবং বৈজ্ঞানিক জরিপ ইত্যাদির মধ্যে যোগাযোগের ক্ষেত্রে সুবিধাগুলির আর্থিক সমন্বয়। কমিশন পর্যবেক্ষণ করেছে যে সম্পদসংকটের কারণে বিশ্ববিদ্যালয়গুলি যথাযথ সংস্কার বাস্তবায়ন করতে সক্ষম হচ্ছে না। এই বিষয়ে এটি নিম্নলিখিত সুপারিশগুলি তৈরি করেছে;

- বিশ্ববিদ্যালয়কে অর্থ বরাদ্দের জন্য একটি বিশ্ববিদ্যালয় মঞ্জুরি কমিশন গঠন করতে হবে।
- রাজ্য সরকারের উচিত বিশ্ববিদ্যালয়ের শিক্ষার বড় ভার বহন করা।
- বেসরকারী কলেজগুলিকে পুনরাবৃত্ত এবং অ-পুনরাবৃত্তিমূলক অনুদান দেওয়া উচিত। অনুদান দেওয়ার জন্য নির্দিষ্ট নিয়ম তৈরি করতে হবে।
- যে ব্যক্তি এবং সংস্থাগুলি বিশ্ববিদ্যালয়কে আর্থিক সহায়তা দিয়েছে তাদের আয়কর ছাড় দেওয়া যেতে পারে।

উপসংহারঃ

বিশ্ববিদ্যালয় শিক্ষা কমিশনের (১৯৪৭-৪৮) রিপোর্ট মূল্যায়ন করার সময় মনে রাখা যেতে পারে যে প্রতিবেদনটি ভারতের সংবিধান চূড়ান্ত হওয়ার আগে খসড়া এবং প্রকাশিত হয়েছিল। এবং 26 এ তার উদ্বোধন[th] জানুয়ারী 1950। সুতরাং, এটা স্বাভাবিক যে সমাজতন্ত্র, ধর্মনিরপেক্ষতা, জাতীয় ও মানসিক সংহতি, এবং মৌলিক আটটির মতো কিছু গুরুত্বপূর্ণ বিষয় এবং পদগুলি প্রতিবেদনে উল্লেখ এবং সেই অনুযায়ী তাদের প্রভাব খুঁজে পায় না। কমিশনের

প্রতিবেদনটি অত্যন্ত গুরুত্বপূর্ণ নথি কারণ এটি স্বাধীনতার পর থেকে ভারতে বিশ্ববিদ্যালয়ের শিক্ষার বিকাশকে নির্দেশ করেছে। প্রথম উদাহরণে আমরা সুপারিশগুলির দার্শনিক এবং সামাজিক দিকগুলি গ্রহণ করি। এটি সুপারিশের জ্ঞান সংশ্লেষণের জন্য যথাযথ মনোযোগ দিয়েছিল। এটি পূর্ব ও পশ্চিম এবং প্রাচীন ও আধুনিকের জ্ঞান ও প্রজ্ঞা সংশ্লেষণের জন্য যথাযথ মনোযোগ দিয়েছিল।

মুদালিয়ার কমিশন/মাধ্যমিক শিক্ষা কমিশন (১৯৫২-৫৩)

মুদালিয়ার কমিশন নামে পরিচিত মাধ্যমিক শিক্ষা কমিশন বর্তমান শিক্ষা ব্যবস্থায় পরিবর্তন আনতে এবং জাতির জন্য এটি আরও ভাল করার জন্য তাদের রেজোলিউশনের পরিপ্রেক্ষিতে ভারত সরকার কর্তৃক নিযুক্ত করা হয়েছিল। ডঃ এ লক্ষ্মণস্বামী মুদালিয়ার মাদ্রাজ বিশ্ববিদ্যালয়ের ভাইস-চ্যান্সেলর ছিলেন। স্বাধীনতার পর ভারতের শিক্ষা ব্যবস্থায় পরিবর্তন প্রয়োজন ছিল। ভারতে মাধ্যমিক বিদ্যালয়ের সংখ্যা বাড়ছে, মাধ্যমিক বিদ্যালয়ের শিক্ষার্থীদের যত্ন নেওয়া খুব প্রয়োজন ছিল।

মুদালিয়ার কমিশন গঠিত হয়েছিল

- নিয়োগ - সরকার কর্তৃক নিযুক্ত। ১৯৫২ সালের ২৩ শে সেপ্টেম্বর সিএবিই-র সুপারিশে ভারতের
- চেয়ারম্যান - ডঃ লক্ষ্মণ স্বামী মুদালিয়ার
- সচিব - এ এন বসু
- সদস্য সচিব - প্রিন্সিপাল মেম্বার সেক্রেটারি, এ এন বসু, সেন্ট্রাল ইনস্টিটিউট অফ এডুকেশন, দিল্লি।
- সহকারী সচিব- ড. এস.M সহকারী ধারি, শিক্ষা মন্ত্রণালয়ের শিক্ষা কর্মকর্তা সহ সাত জন সদস্য।
- প্রতিবেদন - ২৯ শে আগস্ট, ১৯৫৩ তারিখে জমা দেওয়া হয়েছে, প্রায় ২৪০ থেকে ২৫০ পৃষ্ঠার ১৫ টি অধ্যায়

মুদালিয়ার কমিশনের টার্মস অফ রেফারেন্স

- সেন্ট্রাল অ্যাডভাইজরি বোর্ড অফ এডুকেশনের প্রস্তাব গ্রহণ করার পর, ভারত সরকার, ২৩ সেপ্টেম্বর ১৯৫২ সালে মাধ্যমিক শিক্ষা নিয়োগ করে।
- কাজের ক্ষেত্র এবং তদন্ত - কমিশন ছিল
- ভারতে মাধ্যমিক শিক্ষার বর্তমান অবস্থান সম্পর্কে অনুসন্ধান এবং প্রতিবেদন করা।

কমিশনের লক্ষ্য

1. মাধ্যমিক শিক্ষার সমস্যাগুলি অনুসন্ধান করা
2. বিশেষ রেফারেন্স সহ তার গুনরায় সংগঠন এবং উন্নতির জন্য ব্যবস্থাগুলির পরামর্শ দেওয়া

3. মাধ্যমিক শিক্ষার লক্ষ্য, সংগঠন এবং বিষয়বস্তু এবং
4. প্রাথমিক ও উচ্চ শিক্ষার সাথে এর সম্পর্ক

এর পুনর্গঠনের জন্য এবং বিশেষ ভাবে উল্লেখ করে পদক্ষেপগুলির পরামর্শ দিনঃ

- প্রাথমিক, প্রাথমিক ও উচ্চ শিক্ষার সঙ্গে এর সম্পর্ক।
- শিক্ষার লক্ষ্য, সংগঠন এবং বিষয়বস্তু।
- মাধ্যমিক বিদ্যালয় এবং বিভিন্ন ধরনের আন্তঃসম্পর্ক
- অন্যান্য মিত্র সমস্যা যাতে আমাদের চাহিদা ও সম্পদের জন্য উপযুক্ত মাধ্যমিক শিক্ষার একটি সাউন্ড এবং যুক্তিসঙ্গতভাবে অভিন্ন ব্যবস্থা সমগ্র দেশের জন্য সরবরাহ করা যেতে পারে।

মুদালিয়ার কমিশনের সুপারিশ

সুপারিশগুলি হলঃ 1. মাধ্যমিক শিক্ষার সাংগঠনিক প্যাটার্ন 2। Organization of Secondary School Curriculum ৩। টেক্সট বই ৪। ৫. শিক্ষার পদ্ধতি। শৃঙ্খলা ৬। ৭. ধর্মীয় ও নৈতিক শিক্ষা। গাইডেন্স এবং কাউন্সেলিং ৪। তত্ত্বাবধান এবং পরিদর্শন।

1. মাধ্যমিক শিক্ষার নতুন সাংগঠনিক প্যাটার্ন

- মাধ্যমিক শিক্ষা সাত বছরের হতে হবে।
- এটি 11 থেকে 17 বছর বয়সী শিশুদের জন্য হওয়া উচিত।
- এটি ইন্টারমিডিয়েট কলেজ শেষ করার এবং মাধ্যমিক বিদ্যালয়ের সাথে একাদশ শ্রেণি এবং বি.এ এর সাথে দ্বাদশ শ্রেণিকে একীভূত করার পরামর্শ দিয়েছে।
- মাধ্যমিক শিক্ষাকে দুই ভাগে ভাগ করেছে কমিশন।

কমিশন শিক্ষার সমস্যা সম্পর্কিত প্রশ্নাবলী সম্পর্কিত একটি প্রশ্নাবলী তৈরি করে বিভিন্ন শিক্ষা প্রতিষ্ঠানে প্রেরণ করে। তাদের উত্তরের ভিত্তিতে কমিশন ২৪৪ পৃষ্ঠার একটি প্রতিবেদন তৈরি করেছিল যা ১৯৫৩ সালের ২৯ শে আগস্ট ১৪/১৫ অধ্যায়গুলিতে বিভক্ত করা হয়েছিল এবং উপস্থাপন করা হয়েছিল।

মাধ্যমিক শিক্ষার ক্রটি

1. বিষয়বস্তুতে বুকিশ
2. পরীক্ষা ওরিয়েন্টেড
3. কোন গুণগত উন্নয়ন নেই
4. একতরফা এবং কোনও বৈচিত্র্য নেই
5. শিক্ষক ও শিক্ষার্থীর মধ্যে ঘনিষ্ঠ যোগাযোগের কোন সুযোগ নেই
6. ভালো শিক্ষকের অভাব
7. খেলাধুলা এবং বিনোদনের জন্য কোনও উপযুক্ত সুবিধা নেই

মাধ্যমিক শিক্ষার লক্ষ্য

- গণতান্ত্রিক নাগরিকত্বের উন্নয়ন।
- জীবনযাত্রার শিল্পে দীক্ষা।
- ব্যক্তিত্বের বিকাশ।
- বৃত্তিমূলক দক্ষতার উন্নতি।
- নেতৃত্বের জন্য শিক্ষা।
- সত্যিকারের দেশপ্রেমের বিকাশ।
- ডিগ্রি কোর্স হতে হবে তিন বছরের।
- উচ্চ বিদ্যালয়ের শিক্ষার্থীদের বিশ্ববিদ্যালয়ে প্রবেশের জন্য এক বছরের প্রাক-বিশ্ববিদ্যালয় কোর্স।
- প্রাক-বিশ্ববিদ্যালয় পাস করা শিক্ষার্থীদের পেশাদারকোর্সে প্রবেশের অনুমতি দেওয়া উচিত।
- শিক্ষার্থীদের বিভিন্ন দক্ষতার যত্ন নেওয়ার জন্য বহুমুখী বিদ্যালয় স্থাপন করা উচিত।
- কারিগরি শিক্ষা- কেন্দ্রীয় কারিগরি প্রতিষ্ঠানগুলির পাশাপাশি প্রচুর সংখ্যক স্কুল খোলা উচিত।
- এ ধরনের প্রতিষ্ঠান কারখানাগুলোর কাছে খুলে দিতে হবে, যাতে শিক্ষার্থীরা প্র্যাকটিক্যাল ট্রেনিং নিতে পারে।
- কারিগরি শিক্ষার অর্থায়নের জন্য শিল্পশিক্ষা সেস শিল্পের উপর আরোপ করা উচিত।
- অন্যান্য ধরনের স্কুল পাবলিক স্কুলগুলিকে ৫ বছর পরে মাধ্যমিক বিদ্যালয় হিসাবে পুনর্গঠন করা উচিত।
- ছেলে ও মেয়েদের সহ-শিক্ষার মাধ্যমে একই শিক্ষার ব্যবস্থা করতে হবে তবে মেয়েদের জন্য হোম সায়েন্স শিক্ষার ব্যবস্থা থাকতে হবে।
- যে সব এলাকায় প্রয়োজন সেখানে মেয়েদের স্কুল খুলে দিতে হবে।

2. পাঠ্যক্রম

- কমিশন নমনীয় পাঠ্যক্রমকে সমর্থন করে যা শিক্ষার্থীদের আগ্রহ, প্রয়োজন এবং জীবনের সাথে সম্পর্কিত হতে পারে
- এটি এমন হওয়া উচিত যে এটি শিক্ষার্থীদের কাজ এবং অবসর উভয়ের জন্য প্রশিক্ষণ দিতে পারে।
- উৎপাদনশীল কাজের গুরুত্ব দিতে হবে।
- এর মধ্যে তাত্ত্বিক জ্ঞানের পাশাপাশি ব্যবহারিক জ্ঞান অন্তর্ভুক্ত করা উচিত।
- **উচ্চ মাধ্যমিক পর্যায়ের জন্য বিষয়সমূহ**

বাধ্যতামূলক

1. মাতৃভাষা বা আঞ্চলিক ভাষা।

2. হিন্দি থেকে অন্য একটি ভাষা, প্রাথমিক ইংরেজি, উন্নত ইংরেজি, আধুনিক ভারতীয় ভাষা, আধুনিক বিদেশী ভাষা, প্রাচীন ভাষা

1. ক) সামাজিক গবেষণাস
2. থ) বিজ্ঞান
3. গ) Craft

ঐচ্ছিকঃ
গ্রুপগুলির যে কোনও একটি থেকে যে কোনও 3 টি বিষয়

- গ্রুপ ১ মানবিক
- গ্রুপ ২ বিজ্ঞান
- গ্রুপ 3 প্রযুক্তিগত বিষয়
- গ্রুপ 4 বাণিজ্যিক বিষয়
- গ্রুপ ৫ কৃষি
- গ্রুপ 6 ফাইন আর্টস
- গ্রুপ ৭ বিজ্ঞান

3. পাঠ্যক্রমের জন্য বিষয়

জুনিয়র হাই স্কুল - ভাষা, সামাজিক অধ্যয়ন, সাধারণ বিজ্ঞান, গণিত, শিল্প ও নৈপুণ্য, সঙ্গীত, শারীরিক শিক্ষা।

মাধ্যমিক শিক্ষা - কোর্সের বৈচিত্র্য আনা হয়েছে। হিন্দি, সামাজিক বিজ্ঞান, গণিত এবং একটি নৈপুণ্যের মতো কিছু মূল বিষয় রয়েছে যা প্রতিটি শিক্ষার্থীকে অধ্যয়ন করতে হয়। এর পাশাপাশি মানবিক, বিজ্ঞান, প্রযুক্তিগত বিষয়, বাণিজ্য, কৃষি, চারুকলা এবং হোম সায়েন্সের মতো সাতটি গ্রুপে শ্রেণিবদ্ধ কিছু ঐচ্ছিক বিষয় রয়েছে।

4. ভাষা অধ্যয়ন

- হিন্দিকে জাতীয় ভাষা হিসেবে গ্রহণ করা হয়েছে।
- সরকারি পরিষেবার জন্য হিন্দি বাধ্যতামূলক।
- মাধ্যমিক স্তরের জন্য ইংরেজি বাধ্যতামূলক।
- সংস্কৃতকে একটি তৃতীয় ভাষা হিসাবেও অন্তর্ভুক্ত করা হয়েছে যা ঐচ্ছিক।

5. শিক্ষার মাধ্যম

- শিক্ষার মাধ্যম হতে হবে মাতৃভাষা বা আঞ্চলিক ভাষা।
- মাতৃভাষা ও আঞ্চলিক ভাষার পাশাপাশি জাতীয় ভাষা এবং একটি বিদেশী ভাষাও শেখাতে হবে।

6. পাঠ্যপুস্তক

- পাঠ্যপুস্তকগুলি খুব সাবধানে নির্বাচন করা উচিত। নির্বাচন ও সংস্কারের জন্য একটি কমিটি থাকা উচিত।
- বইয়ের মুদ্রণ, প্রচ্ছদ এবং প্রথম পৃষ্ঠার জন্য একটি নির্দিষ্ট মান থাকতে হবে।
- এমন কোনও বই থাকা উচিত নয় যা কোনও সম্প্রদায়, ধর্ম বা সামাজিক রীতিনীতির বিরুদ্ধে ঘৃণা, অনৈক্য ছড়িয়ে দেয়।
- একটি বিষয়ের জন্য একাধিক পাঠ্যপুস্তক থাকা উচিত।

7. শিক্ষণ পদ্ধতি

- শিক্ষার্থীদের নৈতিক, সামাজিক ও মানসিক বিকাশের প্রয়োজন অনুযায়ী শিক্ষাদান পদ্ধতি গ্রহণ করতে হবে।
- শিক্ষাদান পদ্ধতি টি ক্রিয়াকলাপ ভিত্তিক হতে হবে। এটি মৌখিকতা এবং স্মৃতিচারণের উপর জোর দেওয়া উচিত নয়।
- প্রতিটি বিষয়ে বিভিন্ন ধরণের অভিব্যক্তির কাজ অন্তর্ভুক্ত করা উচিত।
- শিক্ষাদান পদ্ধতি এমনভাবে গ্রহণ করা উচিত যাতে এটি পৃথক পার্থক্যের যত্ন নেয়।
- পরীক্ষামূলক এবং প্রদর্শন পদ্ধতির উপর আরও জোর দেওয়া উচিত।

8. স্কুলে লাইব্রেরির স্থান

- গ্রন্থাগারগুলিকে একটি বুদ্ধিবৃত্তিক পরীক্ষাগারের একটি ফর্ম দেওয়া উচিত। এবং এটি ব্যক্তিগত এবং গোষ্ঠীগত কাজ, সাহিত্যিক আগ্রহ এবং সহ-পাঠ্যক্রমিক ক্রিয়াকলাপগুলি সম্পন্ন করতে সহায়তা করা উচিত।
- লাইব্রেরিগুলিকে শিক্ষার্থীদের জন্য সবচেয়ে আকর্ষণীয় জায়গা হিসাবে গড়ে তুলতে হবে।
- বই এবং ম্যাগাজিনগুলি শিক্ষক ও শিক্ষার্থীদের প্রয়োজন এবং আগ্রহ অনুযায়ী হওয়া উচিত।
- গ্রন্থাগারগুলিতে একজন প্রশিক্ষিত গ্রন্থাগারিক থাকতে হবে।
- ছুটির দিনগুলিতেও গ্রন্থাগারগুলি খোলা থাকা উচিত যাতে শিক্ষার্থী এবং সমাজ তাদের কাছ থেকে উপকৃত হতে পারে।

9. চরিত্রের শিক্ষা

- স্কুল একটি ছোট সমাজ এবং শিক্ষার্থীদের মূল্যবোধ, দৃষ্টিভঙ্গি, কর্ম জাতীয় গুরুত্বের দৃষ্টিকোণ থেকে গুরুত্বপূর্ণ। সুতরাং, তাদের সেই অনুযায়ী প্রশিক্ষণ দেওয়া উচিত।
- সর্বোত্তম শৃঙ্খলার জন্য শিক্ষক ও শিক্ষার্থীদের মধ্যে ঘনিষ্ঠ সম্পর্ক থাকতে হবে।
- হাউস সিস্টেম দ্বারা পরিচালিত স্কুলে স্বায়ত্তশাসন থাকতে হবে, প্রিফেক্টস, মনিটর এবং ছাত্র কাউন্সিলকে গুরুত্বপূর্ণ স্থান দিতে হবে।

- কো-কারিকুলার কার্যক্রমকে উৎসাহিত করতে হবে এবং স্কুল শিক্ষায় পাঠ্যক্রম বহির্ভূত কার্যক্রমও অন্তর্ভুক্ত করতে হবে।
- এনসিসি, স্কাউট ক্যাম্পকে উৎসাহিত করতে হবে।
- প্রাথমিক চিকিৎসা ও জুনিয়র রেড ক্রসের কাজকে উৎসাহিত করতে হবে।
- শিক্ষার্থীদের জন্য আচরণবিধি তৈরি ও বজায় রাখতে হবে।

10. শিক্ষায় দিকনির্দেশনা

- শিক্ষা, ব্যক্তিগত এবং বৃত্তিমূলক দিকনির্দেশনার জন্য স্কুলগুলিতে গাইডেন্স অফিসার এবং ক্যারিয়ার মাস্টার্স নিয়োগ করা উচিত।
- ফিল্ম শো, বিভিন্ন শিল্প সম্পর্কিত ভ্রমণের ব্যবস্থা থাকতে হবে।

11. শিক্ষার্থীদের শারীরিক কল্যাণ

- প্রতিটি রাজ্যে স্কুল মেডিকেল সার্ভিস থাকতে হবে।
- স্কুলের প্রত্যেক পড়ুয়ার নিয়মিত স্বাস্থ্য পরীক্ষার ব্যবস্থা রাখতে হবে।
- প্রত্যেক শিক্ষার্থীর স্বাস্থ্য প্রতিবেদন তৈরি করতে হবে এবং ডাক্তার, বাবা-মা এবং ক্লাস টিচারকে এর একটি কপি রাখতে হবে।
- হোস্টেল এবং আবাসিক বিদ্যালয়ে সুষম ও পুষ্টিকর খাদ্যের ব্যবস্থা থাকতে হবে।
- শারীরশিক্ষার শিক্ষকদের বিষয় শিক্ষকদের মতো সমানভাবে বিবেচনা করা উচিত।
- জাতীয় পর্যায়ে ফিজিক্যাল এডুকেশন ট্রেনিং সেন্টার চালু করতে হবে।
- শিক্ষার্থীদের শারীরিক ক্রিয়াকলাপের সম্পূর্ণ রেকর্ড থাকতে হবে।

12. পরীক্ষা এবং মূল্যায়ন

- বাহ্যিক পরীক্ষার সংখ্যা কমাতে হবে।
- সিলেবাস শেষ হওয়ার পরে কেবল একটি পাবলিক পরীক্ষা হওয়া উচিত।
- প্রশ্নগুলি বস্তুনিষ্ঠ হওয়া উচিত এবং বিষয়গত উপাদানগুলি হ্রাস করা উচিত।
- প্রশ্নগুলি সম্পূর্ণ সিলেবাসের উপর ভিত্তি করে হওয়া উচিত।
- পরীক্ষকদের সাবধানে নির্বাচন করতে হবে।
- শিক্ষার্থীদের কাজের মূল্যায়ন করার সময়, অভ্যন্তরীণ পরীক্ষা, পর্যায়ক্রমিক পরীক্ষা এবং স্কুল রেকর্ডগুলিও বিবেচনা করা উচিত।
- শিক্ষার্থীদের 5-পয়েন্ট স্কেলে মূল্যায়ন করা উচিত, যেখানে A পার্থক্য, বি ক্রেডিট, সি পাস, ডি এবং ই ব্যর্থ বা পুনরায় পরীক্ষা।
- একটি বিষয়ের জন্য একটি কম্পার্টমেন্টাল পরীক্ষার জন্য কম্পার্টমেন্টাল পরীক্ষার ব্যবস্থা থাকতে হবে।

13. শিক্ষকের অবস্থার উন্নতি

- শিক্ষক নির্বাচন ও নিয়োগের পদ্ধতি সারা দেশে অভিন্ন হওয়া উচিত।
- প্রশিক্ষিত শিক্ষকদের প্রবেশনের সময়কাল এক বছর হওয়া উচিত।
- মাধ্যমিক বিদ্যালয়ের শিক্ষকদের প্রশিক্ষিত হতে হবে স্নাতক এবং উচ্চ মাধ্যমিক বিদ্যালয়ের শিক্ষকদের প্রশিক্ষণপ্রাপ্ত স্নাতকোত্তর হতে হবে।
- যে সব শিক্ষক সমান যোগ্যতাসম্পন্ন, তাঁদের সারা দেশে সমান বেতন দিতে হবে।
- শিক্ষকদের জন্য ট্রিপল বেনিফিট স্কিম থাকা উচিত যার মধ্যে রয়েছে পেনশন, প্রভিডেন্ট ফান্ড এবং জীবন বীমা।
- শিক্ষকদের অভিযোগ সমাধানের জন্য সালিশি বোর্ড থাকা উচিত।
- শিক্ষকদের অবসরের বয়স হতে হবে ৬০ বছর।
- টিচার্স ওয়ার্ডকে স্কুলে বিনামূল্যে পড়াশোনা করতে হবে।
- শিক্ষকদের আবাসিক ও চিকিৎসা সুবিধা, পড়াশোনার ছুটি, ভ্রমণ ভাতা ইত্যাদি দিতে হবে।
- প্রাইভেট টিউশন নিষিদ্ধ করতে হবে।
- তাদের সামাজিক মর্যাদা উন্নত করার জন্য, শিক্ষকদের সময়ে সময়ে সম্মানিত করা উচিত।

14. শিক্ষকের প্রশিক্ষণ

- উচ্চ মাধ্যমিক শিক্ষকদের দুই বছরের প্রশিক্ষণ দিতে হবে এবং স্নাতকদের এক বছরের প্রশিক্ষণ দিতে হবে।
- ছাত্র শিক্ষকদের এক বা একাধিক অতিরিক্ত পাঠ্যক্রমের ক্রিয়াকলাপে প্রশিক্ষণ দেওয়া উচিত।
- প্রশিক্ষণ কলেজগুলিতে রিফ্রেশার কোর্স এবং ব্যবহারিক প্রশিক্ষণ এবং কর্মশালার ব্যবস্থা থাকতে হবে।
- প্রশিক্ষণ কলেজগুলি ছাত্র শিক্ষকদের কাছ থেকে যে কোনও ফি নিতে হবে। রাষ্ট্রকে উপবৃত্তি প্রদান করতে হবে।
- প্রশিক্ষণ কলেজগুলিতে হোস্টেল থাকতে হবে।
- যে সকল শিক্ষকের তিন বছরের শিক্ষকতার অভিজ্ঞতা রয়েছে, তাদের কেবলমাত্র বছরের শিক্ষকতার অভিজ্ঞতা থাকলেই এম.এড-এর জন্য যোগ্য হতে হবে।

15. প্রশাসন

- শিক্ষামন্ত্রীর সঙ্গে সরাসরি যোগাযোগ রাখতে হবে শিক্ষা অধিকর্তাকে।
- শিক্ষা পরিদর্শন ও সমন্বয়ের জন্য ২৫ সদস্যের একটি বোর্ড থাকতে হবে।
- সেন্ট্রাল অ্যাডভাইজরি বোর্ড অফ এডুকেশনকে জাতীয় স্তরে শিক্ষার সমস্যা সমাধানের সমন্বয়ক হিসাবে কাজ করতে হবে।
- স্কুল পরিদর্শকদের জন্য আবেদন করার জন্য স্কুল আবেদন করার জন্য যোগ্যতার মানদণ্ড হওয়া উচিত -

- ১০ বছরের শিক্ষকতার অভিজ্ঞতা।
- উচ্চ বিদ্যালয়ের প্রধান শিক্ষকগণ। উচ্চ বিদ্যালয়ের প্রধান শিক্ষকগণ।
- প্রশিক্ষণ কলেজগুলির দক্ষ শিক্ষক।
- স্কুলকে তখনই স্বীকৃতি দেওয়া উচিত যখন তারা সমস্ত শর্ত পূরণ করবে।
- গ্রামাঞ্চলে, স্কুলগুলি আশেপাশের গ্রামের মানুষের নাগালের মধ্যে থাকা উচিত।
- প্রতিটি শ্রেণিকক্ষে ৩০-৪০ জন শিক্ষার্থীর থাকার ক্ষমতা থাকতে হবে।
- প্রতিটি স্কুলে কো-অপারেটিভ স্টোর থাকা উচিত যাতে শিক্ষার্থীরা প্রয়োজনীয় জিনিস গুলি পেতে পারে।
- বিদ্যালয়ে বছরে কমপক্ষে ২০০ দিন কাজ করা উচিত এবং প্রতি সপ্তাহে ৩৫ টি পিরিয়ড পড়ানোর কাজ করা উচিত।
- গ্রীষ্মে কমপক্ষে ২ মাসের ছুটি এবং শীতকালে ১০-১৫ দিন ছুটি থাকতে হবে।

16. অর্থ ব্যবস্থা

- কারিগরি ও বৃত্তিমূলক শিক্ষার জন্য মাধ্যমিক স্তরে, শিল্প শিক্ষা সেস আরোপ করা উচিত।
- রেল, টেলিযোগাযোগ ও ডাক থেকে আয়ের কিছু অংশ কারিগরি শিক্ষার উন্নয়নে ব্যয় করতে হবে। মাধ্যমিক শিক্ষার উন্নয়ন তহবিলের উপর আয়কর আরোপ করা উচিত নয়।

এর গুণাগুণ মুদালিয়ার কমিশন

- কমিশনের যোগ্যতা
- ক্রিয়াকলাপ ভিত্তিক শিক্ষা।
- কৃষি শিক্ষার উপর জোর।
- মাধ্যমিক শিক্ষার লক্ষ্য নিয়ে আলোচনা।
- শিশুকেন্দ্রিক শিক্ষা।
- শিক্ষকের বেতন ও পদে উন্নতি।
- সহ-পাঠ্যক্রমিক ক্রিয়াকলাপ।
- বাহ্যিক পরীক্ষার উপর আর চাপ নেই।
- বহুমুখী স্কুলগুলির উপর জোর।
- শিল্পের কাছাকাছি প্রযুক্তিগত স্কুল খোলার পরামর্শ।

মুদালিয়ার কমিশনের অপকারিতা

- পরামর্শগুলি তাড়াহুড়ো করে দেওয়া হয়, তাই সমস্যাগুলি এখনও রয়েছে।
- শিক্ষকদের সামাজিক ও অর্থনৈতিক অবস্থার উন্নতি সম্পর্কে কোনও নতুন বিবৃতি নেই।
- নারী শিক্ষা নিয়ে কোনো পরামর্শ নেই।
- এখনও ইংরেজির উপর জোর দিন।

ভারতীয় শিক্ষা কমিশন বা কোঠারি কমিশন (১৯৬৪-৬৬)

এই প্রবন্ধে, আমরা কোঠারি শিক্ষা কমিশন, 1964-66 সম্পর্কে আলোচনা করব, যা ভারতে কমিশনের ইতিহাসে ষষ্ঠ কমিশন ছিল।

স্বাধীনতার পর শুরু হওয়া পঞ্চবার্ষিক পরিকল্পনা অনেক ক্ষেত্রে দেশের উন্নয়নে সহায়তা করেছিল। যাইহোক, এই পরিকল্পনাগুলির বাস্তবায়ন অন্তর্নিহিত দুর্বলতা প্রকাশ করে যার কারণে প্রত্যাশিত সাফল্য অর্জন করা যাচ্ছিল না। শিক্ষা এমন একটি ক্ষেত্র বলে মনে হয়েছিল যা অনেকগুলি সমস্যাকে নির্দেশ করে যা তাৎক্ষণিক সমাধানের জন্য আমাদের প্রচেষ্টার প্রয়োজন ছিল। সরকার পরিস্থিতি সম্পর্কে পুরোপুরি অবগত ছিল। শিক্ষার উন্নতির জন্য সরকার স্বাধীনতার পর দুটি কমিশন গঠন করে।

এই দুটি কমিশনের সুপারিশগুলি এর সম্পূর্ণ বাস্তবায়নে সফল হতে পারেনি। ফলস্বরূপ, শিক্ষার ক্ষেত্রে ত্রুটিগুলি অব্যাহত ছিল। থিসিসের ত্রুটিগুলি দূর করার জন্য, সরকারকে একটি নতুন শিক্ষা কমিশন নিয়োগ করতে হয়েছিল যা সরকারকে শিক্ষার জাতীয় প্যাটার্নের বিষয়ে পরামর্শ দেওয়ার পাশাপাশি সমস্ত পর্যায়ে শিক্ষার বিকাশের জন্য সাধারণ নীতি এবং নীতিগুলির সাথে পরামর্শ দেয়।

এই নিবন্ধটি শিক্ষার বিভিন্ন দিক থেকে কোঠারি শিক্ষা কমিশনের সুপারিশগুলি নিয়ে আলোচনা করে।

নিয়োগ কোঠারি কমিশন

১৯৬৪ সালের ১৪ ই জুলাই তারিখে ভারত সরকারের একটি রেজোলিউশনের বিধানের অধীনে কমিশনটি নিযুক্ত করা হয়েছিল। এই কমিশনে ভারত ও বিদেশের বিভিন্ন ক্ষেত্রের বিশিষ্ট শিক্ষাবিদদের অন্তর্ভুক্ত করা হয়েছিল। এতে মোট ১৭ জন সদস্য ছিলেন, যেখানে ১৪ জন সদস্য, ১ জন সদস্য - সচিব, ১ জন সহযোগী - সচিব এবং যুক্তরাজ্যের চেয়ারম্যান ডঃ ডি.এস. কোঠারি, ইউ.জি.C চেয়ারম্যান, কমিশনের চেয়ারম্যান হিসাবে নিযুক্ত হন। সুতরাং, এটি কোঠারি কমিশন নামেও পরিচিত। কমিশনের সদস্যদের মধ্যে ৫ জন শিক্ষাবিদ ছিলেন ইংল্যান্ড, আমেরিকা, ফ্রান্স, জাপান ও রাশিয়ার। জে পি নায়েককে কমিশনের নম্বর সচিব এবং জে এফ ম্যাকডোগালকে সংশ্লিষ্ট সচিব হিসাবে নিযুক্ত করা হয়েছিল।

কোঠারি কমিশনের অনন্য বৈশিষ্ট্য

আমাদের জন্য এটি জানা গুরুত্বপূর্ণ যে এই কমিশনকে পূর্বের অন্যান্য কমিশন থেকে একটি অনন্য কমিশন তৈরি করেছে এমন বৈশিষ্ট্যগুলি।

শিক্ষা কমিশনের (১৯৬৪-৬৬) অনন্য বৈশিষ্ট্যগুলি হলঃ

1. এর আগের পাঁচটি কমিশনই সামগ্রিকভাবে শিক্ষা নিয়ে কাজ করেনি, বরং শিক্ষার বিভিন্ন স্তরের দিকে মনোনিবেশ করেছে। কিন্তু এই কমিশন তার তদন্তকে শিক্ষার নির্দিষ্ট ক্ষেত্র বা দিকগুলির মধ্যে সীমাবদ্ধ রাখার জন্য নয়, বরং সমগ্র শিক্ষা ব্যবস্থার একটি বিস্তৃত পর্যালোচনা করার জন্য ছিল।

2. কমিশনের আরেকটি অনন্য বৈশিষ্ট্য ছিল তার দৃঢ় বিশ্বাস যে শিক্ষা জাতীয় উন্নয়নের সবচেয়ে শক্তিশালী হাতিয়ার। জাতীয় উন্নয়নে শিক্ষার গুরুত্বপূর্ণ ভূমিকা প্রতিবেদনের প্রতিটি পৃষ্ঠায় তার সমস্ত প্রাণবন্ততার মধ্যে প্রদর্শিত হয়। এর আগে কখনও শিক্ষাকে জাতীয় সম্মানের এমন

জায়গা দেওয়া হয়নি, এবং এর আগে কখনও এটি জাতীয় সম্মানের মূল ভিত্তি হিসাবে কল্পনা করা হয়নি, এবং এর আগে কখনও এটি জাতির অগ্রগতি এবং সমৃদ্ধির মূল ভিত্তি হিসাবে কল্পনা করা হয়নি যা কমিশনের প্রতিবেদনের পৃষ্ঠাগুলিতে প্রকাশিত হয়েছে।

3. কমিশনের আন্তর্জাতিক গঠনও উল্লেখযোগ্য। ভারতে শিক্ষা অবশ্যই ভারতীয় অভিজ্ঞতা থেকে উদ্ভূত হতে হবে, মাধ্যমে, সংস্কৃতি এবং স্থানীয় অবস্থার মাধ্যমে। কিন্তু যেহেতু শিক্ষা মানবজাতির সাধারণ অনুসন্ধান হিসাবে রয়ে গেছে, তাই অন্যান্য দেশের শিক্ষাবিদ ও বিজ্ঞানীদের অভিজ্ঞতা ও চিন্তাভাবনার উপর আলোকপাত করা এবং শিক্ষাগতভাবে উন্নত দেশগুলির সর্বশেষ বিকাশের সুবিধা গ্রহণ করা লাভজনক বলে মনে করা হয়েছিল। এই কমিশনের মধ্যে ৭ জন ভারতীয় সদস্য এবং ৫ জন অন্যান্য সদস্য ছিলেন ; জাপান, ফ্রান্স, যুক্তরাজ্য, মার্কিন যুক্তরাষ্ট্র এবং ইউএসএসআর থেকে ১ জন করে। এছাড়া বিশ্বের বিভিন্ন দেশের ২০ জন কনসালট্যান্ট পাওয়া গেছে।

শর্তাবলী

এই কমিশন জাতীয় শিক্ষার ধরণ এবং সকল পর্যায়ে এবং তার সকল দিক থেকে শিক্ষার বিকাশের জন্য সাধারণ নীতি ও নীতি সম্পর্কে সরকারকে পরামর্শ দেবে। যাইহোক, এটি চিকিৎসা বা আইনী শিক্ষার সমস্যাগুলি পরীক্ষা করার প্রয়োজন নেই, তবে এই সমস্যাগুলির এই ধরনের দিকগুলি যা এর বিস্তৃত তদন্তের জন্য প্রয়োজনীয় তা খতিয়ে দেখা যেতে পারে।

প্রতিবেদন তৈরি

জাতির জনক মহাত্মা গান্ধীর জন্মদিনে কমিশন তার কাজ শুরু করে। এটি দেশের শিক্ষার বিভিন্ন সমস্যা অধ্যয়নের জন্য ১২ টি টাস্ক ফোর্স এবং ৭ টি ওয়ার্কিং গ্রুপ গঠন করেছিল। এতে জনজীবনে বিশিষ্ট প্রায় ৯০০০ নারী-পুরুষ, শিক্ষাবিদ, বিজ্ঞানী, শিল্পপতি ও বিভিন্ন ক্ষেত্রের পণ্ডিত এবং শিক্ষায় আগ্রহী অন্যান্যদের সাক্ষাৎকার নেওয়া হয়। কমিশন প্রায় ১০০ দিন বিশ্ববিদ্যালয়, কলেজ ও স্কুল পরিদর্শনে ব্যয় করে এবং শিক্ষক, শিক্ষাবিদ, প্রশাসক ও শিক্ষার্থীদের সাথে আলোচনা করে। এটি ২,৪০০ টি মেমোরেন্ডাম এবং নোট পেয়েছে এবং যাচাই করেছে। কমিশন ২১ মাস কাজ করে এবং ১৯৬৬ সালের জুন মাসে রিপোর্ট জমা দেয়।

কোঠারি কমিশনের রিপোর্ট

কমিশনের রিপোর্ট শিক্ষার উপর একটি চমৎকার দলিল। কমিশন তার রিপোর্টে তার রূপটি প্রকাশ করেছে যে শিক্ষা জাতীয় উন্নয়নের সবচেয়ে শক্তিশালী হাতিয়ার।

কমিশনের রিপোর্টটি যথাযথভাবে 'শিক্ষা ও জাতীয় উন্নয়ন' হিসাবে নামকরণ করা হয়েছে। প্রতিবেদনটি চারটি ভাগে ভাগ করা হয়েছে-

বিভাগ ১: সাধারণ সমস্যা নিয়ে কাজ করা।

বিভাগ ২: বিভিন্ন পর্যায়ে এবং বিভিন্ন সেক্টরে শিক্ষার সাথে সম্পর্কিত।

বিভাগ ৩: কমিশন কর্তৃক প্রস্তাবিত বিভিন্ন সুপারিশ এবং কর্মসূচী বাস্তবায়নের বিষয়ে আলোচনা করা হয়েছে।

বিভাগ ৪: সম্পূরক কাগজপত্র নিয়ে গঠিত।

এই প্রতিবেদনে প্রস্তাবিত শিক্ষাগত পুনর্গঠনের কর্মসূচীগুলি তিনটি বিস্তৃত বিভাগে পড়ে -

1. শিক্ষা ব্যবস্থার অভ্যন্তরীণ রূপান্তর, যাতে তা জাতির জীবন, চাহিদা ও আকাঙ্ক্ষার সাথে সম্পর্কিত হয়।

2. শিক্ষার গুণগত উন্নতি যাতে অর্জিত মানসমূহ পর্যাপ্ত হয়, ক্রমাগত বৃদ্ধি পায় এবং কমপক্ষে কয়েকটি সেক্টরে আন্তর্জাতিকভাবে তুলনীয় হয়ে ওঠে; এবং

3. মানুষের উপর ভিত্তি করে শিক্ষামূলক সুযোগ-সুবিধার বিস্তৃতি - ক্ষমতার চাহিদা এবং শিক্ষার সুযোগের সমানীকরণের উপর একটি অ্যাকসেন্ট সহ।

প্রতিবেদন তৈরি

- ১২টি টাস্ক ফোর্স ও ৭টি ওয়ার্কিং গ্রুপ গঠন করা।
- সাক্ষাৎকার নিয়েছেন ৯,০০০ জন নারী-পুরুষের।
- ১০০ দিন কাটিয়েছেন।
- ১৯৬৪ সালের ২রা অক্টোবর এর কাজ শুরু করুন।
- প্রতিবেদনটি চারটি ভাগে ভাগ করা হয়েছে।
- প্রোগ্রামগুলি তিনটিতে শ্রেণীবদ্ধ করা হয়েছে।

কোঠারি শিক্ষা কমিশনের সুপারিশসমূহ

আসুন আমরা কমিশনের সুপারিশগুলি নিয়ে আলোচনা করি। আমাদের আলোচনা সুপারিশগুলির দুটি প্রধান দিক, যেমন, শিক্ষা এবং জাতীয় উদ্দেশ্য এবং শিক্ষাগত কাঠামোর মধ্যে সীমাবদ্ধ থাকবে।

শিক্ষা ও জাতীয় উদ্দেশ্য-

পুরুষ ও সমাজকে পরিবর্তন করার ক্ষেত্রে শিক্ষার ব্যাপক ভূমিকা রয়েছে। এটি সম্পূর্ণরূপে সংস্কার করতে হবে এবং জনগণের জীবন, চাহিদা এবং আকাঙ্ক্ষার সাথে সম্পর্কিত হতে হবে যাতে এটি সামাজিক, অর্থনৈতিক ও সাংস্কৃতিক রূপান্তরের একটি শক্তিশালী হাতিয়ার হিসাবে কাজ করতে পারে। শিক্ষা সম্পর্কিত করার জন্য, কমিশন নিম্নলিখিত উদ্দেশ্যগুলির সুপারিশ করেছে-

1. উৎপাদনশীলতা বৃদ্ধি।
2. সামাজিক ও জাতীয় সংহতি প্রচার
3. শিক্ষা ও আধুনিকায়ন
4. সামাজিক, নৈতিক ও আধ্যাত্মিক মূল্যবোধের বিকাশ।

১. উৎপাদনশীলতা বৃদ্ধি-

কমিশন পরামর্শ দিয়েছিল যে জাতীয় আয় বাড়ানোর জন্য শিক্ষাকে অবশ্যই উৎপাদনশীলতার সাথে সম্পর্কিত হতে হবে। শিক্ষা ও উৎপাদনশীলতাকে সংযুক্ত করার জন্য ভারতীয় শিক্ষা কমিশন নিম্নলিখিত সুপারিশগুলি করেছে।

1. বিজ্ঞান শিক্ষা ও সংস্কৃতির মৌলিক উপাদান; সুতরাং এটি স্কুল শিক্ষার একটি অবিচ্ছেদ্য অংশ করা উচিত।

2. ম্যানুয়াল কাজের মূল্য বিকাশের জন্য কমিশন স্কুল শিক্ষায় কাজের অভিজ্ঞতা প্রবর্তনের সুপারিশ করেছিল।

3. শিল্প, কৃষি ও বাণিজ্যে প্রযুক্তিগত কর্মীদের ক্রমবর্ধমান চাহিদা পূরণের জন্য আইইসি স্কুল পাঠ্যক্রমে বৃত্তিমূলক বিষয়গুলি প্রবর্তনের সুপারিশ করেছে। এটি আরও অভিমত প্রকাশ করেছে যে বৃত্তিমূলককরণ শিক্ষাকে উৎপাদনশীলতার সাথে ঘনিষ্ঠ সম্পর্কের মধ্যে নিয়ে আসবে।

২. সামাজিক ও জাতীয় সংহতির প্রচার-

জাতীয় ও সামাজিক সংহতি একটি দেশের অগ্রগতি ও উন্নয়নের পূর্বশর্ত। কমিশনের মতে, সামাজিক ও জাতীয় সংহতি একটি জাতীয় শিক্ষা ব্যবস্থার একটি গুরুত্বপূর্ণ লক্ষ্য। কমিশন শিক্ষার মাধ্যমে সামাজিক ও জাতীয় সংহতি জোরদার করার জন্য নিম্নলিখিত সুপারিশগুলি করেছে।

1. শিক্ষাকে জাতীয় উন্নয়নের একটি শক্তিশালী হাতিয়ার হিসাবে গড়ে তুলতে, জনসাধারণের শিক্ষার সাধারণ স্কুল ব্যবস্থা গ্রহণ করতে হবে।

2. শিক্ষিত ও অশিক্ষিত, বুদ্ধিজীবী এবং জনসাধারণের মধ্যে যে ব্যবধান রয়েছে তা সেতুবন্ধন, সামাজিক ও জাতীয় সেবাকে স্কুল শিক্ষার একটি অবিচ্ছেদ্য অংশ হিসাবে গড়ে তুলতে হবে।

3. একটি ভাষা সামাজিক ও জাতীয় সংহতির জন্য একটি দৃঢ় আঠালো, স্কুলে মাতৃভাষা, হিন্দি এবং অন্যান্য আধুনিক ভারতীয় ভাষা শেখানোর জন্য উপযুক্ত বিধান করা উচিত।

৩. শিক্ষা ও আধুনিকায়ন-

বর্তমান সমাজ হচ্ছে বিজ্ঞানভিত্তিক সমাজ। বর্তমান শতাব্দী জ্ঞানের বিস্ফোরণের ফলে বৈজ্ঞানিক ও প্রযুক্তিগত জ্ঞানের ক্ষেত্রে অসাধারণ অগ্রগতি অর্জন করেছে। এই পরিস্থিতিতে শিক্ষার অন্যতম প্রধান কাজ হল জ্ঞানের এই অগ্রগতির সাথে তাল মিলিয়ে চলা। আধুনিক সমাজের আরেকটি বৈশিষ্ট্য হ'ল দ্রুত সামাজিক পরিবর্তন। পরিবর্তনের পরিস্থিতিতে, স্কুলকে সর্বদা সতর্ক থাকতে হবে যদি এটি উল্লেখযোগ্য পরিবর্তনগুলির পাশাপাশি রাখতে হয়। একটি শিক্ষা ব্যবস্থা যা ক্রমাগত নিজেকে সংস্কার করে না, মেয়াদোত্তীর্ণ হয়ে যায় এবং অগ্রগতিতে বাধা সৃষ্টি করে। আধুনিকীকরণের সাথে তাল মিলিয়ে চলার জন্য আইইসি মনে করে যে "বৃত্তিমূলক বিষয়, বিজ্ঞান শিক্ষা এবং গবেষণার উপর আরও বেশি জোর দিতে হবে।

৪. সামাজিক, নৈতিক ও আধ্যাত্মিক মূল্যবোধ-

জাতীয় শিক্ষা ব্যবস্থায় শিক্ষার্থীদের মধ্যে সামাজিক, নৈতিক ও আধ্যাত্মিক মূল্যবোধের চাষের উপর জোর দেওয়া উচিত। এই উদ্দেশ্যে কমিশন নিম্নলিখিত সুপারিশগুলি করেছে-

1. কেন্দ্রীয় ও রাজ্য সরকারগুলিকে ধর্মীয় ও নৈতিক শিক্ষার উপর বিশ্ববিদ্যালয় শিক্ষা কমিশন কর্তৃক প্রস্তাবিত ভিত্তিতে তাদের সরাসরি নিয়ন্ত্রণের অধীনে সমস্ত প্রতিষ্ঠানে নৈতিক, সামাজিক এবং আধ্যাত্মিক মূল্যবোধে শিক্ষা প্রবর্তনের জন্য ব্যবস্থা গ্রহণ করা উচিত।

2. সামাজিক, নৈতিক এবং ধর্মীয় মূল্যবোধগুলি বিকাশের জন্য, কিছু সময়কাল সময় সারণিতে সরবরাহ করা উচিত। এ ধরনের নির্দেশনা সাধারণ শিক্ষকদের দিতে হবে।

3. বিশ্ববিদ্যালয়ের বিভাগগুলি বিশেষভাবে এই মূল্যবোধগুলি বিজ্ঞতার সাথে এবং কার্যকরভাবে শেখানো যেতে পারে এমন উপায়গুলি নিয়ে বিশেষভাবে উদ্বিগ্ন হওয়া উচিত এবং ছাত্র এবং শিক্ষকদের দ্বারা ব্যবহারের জন্য বিশেষ সাহিত্যপ্রস্তুত করা উচিত।

শিক্ষাগত কাঠামো

কমিশন শিক্ষার একটি নতুন কাঠামোগত প্যাটার্ন সুপারিশ করেছে। নতুন শিক্ষাগত কাঠামো নিম্নরূপ হওয়া উচিতঃ

1. এক থেকে তিন বছরের প্রাক-বিদ্যালয় শিক্ষা।

2. ৭ থেকে ৮ বছরের একটি প্রাথমিক পর্যায়ে 4 বা 5 বছরের নিম্ন প্রাথমিক পর্যায়ে এবং ৩ বা ২ বছরের উচ্চতর প্রাথমিক পর্যায়ে বিভক্ত।

3. ৩ বা ২ বছরের সাধারণ শিক্ষা বা ১ থেকে ৩ বছরের বৃত্তিমূলক শিক্ষার একটি নিম্ন মাধ্যমিক পর্যায়।

4. ২ বছরের সাধারণ শিক্ষা বা ১ থেকে ৩ বছরের বৃত্তিমূলক শিক্ষার একটি উচ্চ মাধ্যমিক পর্যায়ে, মোট ৫০% বৃত্তিমূলক শিক্ষার অধীনে থাকবে,

5. প্রথম ডিগ্রী কোর্সের জন্য 3 বছর বা তারও বেশি সময় ধরে একটি উচ্চ শিক্ষার পর্যায়, দ্বিতীয় বা গবেষণা ডিগ্রীর জন্য বিভিন্ন সময়কালের কোর্স দ্বারা অনুসরণ করা হয়।

কমিশন দ্বারা প্রস্তাবিত কাঠামোগত গঠনটি সাধারণত 10 + 2 + 3 হিসাবে পরিচিত। শিক্ষার কাঠামোগত গঠন

- ১ থেকে ৩ বছর পর্যন্ত প্রাক-বিদ্যালয় শিক্ষাও দিতে হবে।
- সাধারণ শিক্ষা ১০ বছরের জন্য স্থায়ী হতে হবে-

1. নিম্ন প্রাথমিকের চার বছর,
2. উচ্চ প্রাথমিকের তিন বছর
3. ৩ বছরের নিম্ন মাধ্যমিক শিক্ষা।
4. উচ্চ মাধ্যমিক শিক্ষা ২ বছরের জন্য নির্ধারণ করতে হবে। ডিগ্রি কোর্স হতে হবে ৩ বছরের।

প্রথম শ্রেণিতে ভর্তির বয়স ৬+ এর কম হওয়া উচিত নয়। প্রথম পাবলিক এক্সটার্নাল পরীক্ষাটি স্কুলের প্রথম 10 বছরের শেষে আসা উচিত। মাধ্যমিক বিদ্যালয়দুই ধরনের হতে হবেঃ উচ্চ বিদ্যালয়গুলি ১০ বছরের কোর্স প্রদান করে এবং উচ্চ মাধ্যমিক বিদ্যালয়গুলি ১১ বা ১২ বছরের কোর্স সরবরাহ করে। একাদশ ও দ্বাদশ শ্রেণির সমন্বয়ে একটি নতুন উচ্চ মাধ্যমিক কোর্স চালু করা উচিত। প্রাক-বিশ্ববিদ্যালয়ের কোর্সগুলি বিশ্ববিদ্যালয়গুলি থেকে স্থানান্তর করা উচিত এবং মাধ্যমিক বিদ্যালয়গুলিতে যোগ করা উচিত। কমিশনকে বিশ্ববিদ্যালয় পর্যায়ে পুনর্গঠনের

পরামর্শ দেওয়া হয়েছে। এই পর্যায়ে, তিন বছরের ডিগ্রী কমিশন দ্বারা অনুকূলিত হয়েছে।

ভূমিকা

১৯৪৭ খ্রিস্টাব্দের ১৫ আগস্ট স্বাধীনতা লাভ করে ভারতবর্ষ একটি প্রজাতান্ত্রিক তথা গণতান্ত্রিক রাষ্ট্রের মর্যাদা অর্জন করে। দেশের সাধারণ জনগণের মধ্যে এই গণতান্ত্রিক চেতনার বিকাশ ঘটাতে প্রয়োজন হয় প্রাথমিক শিক্ষার। অবৈতনিক বাধ্যতামূলক প্রাথমিক শিক্ষার প্রবর্তনের তাগিদে রাষ্ট্রনেতা তথা বিশিষ্ট শিক্ষাবিদগণ সমবেত হন। এর পাশাপাশি মাধ্যমিক ও উচ্চমাধ্যমিক শিক্ষাব্যবস্থার মানোন্নয়ন ও প্রযুক্তি-কারিগরি শিক্ষার পুনর্গঠনের উদ্দেশ্যে ১৯৪৮ খ্রিস্টাব্দে গঠিত হয় স্বাধীন ভারতের প্রথম শিক্ষা কমিশন, যা 'বিশ্ববিদ্যালয় শিক্ষা কমিশন' বা 'রাধাকৃষ্ণণ কমিশন' নামে পরিচিত।

রাধাকৃষ্ণণ কমিশন/বিশ্ববিদ্যালয় শিক্ষা কমিশন (১৯৪৮-৪৯)

ভূমিকা

একজন শিক্ষাবিদ, দার্শনিক এবং রাষ্ট্রনায়ক হিসাবে, সর্বপল্লী রাধাকৃষ্ণণ (১৮৮৮-১৯৭৫) বিংশ শতাব্দীতে একাডেমিক বৃত্তে সবচেয়ে স্বীকৃত এবং প্রভাবশালী ভারতীয় চিন্তাবিদদের মধ্যে একজন ছিলেন।

রাধাকৃষ্ণণকে বিশ্ববিদ্যালয় শিক্ষা কমিশনের চেয়ারম্যান মনোনীত করা হয়েছিল। স্বাধীনতার পর শিক্ষার ক্ষেত্রে ভারত সরকার কর্তৃক গৃহীত একটি অত্যন্ত তাৎপর্যপূর্ণ প্রথম পদক্ষেপ ছিল ডঃ এস রাধাকৃষ্ণণের নেতৃত্বে বিশ্ববিদ্যালয় শিক্ষা কমিশন নিয়োগ, যিনি একজন বিশিষ্ট পণ্ডিত এবং বেনারস বিশ্ববিদ্যালয়ের প্রাক্তন ভাইস-চ্যান্সেলর , যিনি ভারতের দ্বিতীয় রাষ্ট্রপতি হয়েছিলেন।

১৯৪৭ সালের ১৫ ই আগস্ট স্বাধীনতার পর, রাধাকৃষ্ণণকে বিশ্ববিদ্যালয় শিক্ষা কমিশনের চেয়ারম্যান হওয়ার জন্য অনুরোধ করা হয়েছিল। রাধাকৃষ্ণণ কমিটির পরামর্শগুলি ভারতীয় বিশ্ববিদ্যালয়ের শিক্ষার উপর রিপোর্ট করার জন্য ভারতের প্রয়োজনের জন্য শিক্ষা ব্যবস্থাকে গড়ে তুলতে সহায়তা করেছিল এবং দেশের বর্তমান ও ভবিষ্যতের প্রয়োজনীয়তার সাথে সামঞ্জস্যপূর্ণ হতে পারে এমন উন্নতি ও সম্প্রসারণের পরামর্শ দিয়েছিল" কমিশনের ১৯৪৯ সালের প্রতিবেদনে বিশ্ববিদ্যালয় শিক্ষার অবস্থা মূল্যায়ন করা হয়েছিল এবং সদ্য স্বাধীন ভারতে এর উন্নতির জন্য সুপারিশ করা হয়েছিল। ১৯৪৮ সালের ৬ ই ডিসেম্বর কমিশন নয়াদিল্লিতে তার প্রথম সভা করে, যখন ভারত সরকারের শিক্ষা মন্ত্রী মাননীয় মাওলানা আবুল কালাম আজাদ বৈঠকে ভাষণ দেন এবং তদন্তের উদ্দেশ্য ও পরিধি সম্পর্কে সরকারের উদ্দেশ্য ব্যাখ্যা করেন।

কমিশনের নিয়োগ

কমিশনের সদস্যদের ভারতীয় বিশ্ববিদ্যালয় শিক্ষার উপর রিপোর্ট করার জন্য ভারত সরকার দ্বারা নিযুক্ত করা হয়েছিল এবং দেশের বর্তমান ও ভবিষ্যতের প্রয়োজনীয়তাগুলির সাথে সঙ্গতিপূর্ণ হতে পারে এমন উন্নতি এবং এক্সটেনশনগুলির পরামর্শ দেওয়ার জন্য নিযুক্ত করা হয়েছিল।

কমিশনের সদস্যগণ

নিম্নলিখিতগুলি কমিশনের সদস্য হিসাবে নিযুক্ত করা হয়েছিলঃ-

1. ডঃ এস রাধাকৃষ্ণণ, এমএ, ডি লিট, এলএলডি, অক্সফোর্ড বিশ্ববিদ্যালয়ের ইস্টার্ন ধর্ম ও নৈতিকতার স্প্যালডিং অধ্যাপক। (চেয়ারম্যান)।

2. ডঃ তারা চাঁদ, এমএ, ডি ফিল (অক্সন),ভারত সরকারের সচিব ও শিক্ষা বিষয়ক উপদেষ্টা।

3. ডঃ (বর্তমানে স্যার) জেমস এফ ডাফ, এমএ (ক্যান্টাব.), এম. এড. (ম্যানচেস্টার), এলএলডি (অ্যাবারডিন), ভাইস-চ্যান্সেলর, ডারহাম বিশ্ববিদ্যালয়।

4. ডঃ জাকির হুসেন, এমএ, পিএইচডি, ডি লিট (জামিয়া মিলিয়া ইসলামিয়া, দিল্লি)- (বর্তমানে ভাইস-চ্যান্সেলর, মুসলিম বিশ্ববিদ্যালয়, আলিগড়)।

5. ডঃ আর্থার ই মরগান, D.Sc, ডি. ইংল্যান্ড, এলএলডি, প্রাক্তন রাষ্ট্রপতি, এন্টিওক কলেজ, প্রথম চেয়ারম্যান, টেনেসি ভ্যালি কর্তৃপক্ষ, সভাপতি, কমিউনিটি সার্ভিস ইনকর্পোরেটেড।

6. ডঃ এ. লক্ষ্মণস্বামী মুদালিয়ার, D.Sc, এলএলডি, ডি.C এল, এফ.আর..C.ও.জি., এফ.এ.এস..C, ভাইস-চ্যান্সেলর, মাদ্রাজ বিশ্ববিদ্যালয়।

7. ডঃ মেঘনাদ সাহা, D.Sc এফ.আর.এস., পদার্থবিজ্ঞানের ডিন, বিজ্ঞান অনুষদের পালিত অধ্যাপক; এবং সভাপতি, পোস্ট-গ্র্যাজুয়েট কাউন্সিল অফ সায়েন্স, কলকাতা বিশ্ববিদ্যালয়।

8. ডঃ করম। Narayan Bahl D. Sc (Paj.), D. Phil, এবং D. Sc.(Oxon), Department of Zoology, University of Lucknow।

9. ডঃ জন জে. টাইগার্ট, এমএ (অক্সন.) এলএলডি, এড ডি, ডি.C এলএল, ডি. এল.এল., ডি. লিট,এলএইচডি, এলএইচডি, পূর্বে মার্কিন যুক্তরাষ্ট্রের শিক্ষা কমিশনার, এবং ফ্লোরিডা বিশ্ববিদ্যালয়ের রাষ্ট্রপতি ইমেরিটাস।

10. শ্রী নির্মল কুমার সিধান্ত, এমএ (Cantab.), ইংরেজি র অধ্যাপক এবং ডিন, কলা অনুষদ, লখনৌ বিশ্ববিদ্যালয়। (সচিব)।

শর্তাবলী

Reference-এর শর্তাবলী- কমিশনের রেফারেন্সের শর্তাবলী বিবেচনা করতে হবে এবং এই বিষয়ে সুপারিশ করতে হবে-

1. ভারতে বিশ্ববিদ্যালয়ের শিক্ষা ও গবেষণার লক্ষ্য এবং উদ্দেশ্য।

2. ভারতের বিশ্ববিদ্যালয়গুলির সংবিধান, নিয়ন্ত্রণ, কার্যাবলী এবং এখতিয়ার এবং সরকার, কেন্দ্রীয় ও প্রাদেশিক সরকারের সাথে তাদের সম্পর্কের ক্ষেত্রে প্রয়োজনীয় এবং আকাঙ্ক্ষিত বলে বিবেচিত পরিবর্তনগুলি।

3. বিশ্ববিদ্যালয়গুলির অর্থায়ন।

4. তাদের নিয়ন্ত্রণাধীন বিশ্ববিদ্যালয় ও কলেজসমূহে পাঠদান ও পরীক্ষার সর্বোচ্চ মান বজায় রাখা।

5. মানবিক ও বিজ্ঞানের মধ্যে এবং বিশুদ্ধ বিজ্ঞান ও প্রযুক্তিগত প্রশিক্ষণ এবং এই ধরনের কোর্সের সময়কালের মধ্যে একটি ভাল ভারসাম্য বজায় রাখার জন্য বিশেষ রেফারেন্স সহ বিশ্ববিদ্যালয়গুলিতে অধ্যয়নের কোর্সগুলি।

6. একটি স্বাধীন বিশ্ববিদ্যালয়ের প্রবেশিকা পরীক্ষার আকাঙ্ক্ষা এবং সৌলিক অধিকার 23 (2) এর বিরুদ্ধে মিলিত অন্যায্য বৈষম্য পরিহারের পরিপ্রেক্ষিতে অধ্যয়নের বিশ্ববিদ্যালয়ের

কোর্সগুলিতে ভর্তির মান।

7. বিশ্ববিদ্যালয়গুলিতে শিক্ষার মাধ্যম।

8. ভারতীয় সংস্কৃতি, ইতিহাস, সাহিত্য, ভাষা, দর্শন এবং চারুকলায় উন্নত অধ্যয়নের বিধান।

9. একটি আঞ্চলিক বা অন্যান্য ভিত্তিতে আরো বিশ্ববিদ্যালয়ের প্রয়োজন।

10. বিশ্ববিদ্যালয় এবং উচ্চতর গবেষণার ইনস্টিটিউটগুলিতে জ্ঞানের সমস্ত শাখায় উন্নত গবেষণা সংস্থা একটি সু-সমন্বয়মূলক ফ্যাশনে প্রচেষ্টা ও সম্পদের অপচয় এড়ানোর জন্য উচ্চতর গবেষণা প্রতিষ্ঠান।

11. বিশ্ববিদ্যালয়গুলিতে ধর্মীয় শিক্ষা।

12. বেনারস হিন্দু বিশ্ববিদ্যালয়, আলিগড় মুসলিম বিশ্ববিদ্যালয়, দিল্লি বিশ্ববিদ্যালয় এবং একটি সর্বভারতীয় চরিত্রের অন্যান্য প্রতিষ্ঠানের বিশেষ সমস্যা।

13. শিক্ষকদের যোগ্যতা, পরিষেবার শর্তাবলী, বেতন, সুযোগ-সুবিধা এবং কার্যাবলী এবং শিক্ষকদের দ্বারা মূল গবেষণার উৎসাহ।

14. ছাত্র, হোস্টেল এবং টিউটোরিয়াল কাজের সংগঠন এবং অন্য যে কোনও বিষয় যা ভারতে বিশ্ববিদ্যালয়ের শিক্ষা এবং উন্নত গবেষণার সমস্ত দিক সম্পর্কে একটি সম্পূর্ণ এবং ব্যাপক অনুসন্ধানের জন্য জার্মান এবং অপরিহার্য।

I) প্রধান পর্যবেক্ষণ এবং সুপারিশ
শিক্ষার লক্ষ্যঃ

* এটা শেখানোর জন্য যে, জীবনের একটা অর্থ আছে।
* প্রজ্ঞার বিকাশের মাধ্যমে আত্মার জীবন যাপনের সহজাত ক্ষমতাকে জাগিয়ে তোলা।
* সামাজিক দর্শনের সাথে পরিচিত হওয়া যা সমস্ত প্রতিষ্ঠান, শিক্ষার পাশাপাশি অর্থনৈতিক ও রাজনৈতিক ভাবে পরিচালিত করা উচিত?
* গণতন্ত্রের জন্য প্রশিক্ষণ।
* আত্মোন্নয়নের জন্য প্রশিক্ষণ
* মনের নির্ভীকতা, বিবেকের শক্তি এবং সততার মতো নির্দিষ্ট মূল্যবোধগুলি বিকাশ করা।
* তার প্রজন্মের সাংস্কৃতিক ঐতিহ্যের সাথে পরিচিত হওয়া
* শিক্ষা যে একটি আজীবন প্রক্রিয়া তা জানতে সক্ষম করা।
* বর্তমান ও অতীত সম্পর্কে ধারণা গড়ে তোলা।
* বৃত্তিমূলক ও পেশাগত প্রশিক্ষণ প্রদান করা।

II) বিশ্ববিদ্যালয়সমূহের কার্যাবলী
কমিশন দেশের অর্থনৈতিক ও রাজনৈতিক পরিবর্তনের পরিপ্রেক্ষিতে শিক্ষার নিম্নলিখিত কার্যক্রমের উপর জোর দেয়।

1. আত্মা পরিবর্তন সঙ্গে ব্যক্তি তৈরি. এটি বিশ্ববিদ্যালয়গুলির জন্য জ্ঞান তৈরি করা এবং পুরুষদের মনকে প্রশিক্ষণ দেওয়া যারা দুটি বস্তুগত সম্পদ এবং মানব শক্তিকে একত্রিত

করবে। যদি আমাদের জীবনযাত্রার মান বাড়াতে হয় তবে আত্মার আমূল পরিবর্তন অপরিহার্য

2. এমন ব্যক্তিকে প্রস্তুত করা, যিনি অতীত থেকে নির্দেশনা চান কিন্তু অতীতের পরিপূর্ণতার মারাত্মক আবেশ ত্যাগ করেন। বিশ্ববিদ্যালয়গুলি জাতির অভ্যন্তরের জীবনের বুদ্ধিবৃত্তিক অভয়ারণ্য। তাদের অবশ্যই বুদ্ধিজীবী অগ্রগামীদের প্রশিক্ষণ দিতে হবে, অতীতের দিকনির্দেশনা চাইতে হবে, কিন্তু নতুন স্বপ্ন বাস্তবায়নের জন্য গতিশীলতা সরবরাহ করতে হবে।

3. একটি সমন্বিত জীবনধারার তাৎপর্য বুঝতে পারে এমন ব্যক্তির বিকাশ। বিশ্ববিদ্যালয়গুলিকে অবশ্যই জ্ঞানকে সংশ্লেষিত করার গুণাবলী বিকাশ করতে হবে - জ্ঞানের বিভিন্ন আইটেমের একটি 'সামানাভায়া'।

4. প্রজ্ঞার মানুষের বিকাশ। আমাদের প্রাচীন শিক্ষকরা বিষয়গুলি শেখানোর এবং প্রজ্ঞা দেওয়ার চেষ্টা করেছিলেন। তাদের আদর্শ ছিল জ্ঞানের সাথে প্রজ্ঞা। জ্ঞানের কিছু ভিত্তি ছাড়া আমরা জ্ঞানী হতে পারি না, যদিও আমরা সহজেই জ্ঞান অর্জন করতে পারি এবং প্রজ্ঞা থেকে বঞ্চিত হতে পারি। উপনিষদের শব্দ ব্যবহার করার জন্য, আমরা পাঠ্য (মন্ত্রবতী) সম্পর্কে জানতে পারি এবং নিজের (আত্মবতি) সম্পর্কে জানি না। কোন পরিমাণ বাস্তব তথ্যই একজন সাধারণ মানুষকে শিক্ষিত বা ধার্মিক পুরুষদের মধ্যে পরিণত করতে পারে না যদি না তাদের মধ্যে কিছু জাগ্রত হয়, আত্মার জীবন যাপনের একটি সহজাত ক্ষমতা।

5. এমন ব্যক্তিদের বিকাশ করা যারা সামাজিক শৃঙ্খলার লক্ষ্যগুলি বুঝতে পারে। বিশ্ববিদ্যালয়গুলিকে অবশ্যই শিক্ষার্থীদের মধ্যে সামাজিক শৃঙ্খলার একটি ধারণা বিকাশ করতে হবে। তাদের অবশ্যই গণতন্ত্র, ন্যায়বিচার ও স্বাধীনতার মূল্য, সমতা এবং অনন্তকাল - ভারতীয় সমাজের আদর্শ বিকাশ করতে হবে।

6. সমাজের সাথে খাপ খাইয়ে নিতে পারে এবং নতুন পরিবর্তন আনতে পারে এমন শিক্ষার্থীদের তৈরি করা। শিক্ষা হচ্ছে এমন একটি মাধ্যম যার দ্বারা সমাজ নিজেই উপলব্ধি করতে পারে। ১৮৫২ খ্রিষ্টাব্দে নিউম্যান বিশ্ববিদ্যালয়ের কাজকে এভাবে সংজ্ঞায়িত করেন, "যদি একটি ব্যবহারিক সমাপ্তি একটি বিশ্ববিদ্যালয়ের কোর্সে নিযুক্ত করা আবশ্যক হয়, তাহলে আমি বলি যে এটি ভাল সমাজের প্রশিক্ষণ সদস্য। শিক্ষার কোনও ব্যবস্থাই রাষ্ট্রকে দুর্বল করার নির্দেশ দেওয়া যায় না যা এটি রক্ষণাবেক্ষন করে। কিন্তু শিক্ষা সামাজিক পরিবর্তনের একটি হাতিয়ারও বটে।

7. নেতাদের প্রস্তুত করা. পেশা ও জনজীবনে নেতৃত্ব প্রশিক্ষণ বিশ্ববিদ্যালয় শিক্ষার অন্যতম কেন্দ্রীয় লক্ষ্য, যা উপলব্ধি করা কঠিন। প্রেসিডেন্ট ট্রুম্যান বলেন, 'আমাদের জাতীয় নীতিঅবশ্যই বোর্ডের অভিজ্ঞতা, পরিপক্ক দৃষ্টিভঙ্গি এবং সঠিক বিচারের পুরুষদের দ্বারা পরিচালিত হতে হবে। বিচক্ষণ নেতৃত্বের জন্য যদি পুরুষ ও মহিলাদের প্রশিক্ষণ দেওয়া বিশ্ববিদ্যালয়গুলির কাজ হয়, তবে তাদের অবশ্যই তরুণ পুরুষ ও মহিলাদের অন্তর্দৃষ্টি দিয়ে পড়তে সক্ষম করতে হবে।

8. চরিত্রের পুরুষদের উন্নয়নশীল. আমরা একটি সভ্যতা গড়ে তুলছি, কারখানা বা উপাসনা নয়। উপাসনার গুণগত মান বস্তুগত, সরঞ্জাম বা রাজনৈতিক যন্ত্রের উপর নির্ভর করে না বরং পুরুষদের চরিত্রের উপর নির্ভর করে। শিক্ষার প্রধান কাজ হল চরিত্রের উন্নতি।

9. ভারতের সংস্কৃতি ঐক্যের উপলব্ধি গড়ে তোলা। ভারত হল প্যালিম্পসেস্টর মতো, যেখানে নতুন চরিত্র পুরানোকে পুরোপুরি মুছে ফেলতে পারে না। একটি একক সামাজিক প্যাটার্নে বিভিন্ন বয়সের টুকরো টুকরো টুকরো টুকরো এমন একজন ভারতীয়দের কথা চিন্তা করা অসম্ভব হবে যেখানে কোনও মুগালকে শাসন করা হয় না, যেখানে কোনও তাজ নির্মিত হয়নি, কোনও ম্যাকোলে শিক্ষার উপর তার মিনিট লিখেছিলেন না। ভারতীয় সংস্কৃতি একটি জীবন্ত জীবের মতো যা সম্পদ বৃদ্ধি করে এবং বিষয়বস্তু আদিম সংস্কৃতি চরম রক্ষণশীলতা দ্বারা চিহ্নিত করা হয় যেখানে সামাজিক গোষ্ঠী অযৌক্তিক অধ্যবসায়ের সাথে কাস্টম এবং কনভেনশনের একই পথ অনুসরণ করে। জীবন্ত সংস্কৃতিগুলি গতিশীলতা এবং ব্যক্তিগত ও সামাজিক শৃঙ্খলার ক্রমাগত প্রচেষ্টার মাধ্যমে তাদের সংস্কৃতির প্যাটার্ন বজায় রাখে।

10. অতীতের আধ্যাত্মিক ঐতিহ্য বুঝতে সক্ষম ব্যক্তিদের বিকাশ। না মানুষের জন্য আধ্যাত্মিক পুষ্টির প্রধান উৎস অবশ্যই তার নিজস্ব অতীত হতে হবে যা চিরতরে পুনরায় আবিষ্কৃত এবং পুনর্নবীকরণ করা হয়েছে। অতীতের জ্ঞানহীন একটি সমাজ যা এটিকে গভীর ব্যান্ড মর্যাদার অভাব বোধ করে। আমাদের অবশ্যই সমালোচনামূলক এবং নির্বাচনী হতে হবে এবং বর্তমানকে আলোকিত করার জন্য অতীতকে ব্যবহার করতে হবে। আমাদের অন্ধভাবে আমাদের অতীতের মহান মূল্য ত্যাগ করা উচিত নয় এবং আমাদের বিশ্বাসকে আঁকড়ে ধরে থাকা উচিত নয় কারণ তারা প্রাচীন।

11. প্রয়োজনীয় কর্মীদের জন্য দক্ষতা বিকাশ। বিশ্ববিদ্যালয়গুলিকে অবশ্যই প্রতিটি ধরণের ক্রিয়াকলাপের জন্য ক্রমবর্ধমান চাহিদা পূরণের জন্য কর্মীদের প্রস্তুত করতে হবে, যেমন, প্রশাসন, বাণিজ্য, শিল্প, রাজনীতি।

12. বিজ্ঞানী এবং প্রযুক্তিগত কর্মীদের বিকাশ। বিশ্ববিদ্যালয়গুলোকে অবশ্যই বৈজ্ঞানিক ও প্রযুক্তিগত জ্ঞানের প্রয়োগ ও বিকাশের মাধ্যমে যত কম সময়ের মধ্যে দেশকে অভাব, রোগ ও অজ্ঞতা থেকে মুক্তি অর্জন করতে সক্ষম করতে হবে। ভারত প্রাকৃতিক সম্পদে সমৃদ্ধ এবং তার জনগণের বুদ্ধিমত্তা ব্যান্ড শক্তি নতুন করে জীবন ও শক্তিতে কাঁপছে। এই ধরনের কর্মীদের প্রস্তুত করার জন্য বিশ্ববিদ্যালয়গুলি।

13. সাংস্কৃতিক সহযোগিতার এই ধরনের মূল্যবোধ এবং দক্ষতার সাথে ব্যক্তির বিকাশ। বিশ্ব সংস্কৃতির বিকাশের জন্য সেটিং, যদিও সংস্কৃতির ক্রস ফার্টিলাইজেশন প্রস্তুত। বিশ্ব, বাষ্পীভবন ও যোগাযোগ এবং অর্থনৈতিক স্বাধীনতার দ্রুততার মাধ্যমে, একটি একক সংস্থা হয়ে উঠেছে। আমাদের অবশ্যই বিশ্বের একতা এবং জনগণের চিন্তাভাবনার স্বীকৃতি এবং গ্রহণযোগ্যতার জন্য নিশ্চিত করতে হবে। পারস্পরিক বোঝাপড়ার বৃদ্ধি এই স্বীকৃতি থেকে উদ্ভূত হয় যে বিভিন্ন সংস্কৃতি আত্মার এক ভাষার উপভাষা।

III) অধ্যয়নের কোর্স
জ্ঞানকে সামগ্রিকভাবে বিবেচনা করতে হবে। কোর্সগুলি অঙ্কন করার সময়। বিভিন্ন দিকগুলির মধ্যে সংযোগটি নজরে রাখা উচিত নয়। সাধারণ একাডেমিক এবং বৃত্তিমূলক শিক্ষার মধ্যে একটি সংযোগ বন্ধন থাকতে হবে। সাধারণ শিক্ষার নীতি এবং অনুশীলনগুলি অবশ্যই মধ্যবর্তী এবং ডিগ্রি পর্যায়ে অবশ্যই একটি অবিচ্ছেদ্য অংশ হয়ে উঠতে হবে।
ডিগ্রি পর্যায়ে কোর্সঃ

সাধারণ শিক্ষার একটি কোর্স ছাড়াও নিম্নলিখিত কোর্সগুলি শিক্ষার্থীদের দ্বারা গ্রহণ করা হবে:

- ফেডারেল ভাষা বা যদি এটি মাতৃভাষা, একটি ধ্রুপদী বা একটি আধুনিক ভারতীয় ভাষা হয়।
- ইংরাজি এবং কলা শিক্ষার্থীদের জন্য প্রতিটি গ্রুপ থেকে দুটি বিশেষ বিষয়ের চেয়ে কম নয়।

মানবিকতা:

1. ধ্রুপদী বা আধুনিক ভারতীয় ভাষা
2. ইংরেজি, জার্মান বা ফরাসি
3. দর্শন শাস্ত্র
4. ইতিহাস
5. গণিত
6. চারুকলা
7. রাষ্ট্রবিজ্ঞান
8. সামাজিক বিজ্ঞান:
9. অর্থনীতি
10. সমাজবিজ্ঞান
11. মনোবিজ্ঞান
12. নৃতত্ত্ব (Anthropology)
13. ভূগোল
14. অর্থনীতি

বিজ্ঞানশিক্ষার্থীদের জন্য নিম্নলিখিত তালিকা থেকে দুটি বিশেষ বিষয়ের চেয়ে কম নয়:

1. গণিত;
2. পদার্থবিজ্ঞান
3. রসায়ন
4. উদ্ভিদবিদ্যা
5. প্রাণিবিদ্যা
6. ভূতত্ত্ব

IV) পেশাগত শিক্ষা

1. **কৃষি:** জাতীয় অর্থনৈতিক পরিকল্পনায় প্রাথমিক মাধ্যমিক ও উচ্চ শিক্ষায় কৃষির অধ্যয়নকে উচ্চ অগ্রাধিকার দেওয়া উচিত। যতদূর সম্ভব। কৃষি শিক্ষাকে একটি গ্রামীণ পরিবেশ প্রদান করা উচিত।

2. **কমার্সঃ** একজন বাণিজ্য শিক্ষার্থীকে তিন বা চারটি বিভিন্ন ধরণের সংস্থায় ব্যবহারিক কাজের সুযোগ দেওয়া উচিত।

3. **প্রকৌশল ও প্রযুক্তিঃ** বিভিন্ন গ্রেডের ইঞ্জিনিয়ারিং স্কুলের সংখ্যা বৃদ্ধি করা উচিত, বিশেষ করে গ্রেড 4 এবং 5 (ফোরম্যান, কারিগর, ড্রাফটসম্যান, অধ্যক্ষ ইত্যাদি) প্রশিক্ষণের জন্য। নতুন ইঞ্জিনিয়ারিং কলেজ বা ইনস্টিটিউট প্রতিষ্ঠার ক্ষেত্রে ভারতীয় ভাষায় কী ধরনের প্রকৌশল পরিষেবার প্রয়োজন তা নিয়ে নতুন করে সমালোচনামূলক তদন্ত হওয়া উচিত। এখানে এবং জাহাজে বিদ্যমান প্রতিষ্ঠানগুলির সমালোচনামূলক অভ্যর্থনা এবং অনুকরণ করা এড়ানো উচিত।

4. **আইনঃ** একটি তিন বছরের ডিগ্রী কোর্স বিশেষ আইনি বিষয়গুলিতে দেওয়া হবে। আইনে ডিগ্রী সউসে অধ্যয়নরত শিক্ষার্থীদের একই সাথে বাইরের ডিগ্রী কোর্স করার অনুমতি দেওয়া হবে না, এমন কয়েকটি উদাহরণ ব্যতীত যেখানে উন্নত শিক্ষার্থীরা তাদের আগ্রহ প্রমাণ করেছে এবং আইন এবং অন্যান্য কিছু ক্ষেত্রে সম্পর্কিত বিষয়গুলি অধ্যয়ন করছে।

5. **ঔষধঃ** একটি মেডিকেল কলেজে ভর্তির সর্বোচ্চ সংখ্যা 100 হতে হবে যে নম্বরের জন্য কর্মী এবং সরঞ্জাম উপলব্ধ।

6. **ধর্মীয় শিক্ষাঃ** সকল শিক্ষা প্রতিষ্ঠানকে নীরব ধ্যানের জন্য কয়েক মিনিট সময় দিয়ে কাজ শুরু করতে হবে।

1. প্রথম বছরে গৌতম বুদ্ধ, কনফুসিয়াস, জরথুস্টার, সক্রেটিস, যিশু, শঙ্কর, রামানুজ, মাধব, মোহাম্মদ, কবীর, নানক, গান্ধীর মতো মহান ধর্মীয় নেতাদের জীবন শেখানো হবে।

2. দ্বিতীয় বছরে বিশ্বের শাস্ত্র থেকে একটি সার্বজনীনতা চরিত্রের কিছু নির্বাচন অধ্যয়ন করা হবে।

3. তৃতীয় বছরে ধর্ম দর্শনের কেন্দ্রীয় সমস্যাগুলি বিবেচনা করা হবে।

V) পরীক্ষা

- সরকারি প্রশাসনিক পরিষেবার জন্য বিশ্ববিদ্যালয়ের ডিগ্রির প্রয়োজন হবে না। বিভিন্ন পরিষেবায় নিয়োগের জন্য বিশেষ রাষ্ট্রীয় পরীক্ষার আয়োজন করা উচিত।

- কোর্সগুলিতে ক্লাসের কাজের জন্য বর্তমানে কোনও ক্রেডিট দেওয়া হয় না, কখনও কখনও ব্যবহারিক কাজের ক্ষেত্রে ব্যতীত। এ ধরনের ঋণ দেওয়া উচিত।

- প্রথম ডিগ্রীর জন্য তিন বছর জড়িত করা হবে।

- পরীক্ষায় সাফল্যের জন্য মানগুলি যতদূর সম্ভব, চারটি বিভিন্ন বিশ্ববিদ্যালয়ে অভিন্ন হওয়া উচিত এবং এটি উত্থাপন করা উচিত। আমরা পরামর্শ দিচ্ছি যে একজন প্রার্থীকে প্রথম শ্রেণীর জন্য ৭০ শতাংশ বা তার বেশি নম্বর পেতে হবে, দ্বিতীয় শ্রেণির জন্য ৫৫ শতাংশ থেকে ৬৯ শতাংশ এবং তৃতীয় শ্রেণির জন্য কমপক্ষে ৪০ শতাংশ নম্বর পেতে হবে।

VI) শিক্ষার মাধ্যম

1. ফেডারেল ভাষাগুলি বিভিন্ন উৎস থেকে শব্দগুলির আত্মীকরণের মাধ্যমে বিকশিত হওয়া উচিত এবং বিভিন্ন উৎস থেকে ইতিমধ্যে ভারতীয় ভাষায় প্রবেশ করা শব্দগুলি ধরে রাখা উচিত, যার ফলে একচেটিয়াতার নাচগুলি এড়ানো যায়।

2. আন্তর্জাতিক প্রযুক্তিগত এবং বৈজ্ঞানিক পরিভাষা গ্রহণ করা হবে, ধার করা শব্দগুলি সঠিকভাবে আত্মস্থ করা হবে, তাদের উচ্চারণটি ভারতীয় ভাষার ধ্বনিগত সিস্টেমে গ্রহণ করা হবে, তাদের বানানটি ভারতীয় স্ক্রিপ্টগুলির শব্দ প্রতীক অনুসারে স্থির করা হবে।

3. উচ্চশিক্ষার জন্য শিক্ষার মাধ্যমের জন্য, ইংরেজিকে যত তাড়াতাড়ি সম্ভব একটি ভারতীয় ভাষা দ্বারা প্রতিস্থাপিত করা উচিত যা গুরুত্বপূর্ণ সমস্যার কারণে সংস্কৃত হতে পারে না।

4. উচ্চ মাধ্যমিক এবং বিশ্ববিদ্যালয় পর্যায়ে ছাত্রদের আঞ্চলিক ভাষা, ফেডারেল ভাষা তিনটি ভাষা সঙ্গে কথোপকথন করা উচিত। এবং ইংরেজি (ইংরেজিতে বই পড়ার ক্ষমতা অর্জনের জন্য সর্বশেষ এক); এবং (ii) উচ্চ শিক্ষা আঞ্চলিক ভাষার যন্ত্রের মাধ্যমে প্রদান করা হবে এবং কিছু বিষয়ের জন্য বা সমস্ত বিষয়ের জন্য শিক্ষার মাধ্যম হিসাবে ফেডারেল ভাষা ব্যবহার করার বিকল্প রয়েছে।

5. ফেডারেল ভাষা এক স্ক্রিপ্ট জন্য, Devnagri ফেডারেল এবং আঞ্চলিক ভাষা হতে।

VII) ছাত্র তাদের কার্যক্রম এবং কল্যাণ

সকল শিক্ষার্থী, পুরুষ ও মহিলাদের জন্য দুই বছরের শারীরিক শিক্ষার প্রয়োজন হবে, যারা শারীরিকভাবে ঐক্যবদ্ধ বা যারা জাতীয় ক্যাডেট কর্পসে রয়েছে তাদের ব্যতীত।

- চার বা পাঁচটি ব্লকের জন্য কমন রুম এবং ডাইনিং হলসহ প্রতি ব্লকে পঞ্চাশের বেশি শিক্ষার্থীর ব্লকগুলিতে হোস্টেল তৈরি করা হবে।
- বিশ্ববিদ্যালয় ইউনিয়নগুলিকে রাজনৈতিক ক্রিয়াকলাপ থেকে যতটা সম্ভব মুক্ত হতে হবে। বিশ্ববিদ্যালয়ে ছাত্র কল্যাণের একটি উপদেষ্টা বোর্ডের আয়োজন করা উচিত যার এমন কোনও সংস্থা নেই।

VIII) নারী শিক্ষা

নারী শিক্ষার গুরুত্ব সম্পর্কে কমিশন পর্যবেক্ষণ করেছে, নারী শিক্ষা ছাড়া শিক্ষিত মানুষ থাকতে পারে না। যদি সাধারণ শিক্ষা পুরুষ বা মহিলাদের মধ্যে সীমাবদ্ধ রাখতে হয় তবে মহিলাদের সুযোগ দেওয়া উচিত, তাদের কাছ থেকে এটি আরও নিশ্চিতভাবে পরবর্তী প্রজন্মের কাছে প্রেরণ করা হবে, কমিশন আরও পর্যবেক্ষণ করেছে, এটি উপলব্ধি করার সময় এসেছে যে সর্বোত্তম পারিবারিক সম্পর্কগুলি এমন একজন পুরুষ ও মহিলার সমিতি থেকে উদ্ভূত হয়, যার মধ্যে অনেক সম্পর্ক রয়েছে এমন একজন পুরুষ ও মহিলার সমিতি থেকে ফলাফল যা তাদের বেশিরভাগ শিক্ষা পেয়েছে। সাধারণ কিন্তু যাদের প্রত্যেকেই তার নিজের প্রকৃতি অনুযায়ী বিকশিত হয়েছে এবং অনুকরণে নয়। একজন মহিলার হোম ম্যানেজমেন্টের সমস্যা এবং এগুলি পূরণের জন্য উন্নত দক্ষতার সাথে পরিচিত হওয়া উচিত। তাদের একটি বেবি হোম এবং নার্সারি স্কুল ইত্যাদিতে ল্যাবরেটরি অভিজ্ঞতা প্রদান করা উচিত। মহিলাদের জন্য অধ্যয়নের বিশেষ কোর্সঃ এগুলি হোম অর্থনীতি, নার্সিং শিক্ষাদান চারুকলা। সাধারণভাবে মহিলা শিক্ষার্থীদের

নাগরিক এবং মহিলা উভয় হিসাবে একটি স্বাভাবিক সমাজে তাদের স্বাভাবিক স্থান দেখতে এবং এর জন্য প্রস্তুত হতে সহায়তা করা উচিত। কলেজের প্রোগ্রামগুলি এমনভাবে ডিজাইন করা উচিত যাতে তাদের পক্ষে এটি করা সম্ভব হয়। কলেজে পুরুষদের পক্ষ থেকে সৌজন্য এবং সামাজিক দায়বদ্ধতার মানদণ্ডের উপর জোর দেওয়া উচিত।

IX) সংবিধান ও নিয়ন্ত্রণ

বিশ্ববিদ্যালয়ের শিক্ষাকে সমসাময়িক তালিকায় রাখা হয়েছে। বিশ্ববিদ্যালয়গুলির সাথে কেন্দ্রীয় সরকারের উদ্বেগের বিষয় হল জাতীয় নীতি গ্রহণ, দক্ষ প্রশাসনের ন্যূনতম মান নিশ্চিত করা এবং বিশ্ববিদ্যালয় এবং জাতি গবেষণা গবেষণাগার এবং বৈজ্ঞানিক জরিপ ইত্যাদির মধ্যে যোগাযোগের ক্ষেত্রে সুবিধাগুলির আর্থিক সমন্বয়। কমিশন পর্যবেক্ষণ করেছে যে সম্পদসংকটের কারণে বিশ্ববিদ্যালয়গুলি যথাযথ সংস্কার বাস্তবায়ন করতে সক্ষম হচ্ছে না। এই বিষয়ে এটি নিম্নলিখিত সুপারিশগুলি তৈরি করেছে;

- বিশ্ববিদ্যালয়কে অর্থ বরাদ্দের জন্য একটি বিশ্ববিদ্যালয় মঞ্জুরি কমিশন গঠন করতে হবে।
- রাজ্য সরকারের উচিত বিশ্ববিদ্যালয়ের শিক্ষার বড় ভার বহন করা।
- বেসরকারী কলেজগুলিকে পুনরাবৃত্ত এবং অ-পুনরাবৃত্তিমূলক অনুদান দেওয়া উচিত। অনুদান দেওয়ার জন্য নির্দিষ্ট নিয়ম তৈরি করতে হবে।
- যে ব্যক্তি এবং সংস্থাগুলি বিশ্ববিদ্যালয়কে আর্থিক সহায়তা দিয়েছে তাদের আয়কর ছাড় দেওয়া যেতে পারে।

উপসংহারঃ

বিশ্ববিদ্যালয় শিক্ষা কমিশনের (১৯৪৭-৪৮) রিপোর্ট মূল্যায়ন করার সময় মনে রাখা যেতে পারে যে প্রতিবেদনটি ভারতের সংবিধান চূড়ান্ত হওয়ার আগে খসড়া এবং প্রকাশিত হয়েছিল। এবং 26 এ তার উদ্বোধন[th] জানুয়ারী 1950। সুতরাং, এটা স্বাভাবিক যে সমাজতন্ত্র, ধর্মনিরপেক্ষতা, জাতীয় ও মানসিক সংহতি, এবং মৌলিক আটটির মতো কিছু গুরুত্বপূর্ণ বিষয় এবং পদগুলি প্রতিবেদনে উল্লেখ এবং সেই অনুযায়ী তাদের প্রভাব খুঁজে পায় না। কমিশনের প্রতিবেদনটি অত্যন্ত গুরুত্বপূর্ণ নথি কারণ এটি স্বাধীনতার পর থেকে ভারতে বিশ্ববিদ্যালয়ের শিক্ষার বিকাশকে নির্দেশ করেছে। প্রথম উদাহরণে আমরা সুপারিশগুলির দার্শনিক এবং সামাজিক দিকগুলি গ্রহণ করি। এটি সুপারিশের জ্ঞান সংশ্লেষণের জন্য যথাযথ মনোযোগ দিয়েছিল। এটি পূর্ব ও পশ্চিম এবং প্রাচীন ও আধুনিকের জ্ঞান ও প্রজ্ঞা সংশ্লেষণের জন্য যথাযথ মনোযোগ দিয়েছিল।

মুদালিয়র কমিশন/মাধ্যামিক শিক্ষা কমিশন (১৯৫২-৫৩)

মুদালিয়ার কমিশন নামে পরিচিত মাধ্যমিক শিক্ষা কমিশন বর্তমান শিক্ষা ব্যবস্থায় পরিবর্তন আনতে এবং জাতির জন্য এটি আরও ভাল করার জন্য তাদের রেজোলিউশনের পরিপ্রেক্ষিতে ভারত সরকার কর্তৃক নিযুক্ত করা হয়েছিল। ডঃ এ লক্ষ্মণস্বামী মুদালিয়ার মাদ্রাজ বিশ্ববিদ্যালয়ের ভাইস-চ্যান্সেলর ছিলেন। স্বাধীনতার পর ভারতের শিক্ষা ব্যবস্থায় পরিবর্তন প্রয়োজন ছিল। ভারতে মাধ্যমিক বিদ্যালয়ের সংখ্যা বাড়ছে, মাধ্যমিক বিদ্যালয়ের শিক্ষার্থীদের যত্ন নেওয়া খুব প্রয়োজন ছিল।

মুদালিয়ার কমিশন গঠিত হয়েছিল

- নিয়োগ - সরকার কর্তৃক নিযুক্ত। ১৯৫২ সালের ২৩ শে সেপ্টেম্বর সিএবিই-র সুপারিশে ভারতের
- চেয়ারম্যান - ডঃ লক্ষ্মণ স্বামী মুদালিয়ার
- সচিব - এ এন বসু
- সদস্য সচিব - প্রিন্সিপাল মেম্বার সেক্রেটারি, এ এন বসু, সেন্ট্রাল ইনস্টিটিউট অফ এডুকেশন, দিল্লি।
- সহকারী সচিব- ড. এস.M সহকারী ধারি, শিক্ষা মন্ত্রণালয়ের শিক্ষা কর্মকর্তা সহ সাত জন সদস্য।
- প্রতিবেদন - ২৯ শে আগস্ট, ১৯৫৩ তারিখে জমা দেওয়া হয়েছে, প্রায় ২৪০ থেকে ২৫০ পৃষ্ঠার ১৫ টি অধ্যায়

মুদালিয়ার কমিশনের টার্মস অফ রেফারেন্স

- সেন্ট্রাল অ্যাডভাইজরি বোর্ড অফ এডুকেশনের প্রস্তাব গ্রহণ করার পর, ভারত সরকার, ২৩ সেপ্টেম্বর ১৯৫২ সালে মাধ্যমিক শিক্ষা নিয়োগ করে।
- কাজের ক্ষেত্র এবং তদন্ত - কমিশন ছিল
- ভারতে মাধ্যমিক শিক্ষার বর্তমান অবস্থান সম্পর্কে অনুসন্ধান এবং প্রতিবেদন করা।

কমিশনের লক্ষ্য

1. মাধ্যমিক শিক্ষার সমস্যাগুলি অনুসন্ধান করা
2. বিশেষ রেফারেন্স সহ তার পুনরায় সংগঠন এবং উন্নতির জন্য ব্যবস্থাগুলির পরামর্শ দেওয়া
3. মাধ্যমিক শিক্ষার লক্ষ্য, সংগঠন এবং বিষয়বস্তু এবং
4. প্রাথমিক ও উচ্চ শিক্ষার সাথে এর সম্পর্ক

এর পুনর্গঠনের জন্য এবং বিশেষ ভাবে উল্লেখ করে পদক্ষেপগুলির পরামর্শ দিনঃ

- প্রাথমিক, প্রাথমিক ও উচ্চ শিক্ষার সঙ্গে এর সম্পর্ক।
- শিক্ষার লক্ষ্য, সংগঠন এবং বিষয়বস্তু।
- মাধ্যমিক বিদ্যালয় এবং বিভিন্ন ধরনের আন্তঃসম্পর্ক
- অন্যান্য মিত্র সমস্যা যাতে আমাদের চাহিদা ও সম্পদের জন্য উপযুক্ত মাধ্যমিক শিক্ষার একটি সাউন্ড এবং যুক্তিসঙ্গতভাবে অভিন্ন ব্যবস্থা সমগ্র দেশের জন্য সরবরাহ করা যেতে পারে।

মুদালিয়ার কমিশনের সুপারিশ

সুপারিশগুলি হলঃ 1. মাধ্যমিক শিক্ষার সাংগঠনিক প্যাটার্ন 2। Organization of Secondary School Curriculum ৩। টেক্সট বই ৪। ৫. শিক্ষার পদ্ধতি। শৃঙ্খলা ৬। ৭. ধর্মীয় ও নৈতিক শিক্ষা। গাইডেন্স এবং কাউন্সেলিং ৪। তত্ত্বাবধান এবং পরিদর্শন।

1. মাধ্যমিক শিক্ষার নতুন সাংগঠনিক প্যাটার্ন

- মাধ্যমিক শিক্ষা সাত বছরের হতে হবে।
- এটি 11 থেকে 17 বছর বয়সী শিশুদের জন্য হওয়া উচিত।
- এটি ইন্টারমিডিয়েট কলেজ শেষ করার এবং মাধ্যমিক বিদ্যালয়ের সাথে একাদশ শ্রেণি এবং বি.এ এর সাথে দ্বাদশ শ্রেণিকে একীভূত করার পরামর্শ দিয়েছে।
- মাধ্যমিক শিক্ষাকে দুই ভাগে ভাগ করেছে কমিশন।

কমিশন শিক্ষার সমস্যা সম্পর্কিত প্রশ্নাবলী সম্পর্কিত একটি প্রশ্নাবলী তৈরি করে বিভিন্ন শিক্ষা প্রতিষ্ঠানে প্রেরণ করে। তাদের উত্তরের ভিত্তিতে কমিশন ২৪৪ পৃষ্ঠার একটি প্রতিবেদন তৈরি করেছিল যা ১৯৫৩ সালের ২৯ শে আগস্ট ১৪/১৫ অধ্যায়গুলিতে বিভক্ত করা হয়েছিল এবং উপস্থাপন করা হয়েছিল।

মাধ্যমিক শিক্ষার ক্রটি

1. বিষয়বস্তুতে বুকিশ
2. পরীক্ষা ওরিয়েন্টেড
3. কোন গুণগত উন্নয়ন নেই
4. একতরফা এবং কোনও বৈচিত্র্য নেই
5. শিক্ষক ও শিক্ষার্থীর মধ্যে ঘনিষ্ঠ যোগাযোগের কোন সুযোগ নেই
6. ভালো শিক্ষকের অভাব
7. খেলাধুলা এবং বিনোদনের জন্য কোনও উপযুক্ত সুবিধা নেই

মাধ্যমিক শিক্ষার লক্ষ্য

- গণতান্ত্রিক নাগরিকত্বের উন্নয়ন।
- জীবনযাত্রার শিল্পে দীক্ষা।
- ব্যক্তিত্বের বিকাশ।
- বৃত্তিমূলক দক্ষতার উন্নতি।
- নেতৃত্বের জন্য শিক্ষা।
- সত্যিকারের দেশপ্রেমের বিকাশ।
- ডিগ্রি কোর্স হতে হবে তিন বছরের।
- উচ্চ বিদ্যালয়ের শিক্ষার্থীদের বিশ্ববিদ্যালয়ে প্রবেশের জন্য এক বছরের প্রাক-বিশ্ববিদ্যালয় কোর্স।
- প্রাক-বিশ্ববিদ্যালয় পাস করা শিক্ষার্থীদের পেশাদারকোর্সে প্রবেশের অনুমতি দেওয়া উচিত।

- শিক্ষার্থীদের বিভিন্ন দক্ষতার যত্ন নেওয়ার জন্য বহুমুখী বিদ্যালয় স্থাপন করা উচিত।
- কারিগরি শিক্ষা- কেন্দ্রীয় কারিগরি প্রতিষ্ঠানগুলির পাশাপাশি প্রচুর সংখ্যক স্কুল খোলা উচিত।
- এ ধরনের প্রতিষ্ঠান কারখানাগুলোর কাছে খুলে দিতে হবে, যাতে শিক্ষার্থীরা প্র্যাকটিক্যাল ট্রেনিং নিতে পারে।
- কারিগরি শিক্ষার অর্থায়নের জন্য শিল্পশিক্ষা সেস শিল্পের উপর আরোপ করা উচিত।
- অন্যান্য ধরনের স্কুল পাবলিক স্কুলগুলিকে ৫ বছর পরে মাধ্যমিক বিদ্যালয় হিসাবে পুনর্গঠন করা উচিত।
- ছেলে ও মেয়েদের সহ-শিক্ষার মাধ্যমে একই শিক্ষার ব্যবস্থা করতে হবে তবে মেয়েদের জন্য হোম সায়েন্স শিক্ষার ব্যবস্থা থাকতে হবে।
- যে সব এলাকায় প্রয়োজন সেখানে মেয়েদের স্কুল খুলে দিতে হবে।

2. পাঠ্যক্রম

- কমিশন নমনীয় পাঠ্যক্রমকে সমর্থন করে যা শিক্ষার্থীদের আগ্রহ, প্রয়োজন এবং জীবনের সাথে সম্পর্কিত হতে পারে
- এটি এমন হওয়া উচিত যে এটি শিক্ষার্থীদের কাজ এবং অবসর উভয়ের জন্য প্রশিক্ষণ দিতে পারে।
- উৎপাদনশীল কাজের গুরুত্ব দিতে হবে।
- এর মধ্যে তাত্ত্বিক জ্ঞানের পাশাপাশি ব্যবহারিক জ্ঞান অন্তর্ভুক্ত করা উচিত।
- **উচ্চ মাধ্যমিক পর্যায়ের জন্য বিষয়সমূহ**

বাধ্যতামূলক

1. মাতৃভাষা বা আঞ্চলিক ভাষা
2. হিন্দি থেকে অন্য একটি ভাষা, প্রাথমিক ইংরেজি, উন্নত ইংরেজি, আধুনিক ভারতীয় ভাষা, আধুনিক বিদেশী ভাষা, প্রাচীন ভাষা

1. ক) সামাজিক গবেষণাস
2. খ) বিজ্ঞান
3. গ) Craft

ঐচ্ছিকঃ
গ্রুপগুলির যে কোনও একটি থেকে যে কোনও 3 টি বিষয়

- গ্রুপ ১ মানবিক
- গ্রুপ ২ বিজ্ঞান

- গ্রুপ 3 প্রযুক্তিগত বিষয়
- গ্রুপ 4 বাণিজ্যিক বিষয়
- গ্রুপ ৫ কৃষি
- গ্রুপ 6 ফাইন আর্টস
- গ্রুপ ৭ বিজ্ঞান

3. পাঠ্যক্রমের জন্য বিষয়

জুনিয়র হাই স্কুল - ভাষা, সামাজিক অধ্যয়ন, সাধারণ বিজ্ঞান, গণিত, শিল্প ও নৈপুণ্য, সঙ্গীত, শারীরিক শিক্ষা।

মাধ্যমিক শিক্ষা - কোর্সের বৈচিত্র্য আনা হয়েছে। হিন্দি, সামাজিক বিজ্ঞান, গণিত এবং একটি নৈপুণ্যের মতো কিছু মূল বিষয় রয়েছে যা প্রতিটি শিক্ষার্থীকে অধ্যয়ন করতে হয়। এর পাশাপাশি মানবিক, বিজ্ঞান, প্রযুক্তিগত বিষয়, বাণিজ্য, কৃষি, চারুকলা এবং হোম সায়েন্সের মতো সাতটি গ্রুপে শ্রেণিবদ্ধ কিছু ঐচ্ছিক বিষয় রয়েছে।

4. ভাষা অধ্যয়ন

- হিন্দিকে জাতীয় ভাষা হিসেবে গ্রহণ করা হয়েছে।
- সরকারি পরিষেবার জন্য হিন্দি বাধ্যতামূলক।
- মাধ্যমিক স্তরের জন্য ইংরেজি বাধ্যতামূলক।
- সংস্কৃতকে একটি তৃতীয় ভাষা হিসাবেও অন্তর্ভুক্ত করা হয়েছে যা ঐচ্ছিক।

5. শিক্ষার মাধ্যম

- শিক্ষার মাধ্যম হতে হবে মাতৃভাষা বা আঞ্চলিক ভাষা।
- মাতৃভাষা ও আঞ্চলিক ভাষার পাশাপাশি জাতীয় ভাষা এবং একটি বিদেশী ভাষাও শেখাতে হবে।

6. পাঠ্যপুস্তক

- পাঠ্যপুস্তকগুলি খুব সাবধানে নির্বাচন করা উচিত। নির্বাচন ও সংস্কারের জন্য একটি কমিটি থাকা উচিত।
- বইয়ের মুদ্রণ, প্রচ্ছদ এবং প্রথম পৃষ্ঠার জন্য একটি নির্দিষ্ট মান থাকতে হবে।
- এমন কোনও বই থাকা উচিত নয় যা কোনও সম্প্রদায়, ধর্ম বা সামাজিক রীতিনীতির বিরুদ্ধে ঘৃণা, অনৈক্য ছড়িয়ে দেয়।
- একটি বিষয়ের জন্য একাধিক পাঠ্যপুস্তক থাকা উচিত।

7. শিক্ষণ পদ্ধতি

- শিক্ষার্থীদের নৈতিক, সামাজিক ও মানসিক বিকাশের প্রয়োজন অনুযায়ী শিক্ষাদান পদ্ধতি গ্রহণ করতে হবে।
- শিক্ষাদান পদ্ধতি টি ক্রিয়াকলাপ ভিত্তিক হতে হবে। এটি মৌখিকতা এবং স্মৃতিচারণের উপর জোর দেওয়া উচিত নয়।
- প্রতিটি বিষয়ে বিভিন্ন ধরণের অভিব্যক্তির কাজ অন্তর্ভুক্ত করা উচিত।
- শিক্ষাদান পদ্ধতি এমনভাবে গ্রহণ করা উচিত যাতে এটি পৃথক পার্থক্যের যত্ন নেয়।
- পরীক্ষামূলক এবং প্রদর্শন পদ্ধতির উপর আরও জোর দেওয়া উচিত।

৪. স্কুলে লাইব্রেরির স্থান

- গ্রন্থাগারগুলিকে একটি বুদ্ধিবৃত্তিক পরীক্ষাগারের একটি ফর্ম দেওয়া উচিত। এবং এটি ব্যক্তিগত এবং গোষ্ঠীগত কাজ, সাহিত্যিক আগ্রহ এবং সহ-পাঠ্যক্রমিক ক্রিয়াকলাপগুলি সম্পন্ন করতে সহায়তা করা উচিত।
- লাইব্রেরিগুলিকে শিক্ষার্থীদের জন্য সবচেয়ে আকর্ষণীয় জায়গা হিসাবে গড়ে তুলতে হবে।
- বই এবং ম্যাগাজিনগুলি শিক্ষক ও শিক্ষার্থীদের প্রয়োজন এবং আগ্রহ অনুযায়ী হওয়া উচিত।
- গ্রন্থাগারগুলিতে একজন প্রশিক্ষিত গ্রন্থাগারিক থাকতে হবে।
- ছুটির দিনগুলিতেও গ্রন্থাগারগুলি খোলা থাকা উচিত যাতে শিক্ষার্থী এবং সমাজ তাদের কাছ থেকে উপকৃত হতে পারে।

৯. চরিত্রের শিক্ষা

- স্কুল একটি ছোট সমাজ এবং শিক্ষার্থীদের মূল্যবোধ, দৃষ্টিভঙ্গি, ফর্ম জাতীয় গুরুত্বের দৃষ্টিকোণ থেকে গুরুত্বপূর্ণ। সুতরাং, তাদের সেই অনুযায়ী প্রশিক্ষণ দেওয়া উচিত।
- সর্বোত্তম শৃঙ্খলার জন্য শিক্ষক ও শিক্ষার্থীদের মধ্যে ঘনিষ্ঠ সম্পর্ক থাকতে হবে।
- হাউস সিস্টেম দ্বারা পরিচালিত স্কুলে স্বায়ত্তশাসন থাকতে হবে, প্রিফেক্টস, মনিটর এবং ছাত্র কাউন্সিলকে গুরুত্বপূর্ণ স্থান দিতে হবে।
- কো-কারিকুলার কার্যক্রমকে উৎসাহিত করতে হবে এবং স্কুল শিক্ষায় পাঠ্যক্রম বহির্ভূত কার্যক্রমও অন্তর্ভুক্ত করতে হবে।
- এনসিসি, স্কাউট ক্যাম্পকে উৎসাহিত করতে হবে।
- প্রাথমিক চিকিৎসা ও জুনিয়র রেড ক্রসের কাজকে উৎসাহিত করতে হবে।
- শিক্ষার্থীদের জন্য আচরণবিধি তৈরি ও বজায় রাখতে হবে।

১০. শিক্ষায় দিকনির্দেশনা

- শিক্ষা, ব্যক্তিগত এবং বৃত্তিমূলক দিকনির্দেশনার জন্য স্কুলগুলিতে গাইডেন্স অফিসার এবং ক্যারিয়ার মাস্টার্স নিয়োগ করা উচিত।
- ফিল্ম শো, বিভিন্ন শিল্প সম্পর্কিত ভ্রমণের ব্যবস্থা থাকতে হবে।

11. শিক্ষার্থীদের শারীরিক কল্যাণ

- প্রতিটি রাজ্যে স্কুল মেডিকেল সার্ভিস থাকতে হবে।
- স্কুলের প্রত্যেক পড়ুয়ার নিয়মিত স্বাস্থ্য পরীক্ষার ব্যবস্থা রাখতে হবে।
- প্রত্যেক শিক্ষার্থীর স্বাস্থ্য প্রতিবেদন তৈরি করতে হবে এবং ডাক্তার, বাবা-মা এবং ক্লাস টিচারকে এর একটি কপি রাখতে হবে।
- হোস্টেল এবং আবাসিক বিদ্যালয়ে সুষম ও পুষ্টিকর খাদ্যের ব্যবস্থা থাকতে হবে।
- শারীরশিক্ষার শিক্ষকদের বিষয় শিক্ষকদের মতো সমানভাবে বিবেচনা করা উচিত।
- জাতীয় পর্যায়ে ফিজিক্যাল এডুকেশন ট্রেনিং সেন্টার চালু করতে হবে।
- শিক্ষার্থীদের শারীরিক ক্রিয়াকলাপের সম্পূর্ণ রেকর্ড থাকতে হবে।

12. পরীক্ষা এবং মূল্যায়ন

- বাহ্যিক পরীক্ষার সংখ্যা কমাতে হবে।
- সিলেবাস শেষ হওয়ার পরে কেবল একটি পাবলিক পরীক্ষা হওয়া উচিত।
- প্রশ্নগুলি বস্তুনিষ্ঠ হওয়া উচিত এবং বিষয়গত উপাদানগুলি হ্রাস করা উচিত।
- প্রশ্নগুলি সম্পূর্ণ সিলেবাসের উপর ভিত্তি করে হওয়া উচিত।
- পরীক্ষকদের সাবধানে নির্বাচন করতে হবে।
- শিক্ষার্থীদের কাজের মূল্যায়ন করার সময়, অভ্যন্তরীণ পরীক্ষা, পর্যায়ক্রমিক পরীক্ষা এবং স্কুল রেকর্ডগুলিও বিবেচনা করা উচিত।
- শিক্ষার্থীদের 5-পয়েন্ট স্কেলে মূল্যায়ন করা উচিত, যেখানে A পার্থক্য, বি ক্রেডিট, সি পাস, ডি এবং ই ব্যর্থ বা পুনরায় পরীক্ষা।
- একটি বিষয়ের জন্য একটি কম্পার্টমেন্টাল পরীক্ষার জন্য কম্পার্টমেন্টাল পরীক্ষার ব্যবস্থা থাকতে হবে।

13. শিক্ষকের অবস্থার উন্নতি

- শিক্ষক নির্বাচন ও নিয়োগের পদ্ধতি সারা দেশে অভিন্ন হওয়া উচিত।
- প্রশিক্ষিত শিক্ষকদের প্রবেশনের সময়কাল এক বছর হওয়া উচিত।
- মাধ্যমিক বিদ্যালয়ের শিক্ষকদের প্রশিক্ষিত হতে হবে স্নাতক এবং উচ্চ মাধ্যমিক বিদ্যালয়ের শিক্ষকদের প্রশিক্ষণপ্রাপ্ত স্নাতকোত্তর হতে হবে।
- যে সব শিক্ষক সমান যোগ্যতাসম্পন্ন, তাঁদের সারা দেশে সমান বেতন দিতে হবে।
- শিক্ষকদের জন্য ট্রিপল বেনিফিট স্কিম থাকা উচিত যার মধ্যে রয়েছে পেনশন, প্রভিডেন্ট ফান্ড এবং জীবন বীমা।
- শিক্ষকদের অভিযোগ সমাধানের জন্য সালিশি বোর্ড থাকা উচিত।
- শিক্ষকদের অবসরের বয়স হতে হবে ৬০ বছর।
- টিচার্স ওয়ার্ডকে স্কুলে বিনামূল্যে পড়াশোনা করতে হবে।

- শিক্ষকদের আবাসিক ও চিকিৎসা সুবিধা, পড়াশোনার ছুটি, ভ্রমণ ভাতা ইত্যাদি দিতে হবে।
- প্রাইভেট টিউশন নিষিদ্ধ করতে হবে।
- তাদের সামাজিক মর্যাদা উন্নত করার জন্য, শিক্ষকদের সময়ে সময়ে সম্মানিত করা উচিত।

14. শিক্ষকের প্রশিক্ষণ

- উচ্চ মাধ্যমিক শিক্ষকদের দুই বছরের প্রশিক্ষণ দিতে হবে এবং স্নাতকদের এক বছরের প্রশিক্ষণ দিতে হবে।
- ছাত্র শিক্ষকদের এক বা একাধিক অতিরিক্ত পাঠ্যক্রমের ক্রিয়াকলাপে প্রশিক্ষণ দেওয়া উচিত।
- প্রশিক্ষণ কলেজগুলিতে রিফ্রেশার কোর্স এবং ব্যবহারিক প্রশিক্ষণ এবং কর্মশালার ব্যবস্থা থাকতে হবে।
- প্রশিক্ষণ কলেজগুলি ছাত্র শিক্ষকদের কাছ থেকে যে কোনও ফি নিতে হবে। রাষ্ট্রকে উপবৃত্তি প্রদান করতে হবে।
- প্রশিক্ষণ কলেজগুলিতে হোস্টেল থাকতে হবে।
- যে সকল শিক্ষকের তিন বছরের শিক্ষকতার অভিজ্ঞতা রয়েছে, তাদের কেবলমাত্র বছরের শিক্ষকতার অভিজ্ঞতা থাকলেই এম.এড-এর জন্য যোগ্য হতে হবে।

15. প্রশাসন

- শিক্ষামন্ত্রীর সঙ্গে সরাসরি যোগাযোগ রাখতে হবে শিক্ষা অধিকর্তাকে।
- শিক্ষা পরিদর্শন ও সমন্বয়ের জন্য ২৫ সদস্যের একটি বোর্ড থাকতে হবে।
- সেন্ট্রাল অ্যাডভাইজরি বোর্ড অফ এডুকেশনকে জাতীয় স্তরে শিক্ষার সমস্যা সমাধানের সমন্বয়ক হিসাবে কাজ করতে হবে।
- স্কুল পরিদর্শকদের জন্য আবেদন করার জন্য স্কুল আবেদন করার জন্য যোগ্যতার মানদণ্ড হওয়া উচিত -
- ১০ বছরের শিক্ষকতার অভিজ্ঞতা।
- উচ্চ বিদ্যালয়ের প্রধান শিক্ষকগণ। উচ্চ বিদ্যালয়ের প্রধান শিক্ষকগণ।
- প্রশিক্ষণ কলেজগুলির দক্ষ শিক্ষক।
- স্কুলকে তখনই স্বীকৃতি দেওয়া উচিত যখন তারা সমস্ত শর্ত পূরণ করবে।
- গ্রামাঞ্চলে, স্কুলগুলি আশেপাশের গ্রামের মানুষের নাগালের মধ্যে থাকা উচিত।
- প্রতিটি শ্রেণিকক্ষে ৩০-৪০ জন শিক্ষার্থীর থাকার ক্ষমতা থাকতে হবে।
- প্রতিটি স্কুলে কো-অপারেটিভ স্টোর থাকা উচিত যাতে শিক্ষার্থীরা প্রয়োজনীয় জিনিস গুলি পেতে পারে।
- বিদ্যালয়ে বছরে কমপক্ষে ২০০ দিন কাজ করা উচিত এবং প্রতি সপ্তাহে ৩৫ টি পিরিয়ড পড়ানোর কাজ করা উচিত।
- গ্রীষ্মে কমপক্ষে ২ মাসির ছুটি এবং শীতকালে ১০-১৫ দিন ছুটি থাকতে হবে।

16. অর্থ ব্যবস্থা

- কারিগরি ও বৃত্তিমূলক শিক্ষার জন্য মাধ্যমিক স্তরে, শিল্প শিক্ষা সেস আরোপ করা উচিত।
- রেল, টেলিযোগাযোগ ও ডাক থেকে আয়ের কিছু অংশ কারিগরি শিক্ষার উন্নয়নে ব্যয় করতে হবে। মাধ্যমিক শিক্ষার উন্নয়ন তহবিলের উপর আয়কর আরোপ করা উচিত নয়।

এর গুণাগুণ মুদালিয়ার কমিশন

- কমিশনের যোগ্যতা
- ক্রিয়াকলাপ ভিত্তিক শিক্ষা।
- কৃষি শিক্ষার উপর জোর।
- মাধ্যমিক শিক্ষার লক্ষ্য নিয়ে আলোচনা।
- শিশুকেন্দ্রিক শিক্ষা।
- শিক্ষকের বেতন ও পদে উন্নতি।
- সহ-পাঠ্যক্রমিক ক্রিয়াকলাপ।
- বাহ্যিক পরীক্ষার উপর আর চাপ নেই।
- বহুমুখী স্কুলগুলির উপর জোর।
- শিল্পের কাছাকাছি প্রযুক্তিগত স্কুল খোলার পরামর্শ।

মুদালিয়ার কমিশনের অপকারিতা

- পরামর্শগুলি তাড়াহুড়ো করে দেওয়া হয়, তাই সমস্যাগুলি এখনও রয়েছে।
- শিক্ষকদের সামাজিক ও অর্থনৈতিক অবস্থার উন্নতি সম্পর্কে কোনও নতুন বিবৃতি নেই।
- নারী শিক্ষা নিয়ে কোনো পরামর্শ নেই।
- এখনও ইংরেজির উপর জোর দিন।

ভারতীয় শিক্ষা কমিশন বা কোঠারি কমিশন (১৯৬৪-৬৬)

এই প্রবন্ধে, আমরা কোঠারি শিক্ষা কমিশন, 1964-66 সম্পর্কে আলোচনা করব, যা ভারতে কমিশনের ইতিহাসে ষষ্ঠ কমিশন ছিল।

স্বাধীনতার পর শুরু হওয়া পঞ্চবার্ষিক পরিকল্পনা অনেক ক্ষেত্রে দেশের উন্নয়নে সহায়তা করেছিল। যাইহোক, এই পরিকল্পনাগুলির বাস্তবায়ন অন্তর্নিহিত দুর্বলতা প্রকাশ করে যার কারণে প্রত্যাশিত সাফল্য অর্জন করা যাচ্ছিল না। শিক্ষা এমন একটি ক্ষেত্র বলে মনে হয়েছিল যা অনেকগুলি সমস্যাকে নির্দেশ করে যা তাত্ক্ষণিক সমাধানের জন্য আমাদের প্রচেষ্টার প্রয়োজন ছিল। সরকার পরিস্থিতি সম্পর্কে পুরোপুরি অবগত ছিল। শিক্ষার উন্নতির জন্য সরকার স্বাধীনতার পর দুটি কমিশন গঠন করে।

এই দুটি কমিশনের সুপারিশগুলি এর সম্পূর্ণ বাস্তবায়নে সফল হতে পারেনি। ফলস্বরূপ, শিক্ষার ক্ষেত্রে ত্রুটিগুলি অব্যাহত ছিল। থিসিসের ত্রুটিগুলি দূর করার জন্য, সরকারকে একটি নতুন শিক্ষা

কমিশন নিয়োগ করতে হয়েছিল যা সরকারকে শিক্ষার জাতীয় প্যাটার্নের বিষয়ে পরামর্শ দেওয়ার পাশাপাশি সমস্ত পর্যায়ে শিক্ষার বিকাশের জন্য সাধারণ নীতি এবং নীতিগুলির সাথে পরামর্শ দেয়।

এই নিবন্ধটি শিক্ষার বিভিন্ন দিক থেকে কোঠারি শিক্ষা কমিশনের সুপারিশগুলি নিয়ে আলোচনা করে।

নিয়োগ কোঠারি কমিশন

১৯৬৪ সালের ১৪ ই জুলাই তারিখে ভারত সরকারের একটি রেজোলিউশনের বিধানের অধীনে কমিশনটি নিযুক্ত করা হয়েছিল। এই কমিশনে ভারত ও বিদেশের বিভিন্ন ক্ষেত্রের বিশিষ্ট শিক্ষাবিদদের অন্তর্ভুক্ত করা হয়েছিল। এতে মোট ১৭ জন সদস্য ছিলেন, যেখানে ১৪ জন সদস্য, ১ জন সদস্য - সচিব, ১ জন সহযোগী - সচিব এবং যুক্তরাজ্যের চেয়ারম্যান ডঃ ডি.এস. কোঠারি, ইউ.জি.C চেয়ারম্যান, কমিশনের চেয়ারম্যান হিসাবে নিযুক্ত হন। সুতরাং, এটি কোঠারি কমিশন নামেও পরিচিত। কমিশনের সদস্যদের মধ্যে ৫ জন শিক্ষাবিদ ছিলেন ইংল্যান্ড, আমেরিকা, ফ্রান্স, জাপান ও রাশিয়ার। জে পি নায়েককে কমিশনের নম্বর সচিব এবং জে এফ ম্যাকডোগালকে সংশ্লিষ্ট সচিব হিসাবে নিযুক্ত করা হয়েছিল।

কোঠারি কমিশনের অনন্য বৈশিষ্ট্য

আমাদের জন্য এটি জানা গুরুত্বপূর্ণ যে এই কমিশনকে পূর্বের অন্যান্য কমিশন থেকে একটি অনন্য কমিশন তৈরি করেছে এমন বৈশিষ্ট্যগুলি।

শিক্ষা কমিশনের (১৯৬৪-৬৬) অনন্য বৈশিষ্ট্যগুলি হল:

1. এর আগের পাঁচটি কমিশনই সামগ্রিকভাবে শিক্ষা নিয়ে কাজ করেনি, বরং শিক্ষার বিভিন্ন স্তরের দিকে মনোনিবেশ করেছে। কিন্তু এই কমিশন তার তদন্তকে শিক্ষার নির্দিষ্ট ক্ষেত্র বা দিকগুলির মধ্যে সীমাবদ্ধ রাখার জন্য নয়, বরং সমগ্র শিক্ষা ব্যবস্থার একটি বিস্তৃত পর্যালোচনা করার জন্য ছিল।

2. কমিশনের আরেকটি অনন্য বৈশিষ্ট্য ছিল তার দৃঢ় বিশ্বাস যে শিক্ষা জাতীয় উন্নয়নের সবচেয়ে শক্তিশালী হাতিয়ার। জাতীয় উন্নয়নে শিক্ষার গুরুত্বপূর্ণ ভূমিকা প্রতিবেদনের প্রতিটি পৃষ্ঠায় তার সমস্ত প্রাণবন্ততার মধ্যে প্রদর্শিত হয়। এর আগে কখনও শিক্ষাকে জাতীয় সম্মানের এমন জায়গা দেওয়া হয়নি, এবং এর আগে কখনও এটি জাতীয় সম্মানের মূল ভিত্তি হিসাবে কল্পনা করা হয়নি, এবং এর আগে কখনও এটি জাতির অগ্রগতি এবং সমৃদ্ধির মূল ভিত্তি হিসাবে কল্পনা করা হয়নি যা কমিশনের প্রতিবেদনের পৃষ্ঠাগুলিতে প্রকাশিত হয়েছে।

3. কমিশনের আন্তর্জাতিক গঠনও উল্লেখযোগ্য। ভারতে শিক্ষা অবশ্যই ভারতীয় অভিজ্ঞতা থেকে উদ্ভূত হতে হবে, মাধ্যমে, সংস্কৃতি এবং স্থানীয় অবস্থার মাধ্যমে। কিন্তু যেহেতু শিক্ষা মানবজাতির সাধারণ অনুসন্ধান হিসাবে রয়ে গেছে, তাই অন্যান্য দেশের শিক্ষাবিদ ও বিজ্ঞানীদের অভিজ্ঞতা ও চিন্তাভাবনার উপর আলোকপাত করা এবং শিক্ষাগতভাবে উন্নত দেশগুলির সর্বশেষ বিকাশের সুবিধা গ্রহণ করা লাভজনক বলে মনে করা হয়েছিল। এই কমিশনের মধ্যে ৭ জন ভারতীয় সদস্য এবং ৫ জন অন্যান্য সদস্য ছিলেন ; জাপান, ফ্রান্স, যুক্তরাজ্য, মার্কিন যুক্তরাষ্ট্র এবং ইউএসএসআর থেকে ১ জন করে। এছাড়া বিশ্বের বিভিন্ন দেশের ২০ জন কনসালট্যান্ট পাওয়া গেছে।

শর্তাবলী

এই কমিশন জাতীয় শিক্ষার ধরণ এবং সকল পর্যায়ে এবং তার সকল দিক থেকে শিক্ষার বিকাশের জন্য সাধারণ নীতি ও নীতি সম্পর্কে সরকারকে পরামর্শ দেবে। যাইহোক, এটি চিকিৎসা বা আইনী শিক্ষার সমস্যাগুলি পরীক্ষা করার প্রয়োজন নেই, তবে এই সমস্যাগুলির এই ধরনের দিকগুলি যা এর বিস্তৃত তদন্তের জন্য প্রয়োজনীয় তা থতিয়ে দেখা যেতে পারে।

প্রতিবেদন তৈরি

জাতির জনক মহাত্মা গান্ধীর জন্মদিনে কমিশন তার কাজ শুরু করে। এটি দেশের শিক্ষার বিভিন্ন সমস্যা অধ্যয়নের জন্য ১২ টি টাস্ক ফোর্স এবং ৭ টি ওয়ার্কিং গ্রুপ গঠন করেছিল। এতে জনজীবনে বিশিষ্ট প্রায় ৯০০০ নারী-পুরুষ, শিক্ষাবিদ, বিজ্ঞানী, শিল্পপতি ও বিভিন্ন ক্ষেত্রের পণ্ডিত এবং শিক্ষায় আগ্রহী অন্যান্যদের সাক্ষাৎকার নেওয়া হয়। কমিশন প্রায় ১০০ দিন বিশ্ববিদ্যালয়, কলেজ ও স্কুল পরিদর্শনে ব্যয় করে এবং শিক্ষক, শিক্ষাবিদ, প্রশাসক ও শিক্ষার্থীদের সাথে আলোচনা করে। এটি ২,৪০০ টি মেমোরেন্ডাম এবং নোট পেয়েছে এবং যাচাই করেছে। কমিশন ২১ মাস কাজ করে এবং ১৯৬৬ সালের জুন মাসে রিপোর্ট জমা দেয়।

কোঠারি কমিশনের রিপোর্ট

কমিশনের রিপোর্ট শিক্ষার উপর একটি চমৎকার দলিল। কমিশন তার রিপোর্টে তার রূপটি প্রকাশ করেছে যে শিক্ষা জাতীয় উন্নয়নের সবচেয়ে শক্তিশালী হাতিয়ার।

কমিশনের রিপোর্টটি যথাযথভাবে 'শিক্ষা ও জাতীয় উন্নয়ন' হিসাবে নামকরণ করা হয়েছে। প্রতিবেদনটি চারটি ভাগে ভাগ করা হয়েছে-

বিভাগ ১: সাধারণ সমস্যা নিয়ে কাজ করা।

বিভাগ ২: বিভিন্ন পর্যায়ে এবং বিভিন্ন সেক্টরে শিক্ষার সাথে সম্পর্কিত।

বিভাগ ৩: কমিশন কর্তৃক প্রস্তাবিত বিভিন্ন সুপারিশ এবং কর্মসূচী বাস্তবায়নের বিষয়ে আলোচনা করা হয়েছে।

বিভাগ ৪: সম্পূরক কাগজপত্র নিয়ে গঠিত।

এই প্রতিবেদনে প্রস্তাবিত শিক্ষাগত পুনর্গঠনের কর্মসূচীগুলি তিনটি বিস্তৃত বিভাগে পড়ে -

1. শিক্ষা ব্যবস্থার অভ্যন্তরীণ রূপান্তর, যাতে তা জাতির জীবন, চাহিদা ও আকাঙ্ক্ষার সাথে সম্পর্কিত হয়।

2. শিক্ষার গুণগত উন্নতি যাতে অর্জিত মানসমূহ পর্যাপ্ত হয়, ক্রমাগত বৃদ্ধি পায় এবং কমপক্ষে কয়েকটি সেক্টরে আন্তর্জাতিকভাবে তুলনীয় হয়ে ওঠে; এবং

3. মানুষের উপর ভিত্তি করে শিক্ষামূলক সুযোগ-সুবিধার বিস্তৃতি - ক্ষমতার চাহিদা এবং শিক্ষার সুযোগের সমানীকরণের উপর একটি অ্যাকসেন্ট সহ।

প্রতিবেদন তৈরি

- ১২টি টাস্ক ফোর্স ও ৭টি ওয়ার্কিং গ্রুপ গঠন করা।
- সাক্ষাৎকার নিয়েছেন ৯,০০০ জন নারী-পুরুষের।

- ১০০ দিন কাটিয়েছেন।
- ১৯৬৪ সালের ২রা অক্টোবর এর কাজ শুরু করুন।
- প্রতিবেদনটি চারটি ভাগে ভাগ করা হয়েছে।
- প্রোগ্রামগুলি তিনটিতে শ্রেণীবদ্ধ করা হয়েছে।

কোঠারি শিক্ষা কমিশনের সুপারিশসমূহ

আসুন আমরা কমিশনের সুপারিশগুলি নিয়ে আলোচনা করি। আমাদের আলোচনা সুপারিশগুলির দুটি প্রধান দিক, যেমন, শিক্ষা এবং জাতীয় উদ্দেশ্য এবং শিক্ষাগত কাঠামোর মধ্যে সীমাবদ্ধ থাকবে।

শিক্ষা ও জাতীয় উদ্দেশ্য-

পুরুষ ও সমাজকে পরিবর্তন করার ক্ষেত্রে শিক্ষার ব্যাপক ভূমিকা রয়েছে। এটি সম্পূর্ণরূপে সংস্কার করতে হবে এবং জনগণের জীবন, চাহিদা এবং আকাঙ্ক্ষার সাথে সম্পর্কিত হতে হবে যাতে এটি সামাজিক, অর্থনৈতিক ও সাংস্কৃতিক রূপান্তরের একটি শক্তিশালী হাতিয়ার হিসাবে কাজ করতে পারে। শিক্ষা সম্পর্কিত করার জন্য, কমিশন নিম্নলিখিত উদ্দেশ্যগুলির সুপারিশ করেছে-

1. উৎপাদনশীলতা বৃদ্ধি।
2. সামাজিক ও জাতীয় সংহতি প্রচার
3. শিক্ষা ও আধুনিকায়ন
4. সামাজিক, নৈতিক ও আধ্যাত্মিক মূল্যবোধের বিকাশ।

১. উৎপাদনশীলতা বৃদ্ধি-

কমিশন পরামর্শ দিয়েছিল যে জাতীয় আয় বাড়ানোর জন্য শিক্ষাকে অবশ্যই উৎপাদনশীলতার সাথে সম্পর্কিত হতে হবে। শিক্ষা ও উৎপাদনশীলতাকে সংযুক্ত করার জন্য ভারতীয় শিক্ষা কমিশন নিম্নলিখিত সুপারিশগুলি করেছে।

1. বিজ্ঞান শিক্ষা ও সংস্কৃতির মৌলিক উপাদান; সুতরাং এটি স্কুল শিক্ষার একটি অবিচ্ছেদ্য অংশ করা উচিত।
2. ম্যানুয়াল কাজের মূল্য বিকাশের জন্য কমিশন স্কুল শিক্ষায় কাজের অভিজ্ঞতা প্রবর্তনের সুপারিশ করেছিল।
3. শিল্প, কৃষি ও বাণিজ্যে প্রযুক্তিগত কর্মীদের ক্রমবর্ধমান চাহিদা পূরণের জন্য আইইসি স্কুল পাঠ্যক্রমে বৃত্তিমূলক বিষয়গুলি প্রবর্তনের সুপারিশ করেছে। এটি আরও অভিমত প্রকাশ করেছে যে বৃত্তিমূলককরণ শিক্ষাকে উৎপাদনশীলতার সাথে ঘনিষ্ঠ সম্পর্কের মধ্যে নিয়ে আসবে।

২. সামাজিক ও জাতীয় সংহতির প্রচার-

জাতীয় ও সামাজিক সংহতি একটি দেশের অগ্রগতি ও উন্নয়নের পূর্বশর্ত। কমিশনের মতে, সামাজিক ও জাতীয় সংহতি একটি জাতীয় শিক্ষা ব্যবস্থার একটি গুরুত্বপূর্ণ লক্ষ্য। কমিশন শিক্ষার

মাধ্যমে সামাজিক ও জাতীয় সংহতি জোরদার করার জন্য নিম্নলিখিত সুপারিশগুলি করেছে।

1. শিক্ষাকে জাতীয় উন্নয়নের একটি শক্তিশালী হাতিয়ার হিসাবে গড়ে তুলতে, জনসাধারণের শিক্ষার সাধারণ স্কুল ব্যবস্থা গ্রহণ করতে হবে।

2. শিক্ষিত ও অশিক্ষিত, বুদ্ধিজীবী এবং জনসাধারণের মধ্যে যে ব্যবধান রয়েছে তা সেতুবন্ধন, সামাজিক ও জাতীয় সেবাকে স্কুল শিক্ষার একটি অবিচ্ছেদ্য অংশ হিসাবে গড়ে তুলতে হবে।

3. একটি ভাষা সামাজিক ও জাতীয় সংহতির জন্য একটি দৃঢ় আঠালো, স্কুল মাতৃভাষা, হিন্দি এবং অন্যান্য আধুনিক ভারতীয় ভাষা শেখানোর জন্য উপযুক্ত বিধান করা উচিত।

৩. শিক্ষা ও আধুনিকায়ন-

বর্তমান সমাজ হচ্ছে বিজ্ঞানভিত্তিক সমাজ। বর্তমান শতাব্দী জ্ঞানের বিস্ফোরণের ফলে বৈজ্ঞানিক ও প্রযুক্তিগত জ্ঞানের ক্ষেত্রে অসাধারণ অগ্রগতি অর্জন করেছে। এই পরিস্থিতিতে শিক্ষার অন্যতম প্রধান কাজ হল জ্ঞানের এই অগ্রগতির সাথে তাল মিলিয়ে চলা। আধুনিক সমাজের আরেকটি বৈশিষ্ট্য হ'ল দ্রুত সামাজিক পরিবর্তন। পরিবর্তনের পরিস্থিতিতে, স্কুলকে সর্বদা সতর্ক থাকতে হবে যদি এটি উল্লেখযোগ্য পরিবর্তনগুলির পাশাপাশি রাখতে হয়। একটি শিক্ষা ব্যবস্থা যা ক্রমাগত নিজেকে সংস্কার করে না, মেয়াদোত্তীর্ণ হয়ে যায় এবং অগ্রগতিতে বাধা সৃষ্টি করে। আধুনিকীকরণের সাথে তাল মিলিয়ে চলার জন্য আইইসি মনে করে যে "বৃত্তিমূলক বিষয়, বিজ্ঞান শিক্ষা এবং গবেষণার উপর আরও বেশি জোর দিতে হবে।

৪. সামাজিক, নৈতিক ও আধ্যাত্মিক মূল্যবোধ-

জাতীয় শিক্ষা ব্যবস্থায় শিক্ষার্থীদের মধ্যে সামাজিক, নৈতিক ও আধ্যাত্মিক মূল্যবোধের চাষের উপর জোর দেওয়া উচিত। এই উদ্দেশ্যে কমিশন নিম্নলিখিত সুপারিশগুলি করেছে-

1. কেন্দ্রীয় ও রাজ্য সরকারগুলিকে ধর্মীয় ও নৈতিক শিক্ষার উপর বিশ্ববিদ্যালয় শিক্ষা কমিশন কর্তৃক প্রস্তাবিত ভিত্তিতে তাদের সরাসরি নিয়ন্ত্রণের অধীনে সমস্ত প্রতিষ্ঠানে নৈতিক, সামাজিক এবং আধ্যাত্মিক মূল্যবোধে শিক্ষা প্রবর্তনের জন্য ব্যবস্থা গ্রহণ করা উচিত।

2. সামাজিক, নৈতিক এবং ধর্মীয় মূল্যবোধগুলি বিকাশের জন্য, কিছু সময়কাল সময় সারণিতে সরবরাহ করা উচিত। এ ধরনের নির্দেশনা সাধারণ শিক্ষকদের দিতে হবে।

3. বিশ্ববিদ্যালয়ের বিভাগগুলি বিশেষভাবে এই মূল্যবোধগুলি বিজ্ঞতার সাথে এবং কার্যকরভাবে শেখানো যেতে পারে এমন উপায়গুলি নিয়ে বিশেষভাবে উদ্বিগ্ন হওয়া উচিত এবং ছাত্র এবং শিক্ষকদের দ্বারা ব্যবহারের জন্য বিশেষ সাহিত্যপ্রস্তুত করা উচিত।

শিক্ষাগত কাঠামো

কমিশন শিক্ষার একটি নতুন কাঠামোগত প্যাটার্ন সুপারিশ করেছে। নতুন শিক্ষাগত কাঠামো নিম্নরূপ হওয়া উচিতঃ

1. এক থেকে তিন বছরের প্রাক-বিদ্যালয় শিক্ষা।

2. ৭ থেকে ৮ বছরের একটি প্রাথমিক পর্যায়ে ৪ বা ৫ বছরের নিম্ন প্রাথমিক পর্যায়ে এবং ৩ বা ২ বছরের উচ্চতর প্রাথমিক পর্যায়ে বিভক্ত।

3. ৩ বা ২ বছরের সাধারণ শিক্ষা বা ১ থেকে ৩ বছরের বৃত্তিমূলক শিক্ষার একটি নিম্ন মাধ্যমিক পর্যায়।

4. ২ বছরের সাধারণ শিক্ষা বা ১ থেকে ৩ বছরের বৃত্তিমূলক শিক্ষার একটি উচ্চ মাধ্যমিক পর্যায়ে, মোট ৫০% বৃত্তিমূলক শিক্ষার অধীনে থাকবে,

5. প্রথম ডিগ্রী কোর্সের জন্য 3 বছর বা তারও বেশি সময় ধরে একটি উচ্চ শিক্ষার পর্যায়, দ্বিতীয় বা গবেষণা ডিগ্রীর জন্য বিভিন্ন সময়কালের কোর্স দ্বারা অনুসরণ করা হয়।

কমিশন দ্বারা প্রস্তাবিত কাঠামোগত গঠনটি সাধারণত 10 + 2 + 3 হিসাবে পরিচিত।
শিক্ষার কাঠামোগত গঠন

- ১ থেকে ৩ বছর পর্যন্ত প্রাক-বিদ্যালয় শিক্ষাও দিতে হবে।
- সাধারণ শিক্ষা ১০ বছরের জন্য স্থায়ী হতে হবে-

1. নিম্ন প্রাথমিকের চার বছর,
2. উচ্চ প্রাথমিকের তিন বছর
3. ৩ বছরের নিম্ন মাধ্যমিক শিক্ষা।
4. উচ্চ মাধ্যমিক শিক্ষা ২ বছরের জন্য নির্ধারণ করতে হবে। ডিগ্রি কোর্স হতে হবে ৩ বছরের।

প্রথম শ্রেণিতে ভর্তির বয়স ৬+ এর কম হওয়া উচিত নয়। প্রথম পাবলিক এক্সটার্নাল পরীক্ষাটি স্কুলের প্রথম 10 বছরের শেষে আসা উচিত। মাধ্যমিক বিদ্যালয়দুই ধরনের হতে হবেঃ উচ্চ বিদ্যালয়গুলি ১০ বছরের কোর্স প্রদান করে এবং উচ্চ মাধ্যমিক বিদ্যালয়গুলি ১১ বা ১২ বছরের কোর্স সরবরাহ করে। একাদশ ও দ্বাদশ শ্রেণির সমন্বয়ে একটি নতুন উচ্চ মাধ্যমিক কোর্স চালু করা উচিত। প্রাক-বিশ্ববিদ্যালয়ের কোর্সগুলি বিশ্ববিদ্যালয়গুলি থেকে স্থানান্তর করা উচিত এবং মাধ্যমিক বিদ্যালয়গুলিতে যোগ করা উচিত। কমিশনকে বিশ্ববিদ্যালয় পর্যায়ে পুনর্গঠনের পরামর্শ দেওয়া হয়েছে। এই পর্যায়ে, তিন বছরের ডিগ্রী কমিশন দ্বারা অনুকূলিত হয়েছে।

ভূমিকা

১৯৪৭ খ্রিস্টাব্দের ১৫ আগস্ট স্বাধীনতা লাভ করে ভারতবর্ষ একটি প্রজাতান্ত্রিক তথা গণতান্ত্রিক রাষ্ট্রের মর্যাদা অর্জন করে। দেশের সাধারণ জনগণের মধ্যে এই গণতান্ত্রিক চেতনার বিকাশ ঘটাতে প্রয়োজন হয় প্রাথমিক শিক্ষার। অবৈতনিক বাধ্যতামূলক প্রাথমিক শিক্ষার প্রবর্তনের তাগিদে রাষ্ট্রনেতা তথা বিশিষ্ট শিক্ষাবিদগণ সমবেত হন। এর পাশাপাশি মাধ্যমিক ও উচ্চমাধ্যমিক শিক্ষাব্যবস্থার মানোন্নয়ন ও প্রযুক্তি-কারিগরি শিক্ষার পুনর্গঠনের উদ্দেশ্যে ১৯৪৮ খ্রিস্টাব্দে গঠিত হয় স্বাধীন ভারতের প্রথম শিক্ষা কমিশন, যা 'বিশ্ববিদ্যালয় শিক্ষা কমিশন' বা 'রাধাকৃষ্ণণ কমিশন' নামে পরিচিত।

রাধাকৃষ্ণন কমিশন/বিশ্ববিদ্যালয় শিক্ষা কমিশন (১৯৪৮-৪৯)

ভূমিকা

একজন শিক্ষাবিদ, দার্শনিক এবং রাষ্ট্রনায়ক হিসাবে, সর্বপল্লী রাধাকৃষ্ণ (১৮৮৮-১৯৭৫) বিংশ শতাব্দীতে একাডেমিক বৃত্তে সবচেয়ে স্বীকৃত এবং প্রভাবশালী ভারতীয় চিন্তাবিদদের মধ্যে একজন ছিলেন।

রাধাকৃষ্ণণকে বিশ্ববিদ্যালয় শিক্ষা কমিশনের চেয়ারম্যান মনোনীত করা হয়েছিল। স্বাধীনতার পর শিক্ষার ক্ষেত্রে ভারত সরকার কর্তৃক গৃহীত একটি অত্যন্ত তাৎপর্যপূর্ণ প্রথম পদক্ষেপ ছিল ডঃ এস রাধাকৃষ্ণণের নেতৃত্বে বিশ্ববিদ্যালয় শিক্ষা কমিশন নিয়োগ, যিনি একজন বিশিষ্ট পণ্ডিত এবং বেনারস বিশ্ববিদ্যালয়ের প্রাক্তন ভাইস-চ্যান্সেলর , যিনি ভারতের দ্বিতীয় রাষ্ট্রপতি হয়েছিলেন।

১৯৪৭ সালের ১৫ ই আগস্ট স্বাধীনতার পর, রাধাকৃষ্ণণকে বিশ্ববিদ্যালয় শিক্ষা কমিশনের চেয়ারম্যান হওয়ার জন্য অনুরোধ করা হয়েছিল। রাধাকৃষ্ণণ কমিটির পরামর্শগুলি ভারতীয় বিশ্ববিদ্যালয়ের শিক্ষার উপর রিপোর্ট করার জন্য ভারতের প্রয়োজনের জন্য শিক্ষা ব্যবস্থাকে গড়ে তুলতে সহায়তা করেছিল এবং দেশের বর্তমান ও ভবিষ্যতের প্রয়োজনীয়তার সাথে সামঞ্জস্যপূর্ণ হতে পারে এমন উন্নতি ও সম্প্রসারণের পরামর্শ দিয়েছিল" কমিশনের ১৯৪৯ সালের প্রতিবেদনে বিশ্ববিদ্যালয় শিক্ষার অবস্থা মূল্যায়ন করা হয়েছিল এবং সদ্য স্বাধীন ভারতে এর উন্নতির জন্য সুপারিশ করা হয়েছিল। ১৯৪৮ সালের ৬ ই ডিসেম্বর কমিশন নয়াদিল্লিতে তার প্রথম সভা করে, যখন ভারত সরকারের শিক্ষা মন্ত্রী মাননীয় মাওলানা আবুল কালাম আজাদ বৈঠকে ভাষণ দেন এবং তদন্তের উদ্দেশ্য ও পরিধি সম্পর্কে সরকারের উদ্দেশ্য ব্যাখ্যা করেন।

কমিশনের নিয়োগ

কমিশনের সদস্যদের ভারতীয় বিশ্ববিদ্যালয় শিক্ষার উপর রিপোর্ট করার জন্য ভারত সরকার দ্বারা নিযুক্ত করা হয়েছিল এবং দেশের বর্তমান ও ভবিষ্যতের প্রয়োজনীয়তাগুলির সাথে সঙ্গতিপূর্ণ হতে পারে এমন উন্নতি এবং এক্সটেনশনগুলির পরামর্শ দেওয়ার জন্য নিযুক্ত করা হয়েছিল।

কমিশনের সদস্যগণ

নিম্নলিখিতগুলি কমিশনের সদস্য হিসাবে নিযুক্ত করা হয়েছিলঃ-

1. ডঃ এস রাধাকৃষ্ণণ, এমএ, ডি লিট, এলএলডি, অক্সফোর্ড বিশ্ববিদ্যালয়ের ইস্টার্ন ধর্ম ও নৈতিকতার স্প্যালডিং অধ্যাপক। (চেয়ারম্যান)।

2. ডঃ তারা চাঁদ, এমএ, ডি ফিল (অক্সন),ভারত সরকারের সচিব ও শিক্ষা বিষয়ক উপদেষ্টা।

3. ডঃ (বর্তমানে স্যার) জেমস এফ ডাফ, এমএ (ক্যান্টাব.), এম. এড. (ম্যানচেস্টার), এলএলডি (অ্যাবারডিন), ভাইস-চ্যান্সেলর, ডারহাম বিশ্ববিদ্যালয়।

4. ডঃ জাকির হসেন, এমএ, পিএইচডি, ডি লিট (জামিয়া মিলিয়া ইসলামিয়া, দিল্লি)- (বর্তমানে ভাইস-চ্যান্সেলর, মুসলিম বিশ্ববিদ্যালয়, আলিগড়)।

5. ডঃ আর্থার ই মরগান, D.Sc, ডি. ইংল্যান্ড, এলএলডি, প্রাক্তন রাষ্ট্রপতি, এন্টিওক কলেজ, প্রথম চেয়ারম্যান, টেনেসি ভ্যালি কর্তৃপক্ষ, সভাপতি, কমিউনিটি সার্ভিস ইনকর্পোরেটেড।

6. ডঃ এ. লক্ষ্মণস্বামী মুদালিয়ার, D.Sc, এলএলডি, ডি.C এল, এফ.আর..C.ও.জি., এফ.এ.এস..C, ভাইস-চ্যান্সেলর, মাদ্রাজ বিশ্ববিদ্যালয়।

7. ডঃ মেঘনাদ সাহা, D.Sc এফ.আর.এস., পদার্থবিজ্ঞানের ডিন, বিজ্ঞান অনুষদের পালিত অধ্যাপক; এবং সভাপতি, পোস্ট-গ্র্যাজুয়েট কাউন্সিল অফ সায়েন্স, কলকাতা বিশ্ববিদ্যালয়।

8. ডঃ করম। Narayan Bahl D. Sc (Paj.), D. Phil, এবং D. Sc.(Oxon), Department of Zoology, University of Lucknow।

9. ডঃ জন জে. টাইগার্ট, এমএ (অঙ্কন.) এলএলডি, এড ডি, ডি.C এলএল, ডি. এল.এল., ডি. লিট,এলএইচডি, এলএইচডি, পূর্বে মার্কিন যুক্তরাষ্ট্রের শিক্ষা কমিশনার, এবং ক্লোরিডা বিশ্ববিদ্যালয়ের রাষ্ট্রপতি ইমেরিটাস।

10. শ্রী নির্মল কুমার সিধান্ত, এমএ (Cantab.), ইংরেজি র অধ্যাপক এবং ডিন, কলা অনুষদ, লখনৌ বিশ্ববিদ্যালয়। (সচিব)।

শর্তাবলী

Reference-এর শর্তাবলী- কমিশনের রেফারেন্সের শর্তাবলী বিবেচনা করতে হবে এবং এই বিষয়ে সুপারিশ করতে হবে-

1. ভারতে বিশ্ববিদ্যালয়ের শিক্ষা ও গবেষণার লক্ষ্য এবং উদ্দেশ্য।
2. ভারতের বিশ্ববিদ্যালয়গুলির সংবিধান, নিয়ন্ত্রণ, কার্যাবলী এবং এখতিয়ার এবং সরকার, কেন্দ্রীয় ও প্রাদেশিক সরকারের সাথে তাদের সম্পর্কের ক্ষেত্রে প্রয়োজনীয় এবং আকাঙ্ক্ষিত বলে বিবেচিত পরিবর্তনগুলি।
3. বিশ্ববিদ্যালয়গুলির অর্থায়ন।
4. তাদের নিয়ন্ত্রণাধীন বিশ্ববিদ্যালয় ও কলেজসমূহে পাঠদান ও পরীক্ষার সর্বোচ্চ মান বজায় রাখা।
5. মানবিক ও বিজ্ঞানের মধ্যে এবং বিশুদ্ধ বিজ্ঞান ও প্রযুক্তিগত প্রশিক্ষণ এবং এই ধরনের কোর্সের সময়কালের মধ্যে একটি ভাল ভারসাম্য বজায় রাখার জন্য বিশেষ রেফারেন্স সহ বিশ্ববিদ্যালয়গুলিতে অধ্যয়নের কোর্সগুলি।
6. একটি স্বাধীন বিশ্ববিদ্যালয়ের প্রবেশিকা পরীক্ষার আকাঙ্ক্ষা এবং মৌলিক অধিকার 23 (2) এর বিরুদ্ধে মিলিত অন্যায্য বৈষম্য পরিহারের পরিপ্রেক্ষিতে অধ্যয়নের বিশ্ববিদ্যালয়ের কোর্সগুলিতে ভর্তির মান।
7. বিশ্ববিদ্যালয়গুলিতে শিক্ষার মাধ্যম।
8. ভারতীয় সংস্কৃতি, ইতিহাস, সাহিত্য, ভাষা, দর্শন এবং চারুকলায় উন্নত অধ্যয়নের বিধান।
9. একটি আঞ্চলিক বা অন্যান্য ভিত্তিতে আরো বিশ্ববিদ্যালয়ের প্রয়োজন।
10. বিশ্ববিদ্যালয় এবং উচ্চতর গবেষণার ইনস্টিটিউটগুলিতে জ্ঞানের সমস্ত শাখায় উন্নত গবেষণা সংস্থা একটি সু-সমন্বয়মূলক ফ্যাশনে প্রচেষ্টা ও সম্পদের অপচয় এড়ানোর জন্য উচ্চতর গবেষণা প্রতিষ্ঠান।
11. বিশ্ববিদ্যালয়গুলিতে ধর্মীয় শিক্ষা।
12. বেনারস হিন্দু বিশ্ববিদ্যালয়, আলিগড় মুসলিম বিশ্ববিদ্যালয়, দিল্লি বিশ্ববিদ্যালয় এবং একটি সর্বভারতীয় চরিত্রের অন্যান্য প্রতিষ্ঠানের বিশেষ সমস্যা।

13. শিক্ষকদের যোগ্যতা, পরিষেবার শর্তাবলী, বেতন, সুযোগ-সুবিধা এবং কার্যাবলী এবং শিক্ষকদের দ্বারা মূল গবেষণার উত্সাহ।

14. ছাত্র, হোস্টেল এবং টিউটোরিয়াল কাজের সংগঠন এবং অন্য যে কোনও বিষয় যা ভারতে বিশ্ববিদ্যালয়ের শিক্ষা এবং উন্নত গবেষণার সমস্ত দিক সম্পর্কে একটি সম্পূর্ণ এবং ব্যাপক অনুসন্ধানের জন্য জার্মান এবং অপরিহার্য।

I) প্রধান পর্যবেক্ষণ এবং সুপারিশ
শিক্ষার লক্ষ্যঃ

- এটা শেখানোর জন্য যে, জীবনের একটা অর্থ আছে।
- প্রজ্ঞার বিকাশের মাধ্যমে আত্মার জীবন যাপনের সহজাত ক্ষমতাকে জাগিয়ে তোলা।
- সামাজিক দর্শনের সাথে পরিচিত হওয়া যা সমস্ত প্রতিষ্ঠান, শিক্ষার পাশাপাশি অর্থনৈতিক ও রাজনৈতিক ভাবে পরিচালিত করা উচিত?
- গণতন্ত্রের জন্য প্রশিক্ষণ।
- আত্মোন্নয়নের জন্য প্রশিক্ষণ
- মনের নির্ভীকতা, বিবেকের শক্তি এবং সততার মতো নির্দিষ্ট মূল্যবোধগুলি বিকাশ করা।
- তার প্রজন্মের সাংস্কৃতিক ঐতিহ্যের সাথে পরিচিত হওয়া
- শিক্ষা যে একটি আজীবন প্রক্রিয়া তা জানতে সক্ষম করা।
- বর্তমান ও অতীত সম্পর্কে ধারণা গড়ে তোলা।
- বৃত্তিমূলক ও পেশাগত প্রশিক্ষণ প্রদান করা।

II) বিশ্ববিদ্যালয়সমূহের কার্যাবলী
কমিশন দেশের অর্থনৈতিক ও রাজনৈতিক পরিবর্তনের পরিপ্রেক্ষিতে শিক্ষার নিম্নলিখিত কার্যক্রমের উপর জোর দেয়।

1. আত্মা পরিবর্তন সঙ্গে ব্যক্তি তৈরি. এটি বিশ্ববিদ্যালয়গুলির জন্য জ্ঞান তৈরি করা এবং পুরুষদের মনকে প্রশিক্ষণ দেওয়া যারা দুটি বস্তুগত সম্পদ এবং মানব শক্তিকে একত্রিত করবে। যদি আমাদের জীবনযাত্রার মান বাড়াতে হয় তবে আত্মার আমূল পরিবর্তন অপরিহার্য

2. এমন ব্যক্তিকে প্রস্তুত করা, যিনি অতীত থেকে নির্দেশনা চান কিন্তু অতীতের পরিপূর্ণতার মারাত্মক আবেশ ত্যাগ করেন। বিশ্ববিদ্যালয়গুলি জাতির অভ্যন্তরের জীবনের বুদ্ধিবৃত্তিক অভয়ারণ্য। তাদের অবশ্যই বুদ্ধিজীবী অগ্রগামীদের প্রশিক্ষণ দিতে হবে, অতীতের দিকনির্দেশনা চাইতে হবে, কিন্তু নতুন স্বপ্ন বাস্তবায়নের জন্য গতিশীলতা সরবরাহ করতে হবে।

3. একটি সমন্বিত জীবনধারার তাৎপর্য বুঝতে পারে এমন ব্যক্তির বিকাশ। বিশ্ববিদ্যালয়গুলিকে অবশ্যই জ্ঞানকে সংশ্লেষিত করার গুণাবলী বিকাশ করতে হবে - জ্ঞানের বিভিন্ন আইটেমের একটি 'সামানাভায়া'।

4. প্রজ্ঞার মানুষের বিকাশ। আমাদের প্রাচীন শিক্ষকরা বিষয়গুলি শেখানোর এবং প্রজ্ঞা দেওয়ার চেষ্টা করেছিলেন। তাদের আদর্শ ছিল জ্ঞানের সাথে প্রজ্ঞা। জ্ঞানের কিছু ভিত্তি ছাড়া আমরা জ্ঞানী হতে পারি না, যদিও আমরা সহজেই জ্ঞান অর্জন করতে পারি এবং প্রজ্ঞা থেকে বঞ্চিত হতে পারি। উপনিষদের শব্দ ব্যবহার করার জন্য, আমরা পাঠ্য (মন্ত্রবতী) সম্পর্কে জানতে পারি এবং নিজের (আত্মবতি) সম্পর্কে জানি না। কোন পরিমাণ বাস্তব তথ্যই একজন সাধারণ মানুষকে শিক্ষিত বা ধার্মিক পুরুষদের মধ্যে পরিণত করতে পারে না যদি না তাদের মধ্যে কিছু জাগ্রত হয়, আত্মার জীবন যাপনের একটি সহজাত ক্ষমতা।

5. এমন ব্যক্তিদের বিকাশ করা যারা সামাজিক শৃঙ্খলার লক্ষ্যগুলি বুঝতে পারে। বিশ্ববিদ্যালয়গুলিকে অবশ্যই শিক্ষার্থীদের মধ্যে সামাজিক শৃঙ্খলার একটি ধারণা বিকাশ করতে হবে। তাদের অবশ্যই গণতন্ত্র, ন্যায়বিচার ও স্বাধীনতার মূল্য, সমতা এবং অনন্তকাল - ভারতীয় সমাজের আদর্শ বিকাশ করতে হবে।

6. সমাজের সাথে খাপ খাইয়ে নিতে পারে এবং নতুন পরিবর্তন আনতে পারে এমন শিক্ষার্থীদের তৈরি করা। শিক্ষা হচ্ছে এমন একটি মাধ্যম যার দ্বারা সমাজ নিজেই উপলব্ধি করতে পারে। ১৮৫২ খ্রিষ্টাব্দে নিউম্যান বিশ্ববিদ্যালয়ের কাজকে এভাবে সংজ্ঞায়িত করেন, "যদি একটি ব্যবহারিক সমাপ্তি একটি বিশ্ববিদ্যালয়ের কোর্সে নিযুক্ত করা আবশ্যক হয়, তাহলে আমি বলি যে এটি ভাল সমাজের প্রশিক্ষণ সদস্য। শিক্ষার কোনও ব্যবস্থাই রাষ্ট্রকে দুর্বল করার নির্দেশ দেওয়া যায় না যা এটি রক্ষণাবেক্ষণ করে। কিন্তু শিক্ষা সামাজিক পরিবর্তনের একটি হাতিয়ারও বটে।

7. নেতাদের প্রস্তুত করা. পেশা ও জনজীবনে নেতৃত্ব প্রশিক্ষণ বিশ্ববিদ্যালয় শিক্ষার অন্যতম কেন্দ্রীয় লক্ষ্য, যা উপলব্ধি করা কঠিন। প্রেসিডেন্ট ট্রুম্যান বলেন, 'আমাদের জাতীয় নীতিঅবশ্যই বোর্ডের অভিজ্ঞতা, পরিপক্ক দৃষ্টিভঙ্গি এবং সঠিক বিচারের পুরুষদের দ্বারা পরিচালিত হতে হবে। বিচক্ষণ নেতৃত্বের জন্য যদি পুরুষ ও মহিলাদের প্রশিক্ষণ দেওয়া বিশ্ববিদ্যালয়গুলির কাজ হয়, তবে তাদের অবশ্যই তরুণ পুরুষ ও মহিলাদের অন্তর্দৃষ্টি দিয়ে পড়তে সক্ষম করতে হবে।

8. চরিত্রের পুরুষদের উন্নয়নশীল. আমরা একটি সভ্যতা গড়ে তুলছি, কারখানা বা উপাসনা নয়। উপাসনার গুণগত মান বস্তুগত, সরঞ্জাম বা রাজনৈতিক যন্ত্রের উপর নির্ভর করে না বরং পুরুষদের চরিত্রের উপর নির্ভর করে। শিক্ষার প্রধান কাজ হল চরিত্রের উন্নতি।

9. ভারতের সংস্কৃতি ঐক্যের উপলব্ধি গড়ে তোলা। ভারত হল প্যালিম্পসেস্টের মতো, যেখানে নতুন চরিত্র পুরানোকে পুরোপুরি মুছে ফেলতে পারে না। একটি একক সামাজিক প্যাটার্নে বিভিন্ন বয়সের টুকরো টুকরো টুকরো টুকরো এমন একজন ভারতীয়দের কথা চিন্তা করা অসম্ভব হবে যেখানে কোনও মুগালকে শাসন করা হয় না, যেখানে কোনও তাজ নির্মিত হয়নি, কোনও ম্যাকোলে শিক্ষার উপর তার মিনিট লিখেছিলেন না। ভারতীয় সংস্কৃতি একটি জীবন্ত জীবের মতো যা সম্পদ বৃদ্ধি করে এবং বিষয়বস্তু আদিম সংস্কৃতি চরম রক্ষণশীলতা দ্বারা চিহ্নিত করা হয় যেখানে সামাজিক গোষ্ঠী অযৌক্তিক অধ্যবসায়ের সাথে কাস্টম এবং কনভেনশনের একই পথ অনুসরণ করে। জীবন্ত সংস্কৃতিগুলি গতিশীলতা এবং ব্যক্তিগত ও সামাজিক শৃঙ্খলার ক্রমাগত প্রচেষ্টির মাধ্যমে তাদের সংস্কৃতির প্যাটার্ন বজায় রাখে।

10. অতীতের আধ্যাত্মিক ঐতিহ্য বুঝতে সক্ষম ব্যক্তিদের বিকাশ। না মানুষের জন্য আধ্যাত্মিক পুষ্টির প্রধান উৎস অবশ্যই তার নিজস্ব অতীত হতে হবে যা চিরতরে পুনরায় আবিষ্কৃত এবং পুনর্নবীকরণ করা হয়েছে। অতীতের জ্ঞানহীন একটি সমাজ যা এটিকে গভীর ব্যান্ড মর্যাদার অভাব বোধ করে। আমাদের অবশ্যই সমালোচনামূলক এবং নির্বাচনী হতে হবে এবং বর্তমানকে আলোকিত করার জন্য অতীতকে ব্যবহার করতে হবে। আমাদের অন্ধভাবে আমাদের অতীতের মহান মূল্য ত্যাগ করা উচিত নয় এবং আমাদের বিশ্বাসকে আঁকড়ে ধরে থাকা উচিত নয় কারণ তারা প্রাচীন।

11. প্রয়োজনীয় কর্মীদের জন্য দক্ষতা বিকাশ। বিশ্ববিদ্যালয়গুলিকে অবশ্যই প্রতিটি ধরণের ক্রিয়াকলাপের জন্য ক্রমবর্ধমান চাহিদা পূরণের জন্য কর্মীদের প্রস্তুত করতে হবে, যেমন, প্রশাসন, বাণিজ্য, শিল্প, রাজনীতি।

12. বিজ্ঞানী এবং প্রযুক্তিগত কর্মীদের বিকাশ। বিশ্ববিদ্যালয়গুলোকে অবশ্যই বৈজ্ঞানিক ও প্রযুক্তিগত জ্ঞানের প্রয়োগ ও বিকাশের মাধ্যমে যত কম সময়ের মধ্যে দেশকে অভাব, রোগ ও অজ্ঞতা থেকে মুক্তি অর্জন করতে সক্ষম করতে হবে। ভারত প্রাকৃতিক সম্পদে সমৃদ্ধ এবং তার জনগণের বুদ্ধিমত্তা ব্যান্ড শক্তি নতুন করে জীবন ও শক্তিতে কাঁপছে। এই ধরনের কর্মীদের প্রস্তুত করার জন্য বিশ্ববিদ্যালয়গুলি।

13. সাংস্কৃতিক সহযোগিতার এই ধরনের মূল্যবোধ এবং দক্ষতার সাথে ব্যক্তির বিকাশ। বিশ্ব সংস্কৃতির বিকাশের জন্য সেটিং, যদিও সংস্কৃতির ক্রস ফার্টিলাইজেশন প্রস্তুত। বিশ্ব, বাষ্পীভবন ও যোগাযোগ এবং অর্থনৈতিক স্বাধীনতার দ্রুততার মাধ্যমে, একটি একক সংস্থা হয়ে উঠেছে। আমাদের অবশ্যই বিশ্বের একতা এবং জনগণের চিন্তাভাবনার স্বীকৃতি এবং গ্রহণযোগ্যতার জন্য নিশ্চিত করতে হবে। পারস্পরিক বোঝাপড়ার বৃদ্ধি এই স্বীকৃতি থেকে উদ্ভূত হয় যে বিভিন্ন সংস্কৃতি আত্মার এক ভাষার উপভাষা।

III) অধ্যয়নের কোর্স

জ্ঞানকে সামগ্রিকভাবে বিবেচনা করতে হবে। কোর্সগুলি অঙ্কন করার সময়। বিভিন্ন দিকগুলির মধ্যে সংযোগটি নজরে রাখা উচিত নয়। সাধারণ একাডেমিক এবং বৃত্তিমূলক শিক্ষার মধ্যে একটি সংযোগ বন্ধন থাকতে হবে। সাধারণ শিক্ষার নীতি এবং অনুশীলনগুলি অবশ্যই মধ্যবর্তী এবং ডিগ্রী পর্যায়ে অবশ্যই একটি অবিচ্ছেদ্য অংশ হয়ে উঠতে হবে।

ডিগ্রী পর্যায়ে কোর্সঃ

সাধারণ শিক্ষার একটি কোর্স ছাড়াও নিম্নলিখিত কোর্সগুলি শিক্ষার্থীদের দ্বারা গ্রহণ করা হবেঃ

- ফেডরেল ভাষা বা যদি এটি মাতৃভাষা, একটি ধ্রুপদী বা একটি আধুনিক ভারতীয় ভাষা হয়।
- ইংরাজি এবং কলা শিক্ষার্থীদের জন্য প্রতিটি গ্রুপ থেকে দুটি বিশেষ বিষয়ের চেয়ে কম নয়।

মানবিকতাঃ

1. ধ্রুপদী বা আধুনিক ভারতীয় ভাষা
2. ইংরেজি, জার্মান বা ফরাসি

3. দর্শন শাস্ত্র
4. ইতিহাস
5. গণিত
6. চারুকলা
7. রাষ্ট্রবিজ্ঞান
8. সামাজিক বিজ্ঞানঃ
9. অর্থনীতি
10. সমাজবিজ্ঞান
11. মনোবিজ্ঞান
12. নৃতত্ত্ব (Anthropology)
13. ভূগোল
14. অর্থনীতি

বিজ্ঞানশিক্ষার্থীদের জন্য নিম্নলিখিত তালিকা থেকে দুটি বিশেষ বিষয়ের চেয়ে কম নয়:

1. গণিত;
2. পদার্থবিজ্ঞান
3. রসায়ন
4. উদ্ভিদবিদ্যা
5. প্রাণিবিদ্যা
6. ভূতত্ত্ব

IV) পেশাগত শিক্ষা

1. **কৃষিঃ** জাতীয় অর্থনৈতিক পরিকল্পনায় প্রাথমিক মাধ্যমিক ও উচ্চ শিক্ষায় কৃষির অধ্যয়নকে উচ্চ অগ্রাধিকার দেওয়া উচিত। যতদূর সম্ভব। কৃষি শিক্ষাকে একটি গ্রামীণ পরিবেশ প্রদান করা উচিত।

2. **কমার্সঃ** একজন বাণিজ্য শিক্ষার্থীকে তিন বা চারটি বিভিন্ন ধরণের সংস্থায় ব্যবহারিক কাজের সুযোগ দেওয়া উচিত।

3. **প্রকৌশল ও প্রযুক্তিঃ** বিভিন্ন গ্রেডের ইঞ্জিনিয়ারিং স্কুলের সংখ্যা বৃদ্ধি করা উচিত, বিশেষ করে গ্রেড 4 এবং 5 (ফোরম্যান, কারিগর, ড্রাফটসম্যান, অধ্যক্ষ ইত্যাদি) প্রশিক্ষণের জন্য। নতুন ইঞ্জিনিয়ারিং কলেজ বা ইনস্টিটিউট প্রতিষ্ঠার ক্ষেত্রে ভারতীয় ভাষায় কী ধরনের প্রকৌশল পরিষেবার প্রয়োজন তা নিয়ে নতুন করে সমালোচনামূলক তদন্ত হওয়া উচিত। এখানে এবং জাহাজে বিদ্যমান প্রতিষ্ঠানগুলির সমালোচনামূলক অভ্যর্থনা এবং অনুকরণ করা এড়ালো উচিত।

4. **আইনঃ** একটি তিন বছরের ডিগ্রী কোর্স বিশেষ আইনি বিষয়গুলিতে দেওয়া হবে। আইনে ডিগ্রী গউসে অধ্যাননন্ত শিক্ষার্থীদের একই সাথে বাইরের ডিগ্রী কোর্স করার অনুমতি দেওয়া

হবে না, এমন কয়েকটি উদাহরণ ব্যতীত যেখানে উন্নত শিক্ষার্থীরা তাদের আগ্রহ প্রমাণ করেছে এবং আইন এবং অন্যান্য কিছু ক্ষেত্রে সম্পর্কিত বিষয়গুলি অধ্যয়ন করছে।

5. **ঔষধঃ** একটি মেডিকেল কলেজে ভর্তির সর্বোচ্চ সংখ্যা 100 হতে হবে যে নম্বরের জন্য কর্মী এবং সরঞ্জাম উপলব্ধ।

6. **ধর্মীয় শিক্ষাঃ** সকল শিক্ষা প্রতিষ্ঠানকে নীরব ধ্যানের জন্য কয়েক মিনিট সময় দিয়ে কাজ শুরু করতে হবে।

1. প্রথম বছরে গৌতম বুদ্ধ, কনফুসিয়াস, জরথুস্টার, সক্রেটিস, যিশু, শঙ্কর, রামানুজ, মাধব, মোহাম্মদ, কবীর, নানক, গান্ধীর মতো মহান ধর্মীয় নেতাদের জীবন শেখানো হবে।

2. দ্বিতীয় বছরে বিশ্বের শাস্ত্র থেকে একটি সার্বজনীনতা চরিত্রের কিছু নির্বাচন অধ্যয়ন করা হবে।

3. তৃতীয় বছরে ধর্ম দর্শনের কেন্দ্রীয় সমস্যাগুলি বিবেচনা করা হবে।

V) পরীক্ষা

- সরকারি প্রশাসনিক পরিষেবার জন্য বিশ্ববিদ্যালয়ের ডিগ্রির প্রয়োজন হবে না। বিভিন্ন পরিষেবায় নিয়োগের জন্য বিশেষ রাষ্ট্রীয় পরীক্ষার আয়োজন করা উচিত।

- কোর্সগুলিতে ক্লাসের কাজের জন্য বর্তমানে কোনও ক্রেডিট দেওয়া হয় না, কখনও কখনও ব্যবহারিক কাজের ক্ষেত্রে ব্যতীত। এ ধরনের ঋণ দেওয়া উচিত।

- প্রথম ডিগ্রীর জন্য তিন বছর জড়িত করা হবে।

- পরীক্ষায় সাফল্যের জন্য মানগুলি যতদূর সম্ভব, চারটি বিভিন্ন বিশ্ববিদ্যালয়ে অভিন্ন হওয়া উচিত এবং এটি উত্থাপন করা উচিত। আমরা পরামর্শ দিচ্ছি যে একজন প্রার্থীকে প্রথম শ্রেণীর জন্য ৭০ শতাংশ বা তার বেশি নম্বর পেতে হবে, দ্বিতীয় শ্রেণির জন্য ৫৫ শতাংশ থেকে ৬৯ শতাংশ এবং তৃতীয় শ্রেণির জন্য কমপক্ষে ৪০ শতাংশ নম্বর পেতে হবে।

VI) শিক্ষার মাধ্যম

1. ফেডারেল ভাষাগুলি বিভিন্ন উত্স থেকে শব্দগুলির আত্মীকরণের মাধ্যমে বিকশিত হওয়া উচিত এবং বিভিন্ন উত্স থেকে ইতিমধ্যে ভারতীয় ভাষায় প্রবেশ করা শব্দগুলি ধরে রাখা উচিত, যার ফলে একচেটিয়াতার নাচগুলি এড়ানো যায়।

2. আন্তর্জাতিক প্রযুক্তিগত এবং বৈজ্ঞানিক পরিভাষা গ্রহণ করা হবে, ধার করা শব্দগুলি সঠিকভাবে আত্মস্থ করা হবে, তাদের উচ্চারণটি ভারতীয় ভাষার ধ্বনিগত সিস্টেমে গ্রহণ করা হবে, তাদের বানানটি ভারতীয় স্ক্রিপ্টগুলির শব্দ প্রতীক অনুসারে স্থির করা হবে।

3. উচ্চশিক্ষার জন্য শিক্ষার মাধ্যমের জন্য, ইংরেজিকে যত তাড়াতাড়ি সম্ভব একটি ভারতীয় ভাষা দ্বারা প্রতিস্থাপিত করা উচিত যা গুরুত্বপূর্ণ সমস্যার কারণে সংস্কৃত হতে পারে না।

4. উচ্চ মাধ্যমিক এবং বিশ্ববিদ্যালয় পর্যায়ে ছাত্রদের আঞ্চলিক ভাষা, ফেডারেল ভাষা তিনটি ভাষা সঙ্গে কথোপকথন করা উচিত। এবং ইংরেজি (ইংরেজিতে বই পড়ার ক্ষমতা অর্জনের জন্য সর্বশেষ এক); এবং (ii) উচ্চ শিক্ষা আঞ্চলিক ভাষার যন্ত্রের মাধ্যমে প্রদান করা হবে এবং কিছু বিষয়ের জন্য বা সমস্ত বিষয়ের জন্য শিক্ষার মাধ্যম হিসাবে ফেডারেল ভাষা ব্যবহার করার বিকল্প রয়েছে।

5. ফেডারেল ভাষা এক স্ক্রিপ্ট জন্য, Devnagri ফেডারেল এবং আঞ্চলিক ভাষা হতে.

VII) ছাত্র তাদের কার্যক্রম এবং কল্যাণ

সকল শিক্ষার্থী, পুরুষ ও মহিলাদের জন্য দুই বছরের শারীরিক শিক্ষার প্রয়োজন হবে, যারা শারীরিকভাবে ঐক্যবদ্ধ বা যারা জাতীয় ক্যাডেট কর্পসে রয়েছে তাদের ব্যতীত।

*   চার বা পাঁচটি ব্লকের জন্য কমন রুম এবং ডাইনিং হলসহ প্রতি ব্লকে পঞ্চাশের বেশি শিক্ষার্থীর ব্লকগুলিতে হোস্টেল তৈরি করা হবে।
*   বিশ্ববিদ্যালয় ইউনিয়নগুলিকে রাজনৈতিক ক্রিয়াকলাপ থেকে যতটা সম্ভব মুক্ত হতে হবে। বিশ্ববিদ্যালয়ে ছাত্র কল্যাণের একটি উপদেষ্টা বোর্ডের আয়োজন করা উচিত যার এমন কোনও সংস্থা নেই।

VIII) নারী শিক্ষা

নারী শিক্ষার গুরুত্ব সম্পর্কে কমিশন পর্যবেক্ষণ করেছে, নারী শিক্ষা ছাড়া শিক্ষিত মানুষ থাকতে পারে না। যদি সাধারণ শিক্ষা পুরুষ বা মহিলাদের মধ্যে সীমাবদ্ধ রাখতে হয় তবে মহিলাদের সুযোগ দেওয়া উচিত, তাদের কাছ থেকে এটি আরও নিশ্চিতভাবে পরবর্তী প্রজন্মের কাছে প্রেরণ করা হবে, কমিশন আরও পর্যবেক্ষণ করেছে, এটি উপলব্ধি করার সময় এসেছে যে সর্বোত্তম পারিবারিক সম্পর্কগুলি এমন একজন পুরুষ ও মহিলার সমিতি থেকে উদ্ভূত হয়, যার মধ্যে অনেক সম্পর্ক রয়েছে এমন একজন পুরুষ ও মহিলার সমিতি থেকে ফলাফল যা তাদের বেশিরভাগ শিক্ষা পেয়েছে। সাধারণ কিন্তু যাদের প্রত্যেকেই তার নিজের প্রকৃতি অনুযায়ী বিকশিত হয়েছে এবং অনুকরণে নয়। একজন মহিলার হোম ম্যানেজমেন্টের সমস্যা এবং এগুলি পূরণের জন্য উন্নত দক্ষতার সাথে পরিচিত হওয়া উচিত। তাদের একটি বেবি হোম এবং নার্সারি স্কুল ইত্যাদিতে ল্যাবরেটরি অভিজ্ঞতা প্রদান করা উচিত। মহিলাদের জন্য অধ্যয়নের বিশেষ কোর্সঃ এগুলি হোম অর্থনীতি, নার্সিং শিক্ষাদান চারুকলা। সাধারণভাবে মহিলা শিক্ষার্থীদের নাগরিক এবং মহিলা উভয় হিসাবে একটি স্বাভাবিক সমাজে তাদের স্বাভাবিক স্থান দেখতে এবং এর জন্য প্রস্তুত হতে সহায়তা করা উচিত। কলেজের প্রোগ্রামগুলি এমনভাবে ডিজাইন করা উচিত যাতে তাদের পক্ষে এটি করা সম্ভব হয়। কলেজে পুরুষদের পক্ষ থেকে সৌজন্য এবং সামাজিক দায়বদ্ধতার মানদণ্ডের উপর জোর দেওয়া উচিত।

IX) সংবিধান ও নিয়ন্ত্রণ

বিশ্ববিদ্যালয়ের শিক্ষাকে সমসাময়িক তালিকায় রাখা হয়েছে। বিশ্ববিদ্যালয়গুলির সাথে কেন্দ্রীয় সরকারের উদ্বেগের বিষয় হল জাতীয় নীতি গ্রহণ, দক্ষ প্রশাসনের ন্যূনতম মান নিশ্চিত করা এবং বিশ্ববিদ্যালয় এবং জাতি গবেষণা গবেষণাগার এবং বৈজ্ঞানিক জরিপ ইত্যাদির মধ্যে

যোগাযোগের ক্ষেত্রে সুবিধাগুলির আর্থিক সমন্বয়। কমিশন পর্যবেক্ষণ করেছে যে সম্পদসংকটের কারণে বিশ্ববিদ্যালয়গুলি যথাযথ সংস্কার বাস্তবায়ন করতে সক্ষম হচ্ছে না। এই বিষয়ে এটি নিম্নলিখিত সুপারিশগুলি তৈরি করেছে;

- বিশ্ববিদ্যালয়কে অর্থ বরাদ্দের জন্য একটি বিশ্ববিদ্যালয় মঞ্জুরি কমিশন গঠন করতে হবে।
- রাজ্য সরকারের উচিত বিশ্ববিদ্যালয়ের শিক্ষার বড় ভার বহন করা।
- বেসরকারী কলেজগুলিকে পুনরাবৃত্ত এবং অ-পুনরাবৃত্তিমূলক অনুদান দেওয়া উচিত। অনুদান দেওয়ার জন্য নির্দিষ্ট নিয়ম তৈরি করতে হবে।
- যে ব্যক্তি এবং সংস্থাগুলি বিশ্ববিদ্যালয়কে আর্থিক সহায়তা দিয়েছে তাদের আয়কর ছাড় দেওয়া যেতে পারে।

উপসংহারঃ

বিশ্ববিদ্যালয় শিক্ষা কমিশনের (১৯৪৭-৪৮) রিপোর্ট মূল্যায়ন করার সময় মনে রাখা যেতে পারে যে প্রতিবেদনটি ভারতের সংবিধান চূড়ান্ত হওয়ার আগে খসড়া এবং প্রকাশিত হয়েছিল। এবং 26 এ তার উদ্বোধন[th] জানুয়ারী 1950। সুতরাং, এটা স্বাভাবিক যে সমাজতন্ত্র, ধর্মনিরপেক্ষতা, জাতীয় ও মানসিক সংহতি, এবং মৌলিক আটটির মতো কিছু গুরুত্বপূর্ণ বিষয় এবং পদগুলি প্রতিবেদনে উল্লেখ এবং সেই অনুযায়ী তাদের প্রভাব খুঁজে পায় না। কমিশনের প্রতিবেদনটি অত্যন্ত গুরুত্বপূর্ণ নথি কারণ এটি স্বাধীনতার পর থেকে ভারতে বিশ্ববিদ্যালয়ের শিক্ষার বিকাশকে নির্দেশ করেছে। প্রথম উদাহরণে আমরা সুপারিশগুলির দার্শনিক এবং সামাজিক দিকগুলি গ্রহণ করি। এটি সুপারিশের জ্ঞান সংশ্লেষণের জন্য যথাযথ মনোযোগ দিয়েছিল। এটি পূর্ব ও পশ্চিম এবং প্রাচীন ও আধুনিকের জ্ঞান ও প্রজ্ঞা সংশ্লেষণের জন্য যথাযথ মনোযোগ দিয়েছিল।

মুদালিয়র কমিশন/মাধ্যামিক শিক্ষা কমিশন (১৯৫২-৫৩)

মুদালিয়ার কমিশন নামে পরিচিত মাধ্যমিক শিক্ষা কমিশন বর্তমান শিক্ষা ব্যবস্থায় পরিবর্তন আনতে এবং জাতির জন্য এটি আরও ভাল করার জন্য তাদের রেজোলিউশনের পরিপ্রেক্ষিতে ভারত সরকার কর্তৃক নিযুক্ত করা হয়েছিল। ডঃ এ লক্ষ্মণস্বামী মুদালিয়ার মাদ্রাজ বিশ্ববিদ্যালয়ের ভাইস-চ্যান্সেলর ছিলেন। স্বাধীনতার পর ভারতের শিক্ষা ব্যবস্থায় পরিবর্তন প্রয়োজন ছিল। ভারতে মাধ্যমিক বিদ্যালয়ের সংখ্যা বাড়ছে, মাধ্যমিক বিদ্যালয়ের শিক্ষার্থীদের যত্ন নেওয়া খুব প্রয়োজন ছিল।

মুদালিয়ার কমিশন গঠিত হয়েছিল

- নিয়োগ - সরকার কর্তৃক নিযুক্ত। ১৯৫২ সালের ২৩ শে সেপ্টেম্বর সিএবিই-র সুপারিশে ভারতের
- চেয়ারম্যান - ডঃ লক্ষ্মণ স্বামী মুদালিয়ার
- সচিব - এ এন বসু
- সদস্য সচিব - প্রিন্সিপাল মেম্বার সেক্রেটারি, এ এন বসু, সেন্ট্রাল ইনস্টিটিউট অফ এডুকেশন, দিল্লি।

- সহকারী সচিব- ড. এস.M সহকারী ধারি,
  শিক্ষা মন্ত্রণালয়ের শিক্ষা কর্মকর্তা সহ সাত জন সদস্য।
- প্রতিবেদন - ২৯ শে আগস্ট, ১৯৫৩ তারিখে জমা দেওয়া হয়েছে, প্রায় ২৪০ থেকে ২৫০ পৃষ্ঠার ১৫ টি
  অধ্যায়

মুদালিয়ার কমিশনের টার্মস অফ রেফারেন্স

- সেন্ট্রাল অ্যাডভাইজরি বোর্ড অফ এডুকেশনের প্রস্তাব গ্রহণ করার পর, ভারত সরকার, ২৩ সেপ্টেম্বর ১৯৫২ সালে মাধ্যমিক শিক্ষা নিয়োগ করে।
- কাজের ক্ষেত্র এবং তদন্ত - কমিশন ছিল
- ভারতে মাধ্যমিক শিক্ষার বর্তমান অবস্থান সম্পর্কে অনুসন্ধান এবং প্রতিবেদন করা।

কমিশনের লক্ষ্য

1. মাধ্যমিক শিক্ষার সমস্যাগুলি অনুসন্ধান করা
2. বিশেষ রেফারেন্স সহ তার পুনরায় সংগঠন এবং উন্নতির জন্য ব্যবস্থাগুলির পরামর্শ দেওয়া
3. মাধ্যমিক শিক্ষার লক্ষ্য, সংগঠন এবং বিষয়বস্তু এবং
4. প্রাথমিক ও উচ্চ শিক্ষার সাথে এর সম্পর্ক

এর পুনর্গঠনের জন্য এবং বিশেষ ভাবে উল্লেখ করে পদক্ষেপগুলির পরামর্শ দিন:

- প্রাথমিক, প্রাথমিক ও উচ্চ শিক্ষার সঙ্গে এর সম্পর্ক।
- শিক্ষার লক্ষ্য, সংগঠন এবং বিষয়বস্তু।
- মাধ্যমিক বিদ্যালয় এবং বিভিন্ন ধরনের আন্তঃসম্পর্ক
- অন্যান্য মিত্র সমস্যা যাতে আমাদের চাহিদা ও সম্পদের জন্য উপযুক্ত মাধ্যমিক শিক্ষার একটি সাউন্ড এবং যুক্তিসঙ্গতভাবে অভিন্ন ব্যবস্থা সমগ্র দেশের জন্য সরবরাহ করা যেতে পারে।

মুদালিয়ার কমিশনের সুপারিশ

সুপারিশগুলি হলঃ 1. মাধ্যমিক শিক্ষার সাংগঠনিক প্যাটার্ন 2। Organization of Secondary School Curriculum ৩। টেক্সট বই ৪। ৫. শিক্ষার পদ্ধতি। শৃঙ্খলা ৬। ৭. ধর্মীয় ও নৈতিক শিক্ষা। গাইডেন্স এবং কাউন্সেলিং ৪। তত্ত্বাবধান এবং পরিদর্শন।

1. মাধ্যমিক শিক্ষার নতুন সাংগঠনিক প্যাটার্ন

- মাধ্যমিক শিক্ষা সাত বছরের হতে হবে।
- এটি 11 থেকে 17 বছর বয়সী শিশুদের জন্য হওয়া উচিত।

- এটি ইন্টারমিডিয়েট কলেজ শেষ করার এবং মাধ্যমিক বিদ্যালয়ের সাথে একাদশ শ্রেণি এবং বি.এ এর সাথে দ্বাদশ শ্রেণিকে একীভূত করার পরামর্শ দিয়েছে।
- মাধ্যমিক শিক্ষাকে দুই ভাগে ভাগ করেছে কমিশন।

কমিশন শিক্ষার সমস্যা সম্পর্কিত প্রশ্নাবলী সম্পর্কিত একটি প্রশ্নাবলী তৈরি করে বিভিন্ন শিক্ষা প্রতিষ্ঠানে প্রেরণ করে। তাদের উত্তরের ভিত্তিতে কমিশন ২৪৪ পৃষ্ঠার একটি প্রতিবেদন তৈরি করেছিল যা ১৯৫৩ সালের ২৯ শে আগস্ট ১৪/১৫ অধ্যায়গুলিতে বিভক্ত করা হয়েছিল এবং উপস্থাপন করা হয়েছিল।

মাধ্যমিক শিক্ষার ক্রটি

1. বিষয়বস্তুতে বুকিশ
2. পরীক্ষা ওরিয়েন্টেড
3. কোন গুণগত উন্নয়ন নেই
4. একতরফা এবং কোনও বৈচিত্র্য নেই
5. শিক্ষক ও শিক্ষার্থীর মধ্যে ঘনিষ্ঠ যোগাযোগের কোন সুযোগ নেই
6. ভালো শিক্ষকের অভাব
7. খেলাধুলা এবং বিনোদনের জন্য কোনও উপযুক্ত সুবিধা নেই

মাধ্যমিক শিক্ষার লক্ষ্য

- গণতান্ত্রিক নাগরিকত্বের উন্নয়ন।
- জীবনযাত্রার শিল্পে দীক্ষা।
- ব্যক্তিত্বের বিকাশ।
- বৃত্তিমূলক দক্ষতার উন্নতি।
- নেতৃত্বের জন্য শিক্ষা।
- সত্যিকারের দেশপ্রেমের বিকাশ।
- ডিগ্রি কোর্স হতে হবে তিন বছরের।
- উচ্চ বিদ্যালয়ের শিক্ষার্থীদের বিশ্ববিদ্যালয়ে প্রবেশের জন্য এক বছরের প্রাক-বিশ্ববিদ্যালয় কোর্স।
- প্রাক-বিশ্ববিদ্যালয় পাস করা শিক্ষার্থীদের পেশাদারকোর্সে প্রবেশের অনুমতি দেওয়া উচিত।
- শিক্ষার্থীদের বিভিন্ন দক্ষতার যত্ন নেওয়ার জন্য বহুমুখী বিদ্যালয় স্থাপন করা উচিত।
- কারিগরি শিক্ষা- কেন্দ্রীয় কারিগরি প্রতিষ্ঠানগুলির পাশাপাশি প্রচুর সংখ্যক স্কুল খোলা উচিত।
- এ ধরনের প্রতিষ্ঠান কারখানাগুলোর কাছে খুলে দিতে হবে, যাতে শিক্ষার্থীরা প্র্যাকটিক্যাল ট্রেনিং নিতে পারে।
- কারিগরি শিক্ষার অর্থায়নের জন্য শিল্পশিক্ষা সেস শিল্পের উপর আরোপ করা উচিত।

- অন্যান্য ধরনের স্কুল পাবলিক স্কুলগুলিকে ৫ বছর পরে মাধ্যমিক বিদ্যালয় হিসাবে পুনর্গঠন করা উচিত।
- ছেলে ও মেয়েদের সহ-শিক্ষার মাধ্যমে একই শিক্ষার ব্যবস্থা করতে হবে তবে মেয়েদের জন্য হোম সায়েন্স শিক্ষার ব্যবস্থা থাকতে হবে।
- যে সব এলাকায় প্রয়োজন সেখানে মেয়েদের স্কুল খুলে দিতে হবে।

2. পাঠ্যক্রম

- কমিশন নমনীয় পাঠ্যক্রমকে সমর্থন করে যা শিক্ষার্থীদের আগ্রহ, প্রয়োজন এবং জীবনের সাথে সম্পর্কিত হতে পারে
- এটি এমন হওয়া উচিত যে এটি শিক্ষার্থীদের কাজ এবং অবসর উভয়ের জন্য প্রশিক্ষণ দিতে পারে।
- উৎপাদনশীল কাজের গুরুত্ব দিতে হবে।
- এর মধ্যে তাত্ত্বিক জ্ঞানের পাশাপাশি ব্যবহারিক জ্ঞান অন্তর্ভুক্ত করা উচিত।
- **উচ্চ মাধ্যমিক পর্যায়ের জন্য বিষয়সমূহ**

বাধ্যতামূলক

1. মাতৃভাষা বা আঞ্চলিক ভাষা
2. হিন্দি থেকে অন্য একটি ভাষা, প্রাথমিক ইংরেজি, উন্নত ইংরেজি, আধুনিক ভারতীয় ভাষা, আধুনিক বিদেশী ভায়া, প্রাচীন ভায়া

1. ক) সামাজিক গবেষণাস
2. খ) বিজ্ঞান
3. গ) Craft

ঐচ্ছিকঃ
গ্রুপগুলির যে কোনও একটি থেকে যে কোনও 3 টি বিষয়

- গ্রুপ ১ মানবিক
- গ্রুপ ২ বিজ্ঞান
- গ্রুপ 3 প্রযুক্তিগত বিষয়
- গ্রুপ 4 বাণিজ্যিক বিষয়
- গ্রুপ ৫ কৃষি
- গ্রুপ 6 ফাইন আর্টস
- গ্রুপ ৭ বিজ্ঞান

3. পাঠ্যক্রমের জন্য বিষয়

জুনিয়র হাই স্কুল - ভাষা, সামাজিক অধ্যয়ন, সাধারণ বিজ্ঞান, গণিত, শিল্প ও নৈপুণ্য, সঙ্গীত, শারীরিক শিক্ষা।

মাধ্যমিক শিক্ষা - কোর্সের বৈচিত্র্য আনা হয়েছে। হিন্দি, সামাজিক বিজ্ঞান, গণিত এবং একটি নৈপুণ্যের মতো কিছু মূল বিষয় রয়েছে যা প্রতিটি শিক্ষার্থীকে অধ্যয়ন করতে হয়। এর পাশাপাশি মানবিক, বিজ্ঞান, প্রযুক্তিগত বিষয়, বাণিজ্য, কৃষি, চারুকলা এবং হোম সায়েন্সের মতো সাতটি গ্রুপে শ্রেণিবদ্ধ কিছু ঐচ্ছিক বিষয় রয়েছে।

4. ভাষা অধ্যয়ন

- হিন্দিকে জাতীয় ভাষা হিসেবে গ্রহণ করা হয়েছে।
- সরকারি পরিষেবার জন্য হিন্দি বাধ্যতামূলক।
- মাধ্যমিক স্তরের জন্য ইংরেজি বাধ্যতামূলক।
- সংস্কৃতকে একটি তৃতীয় ভাষা হিসাবেও অন্তর্ভুক্ত করা হয়েছে যা ঐচ্ছিক।

5. শিক্ষার মাধ্যম

- শিক্ষার মাধ্যম হতে হবে মাতৃভাষা বা আঞ্চলিক ভাষা।
- মাতৃভাষা ও আঞ্চলিক ভাষার পাশাপাশি জাতীয় ভাষা এবং একটি বিদেশী ভাষাও শেখাতে হবে।

6. পাঠ্যপুস্তক

- পাঠ্যপুস্তকগুলি খুব সাবধানে নির্বাচন করা উচিত। নির্বাচন ও সংস্কারের জন্য একটি কমিটি থাকা উচিত।
- বইয়ের মুদ্রণ, প্রচ্ছদ এবং প্রথম পৃষ্ঠার জন্য একটি নির্দিষ্ট মান থাকতে হবে।
- এমন কোনও বই থাকা উচিত নয় যা কোনও সম্প্রদায়, ধর্ম বা সামাজিক রীতিনীতির বিরুদ্ধে ঘৃণা, অনৈক্য ছড়িয়ে দেয়।
- একটি বিষয়ের জন্য একাধিক পাঠ্যপুস্তক থাকা উচিত।

7. শিক্ষণ পদ্ধতি

- শিক্ষার্থীদের নৈতিক, সামাজিক ও মানসিক বিকাশের প্রয়োজন অনুযায়ী শিক্ষাদান পদ্ধতি গ্রহণ করতে হবে।
- শিক্ষাদান পদ্ধতি টি ক্রিয়াকলাপ ভিত্তিক হতে হবে। এটি মৌখিকতা এবং স্মৃতিচারণের উপর জোর দেওয়া উচিত নয়।
- প্রতিটি বিষয়ে বিভিন্ন ধরণের অভিব্যক্তির কাজ অন্তর্ভুক্ত করা উচিত।
- শিক্ষাদান পদ্ধতি এমনভাবে গ্রহণ করা উচিত যাতে এটি পৃথক পার্থক্যের যত্ন নেয়।

- পরীক্ষামূলক এবং প্রদর্শন পদ্ধতির উপর আরও জোর দেওয়া উচিত।

৪. স্কুলে লাইব্রেরির স্থান

- গ্রন্থাগারগুলিকে একটি বুদ্ধিবৃত্তিক পরীক্ষাগারের একটি ফর্ম দেওয়া উচিত। এবং এটি ব্যক্তিগত এবং গোষ্ঠীগত কাজ, সাহিত্যিক আগ্রহ এবং সহ-পাঠ্যক্রমিক ক্রিয়াকলাপগুলি সম্পন্ন করতে সহায়তা করা উচিত।
- লাইব্রেরিগুলিকে শিক্ষার্থীদের জন্য সবচেয়ে আকর্ষণীয় জায়গা হিসাবে গড়ে তুলতে হবে।
- বই এবং ম্যাগাজিনগুলি শিক্ষক ও শিক্ষার্থীদের প্রয়োজন এবং আগ্রহ অনুযায়ী হওয়া উচিত।
- গ্রন্থাগারগুলিতে একজন প্রশিক্ষিত গ্রন্থাগারিক থাকতে হবে।
- ছুটির দিনগুলিতেও গ্রন্থাগারগুলি খোলা থাকা উচিত যাতে শিক্ষার্থী এবং সমাজ তাদের কাছ থেকে উপকৃত হতে পারে।

৯. চরিত্রের শিক্ষা

- স্কুল একটি ছোট সমাজ এবং শিক্ষার্থীদের মূল্যবোধ, দৃষ্টিভঙ্গি, কর্ম জাতীয় গুরুত্বের দৃষ্টিকোণ থেকে গুরুত্বপূর্ণ। সুতরাং, তাদের সেই অনুযায়ী প্রশিক্ষণ দেওয়া উচিত।
- সর্বোত্তম শৃঙ্খলার জন্য শিক্ষক ও শিক্ষার্থীদের মধ্যে ঘনিষ্ঠ সম্পর্ক থাকতে হবে।
- হাউস সিস্টেম দ্বারা পরিচালিত স্কুলে স্বায়ত্তশাসন থাকতে হবে, প্রিফেক্টস, মনিটর এবং ছাত্র কাউন্সিলকে গুরুত্বপূর্ণ স্থান দিতে হবে।
- কো-কারিকুলার কার্যক্রমকে উৎসাহিত করতে হবে এবং স্কুল শিক্ষায় পাঠ্যক্রম বহির্ভূত কার্যক্রমও অন্তর্ভুক্ত করতে হবে।
- এনসিসি, স্কাউট ক্যাম্পকে উৎসাহিত করতে হবে।
- প্রাথমিক চিকিৎসা ও জুনিয়র রেড ক্রসের কাজকে উৎসাহিত করতে হবে।
- শিক্ষার্থীদের জন্য আচরণবিধি তৈরি ও বজায় রাখতে হবে।

১০. শিক্ষায় দিকনির্দেশনা

- শিক্ষা, ব্যক্তিগত এবং বৃত্তিমূলক দিকনির্দেশনার জন্য স্কুলগুলিতে গাইডেন্স অফিসার এবং ক্যারিয়ার মাস্টার্স নিয়োগ করা উচিত।
- ফিল্ম শো, বিভিন্ন শিল্প সম্পর্কিত ভ্রমণের ব্যবস্থা থাকতে হবে।

১১. শিক্ষার্থীদের শারীরিক কল্যাণ

- প্রতিটি রাজ্যে স্কুল মেডিকেল সার্ভিস থাকতে হবে।
- স্কুলের প্রত্যেক পড়ুয়ার নিয়মিত স্বাস্থ্য পরীক্ষার ব্যবস্থা রাখতে হবে।

- প্রত্যেক শিক্ষার্থীর স্বাস্থ্য প্রতিবেদন তৈরি করতে হবে এবং ডাক্তার, বাবা-মা এবং ক্লাস টিচারকে এর একটি কপি রাখতে হবে।
- হোস্টেল এবং আবাসিক বিদ্যালয়ে সুষম ও পুষ্টিকর খাদ্যের ব্যবস্থা থাকতে হবে।
- শারীরশিক্ষার শিক্ষকদের বিষয় শিক্ষকদের মতো সমানভাবে বিবেচনা করা উচিত।
- জাতীয় পর্যায়ে ফিজিক্যাল এডুকেশন ট্রেনিং সেন্টার চালু করতে হবে।
- শিক্ষার্থীদের শারীরিক ক্রিয়াকলাপের সম্পূর্ণ রেকর্ড থাকতে হবে।

12. পরীক্ষা এবং মূল্যায়ন

- বাহ্যিক পরীক্ষার সংখ্যা কমাতে হবে।
- সিলেবাস শেষ হওয়ার পরে কেবল একটি পাবলিক পরীক্ষা হওয়া উচিত।
- প্রশ্নগুলি বস্তুনিষ্ঠ হওয়া উচিত এবং বিষয়গত উপাদানগুলি হ্রাস করা উচিত।
- প্রশ্নগুলি সম্পূর্ণ সিলেবাসের উপর ভিত্তি করে হওয়া উচিত।
- পরীক্ষকদের সাবধানে নির্বাচন করতে হবে।
- শিক্ষার্থীদের কাজের মূল্যায়ন করার সময়, অভ্যন্তরীণ পরীক্ষা, পর্যায়ক্রমিক পরীক্ষা এবং স্কুল রেকর্ডগুলিও বিবেচনা করা উচিত।
- শিক্ষার্থীদের 5-পয়েন্ট স্কেলে মূল্যায়ন করা উচিত, যেখানে A পার্থক্য, বি ক্রেডিট, সি পাস, ডি এবং ই ব্যর্থ বা পুনরায় পরীক্ষা।
- একটি বিষয়ের জন্য একটি কম্পার্টমেন্টাল পরীক্ষার জন্য কম্পার্টমেন্টাল পরীক্ষার ব্যবস্থা থাকতে হবে।

13. শিক্ষকের অবস্থার উন্নতি

- শিক্ষক নির্বাচন ও নিয়োগের পদ্ধতি সারা দেশে অভিন্ন হওয়া উচিত।
- প্রশিক্ষিত শিক্ষকদের প্রবেশনের সময়কাল এক বছর হওয়া উচিত।
- মাধ্যমিক বিদ্যালয়ের শিক্ষকদের প্রশিক্ষিত হতে হবে স্নাতক এবং উচ্চ মাধ্যমিক বিদ্যালয়ের শিক্ষকদের প্রশিক্ষণপ্রাপ্ত স্নাতকোত্তর হতে হবে।
- যে সব শিক্ষক সমান যোগ্যতাসম্পন্ন, তাঁদের সারা দেশে সমান বেতন দিতে হবে।
- শিক্ষকদের জন্য ট্রিপল বেনিফিট স্কিম থাকা উচিত যার মধ্যে রয়েছে পেনশন, প্রভিডেন্ট ফান্ড এবং জীবন বীমা।
- শিক্ষকদের অভিযোগ সমাধানের জন্য সালিশি বোর্ড থাকা উচিত।
- শিক্ষকদের অবসরের বয়স হতে হবে ৬০ বছর।
- টিচার্স ওয়ার্ডকে স্কুলে বিনামূল্যে পড়াশোনা করতে হবে।
- শিক্ষকদের আবাসিক ও চিকিৎসা সুবিধা, পড়াশোনার ছুটি, ভ্রমণ ভাতা ইত্যাদি দিতে হবে।
- প্রাইভেট টিউশন নিষিদ্ধ করতে হবে।
- তাদের সামাজিক মর্যাদা উন্নত করার জন্য, শিক্ষকদের সময়ে সময়ে সম্মানিত করা উচিত।

14. শিক্ষকের প্রশিক্ষণ

- উচ্চ মাধ্যমিক শিক্ষকদের দুই বছরের প্রশিক্ষণ দিতে হবে এবং স্নাতকদের এক বছরের প্রশিক্ষণ দিতে হবে।
- ছাত্র শিক্ষকদের এক বা একাধিক অতিরিক্ত পাঠ্যক্রমের ক্রিয়াকলাপে প্রশিক্ষণ দেওয়া উচিত।
- প্রশিক্ষণ কলেজগুলিতে রিফ্রেশার কোর্স এবং ব্যবহারিক প্রশিক্ষণ এবং কর্মশালার ব্যবস্থা থাকতে হবে।
- প্রশিক্ষণ কলেজগুলি ছাত্র শিক্ষকদের কাছ থেকে যে কোনও ফি নিতে হবে। রাষ্ট্রকে উপবৃত্তি প্রদান করতে হবে।
- প্রশিক্ষণ কলেজগুলিতে হোস্টেল থাকতে হবে।
- যে সকল শিক্ষকের তিন বছরের শিক্ষকতার অভিজ্ঞতা রয়েছে, তাদের কেবলমাত্র বছরের শিক্ষকতার অভিজ্ঞতা থাকলেই এম.এড-এর জন্য যোগ্য হতে হবে।

15. প্রশাসন

- শিক্ষামন্ত্রীর সঙ্গে সরাসরি যোগাযোগ রাখতে হবে শিক্ষা অধিকর্তাকে।
- শিক্ষা পরিদর্শন ও সমন্বয়ের জন্য ২৫ সদস্যের একটি বোর্ড থাকতে হবে।
- সেন্ট্রাল অ্যাডভাইজরি বোর্ড অফ এডুকেশনকে জাতীয় স্তরে শিক্ষার সমস্যা সমাধানের সমন্বয়ক হিসাবে কাজ করতে হবে।
- স্কুল পরিদর্শকদের জন্য আবেদন করার জন্য স্কুল আবেদন করার জন্য যোগ্যতার মানদণ্ড হওয়া উচিত -
- ১০ বছরের শিক্ষকতার অভিজ্ঞতা।
- উচ্চ বিদ্যালয়ের প্রধান শিক্ষকগণ। উচ্চ বিদ্যালয়ের প্রধান শিক্ষকগণ।
- প্রশিক্ষণ কলেজগুলির দক্ষ শিক্ষক।
- স্কুলকে তখনই স্বীকৃতি দেওয়া উচিত যখন তারা সমস্ত শর্ত পূরণ করবে।
- গ্রামাঞ্চলে, স্কুলগুলি আশেপাশের গ্রামের মানুষের নাগালের মধ্যে থাকা উচিত।
- প্রতিটি শ্রেণিকক্ষে ৩০-৪০ জন শিক্ষার্থীর থাকার ক্ষমতা থাকতে হবে।
- প্রতিটি স্কুলে কো-অপারেটিভ স্টোর থাকা উচিত যাতে শিক্ষার্থীরা প্রয়োজনীয় জিনিস গুলি পেতে পারে।
- বিদ্যালয়ে বছরে কমপক্ষে ২০০ দিন কাজ করা উচিত এবং প্রতি সপ্তাহে ৩৫ টি পিরিয়ড পড়ানোর কাজ করা উচিত।
- গ্রীষ্মে কমপক্ষে ২ মাসের ছুটি এবং শীতকালে ১০-১৫ দিন ছুটি থাকতে হবে।

16. অর্থ ব্যবস্থা

- কারিগরি ও বৃত্তিমূলক শিক্ষার জন্য মাধ্যমিক স্তরে, শিল্প শিক্ষা সেস আরোপ করা উচিত।

- রেল, টেলিযোগাযোগ ও ডাক থেকে আয়ের কিছু অংশ কারিগরি শিক্ষার উন্নয়নে ব্যয় করতে হবে। মাধ্যমিক শিক্ষার উন্নয়ন তহবিলের উপর আয়কর আরোপ করা উচিত নয়।

এর গুণাগুণ মুদালিয়ার কমিশন

- কমিশনের যোগ্যতা
- ক্রিয়াকলাপ ভিত্তিক শিক্ষা।
- কৃষি শিক্ষার উপর জোর।
- মাধ্যমিক শিক্ষার লক্ষ্য নিয়ে আলোচনা।
- শিশুকেন্দ্রিক শিক্ষা।
- শিক্ষকের বেতন ও পদে উন্নতি।
- সহ-পাঠ্যক্রমিক ক্রিয়াকলাপ।
- বাহ্যিক পরীক্ষার উপর আর চাপ নেই।
- বহুমুখী স্কুলগুলির উপর জোর।
- শিল্পের কাছাকাছি প্রযুক্তিগত স্কুল খোলার পরামর্শ।

মুদালিয়ার কমিশনের অপকারিতা

- পরামর্শগুলি তাড়াহুড়ো করে দেওয়া হয়, তাই সমস্যাগুলি এখনও রয়েছে।
- শিক্ষকদের সামাজিক ও অর্থনৈতিক অবস্থার উন্নতি সম্পর্কে কোনও নতুন বিবৃতি নেই।
- নারী শিক্ষা নিয়ে কোনো পরামর্শ নেই।
- এখনও ইংরেজির উপর জোর দিন।

ভারতীয় শিক্ষা কমিশন বা কোঠারি কমিশন (১৯৬৪-৬৬)

এই প্রবন্ধে, আমরা কোঠারি শিক্ষা কমিশন, 1964-66 সম্পর্কে আলোচনা করব, যা ভারতে কমিশনের ইতিহাসে ষষ্ঠ কমিশন ছিল।

স্বাধীনতার পর শুরু হওয়া পঞ্চবার্ষিক পরিকল্পনা অনেক ক্ষেত্রে দেশের উন্নয়নে সহায়তা করেছিল। যাইহোক, এই পরিকল্পনাগুলির বাস্তবায়ন অন্তর্নিহিত দুর্বলতা প্রকাশ করে যার কারণে প্রত্যাশিত সাফল্য অর্জন করা যাচ্ছিল না। শিক্ষা এমন একটি ক্ষেত্র বলে মনে হয়েছিল যা অনেকগুলি সমস্যাকে নির্দেশ করে যা তাৎক্ষণিক সমাধানের জন্য আমাদের প্রচেষ্টার প্রয়োজন ছিল। সরকার পরিস্থিতি সম্পর্কে পুরোপুরি অবগত ছিল। শিক্ষার উন্নতির জন্য সরকার স্বাধীনতার পর দুটি কমিশন গঠন করে।

এই দুটি কমিশনের সুপারিশগুলি এর সম্পূর্ণ বাস্তবায়নে সফল হতে পারেনি। ফলস্বরূপ, শিক্ষার ক্ষেত্রে ক্রুটিগুলি অব্যাহত ছিল। থিসিসের ক্রুটিগুলি দূর করার জন্য, সরকারকে একটি নতুন শিক্ষা কমিশন নিয়োগ করতে হয়েছিল যা সরকারকে শিক্ষার জাতীয় প্যাটার্নের বিষয়ে পরামর্শ দেওয়ার পাশাপাশি সমস্ত পর্যায়ে শিক্ষার বিকাশের জন্য সাধারণ নীতি এবং নীতিগুলির সাথে পরামর্শ দেয়।

এই নিবন্ধটি শিক্ষার বিভিন্ন দিক থেকে কোঠারি শিক্ষা কমিশনের সুপারিশগুলি নিয়ে আলোচনা করে।

নিয়োগ কোঠারি কমিশন

১৯৬৪ সালের ১৪ ই জুলাই তারিখে ভারত সরকারের একটি রেজোলিউশনের বিধানের অধীনে কমিশনটি নিযুক্ত করা হয়েছিল। এই কমিশনে ভারত ও বিদেশের বিভিন্ন ক্ষেত্রের বিশিষ্ট শিক্ষাবিদদের অন্তর্ভুক্ত করা হয়েছিল। এতে মোট ১৭ জন সদস্য ছিলেন, যেখানে ১৪ জন সদস্য, ১ জন সদস্য - সচিব, ১ জন সহযোগী - সচিব এবং যুক্তরাজ্যের চেয়ারম্যান ডঃ ডি.এস. কোঠারি, ইউ.জি.C চেয়ারম্যান, কমিশনের চেয়ারম্যান হিসাবে নিযুক্ত হন। সুতরাং, এটি কোঠারি কমিশন নামেও পরিচিত। কমিশনের সদস্যদের মধ্যে ৫ জন শিক্ষাবিদ ছিলেন ইংল্যান্ড, আমেরিকা, ফ্রান্স, জাপান ও রাশিয়ার। জে পি নায়েককে কমিশনের নম্বর সচিব এবং জে এফ ম্যাকডোগালকে সংশ্লিষ্ট সচিব হিসাবে নিযুক্ত করা হয়েছিল।

কোঠারি কমিশনের অনন্য বৈশিষ্ট্য

আমাদের জন্য এটি জানা গুরুত্বপূর্ণ যে এই কমিশনকে পূর্বের অন্যান্য কমিশন থেকে একটি অনন্য কমিশন তৈরি করেছে এমন বৈশিষ্ট্যগুলি।

শিক্ষা কমিশনের (১৯৬৪-৬৬) অনন্য বৈশিষ্ট্যগুলি হলঃ

1. এর আগের পাঁচটি কমিশনই সামগ্রিকভাবে শিক্ষা নিয়ে কাজ করেনি, বরং শিক্ষার বিভিন্ন স্তরের দিকে মনোনিবেশ করেছে। কিন্তু এই কমিশন তার তদন্তকে শিক্ষার নির্দিষ্ট ক্ষেত্র বা দিকগুলির মধ্যে সীমাবদ্ধ রাখার জন্য নয়, বরং সমগ্র শিক্ষা ব্যবস্থার একটি বিস্তৃত পর্যালোচনা করার জন্য ছিল।

2. কমিশনের আরেকটি অনন্য বৈশিষ্ট্য ছিল তার দৃঢ় বিশ্বাস যে শিক্ষা জাতীয় উন্নয়নের সবচেয়ে শক্তিশালী হাতিয়ার। জাতীয় উন্নয়নে শিক্ষার গুরুত্বপূর্ণ ভূমিকা প্রতিবেদনের প্রতিটি পৃষ্ঠায় তার সমস্ত প্রাণবন্ততার মধ্যে প্রদর্শিত হয়। এর আগে কখনও শিক্ষাকে জাতীয় সম্মানের এমন জায়গা দেওয়া হয়নি, এবং এর আগে কখনও এটি জাতীয় সম্মানের মূল ভিত্তি হিসাবে কল্পনা করা হয়নি, এবং এর আগে কখনও এটি জাতির অগ্রগতি এবং সমৃদ্ধির মূল ভিত্তি হিসাবে কল্পনা করা হয়নি যা কমিশনের প্রতিবেদনের পৃষ্ঠাগুলিতে প্রকাশিত হয়েছে।

3. কমিশনের আন্তর্জাতিক গঠনও উল্লেখযোগ্য। ভারতে শিক্ষা অবশ্যই ভারতীয় অভিজ্ঞতা থেকে উদ্ভূত হতে হবে, মাধ্যমে, সংস্কৃতি এবং স্থানীয় অবস্থার মাধ্যমে। কিন্তু যেহেতু শিক্ষা মানবজাতির সাধারণ অনুসন্ধান হিসাবে রয়ে গেছে, তাই অন্যান্য দেশের শিক্ষাবিদ ও বিজ্ঞানীদের অভিজ্ঞতা ও চিন্তাভাবনার উপর আলোকপাত করা এবং শিক্ষাগতভাবে উন্নত দেশগুলির সর্বশেষ বিকাশের সুবিধা গ্রহণ করা লাভজনক বলে মনে করা হয়েছিল। এই কমিশনের মধ্যে ৭ জন ভারতীয় সদস্য এবং ৫ জন অন্যান্য সদস্য ছিলেন ; জাপান, ফ্রান্স, যুক্তরাজ্য, মার্কিন যুক্তরাষ্ট্র এবং ইউএসএসআর থেকে ১ জন করে। এছাড়া বিশ্বের বিভিন্ন দেশের ২০ জন কনসালট্যান্ট পাওয়া গেছে।

শর্তাবলী

এই কমিশন জাতীয় শিক্ষার ধরণ এবং সকল পর্যায়ে এবং তার সকল দিক থেকে শিক্ষার বিকাশের জন্য সাধারণ নীতি ও নীতি সম্পর্কে সরকারকে পরামর্শ দেবে। যাইহোক, এটি চিকিৎসা বা আইনী শিক্ষার সমস্যাগুলি পরীক্ষা করার প্রয়োজন নেই, তবে এই সমস্যাগুলির এই ধরনের দিকগুলি যা এর বিস্তৃত তদন্তের জন্য প্রয়োজনীয় তা খতিয়ে দেখা যেতে পারে।

প্রতিবেদন তৈরি

জাতির জনক মহাত্মা গান্ধীর জন্মদিনে কমিশন তার কাজ শুরু করে। এটি দেশের শিক্ষার বিভিন্ন সমস্যা অধ্যয়নের জন্য ১২ টি টাস্ক ফোর্স এবং ৭ টি ওয়ার্কিং গ্রুপ গঠন করেছিল। এতে জনজীবনে বিশিষ্ট প্রায় ৯০০০ নারী-পুরুষ, শিক্ষাবিদ, বিজ্ঞানী, শিল্পপতি ও বিভিন্ন ক্ষেত্রের পণ্ডিত এবং শিক্ষায় আগ্রহী অন্যান্যদের সাক্ষাৎকার নেওয়া হয়। কমিশন প্রায় ১০০ দিন বিশ্ববিদ্যালয়, কলেজ ও স্কুল পরিদর্শনে ব্যয় করে এবং শিক্ষক, শিক্ষাবিদ, প্রশাসক ও শিক্ষার্থীদের সাথে আলোচনা করে। এটি ২,৪০০ টি মেমোরেন্ডাম এবং নোট পেয়েছে এবং যাচাই করেছে। কমিশন ২১ মাস কাজ করে এবং ১৯৬৬ সালের জুন মাসে রিপোর্ট জমা দেয়।

কোঠারি কমিশনের রিপোর্ট

কমিশনের রিপোর্ট শিক্ষার উপর একটি চমৎকার দলিল। কমিশন তার রিপোর্টে তার রূপটি প্রকাশ করেছে যে শিক্ষা জাতীয় উন্নয়নের সবচেয়ে শক্তিশালী হাতিয়ার।

কমিশনের রিপোর্টটি যথাযথভাবে 'শিক্ষা ও জাতীয় উন্নয়ন' হিসাবে নামকরণ করা হয়েছে। প্রতিবেদনটি চারটি ভাগে ভাগ করা হয়েছে-

বিভাগ ১: সাধারণ সমস্যা নিয়ে কাজ করা।

বিভাগ ২: বিভিন্ন পর্যায়ে এবং বিভিন্ন সেক্টরে শিক্ষার সাথে সম্পর্কিত।

বিভাগ ৩: কমিশন কর্তৃক প্রস্তাবিত বিভিন্ন সুপারিশ এবং কর্মসূচী বাস্তবায়নের বিষয়ে আলোচনা করা হয়েছে।

বিভাগ ৪: সম্পূরক কাগজপত্র নিয়ে গঠিত।

এই প্রতিবেদনে প্রস্তাবিত শিক্ষাগত পুনর্গঠনের কর্মসূচীগুলি তিনটি বিস্তৃত বিভাগে পড়ে -

1. শিক্ষা ব্যবস্থার অভ্যন্তরীণ রূপান্তর, যাতে তা জাতির জীবন, চাহিদা ও আকাঙ্ক্ষার সাথে সম্পর্কিত হয়।

2. শিক্ষার গুণগত উন্নতি যাতে অর্জিত মানসমূহ পর্যাপ্ত হয়, ক্রমাগত বৃদ্ধি পায় এবং কমপক্ষে কয়েকটি সেক্টরে আন্তর্জাতিকভাবে তুলনীয় হয়ে ওঠে; এবং

3. মানুষের উপর ভিত্তি করে শিক্ষামূলক সুযোগ-সুবিধার বিস্তৃতি - ক্ষমতার চাহিদা এবং শিক্ষার সুযোগের সমানীকরণের উপর একটি অ্যাকসেন্ট সহ।

প্রতিবেদন তৈরি

- ১২টি টাস্ক ফোর্স ও ৭টি ওয়ার্কিং গ্রুপ গঠন করা।
- সাক্ষাৎকার নিয়েছেন ৯,০০০ জন নারী-পুরুষের।
- ১০০ দিন কাটিয়েছেন।

- ১৯৬৪ সালের ২রা অক্টোবর এর কাজ শুরু করুন।
- প্রতিবেদনটি চারটি ভাগে ভাগ করা হয়েছে।
- প্রোগ্রামগুলি তিনটিতে শ্রেণীবদ্ধ করা হয়েছে।

কোঠারি শিক্ষা কমিশনের সুপারিশসমূহ

আসুন আমরা কমিশনের সুপারিশগুলি নিয়ে আলোচনা করি। আমাদের আলোচনা সুপারিশগুলির দুটি প্রধান দিক, যেমন, শিক্ষা এবং জাতীয় উদ্দেশ্য এবং শিক্ষাগত কাঠামোর মধ্যে সীমাবদ্ধ থাকবে।

শিক্ষা ও জাতীয় উদ্দেশ্য-

পুরুষ ও সমাজকে পরিবর্তন করার ক্ষেত্রে শিক্ষার ব্যাপক ভূমিকা রয়েছে। এটি সম্পূর্ণরূপে সংস্কার করতে হবে এবং জনগণের জীবন, চাহিদা এবং আকাঙ্ক্ষার সাথে সম্পর্কিত হতে হবে যাতে এটি সামাজিক, অর্থনৈতিক ও সাংস্কৃতিক রূপান্তরের একটি শক্তিশালী হাতিয়ার হিসাবে কাজ করতে পারে। শিক্ষা সম্পর্কিত করার জন্য, কমিশন নিম্নলিখিত উদ্দেশ্যগুলির সুপারিশ করেছে-

1. উৎপাদনশীলতা বৃদ্ধি।
2. সামাজিক ও জাতীয় সংহতি প্রচার
3. শিক্ষা ও আধুনিকায়ন
4. সামাজিক, নৈতিক ও আধ্যাত্মিক মূল্যবোধের বিকাশ।

১. উৎপাদনশীলতা বৃদ্ধি-

কমিশন পরামর্শ দিয়েছিল যে জাতীয় আয় বাড়ানোর জন্য শিক্ষাকে অবশ্যই উৎপাদনশীলতার সাথে সম্পর্কিত হতে হবে। শিক্ষা ও উৎপাদনশীলতাকে সংযুক্ত করার জন্য ভারতীয় শিক্ষা কমিশন নিম্নলিখিত সুপারিশগুলি করেছে।

1. বিজ্ঞান শিক্ষা ও সংস্কৃতির মৌলিক উপাদান; সুতরাং এটি স্কুল শিক্ষার একটি অবিচ্ছেদ্য অংশ করা উচিত।
2. ম্যানুয়াল কাজের মূল্য বিকাশের জন্য কমিশন স্কুল শিক্ষায় কাজের অভিজ্ঞতা প্রবর্তনের সুপারিশ করেছিল।
3. শিল্প, কৃষি ও বাণিজ্যে প্রযুক্তিগত কর্মীদের ক্রমবর্ধমান চাহিদা পূরণের জন্য আইইসি স্কুল পাঠ্যক্রমে বৃত্তিমূলক বিষয়গুলি প্রবর্তনের সুপারিশ করেছে। এটি আরও অভিমত প্রকাশ করেছে যে বৃত্তিমূলককরণ শিক্ষাকে উৎপাদনশীলতার সাথে ঘনিষ্ঠ সম্পর্কের মধ্যে নিয়ে আসবে।

২. সামাজিক ও জাতীয় সংহতির প্রচার-

জাতীয় ও সামাজিক সংহতি একটি দেশের অগ্রগতি ও উন্নয়নের পূর্বশর্ত। কমিশনের মতে, সামাজিক ও জাতীয় সংহতি একটি জাতীয় শিক্ষা ব্যবস্থার একটি গুরুত্বপূর্ণ লক্ষ্য। কমিশন শিক্ষার মাধ্যমে সামাজিক ও জাতীয় সংহতি জোরদার করার জন্য নিম্নলিখিত সুপারিশগুলি করেছে।

1. শিক্ষাকে জাতীয় উন্নয়নের একটি শক্তিশালী হাতিয়ার হিসাবে গড়ে তুলতে, জনসাধারণের শিক্ষার সাধারণ স্কুল ব্যবস্থা গ্রহণ করতে হবে।

2. শিক্ষিত ও অশিক্ষিত, বুদ্ধিজীবী এবং জনসাধারণের মধ্যে যে ব্যবধান রয়েছে তা সেতুবন্ধন, সামাজিক ও জাতীয় সেবাকে স্কুল শিক্ষার একটি অবিচ্ছেদ্য অংশ হিসাবে গড়ে তুলতে হবে।

3. একটি ভাষা সামাজিক ও জাতীয় সংহতির জন্য একটি দৃঢ় আঠালো, স্কুলে মাতৃভাষা, হিন্দি এবং অন্যান্য আধুনিক ভারতীয় ভাষা শেখানোর জন্য উপযুক্ত বিধান করা উচিত।

৩. শিক্ষা ও আধুনিকায়ন-

বর্তমান সমাজ হচ্ছে বিজ্ঞানভিত্তিক সমাজ। বর্তমান শতাব্দী জ্ঞানের বিস্ফোরণের ফলে বৈজ্ঞানিক ও প্রযুক্তিগত জ্ঞানের ক্ষেত্রে অসাধারণ অগ্রগতি অর্জন করেছে। এই পরিস্থিতিতে শিক্ষার অন্যতম প্রধান কাজ হল জ্ঞানের এই অগ্রগতির সাথে তাল মিলিয়ে চলা। আধুনিক সমাজের আরেকটি বৈশিষ্ট্য হ'ল দ্রুত সামাজিক পরিবর্তন। পরিবর্তনের পরিস্থিতিতে, স্কুলকে সর্বদা সতর্ক থাকতে হবে যদি এটি উল্লেখযোগ্য পরিবর্তনগুলির পাশাপাশি রাখতে হয়। একটি শিক্ষা ব্যবস্থা যা ক্রমাগত নিজেকে সংস্কার করে না, মেয়াদোত্তীর্ণ হয়ে যায় এবং অগ্রগতিতে বাধা সৃষ্টি করে। আধুনিকীকরণের সাথে তাল মিলিয়ে চলার জন্য আইইসি মনে করে যে "বৃত্তিমূলক বিষয়, বিজ্ঞান শিক্ষা এবং গবেষণার উপর আরও বেশি জোর দিতে হবে।

৪. সামাজিক, নৈতিক ও আধ্যাত্মিক মূল্যবোধ-

জাতীয় শিক্ষা ব্যবস্থায় শিক্ষার্থীদের মধ্যে সামাজিক, নৈতিক ও আধ্যাত্মিক মূল্যবোধের চাষের উপর জোর দেওয়া উচিত। এই উদ্দেশ্যে কমিশন নিম্নলিখিত সুপারিশগুলি করেছে-

1. কেন্দ্রীয় ও রাজ্য সরকারগুলিকে ধর্মীয় ও নৈতিক শিক্ষার উপর বিশ্ববিদ্যালয় শিক্ষা কমিশন কর্তৃক প্রস্তাবিত ভিত্তিতে তাদের সরাসরি নিয়ন্ত্রণের অধীনে সমস্ত প্রতিষ্ঠানে নৈতিক, সামাজিক এবং আধ্যাত্মিক মূল্যবোধে শিক্ষা প্রবর্তনের জন্য ব্যবস্থা গ্রহণ করা উচিত।

2. সামাজিক, নৈতিক এবং ধর্মীয় মূল্যবোধগুলি বিকাশের জন্য, কিছু সময়কাল সময় সারণিতে সরবরাহ করা উচিত। এ ধরনের নির্দেশনা সাধারণ শিক্ষকদের দিতে হবে।

3. বিশ্ববিদ্যালয়ের বিভাগগুলি বিশেষভাবে এই মূল্যবোধগুলি বিজ্ঞতার সাথে এবং কার্যকরভাবে শেখানো যেতে পারে এমন উপায়গুলি নিয়ে বিশেষভাবে উদ্বিগ্ন হওয়া উচিত এবং ছাত্র এবং শিক্ষকদের দ্বারা ব্যবহারের জন্য বিশেষ সাহিত্যপ্রস্তুত করা উচিত।

শিক্ষাগত কাঠামো

কমিশন শিক্ষার একটি নতুন কাঠামোগত প্যাটার্ন সুপারিশ করেছে। নতুন শিক্ষাগত কাঠামো নিম্নরূপ হওয়া উচিতঃ

1. এক থেকে তিন বছরের প্রাক-বিদ্যালয় শিক্ষা।

2. ৭ থেকে ৮ বছরের একটি প্রাথমিক পর্যায়ে ৪ বা ৫ বছরের নিম্ন প্রাথমিক পর্যায়ে এবং ৩ বা ২ বছরের উচ্চতর প্রাথমিক পর্যায়ে বিভক্ত।

3. ৩ বা ২ বছরের সাধারণ শিক্ষা বা ১ থেকে ৩ বছরের বৃত্তিমূলক শিক্ষার একটি নিম্ন মাধ্যমিক পর্যায়।

4. ২ বছরের সাধারণ শিক্ষা বা ১ থেকে ৩ বছরের বৃত্তিমূলক শিক্ষার একটি উচ্চ মাধ্যমিক পর্যায়ে, মোট ৫০% বৃত্তিমূলক শিক্ষার অধীনে থাকবে,

5. প্রথম ডিগ্রী কোর্সের জন্য 3 বছর বা তারও বেশি সময় ধরে একটি উচ্চ শিক্ষার পর্যায়, দ্বিতীয় বা গবেষণা ডিগ্রীর জন্য বিভিন্ন সময়কালের কোর্স দ্বারা অনুসরণ করা হয়।

কমিশন দ্বারা প্রস্তাবিত কাঠামোগত গঠনটি সাধারণত 10 + 2 + 3 হিসাবে পরিচিত।

শিক্ষার কাঠামোগত গঠন

*   ১ থেকে ৩ বছর পর্যন্ত প্রাক-বিদ্যালয় শিক্ষাও দিতে হবে।
*   সাধারণ শিক্ষা ১০ বছরের জন্য স্থায়ী হতে হবে-

1. নিম্ন প্রাথমিকের চার বছর,
2. উচ্চ প্রাথমিকের তিন বছর
3. ৩ বছরের নিম্ন মাধ্যমিক শিক্ষা।
4. উচ্চ মাধ্যমিক শিক্ষা ২ বছরের জন্য নির্ধারণ করতে হবে। ডিগ্রি কোর্স হতে হবে ৩ বছরের।

প্রথম শ্রেণিতে ভর্তির বয়স ৬+ এর কম হওয়া উচিত নয়। প্রথম পাবলিক এক্সটার্নাল পরীক্ষাটি স্কুলের প্রথম 10 বছরের শেষে আসা উচিত। মাধ্যমিক বিদ্যালয়দুই ধরনের হতে হবে: উচ্চ বিদ্যালয়গুলি ১০ বছরের কোর্স প্রদান করে এবং উচ্চ মাধ্যমিক বিদ্যালয়গুলি ১১ বা ১২ বছরের কোর্স সরবরাহ করে। একাদশ ও দ্বাদশ শ্রেণির সমন্বয়ে একটি নতুন উচ্চ মাধ্যমিক কোর্স চালু করা উচিত। প্রাক-বিশ্ববিদ্যালয়ের কোর্সগুলি বিশ্ববিদ্যালয়গুলি থেকে স্থানান্তর করা উচিত এবং মাধ্যমিক বিদ্যালয়গুলিতে যোগ করা উচিত। কমিশনকে বিশ্ববিদ্যালয় পর্যায়ে পুনর্গঠনের পরামর্শ দেওয়া হয়েছে। এই পর্যায়ে, তিন বছরের ডিগ্রী কমিশন দ্বারা অনুকূলিত হয়েছে।

ভূমিকা

১৯৪৭ খ্রিস্টাব্দের ১৫ আগস্ট স্বাধীনতা লাভ করে ভারতবর্ষ একটি প্রজাতান্ত্রিক তথা গণতান্ত্রিক রাষ্ট্রের মর্যাদা অর্জন করে। দেশের সাধারণ জনগণের মধ্যে এই গণতান্ত্রিক চেতনার বিকাশ ঘটাতে প্রয়োজন হয় প্রাথমিক শিক্ষার। অবৈতনিক বাধ্যতামূলক প্রাথমিক শিক্ষার প্রবর্তনের তাগিদে রাষ্ট্রনেতা তথা বিশিষ্ট শিক্ষাবিদগণ সমবেত হন। এর পাশাপাশি মাধ্যমিক ও উচ্চমাধ্যমিক শিক্ষাব্যবস্থার মানোন্নয়ন ও প্রযুক্তি-কারিগরি শিক্ষার পুনর্গঠনের উদ্দেশ্যে ১৯৪৮ খ্রিস্টাব্দে গঠিত হয় স্বাধীন ভারতের প্রথম শিক্ষা কমিশন, যা 'বিশ্ববিদ্যালয় শিক্ষা কমিশন' বা 'রাধাকৃষ্ণণ কমিশন' নামে পরিচিত।

রাধাকৃষ্ণণ কমিশন/বিশ্ববিদ্যালয় শিক্ষা কমিশন (১৯৪৮-৪৯)

ভূমিকা

একজন শিক্ষাবিদ, দার্শনিক এবং রাষ্ট্রনায়ক হিসাবে, সর্বপল্লী রাধাকৃষ্ণণ (১৮৮৮-১৯৭৫) বিংশ শতাব্দীতে একাডেমিক বৃত্তে সবচেয়ে স্বীকৃত এবং প্রভাবশালী ভারতীয় চিন্তাবিদদের সধ্যে

একজন ছিলেন।

রাধাকৃষ্ণণকে বিশ্ববিদ্যালয় শিক্ষা কমিশনের চেয়ারম্যান মনোনীত করা হয়েছিল। স্বাধীনতার পর শিক্ষার ক্ষেত্রে ভারত সরকার কর্তৃক গৃহীত একটি অত্যন্ত তাৎপর্যপূর্ণ প্রথম পদক্ষেপ ছিল ডঃ এস রাধাকৃষ্ণণের নেতৃত্বে বিশ্ববিদ্যালয় শিক্ষা কমিশন নিয়োগ, যিনি একজন বিশিষ্ট পণ্ডিত এবং বেনারস বিশ্ববিদ্যালয়ের প্রাক্তন ভাইস-চ্যান্সেলর , যিনি ভারতের দ্বিতীয় রাষ্ট্রপতি হয়েছিলেন।

১৯৪৭ সালের ১৫ ই আগস্ট স্বাধীনতার পর, রাধাকৃষ্ণণকে বিশ্ববিদ্যালয় শিক্ষা কমিশনের চেয়ারম্যান হওয়ার জন্য অনুরোধ করা হয়েছিল। রাধাকৃষ্ণণ কমিটির পরামর্শগুলি ভারতীয় বিশ্ববিদ্যালয়ের শিক্ষার উপর রিপোর্ট করার জন্য ভারতের প্রয়োজনের জন্য শিক্ষা ব্যবস্থাকে গড়ে তুলতে সহায়তা করেছিল এবং দেশের বর্তমান ও ভবিষ্যতের প্রয়োজনীয়তার সাথে সামঞ্জস্যপূর্ণ হতে পারে এমন উন্নতি ও সম্প্রসারণের পরামর্শ দিয়েছিল" কমিশনের ১৯৪৯ সালের প্রতিবেদনে বিশ্ববিদ্যালয় শিক্ষার অবস্থা মূল্যায়ন করা হয়েছিল এবং সদ্য স্বাধীন ভারতে এর উন্নতির জন্য সুপারিশ করা হয়েছিল। ১৯৪৮ সালের ৬ ই ডিসেম্বর কমিশন নয়াদিল্লিতে তার প্রথম সভা করে, যখন ভারত সরকারের শিক্ষা মন্ত্রী মাননীয় মাওলানা আবুল কালাম আজাদ বৈঠকে ভাষণ দেন এবং তদন্তের উদ্দেশ্য ও পরিধি সম্পর্কে সরকারের উদ্দেশ্য ব্যাখ্যা করেন।

কমিশনের নিয়োগ

কমিশনের সদস্যদের ভারতীয় বিশ্ববিদ্যালয় শিক্ষার উপর রিপোর্ট করার জন্য ভারত সরকার দ্বারা নিযুক্ত করা হয়েছিল এবং দেশের বর্তমান ও ভবিষ্যতের প্রয়োজনীয়তাগুলির সাথে সঙ্গতিপূর্ণ হতে পারে এমন উন্নতি এবং এক্সটেনশনগুলির পরামর্শ দেওয়ার জন্য নিযুক্ত করা হয়েছিল।

কমিশনের সদস্যগণ

নিম্নলিখিতগুলি কমিশনের সদস্য হিসাবে নিযুক্ত করা হয়েছিলঃ-

1. ডঃ এস রাধাকৃষ্ণণ, এমএ, ডি লিট, এলএলডি, অক্সফোর্ড বিশ্ববিদ্যালয়ের ইস্টার্ন ধর্ম ও নৈতিকতার স্প্যালডিং অধ্যাপক । (চেয়ারম্যান)।

2. ডঃ তারা চাঁদ, এমএ, ডি ফিল (অক্সন),ভারত সরকারের সচিব ও শিক্ষা বিষয়ক উপদেষ্টা।

3. ডঃ (বর্তমানে স্যার) জেমস এফ ডাফ, এমএ (ক্যান্টাব.), এম. এড. (ম্যানচেস্টার), এলএলডি (অ্যাবারডিন), ভাইস-চ্যান্সেলর, ডারহাম বিশ্ববিদ্যালয়।

4. ডঃ জাকির হুসেন, এমএ, পিএইচডি, ডি লিট (জামিয়া মিলিয়া ইসলামিয়া, দিল্লি)- (বর্তমানে ভাইস-চ্যান্সেলর, মুসলিম বিশ্ববিদ্যালয়, আলিগড়)।

5. ডঃ আর্থার ই মরগান, D.Sc, ডি. ইংল্যান্ড, এলএলডি, প্রাক্তন রাষ্ট্রপতি, এন্টিওক কলেজ, প্রথম চেয়ারম্যান, টেনেসি ভ্যালি কর্তৃপক্ষ, সভাপতি, কমিউনিটি সার্ভিস ইনকর্পোরেটেড।

6. ডঃ এ. লক্ষ্মণস্বামী মুদালিয়ার, D.Sc, এলএলডি, ডি.C এল, এফ.আর..C.ও.জি., এফ.এ.এস..C, ভাইস-চ্যান্সেলর, মাদ্রাজ বিশ্ববিদ্যালয়।

7. ডঃ মেঘনাদ সাহা, D.Sc এফ.আর.এস., পদার্থবিজ্ঞানের ডিন, বিজ্ঞান অনুষদের পালিত অধ্যাপক; এবং সভাপতি, পোস্ট-গ্র্যাজুয়েট কাউন্সিল অফ সায়েন্স, কলকাতা বিশ্ববিদ্যালয়।

8. ডঃ করম। Narayan Bahl D. Sc (Paj.), D. Phil, এবং D. Sc.(Oxon), Department of Zoology, University of Lucknow।

9. ডঃ জন জে. টাইগার্ট, এমএ (অক্সন.) এলএলডি, এড ডি, ডি.C এলএল, ডি. এল.এল., ডি. লিট,এলএইচডি, এলএইচডি, পূর্বে মার্কিন যুক্তরাষ্ট্রের শিক্ষা কমিশনার, এবং ফ্লোরিডা বিশ্ববিদ্যালয়ের রাষ্ট্রপতি ইমেরিটাস।

10. শ্রী নির্মল কুমার সিধান্ত, এমএ (Cantab.), ইংরেজি র অধ্যাপক এবং ডিন, কলা অনুষদ, লখনৌ বিশ্ববিদ্যালয়। (সচিব)।

শর্তাবলী

Reference-এর শর্তাবলী- কমিশনের রেফারেন্সের শর্তাবলী বিবেচনা করতে হবে এবং এই বিষয়ে সুপারিশ করতে হবে-

1. ভারতে বিশ্ববিদ্যালয়ের শিক্ষা ও গবেষণার লক্ষ্য এবং উদ্দেশ্য।

2. ভারতের বিশ্ববিদ্যালয়গুলির সংবিধান, নিয়ন্ত্রণ, কার্যাবলী এবং এখতিয়ার এবং সরকার, কেন্দ্রীয় ও প্রাদেশিক সরকারের সাথে তাদের সম্পর্কের ক্ষেত্রে প্রয়োজনীয় এবং আকাঙ্ক্ষিত বলে বিবেচিত পরিবর্তনগুলি।

3. বিশ্ববিদ্যালয়গুলির অর্থায়ন।

4. তাদের নিয়ন্ত্রণাধীন বিশ্ববিদ্যালয় ও কলেজসমূহে পাঠদান ও পরীক্ষার সর্বোচ্চ মান বজায় রাখা।

5. মানবিক ও বিজ্ঞানের মধ্যে এবং বিশুদ্ধ বিজ্ঞান ও প্রযুক্তিগত প্রশিক্ষণ এবং এই ধরনের কোর্সের সময়কালের মধ্যে একটি ভাল ভারসাম্য বজায় রাখার জন্য বিশেষ রেফারেন্স সহ বিশ্ববিদ্যালয়গুলিতে অধ্যয়নের কোর্সগুলি।

6. একটি স্বাধীন বিশ্ববিদ্যালয়ের প্রবেশিকা পরীক্ষার আকাঙ্ক্ষা এবং মৌলিক অধিকার 23 (2) এর বিরুদ্ধে মিলিত অন্যায্য বৈষম্য পরিহারের পরিপ্রেক্ষিতে অধ্যয়নের বিশ্ববিদ্যালয়ের কোর্সগুলিতে ভর্তির মান।

7. বিশ্ববিদ্যালয়গুলিতে শিক্ষার মাধ্যম।

8. ভারতীয় সংস্কৃতি, ইতিহাস, সাহিত্য, ভাষা, দর্শন এবং চারুকলায় উন্নত অধ্যয়নের বিধান।

9. একটি আঞ্চলিক বা অন্যান্য ভিত্তিতে আরো বিশ্ববিদ্যালয়ের প্রয়োজন।

10. বিশ্ববিদ্যালয় এবং উচ্চতর গবেষণার ইনস্টিটিউটগুলিতে জ্ঞানের সমস্ত শাখায় উন্নত গবেষণা সংস্থা একটি সু-সমন্বয়মূলক ফ্যাশনে প্রচেষ্টা ও সম্পদের অপচয় এড়ানোর জন্য উচ্চতর গবেষণা প্রতিষ্ঠান।

11. বিশ্ববিদ্যালয়গুলিতে ধর্মীয় শিক্ষা।

12. বেনারস হিন্দু বিশ্ববিদ্যালয়, আলিগড় মুসলিম বিশ্ববিদ্যালয়, দিল্লি বিশ্ববিদ্যালয় এবং একটি সর্বভারতীয় চরিত্রের অন্যান্য প্রতিষ্ঠানের বিশেষ সমস্যা।

13. শিক্ষকদের যোগ্যতা, পরিষেবার শর্তাবলী, বেতন, সুযোগ-সুবিধা এবং কার্যাবলী এবং শিক্ষকদের দ্বারা মূল গবেষণার উৎসাহ।

14. ছাত্র, হোস্টেল এবং টিউটোরিয়াল কাজের সংগঠন এবং অন্য যে কোনও বিষয় যা ভারতে বিশ্ববিদ্যালয়ের শিক্ষা এবং উন্নত গবেষণার সমস্ত দিক সম্পর্কে একটি সম্পূর্ণ এবং ব্যাপক অনুসন্ধানের জন্য জার্মান এবং অপরিহার্য।

I) প্রধান পর্যবেক্ষণ এবং সুপারিশ
শিক্ষার লক্ষ্যঃ

- এটা শেখানোর জন্য যে, জীবনের একটা অর্থ আছে।
- প্রজ্ঞার বিকাশের মাধ্যমে আত্মার জীবন যাপনের সহজাত ক্ষমতাকে জাগিয়ে তোলা।
- সামাজিক দর্শনের সাথে পরিচিত হওয়া যা সমস্ত প্রতিষ্ঠান, শিক্ষার পাশাপাশি অর্থনৈতিক ও রাজনৈতিক ভাবে পরিচালিত করা উচিত?
- গণতন্ত্রের জন্য প্রশিক্ষণ।
- আত্মোন্নয়নের জন্য প্রশিক্ষণ
- মনের নির্ভীকতা, বিবেকের শক্তি এবং সততার মতো নির্দিষ্ট মূল্যবোধগুলি বিকাশ করা।
- তার প্রজন্মের সাংস্কৃতিক ঐতিহ্যের সাথে পরিচিত হওয়া
- শিক্ষা যে একটি আজীবন প্রক্রিয়া তা জানতে সক্ষম করা।
- বর্তমান ও অতীত সম্পর্কে ধারণা গড়ে তোলা।
- বৃত্তিমূলক ও পেশাগত প্রশিক্ষণ প্রদান করা।

II) বিশ্ববিদ্যালয়সমূহের কার্যাবলী
কমিশন দেশের অর্থনৈতিক ও রাজনৈতিক পরিবর্তনের পরিপ্রেক্ষিতে শিক্ষার নিম্নলিখিত কার্যক্রমের উপর জোর দেয়।

1. আত্মা পরিবর্তন সঙ্গে ব্যক্তি তৈরি. এটি বিশ্ববিদ্যালয়গুলির জন্য জ্ঞান তৈরি করা এবং পুরুষদের মনকে প্রশিক্ষণ দেওয়া যারা দুটি বস্তুগত সম্পদ এবং মানব শক্তিকে একত্রিত করবে। যদি আমাদের জীবনযাত্রার মান বাড়াতে হয় তবে আত্মার আমূল পরিবর্তন অপরিহার্য

2. এমন ব্যক্তিকে প্রস্তুত করা, যিনি অতীত থেকে নির্দেশনা চান কিন্তু অতীতের পরিপূর্ণতার মারাত্মক আবেশ ত্যাগ করেন। বিশ্ববিদ্যালয়গুলি জাতির অভ্যন্তরের জীবনের বুদ্ধিবৃত্তিক অভয়ারণ্য। তাদের অবশ্যই বুদ্ধিজীবী অগ্রগামীদের প্রশিক্ষণ দিতে হবে, অতীতের দিকনির্দেশনা চাইতে হবে, কিন্তু নতুন স্বপ্ন বাস্তবায়নের জন্য গতিশীলতা সরবরাহ করতে হবে।

3. একটি সমন্বিত জীবনধারার তাৎপর্য বুঝতে পারে এমন ব্যক্তির বিকাশ। বিশ্ববিদ্যালয়গুলিকে অবশ্যই জ্ঞানকে সংশ্লেষিত করার গুণাবলী বিকাশ করতে হবে - জ্ঞানের বিভিন্ন আইটেমের একটি 'সামানাভায়া'।

4. প্রজ্ঞার মানুষের বিকাশ। আমাদের প্রাচীন শিক্ষকরা বিষয়গুলি শেখানোর এবং প্রজ্ঞা দেওয়ার চেষ্টা করেছিলেন। তাদের আদর্শ ছিল জ্ঞানের সাথে প্রজ্ঞা। জ্ঞানের কিছু ভিত্তি ছাড়া আমরা

জ্ঞানী হতে পারি না, যদিও আমরা সহজেই জ্ঞান অর্জন করতে পারি এবং প্রজ্ঞা থেকে বঞ্চিত হতে পারি। উপনিষদের শব্দ ব্যবহার করার জন্য, আমরা পাঠ্য (মন্ত্রবতী) সম্পর্কে জানতে পারি এবং নিজের (আত্মবতি) সম্পর্কে জানি না। কোন পরিমাণ বাস্তব তথ্যই একজন সাধারণ মানুষকে শিক্ষিত বা ধার্মিক পুরুষদের মধ্যে পরিণত করতে পারে না যদি না তাদের মধ্যে কিছু জাগ্রত হয়, আত্মার জীবন যাপনের একটি সহজাত ক্ষমতা।

5. এমন ব্যক্তিদের বিকাশ করা যারা সামাজিক শৃঙ্খলার লক্ষ্যগুলি বুঝতে পারে। বিশ্ববিদ্যালয়গুলিকে অবশ্যই শিক্ষার্থীদের মধ্যে সামাজিক শৃঙ্খলার একটি ধারণা বিকাশ করতে হবে। তাদের অবশ্যই গণতন্ত্র, ন্যায়বিচার ও স্বাধীনতার মূল্য, সমতা এবং অনন্তকাল - ভারতীয় সমাজের আদর্শ বিকাশ করতে হবে।

6. সমাজের সাথে খাপ খাইয়ে নিতে পারে এবং নতুন পরিবর্তন আনতে পারে এমন শিক্ষার্থীদের তৈরি করা। শিক্ষা হচ্ছে এমন একটি মাধ্যম যার দ্বারা সমাজ নিজেই উপলব্ধি করতে পারে। ১৮৫২ খ্রিষ্টাব্দে নিউম্যান বিশ্ববিদ্যালয়ের কাজকে এভাবে সংজ্ঞায়িত করেন, "যদি একটি ব্যবহারিক সমাপ্তি একটি বিশ্ববিদ্যালয়ের কোর্সে নিযুক্ত করা আবশ্যক হয়, তাহলে আমি বলি যে এটি ভাল সমাজের প্রশিক্ষণ সদস্য। শিক্ষার কোনও ব্যবস্থাই রাষ্ট্রকে দুর্বল করার নির্দেশ দেওয়া যায় না যা এটি রক্ষণাবেক্ষণ করে। কিন্তু শিক্ষা সামাজিক পরিবর্তনের একটি হাতিয়ারও বটে।

7. নেতাদের প্রস্তুত করা. পেশা ও জনজীবনে নেতৃত্ব প্রশিক্ষণ বিশ্ববিদ্যালয় শিক্ষার অন্যতম কেন্দ্রীয় লক্ষ্য, যা উপলব্ধি করা কঠিন। প্রেসিডেন্ট ট্রুম্যান বলেন, 'আমাদের জাতীয় নীতিঅবশ্যই বোর্ডের অভিজ্ঞতা, পরিপক্ক দৃষ্টিভঙ্গি এবং সঠিক বিচারের পুরুষদের দ্বারা পরিচালিত হতে হবে। বিচক্ষণ নেতৃত্বের জন্য যদি পুরুষ ও মহিলাদের প্রশিক্ষণ দেওয়া বিশ্ববিদ্যালয়গুলির কাজ হয়, তবে তাদের অবশ্যই তরুণ পুরুষ ও মহিলাদের অন্তর্দৃষ্টি দিয়ে পড়তে সক্ষম করতে হবে।

8. চরিত্রের পুরুষদের উন্নয়নশীল. আমরা একটি সভ্যতা গড়ে তুলছি, কারখানা বা উপাসনা নয়। উপাসনার গুণগত মান বস্তুগত, সরঞ্জাম বা রাজনৈতিক যন্ত্রের উপর নির্ভর করে না বরং পুরুষদের চরিত্রের উপর নির্ভর করে। শিক্ষার প্রধান কাজ হল চরিত্রের উন্নতি।

9. ভারতের সংস্কৃতি ঐক্যের উপলব্ধি গড়ে তোলা। ভারত হল প্যালিম্পসেস্টের মতো, যেখানে নতুন চরিত্র পুরানোকে পুরোপুরি মুছে ফেলতে পারে না। একটি একক সামাজিক প্যাটার্নে বিভিন্ন বয়সের টুকরো টুকরো টুকরো টুকরো এমন একজন ভারতীয়দের কথা চিন্তা করা অসম্ভব হবে যেখানে কোনও মুগালকে শাসন করা হয় না, যেখানে কোনও তাজ নির্মিত হয়নি, কোনও ম্যাকোলে শিক্ষার উপর তার মিনিট লিখেছিলেন না। ভারতীয় সংস্কৃতি একটি জীবন্ত জীবের মতো যা সম্পদ বৃদ্ধি করে এবং বিষয়বস্তু আদিম সংস্কৃতি চরম রক্ষণশীলতা দ্বারা চিহ্নিত করা হয় যেখানে সামাজিক গোষ্ঠী অযৌক্তিক অধ্যবসায়ের সাথে কাস্টম এবং কনভেনশনের একই পথ অনুসরণ করে। জীবন্ত সংস্কৃতিগুলি গতিশীলতা এবং ব্যক্তিগত ও সামাজিক শৃঙ্খলার ক্রমাগত প্রচেষ্টার মাধ্যমে তাদের সংস্কৃতির প্যাটার্ন বজায় রাখে।

10. অতীতের আধ্যাত্মিক ঐতিহ্য বুঝতে সক্ষম ব্যক্তিদের বিকাশ। না মানুষের জন্য আধ্যাত্মিক পুষ্টির প্রধান উৎস অবশ্যই তার নিজস্ব অতীত হতে হবে যা চিরতরে পুনরায় আবিষ্কৃত এবং পুনর্নবীকরণ করা হয়েছে। অতীতের জ্ঞানহীন একটি সমাজ যা এটিকে গভীর ব্যান্ড

মর্যাদার অভাব বোধ করে। আমাদের অবশ্যই সমালোচনামূলক এবং নির্বাচনী হতে হবে এবং বর্তমানকে আলোকিত করার জন্য অতীতকে ব্যবহার করতে হবে। আমাদের অন্ধভাবে আমাদের অতীতের মহান মূল্য ত্যাগ করা উচিত নয় এবং আমাদের বিশ্বাসকে আঁকড়ে ধরে থাকা উচিত নয় কারণ তারা প্রাচীন।

11. প্রয়োজনীয় কর্মীদের জন্য দক্ষতা বিকাশ। বিশ্ববিদ্যালয়গুলিকে অবশ্যই প্রতিটি ধরণের ক্রিয়াকলাপের জন্য ক্রমবর্ধমান চাহিদা পূরণের জন্য কর্মীদের প্রস্তুত করতে হবে, যেমন, প্রশাসন, বাণিজ্য, শিল্প, রাজনীতি।

12. বিজ্ঞানী এবং প্রযুক্তিগত কর্মীদের বিকাশ। বিশ্ববিদ্যালয়গুলোকে অবশ্যই বৈজ্ঞানিক ও প্রযুক্তিগত জ্ঞানের প্রয়োগ ও বিকাশের মাধ্যমে যত কম সময়ের মধ্যে দেশকে অভাব, রোগ ও অজ্ঞতা থেকে মুক্তি অর্জন করতে সক্ষম করতে হবে। ভারত প্রাকৃতিক সম্পদে সমৃদ্ধ এবং তার জনগণের বুদ্ধিমত্তা ব্যান্ড শক্তি নতুন করে জীবন ও শক্তিতে কাঁপছে। এই ধরনের কর্মীদের প্রস্তুত করার জন্য বিশ্ববিদ্যালয়গুলি।

13. সাংস্কৃতিক সহযোগিতার এই ধরনের মূল্যবোধ এবং দক্ষতার সাথে ব্যক্তির বিকাশ। বিশ্ব সংস্কৃতির বিকাশের জন্য সেটিং, যদিও সংস্কৃতির ক্রস ফার্টিলাইজেশন প্রস্তুত। বিশ্ব, বাষ্পীভবন ও যোগাযোগ এবং অর্থনৈতিক স্বাধীনতার দ্রুততার মাধ্যমে, একটি একক সংস্থা হয়ে উঠেছে। আমাদের অবশ্যই বিশ্বের একতা এবং জনগণের চিন্তাভাবনার স্বীকৃতি এবং গ্রহণযোগ্যতার জন্য নিশ্চিত করতে হবে। পারস্পরিক বোঝাপড়ার বৃদ্ধি এই স্বীকৃতি থেকে উদ্ভূত হয় যে বিভিন্ন সংস্কৃতি আত্মার এক ভাষার উপভাষা।

III) অধ্যয়নের কোর্স

জ্ঞানকে সামগ্রিকভাবে বিবেচনা করতে হবে। কোর্সগুলি অঙ্কন করার সময়। বিভিন্ন দিকগুলির মধ্যে সংযোগটি নজরে রাখা উচিত নয়। সাধারণ একাডেমিক এবং বৃত্তিমূলক শিক্ষার মধ্যে একটি সংযোগ বন্ধন থাকতে হবে। সাধারণ শিক্ষার নীতি এবং অনুশীলনগুলি অবশ্যই মধ্যবর্তী এবং ডিগ্রী পর্যায়ে অবশ্যই একটি অবিচ্ছেদ্য অংশ হয়ে উঠতে হবে।

ডিগ্রী পর্যায়ে কোর্সঃ

সাধারণ শিক্ষার একটি কোর্স ছাড়াও নিম্নলিখিত কোর্সগুলি শিক্ষার্থীদের দ্বারা গ্রহণ করা হবেঃ

- ফেডারেল ভাষা বা যদি এটি মাতৃভাষা, একটি ধ্রুপদী বা একটি আধুনিক ভারতীয় ভাষা হয়।
- ইংরাজি এবং কলা শিক্ষার্থীদের জন্য প্রতিটি গ্রুপ থেকে দুটি বিশেষ বিষয়ের চেয়ে কম নয়।

মানবিকতাঃ

1. ধ্রুপদী বা আধুনিক ভারতীয় ভাষা
2. ইংরেজি, জার্মান বা ফরাসি
3. দর্শন শাস্ত্র
4. ইতিহাস
5. গণিত

6. চারুকলা
7. রাষ্ট্রবিজ্ঞান
8. সামাজিক বিজ্ঞানঃ
9. অর্থনীতি
10. সমাজবিজ্ঞান
11. মনোবিজ্ঞান
12. নৃতত্ত্ব (Anthropology)
13. ভূগোল
14. অর্থনীতি

বিজ্ঞানশিক্ষার্থীদের জন্য নিম্নলিখিত তালিকা থেকে দুটি বিশেষ বিষয়ের চেয়ে কম নয়ঃ

1. গণিত;
2. পদার্থবিজ্ঞান
3. রসায়ন
4. উদ্ভিদবিদ্যা
5. প্রাণিবিদ্যা
6. ভূতত্ত্ব

IV) পেশাগত শিক্ষা

1. **কৃষিঃ** জাতীয় অর্থনৈতিক পরিকল্পনায় প্রাথমিক মাধ্যমিক ও উচ্চ শিক্ষায় কৃষির অধ্যয়নকে উচ্চ অগ্রাধিকার দেওয়া উচিত। যতদূর সম্ভব। কৃষি শিক্ষাকে একটি গ্রামীণ পরিবেশ প্রদান করা উচিত।

2. **কমার্সঃ** একজন বাণিজ্য শিক্ষার্থীকে তিন বা চারটি বিভিন্ন ধরনের সংস্থায় ব্যবহারিক কাজের সুযোগ দেওয়া উচিত।

3. **প্রকৌশল ও প্রযুক্তিঃ** বিভিন্ন গ্রেডের ইঞ্জিনিয়ারিং স্কুলের সংখ্যা বৃদ্ধি করা উচিত, বিশেষ করে গ্রেড 4 এবং 5 (ফোরম্যান, কারিগর, ড্রাফটসম্যান, অধ্যক্ষ ইত্যাদি) প্রশিক্ষণের জন্য। নতুন ইঞ্জিনিয়ারিং কলেজ বা ইনস্টিটিউট প্রতিষ্ঠার ক্ষেত্রে ভারতীয় ভাষায় কী ধরনের প্রকৌশল পরিষেবার প্রয়োজন তা নিয়ে নতুন করে সমালোচনামূলক তদন্ত হওয়া উচিত। এখানে এবং জাহাজে বিদ্যমান প্রতিষ্ঠানগুলির সমালোচনামূলক অভ্যর্থনা এবং অনুকরণ করা এড়ানো উচিত।

4. **আইনঃ** একটি তিন বছরের ডিগ্রি কোর্স বিশেষ আইনি বিষয়গুলিতে দেওয়া হবে। আইনে ডিগ্রি সউসে অধ্যয়নরত শিক্ষার্থীদের একই সাথে বাইরের ডিগ্রি কোর্স করার অনুমতি দেওয়া হবে না, এমন কয়েকটি উদাহরণ ব্যতীত যেখানে উন্নত শিক্ষার্থীরা তাদের আগ্রহ প্রমাণ করেছে এবং আইন এবং অন্যান্য কিছু ক্ষেত্রে সম্পর্কিত বিষয়গুলি অধ্যয়ন করছে।

5. **ঔষধঃ** একটি মেডিকেল কলেজে ভর্তির সর্বোচ্চ সংখ্যা 100 হতে হবে যে নম্বরের জন্য কর্মী এবং সরঞ্জাম উপলব্ধ।

6. **ধর্মীয় শিক্ষাঃ** সকল শিক্ষা প্রতিষ্ঠানকে নীরব ধ্যানের জন্য কয়েক মিনিট সময় দিয়ে কাজ শুরু করতে হবে।

1. প্রথম বছরে গৌতম বুদ্ধ, কনফুসিয়াস, জরথুস্টার, সক্রেটিস, যিশু, শঙ্কর, রামানুজ, মাধব, মোহাম্মদ, কবীর, নানক, গান্ধীর মতো মহান ধর্মীয় নেতাদের জীবন শেখানো হবে।

2. দ্বিতীয় বছরে বিশ্বের শাস্ত্র থেকে একটি সার্বজনীনতা চরিত্রের কিছু নির্বাচন অধ্যয়ন করা হবে।

3. তৃতীয় বছরে ধর্ম দর্শনের কেন্দ্রীয় সমস্যাগুলি বিবেচনা করা হবে।

V) পরীক্ষা

- সরকারি প্রশাসনিক পরিষেবার জন্য বিশ্ববিদ্যালয়ের ডিগ্রির প্রয়োজন হবে না। বিভিন্ন পরিষেবায় নিয়োগের জন্য বিশেষ রাষ্ট্রীয় পরীক্ষার আয়োজন করা উচিত।

- কোর্সগুলিতে ক্লাসের কাজের জন্য বর্তমানে কোনও ক্রেডিট দেওয়া হয় না, কখনও কখনও ব্যবহারিক কাজের ক্ষেত্রে ব্যতীত। এ ধরনের ঋণ দেওয়া উচিত।

- প্রথম ডিগ্রীর জন্য তিন বছর জড়িত করা হবে।

- পরীক্ষায় সাফল্যের জন্য মানগুলি যতদূর সম্ভব, চারটি বিভিন্ন বিশ্ববিদ্যালয়ে অভিন্ন হওয়া উচিত এবং এটি উত্থাপন করা উচিত। আমরা পরামর্শ দিচ্ছি যে একজন প্রার্থীকে প্রথম শ্রেণীর জন্য ৭০ শতাংশ বা তার বেশি নম্বর পেতে হবে, দ্বিতীয় শ্রেণির জন্য ৫৫ শতাংশ থেকে ৬৯ শতাংশ এবং তৃতীয় শ্রেণির জন্য কমপক্ষে ৪০ শতাংশ নম্বর পেতে হবে।

VI) শিক্ষার মাধ্যম

1. ফেডারেল ভাষাগুলি বিভিন্ন উত্স থেকে শব্দগুলির আত্মীকরণের মাধ্যমে বিকশিত হওয়া উচিত এবং বিভিন্ন উত্স থেকে ইতিমধ্যে ভারতীয় ভাষায় প্রবেশ করা শব্দগুলি ধরে রাখা উচিত, যার ফলে একচেটিয়াতার নাচগুলি এড়ানো যায়।

2. আন্তর্জাতিক প্রযুক্তিগত এবং বৈজ্ঞানিক পরিভাষা গ্রহণ করা হবে, ধার করা শব্দগুলি সঠিকভাবে আত্মস্থ করা হবে, তাদের উচ্চারণটি ভারতীয় ভাষার ধ্বনিগত সিস্টেমে গ্রহণ করা হবে, তাদের বানানটি ভারতীয় স্ক্রিপ্টগুলির শব্দ প্রতীক অনুসারে স্থির করা হবে।

3. উচ্চশিক্ষার জন্য শিক্ষার মাধ্যমের জন্য, ইংরেজিকে যত তাড়াতাড়ি সম্ভব একটি ভারতীয় ভাষা দ্বারা প্রতিস্থাপিত করা উচিত যা গুরুত্বপূর্ণ সমস্যার কারণে সংস্কৃত হতে পারে না।

4. উচ্চ মাধ্যমিক এবং বিশ্ববিদ্যালয় পর্যায়ে ছাত্রদের আঞ্চলিক ভাষা, ফেডারেল ভাষা তিনটি ভাষা সঙ্গে কথোপকথন করা উচিত। এবং ইংরেজি (ইংরেজিতে বই পড়ার ক্ষমতা অর্জনের জন্য সর্বশেষ এক); এবং (ii) উচ্চ শিক্ষা আঞ্চলিক ভাষার যন্ত্রের মাধ্যমে প্রদান করা হবে এবং

কিছু বিষয়ের জন্য বা সমস্ত বিষয়ের জন্য শিক্ষার মাধ্যম হিসাবে ফেডারেল ভাষা ব্যবহার করার বিকল্প রয়েছে।

5. ফেডারেল ভাষা এক স্ক্রিপ্ট জন্য, Devnagri ফেডারেল এবং আঞ্চলিক ভাষা হতে।

VII) ছাত্র তাদের কার্যক্রম এবং কল্যাণ

সকল শিক্ষার্থী, পুরুষ ও মহিলাদের জন্য দুই বছরের শারীরিক শিক্ষার প্রয়োজন হবে, যারা শারীরিকভাবে ঐক্যবদ্ধ বা যারা জাতীয় ক্যাডেট কর্পসে রয়েছে তাদের ব্যতীত।

- চার বা পাঁচটি ব্লকের জন্য কমন রুম এবং ডাইনিং হলসহ প্রতি ব্লকে পঞ্চাশের বেশি শিক্ষার্থীর ব্লকগুলিতে হোস্টেল তৈরি করা হবে।
- বিশ্ববিদ্যালয় ইউনিয়নগুলিকে রাজনৈতিক ক্রিয়াকলাপ থেকে যতটা সম্ভব মুক্ত হতে হবে। বিশ্ববিদ্যালয়ে ছাত্র কল্যাণের একটি উপদেষ্টা বোর্ডের আয়োজন করা উচিত যার এমন কোনও সংস্থা নেই।

VIII) নারী শিক্ষা

নারী শিক্ষার গুরুত্ব সম্পর্কে কমিশন পর্যবেক্ষণ করেছে, নারী শিক্ষা ছাড়া শিক্ষিত মানুষ থাকতে পারে না। যদি সাধারণ শিক্ষা পুরুষ বা মহিলাদের মধ্যে সীমাবদ্ধ রাখতে হয় তবে মহিলাদের সুযোগ দেওয়া উচিত, তাদের কাছ থেকে এটি আরও নিশ্চিতভাবে পরবর্তী প্রজন্মের কাছে প্রেরণ করা হবে, কমিশন আরও পর্যবেক্ষণ করেছে, এটি উপলব্ধি করার সময় এসেছে যে সর্বোত্তম পারিবারিক সম্পর্কগুলি এমন একজন পুরুষ ও মহিলার সমিতি থেকে উদ্ভূত হয়, যার মধ্যে অনেক সম্পর্ক রয়েছে এমন একজন পুরুষ ও মহিলার সমিতি থেকে ফলাফল যা তাদের বেশিরভাগ শিক্ষা পেয়েছে। সাধারণ কিন্তু যাদের প্রত্যেকেই তার নিজের প্রকৃতি অনুযায়ী বিকশিত হয়েছে এবং অনুকরণে নয়। একজন মহিলার হোম ম্যানেজমেন্টের সমস্যা এবং এগুলি পূরণের জন্য উন্নত দক্ষতার সাথে পরিচিত হওয়া উচিত। তাদের একটি বেবি হোম এবং নার্সারি স্কুল ইত্যাদিতে ল্যাবরেটরি অভিজ্ঞতা প্রদান করা উচিত। মহিলাদের জন্য অধ্যয়নের বিশেষ কোর্সঃ এগুলি হোম অর্থনীতি, নার্সিং শিক্ষাদান চারুকলা। সাধারণভাবে মহিলা শিক্ষার্থীদের নাগরিক এবং মহিলা উভয় হিসাবে একটি স্বাভাবিক সমাজে তাদের স্বাভাবিক স্থান দেখতে এবং এর জন্য প্রস্তুত হতে সহায়তা করা উচিত। কলেজের প্রোগ্রামগুলি এমনভাবে ডিজাইন করা উচিত যাতে তাদের পক্ষে এটি করা সম্ভব হয়। কলেজে পুরুষদের পক্ষ থেকে সৌজন্য এবং সামাজিক দায়বদ্ধতার মানদণ্ডের উপর জোর দেওয়া উচিত।

IX) সংবিধান ও নিয়ন্ত্রণ

বিশ্ববিদ্যালয়ের শিক্ষাকে সমসাময়িক তালিকায় রাখা হয়েছে। বিশ্ববিদ্যালয়গুলির সাথে কেন্দ্রীয় সরকারের উদ্বেগের বিষয় হল জাতীয় নীতি গ্রহণ, দক্ষ প্রশাসনের ন্যূনতম মান নিশ্চিত করা এবং বিশ্ববিদ্যালয় এবং জাতি গবেষণা গবেষণাগার এবং বৈজ্ঞানিক জরিপ ইত্যাদির মধ্যে যোগাযোগের ক্ষেত্রে সুবিধাগুলির আর্থিক সমন্বয়। কমিশন পর্যবেক্ষণ করেছে যে সম্পদসংকটের কারণে বিশ্ববিদ্যালয়গুলি যথাযথ সংস্কার বাস্তবায়ন করতে সক্ষম হচ্ছে না। এই বিষয়ে এটি লিম্নলিখিত সুপারিশগুলি তৈরি করেছে;

- বিশ্ববিদ্যালয়কে অর্থ বরাদ্দের জন্য একটি বিশ্ববিদ্যালয় মঞ্জুরি কমিশন গঠন করতে হবে।
- রাজ্য সরকারের উচিত বিশ্ববিদ্যালয়ের শিক্ষার বড় ভার বহন করা।
- বেসরকারী কলেজগুলিকে পুনরাবৃত্ত এবং অ-পুনরাবৃত্তিমূলক অনুদান দেওয়া উচিত। অনুদান দেওয়ার জন্য নির্দিষ্ট নিয়ম তৈরি করতে হবে।
- যে ব্যক্তি এবং সংস্থাগুলি বিশ্ববিদ্যালয়কে আর্থিক সহায়তা দিয়েছে তাদের আয়কর ছাড় দেওয়া যেতে পারে।

উপসংহারঃ

বিশ্ববিদ্যালয় শিক্ষা কমিশনের (১৯৪৭-৪৮) রিপোর্ট মূল্যায়ন করার সময় মনে রাখা যেতে পারে যে প্রতিবেদনটি ভারতের সংবিধান চূড়ান্ত হওয়ার আগে খসড়া এবং প্রকাশিত হয়েছিল। এবং 26 এ তার উদ্বোধন[th] জানুয়ারী 1950। সুতরাং, এটা স্বাভাবিক যে সমাজতন্ত্র, ধর্মনিরপেক্ষতা, জাতীয় ও মানসিক সংহতি, এবং মৌলিক আটটির মতো কিছু গুরুত্বপূর্ণ বিষয় এবং পদগুলি প্রতিবেদনে উল্লেখ এবং সেই অনুযায়ী তাদের প্রভাব খুঁজে পায় না। কমিশনের প্রতিবেদনটি অত্যন্ত গুরুত্বপূর্ণ নথি কারণ এটি স্বাধীনতার পর থেকে ভারতে বিশ্ববিদ্যালয়ের শিক্ষার বিকাশকে নির্দেশ করেছে। প্রথম উদাহরণে আমরা সুপারিশগুলির দার্শনিক এবং সামাজিক দিকগুলি গ্রহণ করি। এটি সুপারিশের জ্ঞান সংশ্লেষণের জন্য যথাযথ মনোযোগ দিয়েছিল। এটি পূর্ব ও পশ্চিম এবং প্রাচীন ও আধুনিকের জ্ঞান ও প্রজ্ঞা সংশ্লেষণের জন্য যথাযথ মনোযোগ দিয়েছিল।

মুদালিয়ার কমিশন/ মাধ্যমিক শিক্ষা কমিশন (১৯৫২-৫৩)

মুদালিয়ার কমিশন নামে পরিচিত মাধ্যমিক শিক্ষা কমিশন বর্তমান শিক্ষা ব্যবস্থায় পরিবর্তন আনতে এবং জাতির জন্য এটি আরও ভাল করার জন্য তাদের রেজোলিউশনের পরিপ্রেক্ষিতে ভারত সরকার কর্তৃক নিযুক্ত করা হয়েছিল। ডঃ এ লক্ষ্মণস্বামী মুদালিয়ার মাদ্রাজ বিশ্ববিদ্যালয়ের ভাইস-চ্যান্সেলর ছিলেন। স্বাধীনতার পর ভারতের শিক্ষা ব্যবস্থায় পরিবর্তন প্রয়োজন ছিল। ভারতে মাধ্যমিক বিদ্যালয়ের সংখ্যা বাড়ছে, মাধ্যমিক বিদ্যালয়ের শিক্ষার্থীদের যত্ন নেওয়া খুব প্রয়োজন ছিল।

মুদালিয়ার কমিশন গঠিত হয়েছিল

- নিয়োগ - সরকার কর্তৃক নিযুক্ত। ১৯৫২ সালের ২৩ শে সেপ্টেম্বর সিএবিই-র সুপারিশে ভারতের
- চেয়ারম্যান - ডঃ লক্ষ্মণ স্বামী মুদালিয়ার
- সচিব - এ এন বসু
- সদস্য সচিব - প্রিন্সিপাল মেম্বার সেক্রেটারি, এ এন বসু, সেন্ট্রাল ইনস্টিটিউট অফ এডুকেশন, দিল্লি।
- সহকারী সচিব- ড. এস.M সহকারী ধারি, শিক্ষা মন্ত্রণালয়ের শিক্ষা কর্মকর্তা সহ সাত জন সদস্য।
- প্রতিবেদন - ২৯ শে আগস্ট, ১৯৫৩ তারিখে জমা দেওয়া হয়েছে, প্রায় ২৪০ থেকে ২৫০ পৃষ্ঠার ১৫ টি

অধ্যায়

মুদালিয়ার কমিশনের টার্মস অফ রেফারেন্স

- সেন্ট্রাল অ্যাডভাইজরি বোর্ড অফ এডুকেশনের প্রস্তাব গ্রহণ করার পর, ভারত সরকার, ২৩ সেপ্টেম্বর ১৯৫২ সালে মাধ্যমিক শিক্ষা নিয়োগ করে।
- কাজের ক্ষেত্র এবং তদন্ত - কমিশন ছিল
- ভারতে মাধ্যমিক শিক্ষার বর্তমান অবস্থান সম্পর্কে অনুসন্ধান এবং প্রতিবেদন করা।

কমিশনের লক্ষ্য

1. মাধ্যমিক শিক্ষার সমস্যাগুলি অনুসন্ধান করা
2. বিশেষ রেফারেন্স সহ তার পুনরায় সংগঠন এবং উন্নতির জন্য ব্যবস্থাগুলির পরামর্শ দেওয়া
3. মাধ্যমিক শিক্ষার লক্ষ্য, সংগঠন এবং বিষয়বস্তু এবং
4. প্রাথমিক ও উচ্চ শিক্ষার সাথে এর সম্পর্ক

এর পুনর্গঠনের জন্য এবং বিশেষ ভাবে উল্লেখ করে পদক্ষেপগুলির পরামর্শ দিন:

- প্রাথমিক, প্রাথমিক ও উচ্চ শিক্ষার সঙ্গে এর সম্পর্ক।
- শিক্ষার লক্ষ্য, সংগঠন এবং বিষয়বস্তু।
- মাধ্যমিক বিদ্যালয় এবং বিভিন্ন ধরনের আন্তঃসম্পর্ক
- অন্যান্য মিত্র সমস্যা যাতে আমাদের চাহিদা ও সম্পদের জন্য উপযুক্ত মাধ্যমিক শিক্ষার একটি সাউন্ড এবং যুক্তিসঙ্গতভাবে অভিন্ন ব্যবস্থা সমগ্র দেশের জন্য সরবরাহ করা যেতে পারে।

মুদালিয়ার কমিশনের সুপারিশ

সুপারিশগুলি হলঃ 1. মাধ্যমিক শিক্ষার সাংগঠনিক প্যাটার্ন 2। Organization of Secondary School Curriculum ৩। টেক্সট বই ৪। ৫. শিক্ষার পদ্ধতি। শৃঙ্খলা ৬। ৭. ধর্মীয় ও নৈতিক শিক্ষা। গাইডেন্স এবং কাউন্সেলিং ৪। তত্ত্বাবধান এবং পরিদর্শন।

1. মাধ্যমিক শিক্ষার নতুন সাংগঠনিক প্যাটার্ন

- মাধ্যমিক শিক্ষা সাত বছরের হতে হবে।
- এটি 11 থেকে 17 বছর বয়সী শিশুদের জন্য হওয়া উচিত।
- এটি ইন্টারমিডিয়েট কলেজ শেষ করার এবং মাধ্যমিক বিদ্যালয়ের সাথে একাদশ শ্রেণি এবং বি.এ এর সাথে দ্বাদশ শ্রেণিকে একীভূত করার পরামর্শ দিয়েছে।
- মাধ্যমিক শিক্ষাকে দুই ভাগে ভাগ করেছে কমিশন।

কমিশন শিক্ষার সমস্যা সম্পর্কিত প্রশ্নাবলী সম্পর্কিত একটি প্রশ্নাবলী তৈরি করে বিভিন্ন শিক্ষা প্রতিষ্ঠানে প্রেরণ করে। তাদের উত্তরের ভিত্তিতে কমিশন ২৪৪ পৃষ্ঠার একটি প্রতিবেদন তৈরি করেছিল যা ১৯৫৩ সালের ২৯ শে আগস্ট ১৪/১৫ অধ্যায়গুলিতে বিভক্ত করা হয়েছিল এবং উপস্থাপন করা হয়েছিল।

মাধ্যমিক শিক্ষার ত্রুটি

1. বিষয়বস্তুতে বুকিশ
2. পরীক্ষা ওরিয়েন্টেড
3. কোন গুণগত উন্নয়ন নেই
4. একতরফা এবং কোনও বৈচিত্র্য নেই
5. শিক্ষক ও শিক্ষার্থীর মধ্যে ঘনিষ্ঠ যোগাযোগের কোন সুযোগ নেই
6. ভালো শিক্ষকের অভাব
7. খেলাধুলা এবং বিনোদনের জন্য কোনও উপযুক্ত সুবিধা নেই

মাধ্যমিক শিক্ষার লক্ষ্য

- গণতান্ত্রিক নাগরিকত্বের উন্নয়ন।
- জীবনযাত্রার শিল্পে দীক্ষা।
- ব্যক্তিত্বের বিকাশ।
- বৃত্তিমূলক দক্ষতার উন্নতি।
- নেতৃত্বের জন্য শিক্ষা।
- সত্যিকারের দেশপ্রেমের বিকাশ।
- ডিগ্রি কোর্স হতে হবে তিন বছরের।
- উচ্চ বিদ্যালয়ের শিক্ষার্থীদের বিশ্ববিদ্যালয়ে প্রবেশের জন্য এক বছরের প্রাক-বিশ্ববিদ্যালয় কোর্স।
- প্রাক-বিশ্ববিদ্যালয় পাস করা শিক্ষার্থীদের পেশাদারকোর্সে প্রবেশের অনুমতি দেওয়া উচিত।
- শিক্ষার্থীদের বিভিন্ন দক্ষতার যত্ন নেওয়ার জন্য বহুমুখী বিদ্যালয় স্থাপন করা উচিত।
- কারিগরি শিক্ষা- কেন্দ্রীয় কারিগরি প্রতিষ্ঠানগুলির পাশাপাশি প্রচুর সংখ্যক স্কুল খোলা উচিত।
- এ ধরনের প্রতিষ্ঠান কারখানাগুলোর কাছে খুলে দিতে হবে, যাতে শিক্ষার্থীরা প্র্যাকটিক্যাল ট্রেনিং নিতে পারে।
- কারিগরি শিক্ষার অর্থায়নের জন্য শিল্পশিক্ষা সেস শিল্পের উপর আরোপ করা উচিত।
- অন্যান্য ধরনের স্কুল পাবলিক স্কুলগুলিকে ৫ বছর পরে মাধ্যমিক বিদ্যালয় হিসাবে পুনর্গঠন করা উচিত।
- ছেলে ও মেয়েদের সহ-শিক্ষার মাধ্যমে একই শিক্ষার ব্যবস্থা করতে হবে তবে মেয়েদের জন্য হোম সায়েন্স শিক্ষার ব্যবস্থা থাকতে হবে।
- যে সব এলাকায় প্রয়োজন সেখানে মেয়েদের স্কুল খুলে দিতে হবে।

2. পাঠ্যক্রম

- কমিশন নমনীয় পাঠ্যক্রমকে সমর্থন করে যা শিক্ষার্থীদের আগ্রহ, প্রয়োজন এবং জীবনের সাথে সম্পর্কিত হতে পারে
- এটি এমন হওয়া উচিত যে এটি শিক্ষার্থীদের কাজ এবং অবসর উভয়ের জন্য প্রশিক্ষণ দিতে পারে।
- উৎপাদনশীল কাজের গুরুত্ব দিতে হবে।
- এর মধ্যে তাত্ত্বিক জ্ঞানের পাশাপাশি ব্যবহারিক জ্ঞান অন্তর্ভুক্ত করা উচিত।
- **উচ্চ মাধ্যমিক পর্যায়ের জন্য বিষয়সমূহ**

বাধ্যতামূলক

1. মাতৃভাষা বা আঞ্চলিক ভাষা
2. হিন্দি থেকে অন্য একটি ভাষা, প্রাথমিক ইংরেজি, উন্নত ইংরেজি, আধুনিক ভারতীয় ভাষা, আধুনিক বিদেশী ভাষা, প্রাচীন ভাষা

1. ক) সামাজিক গবেষণাস
2. থ) বিজ্ঞান
3. গ) Craft

ঐচ্ছিকঃ
গ্রুপগুলির যে কোনও একটি থেকে যে কোনও 3 টি বিষয়

- গ্রুপ ১ মানবিক
- গ্রুপ ২ বিজ্ঞান
- গ্রুপ 3 প্রযুক্তিগত বিষয়
- গ্রুপ 4 বাণিজ্যিক বিষয়
- গ্রুপ ৫ কৃষি
- গ্রুপ 6 ফাইন আর্টস
- গ্রুপ ৭ বিজ্ঞান

3. পাঠ্যক্রমের জন্য বিষয়

জুনিয়র হাই স্কুল - ভাষা, সামাজিক অধ্যয়ন, সাধারণ বিজ্ঞান, গণিত, শিল্প ও নৈপুণ্য, সঙ্গীত, শারীরিক শিক্ষা।

মাধ্যমিক শিক্ষা - কোর্সের বৈচিত্র্য আনা হয়েছে। হিন্দি, সামাজিক বিজ্ঞান, গণিত এবং একটি নৈপুণ্যের মতো কিছু মূল বিষয় রয়েছে যা প্রতিটি শিক্ষার্থীকে অধ্যয়ন করতে হয়। এর পাশাপাশি মানবিক, বিজ্ঞান, প্রযুক্তিগত বিষয়, বাণিজ্য, কৃষি, চারুকলা এবং হোম সায়েন্সের সতো সাতটি

গ্রুপে শ্রেণিবদ্ধ কিছু ঐচ্ছিক বিষয় রয়েছে।

4. ভাষা অধ্যয়ন

- হিন্দিকে জাতীয় ভাষা হিসেবে গ্রহণ করা হয়েছে।
- সরকারি পরিষেবার জন্য হিন্দি বাধ্যতামূলক।
- মাধ্যমিক স্তরের জন্য ইংরেজি বাধ্যতামূলক।
- সংস্কৃতকে একটি তৃতীয় ভাষা হিসাবেও অন্তর্ভুক্ত করা হয়েছে যা ঐচ্ছিক।

5. শিক্ষার মাধ্যম

- শিক্ষার মাধ্যম হতে হবে মাতৃভাষা বা আঞ্চলিক ভাষা।
- মাতৃভাষা ও আঞ্চলিক ভাষার পাশাপাশি জাতীয় ভাষা এবং একটি বিদেশী ভাষাও শেখাতে হবে।

6. পাঠ্যপুস্তক

- পাঠ্যপুস্তকগুলি খুব সাবধানে নির্বাচন করা উচিত। নির্বাচন ও সংস্কারের জন্য একটি কমিটি থাকা উচিত।
- বইয়ের মুদ্রণ, প্রচ্ছদ এবং প্রথম পৃষ্ঠার জন্য একটি নির্দিষ্ট মান থাকতে হবে।
- এমন কোনও বই থাকা উচিত নয় যা কোনও সম্প্রদায়, ধর্ম বা সামাজিক রীতিনীতির বিরুদ্ধে ঘৃণা, অনৈক্য ছড়িয়ে দেয়।
- একটি বিষয়ের জন্য একাধিক পাঠ্যপুস্তক থাকা উচিত।

7. শিক্ষণ পদ্ধতি

- শিক্ষার্থীদের নৈতিক, সামাজিক ও মানসিক বিকাশের প্রয়োজন অনুযায়ী শিক্ষাদান পদ্ধতি গ্রহণ করতে হবে।
- শিক্ষাদান পদ্ধতি টি ক্রিয়াকলাপ ভিত্তিক হতে হবে। এটি মৌখিকতা এবং স্মৃতিচারণের উপর জোর দেওয়া উচিত নয়।
- প্রতিটি বিষয়ে বিভিন্ন ধরণের অভিব্যক্তির কাজ অন্তর্ভুক্ত করা উচিত।
- শিক্ষাদান পদ্ধতি এমনভাবে গ্রহণ করা উচিত যাতে এটি পৃথক পার্থক্যের যত্ন নেয়।
- পরীক্ষামূলক এবং প্রদর্শন পদ্ধতির উপর আরও জোর দেওয়া উচিত।

8. স্কুলে লাইব্রেরির স্থান

- গ্রন্থাগারগুলিকে একটি বুদ্ধিবৃত্তিক পরীক্ষাগারের একটি ফর্ম দেওয়া উচিত। এবং এটি ব্যক্তিগত এবং গোষ্ঠীগত কাজ, সাহিত্যিক আগ্রহ এবং সহ-পাঠ্যক্রমিক ক্রিয়াকলাপগুলি

সম্পন্ন করতে সহায়তা করা উচিত।

- লাইব্রেরিগুলিকে শিক্ষার্থীদের জন্য সবচেয়ে আকর্ষণীয় জায়গা হিসাবে গড়ে তুলতে হবে।
- বই এবং ম্যাগাজিনগুলি শিক্ষক ও শিক্ষার্থীদের প্রয়োজন এবং আগ্রহ অনুযায়ী হওয়া উচিত।
- গ্রন্থাগারগুলিতে একজন প্রশিক্ষিত গ্রন্থাগারিক থাকতে হবে।
- ছুটির দিনগুলিতেও গ্রন্থাগারগুলি খোলা থাকা উচিত যাতে শিক্ষার্থী এবং সমাজ তাদের কাছ থেকে উপকৃত হতে পারে।

9. চরিত্রের শিক্ষা

- স্কুল একটি ছোট সমাজ এবং শিক্ষার্থীদের মূল্যবোধ, দৃষ্টিভঙ্গি, কর্ম জাতীয় গুরুত্বের দৃষ্টিকোণ থেকে গুরুত্বপূর্ণ। সুতরাং, তাদের সেই অনুযায়ী প্রশিক্ষণ দেওয়া উচিত।
- সর্বোত্তম শৃঙ্খলার জন্য শিক্ষক ও শিক্ষার্থীদের মধ্যে ঘনিষ্ঠ সম্পর্ক থাকতে হবে।
- হাউস সিস্টেম দ্বারা পরিচালিত স্কুলে স্বায়ত্তশাসন থাকতে হবে, প্রিফেক্টস, মনিটর এবং ছাত্র কাউন্সিলকে গুরুত্বপূর্ণ স্থান দিতে হবে।
- কো-কারিকুলার কার্যক্রমকে উৎসাহিত করতে হবে এবং স্কুল শিক্ষায় পাঠ্যক্রম বহির্ভূত কার্যক্রমও অন্তর্ভুক্ত করতে হবে।
- এনসিসি, স্কাউট ক্যাম্পকে উৎসাহিত করতে হবে।
- প্রাথমিক চিকিৎসা ও জুনিয়র রেড ক্রসের কাজকে উৎসাহিত করতে হবে।
- শিক্ষার্থীদের জন্য আচরণবিধি তৈরি ও বজায় রাখতে হবে।

10. শিক্ষায় দিকনির্দেশনা

- শিক্ষা, ব্যক্তিগত এবং বৃত্তিমূলক দিকনির্দেশনার জন্য স্কুলগুলিতে গাইডেন্স অফিসার এবং ক্যারিয়ার মাস্টার্স নিয়োগ করা উচিত।
- ফিল্ম শো, বিভিন্ন শিল্প সম্পর্কিত ভ্রমণের ব্যবস্থা থাকতে হবে।

11. শিক্ষার্থীদের শারীরিক কল্যাণ

- প্রতিটি রাজ্যে স্কুল মেডিকেল সার্ভিস থাকতে হবে।
- স্কুলের প্রত্যেক পড়ুয়ার নিয়মিত স্বাস্থ্য পরীক্ষার ব্যবস্থা রাখতে হবে।
- প্রত্যেক শিক্ষার্থীর স্বাস্থ্য প্রতিবেদন তৈরি করতে হবে এবং ডাক্তার, বাবা-মা এবং ক্লাস টিচারকে এর একটি কপি রাখতে হবে।
- হোস্টেল এবং আবাসিক বিদ্যালয়ে সুষম ও পুষ্টিকর খাদ্যের ব্যবস্থা থাকতে হবে।
- শারীরশিক্ষার শিক্ষকদের বিষয় শিক্ষকদের মতো সমানভাবে বিবেচনা করা উচিত।
- জাতীয় পর্যায়ে ফিজিক্যাল এডুকেশন ট্রেনিং সেন্টার চালু করতে হবে।
- শিক্ষার্থীদের শারীরিক ক্রিয়াকলাপের সম্পূর্ণ রেকর্ড থাকতে হবে।

12. পরীক্ষা এবং মূল্যায়ন

- বাহ্যিক পরীক্ষার সংখ্যা কমাতে হবে।
- সিলেবাস শেষ হওয়ার পরে কেবল একটি পাবলিক পরীক্ষা হওয়া উচিত।
- প্রশ্নগুলি বস্তুনিষ্ঠ হওয়া উচিত এবং বিষয়গত উপাদানগুলি হ্রাস করা উচিত।
- প্রশ্নগুলি সম্পূর্ণ সিলেবাসের উপর ভিত্তি করে হওয়া উচিত।
- পরীক্ষকদের সাবধানে নির্বাচন করতে হবে।
- শিক্ষার্থীদের কাজের মূল্যায়ন করার সময়, অভ্যন্তরীণ পরীক্ষা, পর্যায়ক্রমিক পরীক্ষা এবং স্কুল রেকর্ডগুলিও বিবেচনা করা উচিত।
- শিক্ষার্থীদের 5-পয়েন্ট স্কেলে মূল্যায়ন করা উচিত, যেখানে A পার্থক্য, বি ক্রেডিট, সি পাস, ডি এবং ই ব্যর্থ বা পুনরায় পরীক্ষা।
- একটি বিষয়ের জন্য একটি কম্পার্টমেন্টাল পরীক্ষার জন্য কম্পার্টমেন্টাল পরীক্ষার ব্যবস্থা থাকতে হবে।

13. শিক্ষকের অবস্থার উন্নতি

- শিক্ষক নির্বাচন ও নিয়োগের পদ্ধতি সারা দেশে অভিন্ন হওয়া উচিত।
- প্রশিক্ষিত শিক্ষকদের প্রবেশনের সময়কাল এক বছর হওয়া উচিত।
- মাধ্যমিক বিদ্যালয়ের শিক্ষকদের প্রশিক্ষিত হতে হবে স্নাতক এবং উচ্চ মাধ্যমিক বিদ্যালয়ের শিক্ষকদের প্রশিক্ষণপ্রাপ্ত স্নাতকোত্তর হতে হবে।
- যে সব শিক্ষক সমান যোগ্যতাসম্পন্ন, তাঁদের সারা দেশে সমান বেতন দিতে হবে।
- শিক্ষকদের জন্য ট্রিপল বেনিফিট স্কিম থাকা উচিত যার মধ্যে রয়েছে পেনশন, প্রভিডেন্ট ফান্ড এবং জীবন বীমা।
- শিক্ষকদের অভিযোগ সমাধানের জন্য সালিশি বোর্ড থাকা উচিত।
- শিক্ষকদের অবসরের বয়স হতে হবে ৬০ বছর।
- টিচার্স ওয়ার্ডকে স্কুলে বিনামূল্যে পড়াশোনা করতে হবে।
- শিক্ষকদের আবাসিক ও চিকিৎসা সুবিধা, পড়াশোনার ছুটি, ভ্রমণ ভাতা ইত্যাদি দিতে হবে।
- প্রাইভেট টিউশন নিষিদ্ধ করতে হবে।
- তাদের সামাজিক মর্যাদা উন্নত করার জন্য, শিক্ষকদের সময়ে সময়ে সম্মানিত করা উচিত।

14. শিক্ষকের প্রশিক্ষণ

- উচ্চ মাধ্যমিক শিক্ষকদের দুই বছরের প্রশিক্ষণ দিতে হবে এবং স্নাতকদের এক বছরের প্রশিক্ষণ দিতে হবে।
- ছাত্র শিক্ষকদের এক বা একাধিক অতিরিক্ত পাঠ্যক্রমের ক্রিয়াকলাপে প্রশিক্ষণ দেওয়া উচিত।
- প্রশিক্ষণ কলেজগুলিতে রিফ্রেশার কোর্স এবং ব্যবহারিক প্রশিক্ষণ এবং কর্মশালার ব্যবস্থা থাকতে হবে।

- প্রশিক্ষণ কলেজগুলি ছাত্র শিক্ষকদের কাছ থেকে যে কোনও ফি নিতে হবে। রাষ্ট্রকে উপবৃত্তি প্রদান করতে হবে।
- প্রশিক্ষণ কলেজগুলিতে হোস্টেল থাকতে হবে।
- যে সকল শিক্ষকের তিন বছরের শিক্ষকতার অভিজ্ঞতা রয়েছে, তাদের কেবলমাত্র বছরের শিক্ষকতার অভিজ্ঞতা থাকলেই এম.এড-এর জন্য যোগ্য হতে হবে।

15. প্রশাসন

- শিক্ষামন্ত্রীর সঙ্গে সরাসরি যোগাযোগ রাখতে হবে শিক্ষা অধিকর্তাকে।
- শিক্ষা পরিদর্শন ও সমন্বয়ের জন্য ২৫ সদস্যের একটি বোর্ড থাকতে হবে।
- সেন্ট্রাল অ্যাডভাইজরি বোর্ড অফ এডুকেশনকে জাতীয় স্তরে শিক্ষার সমস্যা সমাধানের সমন্বয়ক হিসাবে কাজ করতে হবে।
- স্কুল পরিদর্শকদের জন্য আবেদন করার জন্য স্কুল আবেদন করার জন্য যোগ্যতার মানদণ্ড হওয়া উচিত -
- ১০ বছরের শিক্ষকতার অভিজ্ঞতা।
- উচ্চ বিদ্যালয়ের প্রধান শিক্ষকগণ। উচ্চ বিদ্যালয়ের প্রধান শিক্ষকগণ।
- প্রশিক্ষণ কলেজগুলির দক্ষ শিক্ষক।
- স্কুলকে তখনই স্বীকৃতি দেওয়া উচিত যখন তারা সমস্ত শর্ত পূরণ করবে।
- গ্রামাঞ্চলে, স্কুলগুলি আশেপাশের গ্রামের মানুষের নাগালের মধ্যে থাকা উচিত।
- প্রতিটি শ্রেণিকক্ষে ৩০-৪০ জন শিক্ষার্থীর থাকার ক্ষমতা থাকতে হবে।
- প্রতিটি স্কুলে কো-অপারেটিভ স্টোর থাকা উচিত যাতে শিক্ষার্থীরা প্রয়োজনীয় জিনিস গুলি পেতে পারে।
- বিদ্যালয়ে বছরে কমপক্ষে ২০০ দিন কাজ করা উচিত এবং প্রতি সপ্তাহে ৩৫ টি পিরিয়ড পড়ানোর কাজ করা উচিত।
- গ্রীষ্মে কমপক্ষে ২ মাসের ছুটি এবং শীতকালে ১০-১৫ দিন ছুটি থাকতে হবে।

16. অর্থ ব্যবস্থা

- কারিগরি ও বৃত্তিমূলক শিক্ষার জন্য মাধ্যমিক স্তরে, শিল্প শিক্ষা সেস আরোপ করা উচিত।
- রেল, টেলিযোগাযোগ ও ডাক থেকে আয়ের কিছু অংশ কারিগরি শিক্ষার উন্নয়নে ব্যয় করতে হবে। মাধ্যমিক শিক্ষার উন্নয়ন তহবিলের উপর আয়কর আরোপ করা উচিত নয়।

এর গুণাগুণ মুদালিয়ার কমিশন

- কমিশনের যোগ্যতা
- ক্রিয়াকলাপ ভিত্তিক শিক্ষা।
- কৃষি শিক্ষার উপর জোর।

- মাধ্যমিক শিক্ষার লক্ষ্য নিয়ে আলোচনা।
- শিশুকেন্দ্রিক শিক্ষা।
- শিক্ষকের বেতন ও পদে উন্নতি।
- সহ-পাঠ্যক্রমিক ক্রিয়াকলাপ।
- বাহ্যিক পরীক্ষার উপর আর চাপ নেই।
- বহুমুখী স্কুলগুলির উপর জোর।
- শিল্পের কাছাকাছি প্রযুক্তিগত স্কুল খোলার পরামর্শ।

মুদালিয়ার কমিশনের অপকারিতা

- পরামর্শগুলি তাড়াহুড়ো করে দেওয়া হয়, তাই সমস্যাগুলি এখনও রয়েছে।
- শিক্ষকদের সামাজিক ও অর্থনৈতিক অবস্থার উন্নতি সম্পর্কে কোনও নতুন বিবৃতি নেই।
- নারী শিক্ষা নিয়ে কোনো পরামর্শ নেই।
- এখনও ইংরেজির উপর জোর দিন।

ভারতীয় শিক্ষা কমিশন বা কোঠারি কমিশন (১৯৬৪-৬৬)

এই প্রবন্ধে, আমরা কোঠারি শিক্ষা কমিশন, 1964-66 সম্পর্কে আলোচনা করব, যা ভারতে কমিশনের ইতিহাসে ষষ্ঠ কমিশন ছিল।

স্বাধীনতার পর শুরু হওয়া পঞ্চবার্ষিক পরিকল্পনা অনেক ক্ষেত্রে দেশের উন্নয়নে সহায়তা করেছিল। যাইহোক, এই পরিকল্পনাগুলির বাস্তবায়ন অন্তর্নিহিত দুর্বলতা প্রকাশ করে যার কারণে প্রত্যাশিত সাফল্য অর্জন করা যাচ্ছিল না। শিক্ষা এমন একটি ক্ষেত্র বলে মনে হয়েছিল যা অনেকগুলি সমস্যাকে নির্দেশ করে যা তাত্ক্ষণিক সমাধানের জন্য আমাদের প্রচেষ্টার প্রয়োজন ছিল। সরকার পরিস্থিতি সম্পর্কে পুরোপুরি অবগত ছিল। শিক্ষার উন্নতির জন্য সরকার স্বাধীনতার পর দুটি কমিশন গঠন করে।

এই দুটি কমিশনের সুপারিশগুলি এর সম্পূর্ণ বাস্তবায়নে সফল হতে পারেনি। ফলস্বরূপ, শিক্ষার ক্ষেত্রে ক্রটিগুলি অব্যাহত ছিল। থিসিসের ক্রটিগুলি দূর করার জন্য, সরকারকে একটি নতুন শিক্ষা কমিশন নিয়োগ করতে হয়েছিল যা সরকারকে শিক্ষার জাতীয় প্যাটার্নের বিষয়ে পরামর্শ দেওয়ার পাশাপাশি সমস্ত পর্যায়ে শিক্ষার বিকাশের জন্য সাধারণ নীতি এবং নীতিগুলির সাথে পরামর্শ দেয়।

এই নিবন্ধটি শিক্ষার বিভিন্ন দিক থেকে কোঠারি শিক্ষা কমিশনের সুপারিশগুলি নিয়ে আলোচনা করে।

নিয়োগ কোঠারি কমিশন

১৯৬৪ সালের ১৪ ই জুলাই তারিখে ভারত সরকারের একটি রেজোলিউশনের বিধানের অধীনে কমিশনটি নিযুক্ত করা হয়েছিল। এই কমিশনে ভারত ও বিদেশের বিভিন্ন ক্ষেত্রের বিশিষ্ট শিক্ষাবিদদের অন্তর্ভুক্ত করা হয়েছিল। এতে মোট ১৭ জন সদস্য ছিলেন, যেখানে ১৪ জন সদস্য, ১ জন সদস্য - সচিব, ১ জন সহযোগী - সচিব এবং যুক্তরাজ্যের চেয়ারম্যান ডঃ ডি.এস. কোঠারি, ইউ.জি.সি চেয়ারম্যান, কমিশনের চেয়ারম্যান হিসাবে নিযুক্ত হন। সুতরাং, এটি

কোঠারি কমিশন নামেও পরিচিত। কমিশনের সদস্যদের মধ্যে ৫ জন শিক্ষাবিদ ছিলেন ইংল্যান্ড, আমেরিকা, ফ্রান্স, জাপান ও রাশিয়ার। জে পি নায়েককে কমিশনের নম্বর সচিব এবং জে এফ ম্যাকডোগালকে সংশ্লিষ্ট সচিব হিসাবে নিযুক্ত করা হয়েছিল।

কোঠারি কমিশনের অনন্য বৈশিষ্ট্য

আমাদের জন্য এটি জানা গুরুত্বপূর্ণ যে এই কমিশনকে পূর্বের অন্যান্য কমিশন থেকে একটি অনন্য কমিশন তৈরি করেছে এমন বৈশিষ্ট্যগুলি।

শিক্ষা কমিশনের (১৯৬৪-৬৬) অনন্য বৈশিষ্ট্যগুলি হলঃ

1. এর আগের পাঁচটি কমিশনই সামগ্রিকভাবে শিক্ষা নিয়ে কাজ করেনি, বরং শিক্ষার বিভিন্ন স্তরের দিকে মনোনিবেশ করেছে। কিন্তু এই কমিশন তার তদন্তকে শিক্ষার নির্দিষ্ট ক্ষেত্র বা দিকগুলির মধ্যে সীমাবদ্ধ রাখার জন্য নয়, বরং সমগ্র শিক্ষা ব্যবস্থার একটি বিস্তৃত পর্যালোচনা করার জন্য ছিল।

2. কমিশনের আরেকটি অনন্য বৈশিষ্ট্য ছিল তার দৃঢ় বিশ্বাস যে শিক্ষা জাতীয় উন্নয়নের সবচেয়ে শক্তিশালী হাতিয়ার। জাতীয় উন্নয়নে শিক্ষার গুরুত্বপূর্ণ ভূমিকা প্রতিবেদনের প্রতিটি পৃষ্ঠায় তার সমস্ত প্রাণবন্ততার মধ্যে প্রদর্শিত হয়। এর আগে কখনও শিক্ষাকে জাতীয় সম্মানের এমন জায়গা দেওয়া হয়নি, এবং এর আগে কখনও এটি জাতীয় সম্মানের মূল ভিত্তি হিসাবে কল্পনা করা হয়নি, এবং এর আগে কখনও এটি জাতির অগ্রগতি এবং সমৃদ্ধির মূল ভিত্তি হিসাবে কল্পনা করা হয়নি যা কমিশনের প্রতিবেদনের পৃষ্ঠাগুলিতে প্রকাশিত হয়েছে।

3. কমিশনের আন্তর্জাতিক গঠনও উল্লেখযোগ্য। ভারতে শিক্ষা অবশ্যই ভারতীয় অভিজ্ঞতা থেকে উদ্ভূত হতে হবে, মাধ্যমে, সংস্কৃতি এবং স্থানীয় অবস্থার মাধ্যমে। কিন্তু যেহেতু শিক্ষা মানবজাতির সাধারণ অনুসন্ধান হিসাবে রয়ে গেছে, তাই অন্যান্য দেশের শিক্ষাবিদ ও বিজ্ঞানীদের অভিজ্ঞতা ও চিন্তাভাবনার উপর আলোকপাত করা এবং শিক্ষাগতভাবে উন্নত দেশগুলির সর্বশেষ বিকাশের সুবিধা গ্রহণ করা লাভজনক বলে মনে করা হয়েছিল। এই কমিশনের মধ্যে ৭ জন ভারতীয় সদস্য এবং ৫ জন অন্যান্য সদস্য ছিলেন ; জাপান, ফ্রান্স, যুক্তরাজ্য, মার্কিন যুক্তরাষ্ট্র এবং ইউএসএসআর থেকে ১ জন করে। এছাড়া বিশ্বের বিভিন্ন দেশের ২০ জন কনসালট্যান্ট পাওয়া গেছে।

শর্তাবলী

এই কমিশন জাতীয় শিক্ষার ধরণ এবং সকল পর্যায়ে এবং তার সকল দিক থেকে শিক্ষার বিকাশের জন্য সাধারণ নীতি ও নীতি সম্পর্কে সরকারকে পরামর্শ দেবে। যাইহোক, এটি চিকিৎসা বা আইনী শিক্ষার সমস্যাগুলি পরীক্ষা করার প্রয়োজন নেই, তবে এই সমস্যাগুলির এই ধরনের দিকগুলি যা এর বিস্তৃত তদন্তের জন্য প্রয়োজনীয় তা খতিয়ে দেখা যেতে পারে।

প্রতিবেদন তৈরি

জাতির জনক মহাত্মা গান্ধীর জন্মদিনে কমিশন তার কাজ শুরু করে। এটি দেশের শিক্ষার বিভিন্ন সমস্যা অধ্যয়নের জন্য ১২ টি টাস্ক ফোর্স এবং ৭ টি ওয়ার্কিং গ্রুপ গঠন করেছিল। এতে জনজীবনে বিশিষ্ট প্রায় ৯০০০ নারী-পুরুষ, শিক্ষাবিদ, বিজ্ঞানী, শিল্পপতি ও বিভিন্ন ক্ষেত্রের পণ্ডিত এবং শিক্ষায় আগ্রহী অন্যান্যদের সাক্ষাৎকার নেওয়া হয়। কমিশন প্রায় ১০০ দিন

বিশ্ববিদ্যালয়, কলেজ ও স্কুল পরিদর্শনে ব্যয় করে এবং শিক্ষক, শিক্ষাবিদ, প্রশাসক ও শিক্ষার্থীদের সাথে আলোচনা করে। এটি ২,৪০০ টি মেমোরেন্ডাম এবং নোট পেয়েছে এবং যাচাই করেছে। কমিশন ২১ মাস কাজ করে এবং ১৯৬৬ সালের জুন মাসে রিপোর্ট জমা দেয়।

কোঠারি কমিশনের রিপোর্ট

কমিশনের রিপোর্ট শিক্ষার উপর একটি চমৎকার দলিল। কমিশন তার রিপোর্টে তার রূপটি প্রকাশ করেছে যে শিক্ষা জাতীয় উন্নয়নের সবচেয়ে শক্তিশালী হাতিয়ার।

কমিশনের রিপোর্টটি যথাযথভাবে 'শিক্ষা ও জাতীয় উন্নয়ন' হিসাবে নামকরণ করা হয়েছে। প্রতিবেদনটি চারটি ভাগে ভাগ করা হয়েছে-

বিভাগ ১: সাধারণ সমস্যা নিয়ে কাজ করা।

বিভাগ ২: বিভিন্ন পর্যায়ে এবং বিভিন্ন সেক্টরে শিক্ষার সাথে সম্পর্কিত।

বিভাগ ৩: কমিশন কর্তৃক প্রস্তাবিত বিভিন্ন সুপারিশ এবং কর্মসূচী বাস্তবায়নের বিষয়ে আলোচনা করা হয়েছে।

বিভাগ ৪: সম্পূরক কাগজপত্র নিয়ে গঠিত।

এই প্রতিবেদনে প্রস্তাবিত শিক্ষাগত পুনর্গঠনের কর্মসূচীগুলি তিনটি বিস্তৃত বিভাগে পড়ে -

1. শিক্ষা ব্যবস্থার অভ্যন্তরীণ রূপান্তর, যাতে তা জাতির জীবন, চাহিদা ও আকাঙ্ক্ষার সাথে সম্পর্কিত হয়।

2. শিক্ষার গুণগত উন্নতি যাতে অর্জিত মানসমূহ পর্যাপ্ত হয়, ক্রমাগত বৃদ্ধি পায় এবং কমপক্ষে কয়েকটি সেক্টরে আন্তর্জাতিকভাবে তুলনীয় হয়ে ওঠে; এবং

3. মানুষের উপর ভিত্তি করে শিক্ষামূলক সুযোগ-সুবিধার বিস্তৃতি - ক্ষমতার চাহিদা এবং শিক্ষার সুযোগের সমানীকরণের উপর একটি অ্যাকসেন্ট সহ।

প্রতিবেদন তৈরি

- ১২টি টাস্ক ফোর্স ও ৭টি ওয়ার্কিং গ্রুপ গঠন করা।
- সাক্ষাৎকার নিয়েছেন ৯,০০০ জন নারী-পুরুষের।
- ১০০ দিন কাটিয়েছেন।
- ১৯৬৪ সালের ২রা অক্টোবর এর কাজ শুরু করুন।
- প্রতিবেদনটি চারটি ভাগে ভাগ করা হয়েছে।
- প্রোগ্রামগুলি তিনটিতে শ্রেণীবদ্ধ করা হয়েছে।

কোঠারি শিক্ষা কমিশনের সুপারিশসমূহ

আসুন আমরা কমিশনের সুপারিশগুলি নিয়ে আলোচনা করি। আমাদের আলোচনা সুপারিশগুলির দুটি প্রধান দিক, যেমন, শিক্ষা এবং জাতীয় উদ্দেশ্য এবং শিক্ষাগত কাঠামোর মধ্যে সীমাবদ্ধ থাকবে।

শিক্ষা ও জাতীয় উদ্দেশ্য-

পুরুষ ও সমাজকে পরিবর্তন করার ক্ষেত্রে শিক্ষার ব্যাপক ভূমিকা রয়েছে। এটি সম্পূর্ণরূপে সংস্কার করতে হবে এবং জনগণের জীবন, চাহিদা এবং আকাঙ্ক্ষার সাথে সম্পর্কিত হতে হবে যাতে এটি সামাজিক, অর্থনৈতিক ও সাংস্কৃতিক রূপান্তরের একটি শক্তিশালী হাতিয়ার হিসাবে কাজ করতে পারে। শিক্ষা সম্পর্কিত করার জন্য, কমিশন নিম্নলিখিত উদ্দেশ্যগুলির সুপারিশ করেছে-

1. উৎপাদনশীলতা বৃদ্ধি।
2. সামাজিক ও জাতীয় সংহতি প্রচার
3. শিক্ষা ও আধুনিকায়ন
4. সামাজিক, নৈতিক ও আধ্যাত্মিক মূল্যবোধের বিকাশ।

১. উৎপাদনশীলতা বৃদ্ধি-

কমিশন পরামর্শ দিয়েছিল যে জাতীয় আয় বাড়ানোর জন্য শিক্ষাকে অবশ্যই উৎপাদনশীলতার সাথে সম্পর্কিত হতে হবে। শিক্ষা ও উৎপাদনশীলতাকে সংযুক্ত করার জন্য ভারতীয় শিক্ষা কমিশন নিম্নলিখিত সুপারিশগুলি করেছে।

1. বিজ্ঞান শিক্ষা ও সংস্কৃতির মৌলিক উপাদান; সুতরাং এটি স্কুল শিক্ষার একটি অবিচ্ছেদ্য অংশ করা উচিত।
2. ম্যানুয়াল কাজের মূল্য বিকাশের জন্য কমিশন স্কুল শিক্ষায় কাজের অভিজ্ঞতা প্রবর্তনের সুপারিশ করেছিল।
3. শিল্প, কৃষি ও বাণিজ্যে প্রযুক্তিগত কর্মীদের ক্রমবর্ধমান চাহিদা পূরণের জন্য আইইসি স্কুল পাঠ্যক্রমে বৃত্তিমূলক বিষয়গুলি প্রবর্তনের সুপারিশ করেছে। এটি আরও অভিমত প্রকাশ করেছে যে বৃত্তিমূলককরণ শিক্ষাকে উৎপাদনশীলতার সাথে ঘনিষ্ঠ সম্পর্কের মধ্যে নিয়ে আসবে।

২. সামাজিক ও জাতীয় সংহতির প্রচার-

জাতীয় ও সামাজিক সংহতি একটি দেশের অগ্রগতি ও উন্নয়নের পূর্বশর্ত। কমিশনের মতে, সামাজিক ও জাতীয় সংহতি একটি জাতীয় শিক্ষা ব্যবস্থার একটি গুরুত্বপূর্ণ লক্ষ্য। কমিশন শিক্ষার মাধ্যমে সামাজিক ও জাতীয় সংহতি জোরদার করার জন্য নিম্নলিখিত সুপারিশগুলি করেছে।

1. শিক্ষাকে জাতীয় উন্নয়নের একটি শক্তিশালী হাতিয়ার হিসাবে গড়ে তুলতে, জনসাধারণের শিক্ষার সাধারণ স্কুল ব্যবস্থা গ্রহণ করতে হবে।
2. শিক্ষিত ও অশিক্ষিত, বুদ্ধিজীবী এবং জনসাধারণের মধ্যে যে ব্যবধান রয়েছে তা সেতুবন্ধন, সামাজিক ও জাতীয় সেবাকে স্কুল শিক্ষার একটি অবিচ্ছেদ্য অংশ হিসাবে গড়ে তুলতে হবে।
3. একটি ভাষা সামাজিক ও জাতীয় সংহতির জন্য একটি দৃঢ় আঠালো, স্কুলে মাতৃভাষা, হিন্দি এবং অন্যান্য আধুনিক ভারতীয় ভাষা শেখানোর জন্য উপযুক্ত বিধান করা উচিত।

৩. শিক্ষা ও আধুনিকায়ন-

বর্তমান সমাজ হচ্ছে বিজ্ঞানভিত্তিক সমাজ। বর্তমান শতাব্দী জ্ঞানের বিস্ফোরণের ফলে বৈজ্ঞানিক ও প্রযুক্তিগত জ্ঞানের ক্ষেত্রে অসাধারণ অগ্রগতি অর্জন করেছে। এই পরিস্থিতিতে শিক্ষার অন্যতম প্রধান কাজ হল জ্ঞানের এই অগ্রগতির সাথে তাল মিলিয়ে চলা। আধুনিক সমাজের আরেকটি বৈশিষ্ট্য হ'ল দ্রুত সামাজিক পরিবর্তন। পরিবর্তনের পরিস্থিতিতে, স্কুলকে সর্বদা সতর্ক থাকতে হবে যদি এটি উল্লেখযোগ্য পরিবর্তনগুলির পাশাপাশি রাখতে হয়। একটি শিক্ষা ব্যবস্থা যা ক্রমাগত নিজেকে সংস্কার করে না, মেয়াদোত্তীর্ণ হয়ে যায় এবং অগ্রগতিতে বাধা সৃষ্টি করে। আধুনিকীকরণের সাথে তাল মিলিয়ে চলার জন্য আইইসি মনে করে যে "বৃত্তিমূলক বিষয়, বিজ্ঞান শিক্ষা এবং গবেষণার উপর আরও বেশি জোর দিতে হবে।

৪. সামাজিক, নৈতিক ও আধ্যাত্মিক মূল্যবোধ-

জাতীয় শিক্ষা ব্যবস্থায় শিক্ষার্থীদের মধ্যে সামাজিক, নৈতিক ও আধ্যাত্মিক মূল্যবোধের চাষের উপর জোর দেওয়া উচিত। এই উদ্দেশ্যে কমিশন নিম্নলিখিত সুপারিশগুলি করেছে-

1. কেন্দ্রীয় ও রাজ্য সরকারগুলিকে ধর্মীয় ও নৈতিক শিক্ষার উপর বিশ্ববিদ্যালয় শিক্ষা কমিশন কর্তৃক প্রস্তাবিত ভিত্তিতে তাদের সরাসরি নিয়ন্ত্রণের অধীনে সমস্ত প্রতিষ্ঠানে নৈতিক, সামাজিক এবং আধ্যাত্মিক মূল্যবোধে শিক্ষা প্রবর্তনের জন্য ব্যবস্থা গ্রহণ করা উচিত।

2. সামাজিক, নৈতিক এবং ধর্মীয় মূল্যবোধগুলি বিকাশের জন্য, কিছু সময়কাল সময় সারণিতে সরবরাহ করা উচিত। এ ধরনের নির্দেশনা সাধারণ শিক্ষকদের দিতে হবে।

3. বিশ্ববিদ্যালয়ের বিভাগগুলি বিশেষভাবে এই মূল্যবোধগুলি বিজ্ঞতার সাথে এবং কার্যকরভাবে শেখানো যেতে পারে এমন উপায়গুলি নিয়ে বিশেষভাবে উদ্বিগ্ন হওয়া উচিত এবং ছাত্র এবং শিক্ষকদের দ্বারা ব্যবহারের জন্য বিশেষ সাহিত্যপ্রস্তুত করা উচিত।

শিক্ষাগত কাঠামো

কমিশন শিক্ষার একটি নতুন কাঠামোগত প্যাটার্ন সুপারিশ করেছে। নতুন শিক্ষাগত কাঠামো নিম্নরূপ হওয়া উচিত:

1. এক থেকে তিন বছরের প্রাক-বিদ্যালয় শিক্ষা।

2. ৭ থেকে ৮ বছরের একটি প্রাথমিক পর্যায়ে ৪ বা ৫ বছরের নিম্ন প্রাথমিক পর্যায়ে এবং ৩ বা ২ বছরের উচ্চতর প্রাথমিক পর্যায়ে বিভক্ত।

3. ৩ বা ২ বছরের সাধারণ শিক্ষা বা ১ থেকে ৩ বছরের বৃত্তিমূলক শিক্ষার একটি নিম্ন মাধ্যমিক পর্যায়।

4. ২ বছরের সাধারণ শিক্ষা বা ১ থেকে ৩ বছরের বৃত্তিমূলক শিক্ষার একটি উচ্চ মাধ্যমিক পর্যায়ে, মোট ৫০% বৃত্তিমূলক শিক্ষার অধীনে থাকবে,

5. প্রথম ডিগ্রী কোর্সের জন্য 3 বছর বা তারও বেশি সময় ধরে একটি উচ্চ শিক্ষার পর্যায়, দ্বিতীয় বা গবেষণা ডিগ্রীর জন্য বিভিন্ন সময়কালের কোর্স দ্বারা অনুসরণ করা হয়।

কমিশন দ্বারা প্রস্তাবিত কাঠামোগত গঠনটি সাধারণত 10 + 2 + 3 হিসাবে পরিচিত। শিক্ষার কাঠামোগত গঠন

- ১ থেকে ৩ বছর পর্যন্ত প্রাক-বিদ্যালয় শিক্ষাও দিতে হবে।
- সাধারণ শিক্ষা ১০ বছরের জন্য স্থায়ী হতে হবে-

1. নিম্ন প্রাথমিকের চার বছর,
2. উচ্চ প্রাথমিকের তিন বছর
3. ৩ বছরের নিম্ন মাধ্যমিক শিক্ষা।
4. উচ্চ মাধ্যমিক শিক্ষা ২ বছরের জন্য নির্ধারণ করতে হবে। ডিগ্রি কোর্স হতে হবে ৩ বছরের।

প্রথম শ্রেণিতে ভর্তির বয়স ৬+ এর কম হওয়া উচিত নয়। প্রথম পাবলিক এক্সটার্নাল পরীক্ষাটি স্কুলের প্রথম 10 বছরের শেষে আসা উচিত। মাধ্যমিক বিদ্যালয়দুই ধরনের হতে হবেঃ উচ্চ বিদ্যালয়গুলি ১০ বছরের কোর্স প্রদান করে এবং উচ্চ মাধ্যমিক বিদ্যালয়গুলি ১১ বা ১২ বছরের কোর্স সরবরাহ করে। একাদশ ও দ্বাদশ শ্রেণির সমন্বয়ে একটি নতুন উচ্চ মাধ্যমিক কোর্স চালু করা উচিত। প্রাক-বিশ্ববিদ্যালয়ের কোর্সগুলি বিশ্ববিদ্যালয়গুলি থেকে স্থানান্তর করা উচিত এবং মাধ্যমিক বিদ্যালয়গুলিতে যোগ করা উচিত। কমিশনকে বিশ্ববিদ্যালয় পর্যায়ে পুনর্গঠনের পরামর্শ দেওয়া হয়েছে। এই পর্যায়ে, তিন বছরের ডিগ্রী কমিশন দ্বারা অনুকূলিত হয়েছে।

ভূমিকা

১৯৪৭ খ্রিস্টাব্দের ১৫ আগস্ট স্বাধীনতা লাভ করে ভারতবর্ষ একটি প্রজাতান্ত্রিক তথা গণতান্ত্রিক রাষ্ট্রের মর্যাদা অর্জন করে। দেশের সাধারণ জনগণের মধ্যে এই গণতান্ত্রিক চেতনার বিকাশ ঘটাতে প্রয়োজন হয় প্রাথমিক শিক্ষার। অবৈতনিক বাধ্যতামূলক প্রাথমিক শিক্ষার প্রবর্তনের তাগিদে রাষ্ট্রনেতা তথা বিশিষ্ট শিক্ষাবিদগণ সমবেত হন। এর পাশাপাশি মাধ্যমিক ও উচ্চমাধ্যমিক শিক্ষাব্যবস্থার মানোন্নয়ন ও প্রযুক্তি-কারিগরি শিক্ষার পুনর্গঠনের উদ্দেশ্যে ১৯৪৮ খ্রিস্টাব্দে গঠিত হয় স্বাধীন ভারতের প্রথম শিক্ষা কমিশন, যা 'বিশ্ববিদ্যালয় শিক্ষা কমিশন' বা 'রাধাকৃষ্ণণ কমিশন' নামে পরিচিত।

রাধাকৃষ্ণণ কমিশন/বিশ্ববিদ্যালয় শিক্ষা কমিশন (১৯৪৮-49)

ভূমিকা

একজন শিক্ষাবিদ, দার্শনিক এবং রাষ্ট্রনায়ক হিসাবে, সর্বপল্লী রাধাকৃষ্ণণ (১৮৮৮-১৯৭৫) বিংশ শতাব্দীতে একাডেমিক বৃত্তে সবচেয়ে স্বীকৃত এবং প্রভাবশালী ভারতীয় চিন্তাবিদদের মধ্যে একজন ছিলেন।

রাধাকৃষ্ণণকে বিশ্ববিদ্যালয় শিক্ষা কমিশনের চেয়ারম্যান মনোনীত করা হয়েছিল। স্বাধীনতার পর শিক্ষার ক্ষেত্রে ভারত সরকার কর্তৃক গৃহীত একটি অত্যন্ত তাৎপর্যপূর্ণ প্রথম পদক্ষেপ ছিল ডঃ এস রাধাকৃষ্ণণের নেতৃত্বে বিশ্ববিদ্যালয় শিক্ষা কমিশন নিয়োগ, যিনি একজন বিশিষ্ট পণ্ডিত এবং বেনারস বিশ্ববিদ্যালয়ের প্রাক্তন ভাইস-চ্যান্সেলর , যিনি ভারতের দ্বিতীয় রাষ্ট্রপতি হয়েছিলেন।

১৯৪৭ সালের ১৫ ই আগস্ট স্বাধীনতার পর, রাধাকৃষ্ণণকে বিশ্ববিদ্যালয় শিক্ষা কমিশনের চেয়ারম্যান হওয়ার জন্য অনুরোধ করা হয়েছিল। রাধাকৃষ্ণণ কমিটির পরামর্শগুলি ভারতীয় বিশ্ববিদ্যালয়ের শিক্ষার উপর রিপোর্ট করার জন্য ভারতের প্রয়োজনের জন্য শিক্ষা ব্যবস্থাকে গড়ে তুলতে সহায়তা করেছিল এবং দেশের বর্তমান ও ভবিষ্যতের প্রয়োজনীয়তার সাথে সামঞ্জস্যপূর্ণ

হতে পারে এমন উন্নতি ও সম্প্রসারণের পরামর্শ দিয়েছিল" কমিশনের ১৯৪৯ সালের প্রতিবেদনে বিশ্ববিদ্যালয় শিক্ষার অবস্থা মূল্যায়ন করা হয়েছিল এবং সদ্য স্বাধীন ভারতে এর উন্নতির জন্য সুপারিশ করা হয়েছিল। ১৯৪৮ সালের ৬ ই ডিসেম্বর কমিশন নয়াদিল্লিতে তার প্রথম সভা করে, যখন ভারত সরকারের শিক্ষা মন্ত্রী মাননীয় মাওলানা আবুল কালাম আজাদ বৈঠকে ভাষণ দেন এবং তদন্তের উদ্দেশ্য ও পরিধি সম্পর্কে সরকারের উদ্দেশ্য ব্যাখ্যা করেন।

কমিশনের নিয়োগ

কমিশনের সদস্যদের ভারতীয় বিশ্ববিদ্যালয় শিক্ষার উপর রিপোর্ট করার জন্য ভারত সরকার দ্বারা নিযুক্ত করা হয়েছিল এবং দেশের বর্তমান ও ভবিষ্যতের প্রয়োজনীয়তাগুলির সাথে সঙ্গতিপূর্ণ হতে পারে এমন উন্নতি এবং এক্সটেনশনগুলির পরামর্শ দেওয়ার জন্য নিযুক্ত করা হয়েছিল।

কমিশনের সদস্যগণ

নিম্নলিখিতগুলি কমিশনের সদস্য হিসাবে নিযুক্ত করা হয়েছিলঃ-

1. ডঃ এস রাধাকৃষ্ণন, এমএ, ডি লিট, এলএলডি, অক্সফোর্ড বিশ্ববিদ্যালয়ের ইস্টার্ন ধর্ম ও নৈতিকতার স্প্যালডিং অধ্যাপক। (চেয়ারম্যান)।

2. ডঃ তারা চাঁদ, এমএ, ডি ফিল (অক্সন),ভারত সরকারের সচিব ও শিক্ষা বিষয়ক উপদেষ্টা।

3. ডঃ (বর্তমানে স্যার) জেমস এফ ডাফ, এমএ (ক্যান্টাব.), এম. এড. (ম্যানচেস্টার), এলএলডি (অ্যাবারডিন), ভাইস-চ্যান্সেলর, ডারহাম বিশ্ববিদ্যালয়।

4. ডঃ জাকির হসেন, এমএ, পিএইচডি, ডি লিট (জামিয়া মিলিয়া ইসলামিয়া, দিল্লি)- (বর্তমানে ভাইস-চ্যান্সেলর, মুসলিম বিশ্ববিদ্যালয়, আলিগড়)।

5. ডঃ আর্থার ই মরগান, D.Sc, ডি. ইংল্যান্ড, এলএলডি, প্রাক্তন রাষ্ট্রপতি, এন্টিওক কলেজ, প্রথম চেয়ারম্যান, টেনেসি ভ্যালি কর্তৃপক্ষ, সভাপতি, কমিউনিটি সার্ভিস ইনকর্পোরেটেড।

6. ডঃ এ. লক্ষ্মণস্বামী মুদালিয়ার, D.Sc, এলএলডি, ডি.C এল, এফ.আর..C.ও.জি., এফ.এ.এস..C, ভাইস-চ্যান্সেলর, মাদ্রাজ বিশ্ববিদ্যালয়।

7. ডঃ মেঘনাদ সাহা, D.Sc এফ.আর.এস., পদার্থবিজ্ঞানের ডিন, বিজ্ঞান অনুষদের পালিত অধ্যাপক; এবং সভাপতি, পোস্ট-গ্র্যাজুয়েট কাউন্সিল অফ সায়েন্স, কলকাতা বিশ্ববিদ্যালয়।

8. ডঃ করম। Narayan Bahl D. Sc (Paj.), D. Phil, এবং D. Sc.(Oxon), Department of Zoology, University of Lucknow।

9. ডঃ জন জে. টাইগার্ট, এমএ (অক্সন.) এলএলডি, এড ডি, ডি.C এলএল, ডি. এল.এল., ডি. লিট,এলএইচডি, এলএইচডি, পূর্বে মার্কিন যুক্তরাষ্ট্রের শিক্ষা কমিশনার, এবং ফ্লোরিডা বিশ্ববিদ্যালয়ের রাষ্ট্রপতি ইমেরিটাস।

10. শ্রী নির্মল কুমার সিধান্ত, এমএ (Cantab.), ইংরেজি র অধ্যাপক এবং ডিন, কলা অনুষদ, লখনৌ বিশ্ববিদ্যালয়। (সচিব)।

শর্তাবলী

Reference-এর শর্তাবলী- কমিশনের রেফারেন্সের শর্তাবলী বিবেচনা করতে হবে এবং এই বিষয়ে সুপারিশ করতে হবে-

1. ভারতে বিশ্ববিদ্যালয়ের শিক্ষা ও গবেষণার লক্ষ্য এবং উদ্দেশ্য।

2. ভারতের বিশ্ববিদ্যালয়গুলির সংবিধান, নিয়ন্ত্রণ, কার্যাবলী এবং এখতিয়ার এবং সরকার, কেন্দ্রীয় ও প্রাদেশিক সরকারের সাথে তাদের সম্পর্কের ক্ষেত্রে প্রয়োজনীয় এবং আকাঙ্ক্ষিত বলে বিবেচিত পরিবর্তনগুলি।

3. বিশ্ববিদ্যালয়গুলির অর্থায়ন।

4. তাদের নিয়ন্ত্রণাধীন বিশ্ববিদ্যালয় ও কলেজসমূহে পাঠদান ও পরীক্ষার সর্বোচ্চ মান বজায় রাখা।

5. মানবিক ও বিজ্ঞানের মধ্যে এবং বিশুদ্ধ বিজ্ঞান ও প্রযুক্তিগত প্রশিক্ষণ এবং এই ধরনের কোর্সের সময়কালের মধ্যে একটি ভাল ভারসাম্য বজায় রাখার জন্য বিশেষ রেফারেন্স সহ বিশ্ববিদ্যালয়গুলিতে অধ্যয়নের কোর্সগুলি।

6. একটি স্বাধীন বিশ্ববিদ্যালয়ের প্রবেশিকা পরীক্ষার আকাঙ্ক্ষা এবং মৌলিক অধিকার 23 (2) এর বিরুদ্ধে মিলিত অন্যায্য বৈষম্য পরিহারের পরিপ্রেক্ষিতে অধ্যয়নের বিশ্ববিদ্যালয়ের কোর্সগুলিতে ভর্তির মান।

7. বিশ্ববিদ্যালয়গুলিতে শিক্ষার মাধ্যম।

8. ভারতীয় সংস্কৃতি, ইতিহাস, সাহিত্য, ভাষা, দর্শন এবং চারুকলায় উন্নত অধ্যয়নের বিধান।

9. একটি আঞ্চলিক বা অন্যান্য ভিত্তিতে আরো বিশ্ববিদ্যালয়ের প্রয়োজন।

10. বিশ্ববিদ্যালয় এবং উচ্চতর গবেষণার ইনস্টিটিউটগুলিতে জ্ঞানের সমস্ত শাখায় উন্নত গবেষণা সংস্থা একটি সু-সমন্বয়মূলক ফ্যাশনে প্রচেষ্টা ও সম্পদের অপচয় এড়ানোর জন্য উচ্চতর গবেষণা প্রতিষ্ঠান।

11. বিশ্ববিদ্যালয়গুলিতে ধর্মীয় শিক্ষা।

12. বেনারস হিন্দু বিশ্ববিদ্যালয়, আলিগড় মুসলিম বিশ্ববিদ্যালয়, দিল্লি বিশ্ববিদ্যালয় এবং একটি সর্বভারতীয় চরিত্রের অন্যান্য প্রতিষ্ঠানের বিশেষ সমস্যা।

13. শিক্ষকদের যোগ্যতা, পরিষেবার শর্তাবলী, বেতন, সুযোগ-সুবিধা এবং কার্যাবলী এবং শিক্ষকদের দ্বারা মূল গবেষণার উৎসাহ।

14. ছাত্র, হোস্টেল এবং টিউটোরিয়াল কাজের সংগঠন এবং অন্য যে কোনও বিষয় যা ভারতে বিশ্ববিদ্যালয়ের শিক্ষা এবং উন্নত গবেষণার সমস্ত দিক সম্পর্কে একটি সম্পূর্ণ এবং ব্যাপক অনুসন্ধানের জন্য জার্মান এবং অপরিহার্য।

I) প্রধান পর্যবেক্ষণ এবং সুপারিশ
শিক্ষার লক্ষ্যঃ

- এটা শেখানোর জন্য যে, জীবনের একটা অর্থ আছে।
- প্রজ্ঞার বিকাশের মাধ্যমে আত্মার জীবন যাপনের সহজাত ক্ষমতাকে জাগিয়ে তোলা।
- সামাজিক দর্শনের সাথে পরিচিত হওয়া যা সমস্ত প্রতিষ্ঠান, শিক্ষার পাশাপাশি অর্থনৈতিক ও রাজনৈতিক ভাবে পরিচালিত করা উচিত?
- গণতন্ত্রের জন্য প্রশিক্ষণ।
- আত্মোন্নয়নের জন্য প্রশিক্ষণ

- মনের নির্ভীকতা, বিবেকের শক্তি এবং সততার মতো নির্দিষ্ট মূল্যবোধগুলি বিকাশ করা।
- তার প্রজন্মের সাংস্কৃতিক ঐতিহ্যের সাথে পরিচিত হওয়া
- শিক্ষা যে একটি আজীবন প্রক্রিয়া তা জানতে সক্ষম করা।
- বর্তমান ও অতীত সম্পর্কে ধারণা গড়ে তোলা।
- বৃত্তিমূলক ও পেশাগত প্রশিক্ষণ প্রদান করা।

II) বিশ্ববিদ্যালয়সমূহের কার্যাবলী

কমিশন দেশের অর্থনৈতিক ও রাজনৈতিক পরিবর্তনের পরিপ্রেক্ষিতে শিক্ষার নিম্নলিখিত কার্যক্রমের উপর জোর দেয়।

1. আত্মা পরিবর্তন সঙ্গে ব্যক্তি তৈরি. এটি বিশ্ববিদ্যালয়গুলির জন্য জ্ঞান তৈরি করা এবং পুরুষদের মনকে প্রশিক্ষণ দেওয়া যারা দুটি বস্তুগত সম্পদ এবং মানব শক্তিকে একত্রিত করবে। যদি আমাদের জীবনযাত্রার মান বাড়াতে হয় তবে আত্মার আমূল পরিবর্তন অপরিহার্য

2. এমন ব্যক্তিকে প্রস্তুত করা, যিনি অতীত থেকে নির্দেশনা চান কিন্তু অতীতের পরিপূর্ণতার মারাত্মক আবেশ ত্যাগ করেন। বিশ্ববিদ্যালয়গুলি জাতির অভ্যন্তরের জীবনের বুদ্ধিবৃত্তিক অভয়ারণ্য। তাদের অবশ্যই বুদ্ধিজীবী অগ্রগামীদের প্রশিক্ষণ দিতে হবে, অতীতের দিকনির্দেশনা চাইতে হবে, কিন্তু নতুন স্বপ্ন বাস্তবায়নের জন্য গতিশীলতা সরবরাহ করতে হবে।

3. একটি সমন্বিত জীবনধারার তাৎপর্য বুঝতে পারে এমন ব্যক্তির বিকাশ। বিশ্ববিদ্যালয়গুলিকে অবশ্যই জ্ঞানকে সংশ্লেষিত করার গুণাবলী বিকাশ করতে হবে - জ্ঞানের বিভিন্ন আইটেমের একটি 'সামানাভায়া'।

4. প্রজ্ঞার মানুষের বিকাশ। আমাদের প্রাচীন শিক্ষকরা বিষয়গুলি শেখানোর এবং প্রজ্ঞা দেওয়ার চেষ্টা করেছিলেন। তাদের আদর্শ ছিল জ্ঞানের সাথে প্রজ্ঞা। জ্ঞানের কিছু ভিত্তি ছাড়া আমরা জ্ঞানী হতে পারি না, যদিও আমরা সহজেই জ্ঞান অর্জন করতে পারি এবং প্রজ্ঞা থেকে বঞ্চিত হতে পারি। উপনিষদের শব্দ ব্যবহার করার জন্য, আমরা পাঠ্য (মন্ত্রবতী) সম্পর্কে জানতে পারি এবং নিজের (আত্মবতি) সম্পর্কে জানি না। কোন পরিমাণ বাস্তব তথ্যই একজন সাধারণ মানুষকে শিক্ষিত বা ধার্মিক পুরুষদের মধ্যে পরিণত করতে পারে না যদি না তাদের মধ্যে কিছু জাগ্রত হয়, আত্মার জীবন যাপনের একটি সহজাত ক্ষমতা।

5. এমন ব্যক্তিদের বিকাশ করা যারা সামাজিক শৃঙ্খলার লক্ষ্যগুলি বুঝতে পারে। বিশ্ববিদ্যালয়গুলিকে অবশ্যই শিক্ষার্থীদের মধ্যে সামাজিক শৃঙ্খলার একটি ধারণা বিকাশ করতে হবে। তাদের অবশ্যই গণতন্ত্র, ন্যায়বিচার ও স্বাধীনতার মূল্য, সমতা এবং অনন্তকাল - ভারতীয় সমাজের আদর্শ বিকাশ করতে হবে।

6. সমাজের সাথে খাপ খাইয়ে নিতে পারে এবং নতুন পরিবর্তন আনতে পারে এমন শিক্ষার্থীদের তৈরি করা। শিক্ষা হচ্ছে এমন একটি মাধ্যম যার দ্বারা সমাজ নিজেই উপলব্ধি করতে পারে। ১৮৫২ খ্রিষ্টাব্দে নিউম্যান বিশ্ববিদ্যালয়ের কাজকে এভাবে সংজ্ঞায়িত করেন, "যদি একটি ব্যবহারিক সমাপ্তি একটি বিশ্ববিদ্যালয়ের কোর্সে নিযুক্ত করা আবশ্যক হয়, তাহলে আমি

বলি যে এটি ভাল সমাজের প্রশিক্ষণ সদস্য। শিক্ষার কোনও ব্যবস্থাই রাষ্ট্রকে দুর্বল করার নির্দেশ দেওয়া যায় না যা এটি রক্ষণাবেক্ষন করে। কিন্তু শিক্ষা সামাজিক পরিবর্তনের একটি হাতিয়ারও বটে।

7. নেতাদের প্রস্তুত করা. পেশা ও জনজীবনে নেতৃত্ব প্রশিক্ষণ বিশ্ববিদ্যালয় শিক্ষার অন্যতম কেন্দ্রীয় লক্ষ্য, যা উপলব্ধি করা কঠিন। প্রেসিডেন্ট ট্রুম্যান বলেন, 'আমাদের জাতীয় নীতিঅবশ্যই বোর্ডের অভিজ্ঞতা, পরিপক্ক দৃষ্টিভঙ্গি এবং সঠিক বিচারের পুরুষদের দ্বারা পরিচালিত হতে হবে। বিচক্ষণ নেতৃত্বের জন্য যদি পুরুষ ও মহিলাদের প্রশিক্ষণ দেওয়া বিশ্ববিদ্যালয়গুলির কাজ হয়, তবে তাদের অবশ্যই তরুণ পুরুষ ও মহিলাদের অন্তদৃষ্টি দিয়ে পড়তে সক্ষম করতে হবে।

8. চরিত্রের পুরুষদের উন্নয়নশীল. আমরা একটি সভ্যতা গড়ে তুলছি, কারখানা বা উপাসনা নয়। উপাসনার গুণগত মান বস্তুগত, সরঞ্জাম বা রাজনৈতিক যন্ত্রের উপর নির্ভর করে না বরং পুরুষদের চরিত্রের উপর নির্ভর করে। শিক্ষার প্রধান কাজ হল চরিত্রের উন্নতি।

9. ভারতের সংস্কৃতি ঐক্যের উপলব্ধি গড়ে তোলা। ভারত হল প্যালিম্পসেস্টের মতো, যেখানে নতুন চরিত্র পুরানোকে পুরোপুরি মুছে ফেলতে পারে না। একটি একক সামাজিক প্যাটার্নে বিভিন্ন বয়সের টুকরো টুকরো টুকরো টুকরো এমন একজন ভারতীয়দের কথা চিন্তা করা অসম্ভব হবে যেখানে কোনও মুগালকে শাসন করা হয় না, যেখানে কোনও তাজ নির্মিত হয়নি, কোনও ম্যাকোলে শিক্ষার উপর তার মিনিট লিখেছিলেন না। ভারতীয় সংস্কৃতি একটি জীবন্ত জীবের মতো যা সম্পদ বৃদ্ধি করে এবং বিষয়বস্তু আদিম সংস্কৃতি চরম রক্ষণশীলতা দ্বারা চিহ্নিত করা হয় যেখানে সামাজিক গোষ্ঠী অযৌক্তিক অধ্যবসায়ের সাথে কাস্টম এবং কনভেনশনের একই পথ অনুসরণ করে। জীবন্ত সংস্কৃতিগুলি গতিশীলতা এবং ব্যক্তিগত ও সামাজিক শৃঙ্খলার ক্রমাগত প্রচেষ্টার মাধ্যমে তাদের সংস্কৃতির প্যাটার্ন বজায় রাখে।

10. অতীতের আধ্যাত্মিক ঐতিহ্য বুঝতে সক্ষম ব্যক্তিদের বিকাশ। না মানুষের জন্য আধ্যাত্মিক পুষ্টির প্রধান উৎস অবশ্যই তার নিজস্ব অতীত হতে হবে যা চিরতরে পুনরায় আবিষ্কৃত এবং পুনর্নবীকরণ করা হয়েছে। অতীতের জ্ঞানহীন একটি সমাজ যা এটিকে গভীর ব্যান্ড মর্যাদার অভাব বোধ করে। আমাদের অবশ্যই সমালোচনামূলক এবং নির্বাচনী হতে হবে এবং বর্তমানকে আলোকিত করার জন্য অতীতকে ব্যবহার করতে হবে। আমাদের অন্ধভাবে আমাদের অতীতের মহান মূল্য ত্যাগ করা উচিত নয় এবং আমাদের বিশ্বাসকে আঁকড়ে ধরে থাকা উচিত নয় কারণ তারা প্রাচীন।

11. প্রয়োজনীয় কর্মীদের জন্য দক্ষতা বিকাশ। বিশ্ববিদ্যালয়গুলিকে অবশ্যই প্রতিটি ধরণের ক্রিয়াকলাপের জন্য ক্রমবর্ধমান চাহিদা পূরণের জন্য কর্মীদের প্রস্তুত করতে হবে, যেমন, প্রশাসন, বাণিজ্য, শিল্প, রাজনীতি।

12. বিজ্ঞানী এবং প্রযুক্তিগত কর্মীদের বিকাশ। বিশ্ববিদ্যালয়গুলোকে অবশ্যই বৈজ্ঞানিক ও প্রযুক্তিগত জ্ঞানের প্রয়োগ ও বিকাশের মাধ্যমে যত কম সময়ের মধ্যে দেশকে অভাব, রোগ ও অজ্ঞতা থেকে মুক্তি অর্জন করতে সক্ষম করতে হবে। ভারত প্রাকৃতিক সম্পদে সমৃদ্ধ এবং তার জনগণের বুদ্ধিমত্তা ব্যান্ড শক্তি নতুন করে জীবন ও শক্তিতে কাঁপছে। এই ধরনের কর্মীদের প্রস্তুত করার জন্য বিশ্ববিদ্যালয়গুলি।

13. সাংস্কৃতিক সহযোগিতার এই ধরনের মূল্যবোধ এবং দক্ষতার সাথে ব্যক্তির বিকাশ। বিশ্ব সংস্কৃতির বিকাশের জন্য সেটিং, যদিও সংস্কৃতির ক্রস ফার্টিলাইজেশন প্রস্তুত। বিশ্ব, বাষ্পীভবন ও যোগাযোগ এবং অর্থনৈতিক স্বাধীনতার দ্রুততার মাধ্যমে, একটি একক সংস্থা হয়ে উঠেছে। আমাদের অবশ্যই বিশ্বের একতা এবং জনগণের চিন্তাভাবনার স্বীকৃতি এবং গ্রহণযোগ্যতার জন্য নিশ্চিত করতে হবে। পারস্পরিক বোঝাপড়ার বৃদ্ধি এই স্বীকৃতি থেকে উদ্ভূত হয় যে বিভিন্ন সংস্কৃতি আত্মার এক ভাষার উপভাষা।

III) অধ্যয়নের কোর্স

জ্ঞানকে সামগ্রিকভাবে বিবেচনা করতে হবে। কোর্সগুলি অঙ্কন করার সময়। বিভিন্ন দিকগুলির মধ্যে সংযোগটি নজরে রাখা উচিত নয়। সাধারণ একাডেমিক এবং বৃত্তিমূলক শিক্ষার মধ্যে একটি সংযোগ বন্ধন থাকতে হবে। সাধারণ শিক্ষার নীতি এবং অনুশীলনগুলি অবশ্যই মধ্যবর্তী এবং ডিগ্রী পর্যায়ে অবশ্যই একটি অবিচ্ছেদ্য অংশ হয়ে উঠতে হবে।

ডিগ্রী পর্যায়ে কোর্স:

সাধারণ শিক্ষার একটি কোর্স ছাড়াও নিম্নলিখিত কোর্সগুলি শিক্ষার্থীদের দ্বারা গ্রহণ করা হবে:

- ফেডারেল ভাষা বা যদি এটি মাতৃভাষা, একটি ধ্রুপদী বা একটি আধুনিক ভারতীয় ভাষা হয়।
- ইংরাজি এবং কলা শিক্ষার্থীদের জন্য প্রতিটি গ্রুপ থেকে দুটি বিশেষ বিষয়ের চেয়ে কম নয়।

মানবিকতা:

1. ধ্রুপদী বা আধুনিক ভারতীয় ভাষা
2. ইংরেজি, জার্মান বা ফরাসি
3. দর্শন শাস্ত্র
4. ইতিহাস
5. গণিত
6. চারুকলা
7. রাষ্ট্রবিজ্ঞান
8. সামাজিক বিজ্ঞান:
9. অর্থনীতি
10. সমাজবিজ্ঞান
11. মনোবিজ্ঞান
12. নৃতত্ত্ব (Anthropology)
13. ভূগোল
14. অর্থনীতি

বিজ্ঞানশিক্ষার্থীদের জন্য নিম্নলিখিত তালিকা থেকে দুটি বিশেষ বিষয়ের চেয়ে কম নয়:

1. গণিত;
2. পদার্থবিজ্ঞান
3. রসায়ন
4. উদ্ভিদবিদ্যা
5. প্রাণিবিদ্যা
6. ভূতত্ত্ব

IV) পেশাগত শিক্ষা

1. **কৃষি:** জাতীয় অর্থনৈতিক পরিকল্পনায় প্রাথমিক মাধ্যমিক ও উচ্চ শিক্ষায় কৃষির অধ্যয়নকে উচ্চ অগ্রাধিকার দেওয়া উচিত। যতদূর সম্ভব। কৃষি শিক্ষাকে একটি গ্রামীণ পরিবেশ প্রদান করা উচিত।

2. **কমার্স:** একজন বাণিজ্য শিক্ষার্থীকে তিন বা চারটি বিভিন্ন ধরণের সংস্থায় ব্যবহারিক কাজের সুযোগ দেওয়া উচিত।

3. **প্রকৌশল ও প্রযুক্তি:** বিভিন্ন গ্রেডের ইঞ্জিনিয়ারিং স্কুলের সংখ্যা বৃদ্ধি করা উচিত, বিশেষ করে গ্রেড 4 এবং 5 (ফোরম্যান, কারিগর, ড্রাফটসম্যান, অধ্যক্ষ ইত্যাদি) প্রশিক্ষণের জন্য। নতুন ইঞ্জিনিয়ারিং কলেজ বা ইনস্টিটিউট প্রতিষ্ঠার ক্ষেত্রে ভারতীয় ভাষায় কী ধরনের প্রকৌশল পরিষেবার প্রয়োজন তা নিয়ে নতুন করে সমালোচনামূলক তদন্ত হওয়া উচিত। এখানে এবং জাহাজে বিদ্যমান প্রতিষ্ঠানগুলির সমালোচনামূলক অভ্যর্থনা এবং অনুকরণ করা এড়ানো উচিত।

4. **আইন:** একটি তিন বছরের ডিগ্রী কোর্স বিশেষ আইনি বিষয়গুলিতে দেওয়া হবে। আইনে ডিগ্রী সউসে অধ্যয়নরত শিক্ষার্থীদের একই সাথে বাইরের ডিগ্রী কোর্স করার অনুমতি দেওয়া হবে না, এমন কয়েকটি উদাহরণ ব্যতীত যেখানে উন্নত শিক্ষার্থীরা তাদের আগ্রহ প্রমাণ করেছে এবং আইন এবং অন্যান্য কিছু ক্ষেত্রে সম্পর্কিত বিষয়গুলি অধ্যয়ন করছে।

5. **ঔষধ:** একটি মেডিকেল কলেজে ভর্তির সর্বোচ্চ সংখ্যা 100 হতে হবে যে নম্বরের জন্য কর্মী এবং সরঞ্জাম উপলব্ধ।

6. **ধর্মীয় শিক্ষা:** সকল শিক্ষা প্রতিষ্ঠানকে নীরব ধ্যানের জন্য কয়েক মিনিট সময় দিয়ে কাজ শুরু করতে হবে।

   1. প্রথম বছরে গৌতম বুদ্ধ, কনফুসিয়াস, জরথুস্টার, সক্রেটিস, যিশু, শঙ্কর, রামানুজ, মাধব, মোহাম্মদ, কবীর, নানক, গান্ধীর মতো মহান ধর্মীয় নেতাদের জীবন শেখানো হবে।

   2. দ্বিতীয় বছরে বিশ্বের শাস্ত্র থেকে একটি সার্বজনীনতা চরিত্রের কিছু নির্বাচন অধ্যয়ন করা হবে।

   3. তৃতীয় বছরে ধর্ম দর্শনের কেন্দ্রীয় সমস্যাগুলি বিবেচনা করা হবে।

V) পরীক্ষা

- সরকারি প্রশাসনিক পরিষেবার জন্য বিশ্ববিদ্যালয়ের ডিগ্রির প্রয়োজন হবে না। বিভিন্ন পরিষেবায় নিয়োগের জন্য বিশেষ রাষ্ট্রীয় পরীক্ষার আয়োজন করা উচিত।
- কোর্সগুলিতে ক্লাসের কাজের জন্য বর্তমানে কোনও ক্রেডিট দেওয়া হয় না, কখনও কখনও ব্যবহারিক কাজের ক্ষেত্রে ব্যতীত। এ ধরনের ঋণ দেওয়া উচিত।
- প্রথম ডিগ্রীর জন্য তিন বছর জড়িত করা হবে।
- পরীক্ষায় সাফল্যের জন্য মানগুলি যতদূর সম্ভব, চারটি বিভিন্ন বিশ্ববিদ্যালয়ে অভিন্ন হওয়া উচিত এবং এটি উত্থাপন করা উচিত। আমরা পরামর্শ দিচ্ছি যে একজন প্রার্থীকে প্রথম শ্রেণীর জন্য ৭০ শতাংশ বা তার বেশি নম্বর পেতে হবে, দ্বিতীয় শ্রেণির জন্য ৫৫ শতাংশ থেকে ৬৯ শতাংশ এবং তৃতীয় শ্রেণির জন্য কমপক্ষে ৪০ শতাংশ নম্বর পেতে হবে।

VI) শিক্ষার মাধ্যম

1. ফেডারেল ভাষাগুলি বিভিন্ন উৎস থেকে শব্দগুলির আত্মীকরণের মাধ্যমে বিকশিত হওয়া উচিত এবং বিভিন্ন উৎস থেকে ইতিমধ্যে ভারতীয় ভাষায় প্রবেশ করা শব্দগুলি ধরে রাখা উচিত, যার ফলে একচেটিয়াতার নাচগুলি এড়ানো যায়।
2. আন্তর্জাতিক প্রযুক্তিগত এবং বৈজ্ঞানিক পরিভাষা গ্রহণ করা হবে, ধার করা শব্দগুলি সঠিকভাবে আত্মস্থ করা হবে, তাদের উচ্চারণটি ভারতীয় ভাষার ধ্বনিগত সিস্টেমে গ্রহণ করা হবে, তাদের বানানটি ভারতীয় স্ক্রিপ্টগুলির শব্দ প্রতীক অনুসারে স্থির করা হবে।
3. উচ্চশিক্ষার জন্য শিক্ষার মাধ্যমের জন্য, ইংরেজিকে যত তাড়াতাড়ি সম্ভব একটি ভারতীয় ভাষা দ্বারা প্রতিস্থাপিত করা উচিত যা গুরুত্বপূর্ণ সমস্যার কারণে সংস্কৃত হতে পারে না।
4. উচ্চ মাধ্যমিক এবং বিশ্ববিদ্যালয় পর্যায়ে ছাত্রদের আঞ্চলিক ভাষা, ফেডারেল ভাষা তিনটি ভাষা সঙ্গে কথোপকথন করা উচিত। এবং ইংরেজি (ইংরেজিতে বই পড়ার ক্ষমতা অর্জনের জন্য সর্বশেষ এক); এবং (ii) উচ্চ শিক্ষা আঞ্চলিক ভাষার যন্ত্রের মাধ্যমে প্রদান করা হবে এবং কিছু বিষয়ের জন্য বা সমস্ত বিষয়ের জন্য শিক্ষার মাধ্যম হিসাবে ফেডারেল ভাষা ব্যবহার করার বিকল্প রয়েছে।
5. ফেডারেল ভাষা এক স্ক্রিপ্ট জন্য, Devnagri ফেডারেল এবং আঞ্চলিক ভাষা হতে.

VII) ছাত্র তাদের কার্যক্রম এবং কল্যাণ
সকল শিক্ষার্থী, পুরুষ ও মহিলাদের জন্য দুই বছরের শারীরিক শিক্ষার প্রয়োজন হবে, যারা শারীরিকভাবে ঐক্যবদ্ধ বা যারা জাতীয় ক্যাডেট কর্পসে রয়েছে তাদের ব্যতীত।

- চার বা পাঁচটি ব্লকের জন্য কমন রুম এবং ডাইনিং হলসহ প্রতি ব্লকে পঞ্চাশের বেশি শিক্ষার্থীর ব্লকগুলিতে হোস্টেল তৈরি করা হবে।
- বিশ্ববিদ্যালয় ইউনিয়নগুলিকে রাজনৈতিক ক্রিয়াকলাপ থেকে যতটা সম্ভব মুক্ত হতে হবে। বিশ্ববিদ্যালয়ে ছাত্র কল্যাণের একটি উপদেষ্টা বোর্ডের আয়োজন করা উচিত যার এমন কোনও সংস্থা নেই।

VIII) *নারী শিক্ষা*

নারী শিক্ষার গুরুত্ব সম্পর্কে কমিশন পর্যবেক্ষণ করেছে, নারী শিক্ষা ছাড়া শিক্ষিত মানুষ থাকতে পারে না। যদি সাধারণ শিক্ষা পুরুষ বা মহিলাদের মধ্যে সীমাবদ্ধ রাখতে হয় তবে মহিলাদের সুযোগ দেওয়া উচিত, তাদের কাছ থেকে এটি আরও নিশ্চিতভাবে পরবর্তী প্রজন্মের কাছে প্রেরণ করা হবে, কমিশন আরও পর্যবেক্ষণ করেছে, এটি উপলব্ধি করার সময় এসেছে যে সর্বোত্তম পারিবারিক সম্পর্কগুলি এমন একজন পুরুষ ও মহিলার সমিতি থেকে উদ্ভূত হয়, যার মধ্যে অনেক সম্পর্ক রয়েছে এমন একজন পুরুষ ও মহিলার সমিতি থেকে ফলাফল যা তাদের বেশিরভাগ শিক্ষা পেয়েছে। সাধারণ কিন্তু যাদের প্রত্যেকেই তার নিজের প্রকৃতি অনুযায়ী বিকশিত হয়েছে এবং অনুকরণে নয়। একজন মহিলার হোম ম্যানেজমেন্টের সমস্যা এবং এগুলি পূরণের জন্য উন্নত দক্ষতার সাথে পরিচিত হওয়া উচিত। তাদের একটি বেবি হোম এবং নার্সারি স্কুল ইত্যাদিতে ল্যাবরেটরি অভিজ্ঞতা প্রদান করা উচিত। মহিলাদের জন্য অধ্যয়নের বিশেষ কোর্সঃ এগুলি হোম অর্থনীতি, নার্সিং শিক্ষাদান চারুকলা। সাধারণভাবে মহিলা শিক্ষার্থীদের নাগরিক এবং মহিলা উভয় হিসাবে একটি স্বাভাবিক সমাজে তাদের স্বাভাবিক স্থান দেখতে এবং এর জন্য প্রস্তুত হতে সহায়তা করা উচিত। কলেজের প্রোগ্রামগুলি এমনভাবে ডিজাইন করা উচিত যাতে তাদের পক্ষে এটি করা সম্ভব হয়। কলেজে পুরুষদের পক্ষ থেকে সৌজন্য এবং সামাজিক দায়বদ্ধতার মানদণ্ডের উপর জোর দেওয়া উচিত।

IX) *সংবিধান ও নিয়ন্ত্রণ*

বিশ্ববিদ্যালয়ের শিক্ষাকে সমসাময়িক তালিকায় রাখা হয়েছে। বিশ্ববিদ্যালয়গুলির সাথে কেন্দ্রীয় সরকারের উদ্বেগের বিষয় হল জাতীয় নীতি গ্রহণ, দক্ষ প্রশাসনের ন্যূনতম মান নিশ্চিত করা এবং বিশ্ববিদ্যালয় এবং জাতি গবেষণা গবেষণাগার এবং বৈজ্ঞানিক জরিপ ইত্যাদির মধ্যে যোগাযোগের ক্ষেত্রে সুবিধাগুলির আর্থিক সমন্বয়। কমিশন পর্যবেক্ষণ করেছে যে সম্পদসংকটের কারণে বিশ্ববিদ্যালয়গুলি যথাযথ সংস্কার বাস্তবায়ন করতে সক্ষম হচ্ছে না। এই বিষয়ে এটি নিম্নলিখিত সুপারিশগুলি তৈরি করেছে;

- বিশ্ববিদ্যালয়কে অর্থ বরাদ্দের জন্য একটি বিশ্ববিদ্যালয় মঞ্জুরি কমিশন গঠন করতে হবে।
- রাজ্য সরকারের উচিত বিশ্ববিদ্যালয়ের শিক্ষার বড় ভার বহন করা।
- বেসরকারী কলেজগুলিকে পুনরাবৃত্ত এবং অ-পুনরাবৃত্তিমূলক অনুদান দেওয়া উচিত। অনুদান দেওয়ার জন্য নির্দিষ্ট নিয়ম তৈরি করতে হবে।
- যে ব্যক্তি এবং সংস্থাগুলি বিশ্ববিদ্যালয়কে আর্থিক সহায়তা দিয়েছে তাদের আয়কর ছাড় দেওয়া যেতে পারে।

উপসংহারঃ

বিশ্ববিদ্যালয় শিক্ষা কমিশনের (১৯৪৭-৪৮) রিপোর্ট মূল্যায়ন করার সময় মনে রাখা যেতে পারে যে প্রতিবেদনটি ভারতের সংবিধান চূড়ান্ত হওয়ার আগে থসড়া এবং প্রকাশিত হয়েছিল। এবং 26 এ তার উদ্বোধন[th] জানুয়ারী 1950। সুতরাং, এটা স্বাভাবিক যে সমাজতন্ত্র, ধর্মনিরপেক্ষতা, জাতীয় ও মানসিক সংহতি, এবং মৌলিক আটটির মতো কিছু গুরুত্বপূর্ণ বিষয় এবং পদগুলি প্রতিবেদনে উল্লেখ এবং সেই অনুযায়ী তাদের প্রভাব খুঁজে পায়া না। কমিশনের

প্রতিবেদনটি অত্যন্ত গুরুত্বপূর্ণ নথি কারণ এটি স্বাধীনতার পর থেকে ভারতে বিশ্ববিদ্যালয়ের শিক্ষার বিকাশকে নির্দেশ করেছে। প্রথম উদাহরণে আমরা সুপারিশগুলির দার্শনিক এবং সামাজিক দিকগুলি গ্রহণ করি। এটি সুপারিশের জ্ঞান সংশ্লেষণের জন্য যথাযথ মনোযোগ দিয়েছিল। এটি পূর্ব ও পশ্চিম এবং প্রাচীন ও আধুনিকের জ্ঞান ও প্রজ্ঞা সংশ্লেষণের জন্য যথাযথ মনোযোগ দিয়েছিল।

মুদালিয়র কমিশন/মাধ্যমিক শিক্ষা কমিশন (১৯৫২-৫৩)

মুদালিয়ার কমিশন নামে পরিচিত মাধ্যমিক শিক্ষা কমিশন বর্তমান শিক্ষা ব্যবস্থায় পরিবর্তন আনতে এবং জাতির জন্য এটি আরও ভাল করার জন্য তাদের রেজোলিউশনের পরিপ্রেক্ষিতে ভারত সরকার কর্তৃক নিযুক্ত করা হয়েছিল। ডঃ এ লক্ষ্মণস্বামী মুদালিয়ার মাদ্রাজ বিশ্ববিদ্যালয়ের ভাইস-চ্যান্সেলর ছিলেন। স্বাধীনতার পর ভারতের শিক্ষা ব্যবস্থায় পরিবর্তন প্রয়োজন ছিল। ভারতে মাধ্যমিক বিদ্যালয়ের সংখ্যা বাড়ছে, মাধ্যমিক বিদ্যালয়ের শিক্ষার্থীদের যত্ন নেওয়া খুব প্রয়োজন ছিল।

মুদালিয়ার কমিশন গঠিত হয়েছিল

- নিয়োগ - সরকার কর্তৃক নিযুক্ত। ১৯৫২ সালের ২৩ শে সেপ্টেম্বর সিএবিই-র সুপারিশে ভারতের
- চেয়ারম্যান - ডঃ লক্ষ্মণ স্বামী মুদালিয়ার
- সচিব - এ এন বসু
- সদস্য সচিব - প্রিন্সিপাল মেম্বার সেক্রেটারি, এ এন
  বসু, সেন্ট্রাল ইনস্টিটিউট অফ এডুকেশন, দিল্লি।
- সহকারী সচিব- ড. এস.M সহকারী ধারি,
  শিক্ষা মন্ত্রণালয়ের শিক্ষা কর্মকর্তা সহ সাত জন সদস্য।
- প্রতিবেদন - ২৯ শে আগস্ট, ১৯৫৩ তারিখে জমা দেওয়া হয়েছে, প্রায় ২৪০ থেকে ২৫০ পৃষ্ঠার ১৫ টি
  অধ্যায়

মুদালিয়ার কমিশনের টার্মস অফ রেফারেন্স

- সেন্ট্রাল অ্যাডভাইজরি বোর্ড অফ এডুকেশনের প্রস্তাব গ্রহণ করার পর, ভারত সরকার, ২৩ সেপ্টেম্বর ১৯৫২ সালে মাধ্যমিক শিক্ষা নিয়োগ করে।
- কাজের ক্ষেত্র এবং তদন্ত - কমিশন ছিল
- ভারতে মাধ্যমিক শিক্ষার বর্তমান অবস্থান সম্পর্কে অনুসন্ধান এবং প্রতিবেদন করা।

কমিশনের লক্ষ্য

1. মাধ্যমিক শিক্ষার সমস্যাগুলি অনুসন্ধান করা
2. বিশেষ রেফারেন্স সহ তার পুনরায় সংগঠন এবং উন্নতির জন্য ব্যবস্থাগুলির পরামর্শ দেওয়া

3. মাধ্যমিক শিক্ষার লক্ষ্য, সংগঠন এবং বিষয়বস্তু এবং

4. প্রাথমিক ও উচ্চ শিক্ষার সাথে এর সম্পর্ক

এর পুনর্গঠনের জন্য এবং বিশেষ ভাবে উল্লেখ করে পদক্ষেপগুলির পরামর্শ দিন:

- প্রাথমিক, প্রাথমিক ও উচ্চ শিক্ষার সঙ্গে এর সম্পর্ক।
- শিক্ষার লক্ষ্য, সংগঠন এবং বিষয়বস্তু।
- মাধ্যমিক বিদ্যালয় এবং বিভিন্ন ধরনের আন্তঃসম্পর্ক
- অন্যান্য মিত্র সমস্যা যাতে আমাদের চাহিদা ও সম্পদের জন্য উপযুক্ত মাধ্যমিক শিক্ষার একটি সাউন্ড এবং যুক্তিসঙ্গতভাবে অভিন্ন ব্যবস্থা সমগ্র দেশের জন্য সরবরাহ করা যেতে পারে।

মুদালিয়ার কমিশনের সুপারিশ

সুপারিশগুলি হলঃ 1. মাধ্যমিক শিক্ষার সাংগঠনিক প্যাটার্ন 2। Organization of Secondary School Curriculum ৩। টেক্সট বই ৪। ৫. শিক্ষার পদ্ধতি। শৃঙ্খলা ৬। ৭. ধর্মীয় ও নৈতিক শিক্ষা। গাইডেন্স এবং কাউন্সেলিং ৪। তত্ত্বাবধান এবং পরিদর্শন।

1. মাধ্যমিক শিক্ষার নতুন সাংগঠনিক প্যাটার্ন

- মাধ্যমিক শিক্ষা সাত বছরের হতে হবে।
- এটি 11 থেকে 17 বছর বয়সী শিশুদের জন্য হওয়া উচিত।
- এটি ইন্টারমিডিয়েট কলেজ শেষ করার এবং মাধ্যমিক বিদ্যালয়ের সাথে একাদশ শ্রেণি এবং বি.এ এর সাথে দ্বাদশ শ্রেণিকে একীভূত করার পরামর্শ দিয়েছে।
- মাধ্যমিক শিক্ষাকে দুই ভাগে ভাগ করেছে কমিশন।

কমিশন শিক্ষার সমস্যা সম্পর্কিত প্রশ্নাবলী সম্পর্কিত একটি প্রশ্নাবলী তৈরি করে বিভিন্ন শিক্ষা প্রতিষ্ঠানে প্রেরণ করে। তাদের উত্তরের ভিত্তিতে কমিশন ২৪৪ পৃষ্ঠার একটি প্রতিবেদন তৈরি করেছিল যা ১৯৫৩ সালের ২৯ শে আগস্ট ১৪/১৫ অধ্যায়গুলিতে বিভক্ত করা হয়েছিল এবং উপস্থাপন করা হয়েছিল।

মাধ্যমিক শিক্ষার ক্রটি

1. বিষয়বস্তুতে বুকিশ
2. পরীক্ষা ওরিয়েন্টেড
3. কোন গুণগত উন্নয়ন নেই
4. একতরফা এবং কোনও বৈচিত্র্য নেই
5. শিক্ষক ও শিক্ষার্থীর মধ্যে ঘনিষ্ঠ যোগাযোগের কোন সুযোগ নেই
6. ভালো শিক্ষকের অভাব
7. খেলাধুলা এবং বিনোদনের জন্য কোনও উপযুক্ত সুবিধা নেই

মাধ্যমিক শিক্ষার লক্ষ্য

- গণতান্ত্রিক নাগরিকত্বের উন্নয়ন।
- জীবনযাত্রার শিল্পে দীক্ষা।
- ব্যক্তিত্বের বিকাশ।
- বৃত্তিমূলক দক্ষতার উন্নতি।
- নেতৃত্বের জন্য শিক্ষা।
- সত্যিকারের দেশপ্রেমের বিকাশ।
- ডিগ্রি কোর্স হতে হবে তিন বছরের।
- উচ্চ বিদ্যালয়ের শিক্ষার্থীদের বিশ্ববিদ্যালয়ে প্রবেশের জন্য এক বছরের প্রাক-বিশ্ববিদ্যালয় কোর্স।
- প্রাক-বিশ্ববিদ্যালয় পাস করা শিক্ষার্থীদের পেশাদারকোর্সে প্রবেশের অনুমতি দেওয়া উচিত।
- শিক্ষার্থীদের বিভিন্ন দক্ষতার যত্ন নেওয়ার জন্য বহুমুখী বিদ্যালয় স্থাপন করা উচিত।
- কারিগরি শিক্ষা- কেন্দ্রীয় কারিগরি প্রতিষ্ঠানগুলির পাশাপাশি প্রচুর সংখ্যক স্কুল খোলা উচিত।
- এ ধরনের প্রতিষ্ঠান কারখানাগুলোর কাছে খুলে দিতে হবে, যাতে শিক্ষার্থীরা প্র্যাকটিক্যাল ট্রেনিং নিতে পারে।
- কারিগরি শিক্ষার অর্থায়নের জন্য শিল্পশিক্ষা সেস শিল্পের উপর আরোপ করা উচিত।
- অন্যান্য ধরনের স্কুল পাবলিক স্কুলগুলিকে ৫ বছর পরে মাধ্যমিক বিদ্যালয় হিসাবে পুনর্গঠন করা উচিত।
- ছেলে ও মেয়েদের সহ-শিক্ষার মাধ্যমে একই শিক্ষার ব্যবস্থা করতে হবে তবে মেয়েদের জন্য হোম সায়েন্স শিক্ষার ব্যবস্থা থাকতে হবে।
- যে সব এলাকায় প্রয়োজন সেখানে মেয়েদের স্কুল খুলে দিতে হবে।

2. পাঠ্যক্রম

- কমিশন নমনীয় পাঠ্যক্রমকে সমর্থন করে যা শিক্ষার্থীদের আগ্রহ, প্রয়োজন এবং জীবনের সাথে সম্পর্কিত হতে পারে
- এটি এমন হওয়া উচিত যে এটি শিক্ষার্থীদের কাজ এবং অবসর উভয়ের জন্য প্রশিক্ষণ দিতে পারে।
- উৎপাদনশীল কাজের গুরুত্ব দিতে হবে।
- এর মধ্যে তাত্ত্বিক জ্ঞানের পাশাপাশি ব্যবহারিক জ্ঞান অন্তর্ভুক্ত করা উচিত।
- **উচ্চ মাধ্যমিক পর্যায়ের জন্য বিষয়সমূহ**

বাধ্যতামূলক

1. মাতৃভাষা বা আঞ্চলিক ভাষা

2. হিন্দি থেকে অন্য একটি ভাষা, প্রাথমিক ইংরেজি, উন্নত ইংরেজি, আধুনিক ভারতীয় ভাষা, আধুনিক বিদেশী ভাষা, প্রাচীন ভাষা

1. ক) সামাজিক গবেষণাস
2. থ) বিজ্ঞান
3. গ) Craft

ঐচ্ছিকঃ

গ্রুপগুলির যে কোনও একটি থেকে যে কোনও 3 টি বিষয়

- গ্রুপ ১ মানবিক
- গ্রুপ ২ বিজ্ঞান
- গ্রুপ 3 প্রযুক্তিগত বিষয়
- গ্রুপ 4 বাণিজ্যিক বিষয়
- গ্রুপ ৫ কৃষি
- গ্রুপ 6 ফাইন আর্টস
- গ্রুপ ৭ বিজ্ঞান

3. পাঠ্যক্রমের জন্য বিষয়

জুনিয়র হাই স্কুল - ভাষা, সামাজিক অধ্যয়ন, সাধারণ বিজ্ঞান, গণিত, শিল্প ও নৈপুণ্য, সঙ্গীত, শারীরিক শিক্ষা।

মাধ্যমিক শিক্ষা - কোর্সের বৈচিত্র্য আনা হয়েছে। হিন্দি, সামাজিক বিজ্ঞান, গণিত এবং একটি নৈপুণ্যের মতো কিছু মূল বিষয় রয়েছে যা প্রতিটি শিক্ষার্থীকে অধ্যয়ন করতে হয়। এর পাশাপাশি মানবিক, বিজ্ঞান, প্রযুক্তিগত বিষয়, বাণিজ্য, কৃষি, চারুকলা এবং হোম সায়েন্সের মতো সাতটি গ্রুপে শ্রেণিবদ্ধ কিছু ঐচ্ছিক বিষয় রয়েছে।

4. ভাষা অধ্যয়ন

- হিন্দিকে জাতীয় ভাষা হিসেবে গ্রহণ করা হয়েছে।
- সরকারি পরিষেবার জন্য হিন্দি বাধ্যতামূলক।
- মাধ্যমিক স্তরের জন্য ইংরেজি বাধ্যতামূলক।
- সংস্কৃতকে একটি তৃতীয় ভাষা হিসাবেও অন্তর্ভুক্ত করা হয়েছে যা ঐচ্ছিক।

5. শিক্ষার মাধ্যম

- শিক্ষার মাধ্যম হতে হবে মাতৃভাষা বা আঞ্চলিক ভাষা।
- মাতৃভাষা ও আঞ্চলিক ভাষার পাশাপাশি জাতীয় ভাষা এবং একটি বিদেশী ভাষাও শেখতে হবে।

6. পাঠ্যপুস্তক

- পাঠ্যপুস্তকগুলি খুব সাবধানে নির্বাচন করা উচিত। নির্বাচন ও সংস্কারের জন্য একটি কমিটি থাকা উচিত।
- বইয়ের মুদ্রণ, প্রচ্ছদ এবং প্রথম পৃষ্ঠার জন্য একটি নির্দিষ্ট মান থাকতে হবে।
- এমন কোনও বই থাকা উচিত নয় যা কোনও সম্প্রদায়, ধর্ম বা সামাজিক রীতিনীতির বিরুদ্ধে ঘৃণা, অনৈক্য ছড়িয়ে দেয়।
- একটি বিষয়ের জন্য একাধিক পাঠ্যপুস্তক থাকা উচিত।

7. শিক্ষণ পদ্ধতি

- শিক্ষার্থীদের নৈতিক, সামাজিক ও মানসিক বিকাশের প্রয়োজন অনুযায়ী শিক্ষাদান পদ্ধতি গ্রহণ করতে হবে।
- শিক্ষাদান পদ্ধতি টি ক্রিয়াকলাপ ভিত্তিক হতে হবে। এটি মৌখিকতা এবং স্মৃতিচারণের উপর জোর দেওয়া উচিত নয়।
- প্রতিটি বিষয়ে বিভিন্ন ধরণের অভিব্যক্তির কাজ অন্তর্ভুক্ত করা উচিত।
- শিক্ষাদান পদ্ধতি এমনভাবে গ্রহণ করা উচিত যাতে এটি পৃথক পার্থক্যের যত্ন নেয়।
- পরীক্ষামূলক এবং প্রদর্শন পদ্ধতির উপর আরও জোর দেওয়া উচিত।

8. স্কুলে লাইব্রেরির স্থান

- গ্রন্থাগারগুলিকে একটি বুদ্ধিবৃত্তিক পরীক্ষাগারের একটি ফর্ম দেওয়া উচিত। এবং এটি ব্যক্তিগত এবং গোষ্ঠীগত কাজ, সাহিত্যিক আগ্রহ এবং সহ-পাঠ্যক্রমিক ক্রিয়াকলাপগুলি সম্পন্ন করতে সহায়তা করা উচিত।
- লাইব্রেরিগুলিকে শিক্ষার্থীদের জন্য সবচেয়ে আকর্ষণীয় জায়গা হিসাবে গড়ে তুলতে হবে।
- বই এবং ম্যাগাজিনগুলি শিক্ষক ও শিক্ষার্থীদের প্রয়োজন এবং আগ্রহ অনুযায়ী হওয়া উচিত।
- গ্রন্থাগারগুলিতে একজন প্রশিক্ষিত গ্রন্থাগারিক থাকতে হবে।
- ছুটির দিনগুলিতেও গ্রন্থাগারগুলি খোলা থাকা উচিত যাতে শিক্ষার্থী এবং সমাজ তাদের কাছ থেকে উপকৃত হতে পারে।

9. চরিত্রের শিক্ষা

- স্কুল একটি ছোট সমাজ এবং শিক্ষার্থীদের মূল্যবোধ, দৃষ্টিভঙ্গি, কর্ম জাতীয় গুরুত্বের দৃষ্টিকোণ থেকে গুরুত্বপূর্ণ। সুতরাং, তাদের সেই অনুযায়ী প্রশিক্ষণ দেওয়া উচিত।
- সর্বোত্তম শৃঙ্খলার জন্য শিক্ষক ও শিক্ষার্থীদের মধ্যে ঘনিষ্ঠ সম্পর্ক থাকতে হবে।
- হাউস সিস্টেম দ্বারা পরিচালিত স্কুলে স্বায়ত্তশাসন থাকতে হবে, প্রিফেক্টস, মনিটর এবং ছাত্র কাউন্সিলকে গুরুত্বপূর্ণ স্থান দিতে হবে।

- কো-কারিকুলার কার্যক্রমকে উৎসাহিত করতে হবে এবং স্কুল শিক্ষায় পাঠ্যক্রম বহিভূত কার্যক্রমও অন্তর্ভুক্ত করতে হবে।
- এনসিসি, স্কাউট ক্যাম্পকে উৎসাহিত করতে হবে।
- প্রাথমিক চিকিৎসা ও জুনিয়র রেড ক্রসের কাজকে উৎসাহিত করতে হবে।
- শিক্ষার্থীদের জন্য আচরণবিধি তৈরি ও বজায় রাখতে হবে।

10. শিক্ষায় দিকনির্দেশনা

- শিক্ষা, ব্যক্তিগত এবং বৃত্তিমূলক দিকনির্দেশনার জন্য স্কুলগুলিতে গাইডেন্স অফিসার এবং ক্যারিয়ার মাস্টার্স নিয়োগ করা উচিত।
- ফিল্ম শো, বিভিন্ন শিল্প সম্পর্কিত ভ্রমণের ব্যবস্থা থাকতে হবে।

11. শিক্ষার্থীদের শারীরিক কল্যাণ

- প্রতিটি রাজ্যে স্কুল মেডিকেল সার্ভিস থাকতে হবে।
- স্কুলের প্রত্যেক পড়ুয়ার নিয়মিত স্বাস্থ্য পরীক্ষার ব্যবস্থা রাখতে হবে।
- প্রত্যেক শিক্ষার্থীর স্বাস্থ্য প্রতিবেদন তৈরি করতে হবে এবং ডাক্তার, বাবা-মা এবং ক্লাস টিচারকে এর একটি কপি রাখতে হবে।
- হোস্টেল এবং আবাসিক বিদ্যালয়ে সুষম ও পুষ্টিকর খাদ্যের ব্যবস্থা থাকতে হবে।
- শারীরশিক্ষার শিক্ষকদের বিষয় শিক্ষকদের মতো সমানভাবে বিবেচনা করা উচিত।
- জাতীয় পর্যায়ে ফিজিক্যাল এডুকেশন ট্রেনিং সেন্টার চালু করতে হবে।
- শিক্ষার্থীদের শারীরিক ক্রিয়াকলাপের সম্পূর্ণ রেকর্ড থাকতে হবে।

12. পরীক্ষা এবং মূল্যায়ন

- বাহ্যিক পরীক্ষার সংখ্যা কমাতে হবে।
- সিলেবাস শেষ হওয়ার পরে কেবল একটি পাবলিক পরীক্ষা হওয়া উচিত।
- প্রশ্নগুলি বস্তুনিষ্ঠ হওয়া উচিত এবং বিষয়গত উপাদানগুলি হ্রাস করা উচিত।
- প্রশ্নগুলি সম্পূর্ণ সিলেবাসের উপর ভিত্তি করে হওয়া উচিত।
- পরীক্ষকদের সাবধানে নির্বাচন করতে হবে।
- শিক্ষার্থীদের কাজের মূল্যায়ন করার সময়, অভ্যন্তরীণ পরীক্ষা, পর্যায়ক্রমিক পরীক্ষা এবং স্কুল রেকর্ডগুলিও বিবেচনা করা উচিত।
- শিক্ষার্থীদের 5-পয়েন্ট স্কেলে মূল্যায়ন করা উচিত, যেখানে A পার্থক্য, বি ক্রেডিট, সি পাস, ডি এবং ই ব্যর্থ বা পুনরায় পরীক্ষা।
- একটি বিষয়ের জন্য একটি কম্পার্টমেন্টাল পরীক্ষার জন্য কম্পার্টমেন্টাল পরীক্ষার ব্যবস্থা থাকতে হবে।

13. শিক্ষকের অবস্থার উন্নতি

- শিক্ষক নির্বাচন ও নিয়োগের পদ্ধতি সারা দেশে অভিন্ন হওয়া উচিত।
- প্রশিক্ষিত শিক্ষকদের প্রবেশনের সময়কাল এক বছর হওয়া উচিত।
- মাধ্যমিক বিদ্যালয়ের শিক্ষকদের প্রশিক্ষিত হতে হবে স্নাতক এবং উচ্চ মাধ্যমিক বিদ্যালয়ের শিক্ষকদের প্রশিক্ষণপ্রাপ্ত স্নাতকোত্তর হতে হবে।
- যে সব শিক্ষক সমান যোগ্যতাসম্পন্ন, তাঁদের সারা দেশে সমান বেতন দিতে হবে।
- শিক্ষকদের জন্য ট্রিপল বেনিফিট স্কিম থাকা উচিত যার মধ্যে রয়েছে পেনশন, প্রভিডেন্ট ফান্ড এবং জীবন বীমা।
- শিক্ষকদের অভিযোগ সমাধানের জন্য সালিশি বোর্ড থাকা উচিত।
- শিক্ষকদের অবসরের বয়স হতে হবে ৬০ বছর।
- টিচার্স ওয়ার্ডকে স্কুলে বিনামূল্যে পড়াশোনা করতে হবে।
- শিক্ষকদের আবাসিক ও চিকিৎসা সুবিধা, পড়াশোনার ছুটি, ভ্রমণ ভাতা ইত্যাদি দিতে হবে।
- প্রাইভেট টিউশন নিষিদ্ধ করতে হবে।
- তাদের সামাজিক মর্যাদা উন্নত করার জন্য, শিক্ষকদের সময়ে সময়ে সম্মানিত করা উচিত।

14. শিক্ষকের প্রশিক্ষণ

- উচ্চ মাধ্যমিক শিক্ষকদের দুই বছরের প্রশিক্ষণ দিতে হবে এবং স্নাতকদের এক বছরের প্রশিক্ষণ দিতে হবে।
- ছাত্র শিক্ষকদের এক বা একাধিক অতিরিক্ত পাঠ্যক্রমের ক্রিয়াকলাপে প্রশিক্ষণ দেওয়া উচিত।
- প্রশিক্ষণ কলেজগুলিতে রিফ্রেশার কোর্স এবং ব্যবহারিক প্রশিক্ষণ এবং কর্মশালার ব্যবস্থা থাকতে হবে।
- প্রশিক্ষণ কলেজগুলি ছাত্র শিক্ষকদের কাছ থেকে যে কোনও ফি নিতে হবে। রাষ্ট্রকে উপবৃত্তি প্রদান করতে হবে।
- প্রশিক্ষণ কলেজগুলিতে হোস্টেল থাকতে হবে।
- যে সকল শিক্ষকের তিন বছরের শিক্ষকতার অভিজ্ঞতা রয়েছে, তাদের কেবলমাত্র বছরের শিক্ষকতার অভিজ্ঞতা থাকলেই এম.এড-এর জন্য যোগ্য হতে হবে।

15. প্রশাসন

- শিক্ষামন্ত্রীর সঙ্গে সরাসরি যোগাযোগ রাখতে হবে শিক্ষা অধিকর্তাকে।
- শিক্ষা পরিদর্শন ও সমন্বয়ের জন্য ২৫ সদস্যের একটি বোর্ড থাকতে হবে।
- সেন্ট্রাল অ্যাডভাইজরি বোর্ড অফ এডুকেশনকে জাতীয় স্তরে শিক্ষার সমস্যা সমাধানের সমন্বয়ক হিসাবে কাজ করতে হবে।
- স্কুল পরিদর্শকদের জন্য আবেদন করার জন্য স্কুল আবেদন করার জন্য যোগ্যতার মানদণ্ড হওয়া উচিত -

- ১০ বছরের শিক্ষকতার অভিজ্ঞতা।
- উচ্চ বিদ্যালয়ের প্রধান শিক্ষকগণ। উচ্চ বিদ্যালয়ের প্রধান শিক্ষকগণ।
- প্রশিক্ষণ কলেজগুলির দক্ষ শিক্ষক।
- স্কুলকে তখনই স্বীকৃতি দেওয়া উচিত যখন তারা সমস্ত শর্ত পূরণ করবে।
- গ্রামাঞ্চলে, স্কুলগুলি আশেপাশের গ্রামের মানুষের নাগালের মধ্যে থাকা উচিত।
- প্রতিটি শ্রেণিকক্ষে ৩০-৪০ জন শিক্ষার্থীর থাকার ক্ষমতা থাকতে হবে।
- প্রতিটি স্কুলে কো-অপারেটিভ স্টোর থাকা উচিত যাতে শিক্ষার্থীরা প্রয়োজনীয় জিনিস গুলি পেতে পারে।
- বিদ্যালয়ে বছরে কমপক্ষে ২০০ দিন কাজ করা উচিত এবং প্রতি সপ্তাহে ৩৫ টি পিরিয়ড পড়ানোর কাজ করা উচিত।
- গ্রীষ্মে কমপক্ষে ২ মাসের ছুটি এবং শীতকালে ১০-১৫ দিন ছুটি থাকতে হবে।

16. অর্থ ব্যবস্থা

- কারিগরি ও বৃত্তিমূলক শিক্ষার জন্য মাধ্যমিক স্তরে, শিল্প শিক্ষা সেস আরোপ করা উচিত।
- রেল, টেলিযোগাযোগ ও ডাক থেকে আয়ের কিছু অংশ কারিগরি শিক্ষার উন্নয়নে ব্যয় করতে হবে। মাধ্যমিক শিক্ষার উন্নয়ন তহবিলের উপর আয়কর আরোপ করা উচিত নয়।

এর গুণাগুণ মুদালিয়ার কমিশন

- কমিশনের যোগ্যতা
- ক্রিয়াকলাপ ভিত্তিক শিক্ষা।
- কৃষি শিক্ষার উপর জোর।
- মাধ্যমিক শিক্ষার লক্ষ্য নিয়ে আলোচনা।
- শিশুকেন্দ্রিক শিক্ষা।
- শিক্ষকের বেতন ও পদে উন্নতি।
- সহ-পাঠ্যক্রমিক ক্রিয়াকলাপ।
- বাহ্যিক পরীক্ষার উপর আর চাপ নেই।
- বহুমুখী স্কুলগুলির উপর জোর।
- শিল্পের কাছাকাছি প্রযুক্তিগত স্কুল খোলার পরামর্শ।

মুদালিয়ার কমিশনের অপকারিতা

- পরামর্শগুলি তাড়াহুড়ো করে দেওয়া হয়, তাই সমস্যাগুলি এখনও রয়েছে।
- শিক্ষকদের সামাজিক ও অর্থনৈতিক অবস্থার উন্নতি সম্পর্কে কোনও নতুন বিবৃতি নেই।
- নারী শিক্ষা নিয়ে কোনো পরামর্শ নেই।
- এখনও ইংরেজির উপর জোর দিন।

ভারতীয় শিক্ষা কমিশন বা কোঠারি কমিশন (১৯৬৪-৬৬)

এই প্রবন্ধে, আমরা কোঠারি শিক্ষা কমিশন, 1964-66 সম্পর্কে আলোচনা করব, যা ভারতে কমিশনের ইতিহাসে ষষ্ঠ কমিশন ছিল।

স্বাধীনতার পর শুরু হওয়া পঞ্চবার্ষিক পরিকল্পনা অনেক ক্ষেত্রে দেশের উন্নয়নে সহায়তা করেছিল। যাইহোক, এই পরিকল্পনাগুলির বাস্তবায়ন অন্তর্নিহিত দুর্বলতা প্রকাশ করে যার কারণে প্রত্যাশিত সাফল্য অর্জন করা যাচ্ছিল না। শিক্ষা এমন একটি ক্ষেত্র বলে মনে হয়েছিল যা অনেকগুলি সমস্যাকে নির্দেশ করে যা তাৎক্ষণিক সমাধানের জন্য আমাদের প্রচেষ্টার প্রয়োজন ছিল। সরকার পরিস্থিতি সম্পর্কে পুরোপুরি অবগত ছিল। শিক্ষার উন্নতির জন্য সরকার স্বাধীনতার পর দুটি কমিশন গঠন করে।

এই দুটি কমিশনের সুপারিশগুলি এর সম্পূর্ণ বাস্তবায়নে সফল হতে পারেনি। ফলস্বরূপ, শিক্ষার ক্ষেত্রে ত্রুটিগুলি অব্যাহত ছিল। থিসিসের ত্রুটিগুলি দূর করার জন্য, সরকারকে একটি নতুন শিক্ষা কমিশন নিয়োগ করতে হয়েছিল যা সরকারকে শিক্ষার জাতীয় প্যাটার্নের বিষয়ে পরামর্শ দেওয়ার পাশাপাশি সমস্ত পর্যায়ে শিক্ষার বিকাশের জন্য সাধারণ নীতি এবং নীতিগুলির সাথে পরামর্শ দেয়।

এই নিবন্ধটি শিক্ষার বিভিন্ন দিক থেকে কোঠারি শিক্ষা কমিশনের সুপারিশগুলি নিয়ে আলোচনা করে।

নিয়োগ কোঠারি কমিশন

১৯৬৪ সালের ১৪ ই জুলাই তারিখে ভারত সরকারের একটি রেজোলিউশনের বিধানের অধীনে কমিশনটি নিযুক্ত করা হয়েছিল। এই কমিশনে ভারত ও বিদেশের বিভিন্ন ক্ষেত্রের বিশিষ্ট শিক্ষাবিদদের অন্তর্ভুক্ত করা হয়েছিল। এতে মোট ১৭ জন সদস্য ছিলেন, যেখানে ১৪ জন সদস্য, ১ জন সদস্য - সচিব, ১ জন সহযোগী - সচিব এবং যুক্তরাজ্যের চেয়ারম্যান ডঃ ডি.এস. কোঠারি, ইউ.জি.C চেয়ারম্যান, কমিশনের চেয়ারম্যান হিসাবে নিযুক্ত হন। সুতরাং, এটি কোঠারি কমিশন নামেও পরিচিত। কমিশনের সদস্যদের মধ্যে ৫ জন শিক্ষাবিদ ছিলেন ইংল্যান্ড, আমেরিকা, ফ্রান্স, জাপান ও রাশিয়ার। জে পি নায়েককে কমিশনের নম্বর সচিব এবং জে এফ ম্যাকডোগালকে সংশ্লিষ্ট সচিব হিসাবে নিযুক্ত করা হয়েছিল।

কোঠারি কমিশনের অনন্য বৈশিষ্ট্য

আমাদের জন্য এটি জানা গুরুত্বপূর্ণ যে এই কমিশনকে পূর্বের অন্যান্য কমিশন থেকে একটি অনন্য কমিশন তৈরি করেছে এমন বৈশিষ্ট্যগুলি।

শিক্ষা কমিশনের (১৯৬৪-৬৬) অনন্য বৈশিষ্ট্যগুলি হলঃ

1. এর আগের পাঁচটি কমিশনই সামগ্রিকভাবে শিক্ষা নিয়ে কাজ করেনি, বরং শিক্ষার বিভিন্ন স্তরের দিকে মনোনিবেশ করেছে। কিন্তু এই কমিশন তার তদন্তকে শিক্ষার নির্দিষ্ট ক্ষেত্র বা দিকগুলির মধ্যে সীমাবদ্ধ রাখার জন্য নয়, বরং সমগ্র শিক্ষা ব্যবস্থার একটি বিস্তৃত পর্যালোচনা করার জন্য ছিল।

2. কমিশনের আরেকটি অনন্য বৈশিষ্ট্য ছিল তার দৃঢ় বিশ্বাস যে শিক্ষা জাতীয় উন্নয়নের সবচেয়ে শক্তিশালী হাতিয়ার। জাতীয় উন্নয়নে শিক্ষার গুরুত্বপূর্ণ ভূমিকা প্রতিবেদনের প্রতিটি পৃষ্ঠায় তার সমস্ত প্রাণবন্ততার মধ্যে প্রদর্শিত হয়। এর আগে কখনও শিক্ষাকে জাতীয় সম্মানের এমন

জায়গা দেওয়া হয়নি, এবং এর আগে কখনও এটি জাতীয় সম্মানের মূল ভিত্তি হিসাবে কল্পনা করা হয়নি, এবং এর আগে কখনও এটি জাতির অগ্রগতি এবং সমৃদ্ধির মূল ভিত্তি হিসাবে কল্পনা করা হয়নি যা কমিশনের প্রতিবেদনের পৃষ্ঠাগুলিতে প্রকাশিত হয়েছে।

3. কমিশনের আন্তর্জাতিক গঠনও উল্লেখযোগ্য। ভারতে শিক্ষা অবশ্যই ভারতীয় অভিজ্ঞতা থেকে উদ্ভূত হতে হবে, মাধ্যমে, সংস্কৃতি এবং স্থানীয় অবস্থার মাধ্যমে। কিন্তু যেহেতু শিক্ষা মানবজাতির সাধারণ অনুসন্ধান হিসাবে রয়ে গেছে, তাই অন্যান্য দেশের শিক্ষাবিদ ও বিজ্ঞানীদের অভিজ্ঞতা ও চিন্তাভাবনার উপর আলোকপাত করা এবং শিক্ষাগতভাবে উন্নত দেশগুলির সর্বশেষ বিকাশের সুবিধা গ্রহণ করা লাভজনক বলে মনে করা হয়েছিল। এই কমিশনের মধ্যে ৭ জন ভারতীয় সদস্য এবং ৫ জন অন্যান্য সদস্য ছিলেন ; জাপান, ফ্রান্স, যুক্তরাজ্য, মার্কিন যুক্তরাষ্ট্র এবং ইউএসএসআর থেকে ১ জন করে। এছাড়া বিশ্বের বিভিন্ন দেশের ২০ জন কনসালট্যান্ট পাওয়া গেছে।

শর্তাবলী

এই কমিশন জাতীয় শিক্ষার ধরণ এবং সকল পর্যায়ে এবং তার সকল দিক থেকে শিক্ষার বিকাশের জন্য সাধারণ নীতি ও নীতি সম্পর্কে সরকারকে পরামর্শ দেবে। যাইহোক, এটি চিকিৎসা বা আইনী শিক্ষার সমস্যাগুলি পরীক্ষা করার প্রয়োজন নেই, তবে এই সমস্যাগুলির এই ধরনের দিকগুলি যা এর বিস্তৃত তদন্তের জন্য প্রয়োজনীয় তা খতিয়ে দেখা যেতে পারে।

প্রতিবেদন তৈরি

জাতির জনক মহাত্মা গান্ধীর জন্মদিনে কমিশন তার কাজ শুরু করে। এটি দেশের শিক্ষার বিভিন্ন সমস্যা অধ্যয়নের জন্য ১২ টি টাস্ক ফোর্স এবং ৭ টি ওয়ার্কিং গ্রুপ গঠন করেছিল। এতে জনজীবনে বিশিষ্ট প্রায় ৯০০০ নারী-পুরুষ, শিক্ষাবিদ, বিজ্ঞানী, শিল্পপতি ও বিভিন্ন ক্ষেত্রের পণ্ডিত এবং শিক্ষায় আগ্রহী অন্যান্যদের সাক্ষাৎকার নেওয়া হয়। কমিশন প্রায় ১০০ দিন বিশ্ববিদ্যালয়, কলেজ ও স্কুল পরিদর্শনে ব্যয় করে এবং শিক্ষক, শিক্ষাবিদ, প্রশাসক ও শিক্ষার্থীদের সাথে আলোচনা করে। এটি ২,৪০০ টি মেমোরেন্ডাম এবং নোট পেয়েছে এবং যাচাই করেছে। কমিশন ২১ মাস কাজ করে এবং ১৯৬৬ সালের জুন মাসে রিপোর্ট জমা দেয়।

কোঠারি কমিশনের রিপোর্ট

কমিশনের রিপোর্ট শিক্ষার উপর একটি চমৎকার দলিল। কমিশন তার রিপোর্টে তার রূপটি প্রকাশ করেছে যে শিক্ষা জাতীয় উন্নয়নের সবচেয়ে শক্তিশালী হাতিয়ার।

কমিশনের রিপোর্টটি যথাযথভাবে 'শিক্ষা ও জাতীয় উন্নয়ন' হিসাবে নামকরণ করা হয়েছে। প্রতিবেদনটি চারটি ভাগে ভাগ করা হয়েছে-

বিভাগ ১: সাধারণ সমস্যা নিয়ে কাজ করা।

বিভাগ ২: বিভিন্ন পর্যায়ে এবং বিভিন্ন সেক্টরে শিক্ষার সাথে সম্পর্কিত।

বিভাগ ৩: কমিশন কর্তৃক প্রস্তাবিত বিভিন্ন সুপারিশ এবং কর্মসূচী বাস্তবায়নের বিষয়ে আলোচনা করা হয়েছে।

বিভাগ ৪: সম্পূরক কাগজপত্র নিয়ে গঠিত।

এই প্রতিবেদনে প্রস্তাবিত শিক্ষাগত পুনর্গঠনের কর্মসূচীগুলি তিনটি বিস্তৃত বিভাগে পড়ে -

1. শিক্ষা ব্যবস্থার অভ্যন্তরীণ রূপান্তর, যাতে তা জাতির জীবন, চাহিদা ও আকাঙ্ক্ষার সাথে সম্পর্কিত হয়।
2. শিক্ষার গুণগত উন্নতি যাতে অর্জিত মানসমূহ পর্যাপ্ত হয়, ক্রমাগত বৃদ্ধি পায় এবং কমপক্ষে কয়েকটি সেক্টরে আন্তর্জাতিকভাবে তুলনীয় হয়ে ওঠে; এবং
3. মানুষের উপর ভিত্তি করে শিক্ষামূলক সুযোগ-সুবিধার বিস্তৃতি - ক্ষমতার চাহিদা এবং শিক্ষার সুযোগের সমানীকরণের উপর একটি অ্যাকসেন্ট সহ।

প্রতিবেদন তৈরি

- ১২টি টাস্ক ফোর্স ও ৭টি ওয়ার্কিং গ্রুপ গঠন করা।
- সাক্ষাৎকার নিয়েছেন ৯,০০০ জন নারী-পুরুষের।
- ১০০ দিন কাটিয়েছেন।
- ১৯৬৪ সালের ২রা অক্টোবর এর কাজ শুরু করুন।
- প্রতিবেদনটি চারটি ভাগে ভাগ করা হয়েছে।
- প্রোগ্রামগুলি তিনটিতে শ্রেণীবদ্ধ করা হয়েছে।

কোঠারি শিক্ষা কমিশনের সুপারিশসমূহ

আসুন আমরা কমিশনের সুপারিশগুলি নিয়ে আলোচনা করি। আমাদের আলোচনা সুপারিশগুলির দুটি প্রধান দিক, যেমন, শিক্ষা এবং জাতীয় উদ্দেশ্য এবং শিক্ষাগত কাঠামোর মধ্যে সীমাবদ্ধ থাকবে।

শিক্ষা ও জাতীয় উদ্দেশ্য-

পুরুষ ও সমাজকে পরিবর্তন করার ক্ষেত্রে শিক্ষার ব্যাপক ভূমিকা রয়েছে। এটি সম্পূর্ণরূপে সংস্কার করতে হবে এবং জনগণের জীবন, চাহিদা এবং আকাঙ্ক্ষার সাথে সম্পর্কিত হতে হবে যাতে এটি সামাজিক, অর্থনৈতিক ও সাংস্কৃতিক রূপান্তরের একটি শক্তিশালী হাতিয়ার হিসাবে কাজ করতে পারে। শিক্ষা সম্পর্কিত করার জন্য, কমিশন নিম্নলিখিত উদ্দেশ্যগুলির সুপারিশ করেছে-

1. উৎপাদনশীলতা বৃদ্ধি।
2. সামাজিক ও জাতীয় সংহতি প্রচার
3. শিক্ষা ও আধুনিকায়ন
4. সামাজিক, নৈতিক ও আধ্যাত্মিক মূল্যবোধের বিকাশ।

১. উৎপাদনশীলতা বৃদ্ধি-

কমিশন পরামর্শ দিয়েছিল যে জাতীয় আয় বাড়ানোর জন্য শিক্ষাকে অবশ্যই উৎপাদনশীলতার সাথে সম্পর্কিত হতে হবে। শিক্ষা ও উৎপাদনশীলতাকে সংযুক্ত করার জন্য ভারতীয় শিক্ষা কমিশন নিম্নলিখিত সুপারিশগুলি করেছে।

1. বিজ্ঞান শিক্ষা ও সংস্কৃতির মৌলিক উপাদান; সুতরাং এটি স্কুল শিক্ষার একটি অবিচ্ছেদ্য অংশ করা উচিত।

2. ম্যানুয়াল কাজের মূল্য বিকাশের জন্য কমিশন স্কুল শিক্ষায় কাজের অভিজ্ঞতা প্রবর্তনের সুপারিশ করেছিল।

3. শিল্প, কৃষি ও বাণিজ্যে প্রযুক্তিগত কর্মীদের ক্রমবর্ধমান চাহিদা পূরণের জন্য আইইসি স্কুল পাঠ্যক্রমে বৃত্তিমূলক বিষয়গুলি প্রবর্তনের সুপারিশ করেছে। এটি আরও অভিমত প্রকাশ করেছে যে বৃত্তিমূলককরণ শিক্ষাকে উৎপাদনশীলতার সাথে ঘনিষ্ঠ সম্পর্কের মধ্যে নিয়ে আসবে।

২. সামাজিক ও জাতীয় সংহতির প্রচার-

জাতীয় ও সামাজিক সংহতি একটি দেশের অগ্রগতি ও উন্নয়নের পূর্বশর্ত। কমিশনের মতে, সামাজিক ও জাতীয় সংহতি একটি জাতীয় শিক্ষা ব্যবস্থার একটি গুরুত্বপূর্ণ লক্ষ্য। কমিশন শিক্ষার মাধ্যমে সামাজিক ও জাতীয় সংহতি জোরদার করার জন্য নিম্নলিখিত সুপারিশগুলি করেছে।

1. শিক্ষাকে জাতীয় উন্নয়নের একটি শক্তিশালী হাতিয়ার হিসাবে গড়ে তুলতে, জনসাধারণের শিক্ষার সাধারণ স্কুল ব্যবস্থা গ্রহণ করতে হবে।

2. শিক্ষিত ও অশিক্ষিত, বুদ্ধিজীবী এবং জনসাধারণের মধ্যে যে ব্যবধান রয়েছে তা সেতুবন্ধন, সামাজিক ও জাতীয় সেবাকে স্কুল শিক্ষার একটি অবিচ্ছেদ্য অংশ হিসাবে গড়ে তুলতে হবে।

3. একটি ভাষা সামাজিক ও জাতীয় সংহতির জন্য একটি দৃঢ় আঠালো, স্কুলে মাতৃভাষা, হিন্দি এবং অন্যান্য আধুনিক ভারতীয় ভাষা শেখানোর জন্য উপযুক্ত বিধান করা উচিত।

৩. শিক্ষা ও আধুনিকায়ন-

বর্তমান সমাজ হচ্ছে বিজ্ঞানভিত্তিক সমাজ। বর্তমান শতাব্দী জ্ঞানের বিস্ফোরণের ফলে বৈজ্ঞানিক ও প্রযুক্তিগত জ্ঞানের ক্ষেত্রে অসাধারণ অগ্রগতি অর্জন করেছে। এই পরিস্থিতিতে শিক্ষার অন্যতম প্রধান কাজ হল জ্ঞানের এই অগ্রগতির সাথে তাল মিলিয়ে চলা। আধুনিক সমাজের আরেকটি বৈশিষ্ট্য হ'ল দ্রুত সামাজিক পরিবর্তন। পরিবর্তনের পরিস্থিতিতে, স্কুলকে সর্বদা সতর্ক থাকতে হবে যদি এটি উল্লেখযোগ্য পরিবর্তনগুলির পাশাপাশি রাখতে হয়। একটি শিক্ষা ব্যবস্থা যা ক্রমাগত নিজেকে সংস্কার করে না, মেয়াদোত্তীর্ণ হয়ে যায় এবং অগ্রগতিতে বাধা সৃষ্টি করে। আধুনিকীকরণের সাথে তাল মিলিয়ে চলার জন্য আইইসি মনে করে যে "বৃত্তিমূলক বিষয়, বিজ্ঞান শিক্ষা এবং গবেষণার উপর আরও বেশি জোর দিতে হবে।

৪. সামাজিক, নৈতিক ও আধ্যাত্মিক মূল্যবোধ-

জাতীয় শিক্ষা ব্যবস্থায় শিক্ষার্থীদের মধ্যে সামাজিক, নৈতিক ও আধ্যাত্মিক মূল্যবোধের চাষের উপর জোর দেওয়া উচিত। এই উদ্দেশ্যে কমিশন নিম্নলিখিত সুপারিশগুলি করেছে-

1. কেন্দ্রীয় ও রাজ্য সরকারগুলিকে ধর্মীয় ও নৈতিক শিক্ষার উপর বিশ্ববিদ্যালয় শিক্ষা কমিশন কর্তৃক প্রস্তাবিত ভিত্তিতে তাদের সরাসরি নিয়ন্ত্রণের অধীনে সমস্ত প্রতিষ্ঠানে নৈতিক, সামাজিক এবং আধ্যাত্মিক মূল্যবোধে শিক্ষা প্রবর্তনের জন্য ব্যবস্থা গ্রহণ করা উচিত।

2. সামাজিক, নৈতিক এবং ধর্মীয় মূল্যবোধগুলি বিকাশের জন্য, কিছু সময়কাল সময় সারণিতে সরবরাহ করা উচিত। এ ধরনের নির্দেশনা সাধারণ শিক্ষকদের দিতে হবে।

3. বিশ্ববিদ্যালয়ের বিভাগগুলি বিশেষভাবে এই মূল্যবোধগুলি বিজ্ঞতার সাথে এবং কার্যকরভাবে শেখানো যেতে পারে এমন উপায়গুলি নিয়ে বিশেষভাবে উদ্বিগ্ন হওয়া উচিত এবং ছাত্র এবং শিক্ষকদের দ্বারা ব্যবহারের জন্য বিশেষ সাহিত্যপ্রস্তুত করা উচিত।

শিক্ষাগত কাঠামো

কমিশন শিক্ষার একটি নতুন কাঠামোগত প্যাটার্ন সুপারিশ করেছে। নতুন শিক্ষাগত কাঠামো নিম্নরূপ হওয়া উচিতঃ

1. এক থেকে তিন বছরের প্রাক-বিদ্যালয় শিক্ষা।

2. ৭ থেকে ৮ বছরের একটি প্রাথমিক পর্যায়ে ৪ বা ৫ বছরের নিম্ন প্রাথমিক পর্যায়ে এবং ৩ বা ২ বছরের উচ্চতর প্রাথমিক পর্যায়ে বিভক্ত।

3. ৩ বা ২ বছরের সাধারণ শিক্ষা বা ১ থেকে ৩ বছরের বৃত্তিমূলক শিক্ষার একটি নিম্ন মাধ্যমিক পর্যায়।

4. ২ বছরের সাধারণ শিক্ষা বা ১ থেকে ৩ বছরের বৃত্তিমূলক শিক্ষার একটি উচ্চ মাধ্যমিক পর্যায়ে, মোট ৫০% বৃত্তিমূলক শিক্ষার অধীনে থাকবে,

5. প্রথম ডিগ্রী কোর্সের জন্য 3 বছর বা তারও বেশি সময় ধরে একটি উচ্চ শিক্ষার পর্যায়, দ্বিতীয় বা গবেষণা ডিগ্রীর জন্য বিভিন্ন সময়কালের কোর্স দ্বারা অনুসরণ করা হয়।

কমিশন দ্বারা প্রস্তাবিত কাঠামোগত গঠনটি সাধারণত 10 + 2 + 3 হিসাবে পরিচিত।
শিক্ষার কাঠামোগত গঠন

- ১ থেকে ৩ বছর পর্যন্ত প্রাক-বিদ্যালয় শিক্ষাও দিতে হবে।
- সাধারণ শিক্ষা ১০ বছরের জন্য স্থায়ী হতে হবে-

1. নিম্ন প্রাথমিকের চার বছর,
2. উচ্চ প্রাথমিকের তিন বছর
3. ৩ বছরের নিম্ন মাধ্যমিক শিক্ষা।
4. উচ্চ মাধ্যমিক শিক্ষা ২ বছরের জন্য নির্ধারণ করতে হবে। ডিগ্রি কোর্স হতে হবে ৩ বছরের।

প্রথম শ্রেণিতে ভর্তির বয়স ৬+ এর কম হওয়া উচিত নয়। প্রথম পাবলিক এক্সটার্নাল পরীক্ষা টি স্কুলের প্রথম 10 বছরের শেষে আসা উচিত। মাধ্যমিক বিদ্যালয়দুই ধরনের হতে হবেঃ উচ্চ বিদ্যালয়গুলি ১০ বছরের কোর্স প্রদান করে এবং উচ্চ মাধ্যমিক বিদ্যালয়গুলি ১১ বা ১২ বছরের কোর্স সরবরাহ করে। একাদশ ও দ্বাদশ শ্রেণির সমন্বয়ে একটি নতুন উচ্চ মাধ্যমিক কোর্স চালু করা উচিত। প্রাক-বিশ্ববিদ্যালয়ের কোর্সগুলি বিশ্ববিদ্যালয়গুলি থেকে স্থানান্তর করা উচিত এবং মাধ্যমিক বিদ্যালয়গুলিতে যোগ করা উচিত। কমিশনকে বিশ্ববিদ্যালয় পর্যায়ে পুনর্গঠনের

পরামর্শ দেওয়া হয়েছে। এই পর্যায়ে, তিন বছরের ডিগ্রী কমিশন দ্বারা অনুকূলিত হয়েছে।

ভূমিকা

১৯৪৭ খ্রিস্টাব্দের ১৫ আগস্ট স্বাধীনতা লাভ করে ভারতবর্ষ একটি প্রজাতান্ত্রিক তথা গণতান্ত্রিক রাষ্ট্রের মর্যাদা অর্জন করে। দেশের সাধারণ জনগণের মধ্যে এই গণতান্ত্রিক চেতনার বিকাশ ঘটাতে প্রয়োজন হয় প্রাথমিক শিক্ষার। অবৈতনিক বাধ্যতামূলক প্রাথমিক শিক্ষার প্রবর্তনের তাগিদে রাষ্ট্রনেতা তথা বিশিষ্ট শিক্ষাবিদগণ সমবেত হন। এর পাশাপাশি মাধ্যমিক ও উচ্চমাধ্যমিক শিক্ষাব্যবস্থার মানোন্নয়ন ও প্রযুক্তি-কারিগরি শিক্ষার পুনর্গঠনের উদ্দেশ্যে ১৯৪৮ খ্রিস্টাব্দে গঠিত হয় স্বাধীন ভারতের প্রথম শিক্ষা কমিশন, যা 'বিশ্ববিদ্যালয় শিক্ষা কমিশন' বা 'রাধাকৃষ্ণণ কমিশন' নামে পরিচিত।

রাধাকৃষ্ণণ কমিশন/বিশ্ববিদ্যালয় শিক্ষা কমিশন (১৯৪৮-49)

ভূমিকা

একজন শিক্ষাবিদ, দার্শনিক এবং রাষ্ট্রনায়ক হিসাবে, সর্বপল্লী রাধাকৃষ্ণণ (১৮৮৮-১৯৭৫) বিংশ শতাব্দীতে একাডেমিক বৃত্তে সবচেয়ে স্বীকৃত এবং প্রভাবশালী ভারতীয় চিন্তাবিদদের মধ্যে একজন ছিলেন।

রাধাকৃষ্ণণকে বিশ্ববিদ্যালয় শিক্ষা কমিশনের চেয়ারম্যান মনোনীত করা হয়েছিল। স্বাধীনতার পর শিক্ষার ক্ষেত্রে ভারত সরকার কর্তৃক গৃহীত একটি অত্যন্ত তাত্পর্যপূর্ণ প্রথম পদক্ষেপ ছিল ডঃ এস রাধাকৃষ্ণণের নেতৃত্বে বিশ্ববিদ্যালয় শিক্ষা কমিশন নিয়োগ, যিনি একজন বিশিষ্ট পণ্ডিত এবং বেনারস বিশ্ববিদ্যালয়ের প্রাক্তন ভাইস-চ্যান্সেলর , যিনি ভারতের দ্বিতীয় রাষ্ট্রপতি হয়েছিলেন।

১৯৪৭ সালের ১৫ ই আগস্ট স্বাধীনতার পর, রাধাকৃষ্ণণকে বিশ্ববিদ্যালয় শিক্ষা কমিশনের চেয়ারম্যান হওয়ার জন্য অনুরোধ করা হয়েছিল। রাধাকৃষ্ণণ কমিটির পরামর্শগুলি ভারতীয় বিশ্ববিদ্যালয়ের শিক্ষার উপর রিপোর্ট করার জন্য ভারতের প্রয়োজনের জন্য শিক্ষা ব্যবস্থাকে গড়ে তুলতে সহায়তা করেছিল এবং দেশের বর্তমান ও ভবিষ্যতের প্রয়োজনীয়তার সাথে সামঞ্জস্যপূর্ণ হতে পারে এমন উন্নতি ও সম্প্রসারণের পরামর্শ দিয়েছিল" কমিশনের ১৯৪৯ সালের প্রতিবেদনে বিশ্ববিদ্যালয় শিক্ষার অবস্থা মূল্যায়ন করা হয়েছিল এবং সদ্য স্বাধীন ভারতে এর উন্নতির জন্য সুপারিশ করা হয়েছিল। ১৯৪৮ সালের ৬ ই ডিসেম্বর কমিশন নয়াদিল্লিতে তার প্রথম সভা করে, যখন ভারত সরকারের শিক্ষা মন্ত্রী মাননীয় মাওলানা আবুল কালাম আজাদ বৈঠকে ভাষণ দেন এবং তদন্তের উদ্দেশ্য ও পরিধি সম্পর্কে সরকারের উদ্দেশ্য ব্যাখ্যা করেন।

কমিশনের নিয়োগ

কমিশনের সদস্যদের ভারতীয় বিশ্ববিদ্যালয় শিক্ষার উপর রিপোর্ট করার জন্য ভারত সরকার দ্বারা নিযুক্ত করা হয়েছিল এবং দেশের বর্তমান ও ভবিষ্যতের প্রয়োজনীয়তাগুলির সাথে সঙ্গতিপূর্ণ হতে পারে এমন উন্নতি এবং এক্সটেনশনগুলির পরামর্শ দেওয়ার জন্য নিযুক্ত করা হয়েছিল।

কমিশনের সদস্যগণ

নিম্নলিখিতগুলি কমিশনের সদস্য হিসাবে নিযুক্ত করা হয়েছিলঃ-

1. ডঃ এস রাধাকৃষ্ণণ, এমএ, ডি লিট, এলএলডি, অক্সফোর্ড বিশ্ববিদ্যালয়ের ইস্টার্ন ধর্ম ও নৈতিকতার স্প্যালডিং অধ্যাপক। (চেয়ারম্যান)।
2. ডঃ তারা চাঁদ, এমএ, ডি ফিল (অক্সন),ভারত সরকারের সচিব ও শিক্ষা বিষয়ক উপদেষ্টা।
3. ডঃ (বর্তমানে স্যার) জেমস এফ ডাফ, এমএ (ক্যান্টাব.), এম. এড. (ম্যানচেস্টার), এলএলডি (অ্যাবারডিন), ভাইস-চ্যান্সেলর, ডারহাম বিশ্ববিদ্যালয়।
4. ডঃ জাকির হুসেন, এমএ, পিএইচডি, ডি লিট (জামিয়া মিলিয়া ইসলামিয়া, দিল্লি)- (বর্তমানে ভাইস-চ্যান্সেলর, মুসলিম বিশ্ববিদ্যালয়, আলিগড়)।
5. ডঃ আর্থার ই মরগান, D.Sc, ডি. ইংল্যান্ড, এলএলডি, প্রাক্তন রাষ্ট্রপতি, এন্টিওক কলেজ, প্রথম চেয়ারম্যান, টেনেসি ভ্যালি কর্তৃপক্ষ, সভাপতি, কমিউনিটি সার্ভিস ইনকর্পোরেটেড।
6. ডঃ এ. লক্ষ্মণস্বামী মুদালিয়ার, D.Sc, এলএলডি, ডি.C এল, এফ.আর..C.ও.জি., এফ.এ.এস..C, ভাইস-চ্যান্সেলর, মাদ্রাজ বিশ্ববিদ্যালয়।
7. ডঃ মেঘনাদ সাহা, D.Sc এফ.আর.এস., পদার্থবিজ্ঞানের ডিন, বিজ্ঞান অনুষদের পালিত অধ্যাপক; এবং সভাপতি, পোস্ট-গ্র্যাজুয়েট কাউন্সিল অফ সায়েন্স, কলকাতা বিশ্ববিদ্যালয়।
8. ডঃ করম। Narayan Bahl D. Sc (Paj.), D. Phil, এবং D. Sc.(Oxon), Department of Zoology, University of Lucknow।
9. ডঃ জন জে. টাইগার্ট, এমএ (অক্সন.) এলএলডি, এড ডি, ডি.C এলএল, ডি. এল.এল., ডি. লিট,এলএইচডি, এলএইচডি, পূর্বে মার্কিন যুক্তরাষ্ট্রের শিক্ষা কমিশনার, এবং ফ্লোরিডা বিশ্ববিদ্যালয়ের রাষ্ট্রপতি ইমেরিটাস।
10. শ্রী নির্মল কুমার সিধান্ত, এমএ (Cantab.), ইংরেজি র অধ্যাপক এবং ডিন, কলা অনুষদ, লখনৌ বিশ্ববিদ্যালয়। (সচিব)।

শর্তাবলী

Reference-এর শর্তাবলী- কমিশনের রেফারেন্সের শর্তাবলী বিবেচনা করতে হবে এবং এই বিষয়ে সুপারিশ করতে হবে-

1. ভারতে বিশ্ববিদ্যালয়ের শিক্ষা ও গবেষণার লক্ষ্য এবং উদ্দেশ্য।
2. ভারতের বিশ্ববিদ্যালয়গুলির সংবিধান, নিয়ন্ত্রণ, কার্যাবলী এবং এখতিয়ার এবং সরকার, কেন্দ্রীয় ও প্রাদেশিক সরকারের সাথে তাদের সম্পর্কের ক্ষেত্রে প্রয়োজনীয় এবং আকাঙ্ক্ষিত বলে বিবেচিত পরিবর্তনগুলি।
3. বিশ্ববিদ্যালয়গুলির অর্থায়ন।
4. তাদের নিয়ন্ত্রণাধীন বিশ্ববিদ্যালয় ও কলেজসমূহে পাঠদান ও পরীক্ষার সর্বোচ্চ মান বজায় রাখা।
5. মানবিক ও বিজ্ঞানের মধ্যে এবং বিশুদ্ধ বিজ্ঞান ও প্রযুক্তিগত প্রশিক্ষণ এবং এই ধরনের কোর্সের সময়কালের মধ্যে একটি ভাল ভারসাম্য বজায় রাখার জন্য বিশেষ রেফারেন্স সহ বিশ্ববিদ্যালয়গুলিতে অধ্যয়নের কোর্সগুলি।
6. একটি স্বাধীন বিশ্ববিদ্যালয়ের প্রবেশিকা পরীক্ষার আকাঙ্ক্ষা এবং মৌলিক অধিকার 23 (2) এর বিরুদ্ধে মিলিত অন্যায্য বৈষম্য পরিহারের পরিপ্রেক্ষিতে অধ্যয়নের বিশ্ববিদ্যালয়ের

কোর্সগুলিতে ভর্তির মান।

7. বিশ্ববিদ্যালয়গুলিতে শিক্ষার মাধ্যম।

8. ভারতীয় সংস্কৃতি, ইতিহাস, সাহিত্য, ভাষা, দর্শন এবং চারুকলায় উন্নত অধ্যয়নের বিধান।

9. একটি আঞ্চলিক বা অন্যান্য ভিত্তিতে আরো বিশ্ববিদ্যালয়ের প্রয়োজন।

10. বিশ্ববিদ্যালয় এবং উচ্চতর গবেষণার ইনস্টিটিউটগুলিতে জ্ঞানের সমস্ত শাখায় উন্নত গবেষণা সংস্থা একটি সু-সমন্বয়মূলক ফ্যাশনে প্রচেষ্টা ও সম্পদের অপচয় এড়ানোর জন্য উচ্চতর গবেষণা প্রতিষ্ঠান।

11. বিশ্ববিদ্যালয়গুলিতে ধর্মীয় শিক্ষা।

12. বেনারস হিন্দু বিশ্ববিদ্যালয়, আলিগড় মুসলিম বিশ্ববিদ্যালয়, দিল্লি বিশ্ববিদ্যালয় এবং একটি সর্বভারতীয় চরিত্রের অন্যান্য প্রতিষ্ঠানের বিশেষ সমস্যা।

13. শিক্ষকদের যোগ্যতা, পরিষেবার শর্তাবলী, বেতন, সুযোগ-সুবিধা এবং কার্যাবলী এবং শিক্ষকদের দ্বারা মূল গবেষণার উত্সাহ।

14. ছাত্র, হোস্টেল এবং টিউটোরিয়াল কাজের সংগঠন এবং অন্য যে কোনও বিষয় যা ভারতে বিশ্ববিদ্যালয়ের শিক্ষা এবং উন্নত গবেষণার সমস্ত দিক সম্পর্কে একটি সম্পূর্ণ এবং ব্যাপক অনুসন্ধানের জন্য জার্মান এবং অপরিহার্য।

I) প্রধান পর্যবেক্ষণ এবং সুপারিশ
শিক্ষার লক্ষ্যঃ

- এটা শেখানোর জন্য যে, জীবনের একটা অর্থ আছে।
- প্রজ্ঞার বিকাশের মাধ্যমে আত্মার জীবন যাপনের সহজাত ক্ষমতাকে জাগিয়ে তোলা।
- সামাজিক দর্শনের সাথে পরিচিত হওয়া যা সমস্ত প্রতিষ্ঠান, শিক্ষার পাশাপাশি অর্থনৈতিক ও রাজনৈতিক ভাবে পরিচালিত করা উচিত?
- গণতন্ত্রের জন্য প্রশিক্ষণ।
- আত্মোন্নয়নের জন্য প্রশিক্ষণ
- মনের নির্ভীকতা, বিবেকের শক্তি এবং সততার মতো নির্দিষ্ট মূল্যবোধগুলি বিকাশ করা।
- তার প্রজন্মের সাংস্কৃতিক ঐতিহ্যের সাথে পরিচিত হওয়া
- শিক্ষা যে একটি আজীবন প্রক্রিয়া তা জানতে সক্ষম করা।
- বর্তমান ও অতীত সম্পর্কে ধারণা গড়ে তোলা।
- বৃত্তিমূলক ও পেশাগত প্রশিক্ষণ প্রদান করা।

II) বিশ্ববিদ্যালয়সমূহের কার্যাবলী

কমিশন দেশের অর্থনৈতিক ও রাজনৈতিক পরিবর্তনের পরিপ্রেক্ষিতে শিক্ষার নিম্নলিখিত কার্যক্রমের উপর জোর দেয়।

1. আত্মা পরিবর্তন সঙ্গে ব্যক্তি তৈরি. এটি বিশ্ববিদ্যালয়গুলির জন্য জ্ঞান তৈরি করা এবং পুরুষদের মনকে প্রশিক্ষণ দেওয়া যারা দুটি বস্তুগত সম্পদ এবং মানব শক্তিকে একত্রিত

করবে। যদি আমাদের জীবনযাত্রার মান বাড়াতে হয় তবে আত্মার আমূল পরিবর্তন অপরিহার্য

2. এমন ব্যক্তিকে প্রস্তুত করা, যিনি অতীত থেকে নির্দেশনা চান কিন্তু অতীতের পরিপূর্ণতার মারাত্মক আবেশ ত্যাগ করেন। বিশ্ববিদ্যালয়গুলি জাতির অভ্যন্তরের জীবনের বুদ্ধিবৃত্তিক অভয়ারণ্য। তাদের অবশ্যই বুদ্ধিজীবী অগ্রগামীদের প্রশিক্ষণ দিতে হবে, অতীতের দিকনির্দেশনা চাইতে হবে, কিন্তু নতুন স্বপ্ন বাস্তবায়নের জন্য গতিশীলতা সরবরাহ করতে হবে।

3. একটি সমন্বিত জীবনধারার তাৎপর্য বুঝতে পারে এমন ব্যক্তির বিকাশ। বিশ্ববিদ্যালয়গুলিকে অবশ্যই জ্ঞানকে সংশ্লেষিত করার গুণাবলী বিকাশ করতে হবে - জ্ঞানের বিভিন্ন আইটেমের একটি 'সামানাভায়া'।

4. প্রজ্ঞার মানুষের বিকাশ। আমাদের প্রাচীন শিক্ষকরা বিষয়গুলি শেখানোর এবং প্রজ্ঞা দেওয়ার চেষ্টা করেছিলেন। তাদের আদর্শ ছিল জ্ঞানের সাথে প্রজ্ঞা। জ্ঞানের কিছু ভিত্তি ছাড়া আমরা জ্ঞানী হতে পারি না, যদিও আমরা সহজেই জ্ঞান অর্জন করতে পারি এবং প্রজ্ঞা থেকে বঞ্চিত হতে পারি। উপনিষদের শব্দ ব্যবহার করার জন্য, আমরা পাঠ্য (মন্ত্রবতী) সম্পর্কে জানতে পারি এবং নিজের (আত্মবতি) সম্পর্কে জানি না। কোন পরিমাণ বাস্তব তথ্যই একজন সাধারণ মানুষকে শিক্ষিত বা ধার্মিক পুরুষদের মধ্যে পরিণত করতে পারে না যদি না তাদের মধ্যে কিছু জাগ্রত হয়, আত্মার জীবন যাপনের একটি সহজাত ক্ষমতা।

5. এমন ব্যক্তিদের বিকাশ করা যারা সামাজিক শৃঙ্খলার লক্ষ্যগুলি বুঝতে পারে। বিশ্ববিদ্যালয়গুলিকে অবশ্যই শিক্ষার্থীদের মধ্যে সামাজিক শৃঙ্খলার একটি ধারণা বিকাশ করতে হবে। তাদের অবশ্যই গণতন্ত্র, ন্যায়বিচার ও স্বাধীনতার মূল্য, সমতা এবং অনন্তকাল - ভারতীয় সমাজের আদর্শ বিকাশ করতে হবে।

6. সমাজের সাথে খাপ খাইয়ে নিতে পারে এবং নতুন পরিবর্তন আনতে পারে এমন শিক্ষার্থীদের তৈরি করা। শিক্ষা হচ্ছে এমন একটি মাধ্যম যার দ্বারা সমাজ নিজেই উপলব্ধি করতে পারে। ১৮৫২ খ্রিষ্টাব্দে নিউম্যান বিশ্ববিদ্যালয়ের কাজকে এভাবে সংজ্ঞায়িত করেন, "যদি একটি ব্যবহারিক সমাপ্তি একটি বিশ্ববিদ্যালয়ের কোর্সে নিযুক্ত করা আবশ্যক হয়, তাহলে আমি বলি যে এটি ভাল সমাজের প্রশিক্ষণ সদস্য। শিক্ষার কোনও ব্যবস্থাই রাষ্ট্রকে দুর্বল করার নির্দেশ দেওয়া যায় না যা এটি রক্ষণাবেক্ষন করে। কিন্তু শিক্ষা সামাজিক পরিবর্তনের একটি হাতিয়ারও বটে।

7. নেতাদের প্রস্তুত করা. পেশা ও জনজীবনে নেতৃত্ব প্রশিক্ষণ বিশ্ববিদ্যালয় শিক্ষার অন্যতম কেন্দ্রীয় লক্ষ্য, যা উপলব্ধি করা কঠিন। প্রেসিডেন্ট ট্রুম্যান বলেন, 'আমাদের জাতীয় নীতিঅবশ্যই বোর্ডের অভিজ্ঞতা, পরিপক্ক দৃষ্টিভঙ্গি এবং সঠিক বিচারের পুরুষদের দ্বারা পরিচালিত হতে হবে। বিচক্ষণ নেতৃত্বের জন্য যদি পুরুষ ও মহিলাদের প্রশিক্ষণ দেওয়া বিশ্ববিদ্যালয়গুলির কাজ হয়, তবে তাদের অবশ্যই তরুণ পুরুষ ও মহিলাদের অন্তর্দৃষ্টি দিয়ে পড়তে সক্ষম করতে হবে।

8. চরিত্রের পুরুষদের উন্নয়নশীল. আমরা একটি সভ্যতা গড়ে তুলছি, কারখানা বা উপাসনা নয়। উপাসনার গুণগত মান বস্তুগত, সরঞ্জাম বা রাজনৈতিক যন্ত্রের উপর নির্ভর করে না বরং পুরুষদের চরিত্রের উপর নির্ভর করে। শিক্ষার প্রধান কাজ হল চরিত্রের উন্নতি।

9. ভারতের সংস্কৃতি ঐক্যের উপলব্ধি গড়ে তোলা। ভারত হল প্যালিম্পসেস্টের মতো, যেখানে নতুন চরিত্র পুরানোকে পুরোপুরি মুছে ফেলতে পারে না। একটি একক সামাজিক প্যাটার্নে বিভিন্ন বয়সের টুকরো টুকরো টুকরো টুকরো এমন একজন ভারতীয়দের কথা চিন্তা করা অসম্ভব হবে যেখানে কোনও মুগালকে শাসন করা হয় না, যেখানে কোনও তাজ নির্মিত হয়নি, কোনও ম্যাকোলে শিক্ষার উপর তার মিনিট লিখেছিলেন না। ভারতীয় সংস্কৃতি একটি জীবন্ত জীবের মতো যা সম্পদ বৃদ্ধি করে এবং বিষয়বস্তু আদিম সংস্কৃতি চরম রক্ষণশীলতা দ্বারা চিহিত করা হয় যেখানে সামাজিক গোষ্ঠী অযৌক্তিক অধ্যবসায়ের সাথে কাস্টম এবং কনভেনশনের একই পথ অনুসরণ করে। জীবন্ত সংস্কৃতিগুলি গতিশীলতা এবং ব্যক্তিগত ও সামাজিক শৃঙ্খলার ক্রমাগত প্রচেষ্টার মাধ্যমে তাদের সংস্কৃতির প্যাটার্ন বজায় রাখে।

10. অতীতের আধ্যাত্মিক ঐতিহ্য বুঝতে সক্ষম ব্যক্তিদের বিকাশ। না মানুষের জন্য আধ্যাত্মিক পুষ্টির প্রধান উৎস অবশ্যই তার নিজস্ব অতীত হতে হবে যা চিরতরে পুনরায় আবিষ্কৃত এবং পুনর্নবীকরণ করা হয়েছে। অতীতের জ্ঞানহীন একটি সমাজ যা এটিকে গভীর ব্যান্ড মর্যাদার অভাব বোধ করে। আমাদের অবশ্যই সমালোচনামূলক এবং নির্বাচনী হতে হবে এবং বর্তমানকে আলোকিত করার জন্য অতীতকে ব্যবহার করতে হবে। আমাদের অন্ধভাবে আমাদের অতীতের মহান মূল্য ত্যাগ করা উচিত নয় এবং আমাদের বিশ্বাসকে আঁকড়ে ধরে থাকা উচিত নয় কারণ তারা প্রাচীন।

11. প্রয়োজনীয় কর্মীদের জন্য দক্ষতা বিকাশ। বিশ্ববিদ্যালয়গুলিকে অবশ্যই প্রতিটি ধরণের ক্রিয়াকলাপের জন্য ক্রমবর্ধমান চাহিদা পূরণের জন্য কর্মীদের প্রস্তুত করতে হবে, যেমন, প্রশাসন, বাণিজ্য, শিল্প, রাজনীতি।

12. বিজ্ঞানী এবং প্রযুক্তিগত কর্মীদের বিকাশ। বিশ্ববিদ্যালয়গুলোকে অবশ্যই বৈজ্ঞানিক ও প্রযুক্তিগত জ্ঞানের প্রয়োগ ও বিকাশের মাধ্যমে যত কম সময়ের মধ্যে দেশকে অভাব, রোগ ও অজ্ঞতা থেকে মুক্তি অর্জন করতে সক্ষম করতে হবে। ভারত প্রাকৃতিক সম্পদে সমৃদ্ধ এবং তার জনগণের বুদ্ধিমত্তা ব্যান্ড শক্তি নতুন করে জীবন ও শক্তিতে কাঁপছে। এই ধরনের কর্মীদের প্রস্তুত করার জন্য বিশ্ববিদ্যালয়গুলি।

13. সাংস্কৃতিক সহযোগিতার এই ধরনের মূল্যবোধ এবং দক্ষতার সাথে ব্যক্তির বিকাশ। বিশ্ব সংস্কৃতির বিকাশের জন্য সেটিং, যদিও সংস্কৃতির ক্রস ফার্টিলাইজেশন প্রস্তুত। বিশ্ব, বাষ্পীভবন ও যোগাযোগ এবং অর্থনৈতিক স্বাধীনতার দ্রুততার মাধ্যমে, একটি একক সংস্থা হয়ে উঠেছে। আমাদের অবশ্যই বিশ্বের একতা এবং জনগণের চিন্তাভাবনার স্বীকৃতি এবং গ্রহণযোগ্যতার জন্য নিশ্চিত করতে হবে। পারস্পরিক বোঝাপড়ার বৃদ্ধি এই স্বীকৃতি থেকে উদ্ভূত হয় যে বিভিন্ন সংস্কৃতি আত্মার এক ভাষার উপভাষা।

III) অধ্যয়নের কোর্স

জ্ঞানকে সামগ্রিকভাবে বিবেচনা করতে হবে। কোর্সগুলি অঙ্কন করার সময়। বিভিন্ন দিকগুলির মধ্যে সংযোগটি নজরে রাখা উচিত নয়। সাধারণ একাডেমিক এবং বৃত্তিমূলক শিক্ষার মধ্যে একটি সংযোগ বন্ধন থাকতে হবে। সাধারণ শিক্ষার নীতি এবং অনুশীলনগুলি অবশ্যই মধ্যবর্তী এবং ডিগ্রী পর্যায়ে অবশ্যই একটি অবিচ্ছেদ্য অংশ হয়ে উঠতে হবে।

ডিগ্রী পর্যায়ে কোর্সঃ

সাধারণ শিক্ষার একটি কোর্স ছাড়াও নিম্নলিখিত কোর্সগুলি শিক্ষার্থীদের দ্বারা গ্রহণ করা হবেঃ

- ফেডারেল ভাষা বা যদি এটি মাতৃভাষা, একটি ধ্রুপদী বা একটি আধুনিক ভারতীয় ভাষা হয়।
- ইংরাজি এবং কলা শিক্ষার্থীদের জন্য প্রতিটি গ্রুপ থেকে দুটি বিশেষ বিষয়ের চেয়ে কম নয়।

মানবিকতাঃ

1. ধ্রুপদী বা আধুনিক ভারতীয় ভাষা
2. ইংরেজি, জার্মান বা ফরাসি
3. দর্শন শাস্ত্র
4. ইতিহাস
5. গণিত
6. চারুকলা
7. রাষ্ট্রবিজ্ঞান
8. সামাজিক বিজ্ঞানঃ
9. অর্থনীতি
10. সমাজবিজ্ঞান
11. মনোবিজ্ঞান
12. নৃতত্ত্ব (Anthropology)
13. ভূগোল
14. অর্থনীতি

বিজ্ঞানশিক্ষার্থীদের জন্য নিম্নলিখিত তালিকা থেকে দুটি বিশেষ বিষয়ের চেয়ে কম নয়ঃ

1. গণিত;
2. পদার্থবিজ্ঞান
3. রসায়ন
4. উদ্ভিদবিদ্যা
5. প্রাণিবিদ্যা
6. ভূতত্ত্ব

IV) পেশাগত শিক্ষা

1. কৃষিঃ জাতীয় অর্থনৈতিক পরিকল্পনায় প্রাথমিক মাধ্যমিক ও উচ্চ শিক্ষায় কৃষির অধ্যয়নকে উচ্চ অগ্রাধিকার দেওয়া উচিত। যতদূর সম্ভব। কৃষি শিক্ষাকে একটি গ্রামীণ পরিবেশ প্রদান করা উচিত।

2. **কমার্সঃ** একজন বাণিজ্য শিক্ষার্থীকে তিন বা চারটি বিভিন্ন ধরণের সংস্থায় ব্যবহারিক কাজের সুযোগ দেওয়া উচিত।

3. **প্রকৌশল ও প্রযুক্তিঃ** বিভিন্ন গ্রেডের ইঞ্জিনিয়ারিং স্কুলের সংখ্যা বৃদ্ধি করা উচিত, বিশেষ করে গ্রেড 4 এবং 5 (ফোরম্যান, কারিগর, ড্রাফটসম্যান, অধ্যক্ষ ইত্যাদি) প্রশিক্ষণের জন্য। নতুন ইঞ্জিনিয়ারিং কলেজ বা ইনস্টিটিউট প্রতিষ্ঠার ক্ষেত্রে ভারতীয় ভাষায় কী ধরনের প্রকৌশল পরিষেবার প্রয়োজন তা নিয়ে নতুন করে সমালোচনামূলক তদন্ত হওয়া উচিত। এখানে এবং জাহাজে বিদ্যমান প্রতিষ্ঠানগুলির সমালোচনামূলক অভ্যর্থনা এবং অনুকরণ করা এড়ানো উচিত।

4. **আইনঃ** একটি তিন বছরের ডিগ্রী কোর্স বিশেষ আইনি বিষয়গুলিতে দেওয়া হবে। আইনে ডিগ্রী সউসে অধ্যয়নরত শিক্ষার্থীদের একই সাথে বাইরের ডিগ্রী কোর্স করার অনুমতি দেওয়া হবে না, এমন কয়েকটি উদাহরণ ব্যতীত যেখানে উন্নত শিক্ষার্থীরা তাদের আগ্রহ প্রমাণ করেছে এবং আইন এবং অন্যান্য কিছু ক্ষেত্রে সম্পর্কিত বিষয়গুলি অধ্যয়ন করছে।

5. **ঔষধঃ** একটি মেডিকেল কলেজে ভর্তির সর্বোচ্চ সংখ্যা 100 হতে হবে যে নম্বরের জন্য কর্মী এবং সরঞ্জাম উপলব্ধ।

6. **ধর্মীয় শিক্ষাঃ** সকল শিক্ষা প্রতিষ্ঠানকে নীরব ধ্যানের জন্য কয়েক মিনিট সময় দিয়ে কাজ শুরু করতে হবে।

1. প্রথম বছরে গৌতম বুদ্ধ, কনফুসিয়াস, জরথুস্টার, সক্রেটিস, যিশু, শঙ্কর, রামানুজ, মাধব, মোহাম্মদ, কবীর, নানক, গান্ধীর মতো মহান ধর্মীয় নেতাদের জীবন শেখানো হবে।

2. দ্বিতীয় বছরে বিশ্বের শাস্ত্র থেকে একটি সার্বজনীনতা চরিত্রের কিছু নির্বাচন অধ্যয়ন করা হবে।

3. তৃতীয় বছরে ধর্ম দর্শনের কেন্দ্রীয় সমস্যাগুলি বিবেচনা করা হবে।

V) পরীক্ষা

- সরকারি প্রশাসনিক পরিষেবার জন্য বিশ্ববিদ্যালয়ের ডিগ্রির প্রয়োজন হবে না। বিভিন্ন পরিষেবায় নিয়োগের জন্য বিশেষ রাষ্ট্রীয় পরীক্ষার আয়োজন করা উচিত।

- কোর্সগুলিতে ক্লাসের কাজের জন্য বর্তমানে কোনও ক্রেডিট দেওয়া হয় না, কখনও কখনও ব্যবহারিক কাজের ক্ষেত্রে ব্যতীত। এ ধরনের ঋণ দেওয়া উচিত।

- প্রথম ডিগ্রীর জন্য তিন বছর জড়িত করা হবে।

- পরীক্ষায় সাফল্যের জন্য মানগুলি যতদূর সম্ভব, চারটি বিভিন্ন বিশ্ববিদ্যালয়ে অভিন্ন হওয়া উচিত এবং এটি উত্থাপন করা উচিত। আমরা পরামর্শ দিচ্ছি যে একজন প্রার্থীকে প্রথম শ্রেণীর জন্য ৭০ শতাংশ বা তার বেশি নম্বর পেতে হবে, দ্বিতীয় শ্রেণির জন্য ৫৫ শতাংশ থেকে ৬৯ শতাংশ এবং তৃতীয় শ্রেণির জন্য কমপক্ষে ৪০ শতাংশ নম্বর পেতে হবে।

VI) শিক্ষার মাধ্যম

1. ফেডারেল ভাষাগুলি বিভিন্ন উৎস থেকে শব্দগুলির আত্মীকরণের মাধ্যমে বিকশিত হওয়া উচিত এবং বিভিন্ন উৎস থেকে ইতিমধ্যে ভারতীয় ভাষায় প্রবেশ করা শব্দগুলি ধরে রাখা উচিত, যার ফলে একচেটিয়াতার নাচগুলি এড়ানো যায়।

2. আন্তর্জাতিক প্রযুক্তিগত এবং বৈজ্ঞানিক পরিভাষা গ্রহণ করা হবে, ধার করা শব্দগুলি সঠিকভাবে আত্মস্থ করা হবে, তাদের উচ্চারণটি ভারতীয় ভাষার ধ্বনিগত সিস্টেমে গ্রহণ করা হবে, তাদের বানানটি ভারতীয় স্ক্রিপ্টগুলির শব্দ প্রতীক অনুসারে স্থির করা হবে।

3. উচ্চশিক্ষার জন্য শিক্ষার মাধ্যমের জন্য, ইংরেজিকে যত তাড়াতাড়ি সম্ভব একটি ভারতীয় ভাষা দ্বারা প্রতিস্থাপিত করা উচিত যা গুরুত্বপূর্ণ সমস্যার কারণে সংস্কৃত হতে পারে না।

4. উচ্চ মাধ্যমিক এবং বিশ্ববিদ্যালয় পর্যায়ে ছাত্রদের আঞ্চলিক ভাষা, ফেডারেল ভাষা তিনটি ভাষা সঙ্গে কথোপকথন করা উচিত। এবং ইংরেজি (ইংরেজিতে বই পড়ার ক্ষমতা অর্জনের জন্য সর্বশেষ এক); এবং (ii) উচ্চ শিক্ষা আঞ্চলিক ভাষার যন্ত্রের মাধ্যমে প্রদান করা হবে এবং কিছু বিষয়ের জন্য বা সমস্ত বিষয়ের জন্য শিক্ষার মাধ্যম হিসাবে ফেডারেল ভাষা ব্যবহার করার বিকল্প রয়েছে।

5. ফেডারেল ভাষা এক স্ক্রিপ্ট জন্য, Devnagri ফেডারেল এবং আঞ্চলিক ভাষা হতে।

VII) ছাত্র তাদের কার্যক্রম এবং কল্যাণ

সকল শিক্ষার্থী, পুরুষ ও মহিলাদের জন্য দুই বছরের শারীরিক শিক্ষার প্রয়োজন হবে, যারা শারীরিকভাবে ঐক্যবদ্ধ বা যারা জাতীয় ক্যাডেট কর্পসে রয়েছে তাদের ব্যতীত।

- চার বা পাঁচটি ব্লকের জন্য কমন রুম এবং ডাইনিং হলসহ প্রতি ব্লকে পঞ্চাশের বেশি শিক্ষার্থীর ব্লকগুলিতে হোস্টেল তৈরি করা হবে।
- বিশ্ববিদ্যালয় ইউনিয়নগুলিকে রাজনৈতিক ক্রিয়াকলাপ থেকে যতটা সম্ভব মুক্ত হতে হবে। বিশ্ববিদ্যালয়ে ছাত্র কল্যাণের একটি উপদেষ্টা বোর্ডের আয়োজন করা উচিত যার এমন কোনও সংস্থা নেই।

VIII) নারী শিক্ষা

নারী শিক্ষার গুরুত্ব সম্পর্কে কমিশন পর্যবেক্ষণ করেছে, নারী শিক্ষা ছাড়া শিক্ষিত মানুষ থাকতে পারে না। যদি সাধারণ শিক্ষা পুরুষ বা মহিলাদের মধ্যে সীমাবদ্ধ রাখতে হয় তবে মহিলাদের সুযোগ দেওয়া উচিত, তাদের কাছ থেকে এটি আরও নিশ্চিতভাবে পরবর্তী প্রজন্মের কাছে প্রেরণ করা হবে, কমিশন আরও পর্যবেক্ষণ করেছে, এটি উপলব্ধি করার সময় এসেছে যে সর্বোত্তম পারিবারিক সম্পর্কগুলি এমন একজন পুরুষ ও মহিলার সমিতি থেকে উদ্ভূত হয়, যার মধ্যে অনেক সম্পর্ক রয়েছে এমন একজন পুরুষ ও মহিলার সমিতি থেকে ফলাফল যা তাদের বেশিরভাগ শিক্ষা পেয়েছে। সাধারণ কিন্তু যাদের প্রত্যেকেই তার নিজের প্রকৃতি অনুযায়ী বিকশিত হয়েছে এবং অনুকরণে নয়। একজন মহিলার হোম ম্যানেজমেন্টের সমস্যা এবং এগুলি পূরণের জন্য উন্নত দক্ষতার সাথে পরিচিত হওয়া উচিত। তাদের একটি বেবি হোম এবং নার্সারি স্কুল ইত্যাদিতে ল্যাবরেটরি অভিজ্ঞতা প্রদান করা উচিত। মহিলাদের জন্য অধ্যয়নের বিশেষ কোর্সঃ এগুলি হোম অর্থনীতি, নার্সিং শিক্ষাদান চারুকলা। সাধারণভাবে মহিলা শিক্ষার্থীদের

নাগরিক এবং মহিলা উভয় হিসাবে একটি স্বাভাবিক সমাজে তাদের স্বাভাবিক স্থান দেখতে এবং এর জন্য প্রস্তুত হতে সহায়তা করা উচিত। কলেজের প্রোগ্রামগুলি এমনভাবে ডিজাইন করা উচিত যাতে তাদের পক্ষে এটি করা সম্ভব হয়। কলেজে পুরুষদের পক্ষ থেকে সৌজন্য এবং সামাজিক দায়বদ্ধতার মানদণ্ডের উপর জোর দেওয়া উচিত।

IX) সংবিধান ও নিয়ন্ত্রণ

বিশ্ববিদ্যালয়ের শিক্ষাকে সমসাময়িক তালিকায় রাখা হয়েছে। বিশ্ববিদ্যালয়গুলির সাথে কেন্দ্রীয় সরকারের উদ্বেগের বিষয় হল জাতীয় নীতি গ্রহণ, দক্ষ প্রশাসনের ন্যূনতম মান নিশ্চিত করা এবং বিশ্ববিদ্যালয় এবং জাতি গবেষণা গবেষণাগার এবং বৈজ্ঞানিক জরিপ ইত্যাদির মধ্যে যোগাযোগের ক্ষেত্রে সুবিধাগুলির আর্থিক সমন্বয়। কমিশন পর্যবেক্ষণ করেছে যে সম্পদসংকটের কারণে বিশ্ববিদ্যালয়গুলি যথাযথ সংস্কার বাস্তবায়ন করতে সক্ষম হচ্ছে না। এই বিষয়ে এটি নিম্নলিখিত সুপারিশগুলি তৈরি করেছে;

- বিশ্ববিদ্যালয়কে অর্থ বরাদ্দের জন্য একটি বিশ্ববিদ্যালয় মঞ্জুরি কমিশন গঠন করতে হবে।
- রাজ্য সরকারের উচিত বিশ্ববিদ্যালয়ের শিক্ষার বড় ভার বহন করা।
- বেসরকারী কলেজগুলিকে পুনরাবৃত্ত এবং অ-পুনরাবৃত্তিমূলক অনুদান দেওয়া উচিত। অনুদান দেওয়ার জন্য নির্দিষ্ট নিয়ম তৈরি করতে হবে।
- যে ব্যক্তি এবং সংস্থাগুলি বিশ্ববিদ্যালয়কে আর্থিক সহায়তা দিয়েছে তাদের আয়কর ছাড় দেওয়া যেতে পারে।

উপসংহারঃ

বিশ্ববিদ্যালয় শিক্ষা কমিশনের (১৯৪৭-৪৮) রিপোর্ট মূল্যায়ন করার সময় মনে রাখা যেতে পারে যে প্রতিবেদনটি ভারতের সংবিধান চূড়ান্ত হওয়ার আগে খসড়া এবং প্রকাশিত হয়েছিল। এবং 26 এ তার উদ্বোধন[th] জানুয়ারী 1950। সুতরাং, এটা স্বাভাবিক যে সমাজতন্ত্র, ধর্মনিরপেক্ষতা, জাতীয় ও মানসিক সংহতি, এবং মৌলিক আটটির মতো কিছু গুরুত্বপূর্ণ বিষয় এবং পদগুলি প্রতিবেদনে উল্লেখ এবং সেই অনুযায়ী তাদের প্রভাব খুঁজে পায় না। কমিশনের প্রতিবেদনটি অত্যন্ত গুরুত্বপূর্ণ নথি কারণ এটি স্বাধীনতার পর থেকে ভারতে বিশ্ববিদ্যালয়ের শিক্ষার বিকাশকে নির্দেশ করেছে। প্রথম উদাহরণে আমরা সুপারিশগুলির দার্শনিক এবং সামাজিক দিকগুলি গ্রহণ করি। এটি সুপারিশের জ্ঞান সংশ্লেষণের জন্য যথাযথ মনোযোগ দিয়েছিল। এটি পূর্ব ও পশ্চিম এবং প্রাচীন ও আধুনিকের জ্ঞান ও প্রজ্ঞা সংশ্লেষণের জন্য যথাযথ মনোযোগ দিয়েছিল।

মুদালিয়র কমিশন/মাধ্যামিক শিক্ষা কমিশন (১৯৫২-৫৩)

মুদালিয়ার কমিশন নামে পরিচিত মাধ্যমিক শিক্ষা কমিশন বর্তমান শিক্ষা ব্যবস্থায় পরিবর্তন আনতে এবং জাতির জন্য এটি আরও ভাল করার জন্য তাদের রেজোলিউশনের পরিপ্রেক্ষিতে ভারত সরকার কর্তৃক নিযুক্ত করা হয়েছিল। ড: এ লক্ষ্মণস্বামী মুদালিয়ার মাদ্রাজ বিশ্ববিদ্যালয়ের ভাইস-চ্যান্সেলর ছিলেন। স্বাধীনতার পর ভারতের শিক্ষা ব্যবস্থায় পরিবর্তন প্রয়োজন ছিল। ভারতে মাধ্যমিক বিদ্যালয়ের সংখ্যা বাড়ছে, মাধ্যমিক বিদ্যালয়ের শিক্ষার্থীদের যত্ন নেওয়া খুব প্রয়োজন ছিল।

মুদালিয়ার কমিশন গঠিত হয়েছিল

- নিয়োগ - সরকার কর্তৃক নিযুক্ত। ১৯৫২ সালের ২৩ শে সেপ্টেম্বর সিএবিই-র সুপারিশে ভারতের
- চেয়ারম্যান - ডঃ লক্ষ্মণ স্বামী মুদালিয়ার
- সচিব - এ এন বসু
- সদস্য সচিব - প্রিন্সিপাল মেম্বার সেক্রেটারি, এ এন বসু, সেন্ট্রাল ইনস্টিটিউট অফ এডুকেশন, দিল্লি।
- সহকারী সচিব- ড. এস.M সহকারী ধারি, শিক্ষা মন্ত্রণালয়ের শিক্ষা কর্মকর্তা সহ সাত জন সদস্য।
- প্রতিবেদন - ২৯ শে আগস্ট, ১৯৫৩ তারিখে জমা দেওয়া হয়েছে, প্রায় ২৪০ থেকে ২৫০ পৃষ্ঠার ১৫ টি অধ্যায়

মুদালিয়ার কমিশনের টার্মস অফ রেফারেন্স

- সেন্ট্রাল অ্যাডভাইজরি বোর্ড অফ এডুকেশনের প্রস্তাব গ্রহণ করার পর, ভারত সরকার, ২৩ সেপ্টেম্বর ১৯৫২ সালে মাধ্যমিক শিক্ষা নিয়োগ করে।
- কাজের ক্ষেত্র এবং তদন্ত - কমিশন ছিল
- ভারতে মাধ্যমিক শিক্ষার বর্তমান অবস্থান সম্পর্কে অনুসন্ধান এবং প্রতিবেদন করা।

কমিশনের লক্ষ্য

1. মাধ্যমিক শিক্ষার সমস্যাগুলি অনুসন্ধান করা
2. বিশেষ রেফারেন্স সহ তার পুনরায় সংগঠন এবং উন্নতির জন্য ব্যবস্থাগুলির পরামর্শ দেওয়া
3. মাধ্যমিক শিক্ষার লক্ষ্য, সংগঠন এবং বিষয়বস্তু এবং
4. প্রাথমিক ও উচ্চ শিক্ষার সাথে এর সম্পর্ক

এর পুনর্গঠনের জন্য এবং বিশেষ ভাবে উল্লেখ করে পদক্ষেপগুলির পরামর্শ দিনঃ

- প্রাথমিক, প্রাথমিক ও উচ্চ শিক্ষার সঙ্গে এর সম্পর্ক।
- শিক্ষার লক্ষ্য, সংগঠন এবং বিষয়বস্তু।
- মাধ্যমিক বিদ্যালয় এবং বিভিন্ন ধরনের আন্তঃসম্পর্ক
- অন্যান্য মিত্র সমস্যা যাতে আমাদের চাহিদা ও সম্পদের জন্য উপযুক্ত মাধ্যমিক শিক্ষার একটি সাউন্ড এবং যুক্তিসঙ্গতভাবে অভিন্ন ব্যবস্থা সমগ্র দেশের জন্য সরবরাহ করা যেতে পারে।

মুদালিয়ার কমিশনের সুপারিশ

সুপারিশগুলি হলঃ 1. মাধ্যমিক শিক্ষার সাংগঠনিক প্যাটার্ন 2। Organization of Secondary School Curriculum ৩। টেক্সট বই ৪। ৫. শিক্ষার পদ্ধতি। শৃঙ্খলা ৬। ৭. ধর্মীয় ও নৈতিক শিক্ষা। গাইডেন্স এবং কাউন্সেলিং ৪। তত্ত্বাবধান এবং পরিদর্শন।

1. মাধ্যমিক শিক্ষার নতুন সাংগঠনিক প্যাটার্ন

- মাধ্যমিক শিক্ষা সাত বছরের হতে হবে।
- এটি 11 থেকে 17 বছর বয়সী শিশুদের জন্য হওয়া উচিত।
- এটি ইন্টারমিডিয়েট কলেজ শেষ করার এবং মাধ্যমিক বিদ্যালয়ের সাথে একাদশ শ্রেণি এবং বি.এ এর সাথে দ্বাদশ শ্রেণিকে একীভূত করার পরামর্শ দিয়েছে।
- মাধ্যমিক শিক্ষাকে দুই ভাগে ভাগ করেছে কমিশন।

কমিশন শিক্ষার সমস্যা সম্পর্কিত প্রশ্নাবলী সম্পর্কিত একটি প্রশ্নাবলী তৈরি করে বিভিন্ন শিক্ষা প্রতিষ্ঠানে প্রেরণ করে। তাদের উত্তরের ভিত্তিতে কমিশন ২৪৪ পৃষ্ঠার একটি প্রতিবেদন তৈরি করেছিল যা ১৯৫৩ সালের ২৯ শে আগস্ট ১৪/১৫ অধ্যায়গুলিতে বিভক্ত করা হয়েছিল এবং উপস্থাপন করা হয়েছিল।

মাধ্যমিক শিক্ষার ক্রটি

1. বিষয়বস্তুতে বুকিশ
2. পরীক্ষা ওরিয়েন্টেড
3. কোন গুণগত উন্নয়ন নেই
4. একতরফা এবং কোনও বৈচিত্র্য নেই
5. শিক্ষক ও শিক্ষার্থীর মধ্যে ঘনিষ্ঠ যোগাযোগের কোন সুযোগ নেই
6. ভালো শিক্ষকের অভাব
7. খেলাধুলা এবং বিনোদনের জন্য কোনও উপযুক্ত সুবিধা নেই

মাধ্যমিক শিক্ষার লক্ষ্য

- গণতান্ত্রিক নাগরিকত্বের উন্নয়ন।
- জীবনযাত্রার শিল্পে দীক্ষা।
- ব্যক্তিত্বের বিকাশ।
- বৃত্তিমূলক দক্ষতার উন্নতি।
- নেতৃত্বের জন্য শিক্ষা।
- সত্যিকারের দেশপ্রেমের বিকাশ।
- ডিগ্রি কোর্স হতে হবে তিন বছরের।
- উচ্চ বিদ্যালয়ের শিক্ষার্থীদের বিশ্ববিদ্যালয়ে প্রবেশের জন্য এক বছরের প্রাক-বিশ্ববিদ্যালয় কোর্স।
- প্রাক-বিশ্ববিদ্যালয় পাস করা শিক্ষার্থীদের পেশাদারকোর্সে প্রবেশের অনুমতি দেওয়া উচিত।

- শিক্ষার্থীদের বিভিন্ন দক্ষতার যত্ন নেওয়ার জন্য বহুমুখী বিদ্যালয় স্থাপন করা উচিত।
- কারিগরি শিক্ষা- কেন্দ্রীয় কারিগরি প্রতিষ্ঠানগুলির পাশাপাশি প্রচুর সংখ্যক স্কুল খোলা উচিত।
- এ ধরনের প্রতিষ্ঠান কারখানাগুলোর কাছে খুলে দিতে হবে, যাতে শিক্ষার্থীরা প্র্যাকটিক্যাল ট্রেনিং নিতে পারে।
- কারিগরি শিক্ষার অর্থায়নের জন্য শিল্পশিক্ষা সেস শিল্পের উপর আরোপ করা উচিত।
- অন্যান্য ধরনের স্কুল পাবলিক স্কুলগুলিকে ৫ বছর পরে মাধ্যমিক বিদ্যালয় হিসাবে পুনর্গঠন করা উচিত।
- ছেলে ও মেয়েদের সহ-শিক্ষার মাধ্যমে একই শিক্ষার ব্যবস্থা করতে হবে তবে মেয়েদের জন্য হোম সায়েন্স শিক্ষার ব্যবস্থা থাকতে হবে।
- যে সব এলাকায় প্রয়োজন সেখানে মেয়েদের স্কুল খুলে দিতে হবে।

2. পাঠ্যক্রম

- কমিশন নমনীয় পাঠ্যক্রমকে সমর্থন করে যা শিক্ষার্থীদের আগ্রহ, প্রয়োজন এবং জীবনের সাথে সম্পর্কিত হতে পারে
- এটি এমন হওয়া উচিত যে এটি শিক্ষার্থীদের কাজ এবং অবসর উভয়ের জন্য প্রশিক্ষণ দিতে পারে।
- উৎপাদনশীল কাজের গুরুত্ব দিতে হবে।
- এর মধ্যে তাত্ত্বিক জ্ঞানের পাশাপাশি ব্যবহারিক জ্ঞান অন্তর্ভুক্ত করা উচিত।
- **উচ্চ মাধ্যমিক পর্যায়ের জন্য বিষয়সমূহ**

বাধ্যতামূলক

1. মাতৃভাষা বা আঞ্চলিক ভাষা
2. হিন্দি থেকে অন্য একটি ভাষা, প্রাথমিক ইংরেজি, উন্নত ইংরেজি, আধুনিক ভারতীয় ভাষা, আধুনিক বিদেশী ভাষা, প্রাচীন ভাষা

1. ক) সামাজিক গবেষণাস
2. খ) বিজ্ঞান
3. গ) Craft

ঐচ্ছিকঃ
গ্রুপগুলির যে কোনও একটি থেকে যে কোনও 3 টি বিষয়

- গ্রুপ ১ মানবিক
- গ্রুপ ২ বিজ্ঞান

- গ্রুপ 3 প্রযুক্তিগত বিষয়
- গ্রুপ 4 বাণিজ্যিক বিষয়
- গ্রুপ ৫ কৃষি
- গ্রুপ 6 ফাইন আর্টস
- গ্রুপ ৭ বিজ্ঞান

3. পাঠ্যক্রমের জন্য বিষয়

জুনিয়র হাই স্কুল - ভাষা, সামাজিক অধ্যয়ন, সাধারণ বিজ্ঞান, গণিত, শিল্প ও নৈপুণ্য, সঙ্গীত, শারীরিক শিক্ষা।

মাধ্যমিক শিক্ষা - কোর্সের বৈচিত্র্য আনা হয়েছে। হিন্দি, সামাজিক বিজ্ঞান, গণিত এবং একটি নৈপুণ্যের মতো কিছু মূল বিষয় রয়েছে যা প্রতিটি শিক্ষার্থীকে অধ্যয়ন করতে হয়। এর পাশাপাশি মানবিক, বিজ্ঞান, প্রযুক্তিগত বিষয়, বাণিজ্য, কৃষি, চারুকলা এবং হোম সায়েন্সের মতো সাতটি গ্রুপে শ্রেণিবদ্ধ কিছু ঐচ্ছিক বিষয় রয়েছে।

4. ভাষা অধ্যয়ন

- হিন্দিকে জাতীয় ভাষা হিসেবে গ্রহণ করা হয়েছে।
- সরকারি পরিষেবার জন্য হিন্দি বাধ্যতামূলক।
- মাধ্যমিক স্তরের জন্য ইংরেজি বাধ্যতামূলক।
- সংস্কৃতকে একটি তৃতীয় ভাষা হিসাবেও অন্তর্ভুক্ত করা হয়েছে যা ঐচ্ছিক।

5. শিক্ষার মাধ্যম

- শিক্ষার মাধ্যম হতে হবে মাতৃভাষা বা আঞ্চলিক ভাষা।
- মাতৃভাষা ও আঞ্চলিক ভাষার পাশাপাশি জাতীয় ভাষা এবং একটি বিদেশী ভাষাও শেখাতে হবে।

6. পাঠ্যপুস্তক

- পাঠ্যপুস্তকগুলি খুব সাবধানে নির্বাচন করা উচিত। নির্বাচন ও সংস্কারের জন্য একটি কমিটি থাকা উচিত।
- বইয়ের মুদ্রণ, প্রচ্ছদ এবং প্রথম পৃষ্ঠার জন্য একটি নির্দিষ্ট মান থাকতে হবে।
- এমন কোনও বই থাকা উচিত নয় যা কোনও সম্প্রদায়, ধর্ম বা সামাজিক রীতিনীতির বিরুদ্ধে ঘৃণা, অনৈক্য ছড়িয়ে দেয়।
- একটি বিষয়ের জন্য একাধিক পাঠ্যপুস্তক থাকা উচিত।

7. শিক্ষণ পদ্ধতি

- শিক্ষার্থীদের নৈতিক, সামাজিক ও মানসিক বিকাশের প্রয়োজন অনুযায়ী শিক্ষাদান পদ্ধতি গ্রহণ করতে হবে।
- শিক্ষাদান পদ্ধতি টি ক্রিয়াকলাপ ভিত্তিক হতে হবে। এটি মৌখিকতা এবং স্মৃতিচারণের উপর জোর দেওয়া উচিত নয়।
- প্রতিটি বিষয়ে বিভিন্ন ধরণের অভিব্যক্তির কাজ অন্তর্ভুক্ত করা উচিত।
- শিক্ষাদান পদ্ধতি এমনভাবে গ্রহণ করা উচিত যাতে এটি পৃথক পার্থক্যের যত্ন নেয়।
- পরীক্ষামূলক এবং প্রদর্শন পদ্ধতির উপর আরও জোর দেওয়া উচিত।

8. স্কুলে লাইব্রেরির স্থান

- গ্রন্থাগারগুলিকে একটি বুদ্ধিবৃত্তিক পরীক্ষাগারের একটি ফর্ম দেওয়া উচিত। এবং এটি ব্যক্তিগত এবং গোষ্ঠীগত কাজ, সাহিত্যিক আগ্রহ এবং সহ-পাঠ্যক্রমিক ক্রিয়াকলাপগুলি সম্পন্ন করতে সহায়তা করা উচিত।
- লাইব্রেরিগুলিকে শিক্ষার্থীদের জন্য সবচেয়ে আকর্ষণীয় জায়গা হিসাবে গড়ে তুলতে হবে।
- বই এবং ম্যাগাজিনগুলি শিক্ষক ও শিক্ষার্থীদের প্রয়োজন এবং আগ্রহ অনুযায়ী হওয়া উচিত।
- গ্রন্থাগারগুলিতে একজন প্রশিক্ষিত গ্রন্থাগারিক থাকতে হবে।
- ছুটির দিনগুলিতেও গ্রন্থাগারগুলি খোলা থাকা উচিত যাতে শিক্ষার্থী এবং সমাজ তাদের কাছ থেকে উপকৃত হতে পারে।

9. চরিত্রের শিক্ষা

- স্কুল একটি ছোট সমাজ এবং শিক্ষার্থীদের মূল্যবোধ, দৃষ্টিভঙ্গি, কর্ম জাতীয় গুরুত্বের দৃষ্টিকোণ থেকে গুরুত্বপূর্ণ। সুতরাং, তাদের সেই অনুযায়ী প্রশিক্ষণ দেওয়া উচিত।
- সর্বোত্তম শৃঙ্খলার জন্য শিক্ষক ও শিক্ষার্থীদের মধ্যে ঘনিষ্ঠ সম্পর্ক থাকতে হবে।
- হাউস সিস্টেম দ্বারা পরিচালিত স্কুলে স্বায়ত্তশাসন থাকতে হবে, প্রিফেক্টস, মনিটর এবং ছাত্র কাউন্সিলকে গুরুত্বপূর্ণ স্থান দিতে হবে।
- কো-কারিকুলার কার্যক্রমকে উৎসাহিত করতে হবে এবং স্কুল শিক্ষায় পাঠ্যক্রম বহির্ভূত কার্যক্রমও অন্তর্ভুক্ত করতে হবে।
- এনসিসি, স্কাউট ক্যাম্পকে উৎসাহিত করতে হবে।
- প্রাথমিক চিকিৎসা ও জুনিয়র রেড ক্রসের কাজকে উৎসাহিত করতে হবে।
- শিক্ষার্থীদের জন্য আচরণবিধি তৈরি ও বজায় রাখতে হবে।

10. শিক্ষায় দিকনির্দেশনা

- শিক্ষা, ব্যক্তিগত এবং বৃত্তিমূলক দিকনির্দেশনার জন্য স্কুলগুলিতে গাইডেন্স অফিসার এবং ক্যারিয়ার মাস্টার্স নিয়োগ করা উচিত।
- ফিল্ম শো, বিভিন্ন শিল্প সম্পর্কিত ভ্রমণের ব্যবস্থা থাকতে হবে।

11. শিক্ষার্থীদের শারীরিক কল্যাণ

- প্রতিটি রাজ্যে স্কুল মেডিকেল সার্ভিস থাকতে হবে।
- স্কুলের প্রত্যেক পড়ুয়ার নিয়মিত স্বাস্থ্য পরীক্ষার ব্যবস্থা রাখতে হবে।
- প্রত্যেক শিক্ষার্থীর স্বাস্থ্য প্রতিবেদন তৈরি করতে হবে এবং ডাক্তার, বাবা-মা এবং ক্লাস টিচারকে এর একটি কপি রাখতে হবে।
- হোস্টেল এবং আবাসিক বিদ্যালয়ে সুষম ও পুষ্টিকর খাদ্যের ব্যবস্থা থাকতে হবে।
- শারীরশিক্ষার শিক্ষকদের বিষয় শিক্ষকদের মতো সমানভাবে বিবেচনা করা উচিত।
- জাতীয় পর্যায়ে ফিজিক্যাল এডুকেশন ট্রেনিং সেন্টার চালু করতে হবে।
- শিক্ষার্থীদের শারীরিক ক্রিয়াকলাপের সম্পূর্ণ রেকর্ড থাকতে হবে।

12. পরীক্ষা এবং মূল্যায়ন

- বাহ্যিক পরীক্ষার সংখ্যা কমাতে হবে।
- সিলেবাস শেষ হওয়ার পরে কেবল একটি পাবলিক পরীক্ষা হওয়া উচিত।
- প্রশ্নগুলি বস্তুনিষ্ঠ হওয়া উচিত এবং বিষয়গত উপাদানগুলি হ্রাস করা উচিত।
- প্রশ্নগুলি সম্পূর্ণ সিলেবাসের উপর ভিত্তি করে হওয়া উচিত।
- পরীক্ষকদের সাবধানে নির্বাচন করতে হবে।
- শিক্ষার্থীদের কাজের মূল্যায়ন করার সময়, অভ্যন্তরীণ পরীক্ষা, পর্যায়ক্রমিক পরীক্ষা এবং স্কুল রেকর্ডগুলিও বিবেচনা করা উচিত।
- শিক্ষার্থীদের 5-পয়েন্ট স্কেলে মূল্যায়ন করা উচিত, যেখানে A পার্থক্য, বি ক্রেডিট, সি পাস, ডি এবং ই ব্যর্থ বা পুনরায় পরীক্ষা।
- একটি বিষয়ের জন্য একটি কম্পার্টমেন্টাল পরীক্ষার জন্য কম্পার্টমেন্টাল পরীক্ষার ব্যবস্থা থাকতে হবে।

13. শিক্ষকের অবস্থার উন্নতি

- শিক্ষক নির্বাচন ও নিয়োগের পদ্ধতি সারা দেশে অভিন্ন হওয়া উচিত।
- প্রশিক্ষিত শিক্ষকদের প্রবেশনের সময়কাল এক বছর হওয়া উচিত।
- মাধ্যমিক বিদ্যালয়ের শিক্ষকদের প্রশিক্ষিত হতে হবে স্নাতক এবং উচ্চ মাধ্যমিক বিদ্যালয়ের শিক্ষকদের প্রশিক্ষণপ্রাপ্ত স্নাতকোত্তর হতে হবে।
- যে সব শিক্ষক সমান যোগ্যতাসম্পন্ন, তাঁদের সারা দেশে সমান বেতন দিতে হবে।
- শিক্ষকদের জন্য ট্রিপল বেনিফিট স্কিম থাকা উচিত যার মধ্যে রয়েছে পেনশন, প্রভিডেন্ট ফান্ড এবং জীবন বীমা।
- শিক্ষকদের অভিযোগ সমাধানের জন্য সালিশি বোর্ড থাকা উচিত।
- শিক্ষকদের অবসরের বয়স হতে হবে ৬০ বছর।
- টিচার্স ওয়ার্ডকে স্কুলে বিনামূল্যে পড়াশোনা করতে হবে।

- শিক্ষকদের আবাসিক ও চিকিৎসা সুবিধা, পড়াশোনার ছুটি, ভ্রমণ ভাতা ইত্যাদি দিতে হবে।
- প্রাইভেট টিউশন নিষিদ্ধ করতে হবে।
- তাদের সামাজিক মর্যাদা উন্নত করার জন্য, শিক্ষকদের সময়ে সময়ে সম্মানিত করা উচিত।

14. শিক্ষকের প্রশিক্ষণ

- উচ্চ মাধ্যমিক শিক্ষকদের দুই বছরের প্রশিক্ষণ দিতে হবে এবং স্নাতকদের এক বছরের প্রশিক্ষণ দিতে হবে।
- ছাত্র শিক্ষকদের এক বা একাধিক অতিরিক্ত পাঠ্যক্রমের ক্রিয়াকলাপে প্রশিক্ষণ দেওয়া উচিত।
- প্রশিক্ষণ কলেজগুলিতে রিফ্রেশার কোর্স এবং ব্যবহারিক প্রশিক্ষণ এবং কর্মশালার ব্যবস্থা থাকতে হবে।
- প্রশিক্ষণ কলেজগুলি ছাত্র শিক্ষকদের কাছ থেকে যে কোনও ফি নিতে হবে। রাষ্ট্রকে উপবৃত্তি প্রদান করতে হবে।
- প্রশিক্ষণ কলেজগুলিতে হোস্টেল থাকতে হবে।
- যে সকল শিক্ষকের তিন বছরের শিক্ষকতার অভিজ্ঞতা রয়েছে, তাদের কেবলমাত্র বছরের শিক্ষকতার অভিজ্ঞতা থাকলেই এম.এড-এর জন্য যোগ্য হতে হবে।

15. প্রশাসন

- শিক্ষামন্ত্রীর সঙ্গে সরাসরি যোগাযোগ রাখতে হবে শিক্ষা অধিকর্তাকে।
- শিক্ষা পরিদর্শন ও সমন্বয়ের জন্য ২৫ সদস্যের একটি বোর্ড থাকতে হবে।
- সেন্ট্রাল অ্যাডভাইজরি বোর্ড অফ এডুকেশনকে জাতীয় স্তরে শিক্ষার সমস্যা সমাধানের সমন্বয়ক হিসাবে কাজ করতে হবে।
- স্কুল পরিদর্শকদের জন্য আবেদন করার জন্য স্কুল আবেদন করার জন্য যোগ্যতার মানদণ্ড হওয়া উচিত -
- ১০ বছরের শিক্ষকতার অভিজ্ঞতা।
- উচ্চ বিদ্যালয়ের প্রধান শিক্ষকগণ। উচ্চ বিদ্যালয়ের প্রধান শিক্ষকগণ।
- প্রশিক্ষণ কলেজগুলির দক্ষ শিক্ষক।
- স্কুলকে তখনই স্বীকৃতি দেওয়া উচিত যখন তারা সমস্ত শর্ত পূরণ করবে।
- গ্রামাঞ্চলে, স্কুলগুলি আশেপাশের গ্রামের মানুষের নাগালের মধ্যে থাকা উচিত।
- প্রতিটি শ্রেণিকক্ষে ৩০-৪০ জন শিক্ষার্থীর থাকার ক্ষমতা থাকতে হবে।
- প্রতিটি স্কুলে কো-অপারেটিভ স্টোর থাকা উচিত যাতে শিক্ষার্থীরা প্রয়োজনীয় জিনিস গুলি পেতে পারে।
- বিদ্যালয়ে বছরে কমপক্ষে ২০০ দিন কাজ করা উচিত এবং প্রতি সপ্তাহে ৩৫ টি পিরিয়ড পড়ানোর কাজ করা উচিত।
- গ্রীষ্মে কমপক্ষে ২ মাসের ছুটি এবং শীতকালে ১০-১৫ দিন ছুটি থাকতে হবে।

16. অর্থ ব্যবস্থা

* কারিগরি ও বৃত্তিমূলক শিক্ষার জন্য মাধ্যমিক স্তরে, শিল্প শিক্ষা সেস আরোপ করা উচিত।
* রেল, টেলিযোগাযোগ ও ডাক থেকে আয়ের কিছু অংশ কারিগরি শিক্ষার উন্নয়নে ব্যয় করতে হবে। মাধ্যমিক শিক্ষার উন্নয়ন তহবিলের উপর আয়কর আরোপ করা উচিত নয়।

এর গুণাগুণ মুদালিয়ার কমিশন

* কমিশনের যোগ্যতা
* ক্রিয়াকলাপ ভিত্তিক শিক্ষা।
* কৃষি শিক্ষার উপর জোর।
* মাধ্যমিক শিক্ষার লক্ষ্য নিয়ে আলোচনা।
* শিশুকেন্দ্রিক শিক্ষা।
* শিক্ষকের বেতন ও পদে উন্নতি।
* সহ-পাঠ্যক্রমিক ক্রিয়াকলাপ।
* বাহ্যিক পরীক্ষার উপর আর চাপ নেই।
* বহুমুখী স্কুলগুলির উপর জোর।
* শিল্পের কাছাকাছি প্রযুক্তিগত স্কুল খোলার পরামর্শ।

মুদালিয়ার কমিশনের অপকারিতা

* পরামর্শগুলি তাড়াহুড়ো করে দেওয়া হয়, তাই সমস্যাগুলি এখনও রয়েছে।
* শিক্ষকদের সামাজিক ও অর্থনৈতিক অবস্থার উন্নতি সম্পর্কে কোনও নতুন বিবৃতি নেই।
* নারী শিক্ষা নিয়ে কোনো পরামর্শ নেই।
* এখনও ইংরেজির উপর জোর দিন।

ভারতীয় শিক্ষা কমিশন বা কোঠারি কমিশন (১৯৬৪-৬৬)

এই প্রবন্ধে, আমরা কোঠারি শিক্ষা কমিশন, 1964-66 সম্পর্কে আলোচনা করব, যা ভারতে কমিশনের ইতিহাসে ষষ্ঠ কমিশন ছিল।

স্বাধীনতার পর শুরু হওয়া পঞ্চবার্ষিক পরিকল্পনা অনেক ক্ষেত্রে দেশের উন্নয়নে সহায়তা করেছিল। যাইহোক, এই পরিকল্পনাগুলির বাস্তবায়ন অন্তর্নিহিত দুর্বলতা প্রকাশ করে যার কারণে প্রত্যাশিত সাফল্য অর্জন করা যাচ্ছিল না। শিক্ষা এমন একটি ক্ষেত্র বলে মনে হয়েছিল যা অনেকগুলি সমস্যাকে নির্দেশ করে যা তাত্ক্ষণিক সমাধানের জন্য আমাদের প্রচেষ্টার প্রয়োজন ছিল। সরকার পরিস্থিতি সম্পর্কে পুরোপুরি অবগত ছিল। শিক্ষার উন্নতির জন্য সরকার স্বাধীনতার পর দুটি কমিশন গঠন করে।

এই দুটি কমিশনের সুপারিশগুলি এর সম্পূর্ণ বাস্তবায়নে সফল হতে পারেনি। ফলস্বরূপ, শিক্ষার ক্ষেত্রে ক্রটিগুলি অব্যাহত ছিল। থিসিসের ক্রটিগুলি দূর করার জন্য, সরকারকে একটি নতুন শিক্ষা

কমিশন নিয়োগ করতে হয়েছিল যা সরকারকে শিক্ষার জাতীয় প্যাটার্নের বিষয়ে পরামর্শ দেওয়ার পাশাপাশি সমস্ত পর্যায়ে শিক্ষার বিকাশের জন্য সাধারণ নীতি এবং নীতিগুলির সাথে পরামর্শ দেয়।

এই নিবন্ধটি শিক্ষার বিভিন্ন দিক থেকে কোঠারি শিক্ষা কমিশনের সুপারিশগুলি নিয়ে আলোচনা করে।

নিয়োগ কোঠারি কমিশন

১৯৬৪ সালের ১৪ ই জুলাই তারিখে ভারত সরকারের একটি রেজোলিউশনের বিধানের অধীনে কমিশনটি নিযুক্ত করা হয়েছিল। এই কমিশনে ভারত ও বিদেশের বিভিন্ন ক্ষেত্রের বিশিষ্ট শিক্ষাবিদদের অন্তর্ভুক্ত করা হয়েছিল। এতে মোট ১৭ জন সদস্য ছিলেন, যেখানে ১৪ জন সদস্য, ১ জন সদস্য - সচিব, ১ জন সহযোগী - সচিব এবং যুক্তরাজ্যের চেয়ারম্যান ডঃ ডি.এস. কোঠারি, ইউ.জি.C চেয়ারম্যান, কমিশনের চেয়ারম্যান হিসাবে নিযুক্ত হন। সুতরাং, এটি কোঠারি কমিশন নামেও পরিচিত। কমিশনের সদস্যদের মধ্যে ৫ জন শিক্ষাবিদ ছিলেন ইংল্যান্ড, আমেরিকা, ফ্রান্স, জাপান ও রাশিয়ার। জে পি নায়েককে কমিশনের নম্বর সচিব এবং জে এফ ম্যাকডোগালকে সংশ্লিষ্ট সচিব হিসাবে নিযুক্ত করা হয়েছিল।

কোঠারি কমিশনের অনন্য বৈশিষ্ট্য

আমাদের জন্য এটি জানা গুরুত্বপূর্ণ যে এই কমিশনকে পূর্বের অন্যান্য কমিশন থেকে একটি অনন্য কমিশন তৈরি করেছে এমন বৈশিষ্ট্যগুলি।

শিক্ষা কমিশনের (১৯৬৪-৬৬) অনন্য বৈশিষ্ট্যগুলি হলঃ

1. এর আগের পাঁচটি কমিশনই সামগ্রিকভাবে শিক্ষা নিয়ে কাজ করেনি, বরং শিক্ষার বিভিন্ন স্তরের দিকে মনোনিবেশ করেছে। কিন্তু এই কমিশন তার তদন্তকে শিক্ষার নির্দিষ্ট ক্ষেত্র বা দিকগুলির মধ্যে সীমাবদ্ধ রাখার জন্য নয়, বরং সমগ্র শিক্ষা ব্যবস্থার একটি বিস্তৃত পর্যালোচনা করার জন্য ছিল।

2. কমিশনের আরেকটি অনন্য বৈশিষ্ট্য ছিল তার দৃঢ় বিশ্বাস যে শিক্ষা জাতীয় উন্নয়নের সবচেয়ে শক্তিশালী হাতিয়ার। জাতীয় উন্নয়নে শিক্ষার গুরুত্বপূর্ণ ভূমিকা প্রতিবেদনের প্রতিটি পৃষ্ঠায় তার সমস্ত প্রাণবন্ততার মধ্যে প্রদর্শিত হয়। এর আগে কখনও শিক্ষাকে জাতীয় সম্মানের এমন জায়গা দেওয়া হয়নি, এবং এর আগে কখনও এটি জাতীয় সম্মানের মূল ভিত্তি হিসাবে কল্পনা করা হয়নি, এবং এর আগে কখনও এটি জাতির অগ্রগতি এবং সমৃদ্ধির মূল ভিত্তি হিসাবে কল্পনা করা হয়নি যা কমিশনের প্রতিবেদনের পৃষ্ঠাগুলিতে প্রকাশিত হয়েছে।

3. কমিশনের আন্তর্জাতিক গঠনও উল্লেখযোগ্য। ভারতে শিক্ষা অবশ্যই ভারতীয় অভিজ্ঞতা থেকে উদ্ভূত হতে হবে, মাধ্যমে, সংস্কৃতি এবং স্থানীয় অবস্থার মাধ্যমে। কিন্তু যেহেতু শিক্ষা মানবজাতির সাধারণ অনুসন্ধান হিসাবে রয়ে গেছে, তাই অন্যান্য দেশের শিক্ষাবিদ ও বিজ্ঞানীদের অভিজ্ঞতা ও চিন্তাভাবনার উপর আলোকপাত করা এবং শিক্ষাগতভাবে উন্নত দেশগুলির সর্বশেষ বিকাশের সুবিধা গ্রহণ করা লাভজনক বলে মনে করা হয়েছিল। এই কমিশনের মধ্যে ৭ জন ভারতীয় সদস্য এবং ৫ জন অন্যান্য সদস্য ছিলেন ; জাপান, ফ্রান্স, যুক্তরাজ্য, মার্কিন যুক্তরাষ্ট্র এবং ইউএসএসআর থেকে ১ জন করে। এছাড়া বিশ্বের বিভিন্ন দেশের ২০ জন কনসালট্যান্ট পাওয়া গেছে।

শর্তাবলী

এই কমিশন জাতীয় শিক্ষার ধরণ এবং সকল পর্যায়ে এবং তার সকল দিক থেকে শিক্ষার বিকাশের জন্য সাধারণ নীতি ও নীতি সম্পর্কে সরকারকে পরামর্শ দেবে। যাইহোক, এটি চিকিৎসা বা আইনী শিক্ষার সমস্যাগুলি পরীক্ষা করার প্রয়োজন নেই, তবে এই সমস্যাগুলির এই ধরনের দিকগুলি যা এর বিস্তৃত তদন্তের জন্য প্রয়োজনীয় তা খতিয়ে দেখা যেতে পারে।

প্রতিবেদন তৈরি

জাতির জনক মহাত্মা গান্ধীর জন্মদিনে কমিশন তার কাজ শুরু করে। এটি দেশের শিক্ষার বিভিন্ন সমস্যা অধ্যয়নের জন্য ১২ টি টাস্ক ফোর্স এবং ৭ টি ওয়ার্কিং গ্রুপ গঠন করেছিল। এতে জনজীবনে বিশিষ্ট প্রায় ৯০০০ নারী-পুরুষ, শিক্ষাবিদ, বিজ্ঞানী, শিল্পপতি ও বিভিন্ন ক্ষেত্রের পণ্ডিত এবং শিক্ষায় আগ্রহী অন্যান্যদের সাক্ষাৎকার নেওয়া হয়। কমিশন প্রায় ১০০ দিন বিশ্ববিদ্যালয়, কলেজ ও স্কুল পরিদর্শনে ব্যয় করে এবং শিক্ষক, শিক্ষাবিদ, প্রশাসক ও শিক্ষার্থীদের সাথে আলোচনা করে। এটি ২,৪০০ টি মেমোরেন্ডাম এবং নোট পেয়েছে এবং যাচাই করেছে। কমিশন ২১ মাস কাজ করে এবং ১৯৬৬ সালের জুন মাসে রিপোর্ট জমা দেয়।

কোঠারি কমিশনের রিপোর্ট

কমিশনের রিপোর্ট শিক্ষার উপর একটি চমৎকার দলিল। কমিশন তার রিপোর্টে তার রূপটি প্রকাশ করেছে যে শিক্ষা জাতীয় উন্নয়নের সবচেয়ে শক্তিশালী হাতিয়ার।

কমিশনের রিপোর্টটি যথাযথভাবে 'শিক্ষা ও জাতীয় উন্নয়ন' হিসাবে নামকরণ করা হয়েছে। প্রতিবেদনটি চারটি ভাগে ভাগ করা হয়েছে-

বিভাগ ১: সাধারণ সমস্যা নিয়ে কাজ করা।

বিভাগ ২: বিভিন্ন পর্যায়ে এবং বিভিন্ন সেক্টরে শিক্ষার সাথে সম্পর্কিত।

বিভাগ ৩: কমিশন কর্তৃক প্রস্তাবিত বিভিন্ন সুপারিশ এবং কর্মসূচী বাস্তবায়নের বিষয়ে আলোচনা করা হয়েছে।

বিভাগ ৪: সম্পূরক কাগজপত্র নিয়ে গঠিত।

এই প্রতিবেদনে প্রস্তাবিত শিক্ষাগত পুনর্গঠনের কর্মসূচীগুলি তিনটি বিস্তৃত বিভাগে পড়ে -

1. শিক্ষা ব্যবস্থার অভ্যন্তরীণ রূপান্তর, যাতে তা জাতির জীবন, চাহিদা ও আকাঙ্ক্ষার সাথে সম্পর্কিত হয়।

2. শিক্ষার গুণগত উন্নতি যাতে অর্জিত মানসমূহ পর্যাপ্ত হয়, ক্রমাগত বৃদ্ধি পায় এবং কমপক্ষে কয়েকটি সেক্টরে আন্তর্জাতিকভাবে তুলনীয় হয়ে ওঠে; এবং

3. মানুষের উপর ভিত্তি করে শিক্ষামূলক সুযোগ-সুবিধার বিস্তৃতি - ক্ষমতার চাহিদা এবং শিক্ষার সুযোগের সমানীকরণের উপর একটি অ্যাকসেন্ট সহ।

প্রতিবেদন তৈরি

- ১২টি টাস্ক ফোর্স ও ৭টি ওয়ার্কিং গ্রুপ গঠন করা।
- সাক্ষাৎকার নিয়েছেন ৯,০০০ জন নারী-পুরুষের।

- ১০০ দিন কাটিয়েছেন।
- ১৯৬৪ সালের ২রা অক্টোবর এর কাজ শুরু করুন।
- প্রতিবেদনটি চারটি ভাগে ভাগ করা হয়েছে।
- প্রোগ্রামগুলি তিনটিতে শ্রেণীবদ্ধ করা হয়েছে।

কোঠারি শিক্ষা কমিশনের সুপারিশসমূহ

আসুন আমরা কমিশনের সুপারিশগুলি নিয়ে আলোচনা করি। আমাদের আলোচনা সুপারিশগুলির দুটি প্রধান দিক, যেমন, শিক্ষা এবং জাতীয় উদ্দেশ্য এবং শিক্ষাগত কাঠামোর মধ্যে সীমাবদ্ধ থাকবে।

শিক্ষা ও জাতীয় উদ্দেশ্য-

পুরুষ ও সমাজকে পরিবর্তন করার ক্ষেত্রে শিক্ষার ব্যাপক ভূমিকা রয়েছে। এটি সম্পূর্ণরূপে সংস্কার করতে হবে এবং জনগণের জীবন, চাহিদা এবং আকাঙ্ক্ষার সাথে সম্পর্কিত হতে হবে যাতে এটি সামাজিক, অর্থনৈতিক ও সাংস্কৃতিক রূপান্তরের একটি শক্তিশালী হাতিয়ার হিসাবে কাজ করতে পারে। শিক্ষা সম্পর্কিত করার জন্য, কমিশন নিম্নলিখিত উদ্দেশ্যগুলির সুপারিশ করেছে-

1. উৎপাদনশীলতা বৃদ্ধি।
2. সামাজিক ও জাতীয় সংহতি প্রচার
3. শিক্ষা ও আধুনিকায়ন
4. সামাজিক, নৈতিক ও আধ্যাত্মিক মূল্যবোধের বিকাশ।

১. উৎপাদনশীলতা বৃদ্ধি-

কমিশন পরামর্শ দিয়েছিল যে জাতীয় আয় বাড়ানোর জন্য শিক্ষাকে অবশ্যই উৎপাদনশীলতার সাথে সম্পর্কিত হতে হবে। শিক্ষা ও উৎপাদনশীলতাকে সংযুক্ত করার জন্য ভারতীয় শিক্ষা কমিশন নিম্নলিখিত সুপারিশগুলি করেছে।

1. বিজ্ঞান শিক্ষা ও সংস্কৃতির মৌলিক উপাদান; সুতরাং এটি স্কুল শিক্ষার একটি অবিচ্ছেদ্য অংশ করা উচিত।
2. ম্যানুয়াল কাজের মূল্য বিকাশের জন্য কমিশন স্কুল শিক্ষায় কাজের অভিজ্ঞতা প্রবর্তনের সুপারিশ করেছিল।
3. শিল্প, কৃষি ও বাণিজ্যে প্রযুক্তিগত কর্মীদের ক্রমবর্ধমান চাহিদা পূরণের জন্য আইইসি স্কুল পাঠ্যক্রমে বৃত্তিমূলক বিষয়গুলি প্রবর্তনের সুপারিশ করেছে। এটি আরও অভিমত প্রকাশ করেছে যে বৃত্তিমূলককরণ শিক্ষাকে উৎপাদনশীলতার সাথে ঘনিষ্ঠ সম্পর্কের মধ্যে নিয়ে আসবে।

২. সামাজিক ও জাতীয় সংহতির প্রচার-

জাতীয় ও সামাজিক সংহতি একটি দেশের অগ্রগতি ও উন্নয়নের পূর্বশর্ত। কমিশনের মতে, সামাজিক ও জাতীয় সংহতি একটি জাতীয় শিক্ষা ব্যবস্থার একটি গুরুত্বপূর্ণ লক্ষ্য। কমিশন শিক্ষার

মাধ্যমে সামাজিক ও জাতীয় সংহতি জোরদার করার জন্য নিম্নলিখিত সুপারিশগুলি করেছে।

1. শিক্ষাকে জাতীয় উন্নয়নের একটি শক্তিশালী হাতিয়ার হিসাবে গড়ে তুলতে, জনসাধারণের শিক্ষার সাধারণ স্কুল ব্যবস্থা গ্রহণ করতে হবে।
2. শিক্ষিত ও অশিক্ষিত, বুদ্ধিজীবী এবং জনসাধারণের মধ্যে যে ব্যবধান রয়েছে তা সেতুবন্ধন, সামাজিক ও জাতীয় সেবাকে স্কুল শিক্ষার একটি অবিচ্ছেদ্য অংশ হিসাবে গড়ে তুলতে হবে।
3. একটি ভাষা সামাজিক ও জাতীয় সংহতির জন্য একটি দৃঢ় আঠালো, স্কুলে মাতৃভাষা, হিন্দি এবং অন্যান্য আধুনিক ভারতীয় ভাষা শেখানোর জন্য উপযুক্ত বিধান করা উচিত।

৩. শিক্ষা ও আধুনিকায়ন-

বর্তমান সমাজ হচ্ছে বিজ্ঞানভিত্তিক সমাজ। বর্তমান শতাব্দী জ্ঞানের বিস্ফোরণের ফলে বৈজ্ঞানিক ও প্রযুক্তিগত জ্ঞানের ক্ষেত্রে অসাধারণ অগ্রগতি অর্জন করেছে। এই পরিস্থিতিতে শিক্ষার অন্যতম প্রধান কাজ হল জ্ঞানের এই অগ্রগতির সাথে তাল মিলিয়ে চলা। আধুনিক সমাজের আরেকটি বৈশিষ্ট্য হ'ল দ্রুত সামাজিক পরিবর্তন। পরিবর্তনের পরিস্থিতিতে, স্কুলকে সর্বদা সতর্ক থাকতে হবে যদি এটি উল্লেখযোগ্য পরিবর্তনগুলির পাশাপাশি রাখতে হয়। একটি শিক্ষা ব্যবস্থা যা ক্রমাগত নিজেকে সংস্কার করে না, মেয়াদোত্তীর্ণ হয়ে যায় এবং অগ্রগতিতে বাধা সৃষ্টি করে। আধুনিকীকরণের সাথে তাল মিলিয়ে চলার জন্য আইইসি মনে করে যে "বৃত্তিমূলক বিষয়, বিজ্ঞান শিক্ষা এবং গবেষণার উপর আরও বেশি জোর দিতে হবে।

৪. সামাজিক, নৈতিক ও আধ্যাত্মিক মূল্যবোধ-

জাতীয় শিক্ষা ব্যবস্থায় শিক্ষার্থীদের মধ্যে সামাজিক, নৈতিক ও আধ্যাত্মিক মূল্যবোধের চাষের উপর জোর দেওয়া উচিত। এই উদ্দেশ্যে কমিশন নিম্নলিখিত সুপারিশগুলি করেছে-

1. কেন্দ্রীয় ও রাজ্য সরকারগুলিকে ধর্মীয় ও নৈতিক শিক্ষার উপর বিশ্ববিদ্যালয় শিক্ষা কমিশন কর্তৃক প্রস্তাবিত ভিত্তিতে তাদের সরাসরি নিয়ন্ত্রণের অধীনে সমস্ত প্রতিষ্ঠানে নৈতিক, সামাজিক এবং আধ্যাত্মিক মূল্যবোধে শিক্ষা প্রবর্তনের জন্য ব্যবস্থা গ্রহণ করা উচিত।
2. সামাজিক, নৈতিক এবং ধর্মীয় মূল্যবোধগুলি বিকাশের জন্য, কিছু সময়কাল সময় সারণিতে সরবরাহ করা উচিত। এ ধরনের নির্দেশনা সাধারণ শিক্ষকদের দিতে হবে।
3. বিশ্ববিদ্যালয়ের বিভাগগুলি বিশেষভাবে এই মূল্যবোধগুলি বিজ্ঞতার সাথে এবং কার্যকরভাবে শেখানো যেতে পারে এমন উপায়গুলি নিয়ে বিশেষভাবে উদ্দিগ্ন হওয়া উচিত এবং ছাত্র এবং শিক্ষকদের দ্বারা ব্যবহারের জন্য বিশেষ সাহিত্যপ্রস্তুত করা উচিত।

শিক্ষাগত কাঠামো

কমিশন শিক্ষার একটি নতুন কাঠামোগত প্যাটার্ন সুপারিশ করেছে। নতুন শিক্ষাগত কাঠামো নিম্নরূপ হওয়া উচিতঃ

1. এক থেকে তিন বছরের প্রাক-বিদ্যালয় শিক্ষা।

2. ৭ থেকে ৮ বছরের একটি প্রাথমিক পর্যায়ে ৪ বা ৫ বছরের নিম্ন প্রাথমিক পর্যায়ে এবং ৩ বা ২ বছরের উচ্চতর প্রাথমিক পর্যায়ে বিভক্ত।

3. ৩ বা ২ বছরের সাধারণ শিক্ষা বা ১ থেকে ৩ বছরের বৃত্তিমূলক শিক্ষার একটি নিম্ন মাধ্যমিক পর্যায়।

4. ২ বছরের সাধারণ শিক্ষা বা ১ থেকে ৩ বছরের বৃত্তিমূলক শিক্ষার একটি উচ্চ মাধ্যমিক পর্যায়ে, মোট ৫০% বৃত্তিমূলক শিক্ষার অধীনে থাকবে,

5. প্রথম ডিগ্রী কোর্সের জন্য 3 বছর বা তারও বেশি সময় ধরে একটি উচ্চ শিক্ষার পর্যায়, দ্বিতীয় বা গবেষণা ডিগ্রীর জন্য বিভিন্ন সময়কালের কোর্স দ্বারা অনুসরণ করা হয়।

কমিশন দ্বারা প্রস্তাবিত কাঠামোগত গঠনটি সাধারণত 10 + 2 + 3 হিসাবে পরিচিত। শিক্ষার কাঠামোগত গঠন

- ১ থেকে ৩ বছর পর্যন্ত প্রাক-বিদ্যালয় শিক্ষাও দিতে হবে।
- সাধারণ শিক্ষা ১০ বছরের জন্য স্থায়ী হতে হবে-

1. নিম্ন প্রাথমিকের চার বছর,
2. উচ্চ প্রাথমিকের তিন বছর
3. ৩ বছরের নিম্ন মাধ্যমিক শিক্ষা।
4. উচ্চ মাধ্যমিক শিক্ষা ২ বছরের জন্য নির্ধারণ করতে হবে। ডিগ্রি কোর্স হতে হবে ৩ বছরের।

প্রথম শ্রেণিতে ভর্তির বয়স ৬+ এর কম হওয়া উচিত নয়। প্রথম পাবলিক এক্সটার্নাল পরীক্ষাটি স্কুলের প্রথম 10 বছরের শেষে আসা উচিত। মাধ্যমিক বিদ্যালয়দুই ধরনের হতে হবেঃ উচ্চ বিদ্যালয়গুলি ১০ বছরের কোর্স প্রদান করে এবং উচ্চ মাধ্যমিক বিদ্যালয়গুলি ১১ বা ১২ বছরের কোর্স সরবরাহ করে। একাদশ ও দ্বাদশ শ্রেণির সমন্বয়ে একটি নতুন উচ্চ মাধ্যমিক কোর্স চালু করা উচিত। প্রাক-বিশ্ববিদ্যালয়ের কোর্সগুলি বিশ্ববিদ্যালয়গুলি থেকে স্থানান্তর করা উচিত এবং মাধ্যমিক বিদ্যালয়গুলিতে যোগ করা উচিত। কমিশনকে বিশ্ববিদ্যালয় পর্যায়ে পুনর্গঠনের পরামর্শ দেওয়া হয়েছে। এই পর্যায়ে, তিন বছরের ডিগ্রী কমিশন দ্বারা অনুকূলিত হয়েছে।

6
ভারতে শিক্ষাগত নীতি

জাতীয় শিক্ষা কমিশন (১৯৬৮)

ভারতীয় সমাজে, শিক্ষার জন্য আমাদের একটি সম্মানিত বা সম্মানিত স্থান রয়েছে এবং আমাদের নেতা এবং মুক্তিযোদ্ধারা অতীতে এই অধিকারের জন্য লড়াই করেছেন। অনেক শিক্ষাবিদ ও সংস্কারক জাতীয় উন্নয়নে শিক্ষা ক্ষেত্রে ব্যতিক্রমী কাজ করেছেন। তৃতীয় পঞ্চবার্ষিক পরিকল্পনার শেষে, কোঠারি কমিশন 1964-66 এটি পর্যালোচনা করার জন্য নির্ধারণ করা হয়েছিল এবং পর্যালোচনা করার পরে এটি শিক্ষা ব্যবস্থার সমস্ত দিক পর্যালোচনা করতে পারে। শিক্ষা সংক্রান্ত জাতীয় নীতি 1968 কোঠারি কমিশনের সুপারিশের উপর ভিত্তি করে তৈরি করা হয়েছিল এবং এটি সরকারকে কোঠারি কমিশন বাস্তবায়নের জন্য কেন্দ্রীয় ও রাজ্য সরকার এবং কর্তৃপক্ষকে নির্দেশিকা জারি করার সুপারিশ করেছিল। 1967 সালে, এনপিই-এর খসড়া প্রস্তুত করার জন্য ভারত সরকার দ্বারা গঠিত সমস্ত দলের এমপিদের (সংসদ সদস্য) একটি কমিটি এবং খসড়াটি কেন্দ্রীয় শিক্ষা উপদেষ্টা বোর্ড (CABE) দ্বারা প্রস্তুত ও গৃহীত হয়েছিল।

ভারত সরকার সম্মত হয়েছিল যে শিক্ষা কমিশনের সুপারিশগুলি জাতীয় একীকরণ, দেশের অর্থনৈতিক ও সাংস্কৃতিক বিকাশের জন্য অপরিহার্য, শিক্ষার সুযোগ এবং শিক্ষার গুণমানকে সব পর্যায়ে সম্প্রসারণের জন্য একটি অবিরাম প্রচেষ্টা, বিজ্ঞানের বিকাশের উপর বিশেষ জোর দেওয়া এবং প্রযুক্তি এবং নৈতিক ও সামাজিক মূল্যবোধের চাষ। এই সুপারিশগুলি প্রয়োগের মাধ্যমে শিক্ষা জাতীয় অগ্রগতি, সাধারণ এবং দায়িত্বশীল নাগরিকত্বের বোধ ইত্যাদি প্রচারে গুরুত্বপূর্ণ ভূমিকা পালন করতে পারে।

ভারত সরকার সেই অনুযায়ী প্রচার করার সিদ্ধান্ত নিয়েছে নিম্নলিখিত নীতিগুলি অনুসারে দেশে শিক্ষার বিকাশঃ

1. **বিনামূল্যে এবং বাধ্যতামূলক শিক্ষাঃ** জন্য কঠোর প্রচেষ্টা করা উচিত সংবিধানের 45 অনুচ্ছেদের অধীনে নির্দেশমূলক নীতির দ্রুত পরিপূরণ 14 বছর বয়স পর্যন্ত সকল শিশুর জন্য বিনামূল্যে এবং বাধ্যতামূলক শিক্ষা প্রদান করুন। উপযুক্ত বিরাজমান অপচয় ও স্থবিরতা কমাতে কর্মসূচী তৈরি করতে হবে স্কুল এবং নিশ্চিত করা যে স্কুলে ভর্তি হওয়া প্রতিটি শিশু

সফলভাবে সম্পন্ন হয়েছে নির্ধারিত কোর্স।

2. **শিক্ষকদের মর্যাদা, বেতন এবং শিক্ষাঃ**

(ক) সমস্ত কারণের মধ্যে যা শিক্ষার মান নির্ধারণ করে এবং জাতীয় উন্নয়নে এর অবদান, শিক্ষক নিঃসন্দেহে সবচেয়ে গুরুত্বপূর্ণ। এটা তার ব্যক্তিগত গুণাবলী এবং তার চরিত্র, শিক্ষাগত যোগ্যতা ও পেশাগত যোগ্যতা যে সাফল্য সমস্ত শিক্ষাগত প্রচেষ্টা শেষ পর্যন্ত নির্ভর করতে হবে। তাই শিক্ষকদের অবশ্যই হতে হবে সমাজে সম্মানিত স্থান প্রদান করেন। তাদের বেতন এবং অন্যান্য পরিষেবার শর্তাবলী তাদের যোগ্যতা বিবেচনা করে পর্যাপ্ত এবং সন্তোষজনক হতে হবে এবং দায়িত্ব।

(খ) স্বাধীন অধ্যয়ন এবং প্রকাশ করার জন্য শিক্ষকদের একাডেমিক স্বাধীনতা গুরুত্বপূর্ণ জাতীয় ও আন্তর্জাতিক সমস্যা নিয়ে গবেষণা এবং কথা বলা ও লেখা রক্ষা করা উচিত।

(গ) শিক্ষক শিক্ষা, বিশেষ করে চাকরিকালীন শিক্ষা, প্রাপ্য পাওয়া উচিত জোর

3. **ভাষার বিকাশঃ**

(ক) **আঞ্চলিক ভাষাঃ** উদ্যমী ভারতীয় ভাষা ও সাহিত্যের বিকাশ শিক্ষা ও শিক্ষার জন্য একটি গুরুত্বপূর্ণ বিষয় সাংস্কৃতিক উন্নয়ন। এটা না করলে মানুষের সৃজনশীল শক্তি থাকবে না মুক্তি, শিক্ষার মান উন্নত হবে না, জ্ঞান ছড়িয়ে পড়বে না জনগণ, বুদ্ধিজীবী ও জনসাধারণের মধ্যকার ব্যবধান প্রশস্ত না হলেই থেকে যাবে আরও প্রাথমিক শিক্ষার মাধ্যম হিসেবে আঞ্চলিক ভাষাগুলো ইতিমধ্যেই ব্যবহৃত হচ্ছে এবং মাধ্যমিক পর্যায়। তাদের এখনই দতক নিতে জরুরি পদক্ষেপ নেওয়া উচিত বিশ্ববিদ্যালয় পর্যায়ে শিক্ষার মিডিয়া।

(খ) **তিন-ভাষা সূত্রঃ** মাধ্যমিক পর্যায়ে, রাজ্য সরকারগুলি গ্রহণ করা উচিত, এবং জোরালোভাবে প্রয়োগ করা উচিত, তিন-ভাষা সূত্র যা অন্তর্ভুক্ত করে একটি আধুনিক ভারতীয় ভাষার অধ্যয়ন, বিশেষত দক্ষিণী ভাষাগুলির মধ্যে একটি ছাড়াও হিন্দিভাষী রাজ্যে হিন্দি ও ইংরেজি এবং আঞ্চলিক সহ হিন্দি অ-হিন্দিভাষী রাজ্যে ভাষা এবং ইংরেজি। হিন্দিতে উপযুক্ত কোর্স এবং/অথবা ইংরেজি বিশ্ববিদ্যালয় এবং কলেজগুলিতেও উপলব্ধ হওয়া উচিত নির্ধারিত বিশ্ববিদ্যালয় পর্যন্ত এই ভাষাগুলিতে শিক্ষার্থীদের দক্ষতা বৃদ্ধি করা মান

(গ) **হিন্দিঃ** হিন্দির বিকাশের জন্য সর্বাত্মক প্রচেষ্টা করা উচিত। ভিতরে হিন্দিকে লিঙ্ক ভাষা হিসাবে বিকাশ করা, এটি নিশ্চিত করার জন্য যথাযথ যত্ন নেওয়া উচিত সংবিধানের 351 অনুচ্ছেদে প্রদত্ত মত প্রকাশের মাধ্যম হিসাবে পরিবেশন করুন ভারতের যৌগিক সংস্কৃতির সমস্ত উপাদান। প্রতিষ্ঠা, অ-হিন্দি রাজ্যে, কলেজ এবং উচ্চ শিক্ষার অন্যান্য প্রতিষ্ঠান যা হিন্দি ব্যবহার করে শিক্ষাকে উৎসাহিত করতে হবে।

(ঘ) **সংস্কৃতঃ** বৃদ্ধির জন্য সংস্কৃতের বিশেষ গুরুত্ব বিবেচনা করে এবং ভারতীয় ভাষার বিকাশ এবং সাংস্কৃতিক ঐক্যে এর অনন্য অবদান দেশ, স্কুল ও বিশ্ববিদ্যালয় পর্যায়ে শিক্ষাদানের সুবিধা দিতে হবে আরো উদার স্কেলে। ভাষা শিক্ষার নতুন পদ্ধতির বিকাশ ঘটাতে হবে উৎসাহিত করা হয়েছে, এবং সেগুলির মধ্যে সংস্কৃত অধ্যয়ন অন্তর্ভুক্ত করার সম্ভাবনা অন্বেষণ করা হয়েছে কোর্স (যেমন আধুনিক ভারতীয় ভাষা, প্রাচীন ভারতীয় ইতিহাস, আদর্শ এবং ভারতীয় দর্শন) প্রথম এবং দ্বিতীয় ডিগ্রি পর্যায়ে, যেখানে এই ধরনের জ্ঞান দরকারী।

(ঙ) **আন্তর্জাতিক ভাষাঃ** অধ্যয়নের উপর বিশেষ জোর দেওয়া দরকার ইংরেজি এবং অন্যান্য

আন্তর্জাতিক ভাষা। বিশ্ব জ্ঞান একটি অসাধারণ এ ক্রমবর্ধমান হয় গতি, বিশেষ করে বিজ্ঞান ও প্রযুক্তিতে। ভারতকে শুধু এই প্রবৃদ্ধি ধরে রাখতে হবে না কিন্তু এটাতে তার নিজেরও গুরুত্বপূর্ণ অবদান রাখতে হবে। এই উদ্দেশ্যে, অধ্যয়ন ইংরেজি বিশেষভাবে শক্তিশালী করার যোগ্য।

4. **শিক্ষাগত সুযোগের সমতাঃ** কঠোর প্রচেষ্টা করা উচিত শিক্ষার সুযোগ সমান করতে।

(ক) শিক্ষাগত সুবিধা প্রদানে আঞ্চলিক ভারসাম্যহীনতা থাকতে হবে গ্রামীণ ও অন্যান্য অনগ্রসরদের মধ্যে সংশোধন ও ভালো শিক্ষা সুবিধা প্রদান করতে হবে এলাকা।

(খ) সাধারণ বিদ্যালয় ব্যবস্থায় সামাজিক সংহতি ও জাতীয় সংহতিকে উন্নীত করা শিক্ষা কমিশনের সুপারিশ অনুযায়ী গ্রহণ করতে হবে। চেষ্টা করতে হবে সাধারণ বিদ্যালয়ে শিক্ষার মান উন্নয়নের জন্য। পাবলিক মত সব বিশেষ স্কুল স্কুলগুলিকে মেধার ভিত্তিতে ছাত্র ভর্তি করতে হবে এবং একটি প্রদান করতে হবে সামাজিক শ্রেণির বিচ্ছিন্নতা রোধ করতে বিনামূল্যে-শিক্ষার্থীর নির্ধারিত অনুপাত। এটা হবে তবে, সংবিধানের 30 অনুচ্ছেদের অধীনে সংখ্যালঘুদের অধিকারকে প্রভাবিত করে না।

(গ) মেয়েদের শিক্ষার উপর জোর দেওয়া উচিত, শুধুমাত্র স্কুলের ভিত্তিতে নয় ন্যায়বিচার, কিন্তু কারণ এটি সামাজিক রূপান্তরকে ত্বরান্বিত করে।

(ঘ) অনগ্রসর শ্রেণীর মধ্যে শিক্ষার বিকাশের জন্য আরও নিবিড় প্রচেষ্টা প্রয়োজন এবং বিশেষ করে আদিবাসীদের মধ্যে।

(ঙ) শারীরিক ও মানসিকভাবে প্রতিবন্ধী শিশুদের জন্য শিক্ষাগত সুবিধা থাকা উচিত সম্প্রসারিত করা উচিত এবং সমন্বিত প্রোগ্রামগুলিকে সক্ষম করে গড়ে তোলার চেষ্টা করা উচিত প্রতিবন্ধী শিশুরা নিয়মিত স্কুলে পড়ার জন্য।

5. **প্রতিভা সনাক্তকরণঃ** শ্রেষ্ঠত্বের চাষের জন্য এটি প্রয়োজনীয় বিভিন্ন ক্ষেত্রে প্রতিভা চিহ্নিত করা উচিত যত তাড়াতাড়ি সম্ভব, এবং প্রতিটি এর পূর্ণ বিকাশের জন্য প্রদত্ত উদ্দীপনা এবং সুযোগ।

6. **কর্ম-অভিজ্ঞতা এবং জাতীয় পরিষেবাঃ** স্কুল এবং সম্প্রদায়ের উচিত পারস্পরিক সেবা এবং সমর্থনের উপযুক্ত কর্মসূচির মাধ্যমে কাছাকাছি আনা। কমিউনিটি সার্ভিস এবং জাতীয় পুনর্গঠনের অর্থবহ এবং চ্যালেঞ্জিং প্রোগ্রামে অংশগ্রহণ সহ কাজের অভিজ্ঞতা এবং জাতীয় পরিষেবা সেই অনুযায়ী হওয়া উচিত শিক্ষার একটি অবিচ্ছেদ্য অংশ হয়ে ওঠে। এই প্রোগ্রামগুলিতে জোর দেওয়া উচিত স্ব-সহায়তা, চরিত্র গঠন এবং সামাজিক প্রতিশ্রুতি বোধের বিকাশের উপর।

7. **বিজ্ঞান শিক্ষা ও গবেষণাঃ** বৃদ্ধি ত্বরান্বিত করার লক্ষ্যে জাতীয় অর্থনীতি, বিজ্ঞান শিক্ষা এবং গবেষণা উচ্চ অগ্রাধিকার পেতে হবে. শেষ পর্যন্ত বিজ্ঞান ও গণিতকে সাধারণ শিক্ষার অবিচ্ছেদ্য অংশ হতে হবে স্কুল পর্যায়।

8. **কৃষি ও শিল্পের জন্য শিক্ষাঃ** বিশেষ জোর দেওয়া উচিত কৃষি ও শিল্পের জন্য শিক্ষার উন্নয়ন।

(ক) প্রতিটি রাজ্যে অন্তত একটি কৃষি বিশ্ববিদ্যালয় থাকা উচিত। এই হিসাবে, উচিত যতদূর সম্ভব, একক ক্যাম্পাস বিশ্ববিদ্যালয় হতে হবে; কিন্তু যেখানে প্রয়োজন, তারা থাকতে পারে বিভিন্ন ক্যাম্পাসে গঠনমূলক কলেজ। অন্য বিশ্ববিদ্যালয়গুলোকেও সাহায্য করা হতে পারে, যেখানে প্রয়োজনীয় সম্ভাবনা বিদ্যমান, এক বা একাধিক অধ্যয়নের জন্য শক্তিশালী বিভাগ

তৈরি করতে কৃষির দিক।

(খ) কারিগরি শিক্ষায়, শিল্পে ব্যবহারিক প্রশিক্ষণ একটি অবিচ্ছেদ্য অংশ হওয়া উচিত যেমন শিক্ষা. কারিগরি শিক্ষা ও গবেষণার সাথে ঘনিষ্ঠভাবে সম্পর্কিত হতে হবে শিল্প, উভয় উপায়ে কর্মীদের প্রবাহকে উৎসাহিত করে এবং অবিচ্ছিন্নভাবে সরবরাহ করে প্রশিক্ষণ কর্মসূচির বিধান, নকশা এবং পর্যায়ক্রমিক পর্যালোচনায় সহযোগিতা এবং সুযোগ - সুবিধা।

(গ) কৃষি, শিল্প এবং অন্যান্য বিষয়ে ক্রমাগত পর্যালোচনা করতে হবে দেশের কারিগরি জনবলের চাহিদা এবং সে লক্ষ্যে নিরন্তর প্রচেষ্টা চালিয়ে যেতে হবে শিক্ষা প্রতিষ্ঠানের আউটপুটের মধ্যে সঠিক ভারসাম্য বজায় রাখা এবং চাকুরীর সুযোগ.

9. **বই উৎপাদন:** আকর্ষণ করে বইয়ের মান উন্নত করতে হবে প্রণোদনা এবং পারিশ্রমিকের একটি উদার নীতির মাধ্যমে সেরা লেখার প্রতিভা। তাৎক্ষণিক বিদ্যালয়ের জন্য উচ্চমানের পাঠ্যপুস্তক উৎপাদনের ব্যবস্থা গ্রহণ করতে হবে বিশ্ববিদ্যালয় পাঠ্য-পুস্তকের ঘন ঘন পরিবর্তন এড়িয়ে চলতে হবে এবং সেগুলোর দাম হওয়া উচিত সাধারণ ছাত্রছাত্রীদের জন্য এগুলো কেনার জন্য যথেষ্ট কম।

বাণিজ্যিক ভিত্তিতে স্বায়ত্তশাসিত বই কর্পোরেশন প্রতিষ্ঠার সম্ভাবনা পরীক্ষা করা উচিত এবং কয়েকটি মৌলিক পাঠ্যপুস্তক কমন রাখার চেষ্টা করা উচিত সারা দেশে. বিশেষ মনোযোগ দেওয়া উচিত বই শিশুদের জন্য এবং আঞ্চলিক ভাষায় বিশ্ববিদ্যালয় স্তরের বই।

10. **পরীক্ষা:** পরীক্ষার সংস্কারের একটি প্রধান লক্ষ্য হওয়া উচিত পরীক্ষার নির্ভরযোগ্যতা এবং বৈধতা উন্নত করা এবং মূল্যায়ন একটি ধারাবাহিক করা প্রক্রিয়াটি ছাত্রকে তার কৃতিত্বের মাত্রা উন্নত করতে সাহায্য করার লক্ষ্যে সময়ের একটি নির্দিষ্ট মুহূর্তে তার পারফরম্যান্সের গুণমানকে 'প্রত্যয়িত' করার চেয়ে।

11. **মাধ্যমিক শিক্ষা:**

(ক) মাধ্যমিকে শিক্ষার সুযোগ এবং উচ্চ স্তর সামাজিক পরিবর্তন এবং রূপান্তরের একটি প্রধান উপকরণ। এর জন্য সুবিধা সে অনুযায়ী মাধ্যমিক শিক্ষাকে এলাকা ও শ্রেণিতে দ্রুত প্রসারিত করা উচিত যা অতীতে এসব অস্বীকার করা হয়েছে।

(খ) এখানে কারিগরি ও বৃত্তিমূলক শিক্ষার সুযোগ-সুবিধা বাড়ানো দরকার মঞ্চ মাধ্যমিক ও বৃত্তিমূলক শিক্ষার জন্য সুযোগ-সুবিধা প্রদান করা উচিত বিস্তৃতভাবে উন্নয়নশীল অর্থনীতির প্রয়োজনীয়তা এবং প্রকৃত কর্মসংস্থানের সুযোগ। মাধ্যমিক পর্যায়ে কারিগরি ও বৃত্তিমূলক শিক্ষার জন্য এ ধরনের সংযোগ প্রয়োজন পর্যায় কার্যকরভাবে টার্মিনাল. কারিগরি ও বৃত্তিমূলক শিক্ষার সুবিধা থাকতে হবে কৃষি, শিল্প, বাণিজ্যের মতো বিপুল সংখ্যক ক্ষেত্র কভার করার জন্য উপযুক্তভাবে বৈচিত্র্যময় এবং বাণিজ্য, চিকিৎসা ও জনস্বাস্থ্য, গৃহ ব্যবস্থাপনা, চারু ও কারুশিল্প, সাচিবিক প্রশিক্ষণ, ইত্যাদি

12. **বিশ্ববিদ্যালয় শিক্ষা:**

(ক) ভর্তি হতে হবে পুরো সময়ের শিক্ষার্থীর সংখ্যা একটি কলেজ বা বিশ্ববিদ্যালয়ে .বিভাগের রেফারেন্স দিয়ে নির্ধারণ করা উচিত ল্যাবরেটরি, লাইব্রেরি এবং অন্যান্য সুবিধা এবং কর্মীদের শক্তি।

(খ) নতুন বিশ্ববিদ্যালয় প্রতিষ্ঠার ক্ষেত্রে যথেষ্ট যত্ন প্রয়োজন। এগুলো হওয়া উচিত উদ্দেশ্য এবং প্রাপ্য জন্য তহবিলের পর্যাপ্ত ব্যবস্থা করার পরেই শুরু হয়েছে। যথাযথ মান নিশ্চিত

করার জন্য যত্ন নেওয়া হয়েছে।

(গ) স্নাতকোত্তর কোর্সের সংগঠনের প্রতি বিশেষ মনোযোগ দেওয়া উচিত এই স্তরে প্রশিক্ষণ এবং গবেষণার মানগুলির উন্নতি।

(ঘ) উন্নত অধ্যয়নের কেন্দ্রগুলিকে শক্তিশালী করতে হবে এবং অল্প সংখ্যক গবেষণা ও প্রশিক্ষণের সর্বোচ্চ সম্ভাব্য মানকে লক্ষ্য করে 'কেন্দ্রের ক্লাস্টার' প্রতিষ্ঠিত করা উচিত।

(ঙ) বিশ্ববিদ্যালয়গুলিতে গবেষণার জন্য ক্রমবর্ধমান সহায়তা প্রদানের প্রয়োজন। গবেষণার জন্য প্রতিষ্ঠানগুলি, যতদূর সম্ভব, এর ভাঁজের মধ্যে কাজ করা উচিত বিশ্ববিদ্যালয় বা তাদের সাথে ঘনিষ্ঠ মেলামেশা।

13. **খণ্ডকালীন শিক্ষা এবং চিঠিপত্র কোর্স:** খণ্ডকালীন শিক্ষা এবং বিশ্ববিদ্যালয়ের পর্যায়ে চিঠিপত্রের পাঠ্যক্রম বড় আকারে গড়ে তুলতে হবে। মাধ্যমিক বিদ্যালয়ের শিক্ষার্থীদের জন্য, শিক্ষকদের জন্যও এই ধরনের সুবিধাগুলি তৈরি করা উচিত কৃষি, শিল্প এবং অন্যান্য শ্রমিকদের জন্য। পার্ট টাইম মাধ্যমে শিক্ষা এবং চিঠিপত্রের কোর্সগুলিকে পূর্ণকালীন শিক্ষার মতোই মর্যাদা দেওয়া উচিত। যেমন সুবিধাগুলি স্কুল থেকে কর্মক্ষেত্রে স্থানান্তরকে মসৃণ করবে, শিক্ষার কারণকে উন্নীত করবে এবং শিক্ষিত করার ইচ্ছা আছে এমন বিপুল সংখ্যক লোককে সুযোগ প্রদান করে নিজেরা আরও কিন্তু পূর্ণ-সময়ের ভিত্তিতে তা করতে পারে না।

14. **সাক্ষরতা এবং বয়স্ক শিক্ষার বিস্তার:**

(ক) গণ নিরক্ষরতার পরিসমাপ্তি শুধুমাত্র গণতান্ত্রিক কাজে অংশগ্রহণের প্রচারের জন্যই প্রয়োজনীয় নয় প্রতিষ্ঠান এবং উৎপাদন কার্যক্রম ত্বরান্বিত করার জন্য, বিশেষ করে কৃষিতে, কিন্তু সাধারণভাবে জাতীয় উন্নয়নের গতি ত্বরান্বিত করার জন্য। কর্মচারী বড় বাণিজ্যিক, শিল্প এবং অন্যান্য উদ্বেগ যত তাড়াতাড়ি কার্যকরভাবে সাক্ষর করা উচিত যতটুকু সম্ভব. এই দিকে একটি নেতৃত্ব শিল্প উদ্যোগ থেকে আসা উচিত সরকারি খাত. সাক্ষরতা সংগঠিত করার জন্য শিক্ষক ও শিক্ষার্থীদের সক্রিয়ভাবে জড়িত হতে হবে প্রচারাভিযান, বিশেষ করে সামাজিক ও জাতীয় পরিষেবা কর্মসূচির অংশ হিসেবে।

(খ) তরুণ অনুশীলনকারী কৃষকদের শিক্ষার উপর বিশেষ জোর দেওয়া উচিত এবং স্ব-কর্মসংস্থানের জন্য যুবদের প্রশিক্ষণের জন্য।

15. **গেমস এবং স্পোর্টস:** গেমস এবং স্পোর্টসকে বড় আকারে গড়ে তুলতে হবে। স্কেল গড় শারীরিক সুস্থতা এবং ক্রীড়াবিদ উন্নতির উদ্দেশ্য সঙ্গে ছাত্রদের পাশাপাশি যারা এই বিভাগে পারদর্শী। যেখানে খেলার মাঠ ও অন্যান্য শারীরিক শিক্ষার একটি দেশব্যাপী কর্মসূচির বিকাশের সুবিধা বিদ্যমান নেই, এগুলি অগ্রাধিকার ভিত্তিতে প্রদান করা উচিত।

16. **সংখ্যালঘুদের শিক্ষা:** শুধুমাত্র সুরক্ষার জন্যই প্রতিটি প্রচেষ্টা করা উচিত সংখ্যালঘুদের অধিকার কিন্তু তাদের শিক্ষাগত স্বার্থকে উন্নীত করার জন্য যেমন প্রস্তাব করা হয়েছে রাজ্য ও কেন্দ্রের মুখ্যমন্ত্রীদের সম্মেলনের মাধ্যমে জারি করা বিবৃতি 1961 সালের আগস্টে অনুষ্ঠিত মন্ত্রীরা।

17. **শিক্ষাগত কাঠামো:** এটি সুবিধাজনক হবে। একটি বিস্তৃত ইউনিফর্ম আছে দেশের সব অংশে শিক্ষা কাঠামো। চূড়ান্ত উদ্দেশ্য হতে হবে 10+2+3 প্যাটার্ন অবলম্বন করুন, দুই বছরের উচ্চ মাধ্যমিক পর্যায়ে অবস্থিত স্কুল, কলেজ বা উভয়ই স্থানীয় অবস্থা অনুযায়ী। 5. উপরে নির্দেশিত লাইনে শিক্ষায় পুনর্গঠন প্রয়োজন হবে। অতিরিক্ত. ব্যয় শিক্ষায় বিনিয়োগ বাড়ানোর

লক্ষ্য ধীরে ধীরে হওয়া উচিত যত তাড়াতাড়ি সম্ভব জাতীয় আয়ের 6 শতাংশ ব্যয়ের স্তরে পৌঁছানো।

ভারত সরকার স্বীকার করে যে শিক্ষার পুনর্গঠন সহজ নয় টাস্ক শুধু সম্পদের অভাবই নয় সমস্যাগুলোও অত্যন্ত জটিল। শিক্ষা, বিজ্ঞান ও গবেষণা উন্নয়নে কী ভূমিকা পালন করে তা বিবেচনা করে দেশের বস্তুগত ও মানবসম্পদ, ভারত সরকার ছাড়াও দেবে কেন্দ্রীয় সেক্টরে কর্মসূচী গ্রহণ করা, এর জন্য রাজ্য সরকারগুলিকে সহায়তা করা জাতীয় গুরুত্বের কর্মসূচির উন্নয়ন যেখানে সমন্বিত পদক্ষেপ রাজ্যগুলির অংশ এবং কেন্দ্রের জন্য আহ্বান জানানো হয়। ভারত সরকার প্রতি পাঁচ বছরে পর্যালোচনা করবে; অগ্রগতি হয়েছে এবং ভবিষ্যতের উন্নয়নের জন্য নির্দেশিকা সুপারিশ করুন।

উপসংহার

পরিশেষে এই প্রতিবেদনের পুনর্বিবেচনার পর্যায়ে উল্লেখ করা হয়েছে যে, শিক্ষা সংস্কারের কাজ সহজ ব্যাপার নয়। তাই কেন্দ্রীয় সরকার ও রাজ্য সরকার পারস্পরিক সহযোগিতার ভিত্তিতে এই কাজে অগ্রসর হবে। আর প্রতি পাঁচ বছর অন্তর নীতিগুলি কতটা পরিমাণে কার্যকর করা সম্ভবপর হয়েছে তা পর্যালোচনা করে ভবিষ্যৎ কর্মপদ্ধতির নীতি নির্ধারণ করা হবে। তবে বলা যায় যে, শিক্ষার ক্ষেত্রে এটি একটি পূর্ণাঙ্গ দলিল। এখানে শিক্ষার সমস্ত দিকের প্রতিই আলোকপাত করা হয়েছে। এই শিক্ষানীতি যে একেবারে নির্ভুল তা কখনোই বলা যায় না। যেহেতু সমাজ পরিবর্তনশীল তাই কোনো ব্যবস্থাই সর্বকালের জন্য নিদিষ্ট হতে পারে না। নিঃসন্দেহে বলা যেতে পারে যে, এই শিক্ষানীতি ভারতের শিক্ষাব্যবস্থাকে গতিশীল করেছে এবং জনগণের আশা - আকাঙ্ক্ষাকে মর্যাদা দিতে সমর্থ হয়েছে।

জাতীয় শিক্ষা কমিশন (১৯৮৬)

ভারতীয় শিক্ষা কমিশন বা কোঠারি কমিশন (১৯৬৪-১৯৬৬ খ্রিঃ) -এর প্রতিবেদন প্রকাশিত হওয়ার পর এই কমিশনের সুপারিশগুলি বাস্তবায়িত করার জন্য সরকার ১৯৬৮ সালে জাতীয় শিক্ষানীতি (National Policy on Education, 1968) প্রকাশ করে। কিন্তু এই শিক্ষানীতিতে যে সমস্ত সুপারিশ করা হয় তার সবগুলিই যে নির্ভুল ছিল —এ কথা সে কথা বলা যায় না। তবে শিক্ষার ক্ষেত্রে এটি যে নতুন চিন্তা - ভাবনার হদিস দিয়েছিল হয়েছিল। বস্তুতপক্ষে, ১৯৬৮ সালের শিক্ষানীতিতে যে সমস্ত সময়ভিত্তিক (Time Bound) কর্মসূচির .. অস্বীকার করা যায় না। পরবর্তী এক দশক পর্যন্ত ভারতের শিক্ষাব্যবস্থা এই নীতির দ্বারাই পরিচালিত কথা বলা হয়েছিল, সেগুলির মূল্যায়ন অত্যন্ত অপরিহার্য হয়ে পড়ে। এমতাবস্থায় তৎকালীন শিক্ষামন্ত্রী কে . সি . পন্থ ১৯৮৫ সালের জানুয়ারি মাসে একটি নতুন শিক্ষানীতি রচনা করার সিদ্ধান্ত গ্রহণ করেন । মানব সম্পদ ও প্রাকৃতিক সম্পদের যথাযথ ব্যবহারের মাধ্যমে জাতিকে একবিংশ শতকে পৌঁছে দেওয়ার জন্য ' Challenge of Education: A Policy Perspective ' নামে একটি পুস্তিকা প্রকাশ করা হয় । এই শিক্ষানীতির উদ্দেশ্য ছিল বিশ্বের বিজ্ঞান ও প্রযুক্তির সাথে সঙ্গতি রেখে ভারতের উন্নয়নকে সুনিশ্চিত ও ত্বরান্বিত করার জন্য শিক্ষাব্যবস্থাকে দৃঢ় ভিত্তির উপর প্রতিষ্ঠা করা। বস্তুতপক্ষে, এটি ছিল একটি আলোচনা পত্র। এই আলোচনা পত্রে শিক্ষা সম্পর্কে সরকারের অভিমত, শিক্ষার পরবর্তী রূপ , দেশের ভবিষ্যৎ শিক্ষাচিত্র ইত্যাদি জনগণের উদ্দেশ্যে প্রকাশ করা হয়। এই সম্পর্কে দেশের শিক্ষাবিদ, চিন্তাবিদ এবং রাজ্য সরকারের সুচিন্তিত

মতামতের ভিত্তিতে ভারত সরকার ১৯৮৬ সালের এপ্রিল মাসে জাতীয় শিক্ষানীতি ঘোষণা করে। কেন্দ্রীয় শিক্ষা উপদেষ্টা পর্ষদ (CABE) এই শিক্ষানীতিকে অনুমোদন করে। পরবর্তীকালে এই শিক্ষানীতিটিই জাতীয় শিক্ষানীতি (১৯৮৬) নামে অভিহিত হয়। নিম্নে এই শিক্ষানীতির মুখ্য বৈশিষ্ট্য---

1. **জাতীয় ব্যবস্থায় শিক্ষাঃ** জাতীয় শিক্ষানীতিতে বলা হয়েছে, শিক্ষা হবে সকলের জন্য, এক্ষেত্রে কোনো রকম বৈষম্য দেখানো যাবে না, জাতিধর্মবর্ণনির্বিশেষে ভারতবর্ষের প্রত্যেক নরনারী শিক্ষার সমান সুযোগ পাবে। বিদ্যালয়ের শিক্ষাব্যবস্থা ও ভাগে বিভক্ত হবে। এই শিক্ষানীতিতে দশম শ্রেণি পর্যন্ত শিক্ষাকে 5 বছরের নিম্ন প্রাথমিক শিক্ষা, 3 বছরের উচ্চ প্রাথমিক শিক্ষা ও 2 বছরের উচ্চ বিদ্যালয় শিক্ষা। গবেষণা, বিজ্ঞান ও প্রযুক্তির ক্ষেত্রে বিভিন্ন প্রতিষ্ঠানের মধ্যে ঘনিষ্ঠ যোগাযোগ গড়ে তোলা প্রয়োজন। ভারতের জাতীয় শিক্ষাব্যবস্থায় যেসব সংস্থাগুলি গুরুত্বপূর্ণ ভূমিকা পালন করে যেমন – UGC , NCERT , NTE এদের মধ্যে সমন্বয় প্রয়োজন।

2. **অর্থপূর্ণ অংশীদারিত্বঃ** জাতীয় শিক্ষার চরিত্রকে সুদৃঢ় করা, শিক্ষার গুণগত মান বৃদ্ধি, জাতীয় সংহতি স্থাপন, উন্নত গবেষণা এবং মানবসম্পদের বিকাশের জন্য কেন্দ্রীয় সরকার ও রাজ্য সরকারের মধ্যে যে যৌথ দায়িত্বের কথা বলা হয়েছে, তা মূলত অর্থপূর্ণ অংশীদারিত্বের ভিত্তিতে রচিত হবে।

3. **সাম্যের জন্য শিক্ষাঃ** নতুন শিক্ষানীতির অন্যতম উদ্দেশ্য হল অসাম্য দূর করা। এতদিন যাঁরা শিক্ষার সুযোগ থেকে বঞ্চিত হয়ে এসেছেন তাঁদের সবাইকে যোগ্যতা অনুযায়ী সমান সুযোগসুবিধা দিতে হবে। নারীর প্রতি বৈষম্য, নিরক্ষরতা দূরীকরণ, প্রাথমিক শিক্ষালাভের যেসব অসুবিধাগুলি রয়েছে সেগুলিকে দূর করতে হবে।

4. **তপশিলি জাতি ও উপজাতির শিক্ষাঃ** গ্রামীণ দরিদ্র পরিবারের 14 বছর বয়স পর্যন্ত ছেলেমেয়েদের বিদ্যালয়ে পাঠাতে উৎসাহিত করতে হবে। তপশিলি ছাত্রছাত্রীদের জন্য জেলা সদরে ছাত্রাবাস নির্মাণ, আদিবাসী অঞ্চলে অগ্রাধিকারের ভিত্তিতে প্রাথমিক বিদ্যালয় স্থাপন, বৃত্তিশিক্ষার ব্যবস্থা, নিজস্ব সংস্কৃতির রক্ষণ ও বৃত্তি প্রদানের ব্যবস্থা প্রভৃতি বাস্তবায়িত করতে হবে।

5. **প্রতিবন্ধীদের জন্য শিক্ষাঃ** প্রতিবন্ধী শিক্ষার্থীদের জন্য সাধারণ শিক্ষার্থীদের সঙ্গে শিক্ষার ব্যবস্থা ছাত্রাবাস তৈরি , স্বেচ্ছাসেবী প্রতিষ্ঠানগুলিকে প্রতিবন্ধীদের শিক্ষার দায়িত্ব গ্রহণে উৎসাহিত করা প্রভৃতি কল্যাণকর কর্মসূচি গ্রহণ করতে হবে ।

6. **বয়স্ক শিক্ষাঃ** 14-34 বছর বয়সি বয়স্কদের নিরক্ষরতার অভিশাপ থেকে মুক্ত করার জন্য সুষ্ঠু পরিকল্পনা গ্রহণ করতে হবে । কেন্দ্র ও রাজ্য সরকার , রাজনৈতিক দল ও তাদের গণসংগঠন এবং গণমাধ্যমগুলিকে শিক্ষা প্রতিষ্ঠানসমূহকে সাক্ষরতা কর্মসূচি রূপায়ণে উৎসাহিত করতে হবে।

7. **প্রাথমিক শিক্ষাঃ** প্রাথমিক শিক্ষার ক্ষেত্রে দুটি বিষয়ের উপর গুরুত্ব দেওয়া হবে যেমন – (a) 6 বছর বয়স থেকে 14 বছর বয়স পর্যন্ত সকল শিক্ষার্থীকে স্কুলে ভরতি করা ও তাদেরকে শিক্ষারত রাখা । (b) শিক্ষার গুণগত মানের প্রকৃত উন্নয়ন ঘটানো , প্রভৃতির জন্য অপারেশন ব্ল্যাকবোর্ড কর্মসূচির সুপারিশ করা হয়।

৮. **মাধ্যমিক শিক্ষাঃ** এই স্তরে বিবেচনা করে এমনভাবে পাঠক্রম রচনা করতে হবে যেন বিজ্ঞান, মানবীয় বিষয়, সমাজবিজ্ঞান, দেশের সাংস্কৃতিক ঐতিহ্য, ঐতিহাসিক চেতনা বৃদ্ধির সহায়ক বিষয় পাঠক্রমে সংযোজিত হয়।

৯. **বৃত্তিমুখী শিক্ষাঃ** বৃত্তিশিক্ষা হল ভিন্নতর শিক্ষাধারা। যার উদ্দেশ্য হল বিভিন্ন কর্মক্ষেত্রে বৃত্তি চয়নে শিক্ষার্থীদের উপযোগী করে তোলা। এই কোর্সগুলি শেখানো হবে মাধ্যমিক শিক্ষা সমাপ্তির পর। Health Planning ও Health Service Management- কে বৃত্তিশিক্ষার আওতায় আনা হবে। বৃত্তিশিক্ষার কর্মসূচি রূপায়ণের জন্য সরকারি ও বেসরকারি বৃত্তিশিক্ষার কেন্দ্র খোলা হবে।

১০. **উচ্চশিক্ষাঃ** নতুন কলেজ না খুলে বর্তমান কলেজগুলিতে উচ্চশিক্ষার সুযোগসুবিধা বৃদ্ধি, স্বশাসিত কলেজ স্থাপন, উচ্চশিক্ষায় গবেষণাকে উৎসাহিত করা প্রভৃতির জন্য সুপারিশ করা হয়।

১১. **মুক্ত বিশ্ববিদ্যালয়ঃ** শিক্ষায় গণতন্ত্র প্রতিষ্ঠা ও উচ্চশিক্ষার সুযোগ সকলের কাছে পৌঁছে দেওয়ার জন্য জাতীয় শিক্ষানীতিতে (1986) মুক্ত বিশ্ববিদ্যালয় স্থাপনের কথা বলা হয়। এই উদ্দেশ্যই 1985 খ্রিস্টাব্দে ইন্দিরা গান্ধী মুক্ত বিশ্ববিদ্যালয় প্রতিষ্ঠা করা হয়েছিল। এই শিক্ষা প্রতিষ্ঠানে শিক্ষার্থীদের বিভিন্ন ধরনের উন্নত প্রযুক্তির মাধ্যমে পাঠদান করা হয়।

১২. **ডিগ্রিকে চাকরি থেকে বিচ্ছিন্ন করাঃ** জাতীয় শিক্ষানীতিতে চাকরির ক্ষেত্রে ডিগ্রি বিচ্ছিন্ন করার প্রস্তাব করা হয়। কারিগরি, আইন ও চিকিৎসার মতো বিষয় ছাড়া অন্য চাকরির ক্ষেত্রে ডিগ্রিকে অবশ্য প্রয়োজনীয় বলে বিবেচনা করা হবে না। চাকুরিদাতারা প্রয়োজন অনুসারে নিজেরাই পরীক্ষার ব্যবস্থা করে উপযুক্ত প্রার্থী বাছাই করবে।

১৩. **ভাষাঃ** ভাষার ক্ষেত্রে 1968 খ্রিস্টাব্দে প্রস্তাবিত নীতিকেই রূপায়িত করা হবে। অর্থাৎ, ত্রিভাষা সূত্রই চালু থাকবে।

১৪. **বিজ্ঞান শিক্ষাঃ** দশম শ্রেণি পর্যন্ত গণিত ও বিজ্ঞান বিষয়গুলি বাধ্যতামূলক করা হবে। বিজ্ঞান শিক্ষার ব্যবহারিক জ্ঞান অর্জনের প্রতি গুরুত্ব দিতে হবে।

১৫. **মূল্যায়নঃ** মূল্যায়ন সম্পর্কে গুরুত্বপূর্ণ সুপারিশ হল — পরীক্ষা হবে নৈর্ব্যক্তিক, মুখস্থ জ্ঞানের প্রতি কম গুরুত্ব দিতে হবে। সেমিস্টার প্রথা চালু করতে হবে। নম্বরের পরিবর্তে গ্রেড প্রথা চালু, শিখন পদ্ধতির আধুনিকীকরণ, বহিঃপরীক্ষার প্রাধান্য কমিয়ে অভ্যন্তরীণ মূল্যায়নের উপর গুরুত্ব প্রদান ইত্যাদি।

১৬. **শিক্ষকঃ** শিক্ষকদের মর্যাদা বৃদ্ধি ও দায়িত্ববোধের সৃষ্টি করা, নিয়োগ পদ্ধতি নিরূপণ। প্রতিভাবান তরুণ - তরুণীরা যাতে শিক্ষকতার পেশায় নিযুক্ত হতে পারেন সেজন্য বেতন ও চাকুরির শর্তকে আকর্ষণীয় করে তোলা, শিক্ষকদের আচরণবিধি প্রণয়ন প্রভৃতি বিষয়ে জাতীয় শিক্ষানীতিতে সুপারিশ করা হয়।

১৭. **নবোদয় বিদ্যালয়ঃ** প্রতিভাবান শিশুদের জন্য খরচের কথা না ভেবে উন্নতমানের শিক্ষার সুযোগ দিতে হবে। এই উদ্দেশ্য সারা দেশে আদর্শ নবোদয় বিদ্যালয় স্থাপন করতে হবে। শিক্ষাকে রাজনৈতিক দৃষ্টিভঙ্গি দিয়ে বিচার না করে দেশ তথা জাতির কথা বিবেচনা করে শিক্ষাব্যবস্থাকে ঢেলে সাজানোর প্রয়োজন রয়েছে। জাতীয় শিক্ষানীতি 1986 খ্রিস্টাব্দের ভালো দিকগুলিকে যত তাড়াতাড়ি সম্ভব কার্যকারী করা যায়, সেদিকে উপযুক্ত ব্যবস্থা নেওয়া প্রয়োজন।

জাতীয় শিক্ষানীতির অপারেশন ব্ল্যাকবোর্ড

1986 খ্রিস্টাব্দের জাতীয় শিক্ষানীতিতে ভারতবর্ষে প্রাথমিক শিক্ষা বিস্তারের জন্য যে পরিকল্পনা গ্রহণ করা হয়েছে তার নাম দেওয়া হয়েছে অপারেশন ব্ল্যাকবোর্ড, এই পরিকল্পনা অনুযায়ী প্রতিটি প্রাথমিক বিদ্যালয়ে সব শ্রেণিতে দুটি করে বড়ো মাপের শ্রেণিকক্ষ থাকবে। ছাত্রছাত্রীদের জন্য থাকবে দুটি হল ঘর, দুটি ব্ল্যাকবোর্ড, মানচিত্র নানা রকমের চার্ট, প্রয়োজনীয় বই, খেলনা ও খেলনার সরঞ্জাম এবং কমপক্ষে 2 জন শিক্ষক যার মধ্যে 1 জন মহিলা থাকবেন। শিক্ষকের সংখ্যা বৃদ্ধি করে প্রতি শ্রেণির জন্য একজন শিক্ষক নিযুক্ত করতে হবে। স্থির করা হয়েছিল এই জিনিসগুলি মাথায় রেখে 1986 খ্রিস্টাব্দে দেশের 20 শতাংশ, পরিকল্পনার সম্পূর্ণ রূপায়ণ করে ফেলা সম্ভব হবে। এ ছাড়া এই কাজের জন্য প্রতিটি বিদ্যালয়ের জন্য প্রারম্ভিক ব্যয় হবে 1 লক্ষ টাকা। অপারেশন ব্ল্যাকবোর্ডের জন্য ব্যয়ভার রাজ্য সরকারগুলিকে বহন করতে হবে। একে এক ধরনের আন্দোলন হবে। স্বেচ্ছাসেবী সংস্থা, স্থানীয় কর্তৃপক্ষ, সরকার সকলেই এই কাজে যুক্ত হবেন।

অপারেশন ব্ল্যাকবোর্ড হল একটি কর্মপ্রকল্প। এই প্রকল্পটি দ্বারা প্রাথমিক স্তরের শিক্ষাসহায়ক সবরকম উপাদানকে বোঝানো হয়। অর্থাৎ, ব্ল্যাকবোর্ড শব্দটিকে প্রতীক ভাবা হয়। বিভিন্ন সমীক্ষা থেকে দেখা গেছে ভারতবর্ষে এমন অনেক প্রাথমিক বিদ্যালয় আছে যেখানে ঘর নেই, শিক্ষাসহায়ক উপকরণ নেই। শিক্ষক নেই, শৌচাগার নেই, পানীয় জল নেই, এমনকি বিদ্যালয়গুলি শিক্ষার্থীদের বাড়ি থেকে অনেক দূরে, তাই 1986 খ্রিস্টাব্দে জাতীয় শিক্ষানীতিতে অপারেশন ব্ল্যাকবোর্ড কর্মসূচি গ্রহণ করা হয়।

এই কর্মসূচির কতকগুলি দিক আছে। যেমন— —সামাজিক বস্তুগত ও মনোভাবগত। শিক্ষার্থীর মধ্যে উপযুক্ত শিক্ষাগত মনোভাবের সৃষ্টি করতে হবে, এটি প্রতিফলিত হবে সামাজিক জীবনযাপনের ক্ষেত্রে।

জাতীয় শিক্ষানীতির নবোদয় বিদ্যালয়

নবোদয় বিদ্যালয় জাতীয় শিক্ষানীতি 1986 - এর অন্যতম গুরুত্বপূর্ণ সুপারিশ হল নবোদয় বিদ্যালয়। এর প্রধান উদ্দেশ্য হল সামাজিক ন্যায় ও সমতাসহ উন্নত শিক্ষার ব্যবস্থা করা, এর জন্য সামাজিক ও অর্থনৈতিক দিক থেকে দুর্বল শিক্ষার্থীদের জন্য আসন সংরক্ষণ করে তাদের ক্ষমতার সর্বোচ্চ বিকাশ ঘটানোর যাবতীয় ব্যবস্থা করতে হবে। আর -একটি পাঠদানের কার্যকারিতা প্রদর্শন করা। প্রতিভাবান শিক্ষার্থীদের প্রতিভার বিকাশের জন্য সমস্ত রকম সুযোগসুবিধার ব্যবস্থা করাই হল এই বিদ্যালয়ের লক্ষ্য, ভারতের প্রত্যেকটি জেলায় অন্তত একটি করে নবোদয় বিদ্যালয় প্রতিষ্ঠা করার কথা বলা হয়। কেন্দ্রীয় সরকারের পরিকল্পনায় ভারতে মোট 432 টি জেলায় একটি করে মডেল স্কুল বা নবোদয় বিদ্যালয় স্থাপন করার কথা বলা হয়। আরও বলা হয়, এই ধরনের বিদ্যালয়ে 300 জনের বেশি ছাত্র থাকবে না, একটি মডেল বিদ্যালয় স্থাপনে প্রায় দুই কোটি নবোদয় বিদ্যালয় টাকা খরচ হবে।

পঞ্চম শ্রেণি উত্তীর্ণ শিক্ষার্থীরা ভরতির পরীক্ষা দিয়ে নবোদয় বিদ্যালয়ে ভরতি হতে পারবে। এই বিদ্যালয়ে ষষ্ঠ থেকে দ্বাদশ শ্রেণি পর্যন্ত পঠনপাঠন চলবে। সপ্তম বা অষ্টম শ্রেণি পর্যন্ত মাতৃভাষায় বা আঞ্চলিক ভাষায় এবং অষ্টম ও নবম শ্রেণির শিক্ষার মাধ্যম হবে হিন্দি ও ইংরেজি। নবোদয় বিদ্যালয়ে কলা, বিজ্ঞান ও বৃত্তি শিক্ষার ব্যবস্থা থাকবে। প্রত্যেক শ্রেণিতে দুটি বিভাগ থাকবে, প্রত্যেক বিভাগে 40 জনের বেশি শিক্ষার্থী থাকবে না। পড়ানোর জন্য সব আধুনিক

সাজসরঞ্জাম থাকবে। পড়ানোর ক্ষেত্রে টিভি, রেডিয়ো, টেপরেকর্ডার মাইক্রো কম্পিউটারের সাহায্য নেওয়া হবে, সর্বভারতীয় ভিত্তিতে শিক্ষক নিয়োগ করা হবে। শিক্ষাপদ্ধতিতে বক্তৃতা দেওয়ার পদ্ধতিকে কমিয়ে আলোচনার উপর বেশি গুরুত্ব দেওয়া হবে। বিদ্যালয়গুলি কেন্দ্রীয় মাধ্যমিক শিক্ষা বোর্ডের পরিচালনাধীন থাকবে। বাড়ি থেকে বিদ্যালয়ের ছাত্রাবাসে যাওয়ার খরচ, বেশভূষা, খাওয়া, বইপত্র ইত্যাদির সমস্ত খরচ সরকার বহন করবে। অন্যান্য বিদ্যালয়ের কাছে এই বিদ্যালয় হবে পথ প্রদর্শক স্বরূপ।

উপসংহার

১৯৮৬ সালের জাতীয় শিক্ষানীতিটি সামগ্রিকভাবে পর্যালোচনা করার জন্য আচার্য রামমূর্তি - কে নিয়ে। ১৯৯০ সালের ৭ ই মে একটি কমিটি গঠিত হয়। এই কমিটি শিক্ষানীতিটির সর্বদিক বিচার-বিবেচনা করে ১৯৯০ সালের ডিসেম্বর মাসে সরকারের কাছে তাদের সুপারিশ পেশ করে। প্রথমত, কমিটি মনে করে যে উচ্চস্তরের শিক্ষাব্যবস্থা বেসরকারি উদ্যোগে পরিচালিত হওয়া উচিত। কারণ এই শিক্ষার ব্যয়ভার বহন করার জন্য সরকারকে যে পরিমাণ অর্থ ভর্তুকি দিতে হয় তার সংস্থানের জন্য সাধারণ মানুষের উপর বাড়তি কর চাপানো বাধ্যতামূলক হয়ে পড়ে। দ্বিতীয়ত, এই কমিটি শিক্ষাকে সমাজের ভিত্তিমূলে প্রসারিত করার কথা বলে। কমিটি মনে করে যে, শিক্ষা কখনো মুষ্টিমেয় লোকের করায়ত্ত হবে না। সকলেই যাতে শিক্ষার সুযোগ পেতে পারে তার ব্যবস্থা করতে হবে। তৃতীয়ত, জাতীয় শিক্ষানীতিতে (১৯৮৬) ডিগ্রিকে চাকুরি থেকে বিযুক্তিকরণের যে কথা বলা হয়েছে, এই কমিটি তা স্বীকার করে না। কমিটি মনে করে যে এর ফলে কলেজ ও বিশ্ববিদ্যালয় স্তরে ছাত্র - ছাত্রী সংখ্যা হ্রাস পেতে থাকবে। চতুর্থত, নবোদয় বিদ্যালয় সম্পর্কে কমিটির অভিমত হল এই যে নতুন করে এই ধরনের বিদ্যালয় আর স্থাপন করা চলবে না। তবে এর আগে যে সমস্ত বিদ্যালয় স্থাপিত হয়েছে তাদের পরিচালনার ভার রাজ্য সরকারের হাতে অর্পণ করতে হবে। অন্যদিকে আবার জনার্দন রেড্ডি কমিটি (১৯৯১ খ্রিঃ) -ও জাতীয় শিক্ষানীতির মধ্যে কিছু কিছু পরিবর্তন করার সুপারিশ করে। এই সমস্ত কমিটির সুপারিশক্রমে কেন্দ্রীয় সরকার ১৯৯২ সালের মে মাসে জাতীয় শিক্ষানীতির মধ্যে পরিবর্তন সাধন করে। বস্তুতপক্ষে, এই পর্যায়ে জাতীয় শিক্ষানীতিতে কর্মভিত্তিক বৃত্তিমূলক শিক্ষার প্রবর্তন এবং শিক্ষকদের অভাব - অভিযোগ সংক্রান্ত বিষয় বিচার - বিবেচনার জন্য ট্রাইবুনাল গঠন করার কথা বলা হয়। পরিশেষে, ১৯৮৬ সালের জাতীয় শিক্ষানীতি পর্যালোচনা করলে দেখা যাবে যে শিক্ষার সর্বদিকের প্রতি এই শিক্ষানীতি সমভাবে তার দৃষ্টি প্রসারিত করেছে এবং গুরুত্ব সহকারে আলোচনা করেছে। সঙ্গে সঙ্গে সমস্যা সমাধানেরও পথ নির্দেশ করেছে। এটি প্রকৃতপক্ষে ভারতের বর্তমান ও ভবিষ্যৎ শিক্ষার সুসংহত রূপরেখা গঠনের ক্ষেত্রে একটি নির্ভরযোগ্য দলিল হিসাবে শিক্ষার ইতিহাসে অম্লান হয়ে থাকবে।

PROMGRAMME OF ACTION

১৯৬৮ সালে, যখন আমাদের দেশের শিক্ষাপরিস্থিতির উন্নতির জন্য জাতীয় শিক্ষানীতি প্রণয়ন করা হয়েছিল, তখন সেখানে ধারণা করা হয়েছিল যে এটি 'অগ্রগতি এবং নতুন নীতি ও কর্মসূচি থেকে কাজ করার জন্য পাঁচটি বার্ষিক পর্যালোচনা' অনুসরণ করবে। এই বিবৃতি সম্পর্কে, প্রতিটি নতুন পঞ্চবার্ষিক পরিকল্পনা প্রণয়নের সময়, শিক্ষার ত্রুটিগুলি বা ক্রটিগুলি এবং সেইসাথে শিক্ষার অর্জনগুলি মূল্যায়ন করার জন্য এবং অবশেষে আসন্ন পাঁচ বছরের জন্য কিছু পরিকল্পনা বা প্রোগ্রামের বিষয়ে সিদ্ধান্ত নেওয়ার জন্য একটি পর্যালোচনা করা হয়েছে। নীতি ও

কর্মসূচী প্রণয়নের মাধ্যমেই প্রতিটি দেশ তার অনন্য সামাজিক-সাংস্কৃতিক পরিচয় প্রকাশ ও প্রচার করার জন্য এবং সময়ের চ্যালেঞ্জ মোকাবেলার জন্য তার শিক্ষা ব্যবস্থার বিকাশ ঘটাতে চায়।

১৯৮৬ সালের জাতীয় শিক্ষানীতি হল সেই পর্যালোচনাগুলির ফলাফল যা ১৯৮৫ সালের বাজেট অধিবেশনে আলোচনা করা হয়েছিল এবং গৃহীত হয়েছিল যখন রাজীব গান্ধী ভারতের প্রধানমন্ত্রী ছিলেন। আবার, ১৯৯০ সালের মে মাসে জাতীয় শিক্ষানীতি (এনপিই) পর্যালোচনা এবং এর সংশোধনের জন্য সুপারিশ করার জন্য আচারাইয়া রামমূর্তির নেতৃত্বে একটি কমিটি গঠন করা হয়েছিল। সেন্ট্রাল অ্যাডভাইজরি বোর্ড অফ এডুকেশন, ১৯৯১ সালের জুলাই মাসে অন্ধ্রপ্রদেশের মুখ্যমন্ত্রী শ্রী এন জনধন রেড্ডির নেতৃত্বে গঠিত একটি কমিটি; রামমূর্তি কমিটির রিপোর্ট এবং অন্যান্য প্রাসঙ্গিক উন্নয়ন নীতির উপর প্রভাব ফেলে তা বিবেচনা করে এনপিইতে কিছু পরিবর্তন বিবেচনা করা হয়েছে।

এই কমিটি ১৯৯২ সালের জানুয়ারি মাসে তাদের প্রতিবেদন জমা দেয়, যা ১৯৯২ সালের জাতীয় কর্ম কর্মসূচি নামে পরিচিত। এই নীতির উদ্দেশ্য ছিল জাতীয় অগ্রগতি, সাধারণ নাগরিকত্ব ও সংস্কৃতির অনুভূতি এবং জাতীয় সংহতিকে শক্তিশালী করা। এটি শিক্ষা ব্যবস্থার একটি মৌলিক পুনর্গঠনের প্রয়োজনীয়তার উপর জোর দিয়েছিল, সমস্ত পর্যায়ে এর গুণগত মান উন্নত করার জন্য, এবং তাই বিজ্ঞান ও প্রযুক্তির প্রতি অনেক বেশি মনোযোগ দিয়েছিল, নৈতিক মূল্যবোধের চাষ এবং শিক্ষা ও জনগণের জীবনের মধ্যে ঘনিষ্ঠ সম্পর্ক।

POA এর উদ্দেশ্য

১৯৮৬ সালের জাতীয় শিক্ষানীতি এবং কর্মসূচী, ১৯৯২-এর মূল উদ্দেশ্য ছিল একটি জাতীয় শিক্ষা ব্যবস্থা প্রতিষ্ঠা করা যা বোঝায় যে বর্ণ নির্বিশেষে সকল শিক্ষার্থী; ধর্ম, লিঙ্গ, এবং ধর্ম একটি তুলনীয় মানের শিক্ষার অ্যাক্সেস আছে। প্রকৃতপক্ষে, এই নীতির উদ্দেশ্যগুলি বিভিন্ন দিকগুলিতে বিভক্ত ছিল।

• প্রাথমিক শিক্ষার ক্ষেত্রে, জাতীয় শিক্ষানীতি ১৯৮৬-এর প্রধান উদ্দেশ্যগুলি হল:
• সার্বজনীন অ্যাক্সেস এবং তালিকাভুক্তি
• 14 বছর বয়স পর্যন্ত শিশুদের সার্বজনীন ধরে রাখা এবং
• সমস্ত শিশুকে শেখার অপরিহার্য মাত্রা অর্জন করতে সক্ষম করার জন্য মানসম্মত শিক্ষার একটি টেকসই উন্নতি।

মাধ্যমিক শিক্ষা প্রসঙ্গে জাতীয় শিক্ষানীতিতে মাধ্যমিক শিক্ষার মানোন্নয়নের ওপর জোর দেওয়া হয়েছে। শিক্ষার্থীদের প্রয়োজনীয় কম্পিউটার দক্ষতায় সজ্জিত করার জন্য অনেক মাধ্যমিক স্তরের প্রতিষ্ঠানগুলিতে কম্পিউটার সাক্ষরতা প্রদানের চেষ্টা করা হবে।

উচ্চ শিক্ষার বিষয়ে, ১৯৮৬ এবং ১৯৯২ সালের জাতীয় শিক্ষা নীতি এবং কর্মসূচী অফ অ্যাকশনে জোর দিয়ে বলা হয়েছে যে উচ্চ শিক্ষার মাধ্যমে জনগণকে সমালোচনামূলক সামাজিক, অর্থনৈতিক, সাংস্কৃতিক, নৈতিক এবং আধ্যাত্মিক বিষয়গুলি প্রতিফলিত করার সুযোগ দেওয়া উচিত।

সুতরাং, ১৯৮৬ সালের জাতীয় শিক্ষানীতি এবং ১৯৯২ সালের কর্মসূচীর মূল উদ্দেশ্যগুলি জোর দিয়েছিল যে সামাজিক ও আঞ্চলিক ভারসাম্যহীনতা সংশোধন, মহিলাদের ক্ষমতায়ন এবং সুবিধাবঞ্চিত ও সংখ্যালঘুদের জন্য ন্যায্য স্থান নিশ্চিত করতে শিক্ষাকে অবশ্যই ইতিবাচক ও হস্তক্ষেপমূলক ভূমিকা পালন করতে হবে। সরকারের উচিত সবার জন্য শিক্ষা প্রদানের জন্য দৃঢ় সংকল্প ও অঙ্গীকার গ্রহণ করা, অগ্রাধিকারের ক্ষেত্রগুলি বিনামূল্যে এবং বাধ্যতামূলক শিক্ষা, বিশেষ চাহিদাসম্পন্ন শিশুদের অন্তর্ভুক্ত করা, নিরক্ষরতা নির্মূল করা, মহিলাদের সমতার জন্য শিক্ষা এবং তফশিলি জাতি এবং সংখ্যালঘুদের শিক্ষার উপর বিশেষ মনোযোগ দেওয়া।

NEP(National Education Policy)তে উল্লিখিত শিক্ষানীতিতে শিক্ষা, প্রাপ্তবয়স্ক শিক্ষা, মানসিক ও শারীরিকভাবে অক্ষম ব্যক্তিদের জন্য শিক্ষা, অনানুষ্ঠানিক শিক্ষা, উন্মুক্ত বিশ্ববিদ্যালয় এবং দূরবর্তী শিক্ষা, গ্রামীণ বিশ্ববিদ্যালয়, প্রারম্ভিক শৈশব যত্ন এবং শিক্ষার বৃত্তিমূলককরণ বৃদ্ধি ও প্রচারের উপরও জোর দেওয়া হয়েছে। চাকরি থেকে ডিগ্রী বিচ্ছিন্ন করাও ১৯৮৬ সালের জাতীয় শিক্ষানীতির অন্যতম মৌলিক উদ্দেশ্য ছিল।

POA এর বিভিন্ন সুপারিশ

1. **প্রারম্ভিক শৈশব যত্ন এবং শিক্ষাঃ** এনপিই 1986 এর লক্ষ্যগুলি বাস্তবায়নের জন্য, পিওএ তাদের উপাদানগুলির সাথে প্রোগ্রামগুলিকে শক্তিশালী করার প্রয়োজনীয়তা তুলে ধরেছে। এতে ইসিসিই কর্মসূচির লক্ষ্য পূরণে সরকারি ও বেসরকারি সংস্থাগুলোর সমন্বিত কার্যক্রম পরিচালনার পরামর্শ দেওয়া হয়। এই পিওএ-র অধীনে, প্রারম্ভিক শৈশব এবং যত্নকে বিশেষ গুরুত্ব দেওয়া হয়েছিল। এবং এটি অঙ্গনওয়াড়ি কর্মীদের জন্য বিশেষ প্রশিক্ষণ (প্রশিক্ষণ কেন্দ্রের মাধ্যমে) প্রস্তাব করেছিল যাতে প্রাথমিক শৈশব শিক্ষার মান উন্নত করা যায়।

2. **প্রাথমিক শিক্ষার সার্বজনীনীকরণ - ইউই:** পিওএ-র আরেকটি লক্ষ্য ছিল ইউইই-এর লক্ষ্য অর্জন করা। এতে যেসব শিক্ষার্থী পূর্ণ-সময়ের স্কুলে যেতে পারে না তাদের জন্য 'অনানুষ্ঠানিক শিক্ষা' এর মতো অনেক উদ্ভাবন এবং সংশোধিত পরিকল্পনার পরামর্শ দেওয়া হয়েছে। এছাড়াও, এটি ১০ টি রাজ্যের (শিক্ষাগতভাবে পশ্চাদপদ) দিকেও মনোনিবেশ করেছিল, যেখানে ৫০:৫০ অনুপাতে কেন্দ্র ও রাজ্য সরকারের মধ্যে ভাগ করে নেওয়া দায়িত্ব ছিল।

3. **মাধ্যমিক শিক্ষাঃ** কর্মপরিকল্পনা ১৯৯২ মাধ্যমিক শিক্ষার জন্য আরও বিস্তৃত করার প্রয়োজনীয়তা স্বীকার করেছে। ভারতের অন্যান্য শিক্ষা নীতির মতো, এনপিই-ও অনগ্রসর শ্রেণির আরও ভাল অংশগ্রহণের কল্পনা করেছিল। যাইহোক, পিওএ 1992 মাধ্যমিক শিক্ষা বোর্ডের স্বায়ত্তশাসন বৃদ্ধি করে এবং তাদের পুনর্গঠিত করে।

4. এই কর্ম পরিকল্পনাটি শিক্ষার্থীদের মধ্যে ডিজিটাল সাক্ষরতা এবং প্রযুক্তিগত দক্ষতা উন্নত করার জন্য একটি দূরদর্শী ধারণা নিয়ে এসেছিল। এবং এই দৃষ্টিভঙ্গি ভবিষ্যতের জন্য সহায়ক ছিল, যেমন বর্তমান সময়ে আমাদের কাছে সম্পূর্ণ অনলাইন স্কুলিং এবং ডিজিটাল শেখার বিকল্প রয়েছে।

5. **শিক্ষার মান উন্নত করতে নবোদয় বিদ্যালয়ঃ** পিওএ ১৯৯২ সালে সারা দেশে নবোদয় বিদ্যালয় খোলার কথা ভাবা হয়েছিল। এই স্কুলগুলি তাদের আর্থ-সামাজিক পটভূমি নির্বিশেষে উচ্চ অর্জনকারীদের সহায়তা করার জন্য পরিকল্পনা করা হয়েছিল।
জনসাধারণের জন্য শিক্ষার মান উন্নত করার জন্য এই প্রস্তাবটি বেশ উপকারী ছিল। কারণ

প্রায় ৪০.৭% শিক্ষার্থী ইতিমধ্যে দারিদ্রসীমার নিচে ছিল।

6. **নারী শিক্ষাঃ** এই কর্মসূচী অনুযায়ী নারী শিক্ষাও একটি সর্বোচ্চ অগ্রাধিকার ছিল। এটি আরও উন্নয়ন কর্মসূচির পরামর্শ দেয় এবং তাদের আইনী সাক্ষরতা (তাদের অধিকার সম্পর্কে) বাড়ানোর লক্ষ্যে।

এটি লিঙ্গ বৈষম্যের মতো সমস্যাগুলি রোধ করার জন্য লিঙ্গ এবং দারিদ্র্য সংবেদনশীলতা প্রোগ্রাম চালানোর পরামর্শ দিয়েছে। এছাড়া নারী ক্ষমতায়নের এজেন্ট হওয়ার জন্য উদ্ভাবনী প্রশিক্ষণ কর্মসূচির মাধ্যমে সকল শিক্ষককে প্রশিক্ষণ দেওয়ার কথা ছিল। প্রতিষ্ঠান এবং মহিলা সংস্থার মাধ্যমে, এটি নতুন মহিলা অধ্যয়ন কেন্দ্র তৈরি করার ও কল্পনা করেছিল।

7. **প্রাপ্তবয়স্কদের শিক্ষা এবং মাইক্রো-পরিকল্পনাঃ** অনানুষ্ঠানিক শিক্ষা উদ্যোগের অধীনে, প্রতিশ্রুতিবদ্ধ প্রাপ্তবয়স্কদের জন্য শিক্ষার সুযোগ উন্নত করার পরামর্শ দিয়েছেন। দূরবর্তী, গ্রামীণ এবং শহরে অঞ্চলে বসবাসকারী মহিলা শিক্ষার্থীদের জন্য দূরবর্তী শিক্ষা এবং উন্মুক্ত স্কুল ব্যবস্থার মতো উদ্ভাবনী কর্মসূচির পরামর্শ দেওয়া হয়েছিল। উপজাতীয় এলাকায় বসবাসকারী শিক্ষার্থীদের জন্য, শিক্ষাগত মাইক্রো-প্ল্যানিংয়ের পরামর্শ দেওয়া হয়েছিল। পাশাপাশি, প্রাপ্তবয়স্ক নিরক্ষর মহিলাদের শিক্ষার দিকেও বিশেষ নজর ছিল।

8. **প্রতিবন্ধী শিক্ষার্থীদের জন্য শিক্ষাঃ** ১২.৫৯ মিলিয়ন প্রতিবন্ধী শিশুদের জন্য কমিটি কিছু গুরুত্বপূর্ণ পদক্ষেপের পরামর্শ দিয়েছে। বিশেষ শিক্ষার্থীদের চাহিদা পূরণের জন্য, অন্তর্ভুক্তিমূলক শ্রেণীকক্ষ অনুসারে শিক্ষক প্রশিক্ষণকে নতুন করে চালু করতে হবে। এবং একইভাবে, অ-আনুষ্ঠানিক এবং প্রাপ্তবয়স্ক শিক্ষামূলক প্রোগ্রামগুলিকে পুনরায় চালু করার প্রয়োজনীয়তাও তুলে ধরা হয়েছিল।